Fundamentos de Ecologia

EUGENE P. ODUM E GARY W. BARRETT

Dados Internacionais de Catalogação na Publicação (CIP)
(Câmara Brasileira do Livro, SP, Brasil)

Odum, Eugene P.
    Fundamentos de ecologia / Eugene P. Odum, Gary W.
Barret ; [tradução Pégasus Sistemas e Soluções]. – São
Paulo : Cengage Learning, 2020.

    Título original: Fundamentals of ecology.
    12. reimpr. da 1. ed. de 2007.
    Bibliografia
    ISBN 978-85-221-0541-0

    1. Ecologia 2. Ecologia - Livro-texto I. Barrett,
Gary W. II. Título.

07-1096   CDD-577

Índices para catálogo sistemático:

1. Biologia e ecologia 577
2. Biologia e biologia 577

Fundamentos de Ecologia

EUGENE P. ODUM E GARY W. BARRETT

Tradução
Pégasus Sistemas e Soluções

Revisão Técnica
Gisela Yuka Shimizu
Doutora em Ciências pelo Instituto de Biologia
da Universidade de São Paulo

Austrália • Brasil • México • Cingapura • Reino Unido • Estados Unidos

Fundamentos de Ecologia

Eugene P. Odum
Gary W. Barret

1ª edição brasileira

Gerente Editorial: Patricia La Rosa

Editora de Desenvolvimento: Danielle Mendes Sales

Supervisor de Produção Editorial: Fábio Gonçalves

Produtora Editorial: Gabriela Trevisan

Supervisora de Produção Gráfica: Fabiana Alencar Albuquerque

Título Original: Fundamentals of Ecology – 5th edition

ISBN: 0-534-42066-4

Tradução: Pégasus Sistemas e Soluções

Revisão técnica: Gisela Yuka Shimizu

Copidesque: Alexandra Costa da Fonseca

Revisão: Andréia Pisan Soares Aguiar, Arlete Souza, Monica Aguiar e Adriane Peçanha

Diagramação: FZ.Dáblio Design Studio

Capa: Gabinete de Artes

© 2005 de Brooks/Cole, parte da Cengage Learning

© 2007 Cengage Learning Edições Ltda.

Todos os direitos reservados. Nenhuma parte deste livro poderá ser reproduzida, sejam quais forem os meios empregados, sem a permissão por escrito da Editora. Aos infratores aplicam-se as sanções previstas nos artigos 102, 104, 106, 107 da Lei nº 9.610, de 19 de fevereiro de 1998.

Esta editora empenhou-se em contatar os responsáveis pelos direitos autorais de todas as imagens e de outros materiais utilizados neste livro. Se porventura for constatada a omissão involuntária na identificação de algum deles, dispomo-nos a efetuar, futuramente, os possíveis acertos.

A Editora não se responsabiliza pelo funcionamento dos links contidos neste livro que possam estar suspensos.

Para informações sobre nossos produtos, entre em contato pelo telefone **0800 11 19 39**

Para permissão de uso de material desta obra, envie seu pedido para
direitosautorais@cengage.com

© 2016 Cengage Learning. Todos os direitos reservados.

ISBN 13: 978-85-221-0541-0
ISBN 10: 85-221-0541-3

Cengage Learning
Condomínio E-Business Park
Rua Werner Siemens, 111 – Prédio 11 – Torre A – Conjunto 12
Lapa de Baixo – CEP 05069-900 – São Paulo – SP
Tel.: (11) 3665-9900 Fax: 3665-9901
SAC: 0800 11 19 39

Para suas soluções de curso e aprendizado, visite
www.cengage.com.br

Impresso no Brasil
Printed in Brazil
12. reimpr. – 2020

Sumário

Prólogo XI
Prefácio XIII
Agradecimentos XV

1 O Escopo da Ecologia 1
1 Ecologia: Sua História e Relevância para a Humanidade 2
2 Hierarquia dos Níveis de Organização 4
3 O Princípio da Propriedade Emergente 7
4 Funções Transcendentes e Processos de Controle 9
5 Interfaces da Ecologia 9
6 Sobre os Modelos 10
7 Do Reducionismo Disciplinar ao Holismo Transdisciplinar 15

2 O Ecossistema 17
1 Conceito de Ecossistema e Gestão do Ecossistema 18
2 Estrutura Trófica do Ecossistema 21
3 Gradientes e Ecótonos 24
4 Exemplos de Ecossistemas 26
5 Diversidade do Ecossistema 37
6 Estudo de Ecossistemas 40
7 Controle Biológico do Ambiente Geoquímico:
   A Hipótese Gaia 42
8 Produção e Decomposição Globais 45
9 Microcosmos, Mesocosmos e Macrocosmos 60
10 Cibernética do Ecossistema 67
11 Tecnoecossistemas 71
12 Conceito de Pegada Ecológica 74

VI Fundamentos de Ecologia

13 Classificação dos Ecossistemas 75

ESTUDO DE CASO 1 – Reservatórios: estrutura e funcionamento de ecossistemas construídos (Na internet)

3 Energia nos Sistemas Ecológicos 77
1 Conceitos Fundamentais Relacionados à Energia: As Leis da Termodinâmica 78
2 Radiação Solar e o Ambiente da Energia 82
3 Conceito de Produtividade 86
4 Repartição de Energia em Cadeias e Teias Alimentares 108
5 Qualidade de Energia: eMergia 122
6 Metabolismo e Tamanho dos Indivíduos: Lei da Potência ¾ 124
7 Teoria da Complexidade, Energética de Escala e a Lei dos Retornos Decrescentes 126
8 Conceito de Capacidade de Suporte e Sustentabilidade 128
9 Conceito de Energia Líquida 132
10 Uma Classificação de Ecossistemas Baseada em Energia 133
11 Futuros da Energia 136
12 Energia e Dinheiro 138

4 Ciclos Biogeoquímicos 140
1 Tipos Básicos de Ciclos Biogeoquímicos 141
2 Ciclagem do Nitrogênio 143
3 Ciclagem do Fósforo 149
4 Ciclagem do Enxofre 151
5 Ciclagem do Carbono 153
6 O Ciclo Hidrológico 156
7 Tempos de Renovação e de Retenção 162
8 Biogeoquímica da Bacia Hidrográfica 163
9 Ciclagem dos Elementos Não Essenciais 168
10 Ciclagem de Nutrientes nos Trópicos 169
11 Caminhos da Reciclagem: O Índice de Ciclagem 172
12 Mudança Climática Global 174

ESTUDO DE CASO 2 – Interações entre raízes e micro-organismos ao longo da sucessão ecológica em ecossistema de Floresta Atlântica influenciam a ciclagem de nutrientes (Na internet)

5 Fatores Limitantes e Regulatórios 177
1 Conceito de Fatores Limitantes: A Lei do Mínimo de Liebig 178
2 Compensação de Fator e Ecótipos 183
3 Condições de Existência como Fatores Regulatórios 185
4 Solo: Componente de Organização dos Ecossistemas Terrestres 187

Sumário **VII**

5   Ecologia do Fogo   194

6   Revisão de Outros Fatores Limitantes Físicos   199

7   Magnificação Biológica das Substâncias Tóxicas   216

8   Estresse Antropogênico como um Fator Limitante para as Sociedades Industriais   219

ESTUDO DE CASO 3 – "Fogo Cerrado" – Considerações sobre os efeitos regulatórios do fogo na vegetação (Na internet)

6 Ecologia de População   224

1   Propriedades da População   225

2   Conceitos Básicos de Taxa   236

3   Taxa Intrínseca de Crescimento Natural   238

4   Conceito de Capacidade de Suporte   240

5   Flutuação de População e Oscilações Cíclicas   246

6   Mecanismos de Regulação da População Independentes de Densidade e Dependentes de Densidade   256

7   Padrões de Dispersão   258

8   O Princípio de Allee de Agregação e Refúgio   261

9   Área de Ação e Territorialidade   264

10   Dinâmica da Metapopulação   267

11   Repartição e Otimização da Energia: Seleção r e Seleção K 268

12   Genética de Populações   275

13   Características e Estratégias da História Natural   280

ESTUDO DE CASO 4 – O declínio populacional de um tesouro submerso (Na internet)

7 Ecologia de Comunidades   282

1   Tipos de Interação entre Duas Espécies   283

2   Coevolução   286

3   Evolução da Cooperação: Seleção de Grupo   288

4   Competição Interespecífica e Coexistência   289

5   Interações Positivas/Negativas: Predação, Herbivoria, Parasitismo e Alelopatia   296

6   Interações Positivas: Comensalismo, Cooperação e Mutualismo   304

7   Conceitos de Habitat, Nicho Ecológico e Guilda   312

8   Biodiversidade   315

9   Paleoecologia: Estrutura da Comunidade no Passado   327

10   Das Populações e Comunidades aos Ecossistemas e Paisagens   329

ESTUDO DE CASO 5 – Invasões biológicas ameaçam a biodiversidade brasileira (Na internet)

8 Desenvolvimento do Ecossistema   336
1   Estratégia do Desenvolvimento do Ecossistema   337
2   Conceito de Clímax   356
3   Evolução da Biosfera   360
4   Comparação entre Microevolução e Macroevolução, Seleção Artificial e Engenharia Genética   364
5   Relevância do Desenvolvimento do Ecossistema para a Ecologia Humana   368

9 Ecologia da Paisagem   374
1   Ecologia da Paisagem: Definição e Relação com o Conceito de Níveis de Organização   375
2   Elementos da Paisagem   377
3   Biodiversidade nos Níveis de Comunidade e Paisagem   385
4   Biogeografia de Ilhas   389
5   Teoria da Neutralidade   392
6   Escala Espaçotemporal   396
7   Geometria da Paisagem   399
8   Conceito de Sustentabilidade da Paisagem   404
9   Paisagens Domesticadas   405

10 Ecologia Regional: Principais Tipos de Ecossistemas e Biomas   412
1   Ecossistemas Marinhos   414
2   Ecossistemas de Água Doce   424
3   Biomas Terrestres   430
4   Sistemas Projetados e Gerenciados pelo Homem   455
ESTUDO DE CASO 6 – O Cerrado pede socorro (Na internet)

11 Ecologia Global   459
1   A Transição da Juventude para a Maturidade: Rumo às Civilizações Sustentáveis   460
2   Lacunas Socioecológicas   465
3   Sustentabilidade Global   468
4   Cenários   473
5   Transições de Longo Prazo   476
ESTUDO DE CASO 7 – Os objetivos de desenvolvimento sustentável (Na internet)

12 Raciocínio Estatístico para Estudantes de Ecologia   479
Autor Convidado R. Cary Tuckfield
1   Ecossistemas e Escala   480
2   Teoria, Conhecimento e Planejamento de Pesquisa   482

3 A Unidade de Estudo Ecológico 484
4 Métodos de Inferência e Confiabilidade 486
5 Método Experimental *versus* Observacional em Ecologia 489
6 Raciocínio Estatístico em Ecologia 490
7 A Natureza da Evidência 492
8 Evidência e Teste de Hipótese 494
9 Formulando o Problema Certo 496
10 Publicar ou "Perecer"? 496
11 A Alternativa Orientada pela Evidência 498
12 Os Dois Caminhos da Descoberta 504
13 O Paradigma do Peso da Evidência 507

Glossário 511
Referências 539
Índice Remissivo 587

Prólogo

Fundamentos de Ecologia é um ícone entre os livros-texto de biologia – o trabalho mais influente de seu gênero, como se pode constatar pelo número de estudantes recrutados como pesquisadores e professores para atuar na área. É muito bem-vindo o renascimento deste clássico, em uma quinta edição bastante modificada, mas sob o mesmo título original.

Sempre houve o senso de inevitabilidade sobre a ecologia, mesmo no início do século XX, quando foi classificada como pouco mais que uma colcha de retalhos de história natural e escolas de pensamento. A ecologia foi e permanece como a disciplina que remete aos mais altos e complexos níveis de organização biológica. Foi e permanece como um estudo do holismo e da emergência, das propriedades da vida vistas de cima para baixo. Mesmo os mais obstinados cientistas de laboratório, focados nos níveis menos complexos (e mais acessíveis) das moléculas e das células, sabiam no seu íntimo que, com o tempo, os biólogos deveriam chegar, eventualmente, a essa disciplina. Entender a ecologia por completo seria entender *toda* a biologia, e ser um biólogo completo é ser um ecólogo. No entanto, a ecologia, na época da primeira edição deste livro, era o mais distante dos assuntos, envolvida em uma névoa intelectual e difícil de ser visualizada, exceto como fragmentos dispersos. O livro de Odum era um mapa por meio do qual podíamos tomar um rumo. Ainda precisamos dele para aprender os limites e as principais características da ecologia. A eficiência das edições anteriores de *Fundamentos de Ecologia* pode ser ilustrada por uma pesquisa de 2002 do American Institute of Biological Sciences (Barrett e Mabry, 2002), classificando-o como o livro que recrutou o maior número de profissionais para a área da biologia organísmica e ambiental.

Comparada com a primeira edição, a quinta mostra quanto avançamos em substância e em estudos experimentais ligados à teoria sofisticada e aos modelos. Os assuntos que eram rudimentos no início – análise de ecossistemas, ciclos de materiais e energia, dinâmica da população, competição, biodiversidade e outros – elevaram-se à posição de subdisciplinas; estão cada vez mais unidos uns aos outros e à biologia dos organismos.

Além disso, a ecologia agora é vista não só como uma ciência biológica, mas também como uma ciência humana. O futuro de nossa espécie depende do quanto entendemos essa extensão e a empregamos no gerenciamento sensato de nossos recursos naturais. Vivemos tanto em uma economia de mercado – essencial para nosso bem-estar no dia a dia – como em uma economia natural, necessária para uma boa qualidade de vida (na verdade, para a nossa própria existência) em longo prazo. É também verdade que a busca pela saúde pública é, em grande parte, a aplicação da ecologia. Nada disso deveria ser surpreendente. Somos, afinal, uma espécie no ecossistema, adaptada às condições peculiares da superfície deste planeta, e sujeita aos mesmos princípios de ecologia, como todas as outras espécies.

Esta edição nos apresenta uma abordagem equilibrada entre os níveis mais elevados da organização biológica. Pode servir como um texto ecológico básico para especialização universitária – não somente em ecologia e biologia geral mas também para as disciplinas emergentes de biologia da conservação e gerenciamento de recursos naturais. Além disso, dá uma visão futurista a tópicos importantes, como sustentabilidade, solução de problemas ambientais e relacionamento entre capital de mercado e capital natural.

Edward O. Wilson

Prefácio

Esta quinta edição de *Fundamentos de Ecologia* preserva a abordagem holística clássica da ciência ecológica encontrada nas versões anteriores, mas com mais ênfase na abordagem multinível, baseada na teoria hierárquica, e mais atenção na aplicação dos princípios ecológicos dos dilemas humanos, como crescimento populacional, gerenciamento de recursos e contaminação ambiental. Existe uma ênfase nas funções que transcende todos os níveis de organização (Barrett et al., 1997), mas foi dada atenção também às propriedades emergentes exclusivas dos níveis individuais.

Esta edição mantém o destaque original do texto sobre a rica história da ciência ecológica e ambiental (Capítulo 1) e sobre o conhecimento do conceito e da abordagem do ecossistema (Capítulo 2). Os Capítulos 3 a 5 enfocam os principais componentes funcionais do ecossistema da dinâmica da paisagem, como sistemas energéticos (Capítulo 3), ciclos biogeoquímicos (Capítulo 4) e fatores regulatórios e processos (Capítulo 5).

Com uma ampla abordagem espaçotemporal sobre ecologia, os Capítulos 6 a 11 escalam os níveis de organização, incluindo os processos que transcendem todos os níveis, passando por população (Capítulo 6), comunidade (Capítulo 7), ecossistema (Capítulo 8), paisagem (Capítulo 9), regional/bioma (Capítulo 10) e global (Capítulo 11). O capítulo final, intitulado "Raciocínio estatístico para estudantes de ecologia" nos dá uma síntese quantitativa do campo da ecologia. Nosso propósito neste livro é associar teoria e aplicação, apresentar abordagens holísticas e reducionistas e integrar a ecologia de sistemas à biologia evolutiva.

Apesar de ter sido Sir Arthur G. Tansley o primeiro a propor o termo "ecossistema", em 1935, e de Raymond L. Lindeman, em 1942, ter chamado a atenção sobre as relações trófico-dinâmicas da estrutura do ecossistema com a função, foi Eugene P. Odum quem iniciou a educação da geração de ecólogos pelo mundo ao publicar a primeira edição de *Fundamentos de Ecologia*, em 1953. A clareza e o entusiasmo de sua abordagem holística dos ecossistemas aquáticos e terrestres em sua segunda edição (Odum, 1959), escrita em colaboração com seu irmão, Howard T. Odum, foram determinantes (Barrett e Likens, 2002). De fato, uma pesquisa entre os membros do American Institute of Biological Sciences (Aibs) relatou que *Fundamentos de Ecologia* foi classificado em primeiro lugar como o livro que teve maior influência em treinamentos para carreiras relacionadas a ciências biológicas (Barrett e Mabry, 2002).

Em um processo iniciado em 1970, a ecologia emergiu completamente de suas raízes nas ciências biológicas para se tornar uma disciplina separada, inte-

XIII

grando os organismos, o ambiente físico e os humanos, mantendo a raiz grega do termo ecologia: *oikos* significa "doméstico". A ecologia como o estudo da Terra como lar, em nossa opinião, amadureceu o suficiente para ser considerada uma ciência básica e integrativa do ambiente, contribuindo para a "terceira cultura" de C. P. Snow: a ponte tão necessária entre a ciência e a sociedade (Snow, 1963).

A revista semanal de ciências *Nature* publica ocasionalmente uma seção chamada "Conceitos", com comentários escritos por cientistas conhecidos. Em um comentário de 2001 intitulado "Macroevolução: a grande imagem", Sean B. Carroll escreveu que "muitos geneticistas afirmam que a macroevolução é um produto da microevolução amplificada, mas alguns paleontólogos acreditam que processos operando em níveis mais elevados também moldam as tendências evolutivas". Tamas Vicsek estendeu essa noção em um comentário de 2002, intitulado "Complexidade: a imagem maior – As leis que descrevem o comportamento de um sistema complexo são qualitativamente diferentes das que governam suas unidades". Nesta quinta edição de *Fundamentos de Ecologia* enfatizamos de modo especial a macroevolução como uma extensão da teoria evolutiva tradicional e da teoria da autorregulação no desenvolvimento e regulação de sistemas complexos.

Com frequência, os livros ficam mais extensos em edições subsequentes, expandindo-se gradualmente em tomos enciclopédicos cujo material é muito amplo para ser coberto por um único termo. Quando a terceira edição de *Fundamentos de Ecologia* foi terminada, em 1971, decidiu-se que a edição seguinte seria menor e teria um título diferente. Nasceu, então *Ecologia Básica* em 1983, como quarta edição. Agora, na quinta, retornamos ao título original, *Fundamentos de Ecologia*.

Assim como as edições anteriores, esta é mais um produto de estudantes e colegas associados ao University of Georgia Institute of Ecology. Somos especialmente gratos ao falecido Howard T. Odum, cujas impressões estão presentes ao longo das páginas que se seguem.

Eugene P. Odum (In memorium) e *Gary W. Barrett*

Edição brasileira

Para a edição nacional, foram elaborados Estudos de Casos que trazem aspectos e considerações sobre o tema ecologia no Brasil. Escritos por professores especialistas, os textos falam sobre os seguintes temas: Caso 1 – Reservatórios: estrutura e funcionamento de ecossistemas construídos; Caso 2 – Interações entre raízes e micro-organismos ao longo da sucessão ecológica em ecossistema de Floresta Atlântica influenciam a ciclagem de nutrientes; Caso 3 – "Fogo cerrado": considerações sobre os efeitos regulatórios do fogo na vegetação; Caso 4 – O declínio populacional de um tesouro submerso; Caso 5 – Invasões biológicas ameaçam a biodiversidade brasileira; Caso 6 – O Cerrado pede socorro; Caso 7 – Os objetivos de desenvolvimento sustentável. Os textos estão disponíveis na página do livro no site da Cengage (http://www.cengage.com.br). No site, estão disponíveis também algumas imagens do livro em cores, para que os detalhes mencionados no conteúdo possam ser mais bem visualizados. Para acessar o material de apoio, use seu cadastro de aluno ou professor.

Agradecimentos

Agradeço ao Dr. Eugene P. Odum por me convidar para ser o co-autor desta quinta edição de *Fundamentos de Ecologia*. Dr. Odum é o mentor de toda uma vida e um amigo de longa data. Tenho a honra de ter ocupado a Cátedra Odum de Ecologia da University of Georgia por dez anos. Dr. Odum e eu submetemos um rascunho deste livro para publicação pouco antes de sua morte, aos 88 anos de idade em 10 de agosto de 2002. Portanto, as modificações feitas após abrangente revisão pelo editor foram de minha responsabilidade.

Agradecimentos especiais são extensivos a R. Cary Tuckfield, do Savannah River National Laboratory, por sua contribuição no Capítulo 12, e a Edward O. Wilson, da Harvard University, por ter elaborado o prólogo. Dr. Odum e eu somos gratos a Terry L. Barrett pela transcrição, pela edição e pelas sugestões em todos os aspectos deste livro. Agradeço a Lawrence R. Pomeroy pela leitura e pelas sugestões úteis no Capítulo 4, e a Mark D. Hunter por seus comentários editoriais a respeito do Capítulo 6. Agradecimentos especiais a Krysia Haag, da Computer Graphics Artist II, da University of Georgia, pelas contribuições em relação aos gráficos desta obra. Outros que contribuíram com informações e materiais para esta quinta edição foram Walter P. Carson, da University of Pittsburg; Steven J. Harper, do Savannah River Ecology Laboratory; Sue Hilliard, do Joseph W. Jones Ecological Research Center; Stephen P. Hubbell, da University of Georgia; Donald W. Kaufman, da Kansas State University; e Michael J. Vanni, da Miami University of Ohio. Sou grato também àqueles que revisaram o texto, inclusive ao Dr. David M. Armstrong, da University of Colorado, em Boulder; Dr. David L. Hicks, da Whitworth College; Dr. Thomas R. Wentworth, da North Carolina State University; e Dr. Matt R. Whiles, da Southern Illinois University.

Estendo os meus sinceros agradecimentos a Peter Marshall, editor da Thomson Brooks/Cole; a Elizabeth Howe, editora de desenvolvimento da Thomson Brooks/Cole; e a Jennifer Risden, gerente de projeto de produção editorial da Thomson Brooks/Cole, em relação a todos os aspectos do processo de publicação. Agradeço também a Gretchen Otto, coordenadora de produção, G&S Book Services; Jan Six, editora de texto; e a Terri Wright, pesquisadora iconográfica, pela excelência individual em suas respectivas áreas.

Seria omisso se não agradecesse também aos colegas e alunos de pós-graduação do Dr. Odum, que contribuíram nas edições anteriores deste livro. Tendo lecionado ecologia por cerca de quatro décadas, 26 desses anos na Miami University of Ohio, agradeço a todos os estudantes com os quais tive o privilégio de interagir no que diz respeito à sua educação ecológica. Acredito que esta quinta edição ajudará futuras gerações a apreciar a importância de entender a teoria, os conceitos, os mecanismos e as leis naturais da ecologia em relação aos processos de tomada de decisão, assim como a segunda edição teve uma profunda influência na minha carreira e no meu entendimento ecológico.

Gary W. Barrett

1

O Escopo da Ecologia

1 Ecologia: Sua História e Relevância para a Humanidade
2 Hierarquia dos Níveis de Organização
3 O Princípio da Propriedade Emergente
4 Funções Transcendentes e Processos de Controle
5 Interfaces da Ecologia
6 Sobre os Modelos
7 Do Reducionismo Disciplinar ao Holismo Transdisciplinar

1 Ecologia: Sua História e Relevância para a Humanidade

A palavra *ecologia* é derivada do grego *oikos*, que significa "casa", e *logos*, que significa "estudo". Portanto, o estudo da casa ambiental inclui todos os organismos dentro dela e todos os processos funcionais que tornam a casa habitável. Literalmente, então, **ecologia** é o estudo da "vida em casa", com ênfase na "totalidade ou padrão de relações entre organismos e seu ambiente", para citar uma definição que consta em dicionário (*Merriam-Webster's Collegiate Dictionary*, 10ª edição).

A palavra *economia* também deriva da raiz grega *oikos*. Como *nomia* significa "gerenciamento", economia se traduz por "gerenciamento doméstico", portanto ecologia e economia deveriam ser disciplinas relacionadas. Infelizmente, muitas pessoas vêem ecólogos e economistas como adversários cujas visões são antiéticas. A Tabela 1.1 ilustra as diferenças percebidas entre economia e ecologia. Mais adiante, este livro irá considerar o confronto resultante do fato de cada disciplina assumir uma visão estreita do seu assunto e, mais importante, o desenvolvimento rápido de uma nova disciplina interfacial, a *economia ecológica*, que está começando a preencher a lacuna existente entre ecologia e economia (Constanza, Cumberland et al., 1997; Barrett e Farina, 2000; L. R. Brown, 2001).

A ecologia é de interesse prático desde o início da história da humanidade. Na sociedade primitiva, todos os indivíduos necessitavam conhecer seu ambiente – ou seja, entender as forças da natureza, as plantas e animais ao seu redor – para sobreviver. O início da civilização, de fato, coincidiu com o uso do fogo e de outros instrumentos para modificar o ambiente. Hoje, por causa das conquistas tecnológicas, pode parecer que os humanos dependem menos do ambiente natural para suas necessidades diárias; muitos de nós nos esquecemos da nossa dependência contínua da natureza em termos de ar, água e, indiretamente, alimento, sem mencionar a assimilação dos resíduos, recreação e muitos outros serviços fornecidos pelo meio ambiente. Da mesma forma, os sistemas econômicos, seja qual for a ideologia política, valorizam coisas feitas pelos seres humanos que beneficiam, em primeiro lugar, o indivíduo, mas atribuem pouco valor monetário aos bens e serviços da natureza que nos beneficiam como sociedade. Até que haja uma crise, os humanos tendem a considerar normais os bens e serviços provenientes da natureza, pois assumimos que são ilimitados ou de alguma forma repostos por

Tabela 1.1

Resumo das diferenças percebidas entre economia e ecologia

Atributo	Economia	Ecologia
Escola de pensamento	Cornucopiana	Neomaltusiana
Moeda	Dinheiro	Energia
Forma de crescimento	Em forma de J	Em forma de S
Pressão de seleção	*r*-selecionada	*K*-selecionada
Abordagem tecnológica	Alta tecnologia	Tecnologia apropriada
Serviços do sistema	Serviços prestados pelo capital econômico	Serviços prestados pelo capital natural
Uso do recurso	Linear (descartar)	Circular (reciclar)
Regra do sistema	Expansão exponencial	Capacidade de suporte
Meta futurística	Exploração e expansão	Sustentabilidade e estabilidade

Figura 1.1 Paisagem da Terra vista da Apollo 17 em sua viagem em direção à Lua. Vista da ecosfera "fora da caixa".

inovações tecnológicas, mesmo sabendo que necessidades vitais como oxigênio e água podem ser recicláveis, mas não substituíveis. Enquanto os serviços de apoio à vida forem considerados gratuitos, não terão valor nos sistemas de mercado atual (ver H. T. Odum e E. P. Odum, 2000).

Como todas as fases de aprendizado, a ciência da ecologia tem tido um desenvolvimento gradual espasmódico ao longo da história escrita. Os textos de Hipócrates, Aristóteles e outros filósofos da Grécia antiga contêm claras referências às questões ecológicas. No entanto, os gregos não tinham uma palavra para ecologia. A palavra *ecologia* tem origem recente: foi proposta primeiramente pelo biólogo alemão Ernst Haeckel, em 1869. Haeckel definiu ecologia como "o estudo do ambiente natural, inclusive das relações dos organismos entre si e com seus arredores" (Haeckel, 1869). Antes disso, durante o renascimento biológico nos séculos XVIII e XIX, muitos estudiosos tinham contribuído para o assunto, apesar de a palavra "ecologia" não estar em uso. Por exemplo, no início de 1700, Antoni van Leeuwenhoek, mais conhecido como o primeiro microscopista, também foi pioneiro no estudo das cadeias alimentares e regulação das populações, e os escritos do botânico inglês Richard Bradley revelaram seu entendimento da produtividade biológica. Todos esses três assuntos são áreas importantes da ecologia moderna.

A ecologia, como um campo da ciência distinto e reconhecido, data de cerca de 1900, mas somente nas últimas décadas a palavra se tornou parte do vocabulário geral. No início, o campo era claramente dividido em linhas taxonômicas (como ecologia vegetal e ecologia animal), mas os conceitos de comunidade biótica de Frederick E. Clements e de Victor E. Shelford, de cadeia alimentar e ciclagem material de Raymond Lindeman e G. Evelyn Hutchinson, e os estudos sobre o lago inteiro de Edward A. Birge e Chauncy Juday, entre outros, ajudaram a estabelecer a teoria básica de um campo unificado de ecologia geral. O trabalho desses pioneiros será citado várias vezes nos próximos capítulos.

O que pode ser mais bem descrito como o movimento mundial de consciência ambiental irrompeu em cena durante dois anos, de 1968 a 1970, quando os astronautas tiraram as primeiras fotografias da Terra vista do espaço. Pela primeira vez na história humana fomos capazes de ver o planeta inteiro e de perceber o quão solitário e frágil ele paira no espaço (Figura 1.1). De repente, durante a década de 1970, quase todos ficaram preocupados com poluição, áreas naturais, crescimento populacional, consumo de alimento e energia, e diversidade biótica, como mostrou a ampla cobertura sobre preocupações ambientais realizada pela imprensa popular. A década de 1970 foi chamada de "década do ambiente", cujo início ocorreu com o primeiro "Dia da Terra", em 22 de abril de 1970. Depois, nas décadas de 1980 e 1990, os temas ambientais foram empurrados para os bastidores do cenário político pelas preocupações com as relações humanas – problemas como criminalidade, Guerra Fria, orçamentos governamentais e assistência social. Conforme entramos nos cenários iniciais do século XXI, as preocupações com o ambiente vêm de novo à tona, porque o abuso humano sobre a Terra continua sua escalada. Usando uma analogia médica, esperamos que dessa vez nossa ênfase seja na prevenção em vez de no tratamento, e que a ecologia como descrita neste livro possa contribuir bastante com a tecnologia da prevenção e com a saúde do ecossistema (Barrett, 2001).

O aumento da atenção pública teve um efeito profundo sobre a ecologia acadêmica. Antes da década de 1970, a ecologia era vista, em grande parte, como uma subdisciplina da biologia. Os ecólogos eram alocados nos departamentos de biologia e os cursos de ecologia eram geralmente encontrados apenas nos currículos das ciências biológicas. Embora a ecologia permaneça fortemente enraizada na biologia, ela emergiu desta como uma disciplina essencialmente nova e integrativa, que liga os processos físicos e biológicos, formando uma ponte entre as ciências naturais e sociais (E. P. Odum, 1977). Hoje a maioria das faculdades oferece disciplinas comuns e possui especializações em departamentos, escolas, centros ou institutos de ecologia. Ao mesmo tempo que o escopo da ecologia está em expansão, intensifica-se o estudo de como os organismos e as espécies individuais se inter-relacionam e utilizam os recursos. A abordagem em níveis múltiplos, como delineada na próxima seção, junta ideias "evolutivas" e de "sistemas", duas abordagens cuja tendência, nos últimos anos, foi dividir o campo de estudo.

2 Hierarquia dos Níveis de Organização

Talvez o melhor modo de delimitar a ecologia moderna seja considerar o conceito de níveis de organização, visto como um espectro ecológico (Figura 1.2) e como uma hierarquia ecológica estendida (Figura 1.3).

O termo **hierarquia** significa "uma disposição resultando em uma série classificada" (*Merriam-Webster's Collegiate Dictionary*, 10ª edição). A interação com o ambiente físico (energia e matéria) a cada nível produz sistemas funcionais característicos. Um **sistema**, de acordo com a definição padrão, consiste em "componentes regularmente interativos e interdependentes formando um todo unificado" (*Merriam-Webster's Collegiate Dictionary*, 10ª edição). Sistemas contendo componentes vivos (bióticos) e não vivos (abióticos) constituem *biossistemas*, abrangendo desde sistemas genéticos até sistemas ecológicos (Figura 1.2). Esse

Figura 1.2 Espectro dos níveis de organização ecológica enfatizando a interação de componentes vivos (bióticos) e não vivos (abióticos).

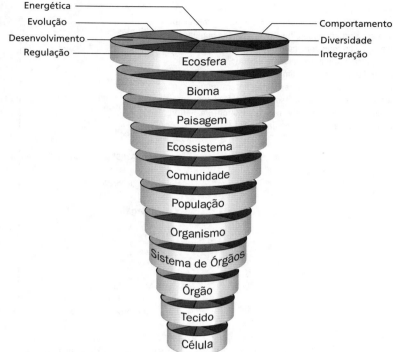

Figura 1.3 Hierarquia dos níveis de organização ecológica; sete processos ou funções transcendentes estão representados como componentes verticais de 11 níveis integrativos de organização (segundo Barrett et al., 1997).

espectro pode ser concebido ou estudado em qualquer nível, conforme ilustrado na Figura 1.2, ou em qualquer posição intermediária conveniente ou prática para análise. Por exemplo, sistemas hospedeiro-parasita ou um sistema de duas espécies de organismos mutuamente conectados (como a parceria fungo-alga que constitui o líquen) são níveis intermediários entre a população e a comunidade.

A ecologia preocupa-se de forma ampla, mas não total, com os níveis de sistema além daqueles do organismo (Figuras 1.3 e 1.4). Em ecologia, o termo **população**, originalmente cunhado para denotar um grupo de pessoas, foi ampliado para incluir grupos de indivíduos de qualquer tipo de organismo. Do mesmo modo, **comunidade**, no sentido ecológico (algumas vezes designada como "comunidade biótica"), inclui todas as populações que ocupam uma certa área. A comunidade e o ambiente não vivo funcionam juntos, como um sistema ecológico ou **ecossistema**. *Biocenose* e *biogeocenose* (literalmente, "vida e Terra funcionando juntas"), termos com frequência usados em literatura européia e russa, são equivalentes, grosso modo, à comunidade e ao ecossistema, respectivamente. Voltando à Figura 1.3, o próximo nível na hierarquia ecológica é a paisagem, termo, em sua origem, referente a uma pintura e definido como "uma extensão do cenário enxergado pelo olho como uma vista" *(Merriam-Webster's Collegiate Dictionary,* 10ª edição). Em ecologia, **paisagem** é definida como uma "área heterogênea composta de um agregado de ecossistemas em interação que se repetem de maneira similar por toda a sua extensão" (Forman e Godron, 1986). Uma *bacia hidrográfica* é uma unidade de paisagem conveniente para estudo e gerenciamento em ampla escala porque geralmente tem limites naturais identificáveis. O *bioma* é um termo usado para um grande sistema regional ou subcontinental caracterizado por um tipo principal de vegetação ou outro aspecto identificador da paisagem, como o bioma da floresta decídua temperada ou o bioma da plataforma continental oceânica. Uma *região* é uma grande área

Figura 1.4 Comparadas com os fortes controles do tipo ponto de viragem no nível de organismo e abaixo, a organização e função no nível de população e acima são reguladas com rigor muito menor, e com comportamento mais pulsante e caótico; todavia são controladas por retroalimentação positiva e negativa – em outras palavras, apresentam *homeorese* em oposição à *homeostase*. O não-reconhecimento dessa diferença em cibernética resultou em muita confusão sobre o equilíbrio da natureza.

geológica ou política que pode abrigar mais de um bioma – por exemplo, as regiões do Centro-Oeste, as montanhas dos Apalaches, ou a costa do Pacífico – todas nos Estados Unidos. O sistema biológico maior e mais próximo da autossuficiência é muitas vezes denominado **ecosfera**, que inclui todos os organismos vivos da Terra interagindo com o ambiente físico como um todo para manter um estado pulsante de autoajuste fracamente controlado (o conceito de "estado pulsante" será visto mais adiante neste capítulo).

A teoria hierárquica fornece um quadro conveniente para subdividir e examinar situações complexas ou gradientes consideráveis, mas ela é mais do que apenas uma classificação útil em categorias ordenadas. É uma abordagem holística para entender e lidar com situações complexas, além de uma alternativa à abordagem reducionista de busca de respostas considerando os problemas em uma análise de nível inferior (Ahl e Allen, 1996).

Mais de 50 anos atrás, Novikoff (1945) ressaltou a existência tanto da continuidade como da descontinuidade na evolução do universo. O desenvolvimento pode ser visto como contínuo, pois envolve mudanças sem fim, mas é também descontínuo, porque passa por uma série de níveis diferentes de organização. Como discutiremos no Capítulo 3, o estado organizado da vida é mantido por um fluxo de energia contínuo, mas em etapas. Assim, a divisão de uma série classificada, ou hierarquia, em componentes é, em muitos casos, arbitrária, mas às vezes as subdivisões podem ser baseadas em descontinuidades naturais, porque cada nível do espectro de níveis de organização é "integrado" ou interdependente de outros níveis; não existem brechas ou linhas definidas em um sentido funcional, nem mesmo entre organismos e a população. O organismo individual, por exemplo, não pode sobreviver muito tempo sem sua população, não mais que o órgão seria capaz de sobreviver por muito tempo como uma unidade autoperpetuante sem o seu organismo. De forma semelhante, a comunidade não pode existir sem a ciclagem dos materiais e o fluxo de energia no ecossistema. Esse argumento se aplica ao que foi previamente discutido sobre a noção equivocada de que a civilização humana pode existir separada do seu mundo natural.

É muito importante enfatizar que as hierarquias na natureza são *aninhadas* – ou seja, cada nível é constituído de grupos de unidades de níveis inferiores (as populações são compostas por grupos de organismos, por exemplo). Em claro contraste, hierarquias organizadas pelo homem em governos, cooperativas, universidades ou na área militar são *não aninhadas* (os sargentos não são compostos por grupos de recrutas, por exemplo). Do mesmo modo, as hierarquias organizadas pelos homens tendem a ser mais rígidas e mais claramente separadas quando comparadas aos níveis de organização naturais. Para mais informações sobre a teoria hierárquica, ver T. F. H Allen e Starr (1982), O'Neill et al. (1986) e Ahl e Allen (1996).

3 O Princípio da Propriedade Emergente

Uma consequência importante da organização hierárquica é que, à medida que os componentes, ou subconjuntos, se combinam para produzir um todo funcional maior, emergem novas propriedades que não estavam presentes no nível inferior. Por conseguinte, uma **propriedade emergente** de um nível ou unidade ecológica não pode ser prevista com base no estudo dos componentes desse nível ou unidade. Outra forma de expressar o mesmo conceito é a **propriedade não redutível** – ou seja, uma propriedade do todo não é redutível da soma das propriedades das partes. Embora descobertas em qualquer nível auxiliem no estudo do próximo nível, nunca explicam completamente os fenômenos que ocorrem no próximo nível, o qual deve ser estudado por si só para completar o panorama.

Dois exemplos, um da esfera da física e outro da esfera ecológica, serão suficientes para ilustrar as propriedades emergentes. Quando o hidrogênio e o oxigênio são combinados em uma certa configuração molecular, forma-se a água – um líquido com propriedades completamente diferentes dos seus componentes gasosos. Quando certas algas e animais celenterados evoluem juntos para produzir um coral, cria-se um eficiente mecanismo de ciclagem de nutrientes que permite ao sistema combinado manter uma alta taxa de produtividade em águas com teor muito baixo de nutrientes. Assim, a fabulosa produtividade e diversidade dos recifes de coral são propriedades emergentes somente no nível da comunidade dos recifes.

Salt (1979) sugeriu uma distinção entre propriedades emergentes, como previamente definido, e **propriedades coletivas**, que são o somatório dos comportamentos dos componentes. Ambos são propriedades do todo, mas as propriedades coletivas não envolvem características novas ou únicas resultantes do funcionamento da unidade como um todo. A *taxa de natalidade* é um exemplo de propriedade coletiva do nível de população, pois é a soma dos nascimentos de indivíduos em um período de tempo determinado, expressa como uma fração ou percentual do número total dos indivíduos na população. As novas propriedades emergem porque os componentes interagem, não porque a natureza básica dos componentes é modificada. As partes não se "fundem" do modo que se encontram, mas se integram para produzir novas propriedades únicas. Pode-se demonstrar matematicamente que as hierarquias integrativas evoluem mais rápido tendo como base seus constituintes do que sistemas não hierárquicos com o mesmo número de elementos; são também mais resilientes na resposta às perturbações. Em teoria, quando as hierarquias são decompostas em seus vários níveis ou subsistemas, os últimos podem ainda interagir e reorganizar-se para atingir um nível mais alto de complexidade.

É óbvio que alguns atributos se tornam mais complexos e variáveis quando se avança para níveis mais elevados de organização, mas muitas vezes outros atributos ficam menos complexos e menos variáveis quando se passa de uma unidade menor para uma maior. Como os mecanismos de retroalimentação (verificações e balanços, forças e contraforças) operam em todas as partes, a amplitude das oscilações tende a ser reduzida, uma vez que as unidades menores funcionam dentro de unidades maiores. Estatisticamente, a variância da propriedade no nível de um sistema é menor que a soma das variâncias das partes. Por exemplo, a taxa de fotossíntese de uma comunidade florestal é menos variável que a das folhas ou árvores individuais na comunidade, pois quando um componente desacelera, outro pode acelerar para compensar. Quando se considera tanto as propriedades emergentes como a crescente homeostase que se desenvolve a cada nível, nem todas as partes componentes podem ser conhecidas até que se entenda o todo. Trata-se de um ponto importante, pois alguns afirmam que é inútil tentar dedicar-se ao estudo em populações e comunidades complexas quando as unidades menores ainda não estão entendidas. Pelo contrário, pode-se começar a estudar em qualquer ponto do espectro, contanto que os níveis adjacentes, assim como o nível em questão, sejam considerados, porque, como já foi observado, alguns atributos são previsíveis considerando as partes (propriedades coletivas), mas outros não (propriedades emergentes). Um estudo em nível de sistema é, em si, uma hierarquia tríplice: sistema, subsistema (o próximo nível abaixo) e suprassistema (o próximo nível acima). Para mais informações sobre propriedades emergentes, ver T. F. H. Allen e Starr (1982), T. F. H. Allen e Hoekstra (1992) e Ahl e Allen (1996).

Cada nível do biossistema tem propriedades emergentes e variâncias reduzidas, bem como um somatório dos atributos dos componentes de seu subsistema. A sabedoria popular afirma que a floresta é mais que apenas uma coleção de árvores, esse é, de fato, um primeiro princípio de trabalho da ecologia. Embora a filosofia da ciência sempre tenha sido holística na busca da compreensão dos fenômenos em tempos recentes, a prática da ciência se tornou altamente reducionista na busca da compreensão dos fenômenos, por meio de estudo detalhado de componentes cada vez menores. Laszlo e Margenau (1972) descreveram, na história da ciência, uma alternância entre os pensamentos reducionista e holístico (*reducionismo-construtivismo* e *atomismo-holismo* são outros pares de termos usados para contrastar essas abordagens filosóficas). A lei dos retornos decrescentes pode muito bem estar envolvida aqui, pois um esforço excessivo em qualquer direção eventualmente exige que se tome uma ou outra direção.

A abordagem reducionista que dominou a ciência e a tecnologia desde Isaac Newton trouxe contribuições importantes. Por exemplo, a pesquisa nos níveis celulares e moleculares estabeleceu uma base sólida para a cura e prevenção futura de cânceres no nível dos organismos. No entanto, a ciência no nível celular contribuirá muito pouco para o bem-estar ou para a sobrevivência da civilização humana se entendermos os níveis mais altos de organização de modo tão inadequado que não possamos encontrar soluções para o crescimento excessivo da população, poluição ou outras formas de desordens sociais e ambientais. Tanto ao holismo como ao reducionismo deve ser atribuído o mesmo valor – de forma simultânea, não alternativa (E. P. Odum, 1977; Barrett, 1994). A ecologia busca a síntese, não a separação. O restabelecimento das disciplinas holísticas pode ser consequência, pelo menos parcialmente, da insatisfação do cidadão para com o cientista especializado que não consegue responder a problemas de escala ampla que necessitam de atenção urgente. (Sobre esse ponto de vista recomenda-se a leitura do ensaio de 1980 do historiador Lynn White, "The Ecology of our Science"). Por conseguinte, discutiremos os princípios ecológicos no nível de ecossistema, dando a devida atenção aos subconjuntos organismo, população e comunidade, e aos supraconjuntos paisagem, bioma e ecosfera. Essa é a base filosófica da organização dos capítulos deste livro.

Nos últimos dez anos, os avanços tecnológicos permitiram aos humanos lidar quantitativamente com sistemas grandes e complexos, tais como ecossistemas e paisagens. Para tanto, a metodologia de traçadores, a química de massa (espectrometria, colorimetria e cromatografia), o sensoriamento remoto, o monitoramento automatizado, a modelagem matemática, os sistemas de informação geográfica (SIG) e a tecnologia da computação fornecem as ferramentas necessárias. A tecnologia é uma faca de dois gumes: pode ser o meio de se entender a totalidade dos humanos e da natureza ou de destruí-la.

4 Funções Transcendentes e Processos de Controle

Ao passo que se espera que cada nível na hierarquia ecológica tenha propriedades emergentes e coletivas únicas, existem funções básicas que operam em todos os níveis. Comportamento, desenvolvimento, diversidade, energética, evolução, integração e regulação (ver Figura 1.3 para detalhes) são exemplos dessas **funções transcendentes**. Algumas delas (energética, por exemplo) operam do mesmo modo por toda a hierarquia, mas outras diferem em *modus operandi* nos diferentes níveis. A evolução por seleção natural, por exemplo, envolve mutações e outras interações genéticas diretas no nível de organismo, no entanto, envolve processos coevolutivos e de seleção de grupo indiretos em níveis mais elevados.

É especialmente importante enfatizar que embora a retroalimentação positiva e negativa seja universal, do nível de organismo para baixo o controle é do tipo *ponto de viragem*, pois envolve controles genéticos, hormonais e neurais exatos sobre o crescimento e desenvolvimento, levando ao que é chamado de **homeostase**. Como observado no lado direito da Figura 1.4, não existem controles do tipo ponto de viragem acima do nível de organismo (não há quimiostatos e termostatos na natureza). Assim, o controle por retroalimentação é muito mais frouxo, resultando em estados pulsantes em vez de estáveis. O termo **homeorese**, de origem grega, que significa "mantendo o fluxo", foi sugerido para esse controle pulsante. Em outras palavras, não ocorrem equilíbrios nos níveis de ecossistema e ecosfera, mas existem *equilíbrios pulsantes*, tais como entre a produção e a respiração, ou entre o oxigênio e o dióxido de carbono na atmosfera. O não-reconhecimento dessa diferença em *cibernética* (ciência que trata dos mecanismos de controle ou regulação) resultou em muita confusão sobre as realidades do assim chamado "equilíbrio da natureza".

5 Interfaces da Ecologia

Como a ecologia é uma disciplina ampla, com vários níveis, faz bem a interface com as disciplinas tradicionais, que tendem a ter foco mais estreito. Durante a década passada houve um crescimento rápido de campos de interface de estudo, acompanhado por novas sociedades, periódicos, anais de simpósios, livros – e novas carreiras. A economia ecológica, uma das mais importantes entre esses campos de interface, foi mencionada na primeira seção deste capítulo. Outras áreas que recebem bastante atenção, especialmente na gestão de recursos, são agroecologia, biodiversidade, ecologia da conservação, engenharia ecológica, saúde do ecossistema, ecotoxicologia, ética ambiental e ecologia da restauração.

No início, o esforço de fazer a interface enriquece as disciplinas que fazem parte do processo. São estabelecidas linhas de comunicação e se expande a especialização com treinamento estrito em cada um dos campos. No entanto, para que um campo de interface se torne uma nova disciplina, algo novo tem de emergir, como um novo conceito ou tecnologia. O conceito de bens e serviços não negociáveis, por exemplo, foi um conceito novo que emergiu na área de economia ecológica, mas que inicialmente nem os ecólogos nem os economistas tradicionais apresentam em seus livros (Daily, 1997; Mooney e Ehrlich, 1997).

Ao longo deste livro vamos fazer referências ao capital natural e ao capital econômico. O **capital natural** é definido como os benefícios e serviços fornecidos às sociedades humanas pelos ecossistemas naturais – ou providos "gratuitamente" pelos sistemas naturais não gerenciados. Esses benefícios e serviços incluem a purificação da água e do ar por processos naturais, a decomposição dos detritos, a manutenção da biodiversidade, o controle de insetos e pragas, a polinização de cultivos, a mitigação de enchentes e o fornecimento de beleza natural e recreação, entre outros (Daily, 1997).

O **capital econômico** é definido como os bens e serviços prestados pela humanidade ou pela força de trabalho humano, sendo geralmente expresso como produto interno bruto (PIB). O produto interno bruto é o valor monetário total dos bens oferecidos e serviços prestados em um país durante um ano. O capital natural é geralmente quantificado e expresso em unidades de energia, ao passo que o capital econômico é expresso em unidades monetárias (Tabela 1.1). Somente nos últimos anos tem havido uma tentativa de valorar os serviços do ecossistema mundial e o capital natural em termos monetários. Costanza, d'Arge et al. (1997) estimaram esse valor entre 16 e 54 trilhões de dólares por ano para a biosfera inteira, com uma média de 33 trilhões de dólares por ano. Portanto, é prudente proteger os ecossistemas naturais, ecológica e economicamente, por causa dos benefícios e serviços que prestam às sociedades humanas, como será ilustrado nos próximos capítulos.

6 Sobre os Modelos

Se a ecologia deve ser discutida em nível de ecossistema, pelas razões já indicadas, como pode ser tratado esse nível de sistema complexo e formidável? Começaremos pela descrição de versões simplificadas que englobem somente as propriedades e funções mais importantes ou básicas. Como em ciência as versões simplificadas do mundo real são chamadas de *modelos*, é apropriado introduzir esse conceito aqui.

Um **modelo** (por definição) é a formulação que imita um fenômeno do mundo real e por meio do qual se pode fazer previsões. Na sua forma mais simples os modelos podem ser verbais ou gráficos (*informal*). No entanto, em última instância, eles devem ser estatísticos ou matemáticos (*formal*) se suas previsões quantitativas tiverem de ser razoavelmente boas. Por exemplo, uma formulação matemática que imite mudanças numéricas em uma população de insetos e que preveja os números nessa população em algum momento no tempo seria considerado um modelo biologicamente útil. Se a população de insetos em questão é de uma espécie de praga, o modelo poderia ter uma aplicação importante do ponto de vista econômico.

Os modelos simulados por computador permitem que se façam previsões sobre prováveis resultados quando se mudam os seus parâmetros, ou se adicionam novos, ou, ainda, quando se removem os parâmetros antigos. Assim, uma formulação matemática pode muitas vezes ser "calibrada" ou refinada por meio de operações computacionais para adequar seu "ajuste" ao fenômeno do mundo real. Acima de tudo, os modelos resumem o que é compreendido sobre a situação modelada e delimitam aspectos que necessitam de dados novos ou melhores – ou de novos princípios. Quando um modelo não funciona – quando sua imitação do mundo real é fraca –, as operações computacionais podem fornecer pistas para o refinamento ou para a realização de mudanças necessárias. Uma vez que um modelo comprova ser uma imitação útil, as oportunidades para experimentação são ilimitadas, porque é possível introduzir novos fatores ou perturbações e observar como afetariam o sistema. Mesmo quando a imitação do mundo real apresentada pelo modelo é inadequada, como geralmente acontece nos primeiros estágios de seu desenvolvimento, continua sendo uma ferramenta extremamente útil no ensino e pesquisa se revelar componentes e interações-chave que mereçam atenção especial.

Ao contrário da impressão de muitos céticos quanto a modelar a complexidade da natureza, em geral, informações sobre um número relativamente pequeno de variáveis formam uma base suficiente para modelos eficazes, porque os fatores-chave ou propriedades emergentes – ou outras integrativas – quase sempre dominam ou controlam uma grande porcentagem da ação, como discutido nas seções 2 e 3. Watt (1963), por exemplo, afirmou que: "Não precisamos de enormes quantidades de informação sobre muitas variáveis para construir modelos matemáticos reveladores". Apesar de os aspectos matemáticos da modelagem serem um assunto para textos avançados, devemos rever os primeiros passos da construção de um modelo.

A modelagem geralmente começa com a construção de um diagrama, ou "modelo gráfico", que muitas vezes é um diagrama de blocos ou de compartimentos, como ilustrado na Figura 1.5. Nele são mostradas duas propriedades, P_1 e P_2, que interagem, I, produzindo ou afetando uma terceira propriedade, P_3, quando o sistema é acionado por uma fonte de energia, E. Apresentam-se cinco trajetórias de fluxo, F, em que F_1 representa a entrada e F_6 a saída do sistema. Assim, existem no mínimo cinco ingredientes ou componentes de um modelo operacional de uma situação ecológica, ou seja, (1) uma fonte de energia ou outra **função de força** externa, E; (2) propriedades chamadas de **variáveis de estado**, P_1, P_2... Pn; (3) **caminhos do fluxo**, F_1, F_2... Fn, mostrando onde os fluxos de energia ou as transferências de material conectam propriedades entre si e com as forças; (4) **funções de interação**, I, em que as forças e as propriedades interagem para modificar, ampliar ou controlar os fluxos ou criar novas propriedades "emergentes"; e (5) **alças de retroalimentação**, L.

A Figura 1.5 poderia servir como modelo para a produção de *smog* fotoquímico sobre Los Angeles. Nesse caso, P_1 poderia representar os hidrocarbonetos, e

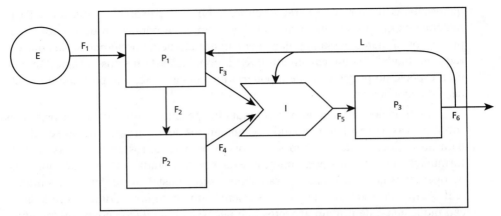

Figura 1.5 Diagrama de compartimentos mostrando os cinco componentes básicos de interesse primário na modelagem de sistemas ecológicos. E = fonte de energia (função de força); P_1, P_2, P_3 = variáveis de estado; F_1 – F_6 = caminhos do fluxo; I = função de interação; L = alça de retroalimentação.

P_2, os óxidos de nitrogênio, dois produtos emitidos pelo escapamento dos automóveis. Sob a força da ação da energia solar, E, esses interagem produzindo o *smog* fotoquímico P_3. Nesse caso, a função de interação, I, é de natureza sinergística ou amplificadora, em que P_3 é um poluente muito mais sério para os humanos do que o P_1 e o P_2 agindo separadamente.

A Figura 1.5 também poderia representar um ecossistema de campo natural em que P_1 representa as plantas verdes que convertem a energia do Sol, E, em alimento, P_2 poderia representar um animal herbívoro que come plantas e P_3 um animal onívoro que pode comer tanto os herbívoros quanto as plantas. Nesse caso, a função de interação, I, poderia representar diversas possibilidades. Poderia ser uma chave não preferencial se a observação do mundo real mostrar que o onívoro P_3 come tanto P_1 quanto P_2, dependendo da disponibilidade. Poderia também especificar valores constantes de porcentagem, I, se for observado que a dieta de P_3 é composta de, digamos, 80% de material vegetal e 20% de animal, independentemente dos estados de P_1 ou P_2. Seria possível I ser uma chave sazonal se P_3 se alimentasse de plantas durante uma época do ano e de animais durante outra; ou ser uma chave limiar se P_3 tivesse intensa preferência por alimento animal e trocasse por plantas apenas quando P_2 atingisse um nível muito baixo.

As *alças de retroalimentação* são características importantes dos modelos ecológicos porque representam mecanismos de controle. A Figura 1.6 é um diagrama simplificado de um sistema que apresenta uma alça de retroalimentação cuja saída "a jusante", ou uma parte dela, é retroalimentada ou reciclada para afetar ou talvez controlar os componentes "a montante". Por exemplo, a alça de retroalimentação poderia representar a predação por organismos "a jusante", C, que reduzem e portanto tendem a controlar o crescimento "a montante" de herbívoros ou de plantas B e A na cadeia alimentar. Frequentemente, essa retroalimentação promove o crescimento ou a sobrevivência de um componente "a jusante", como um pastejador que potencializa o crescimento das plantas (como se fosse uma "retroalimentação por recompensa").

A Figura 1.6 também poderia representar um sistema econômico desejável, no qual os recursos, A, são convertidos em bens e serviços úteis, B, com produção de resíduos, C, que são reciclados e utilizados novamente no processo de con-

Figura 1.6 Modelo de compartimentos com uma alça de retroalimentação ou controle que transforma um sistema linear em outro parcialmente cíclico.

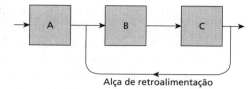

versão (A→B), reduzindo assim a saída de resíduos do sistema. Grosso modo, o ecossistema natural representa um desenho mais cíclico ou em alças do que uma estrutura linear. A retroalimentação e a cibernética, a ciência dos controles, serão discutidos no Capítulo 2.

A Figura 1.7 ilustra como as retroalimentações positivas e negativas podem interagir no relacionamento entre a concentração do CO_2 atmosférico e o aquecimento climático. O aumento na quantidade de CO_2 produz efeito estufa positivo sobre o aquecimento global e o crescimento da planta. No entanto, o sistema de solo se aclimata ao aquecimento, assim, a respiração do solo não continua a aumentar com o aquecimento. Essa aclimatação resulta em uma retroalimentação negativa sobre o sequestro de carbono do solo, reduzindo a emissão de CO_2 para a atmosfera, de acordo com um estudo feito por Luo et al. (2001).

Os modelos de compartimentos podem ser bastante ampliados, atribuindo-se à forma dos "blocos" a indicação das funções gerais das unidades. A Figura 1.8 ilustra alguns dos símbolos da linguagem de energia de H. T. Odum (H. T. Odum e E. P. Odum, 1982; H. T. Odum, 1996) usados neste livro. Na Figura 1.9, esses símbolos são usados em um modelo de floresta de pinheiros da Flórida. Esse diagrama também mostra as estimativas das quantidades do fluxo de energia por meio das unidades para indicar a importância relativa das funções das unidades.

Em resumo, a definição de um bom modelo deve incluir três dimensões: (1) o espaço a ser considerado (como o sistema é delimitado); (2) os subsistemas (componentes) considerados importantes para o funcionamento do todo; e (3) o intervalo de tempo a ser considerado. Uma vez definido e delimitado de forma apropriada um ecossistema, uma situação ecológica ou problema, desenvolve-se uma hipótese ou uma série de hipóteses testáveis que possam ser rejeitadas ou aceitas – pelo menos tentativas na dependência de futuros experimentos ou análises. Para mais informações sobre modelagem ecológica, ver Patten e Jørgensen (1995), H. T. Odum e E. C. Odum (2000) e Gunderson e Holling (2002).

Figura 1.7 Interação entre as retroalimentações positivas e negativas nas interações entre o CO_2 atmosférico, o aquecimento, a respiração do solo e o sequestro de carbono (adaptado de Luo et al., 2001).

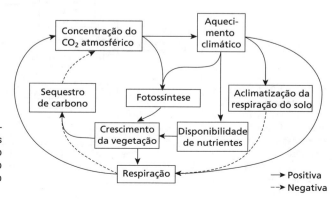

Nos próximos capítulos, os parágrafos iniciados pela palavra **enunciado** são, na verdade, modelos "verbais" do princípio ecológico em questão. Em muitos casos também são apresentados modelos gráficos, em outros casos são incluídas formulações matemáticas simplificadas. Acima de tudo, este livro procura fornecer princípios, conceitos, simplificações e abstrações que se deve deduzir do mundo real antes de poder entender e lidar com situações e problemas ou construir modelos matemáticos sobre ele.

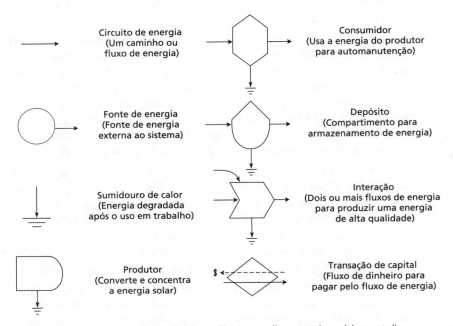

Figura 1.8 Símbolos da linguagem de energia de H. T. Odum utilizados nos diagramas de modelos neste livro.

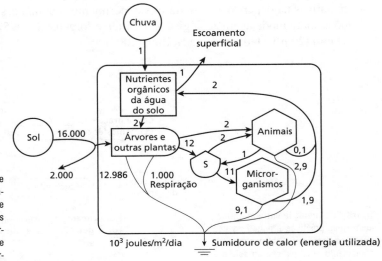

Figura 1.9 Modelo de ecossistema usando símbolos da linguagem de energia, incluindo taxas estimadas de fluxo de energia, para uma floresta de pinheiros na Flórida (cortesia de H. T. Odum). S = Serapilheira.

7 Do Reducionismo Disciplinar ao Holismo Transdisciplinar

Em um artigo intitulado "A Emergência da Ecologia como uma Nova Disciplina Integrativa", E. P. Odum (1977) observou que a ecologia havia se tornado uma nova disciplina holística, com raízes nas ciências biológicas, físicas e sociais, em vez de ser apenas uma subdisciplina da biologia. Assim, uma meta da ecologia é unir as ciências naturais e sociais. Deve-se notar que a maioria das disciplinas e das abordagens **disciplinares** baseia-se na especialização crescente em isolamento (Figura 1.10). O início da evolução da ecologia e o seu desenvolvimento foram baseados em abordagens **multidisciplinares** (multi = "muitas"), em especial durante as décadas de 1960 e 1970. Infelizmente, as abordagens multidisciplinares careciam de cooperação ou foco. Para alcançar a cooperação e definir as metas, estabeleceram-se institutos ou centros nos *campi* de todo o mundo, como o Instituto de Ecologia localizado no *campus* da Universidade da Geórgia. Essas abordagens **pluridisciplinares** ou **disciplinares cruzadas** (cruzada = "atravessada"; Figura 1.10) frequentemente resultaram em polarização de um conceito monodisciplinar

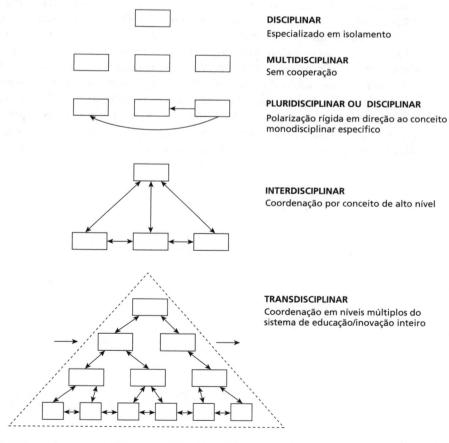

Figura 1.10 Progressão das relações entre as disciplinas do reducionismo disciplinar para o holismo transdisciplinar (segundo Jantsch, 1972).

específico, em uma unidade administrativa com financiamento fraco, ou em uma missão estreita. Uma abordagem pluridisciplinar também resultava frequentemente em sistemas polarizados de premiação de unidades de ensino. As instituições de ensino superior, tradicionalmente construídas sobre estruturas disciplinares, têm dificuldade em administrar programas e enfocar problemas ambientais, assim como em tirar vantagem das oportunidades em maior escala temporal e espacial.

Para resolver o dilema foram empregadas abordagens **interdisciplinares** (inter = "entre"), resultando na cooperação focada em um conceito, problema ou questão de nível mais elevado. Por exemplo, o processo e o estudo da sucessão ecológica natural forneceu um conceito de nível mais alto, resultando no sucesso do Laboratório Ecológico de Savannah River (SREL) durante a sua concepção. Os pesquisadores teorizaram que novas propriedades do sistema emergem durante o curso de desenvolvimento do ecossistema, e que são essas propriedades que levam em consideração as mudanças que ocorrem nas espécies e na forma de crescimento (E. P. Odum, 1969, 1977; ver Capítulo 8 para detalhes). Hoje, as abordagens interdisciplinares são comuns quando tratam de problemas nos níveis de ecossistema, paisagem e global.

No entanto, há muito a ser feito. Há uma crescente necessidade de resolver problemas, promover a alfabetização ambiental e gerenciar recursos de uma maneira **transdisciplinar**. Essa abordagem de níveis múltiplos e escala ampla envolve sistemas inteiros de educação e inovação (Figura 1.10). Essa abordagem integrativa sobre a necessidade de desvendar explicações de causa e efeito por meio das disciplinas e entre elas (alcançando-se o entendimento transdisciplinar) foi chamada de *consiliência* (E. O. Wilson, 1998), de *ciência da sustentabilidade* (Kates et al., 2001) e de *ciência integrativa* (Barrett, 2001). De fato, o desenvolvimento continuado da ciência da ecologia (o "estudo da casa" ou "lugar onde vivemos") provavelmente evoluirá para a tão necessária ciência integrativa do futuro. Este livro procura fornecer o conhecimento, os conceitos, os princípios e as abordagens para formar os alicerces dessa necessidade educacional e desse processo de aprendizado.

2

O Ecossistema

1 Conceito de Ecossistema e Gestão do Ecossistema
2 Estrutura Trófica do Ecossistema
3 Gradientes e Ecótonos
4 Exemplos de Ecossistemas
5 Diversidade do Ecossistema
6 Estudo de Ecossistemas
7 Controle Biológico do Ambiente Geoquímico: A Hipótese Gaia
8 Produção e Decomposição Globais
9 Microcosmos, Mesocosmos e Macrocosmos
10 Cibernética do Ecossistema
11 Tecnoecossistemas
12 Conceito de Pegada Ecológica
13 Classificação dos Ecossistemas

1 Conceito de Ecossistema e Gestão do Ecossistema

Enunciado

Os organismos vivos (biótico) e seu ambiente não vivo (abiótico) estão inter-relacionados e interagem uns com os outros. Um **sistema ecológico** ou **ecossistema** é qualquer unidade que inclui todos os organismos (a *comunidade biótica*) em uma dada área interagindo com o ambiente físico de modo que um fluxo de energia leve a estruturas bióticas claramente definidas e à ciclagem de materiais entre componentes vivos e não vivos. É mais que uma unidade geográfica (ou *ecorregião*): é uma unidade de sistema funcional, com entradas e saídas, e fronteiras que podem ser tanto naturais quanto arbitrárias.

O ecossistema é a primeira unidade na hierarquia ecológica (ver Figura 1.3, Capítulo 1) que é completa – ou seja, que tem todos os componentes (biológicos e físicos) necessários para sua sobrevivência. Consequentemente, é a unidade básica ao redor da qual se pode organizar a teoria e a prática em ecologia. Além disso, assim como "aos poucos" é insuficiente, as abordagens econômicas e tecnológicas em curto prazo no tratamento de problemas complexos se tornam ainda mais evidentes a cada ano – a gestão nesse nível (**gestão de ecossistemas**) emerge como um desafio para o futuro. A consideração de ambos os ambientes, de entrada e de saída, é uma parte importante do conceito (Figura 2.1) porque os ecossistemas são sistemas funcionalmente abertos.

Explicação

O termo *ecossistema* foi proposto pela primeira vez em 1935 pelo ecólogo britânico Sir Arthur G. Tansley (Tansley, 1935). É possível encontrar alusões remotas acerca da ideia de unidade dos organismos e do ambiente (e à unificação dos humanos e da natureza). No entanto, somente nas últimas décadas de 1800 começaram a aparecer declarações formais suficientemente interessantes nas literaturas ecológicas norte-americana, européia e russa. Karl Möbius, em 1877, descreveu (em alemão) a comunidade dos organismos em um banco de ostras como uma "biocenose", e em 1887, o norte-americano S. A. Forbes escreveu seu ensaio clássico "O Lago como um Microcosmo". O russo pioneiro V. V. Dokuchaev (1846-1903) e seu dis-

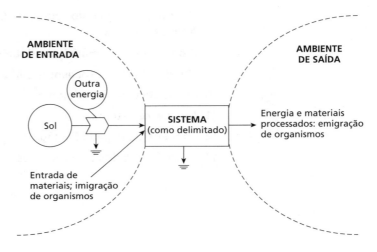

Figura 2.1 Modelo de ecossistema, enfatizando o ambiente externo, que deve ser considerado parte integral do conceito de ecossistema (sugerido primeiramente por Patten, 1978).

cípulo principal G. F. Morozov enfatizaram o conceito da "biocenose", termo mais tarde expandido pelos ecólogos russos para "geobiocenose" (Sukachev, 1944).

Não só ecólogos mas também cientistas físicos e sociais começaram a considerar a ideia de que tanto as sociedades naturais como as humanas funcionam da mesma maneira que os sistemas. Em 1925, o físico-químico A. J. Lotka escreveu em um livro intitulado *Elementos da Biologia Física*, que o mundo orgânico e inorgânico funcionam como um só sistema, de tal modo que é impossível entender cada uma das partes sem entender o todo. É significativo que um biólogo (Tansley) e um cientista físico (Lotka), independentemente e quase ao mesmo tempo, tenham lançado a ideia do sistema ecológico. Porque Tansley cunhou o termo *ecossistema,* que foi aceito, ele recebeu a maior parte do crédito, que talvez tivesse de ser dividido com Lotka.

Na década de 1930, cientistas sociais desenvolveram o conceito holístico de regionalismo, especialmente Howard W. Odum, que usou os indicadores sociais para comparar a região sul dos Estados Unidos com outras regiões (H. W. Odum, 1936; H. W. Odum e Moore, 1938). Mais recentemente, Machlis et al. (1997) e Force e Machlis (1997) promoveram a ideia do ecossistema humano, combinando ecologia biológica e teorias sociais como uma base para a gestão prática do ecossistema.

Só depois de desenvolvida uma teoria de sistemas gerais em meados do século XX por Bertalanffy (1950, 1968) e outros ecólogos, notadamente E. P. Odum (1953), E. C. Evans (1956), Margalef (1958), Watt (1966), Patten (1966, 1971), Van Dyne (1969) e H. T. Odum (1971), é que se começou a desenvolver o campo definitivo e quantitativo da *ecologia de ecossistemas*. A amplitude na qual os ecossistemas realmente operam como sistemas gerais e a amplitude pela qual são auto-organizados são assuntos de pesquisa e debate contínuos, como notaremos mais adiante neste capítulo. A utilidade da abordagem de ecossistema ou de sistemas para resolver problemas ambientais do mundo real está recebendo agora a devida atenção.

Alguns termos que têm sido usados para expressar o ponto de vista holístico, mas que não são necessariamente sinônimos de *ecossistema*, incluem *biossistema* (Thienemann, 1939); *noossistema* (Vernadskij, 1945); e *holon* (Koestler, 1969). Como é o caso de todos os tipos e níveis dos biossistemas (sistemas biológicos), os ecossistemas são sistemas abertos, ou seja, coisas estão constantemente entrando e saindo, apesar de a aparência geral e função básica continuarem constantes por longos períodos de tempo. Como mostrado na Figura 2.1, o modelo gráfico de um ecossistema pode consistir de uma caixa, denominada sistema, e que representa a área na qual estamos interessados, bem como dois grandes funis que chamamos de **ambiente de entrada** e **ambiente de saída**. O limite do sistema pode ser arbitrário (o que for conveniente ou de interesse), delineando uma área como um bloco de floresta ou uma seção de uma praia; ou pode ser natural como as margens de um lago, em que ele é o sistema, ou cordilheiras como limites de uma bacia hidrográfica.

A energia é uma entrada necessária. O Sol é a fonte de energia mais importante para a ecosfera e sustenta diretamente a maior parte dos ecossistemas naturais na biosfera. No entanto, existem outras fontes de energia que podem ser importantes para muitos ecossistemas, por exemplo, vento, chuva, fluxo de água ou combustíveis fósseis (a principal fonte das cidades modernas). A energia também flui para fora do sistema como calor e em outras formas transformadas ou processadas, como matéria orgânica (produtos alimentícios e resíduos) e poluentes. Água, ar e nutrientes necessários para a vida, bem como todos os outros tipos de materiais, entram e saem de forma contínua do ecossistema. E, naturalmente, organismos e seus propágulos (sementes ou esporos) e outros estágios reprodutivos entram (imigram) ou saem (emigram).

Na Figura 2.1, a parte do sistema do ecossistema é mostrada como uma *caixa preta*, definida pelos modeladores como uma unidade cujo papel ou função geral pode ser avaliada sem especificar seu conteúdo interno. No entanto, queremos olhar dentro dessa caixa-preta para ver como está organizada e descobrir o que acontece com todas essas entradas. A Figura 2.2 mostra o conteúdo, em si, de um ecossistema na forma de modelo.

As interações dos três componentes básicos – a saber, (1) comunidade, (2) fluxo de energia e (3) ciclagem dos materiais – estão diagramadas como modelo de compartimento simplificado com as características gerais discutidas no capítulo anterior. O fluxo de energia é unidirecional; uma parte da energia solar que entra tem a qualidade transformada e melhorada (isto é, convertida em matéria orgânica, um tipo de energia cuja qualidade é melhor que a solar) pela comunidade, mas a maior parte da energia que entra é degradada e passa através e para fora do sistema como energia de aquecimento de baixa qualidade (sumidouro de calor). A energia pode ser armazenada, depois "retroalimentada" ou exportada, como mostra o diagrama, mas não pode ser reutilizada. As leis da física que governam o comportamento da energia estão detalhadas no Capítulo 3. Em contraste com a energia, os materiais, inclusive os nutrientes necessários para vida (como carbono, nitrogênio e fósforo) e água, podem ser usados várias vezes. A eficiência da reciclagem e a magnitude da importação e exportação dos nutrientes variam amplamente conforme o tipo de ecossistema.

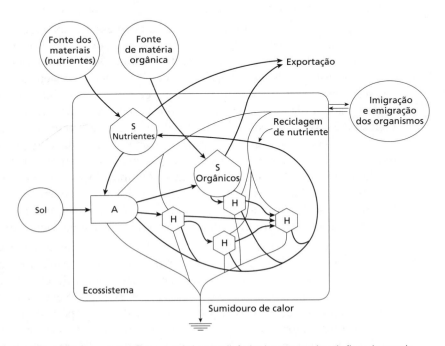

Figura 2.2 Diagrama funcional de um ecossistema com ênfase na dinâmica interna envolvendo fluxo de energia e ciclo dos materiais. S = depósito; A = autótrofos; H = heterótrofos.

Para cada "caixa" do diagrama (Figura 2.2) atribui-se uma forma distinta que indica sua função geral de acordo com uma "linguagem de energia", conforme introduzido no Capítulo 1 (Figura 1.8). A comunidade é representada como uma *teia alimentar* de autótrofos, A, e heterótrofos, H, ligados por fluxos apropriados de energia, ciclos de nutrientes e depósitos, S. As teias alimentares serão discutidas no Capítulo 3.

Os dois modelos gráficos (Figuras 2.1 e 2.2) enfatizam que um ecossistema conceitualmente completo inclui um ambiente de entrada (IE) e um ambiente de saída (OE) com o sistema (S) como delimitado, ou *ecossistema* = IE + S + OE. Esse esquema soluciona o problema de onde desenhar linhas ao redor de uma entidade que se deseja considerar, porque não importa muito como a porção da "caixa" do ecossistema é delimitada. Em geral, fronteiras naturais, como a margem do lago ou as bordas da floresta, ou as fronteiras políticas, como jurisdições ou limites da cidade, são fronteiras convenientes, mas os limites também podem ser arbitrários, contanto que possam ser mostrados com precisão de um modo geométrico. A caixa não é tudo para o ecossistema, porque se fosse um recipiente impenetrável, seu conteúdo vivo (lago ou cidade) não sobreviveria a esse isolamento por muito tempo. Um ecossistema funcional ou do mundo real deve ter uma corda salva-vidas de entrada e, na maioria dos casos, um meio de exportar a energia e os materiais processados.

A extensão dos ambientes de entrada e saída é extremamente variada e depende de outras variáveis, por exemplo, (1) tamanho do sistema (quanto maior, menos dependente do exterior); (2) intensidade metabólica (quanto maior a taxa, maior a entrada e a saída); (3) equilíbrio autotrófico-heterotrófico (quanto maior o desequilíbrio, mais exterioridades para equilibrar); e (4) estágio de desenvolvimento (sistemas jovens diferem de sistemas maduros, como detalhado no Capítulo 8). Assim, uma grande cadeia montanhosa florestada tem ambientes de entrada-saída muito menores que um pequeno rio ou uma cidade. Esses contrastes são enfatizados na discussão sobre exemplos de ecossistemas (ver seção 4 deste capítulo).

Antes das revoluções agrícolas e industriais, os seres humanos eram caçadores e coletores, viviam do que podiam matar ou colher dos sistemas naturais. Os humanos primitivos se encaixam no modelo de ecossistema da Figura 2.2 como o H final (predador de topo e onívoro). A moderna sociedade urbano-industrial não só afeta e modifica os sistemas naturais, como também vem criando um arranjo totalmente novo que chamamos de *tecnoecossistema dominado pelos humanos*, conforme vamos explicar e modelar na seção 11 deste capítulo. Ver Hagen (1992) e Golley (1993) para revisões históricas do conceito de ecossistema.

2 Estrutura Trófica do Ecossistema
Enunciado

Do ponto de vista da **estrutura trófica** (de *trophe* = "alimentação"), um ecossistema tem duas camadas: (1) uma superior, **estrato autotrófico** (que se "autoalimenta") ou "cinturão verde" de plantas que contêm clorofila, em que predominam a fixação da energia luminosa, o uso de substâncias inorgânicas simples e a construção de substâncias orgânicas complexas; e (2) uma camada inferior, **estrato heterotrófico** ("alimentam-se de outros") ou "cinturão marrom" de solos e sedimentos, matéria em degradação, raízes e outros, em que predominam o uso, o rearranjo e a decomposição dos materiais complexos. É conveniente reconhecer os seguintes componentes como constituintes do ecossistema: (1) **substâncias inorgânicas** (C, N, CO_2, H_2O e outros) envolvidas em ciclos de materiais; (2) **compostos orgânicos** (proteínas, carboidratos, lipídeos, substâncias húmicas e outros) que conectam os componentes bióticos e os abióticos; (3) **ambiente de ar**, **água** e **substrato**, incluindo **regime climático** e outros fatores físicos; (4) **produtores** (organismos autotróficos) na sua maior parte plantas verdes que podem produzir alimento de substâncias inorgânicas simples; (5) **fagótrofos** (de *phago* = "comer"), organismos heterotróficos, principalmente animais, que ingerem outros organismos ou matéria orgânica particulada; e (6) **saprótrofos** (de *sapro* = "decompor") ou decompositores, também organismos heterotróficos, principalmente bactérias e fungos, que obtêm energia degradando tecidos mortos ou absorvendo matéria orgânica dissolvida exudada, extraída de plantas ou outros organismos. Os **saprófagos** são organismos que se alimentam de matéria orgânica morta. As atividades decompositoras dos saprótrofos liberam nutrientes inorgânicos que são usados pelos produtores; também fornecem alimento para os macroconsumidores e frequentemente excretam substâncias que inibem ou estimulam outros componentes bióticos do ecossistema.

Explicação

Uma das características universais de todos os ecossistemas – terrestres, de água doce, marinhos ou fabricados pelos humanos (por exemplo, agrícolas) – é a interação dos componentes autotróficos e heterotróficos. Os organismos responsáveis pelos processos estão parcialmente separados no espaço; o maior metabolismo autotrófico ocorre no estrato superior, o "cinturão verde", no qual há disponibilidade de energia luminosa. O metabolismo heterotrófico mais intenso ocorre no "cinturão marrom", que fica abaixo, local onde a matéria orgânica se acumula nos solos e sedimentos. Além disso, as funções básicas estão parcialmente separadas no tempo, pois pode haver uma defasagem considerável no uso heterotrófico dos produtos dos organismos autotróficos. Por exemplo, a fotossíntese predomina na copa do ecossistema florestal. Somente uma parte, quase sempre pequena, do fotossintato é imediata e diretamente usada pela planta e pelos herbívoros e parasitas que se alimentam da folhagem e de outros tecidos da planta em crescimento ativo. Muito do material sintetizado (folhas, madeira e alimento armazenado nas sementes e raízes) escapa do consumo imediato e pode atingir a serapilheira e o solo (ou os sedimentos, equivalentes dos ecossistemas aquáticos), que juntos constituem um sistema heterotrófico bem definido. Podem passar semanas, meses ou anos (ou muitos milênios, no caso dos combustíveis fósseis que as sociedades humanas consomem com rapidez) antes que seja usada toda a matéria orgânica acumulada.

O termo **detrito orgânico** (produto da desintegração, do latim *deterere*, "desgastar") foi tomado emprestado da geologia, área em que é usado tradicionalmente para designar os produtos da desintegração da rocha. Como usado neste livro, o **detrito** se refere a toda matéria orgânica envolvida na decomposição dos organismos mortos. Detrito parece ser o termo mais adequado entre os muitos que foram sugeridos para designar esse importante elo entre o mundo vivo e o inorgânico. Os químicos ambientais usam uma designação abreviada para dois produtos fisicamente diferentes da decomposição: MOP é *matéria orgânica particulada*; MOD é *matéria orgânica dissolvida*. O papel de MOP e MOD nas cadeias alimentares é abordado com detalhes no Capítulo 3. Podemos também adicionar *matéria* *orgânica volátil* (MOV), que funciona como "sinais" – por exemplo, a fragrância das flores que atraem os polinizadores.

Os componentes abióticos que limitam e controlam organismos são discutidos no Capítulo 5; o papel dos organismos no controle do ambiente abiótico é considerado mais adiante neste capítulo. Como um princípio geral, do ponto de vista operacional, as partes vivas e não vivas dos ecossistemas são tão entrelaçadas nessa trama da natureza que é difícil separá-las; por isso, as classificações operacionais ou funcionais não se distinguem nitidamente entre bióticas e abióticas.

A maioria dos elementos vitais (tais como carbono, nitrogênio e fósforo) e dos compostos orgânicos (tais como carboidratos, proteínas e lipídeos) não são encontrados apenas dentro e fora dos organismos vivos, são também encontrados em um estado constante de fluxo ou renovação entre os estados vivos e não vivos. No entanto, algumas substâncias parecem ser peculiares a um ou outro estado. O composto de armazenamento de alta energia, ATP (*trifosfato de adenosina*), por exemplo, é encontrado apenas dentro de células vivas (ou ao menos sua existência fora delas é muito transitória), ao passo que as **substâncias húmicas**, produtos finais resistentes da decomposição, nunca são encontradas dentro das células, porém são um componente importante e característico de todos os ecossistemas. Outros complexos bióticos-chave, como DNA (*ácido desoxirribonucleico*) e as clorofilas, ocorrem tanto dentro como fora dos organismos, mas se tornam não funcionais quando fora da célula.

A classificação ecológica (produtores, fagótrofos, decompositores) diz respeito à função, não às espécies em si. Algumas espécies ocupam posições intermediárias, outras podem deslocar seu modo de nutrição de acordo com as circunstâncias ambientais. A separação dos heterótrofos em grandes e pequenos consumidores é arbitrária, mas justificada na prática por causa dos métodos de estudo muito diferentes que requerem. Os *microconsumidores* heterotróficos (bactéria, fungos e outros) são relativamente imóveis (geralmente encravados no meio sendo decomposto), muito pequenos e têm altas taxas de metabolismo e renovação. Sua especialização funcional é mais evidente no aspecto bioquímico que no aspecto morfológico; como consequência, geralmente não se pode determinar seu papel no ecossistema por métodos diretos, como observação visual ou contagem de seus números. Os organismos designados como *macroconsumidores* obtêm sua energia por ingestão heterotrófica da matéria orgânica particulada, em grande parte, "animais", em um sentido amplo. Essas formas superiores tendem a ser morfologicamente adaptadas para a busca ativa de alimento ou herbivoria, com desenvolvimento de sistemas sensório-neuromotores, digestivos, respiratórios e circulatórios complexos nas formas superiores. Os microconsumidores, ou saprótrofos, têm sido designados como decompositores. No entanto, parece preferível não designar qualquer organismo particular como decompositor, mas considerar a **decomposição** como um processo envolvendo toda a biota, assim os processos abióticos.

Recomendamos que os estudantes de ecologia leiam "The Land Ethic", de Aldo Leopold (publicado pela primeira vez em 1933, e em 1949 incluído em seu *best-seller*, *A Sand County Almanac: And Sketches Here and There)*, um ensaio eloquente sobre ética ambiental, muitas vezes citado e editado, que dá relevância especial ao conceito de ecossistema (foram feitas críticas mais recentes a esse texto por Callicott e Freyfogle, 1999; A. C. Leopold, 2004). Também recomendamos a leitura de *Man and Nature,* do profeta de Vermont, George Perkins Marsh, que analisou as causas do declínio das civilizações antigas e previu uma sina similar para as modernas, a menos que se adote uma visão "ecossistêmica" do mundo. B. L. Turner (1990) editou um livro que reitera esse tema em uma revisão da Terra como transformada pela ação humana nos últimos 300 anos. De outro ponto de vista, Goldsmith (1996) argumentou a necessidade de uma mudança significativa de paradigma da ciência reducionista e economia de consumo para uma visão mundial de ecossistema que proporcionaria uma abordagem mais holística e de longo prazo para lidar com a crescente ameaça à Terra. Recomendamos, ainda, os artigos sobre a filosofia de Leopold, de Flader e Callicott (1991) e Callicott e Freyfogle (1999).

3 Gradientes e Ecótonos

Enunciado

A biosfera é caracterizada por uma série de gradientes, ou *zonação*, de fatores físicos. São exemplos os gradientes de temperatura desde o Ártico ou a Antártica até os trópicos, e desde o cume da montanha até o vale; gradientes de umidade do úmido para o seco ao longo dos principais sistemas de tempo; e gradientes de profundidade da margem até o fundo em corpos de água. As condições ambientais, incluindo os organismos adaptados a essas condições, mudam gradualmente ao longo de um gradiente, mas é frequente ocorrer pontos de mudança abrupta, conhecidos como *ecótonos*. Um **ecótono** é criado pela justaposição de diferentes *habitats* ou *tipos de ecossistemas*. O conceito pressupõe a existência de interação ativa entre dois ou mais ecossistemas (ou manchas dentro dos ecossistemas), do que resulta em ecótonos tendo propriedades inexistentes em ambos os ecossistemas adjacentes (Naiman e Décamps, 1990).

Explicação e Exemplos

Quatro exemplos de zonação de fatores físicos relacionados a comunidades bióticas são apresentados na Figura 2.3. Em biomas terrestres, a zonação pode, muitas vezes, ser identificada e mapeada pela vegetação nativa que está mais ou menos em equilíbrio com o clima regional (Figura 2.3A). Em grandes corpos de água (lagos, oceanos), nos quais poucas plantas verdes são pequenas sem uma presença visual conspícua, a zonação é mais bem estabelecida por características físicas ou geomorfológicas (Figura 2.3B). A zonação baseada em produtividade e respiração ou estratificação térmica de uma lagoa (Figuras 2.3C e 2.3D) será discutida mais adiante neste capítulo.

Um exemplo de um ecótono como uma zona de interface com propriedades e espécies únicas é uma praia marinha, onde as ações alternadas de marés de inundação e drenagem são características exclusivas, e onde existem numerosos tipos de organismos que não são encontrados nem na terra nem em mar aberto. Os estuários, na direção da terra para as praias, são outros exemplos, assim como as zonas de pradaria-floresta. Além dos processos externos, como as marés que causam descontinuidades em gradientes, processos internos, como assoreamento, emaranhado de raízes, condições especiais de solo e água, substâncias químicas inibidoras ou atividades de animais (por exemplo, construção de diques por castores) podem manter um ecótono diferente das comunidades do entorno. Além das espécies exclusivas, os ecótonos terrestres são às vezes habitados por mais espécies (*diversidade biótica aumentada*) que as encontradas no interior das co-

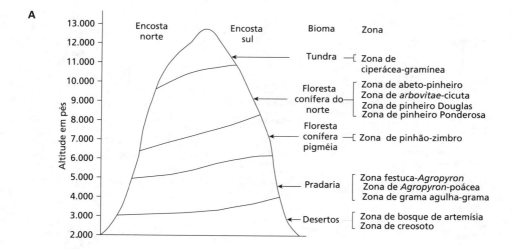

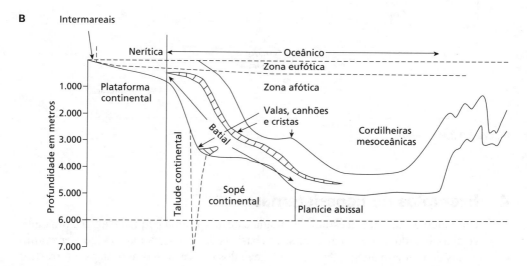

Figura 2.3 (A) Zonação por vegetação nas montanhas do oeste da América do Norte (informação de zona de Daubenmire, 1966). (B) Zonações horizontal e vertical no mar (diagrama baseado em Heezen et al., 1959). (C) Zonação metabólica de uma lagoa baseada na produtividade (P) e na respiração (R; manutenção da comunidade). (D) Zonação de uma lagoa baseada na estratificação térmica (calor) durante os meses de verão no centro-oeste dos Estados Unidos. *(continua)*

munidades adjacentes mais homogêneas. Quando se trata de animais de caça e pássaros, os gestores da vida silvestre os chamam de **efeito de borda** e geralmente recomendam o plantio de uma vegetação especial entre o campo e a floresta, por exemplo, para aumentar o número desses animais. As espécies que residem nesses habitats marginais são frequentemente chamadas de **espécies de borda**. No entanto, uma *borda abrupta*, como aquela entre uma área desmatada e uma floresta sem corte, pode ser um habitat pobre, e a grande extensão de borda em uma paisagem cultivada, fragmentada, geralmente reduz a diversidade. Como veremos mais adiante, os seres humanos tendem a fragmentar a paisagem em blocos e tiras com bordas abruptas, abolindo de certa forma os gradientes naturais e ecótonos. Janzen (1987) se referia a essa tendência como "definição da paisagem".

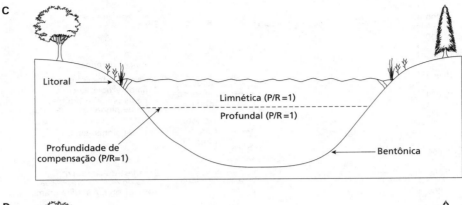

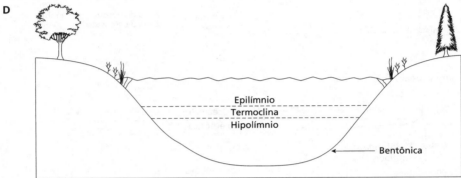

Figura 2.3 *(continuação)*

4 Exemplos de Ecossistemas

Um modo de começar a estudar ecologia é observar uma pequena lagoa e um cultivo abandonado, onde as características básicas dos ecossistemas podem ser examinadas de maneira adequada – e a natureza dos ecossistemas aquáticos e terrestres pode ser contrastada. Como exercício de campo/laboratório para uma classe de universitários, uma pequena lagoa ou um cultivo abandonado é o ideal para organizar um estudo de campo em nível de ecossistema. Nesta seção consideramos quatro exemplos: uma lagoa, um cultivo abandonado, uma bacia hidrográfica e um agroecossistema. Na seção 11 consideramos a cidade um tecnoecossistema.

Uma Lagoa e um Cultivo Abandonado

A inseparabilidade entre os organismos vivos e o ambiente não vivo é aparente logo na coleta da primeira amostra. Plantas, animais e microrganismos não só vivem na lagoa e no cultivo abandonado (ou campo) como também modificam a natureza química da água, do solo e do ar que compõem o ambiente físico. Assim, uma garrafa de água da lagoa, um punhado de lodo do fundo ou o solo de um prado é uma mistura de organismos vivos – tanto plantas quanto animais – e de compostos orgânicos e inorgânicos. Alguns animais e plantas maiores podem ser separados da amostra para serem estudados por contagem, mas seria difícil separar completamente da matriz a miríade de pequenas coisas vivas das não vivas sem modificar o caráter da água ou do solo. Na verdade, seria possível autoclavar a amostra de água, lodo do fundo ou solo, de modo que restasse somente material não vivo, mas esse resíduo não seria mais água de lagoa ou solo de cultivo abandonado – teria aparência, características e funções inteiramente diferentes.

Discutiremos a seguir os componentes básicos de dois ecossistemas, o aquático e o terrestre.

Substâncias Abióticas

As substâncias abióticas incluem compostos inorgânicos e orgânicos, como água, dióxido de carbono, oxigênio, cálcio, nitrogênio, enxofre, sais de fósforo, ácidos húmicos, aminoácidos etc. Uma pequena porção dos nutrientes vitais está em solução e imediatamente disponível para os organismos, mas uma porção maior fica retida na reserva (o "depósito" S apresentado no diagrama funcional da Figura 2.2), na matéria particulada, assim como nos próprios organismos. Em uma floresta de New Hampshire, por exemplo, cerca de 90% de nitrogênio é armazenado na matéria orgânica do solo, 9,5% em biomassa (madeira, raízes, folhas), e só cerca de 0,5% está na forma solúvel e rapidamente disponível na água do solo (Bormann et al., 1977).

A taxa de liberação de nutrientes dos sólidos, de entrada da energia solar e de mudanças na temperatura, comprimento do dia e outras condições climáticas são os processos mais importantes que regulam a taxa de funcionamento de todo o ecossistema em uma base diária.

Para analisar a química do ambiente por completo é necessária uma análise extensiva das amostras em laboratório. Por exemplo, a acidez relativa ou a alcalinidade, como indicada pelo pH ou pela concentração de íon de hidrogênio, frequentemente determina que tipos de organismos estão presentes. Solos ou águas ácidos (pH menor que 7) são característicos de regiões embasadas com rochas ígneas e metamórficas; águas e solos "duros" ou alcalinos ocorrem mais em regiões com calcários e substratos relacionados.

Organismos Produtores

Em uma lagoa, os produtores podem ser de dois tipos principais: (1) plantas grandes enraizadas ou flutuantes (**macrófitas**), que crescem em águas rasas; e (2) plantas minúsculas flutuantes, geralmente algas ou bactérias verdes ou protozoários, chamadas **fitoplâncton** (de *phyto* = "planta"; *plankton* = "flutuante"), distribuídas por toda a lagoa até a profundidade que a luz penetra. A abundância de fitoplâncton dá uma coloração esverdeada à água; porém, esses produtores não são visíveis, e sua presença não é notada pelo observador casual. No entanto, em lagoas e lagos grandes e profundos (e em oceanos), o fitoplâncton é muito mais importante que a vegetação enraizada no que diz respeito à produção de alimento básico para o ecossistema.

Nos cultivos abandonados ou campos, e nas comunidades terrestres em geral, dá-se o contrário: as plantas grandes e enraizadas dominam, mas os pequenos organismos fotossintetizantes, como algas, musgos e liquens, também ocorrem no solo, nas rochas e nos caules das plantas. Nos locais onde esses substratos são úmidos e expostos à luz, esses microprodutores podem contribuir substancialmente para a produção orgânica.

Organismos Consumidores

Os macroconsumidores primários, ou **herbívoros**, se alimentam diretamente de plantas vivas ou de partes delas. Daqui em diante, esses herbívoros serão chamados de **consumidores primários** (de primeira ordem). Nas lagoas existem dois tipos de microconsumidores, **zooplâncton** (plâncton animal) e **bentos** (formas do fundo), fazendo paralelo aos dois tipos de produtores. Os herbívoros no campo ou cultivo abandonado também aparecem em dois tamanhos: pequenos, insetos e outros invertebrados que se alimentam de plantas; e grandes, roedores e mamíferos pastejadores com casco. Os **consumidores secundários** (de segunda ordem) ou **carnívoros**, como os insetos predadores e peixes de pesca esportiva (**nécton**; ou seja, organismos aquáticos livre-natantes, capazes de se mover à vontade pela água) de lagoa, bem como insetos, aranhas, pássaros e mamíferos predadores, nos campos alimentam-se de consumidores primários ou de outros consumidores secundários (tornando-se, desse modo, **consumidores terciários**). Outro tipo importante de consumidor é o **detritívoro**, que se sustenta da "chuva" de detritos orgânicos proveniente das camadas superiores autotróficas e que, com os herbívoros, fornece alimento para os carnívoros. Muitos animais detritívoros (como as minhocas) obtêm muito da sua energia alimentar digerindo os microrganismos que colonizam as partículas de detritos.

Organismos Decompositores

As bactérias não verdes, flageladas, e os fungos estão distribuídos por todo o ecossistema, mas são especialmente abundantes na interface lodo-água do ecossistema lagoa e na junção serapilheira-solo do ecossistema campo ou cultivo abandonado. Apesar de algumas poucas bactérias e fungos serem patogênicos quanto a poder atacar organismos e causar doenças, a maioria ataca somente após a morte do organismo. Grupos importantes de microrganismos também formam associações mutuamente benéficas com as plantas, a ponto de se tornarem uma parte integrante das raízes e de outras estruturas das plantas (ver Capítulo 7). Quando as condições de temperatura e umidade são favoráveis, os primeiros estágios da decomposição ocorrem de forma rápida. Os organismos mortos não retêm sua integridade por muito tempo, são logo degradados pela ação combinada dos microrganismos comedores de detritos e processos físicos. Alguns de seus nutrientes são liberados para serem reutilizados. As frações resistentes dos detritos, como celulose, lignina (madeira) e húmus permanecem, proporcionando uma textura esponjosa ao solo e aos sedimentos que contribui para um habitat de qualidade para raízes das plantas e muitos invertebrados minúsculos. Alguns desses últimos convertem o nitrogênio atmosférico em formas utilizáveis pelas plantas (fixação de nitrogênio; ver Capítulo 4) ou desempenham outros processos para seu próprio benefício, mas também para a melhoria de todo o ecossistema.

Medindo o Metabolismo da Comunidade

A estratificação parcial em uma zona superior de produção e em uma zona inferior de decomposição/regeneração de nutriente pode ser ilustrada medindo-se as mudanças diurnas de oxigênio na coluna de água de uma lagoa. Uma técnica de "garrafa clara-e-escura" pode ser usada para medir o metabolismo de toda a comunidade aquática. Amostras de água de diferentes profundidades são colocadas em pares de garrafas; uma (a garrafa escura) é coberta com uma fita preta ou folha de alumínio para excluir toda a luz. Antes de a fieira de pares de garrafas ser baixada em posição na coluna de água, determina-se a concentração original de oxigênio da água nas profundidades selecionadas, seja por um método químico seja, o que é mais fácil, utilizando uma sonda eletrônica de oxigênio. Após 24 horas, a fieira de garrafas é recuperada e a concentração de oxigênio em cada garrafa é determinada e comparada com a concentração original. A redução do oxigênio na garrafa escura indica a soma da respiração dos produtores e consumidores (a comunidade total) na água; a mudança no oxigênio na garrafa clara reflete o resultado líquido entre o oxigênio consumido pela respiração e o oxigênio produzido pela fotossíntese. A adição da respiração da garrafa clara, R, à produção líquida da garrafa clara, P, fornece uma estimativa da fotossíntese total ou bruta (produção primária bruta) no período de tempo observado, desde que ambas as garrafas tenham a mesma concentração de oxigênio inicial.

Com o experimento da garrafa clara-e-escura em uma lagoa fértil e rasa em um dia tépido e ensolarado, pode-se esperar um valor de fotossíntese maior que o da respiração nos dois ou três metros superficiais, como indicado por um aumento na concentração de oxigênio nas garrafas claras. Essa parte superficial da lagoa, onde a produção é maior que a respiração ($P/R > 1$) é chamada de **zona limnética** (Figura 2.3C). Abaixo de três metros, a intensidade luminosa em uma lagoa fértil é geralmente muito baixa para a fotossíntese, assim, somente a respiração ocorre nas águas profundas. Essa área profunda da lagoa, onde a respiração é maior que a produção ($P/R < 1$), é chamada de **zona profunda**. O ponto em um gradiente de luminosidade no qual as plantas mostram o exato equilíbrio entre a produção e o uso do alimento (mudança zero na garrafa clara) é chamado de **profundidade de compensação** e marca um limite funcional conveniente entre o estrato autotrófico e o heterotrófico, em que $P/R = 1$ (Figura 2.3C).

Uma produção diária de 5 a 10 gO_2/m^2 (5-10 ppm) de excesso na produção de oxigênio sobre a respiração indicaria uma condição saudável para o ecossistema, pois o excesso de alimento está sendo produzido e se torna disponível para os organismos do fundo e para todos os organismos quando a luz e a temperatura não são tão favoráveis. Se a lagoa hipotética for poluída com matéria orgânica, o consumo de O_2 (respiração) excederá em muito a produção de O_2, resultando em esgotamento de oxigênio. Se o desequilíbrio continuar, as condições **anaeróbicas** (sem oxigênio) eventualmente irão predominar, o que eliminaria os peixes e grande parte dos outros animais. Para a maioria dos organismos livre-natantes (*necton*), como os peixes, as concentrações de oxigênio menores que 4 ppm causam efeitos prejudiciais à sua saúde. Ao avaliar a "saúde" de um corpo de água, necessitamos não somente medir a concentração de oxigênio como uma condição para existência, mas também determinar as taxas de mudança e o equilíbrio entre produção e uso no ciclo diurno e anual. Portanto, monitorar as concentrações de oxigênio permite que se "tome o pulso" do ecossistema aquático. Medir a *demanda bioquímica do oxigênio* (*DBO*) das amostras de água incubadas no laboratório é outro método padrão de análise da poluição, mas que não mede a taxa de metabolismo da comunidade.

O metabolismo da comunidade de águas correntes, como um córrego, pode ser estimado com base nas mudanças diurnas de oxigênio montante-jusante, quase do mesmo modo que o método da garrafa clara-e-escura. A mudança noturna seria equivalente à garrafa "escura"; a mudança em 24 horas corresponderia à garrafa "clara". Outros métodos para medir o metabolismo do ecossistema são discutidos no Capítulo 3.

Apesar de os ecossistemas aquáticos e terrestres terem a mesma estrutura básica e funções similares, a composição biótica e o tamanho de seus componentes tróficos diferem, como mostra a Tabela 2.1. O contraste mais marcante, como já foi notado, está no tamanho das plantas verdes. Os autótrofos terrestres tendem a ser menos numerosos, porém muito maiores, tanto como indivíduos como em biomassa por área unitária (Tabela 2.1). O contraste é especialmente impressionante quando se compara o mar aberto, onde os fitoplânctons são ainda menores que em uma lagoa, e as florestas pluviais com suas árvores enormes. Comunidades de águas rasas (margens de lagoas, lagos, oceanos e brejos), campos e desertos são intermediários entre esses extremos.

Os autótrofos terrestres (produtores) devem investir uma grande parte de sua energia produtiva em tecido de sustentação, porque a densidade (e portanto a capacidade de sustentação) do ar é muito mais baixa que a da água. Esse tecido de sustentação tem um alto conteúdo de celulose (um polissacarídeo) e lignina (madeira) e requer pouca energia para a sua manutenção, porque é resistente à maioria dos consumidores. Do mesmo modo, plantas terrestres contribuem mais para a matriz estrutural do ecossistema que as plantas aquáticas, e a taxa de metabolismo por volume ou peso unitário das plantas terrestres é mais baixo; por essa razão, a taxa de substituição ou *renovação* é diferente.

Tabela 2.1

Comparação entre as densidades (números/m^2) e as biomassas (gramas de peso seco/m^2) de organismos em ecossistemas aquáticos e terrestres com produtividades moderadas comparáveis.

Componente ecológico	Lagoa			Campo ou cultivo abandonado		
	Organização	N^o/m^2	g peso seco/m^2	Organização	N^o/m^2	g peso seco/m^2
Produtores	Algas fito-planctônicas	10^8–10^{10}	5,0	Angiospermas herbáceos (gramíneas e não-gramíneas)	10^2–10^3	500,0
Consumidores na camada autotrófica	Crustáceos e rotíferos zooplanctônicos	10^5–10^7	0,5	Insetos e aranhas	10^2–10^3	1,0
Consumidores na camada heterotrófica	Insetos, moluscos e crustáceos* bentônicos	10^5–10^6	4,0	Artrópodos, anelídeos e nemátodos[†] do solo	10^5–10^6	4,0
Grandes consumidores	Peixes	0,1–0,5	15,0	Aves e mamíferos	0,01–0,03	0,3[‡]–15,0[§]
Microrganismos consumidores (saprófagos)	Bactérias e fungos	10^{13}–10^{14}	1–10**	Bactérias e fungos	10^{14}–10^{15}	10–100,0**

* Incluindo animais até o tamanho de ostracodos.

[†] Incluindo animais até o tamanho de pequenos nemátodos e ácaros de solo.

[‡] Incluindo somente pequenas aves (pássaros) e pequenos mamíferos (roedores, musaranhos).

[§] Incluindo dois ou três mamíferos herbívoros grandes por hectare.

** Biomassa baseada na aproximação de 10^{13} bactérias = 1 grama de peso seco.

A **renovação** pode ser definida como a razão entre a taxa de processamento e o conteúdo. A renovação pode ser expressa como uma fração da taxa ou como um "tempo de renovação", recíproco da fração da taxa. Considere o fluxo de energia produtiva como o processamento, e a biomassa do gado (gramas de peso seco/m^2 na Tabela 2.1) como o conteúdo. Supondo que a lagoa e o campo têm uma taxa fotossintética bruta comparável de 5 $g.m^{-2}.dia^{-1}$, a taxa de renovação da lagoa seria de 5/5 ou 1, e o tempo de renovação seria de um dia. Em contraste, a taxa de renovação do campo seria 5/500 ou 0,01, e o tempo de renovação seria de cem dias. Assim, as minúsculas plantas na lagoa podem se repor em um dia quando o metabolismo do local está em seu auge; já as plantas terrestres são muito mais longevas e se renovam muito mais devagar (talvez cem anos para uma floresta grande). No Capítulo 4, o conceito de renovação será especialmente útil para o cálculo da troca de nutrientes entre organismos e ambiente.

Em ambos os ecossistemas, terrestre e aquático, grande parte da energia solar é dissipada pela evaporação da água, e somente uma pequena parte, em geral menos de 1%, se fixa anualmente pela fotossíntese. No entanto, o papel dessa evaporação na movimentação de nutrientes e na manutenção da temperatura difere entre os ecossistemas terrestres e aquáticos. Para cada grama de CO_2 fixado em um ecossistema de campo ou floresta, cerca de cem gramas de água precisam ser removidos do solo, passar pelos tecidos das plantas e transpirar (evaporar das superfícies das plantas). O uso de uma quantidade tão enorme de água não está associado à produção do fitoplâncton ou de outras plantas submersas.

Conceito de Bacia Hidrográfica

Apesar dos componentes biológicos da lagoa e do campo parecerem autocontidos, na realidade são sistemas abertos que fazem parte de sistemas de bacias hidrográficas maiores. Seu funcionamento e a relativa estabilidade ao longo dos anos são determinados muito mais pela taxa de fluxo de entrada e de saída da água, materiais e organismos de outras partes da bacia hidrográfica. Um influxo líquido de materiais geralmente ocorre quando os corpos de água são pequenos, quando o fluxo de saída é restrito, ou quando são adicionados esgoto ou efluentes industriais. Nesse caso, a lagoa se preenche e se torna um brejo que pode ser mantido por drenagens periódicas ou por queima, que remove parte da matéria orgânica acumulada. De outra forma, o corpo de água se torna um ambiente terrestre.

O termo **eutrofização cultural** ("enriquecimento cultural") é usado para indicar a poluição orgânica resultante das atividades humanas. A erosão do solo e a perda de nutrientes de uma floresta que sofreu perturbação ou um campo cultivado mal gerenciado não só empobrecem esses ecossistemas, como também tais fluxos de saída provavelmente produzirão eutrofização "a jusante" ou outros impactos. Portanto, *toda a bacia de drenagem – e não só o corpo da água ou a mancha de vegetação – deve ser considerada a unidade mínima do ecossistema* quando se trata da compreensão humana e gestão de recurso. A unidade de ecossistema para gestão prática deve, portanto, incluir para cada metro quadrado ou hectare (= 2,471 acres) de água, pelo menos 20 vezes sua área de bacia hidrográfica terrestre. Naturalmente, a razão entre a superfície de água e a área de bacia hidrográfica varia bastante e depende da precipitação, estrutura geológica das rochas subjacentes e topografia. Em outras palavras, campos, florestas, corpos de água e cidades ligados por um sistema de riacho ou rio, ou em regiões de calcário, por uma rede de drenagem subterrânea, interagem como uma unidade integrativa tanto para o estudo como para a gestão. Essa unidade integrativa, ou bacia de captação, chamada **bacia hidrográfica**, é também definida como a área de ambiente terrestre drenada por um riacho ou rio em particular. Likens e Bormann (1995) explicam o desenvolvimento da **técnica de microbacia hidrográfica** para medir a entrada e a saída de substâncias químicas provenientes de áreas de captação individuais na paisagem (no Capítulo 4 serão discutidas a ciclagem e a retenção dessas substâncias químicas). A Figura 2.4 mostra uma imagem de uma bacia hidrográfica manipulada e monitorada para estudo experimental.

O conceito de bacia hidrográfica ajuda a pôr em perspectiva muitos de nossos problemas e conflitos. Por exemplo, a causa e as soluções da poluição da água não serão encontradas olhando-se apenas a água; geralmente, a gestão incompetente da bacia hidrográfica (como as práticas convencionais de agricultura que resultam em escoamento de fertilizante) é o que destrói os recursos hídricos. A bacia de drenagem ou de captação inteira deve ser considerada uma unidade de gestão. O Parque Nacional de Everglades, localizado no sul da Flórida, nos dá um exemplo da necessidade de considerar toda a bacia de drenagem. Apesar de ser grande em área, o parque não inclui, no momento, a fonte de água doce que deve drenar em direção sul para dentro do parque para que se retenha sua ecologia peculiar. Em outras palavras, o parque não inclui toda a bacia hidrográfica. Os esforços recentes para restaurar o Everglades estão sendo focados na restauração e na limpeza do fluxo de entrada de água doce, que foi desviado para a agricultura e para

Figura 2.4 Desmatamento experimental da bacia hidrográfica no Laboratório Hidrológico de Coweeta, nas montanhas perto de Otto, Carolina do Norte: local de um programa da Long-Term Experimental Research (LTER) (pesquisa experimental de longo prazo) financiado pela National Science Foundation (Fundação Nacional da Ciência). Todas as árvores foram removidas da bacia hidrográfica em 1977 (no centro da foto), e os processos de recuperação têm sido monitorados há mais de 25 anos.

a Costa Dourada urbanizada da Flórida (Lodge, 1994). Para mais informações sobre o acoplamento dos ecossistemas terrestre e aquático, ver Likens e Bormann (1974b, 1995) e Likens (2001a).

Agroecossistemas

Os **agroecossistemas** (abreviação de *ecossistemas agrícolas*) diferem dos ecossistemas naturais e seminaturais movidos a energia solar, como lagos e florestas, de três maneiras básicas: (1) a *energia auxiliar* que aumenta ou subsidia a entrada de energia solar está sob o controle do ser humano e consiste de trabalho humano e animal, fertilizantes, pesticidas, irrigação, maquinário movido a combustível e assim por diante; (2) a *diversidade* de organismos e plantas cultivadas geralmente é reduzida (novamente pela gestão humana), a fim de maximizar a safra de produtos alimentares específicos ou outros; e (3) as plantas e os animais dominantes estão sob *seleção artificial*, em vez de seleção natural. Em outras palavras, os agroecossistemas são projetados e gerenciados para canalizar o máximo de conversão de energia solar e subsídios de energia possível em produtos comestíveis ou outros produtos vendáveis por um processo duplo: empregando energia auxiliar para fazer o trabalho de manutenção que, em sistemas naturais, seriam executados pela energia solar, permitindo assim que mais energia solar seja convertida diretamente em alimento; e por seleção genética de plantas para consumo humano e de animais domésticos para otimizar a colheita no ambiente especializado, subsidiado por energia. Como em todo uso intensivo e especializado da terra, existem custos e benefícios, incluindo erosão do solo, poluição por escoamento de pesticida e fertilizante, alto custo de subsídios de combustível, redução da biodiversidade e aumento de vulnerabilidade às mudanças de tempo e às pragas.

Aproximadamente 10% da área terrestre não coberta de gelo é área de cultivo, constituída principalmente por campos e florestas naturais, mas também de desertos e áreas úmidas. Outros 20% da área terrestre é pasto, projetados para produção de animais em vez de vegetais. Assim, 30% da superfície terrestre é dedicada à agricultura em seu sentido mais amplo. As recentes análises compreensivas acerca da situação do alimento em nível mundial enfatizam que as melhores terras (isto é, as terras mais facilmente cultiváveis por meio da tecnologia existente) estão todas em uso. As práticas agrícolas recentes mudaram do sistema convencional, com ênfase na safra de produtos baseada no aumento de subsídios, para o sistema alternativo (ou sustentável), com ênfase em pouca entrada, agricultura sustentável, redução da erosão do solo e aumento da biodiversidade (ver National Research Council [NRC], 1989).

Correndo o risco de simplificar demais, podemos dividir os agroecossistemas em três tipos (ver Figura 2.5 para os modelos):

1. **Agricultura pré-industrial**, autossuficiente e de trabalho intensivo (trabalho humano e animal fornece o subsídio de energia); proporciona alimento para o fazendeiro e sua família, e para a venda ou troca em mercados locais, mas não produz excedente para exportação (Figura 2.5A).

2. Agricultura intensiva mecanizada, subsidiada com combustível, chamada de **agricultura convencional** ou **industrial** (máquinas ou produtos químicos fornecem o subsídio de energia), produz alimento que excede as necessidades locais para exportação e venda, transformando alimento em mercadoria e em

uma importante força de mercado na economia, em vez de somente fornecer bens e serviços básicos para a vida (Figura 2.5B).

3. Agricultura sustentável de baixa entrada (ASBE), frequentemente chamada de **agricultura alternativa** (NRC, 1989), dá ênfase a safras de produto de sustento e lucro ao mesmo tempo que reduz a entrada de subsídios de combustível fóssil, pesticidas e fertilizantes (Figura 2.5C).

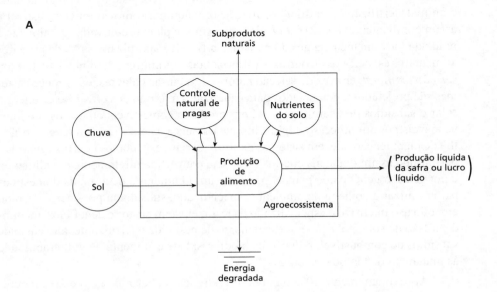

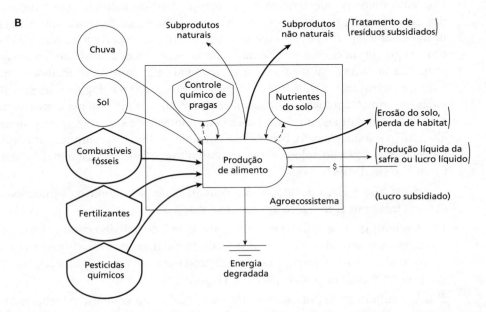

Figura 2.5 (A) Diagrama mostrando um agroecossistema natural, não subsidiado, pré-industrial e movido a energia solar (segundo Barrett et al., 1990). (B) Diagrama mostrando um agroecossistema industrial movido a energia solar e subsidiado pelo homem (segundo Barrett et al., 1990).

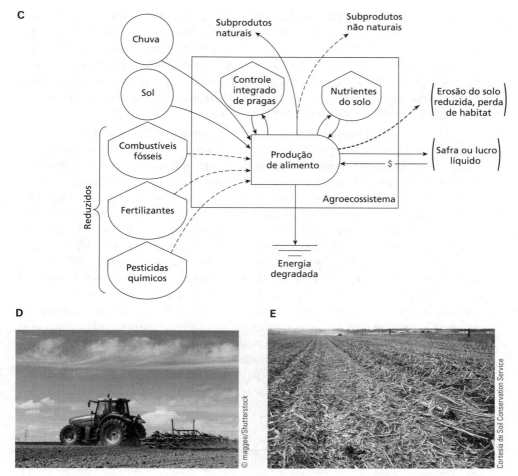

Figura 2.5 (C) Exemplo de um agroecossistema de baixa entrada, sustentável. (D) Exemplo de preparo do solo convencional (escarificação) em Iowa. Esse campo será lavrado várias vezes antes do plantio com um escarificador, resultando em perda extensiva do solo por conta da erosão pelo vento e pela chuva. (E) Exemplo de lavoura de conservação em Iowa. Foi feito o plantio direto de soja no resíduo da palha do milho cultivado do ano anterior, sem a necessidade de aragem.

Cerca de 60% das terras de cultivo mundiais estão na categoria pré-industrial, e uma grande porção delas localiza-se em países menos desenvolvidos da Ásia, da África e da América do Sul, regiões com grandes populações humanas. Uma enorme variedade de tipos foi adaptada às condições de solo, água e clima, mas para uma discussão mais geral, predominam três tipos: (1) sistemas *pastorais*; (2) agricultura *itinerante* ou de queimada (corte-e-queima); e (3) *irrigada por inundação* e outros sistemas não mecanizados.

O **pastoreio** envolve a criação de gado ou outros animais domésticos em regiões áridas e semiáridas (especialmente de savana e campo da África), com as pessoas mantendo-se por meio da criação de produtos como leite, carne e couro. A **agricultura itinerante**, antes praticada em todo o mundo, é ainda bastante comum em regiões florestais dos trópicos. Após desmatar uma área da floresta e queimar o que restou (ou às vezes deixando o material na terra para servir como cobertura), o local é cultivado por alguns anos, até que os nutrientes sejam esgotados e lixivia-

36 Fundamentos de Ecologia

dos do solo. Então, o lugar é abandonado para que rejuvenesça pelo crescimento natural da floresta. A agricultura permanente, não mecanizada, tem persistido por séculos no sudoeste da Ásia e em outros locais, alimentando milhões de pessoas. Os agroecossistemas mais produtivos são subsidiados pela **irrigação por inundação**, seja naturalmente por inundações sazonais ao longo dos rios e em deltas férteis, seja por alagamentos controlados de forma artificial, como nas antigas culturas de arroz inundado irrigadas por canais.

Os sistemas pré-industriais, no entanto – mesmo os bem adaptados, permanentes e com uso de energia eficiente –, não apresentam superávit suficiente para alimentar as cidades maiores. No passado, a agricultura mecanizada capitalizava sobre a disponibilidade de combustível relativamente barato, fertilizantes e agroquímicos (os quais requeriam grandes quantidades de combustível para ser produzidos) e, claro, sobre a tecnologia avançada, não somente em fazendas, mas também em genética, processamento de alimentos e marketing. Em um período incrivelmente curto (em relação ao longo caminho da história da agricultura), a agricultura nos Estados Unidos (Tabela 2.2) e em outros países industrializados mudou de pequenas fazendas, com uma grande porcentagem de pessoas trabalhando em áreas rurais, para apenas 3% da população cultivando extensões de terra cada vez maiores e produzindo mais alimento em menos terra. A safra do agroecossistema subsidiado por combustível em cerca de 40% das plantações do mundo causou uma trégua na corrida desesperada entre o crescimento da população humana e a produção de alimento. No entanto, a corrida ameaça se tornar severa, conforme o custo dos subsídios aumenta e cada vez mais países, incapazes de ter alimento suficiente, são forçados a importar de outros, como os Estados Unidos, que têm alimentos

Tabela 2.2

História do desenvolvimento da agricultura intensiva no centro-oeste dos Estados Unidos

Período	Tipo de agricultura
1833-1934	Cerca de 90% de pradaria, 75% de áreas úmidas e a maioria das terras florestadas em solos bons convertidas em lavoura e pasto, deixando a vegetação natural restrita principalmente à terra escarpada e a solos rasos e inférteis.
1934-1961	Intensificação da agricultura associada a subsídios em combustível e produtos químicos, mecanização e aumento da especialização na produção. A área total de terra cultivada diminuiu e a cobertura florestal aumentou 10%, pois maior colheita de alimento foi obtida em área menor.
1961-1980	Aumento no subsídio de energia, tamanho da fazenda e intensidade de plantio nos melhores solos, com ênfase em cultura contínua de grãos e safras comerciais de soja (com redução em rotação e pouso de cultivo). Grande parte dos grãos é cultivada para exportação. Aumento na perda de terra de cultivo pela urbanização e erosão do solo. Declínio também na qualidade da água em virtude do excesso de escoamento de fertilizantes e pesticidas.
1980-2000	Aumento na eficiência energética, uso de resíduos de plantio como cobertura e silagem, cultivos consorciados, agricultura sustentável de baixa entrada, controle de pragas ecológicas, e práticas agrícolas que conservam o solo, a água e os combustíveis caros, além de reduzir a poluição do ar e da água. Cultivos especiais de carboidratos desenvolvidos para a produção de álcool combustível.

Fonte: Dados de 1980-2000 baseados no NRC (1989, 1996a, 2000b).

excedentes para exportar. A Figura 2.5D mostra um campo localizado em Iowa sendo cultivado por arado, com grande equipamento típico da prática de agricultura convencional. Esse campo também será cultivado várias vezes por escarificação antes de ser plantado, resultando em extensa perda de solo por causa da erosão pelo vento e pela chuva. A Figura 2.5E, porém, ilustra a lavoura de conservação, que reduz muito a erosão, além de promover uma crescente diversidade biótica do solo e aumentar a reciclagem de nutrientes (detritos).

Se por um lado o número de fazendeiros tem declinado dramaticamente no mundo desenvolvido, com o número de animais nas fazendas não ocorre o mesmo, e a intensidade de produção de produtos animais tem crescido, equiparando-se ao número de colheitas. Assim, a carne de gado alimentado com grãos substituiu a carne de gado criado em pasto; as galinhas são criadas e manejadas como máquinas de produção de ovos e carne, mantidas em gaiolas de arame sob luz artificial, e moldadas com uma mistura de alimento para crescimento e drogas. Nos Estados Unidos, a maior parte da produção de milho (e outros grãos e soja) é utilizada como alimento para animais domésticos, os quais, por sua vez, alimentam – e talvez superalimentem – os abastados do mundo (para detalhes, ver a edição especial da revista *Science*, de 7 de fevereiro de 2003, intitulada "Obesity").

Ao pensar em pressão populacional (agora com mais de seis bilhões de humanos) sobre o ambiente e os recursos, não se deve esquecer que não só existem muito mais animais domésticos que pessoas no mundo, mas que esses animais também consomem cerca de cinco vezes mais calorias que as pessoas; ou seja, a biomassa de animais domésticos (bovinos, equinos, suínos, ovinos e aves) é cerca de cinco vezes a dos humanos em **equivalentes populacionais**, uma quantidade baseada no número de calorias consumidas pelo humano médio. Isso sem incluir os animais de estimação, que também consomem uma grande quantidade de alimentos.

Em resumo, a agricultura industrial tem aumentado muito a safra de alimentos e fibras por unidade de solo. Esse é o lado bom da tecnologia, mas existem dois aspectos negativos: (1) no mundo todo, muitas fazendas pequenas abandonam o negócio e as famílias provenientes desses locais gravitam em direção às cidades, onde se tornam consumidores em vez de produtores de alimento; e (2) a agricultura industrial tem aumentado muito a poluição difusa e a perda de solo. Para neutralizar esse último, está aumentando o uso de uma nova tecnologia chamada **agricultura sustentável de baixa entrada** (ASBE) (Figuras 2.5C e 2.5E). Para mais informações sobre ecologia de agroecossistema, ver Edwards et al. (1990), Barrett (1992), Soule e Piper (1992), W. W. Collins e Qualset (1999), Ekbom et al. (2000), NRC (2000a), Gliessman (2001) e Ryszkowski (2002).

5 Diversidade do Ecossistema
Enunciado

A **diversidade do ecossistema** pode ser definida como diversidade genética, diversidade das espécies, diversidade do habitat e diversidade dos processos funcionais que mantêm os sistemas complexos. É interessante que se reconheça dois componentes da diversidade: (1) o **componente riqueza** ou **variedade**, que pode ser expresso como o número de "tipos" de componentes (espécies, variedades genéticas, categorias de uso da terra e processos bioquímicos) por unidade de espaço; e (2) a **abundância relativa** ou **componente de repartição** das unidades individuais entre os diferentes tipos. A manutenção de diversidade de moderada a alta é importante não somente para assegurar que todos os nichos-chave funcionais estejam operando, mas, especialmente, para manter a redundância e a resiliência no ecossistema – em outras palavras, para precaver-se contra momentos estressantes (como temporais, incêndios, doenças ou mudanças de temperatura) que ocorrerão mais cedo ou mais tarde.

Explicação

O motivo pelo qual é importante levar em consideração tanto o componente abundância relativa como o componente riqueza é que dois ecossistemas podem ter a mesma riqueza, mas serem muito diferentes porque a repartição dos tipos é diferente. Por exemplo, as comunidades em dois ecossistemas diferentes podem apresentar, cada uma delas, dez espécies, mas uma das comunidades pode ter aproximadamente o mesmo número de indivíduos (digamos, dez indivíduos) em cada espécie (alta *uniformidade* ou *equitatividade*), ao passo que, na outra, a maioria dos indivíduos pode pertencer a uma única espécie dominante (baixa *uniformidade*). A maioria das paisagens naturais tem uniformidade moderada, com algumas poucas espécies comuns (**dominantes**) em cada nível trófico ou grupo taxonômico, e numerosas espécies raras. Em geral, as atividades humanas direta ou indiretamente aumentam a dominância e reduzem a uniformidade e a variedade.

Hanski (1982) chamou a atenção para a associação entre a distribuição e a abundância. Ele propôs a **hipótese de espécies nuclear-satélite** para explicar essa relação, notando que as espécies **nucleares** são comuns e de distribuição ampla, já as espécies **satélite** são raras e locais na distribuição. De acordo com essa hipótese, a distribuição de frequências dos tamanhos das amplitudes deve ter um pico para as espécies nucleares que ocupam grandes áreas, e um segundo pico para as espécies satélite que ocupam amplitudes menores. Alguns dados de fato apresentam essa distribuição bimodal de tamanhos de amplitudes (Gotelli e Simberloff, 1987), mas a maioria dos dados não é consistente com a hipótese nuclear-satélite (Nee et al., 1991).

A diversidade pode ser quantificada e comparada estatisticamente de dois modos básicos: (1) calculando-se os índices de diversidade baseados na razão entre as partes em relação ao todo, ou ni/N, em que ni é o número ou porcentagem dos *valores de importância* (como números, biomassa, área basal, produtividade) e N é o total de todos os valores de importância; e (2) construindo perfis gráficos semilog, chamados de **curvas de dominância-diversidade**, em que o número ou porcentagem de cada componente é lançado em sequência, do mais abundante para o menos abundante. Quanto mais inclinada a curva, menor a diversidade.

Exemplos

A diversidade de espécies, ou biótica, pode ser dividida em componentes de riqueza e de repartição (Figura 2.6A). O *número total de espécies por unidade de área* (m^2 ou hectare) e o *índice de diversidade de Margalef* são duas equações simples usadas para calcular a riqueza de espécies. O *índice de Shannon*, $\overline{H}$ (Shannon e Weaver, 1949), e o *índice de uniformidade de Pielou, e* (Pielou, 1966), são dois índices frequentemente usados para calcular a repartição das espécies.

A estrutura em espécies e o uso dos índices de diversidade estão ilustrados na comparação entre a pradaria de gramíneas altas sem gado e um campo de milho-miúdo cultivado, fertilizado, mas sem uso de herbicida (Tabelas 2.3 e 2.4). O padrão de poucas espécies comuns e muitas relativamente raras na pradaria de gramíneas altas (Tabela 2.3A) é típico da maioria das comunidades vegetais naturais. Essa alta diversidade contrasta com a dominância de uma espécie no campo cultivado. Se não forem usados herbicidas ou outros procedimentos de controle de ervas daninhas, é provável que ocorra algumas espécies daninhas na parcela (Tabela 2.3B).

Dois índices de repartição muito usados estão calculados para esses dois ecossistemas (Tabela 2.4). O índice de Simpson envolve a soma do quadrado de cada razão de probabilidade ni/N. O índice de Simpson varia de 0 a 1, com os valores altos indicando forte dominância e baixa diversidade. O índice de Shannon, $\overline{H}$, envolve transformações logarítmicas, como segue:

$$\overline{H} = - \sum P_i \log P_i$$

em que P_i é a proporção dos indivíduos pertencentes à i-ésima espécie.

Tabela 2.3

Comparação da estrutura em espécies da vegetação de um campo natural (A) e de um campo de cultivo de grãos (B)

(A) Estrutura das espécies da vegetação de uma pradaria de gramíneas altas sem gado em Oklahoma

Espécie	% da parcela*
Sorghastrum nutans (capim do banhado)	24
Panicum virgatum (switch grass)	12
Andropogon gerardii (big bluestem)	9
Silphium laciniatum (compass plant)	9
Desmanthus illinoensis (prikleweed)	6
Bouteloua curtipendula (side-oats grama)	6
Andropogon scoparius (little bluestem)	6
Helianthus maximiliana (girassol silvestre)	6
Schrankia nuttallii (sensitive plant)	6
Vinte espécies adicionais (média de 0,8% cada)	16
Total	100

Fonte: Rice, 1952, baseado em 40 amostras de quadrat de 1 m².

(B) Estrutura em espécies da vegetação de um campo de milho-miúdo cultivado na Geórgia

Espécie	% da parcela†
Panicum ramosum (milheto-estrela)	93
Cyperus rotundus (capim-dandá; alho)	5
Amaranthus hybridus (caruru-roxo; crista-de-galo)	1
Digitaria sanguinalis (capim-colchão)	0,5
Cassia fasciculata (sicklepod)	0,2
Seis espécies adicionais (média de 0,05% cada)	0,3
Total	100,0

Fonte: Barrett, 1968, baseado em 20 amostras de quadrat de 0,25 m² colhidas no fim de julho.

* Em porcentagem de cobertura de um total de 34% de área de cobertura da superfície do solo pela vegetação.

† Em porcentagem de peso seco de biomassa epígea.

Tabela 2.4

Comparação da variedade, dominância e diversidade das espécies na vegetação de uma pradaria natural e de um campo de cultivo de milho-miúdo.

Habitat	Número de espécies	Dominância (índice de Simpson)	Diversidade (índice de Shannon)
Pradaria natural	29	0,13	0,83
Campo de cultivo de milho-miúdo	11	0,89	0,06

Fonte: Baseado nos dados da Tabela 2.3.

Nesse índice, quanto maior o valor, mais alta a diversidade. O índice de Shannon é derivado da teoria da informação e representa um tipo de formulação muito usado para analisar a complexidade e o conteúdo de informação de todos os tipos de sistema. Como mostra a Tabela 2.4, o campo da pradaria é um ecossistema de baixa dominância e alta diversidade, quando comparado com o campo cultivado.

Uma vez calculado $\overline{H}$, a uniformidade, e, pode ser calculada dividindo-se o log do número de espécies por $\overline{H}$. O índice de Shannon é também razoavelmente independente do tamanho da amostra e tem distribuição normal, contanto que os valores de N sejam inteiros (Hutcheson, 1970), portanto métodos estatísticos rotineiros podem ser usados para testar a significância das diferenças entre as médias. A biomassa ou a produtividade, que frequentemente é mais apropriada ecologicamente, pode ser usada se não se conhece o número de indivíduos por espécie.

O uso dos perfis de diversidade está ilustrado na Figura 2.6B, que compara três diversidades em quatro florestas em um gradiente de montanha temperada até regiões tropicais. A importância relativa de cada espécie é lançada no gráfico, na sequência da mais abundante à menos abundante. Quanto mais plana a curva, maior a diversidade. Esse método gráfico revela ambos os componentes, de riqueza e de abundância relativa. Observe que o número de tipos de árvores varia de menos de 10 nas florestas de montanha alta para mais de 200 na floresta tropical úmida. A maioria das espécies nas mais diversas florestas são raras – menos de 1% do total dos valores de porcentagem de importância (biomassa ou produção).

Entre 1940 e 1982, a diversidade de cultivos (um dos vários tipos de uso terra) diminuiu na área rural central de Ohio, apesar de o número de tipos de uso de terra ter permanecido o mesmo (Barrett et al., 1990). Como diminuiu a variedade de cultivos, os campos de cultivo se tornaram maiores, especialmente para milho e soja, aumentando, assim, a dominância e reduzindo a diversidade geral, conforme medido pelo índice de Shannon (Tabela 2.5). Esse é um exemplo em que o componente diversidade mudou, enquanto o componente variedade não mudou na escala de paisagem.

6 Estudo de Ecossistemas

Enunciado

No passado, os ecólogos abordaram o estudo de ecossistemas grandes e complexos, como lagos e florestas, de duas maneiras: (1) abordagem **hológica** (de *holos* = "todo"), em que se medem as entradas e as saídas, avaliam-se as propriedades coletivas e emergentes do todo (como discutido no Capítulo 1) e então

Figura 2.6 (A) Diagrama mostrando as equações para a medida da riqueza de espécies e da repartição entre elas. (B) Comparação de curvas de dominância-diversidade de duas florestas tropicais e duas temperadas. Os valores de importância das florestas temperadas são baseados na produção primária líquida anual; os valores de importância da floresta seca na Costa Rica são valores de áreas basais de todos os galhos sobrepostos de uma dada espécie; os valores de importância da floresta amazônica são baseados em biomassa epígea (segundo Hubbell, 1979).

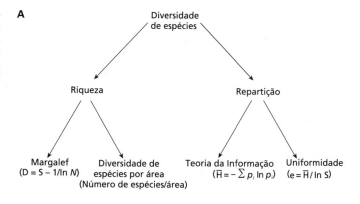

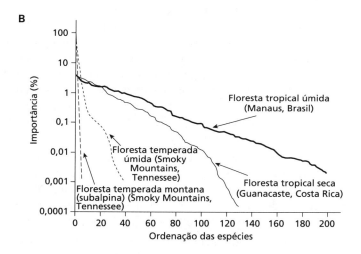

Tabela 2.5

Diversidade de paisagem da zona rural de Ohio central

Componente	Variedade (número, tipos) 1940	1982	Diversidade (índice de Shannon) 1940	1982
Cultivo	18	9	0,80	0,60
Paisagens	6	6	0,61	0,48

Fonte: Dados de Barrett et al., 1990.

se investigam as partes componentes conforme necessário; e (2) abordagem **merológica** (de *meros* = "parte"), na qual as partes importantes são estudadas primeiro e depois integradas a um sistema inteiro. Como nenhuma das abordagens por si consegue todas as respostas, está surgindo uma abordagem de níveis múltiplos, que envolve a alternância entre as abordagens de "cima para baixo" e "de baixo para cima", baseadas na teoria hierárquica. Estão sendo usadas as técnicas de modelagem experimental e *sistema de informações geográficas* (SIG) para testar hipóteses em vários níveis de organização.

Explicação e Exemplos

Em seu ensaio de 1964, "The Lacustrine Microcosm Reconsidered", o eminente ecólogo norte-americano G. E. Hutchinson citou o trabalho de E. A. Birge, sobre o balanço térmico dos lagos, como o pioneiro na abordagem hololólica. Birge concentrou seu estudo na medida dos fluxos de entrada e saída de energia do lago, em vez de focar no que aconteceu nesse local. Hutchinson contrastou esse método de estudo com a abordagem dos componentes ou merológica de Stephen A. Forbes, em seu artigo clássico de 1887, "O Lago como um Microcosmo", no qual deu ênfase às partes do sistema e tentou construir o todo com base nelas.

Enquanto os debates entre os cientistas continuam a centrar em quanto do comportamento de sistemas complexos pode ser explicado com base no comportamento de suas partes sem recorrer a níveis mais altos de organização, os ecólogos sustentam que confrontar as abordagens holísticas (hololólicas) e reducionistas (merológicas) são complementares, e não antagônicas (ver E. P. Odum, 1977; Ahl e Allen, 1996). Os componentes não podem ser distinguidos se não existe um "todo" ou "sistema" do qual os abstrair, e também não pode existir um todo a menos que existam partes constituintes. Quando os constituintes estão fortemente acoplados, as propriedades emergentes provavelmente se revelarão apenas no nível do todo. Esses atributos não serão detectados se for levada em conta apenas a abordagem merológica. Para mais discussões sobre as abordagens "de cima para baixo" e "de baixo para cima", veja Hunter e Price (1992), Power (1992), S. R. Carpenter e Kitchell (1993) e Vanni e Layne (1997).

Acima de tudo, um dado organismo pode se comportar de modo bastante diferente em sistemas diferentes, e essa variabilidade tem a ver com o modo como o organismo interage com outros componentes. Muitos insetos, por exemplo, são pragas destrutivas em um habitat agrícola, mas não em seu habitat natural, onde parasitas, competidores, predadores ou inibidores químicos os mantêm sob controle.

Um modo eficiente de ter uma visão de um ecossistema é fazer experimentos com ele (ou seja, perturbá-lo de alguma forma, na esperança de que a resposta esclareça hipóteses que tenham sido deduzidas por observação). Nos últimos anos, a *ecologia do estresse* ou a *ecologia da perturbação* se tornou um campo importante de pesquisa (como será discutido mais à frente neste capítulo). Além de manipular a coisa de fato, pode-se também ter ideias manipulando-se modelos, como discutido rapidamente no Capítulo 1. Ao longo da leitura deste livro, procure exemplos de todas essas abordagens.

7 Controle Biológico do Ambiente Geoquímico: A Hipótese Gaia

Enunciado

Os organismos individuais não só se adaptam ao ambiente físico como, por sua ação combinada nos ecossistemas, também adaptam o ambiente geoquímico às suas necessidades biológicas. O fato de a química da atmosfera, o ambiente físico fortemente tamponado da Terra e a presença de uma diversidade de vida aeróbica serem completamente diferentes das condições em qualquer outro planeta do nosso sistema solar levou à hipótese Gaia. A **hipótese Gaia** considera que os organismos, especialmente os microrganismos, evoluíram com o ambiente físico para proporcionar um sistema de controle intrincado e autorregulatório que mantém as condições favoráveis para a vida na Terra (Lovelock, 1979).

Explicação

Apesar da maioria de nós sabermos que o ambiente abiótico (fatores físicos) controla as atividades dos organismos, nem todos reconhecemos que os organismos influenciam e controlam o ambiente abiótico de muitas maneiras importantes. A natureza física e química dos materiais inertes sofre mudança constante pelos organismos, especialmente bactérias e fungos, que devolvem novos compostos e fontes de energia para o ambiente. As ações dos organismos marinhos determinam, em grande parte, o conteúdo do mar e do lodo de seu fundo. As plantas que crescem em uma duna de areia constroem um solo radicalmente diferente do substrato original. Um atol de coral no Pacífico Sul é um exemplo marcante de como os organismos modificam o ambiente abiótico. Com matérias-primas simples do mar, constroem-se ilhas inteiras por meio das atividades de animais (corais) e plantas (Figura 2.7). Os organismos controlam a própria composição de nossa atmosfera.

A extensão do controle biológico para o nível global é a base da Hipótese Gaia de James Lovelock (de *Gaia*, o nome grego da deusa Terra). Lovelock, cientista físico, inventor e engenheiro, trabalhou em conjunto com a microbiologista Lynn Margulis para explicar a hipótese Gaia em uma série de artigos e livros (Lovelock, 1979, 1988; Lovelock e Margulis, 1973; Margulis e Lovelock, 1974; Lovelock e Epton, 1975; Margulis e Sagan, 1997). Eles concluíram que a atmosfera do planeta, com seu singular conteúdo de alto oxigênio/baixo dióxido de carbono, a temperatura moderada e as condições de pH da superfície do planeta não podem ser consideradas na ausência de atividades críticas de tamponamento das primeiras formas de vida e da atividade continuada coordenada de plantas e micróbios que atenuam as flutuações dos fatores físicos – e que ocorreriam na ausência de sistemas de vida bem organizados. Por exemplo, a amônia produzida por microrganismos mantém um pH nos solos e sedimentos que é favorável a uma ampla variedade de vida. Sem essa produção organísmica, o pH dos solos na Terra poderia se tornar tão baixo que excluiria todos, menos alguns tipos de organismos.

A Figura 2.8 contrasta a atmosfera da Terra com as de Marte e Vênus, onde, se existe vida, certamente não está no controle. Em outras palavras, a atmosfera da Terra não se desenvolveu apenas de uma interação casual de forças físicas para gerar condições de sustento à vida e depois a vida evoluiu para se adaptar a essas

Figura 2.7 Atol no Pacífico Sul, um recife de coral em forma de anel localizado em Bora-Bora, na Polinésia Francesa.

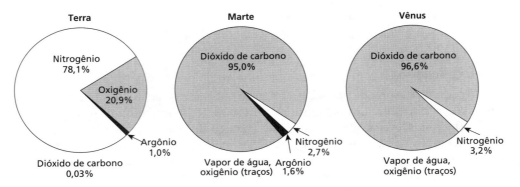

Figura 2.8 Comparações dos principais componentes da atmosfera nos planetas Terra, Marte e Vênus. As porcentagens representam números de moléculas (mol), e não pesos relativos. Os elementos sem valores e porcentagem estão presentes em quantidades traço (segundo Margulis e Olendzenski, 1992).

condições. Em vez disso, os organismos, desde o início, desempenharam um papel importante no desenvolvimento e controle de um ambiente geoquímico que lhes fosse favorável. Lovelock e Margulis visualizaram a teia de vida dos microrganismos operando em um "cinturão marrom" como um sistema de controle intricado que funciona para manter um equilíbrio pulsante e homeorético. Esse controle (Gaia) torna a Terra um sistema complexo, mas cibernético unificado. Tudo isso é muito mais uma hipótese ou uma mera metáfora para muitos cientistas céticos, apesar de a maioria aceitar uma forte influência biológica na atmosfera. Lovelock admite que a "busca por Gaia" tem sido longa e difícil, porque seria necessário envolver centenas de processos em um mecanismo de controle integrado de tal magnitude.

Evidentemente, os humanos, mais que qualquer outra espécie, tentam modificar o ambiente físico para suprir suas necessidades imediatas, mas, ao fazê-lo, estão cada vez mais míopes. Os componentes bióticos necessários para nossa existência fisiológica estão sendo destruídos, e o equilíbrio global está começando a ser perturbado e modificado – um processo tipicamente chamado **mudança climática global**. Por sermos heterótrofos, que prosperam mais perto do fim das complexas cadeias alimentares e de energia, dependemos do ambiente natural, por mais sofisticada que seja a nossa tecnologia. As cidades podem ser vistas como "parasitas" na biosfera se considerarmos o que já designamos como **recursos de sustento à vida**, a saber, ar, água, combustível e alimento. Quanto maiores e mais avançadas tecnologicamente, mais as cidades exigem do entorno rural e maior o perigo de danificar o capital natural (para conhecer os benefícios fornecidos às sociedades humanas pelos ecossistemas naturais, ver Daily et al., 1997).

Exemplos

Um dos artigos clássicos que sugerimos para a leitura dos estudantes é o ensaio resumido de Alfred Redfield, "The Biological Control Of Chemical Factors in the Environment", publicado em 1958. Redfield organizou a evidência para mostrar que o conteúdo de oxigênio no ar e o conteúdo de nitrato no mar são produzidos e controlados em grande parte por atividade orgânica e, além disso, que as quantidades desses componentes vitais no mar são determinadas pela biociclagem do fósforo. Esse sistema é tão intricadamente organizado quanto um excelente relógio, porém, ao contrário de um relógio, esse regulador marinho não foi criado por engenheiros e é, falando de modo comparativo, pouco entendido. Os livros de Lovelock estendem a hipótese de Redfield em nível global. Ver também *The Self--Organizing Universe*, de Jantsch (1980).

A bacia do Cobre, em Copperhill, Tennessee, e uma área devastada semelhante, perto de Sudbury, Ontário, Canadá (Gunn, 1995), ilustram em pequena escala como seria uma terra sem vida. Nessas áreas, os vapores de ácido sulfúrico das caldeiras de cobre e níquel exterminaram todas as plantas enraizadas ao longo de uma área tão grande que pode ser vista do espaço como cicatrizes na face da Terra. Um tipo de fundição, conhecido como "ustulação", envolvia a ignição de grandes pilhas de minério, madeira verde e coque. Essas pilhas eram então fundidas continuamente, emitindo vapores ácidos. A maior parte do solo erodiu, deixando um "deserto" espetacular que parece uma paisagem de Marte. Apesar de a mineração ter parado, a recuperação natural tem sido muito lenta. Em Copperhill, o reflorestamento artificial usando fertilização intensa com minerais e lodo de esgoto tem tido algum sucesso. O plantio de mudas de pinheiros inoculados com fungos de raiz simbióticos, que ajudam a árvore na extração de nutrientes dos solos empobrecidos, tem sobrevivido por si mesmo após a grande entrada de fertilizantes ter sido esgotada (E. P. Odum e Biever, 1984). Pelo menos, esses experimentos demonstram que ecossistemas localmente danificados podem ser restaurados até certo grau, mas somente com grande esforço e muito gasto.

O monte Santa Helena revela o impacto da perturbação natural, seguida por uma recuperação ou um processo de restauração rápida (Figuras 2.9A e 2.9B; ver Capítulo 8 para informações adicionais sobre desenvolvimento de ecossistemas). A **ecologia da restauração** é uma ciência relativamente nova, dirigida ao manejo de comunidades, ecossistemas e paisagens que tenham sido danificadas por poluição, invasão de espécies exóticas ou perturbações humanas. *A prevenção da poluição, das espécies invasoras ou das perturbações humanas é, evidentemente, melhor que a cura*. Por essa razão, a ciência da **saúde do ecossistema** deve ser companheira íntima da ecologia da restauração (ou reabilitação), assim como a medicina preventiva é companheira íntima da saúde humana e do controle de doenças. Para leitura complementar, ver W. R. Jordan et al. (1987) e Rapport et al. (1998).

8 Produção e Decomposição Globais

Enunciado

Todos os anos, aproximadamente 10^{17} gramas (cerca de cem bilhões de toneladas) de matéria orgânica são produzidos na Terra por organismos fotossintetizantes. Uma quantidade aproximadamente equivalente é oxidada de volta para CO_2 e H_2O durante o mesmo intervalo de tempo, como resultado da atividade respiratória dos organismos vivos. *Todavia, o balanço não é exato*.

Na maior parte do tempo geológico, desde o início do período Pré-Cambriano, uma fração muito pequena, mas significativa, da matéria orgânica produzida foi decomposta de forma incompleta em sedimentos anaeróbicos (anóxicos) ou enterrada e fossilizada sem ter sido respirada ou decomposta. Esse excesso de produção orgânica provavelmente contribuiu para uma redução de CO_2 e o acúmulo de oxigênio na atmosfera aos altos níveis dos tempos geológicos recentes, embora a formação de calcário que remove o CO_2 da atmosfera por longos períodos pro-

Figura 2.9 (A) Monte Santa Helena, localizado nas montanhas Cascade a sudoeste de Washington, após sua erupção, em 18 de maio de 1980. Uma luxuriante floresta de abetos de Douglas cobria essa área antes de a erupção (uma perturbação natural) remover toda a vegetação. (B) A mesma área 16 meses mais tarde. Esse sistema mostrou uma rápida taxa de recuperação do ecossistema depois dessa perturbação natural, comparada com a baixa taxa de recuperação que se seguiu a uma perturbação humana (tóxica).

vavelmente também tenha sido importante nesse aspecto. De qualquer maneira, o alto teor de O_2 e baixo de CO_2 tornaram possível a evolução e a sobrevivência continuada das formas superiores de vida.

Cerca de 300 milhões de anos atrás, o excesso de produção formou os combustíveis fósseis que tornaram possível a Revolução Industrial. Durante os últimos 60 milhões de anos, o deslocamento nos equilíbrios bióticos, associado às variações na atividade vulcânica, intemperismo das rochas, sedimentação e entrada de energia solar, resultou na oscilação da razão CO_2/O_2 da atmosfera. As oscilações no CO_2 atmosférico têm sido associadas – e provavelmente causaram o aquecimento e o resfriamento alternado dos climas. Durante o último meio século, as atividades agroindustriais humanas têm elevado significativamente a concentração de CO_2 na atmosfera. Em 1997, os chefes de estado se encontraram em Quioto, no Japão, para tentar encontrar meios de reduzir as emissões de CO_2 por causa do potencial de alteração do clima que agora se apresenta como um sério problema global.

Os materiais orgânicos produzidos fora do ecossistema são chamados de entradas **alóctones** (do grego *chthonos* = "da terra", e *allos* = "outro"); a fotossíntese que ocorre no ecossistema é chamada de produção **autóctone**. Nas subseções que se seguem, procuramos dar igual atenção aos detalhes da produção e decomposição orgânicas. O equilíbrio – ou a falta dele – entre a produção e a respiração (razão P/R) local, global e nas sequências do desenvolvimento do ecossistema (ver Capítulo 8), com o balanço entre o custo de produção e manutenção nos tecnoecossistemas humanos, são, talvez, os números mais importantes que precisamos conhecer se quisermos entender e lidar com os mundos atual e futuro.

Explicações

Tipos de Fotossíntese e de Organismos Produtores

Quimicamente, o processo fotossintético envolve o armazenamento de uma parte da energia solar como energia potencial ou "ligada" no alimento. A equação geral da reação de oxirredução pode ser escrita como segue:

$$CO_2 + 2H_2A \xrightarrow[\text{energia}]{\text{luz}} (CH_2O) + 2A$$

sendo a oxidação

$$2H_2A \longrightarrow 4H + 2A$$

e a redução

$$4H + CO_2 \longrightarrow (CH_2O) + H_2O$$

Para as plantas verdes em geral (bactérias verdes, algas e plantas superiores), A é oxigênio, ou seja, a água é oxidada com a liberação de oxigênio gasoso, e o dióxido de carbono é reduzido a carboidrato (CH_2O) com liberação de água. Como descoberto alguns anos atrás, usando-se traçadores radioativos, que o oxigênio na equação seguinte vem da entrada de água, a equação equilibrada da fotossíntese é:

$$6CO_2 + 12H_2O \xrightarrow[\text{energia}]{\text{luz}} C_6H_{12}O_6 + 6O_2 + 6H_2O$$

Em alguns tipos de fotossíntese bacteriana, porém, H_2A (o *redutor*) não é água, mas um composto inorgânico de enxofre, como o sulfeto de hidrogênio (H_2S) nas bactérias sulfurosas verdes e púrpuras (*Chlorobacteriaceae* e *Thiorhodaceae*, respectivamente), ou um composto orgânico, como nas bactérias não sulfurosas púrpuras e pardas (*Athiorhodaceae*). Consequentemente, o oxigênio *não* é liberado nesses tipos de processos bacterianos.

As **bactérias fotossintetizantes** que fatoram oxigênio como um subproduto são na maioria **cianobactérias** aquáticas (marinhas e de água doce) que, na maior parte das situações, têm um papel menos importante na produção de matéria orgânica. No entanto, elas podem funcionar sob condições desfavoráveis e fazem de fato a ciclagem de alguns minerais em sedimentos aquáticos. As bactérias sulfurosas verdes e púrpuras, por exemplo, são importantes para o ciclo do enxofre. Elas são **anaeróbias obrigatórias** (capazes de funcionar somente na ausência de oxigênio) e ocorrem na camada limiar entre as zonas oxidada e reduzida em sedimentos ou água nos quais a intensidade luminosa é baixa. O lodo das planícies de marés é um bom lugar para observar essas bactérias, porque frequentemente formam camadas distintas de rosa e púrpura, logo abaixo da camada superior verde das algas de lodo (em outras palavras, exatamente na borda superior da zona anaeróbica ou reduzida, onde existe luz, mas não muito oxigênio). Em contraste, as bactérias fotossintetizantes não sulfurosas são geralmente **anaeróbias facultativas** (capazes de funcionar com ou sem oxigênio). Elas também podem funcionar como heterótrofas na ausência de luz, como muitas algas. A fotossíntese bacteriana pode ser útil em águas poluídas e eutróficas, por essa razão, está sendo cada vez mais estudada, mas não substitui a fotossíntese "normal", geradora de oxigênio do qual depende o mundo.

As diferenças nos caminhos bioquímicos para redução do dióxido de carbono (a parte de redução da equação) em plantas superiores têm implicações ecológicas importantes. Na maioria das plantas, a fixação do dióxido de carbono segue o **ciclo de fosfato pentose C_3** ou **ciclo de Calvin**, que por muitos anos foi o esquema aceito para a fotossíntese. Então, na década de 1960, os fisiólogos de plantas descobriram que certas plantas reduzem o dióxido de carbono de modo diferente, de acordo com um **ciclo de ácido dicarboxílico C_4**. Essas plantas C_4 têm cloroplastos grandes nas bainhas do feixe em torno das nervuras das folhas – uma característica morfológica distinta notada há um século, mas que não se suspeitava ser indicador de uma característica fisiológica importante. E mais: as plantas que usam o ciclo do ácido dicarboxílico respondem de um modo diferente à luz, à temperatura e à água. Para discutir as implicações ecológicas, os dois tipos fotossintetizantes são designados **plantas C_3 e C_4**.

A Figura 2.10 contrasta a resposta de plantas C_3 e C_4 à luz e à temperatura. As plantas C_3 tendem a ter o pico da taxa de fotossíntese (por unidade de superfície de folha) a intensidades luminosas e temperaturas moderadas e tendem a ser inibidas por altas temperaturas e pela intensidade plena da luz solar. Em contraste, as plantas C_4 são adaptadas à luz intensa e a altas temperaturas, excedendo em muito a produção de plantas C_3 sob essas condições. Elas também usam água de modo mais eficiente, geralmente necessitam de menos de 400 gramas de água para produzir 1 grama de matéria seca, em comparação com 400 a 1.000 gramas de água exigidas pelas plantas C_3. Além disso, as plantas C_4 não são inibidas por altas concentrações de oxigênio como as espécies C_3.

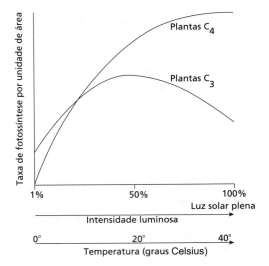

Figura 2.10 Resposta fotossintetizante comparativa entre as plantas C_3 e C_4 ao aumento da intensidade luminosa e temperatura. Picos de taxa de fotossíntese das plantas C_3 ocorrem em intensidades moderadas de luz e temperatura, enquanto as plantas C_4 desenvolvem-se sob condições de luz plena e alta temperatura.

Uma razão de as plantas C_4 serem mais eficientes no extremo superior das escalas de luminosidade e temperatura é por que elas têm pequena fotorrespiração, ou seja, o fotossintato das plantas não é todo gasto pela respiração conforme a intensidade luminosa aumenta. Alguns trabalhos relatam as plantas C_4 como tendo mais resistência à herbivoria por insetos (Caswell et al., 1973), talvez por sua tendência a ter um conteúdo proteico mais baixo. Haines e Hanson (1979), porém, relataram que o detrito produzido pelas plantas C_4 foi fonte de alimento mais rica para os consumidores em marisma do que aquele originário das plantas C_3.

As espécies com fotossíntese do tipo C_4 são especialmente numerosas na família das gramíneas (*Gramineae*). Como seria de se esperar, as espécies C_4 dominam na vegetação de desertos e campos em climas tropicais e temperados quentes, mas são raras em florestas e em latitudes nubladas ao norte, onde predominam baixas temperaturas e intensidades luminosas. A Tabela 2.6 ilustra como a proporção das espécies C_4 aumenta ao longo de um gradiente entre os prados frescos e úmidos do centro-oeste dos Estados Unidos e os desertos quentes e secos do sudoeste, e também como as proporções C_4/C_3 diferem com as estações do ano em desertos temperados. Não é de surpreender que a gramínea *Digitaria sanguinalis*, uma praga lendária de certos gramados, seja uma espécie C_4, assim como um grande número de outras "ervas daninhas" que prosperam em espaços abertos e quentes feitos pelo homem.

Apesar de sua eficiência fotossintética mais baixa no nível de folha, as plantas C_3 são responsáveis pela maior parte da produção fotossintética do mundo, supostamente porque são mais competitivas em comunidades mistas, nas quais existem efeitos de sombreamento e a luz e a temperatura são medianas em vez de extremas (observe na Figura 2.10 que as plantas C_3 superam as C_4 em desempenho sob condições de baixas luminosidade e temperatura). Isso parece ser outro bom exemplo do princípio de que "o todo não é a soma das partes". *A sobrevivência no mundo real não é sempre das espécies que são apenas superiores fisiologicamente sob condições ótimas na monocultura, mas sim daquelas que são superiores em cultivo múltiplo sob condições variáveis, que nem sempre são ótimas.* Em outras palavras, o que é eficiente em isolamento não é necessariamente eficiente no ecossistema, em que a interação entre as espécies e o ambiente abiótico é vital para a seleção natural.

As plantas das quais os humanos hoje dependem para alimento, como trigo, arroz, batata e a maioria das hortaliças, são, em sua maior parte, plantas C_3, pois a maioria das culturas aptas à agricultura mecanizada foi desenvolvida na zona temperada do norte. As culturas de origem tropical, como milho, sorgo e cana-de-

Tabela 2.6

Porcentagem de espécies C_4 em uma transecção leste-oeste dos campos e desertos dos Estados Unidos

Ecossistema	% de espécies C_4
Pradaria de gramíneas altas	50
Campo de gramíneas mistas	67
Campo de gramíneas curtas	100
Deserto – plantas anuais de verão	100
Deserto – plantas anuais de inverno	0

Fonte: Segundo E. P. Odum, 1983.

-açúcar, são plantas C$_4$. Obviamente, deveriam ser desenvolvidas mais variedades de plantas C$_4$ para uso em desertos irrigados e nos trópicos.

Outro modo fotossintetizante especialmente adaptado aos desertos é o **metabolismo ácido das crassuláceas** (MAC). Várias plantas suculentas do deserto, inclusive os cactos, mantêm seus estômatos fechados durante as horas quentes do dia e os abrem durante o frescor da noite. O dióxido de carbono absorvido através das aberturas das folhas é armazenado em ácidos orgânicos (daí o nome), e não "fixos" até o dia seguinte. Essa *fotossíntese adiada* reduz muito a perda de água durante o dia, aumentando assim a capacidade da planta suculenta de manter o balanço hídrico e o armazenamento da água.

Os microrganismos chamados de **bactérias quimiossintetizantes** são considerados **quimiolitotróficos**, pois obtêm sua energia para assimilação do dióxido de carbono em componentes celulares não por fotossíntese, mas pela oxidação química de compostos inorgânicos simples – por exemplo, de amônia para nitrito, de nitrito para nitrato, de sulfeto para enxofre e de ferro ferroso para férrico. Eles podem crescer no escuro, mas a maioria requer oxigênio. A bactéria sulfurosa *Thiobacillus*, frequentemente abundante nas fontes sulfurosas, e as várias bactérias de nitrogênio, que são importantes no ciclo do nitrogênio, são alguns exemplos.

Na maior parte das vezes, as quimiolitotróficas estão mais envolvidas na recuperação do carbono do que na produção primária, pois sua fonte definitiva de energia é a matéria orgânica produzida pela fotossíntese. No entanto, em 1977, foram descobertos ecossistemas de profundezas marinhas singulares, inteiramente baseados em bactérias quimiossintetizantes não dependentes de fonte de fotossintato. Esses ecossistemas estão localizados em áreas totalmente escuras, onde o assoalho marinho está se separando, criando fontes ou respiradouros dos quais escapa água sulfurosa quente, rica em minerais. Nesse local, evoluiu uma teia alimentar completa da maior parte de organismos marinhos **endêmicos** (ou seja, espécies não encontradas em nenhum outro lugar). A cadeia alimentar inicia-se nas bactérias que obtêm sua energia para fixar o carbono e produzir matéria orgânica por meio da oxidação do sulfato de hidrogênio (H$_2$S) e outros compostos químicos. Caramujos e outros raspadores que se alimentam no tapete bacteriano nas partes mais frias da estrutura do respiradouro; estranhos mariscos de 30 centímetros de comprimento e vermes cilíndricos de 3 metros de comprimento evoluíram para uma relação mutualista com as bactérias quimiossintetizantes que vivem em seus tecidos; e existem também caranguejos e peixes predadores. Essas comunidades do respiradouro são, na verdade, um antigo ecossistema impulsionado geotermicamente, pois o calor do centro da Terra produz os compostos de enxofre reduzido, que são a fonte de energia para esse ecossistema. A Figura 2.11 apresenta um diagrama da estrutura do respiradouro. Para revisões e fotos de alguns dos animais, ver Tunnicliffe (1992).

Na escala global, entre as formas de vida multicelulares, a distinção entre autótrofos e heterótrofos é nítida, e o oxigênio gasoso é essencial para a sobrevivência da maioria dos heterótrofos. No entanto, entre os microrganismos – bactérias, fungos, algas mais primitivas e protozoários – muitas espécies e variedades não são tão especializadas. Até certo ponto, elas são adaptadas para serem intermediárias ou para deslocar entre a autotrofia e a heterotrofia, com ou sem oxigênio.

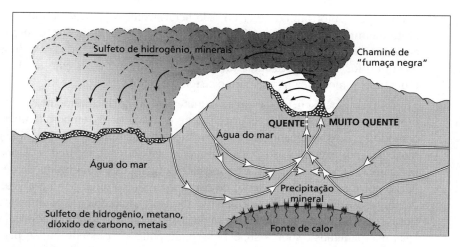

Figura 2.11 Diagrama de fonte termal de profundezas marinhas. Respiradouros vulcânicos nas cordilheiras mesoceânicas produzem emissões de "fumaça negra" ricas em sulfeto de hidrogênio e minerais. A chaminé do respiradouro é coberta por "lapas" (gastrópodos), vermes submarinos (como poliquetos) e grandes vermes cilíndricos. Caranguejos e mexilhões também vivem em meio aos depósitos ricos (cortesia de V. Tunnicliffe).

Tipos de Decomposição e Decompositores

No mundo, em geral, os processos heterotróficos da decomposição (*catabolismo*) equilibram o metabolismo autotrófico (*anabolismo*), como indicado no enunciado desta seção, mas o equilíbrio varia muito localmente. Se considerarmos a decomposição em seu sentido amplo como "qualquer oxidação biótica produtora de energia", então vários tipos de decomposição se comparam, grosso modo, aos tipos de fotossíntese quando se considera a necessidade de oxigênio:

- Tipo 1. Respiração aeróbica – o oxigênio gasoso (molecular) é o aceptor de elétron (oxidante).
- Tipo 2. Respiração anaeróbica – o oxigênio gasoso não está envolvido. Um composto inorgânico que não o oxigênio, ou um composto orgânico, é o aceptor de elétron (oxidante).
- Tipo 3. Fermentação – também anaeróbica, mas o composto orgânico oxidado também é o aceptor de elétron (oxidante).

Respiração aeróbica (tipo 1) é o reverso da fotossíntese; é o processo pelo qual a matéria orgânica (CH_2O) é decomposta de volta para CO_2 e H_2O com a liberação de energia. Todas as plantas e animais superiores e a maioria das moneras e protistas obtêm sua energia para manutenção e para a formação do material celular dessa maneira. A respiração completa produz CO_2, H_2O e material celular, mas o processo pode ser incompleto, deixando os compostos orgânicos que contêm energia para serem usados mais tarde por outros organismos. A equação da respiração aeróbica é escrita como se segue:

$$C_6H_{12}O_6 + 6O_2 \longrightarrow 6CO_2 + 6H_2O$$

Como você deve se lembrar, durante a fotossíntese, a energia solar é capturada e armazenada em ligações de alta energia em carboidratos; há liberação de oxigênio no processo. O carboidrato (como o açúcar monossacarídeo, $C_6H_{12}O_6$)

é usado pelo autótrofo ou ingerido pelo heterótrofo. A energia contida no carboidrato é emitida durante a respiração via glicose e o ciclo de Krebs; o dióxido de carbono e a água são também liberados. Virtualmente, em todos os ecossistemas, os autótrofos fotossintetizantes fornecem energia para o sistema total. Assim, a fonte mais remota de energia para o sistema é o Sol.

A respiração sem O_2 (**respiração anaeróbica**) é principalmente restrita aos saprófagos, como bactérias, leveduras, fungos e protozoários, embora também ocorra como um processo dependente em certos tecidos de animais superiores (contração muscular, por exemplo). As *bactérias metanogênicas* são exemplos de anaeróbios obrigatórios que decompõem os compostos orgânicos com a produção de metano (CH_4) por meio da redução tanto de carbono orgânico quanto mineral (carbonato) empregando, assim, os dois tipos de metabolismo anaeróbico. Em ambientes aquáticos, como brejos e pântanos de água doce, o gás metano, também conhecido como "gás dos pântanos", sobe à superfície, onde pode ser oxidado ou, se pegar fogo, pode ser anunciado como OVNI (objeto voador não identificado)! As bactérias metanogênicas também estão envolvidas na degradação de forragem no rume do gado ou de outros ruminantes. Conforme exaurirmos os suprimentos de gás natural e de outros combustíveis fósseis, esses micróbios podem ser domesticados para produzir metano em grande escala usando esterco ou outras fontes orgânicas.

Desulfovíbrio e outras variedades de bactéria redutoras de sulfato são exemplos ecologicamente importantes da respiração anaeróbica (tipo 2), porque reduzem o SO_4 a gás H_2S em sedimentos profundos e águas anóxicas, como é o caso do Mar Negro. O H_2S pode subir para sedimentos rasos ou águas de superfície, onde é oxidado por outros organismos (a bactéria sulfurosa fotossintetizante, por exemplo). Alternativamente, H_2S pode se combinar com Fe, Cu e muitos outros minerais. Há milhões de anos, a produção microbiana dos minerais pode ter sido responsável por muitos dos nossos mais valiosos depósitos de minério de metal. Do lado negativo, as bactérias que reduzem o sulfato causam prejuízos anuais de bilhões de dólares por provocar a corrosão dos metais pelo H_2S que produzem. As *leveduras*, com certeza, são exemplos bem conhecidos de organismos que usam a **fermentação** (tipo 3). Não são só comercialmente importantes, mas também abundantes no solo, onde ajudam a decompor os resíduos de plantas.

Como já indicado, muitos tipos de bactéria são capazes de ter ambas as respirações, aeróbica e anaeróbica, mas os produtos finais das duas reações serão diferentes, e a quantidade de energia emitida será muito menor sob condições anaeróbicas. Por exemplo, a mesma espécie de bactéria, *Aerobacter*, pode crescer sob condições anaeróbicas e aeróbicas com a glicose como sua fonte de carbono. Quando o oxigênio está presente, quase toda a glicose é convertida em biomassa bacteriana e CO_2, mas, na ausência do oxigênio, a decomposição é incompleta, uma porção muito menor da glicose é transformada em carbono celular, e uma série de compostos orgânicos (como etanol, ácido fórmico, ácido acético e butanodiol) é liberada para o ambiente. Seriam necessárias bactérias especialistas adicionais para prosseguir a oxidação desses compostos e recuperar energia adicional. Quando a taxa de entrada dos detritos orgânicos nos solos e nos sedimentos é alta, bactérias, fungos, protozoários e outros organismos criam condições anaeróbicas exaurindo o oxigênio mais rápido do que ele pode se difundir na água e no solo. A decomposição não para, ela continua frequentemente a uma taxa mais baixa, desde que haja uma diversidade adequada de tipos metabólicos microbianos anaeróbicos.

A Figura 2.12 ilustra os produtos finais do metabolismo aeróbico e anaeróbico quando a entrada de nutrientes (como esgoto doméstico não tratado) ocorre em um córrego ou rio. Antes da entrada pontual do esgoto, o córrego é caracterizado por uma abundância de oxigênio dissolvido e uma alta diversidade de espécies. A entrada de esgoto resulta em uma **demanda biológica de oxigênio** (DBO), causada pela respiração bacteriana durante a decomposição dos produtos do resíduo. Assim, o sistema do riacho se torna mais anaeróbico, resultado do processo de decomposição, e é caracterizado pelo decréscimo do oxigênio e redução da diversidade biótica. Observe que os produtos finais do metabolismo anaeróbico contêm ácidos, álcoois e produtos que podem prejudicar a vida aquática no córrego.

Apesar de os decompositores anaeróbicos (tanto obrigatórios como facultativos) serem componentes inconspícuos da comunidade, eles são importantes no ecossistema porque sozinhos podem respirar ou fermentar a matéria orgânica no escuro, em camadas sem oxigênio do solo e dos sedimentos aquáticos. Dessa maneira, eles "resgatam" a energia e os materiais temporariamente perdidos nos detritos dos solos e dos sedimentos.

O mundo anaeróbico atual pode ser um modelo evidente do mundo primitivo, porque se acredita que as primeiras formas de vida eram procariotos anaeróbicos. Rich (1978) descreveu a evolução da vida em duas etapas, como a seguir: primeiro

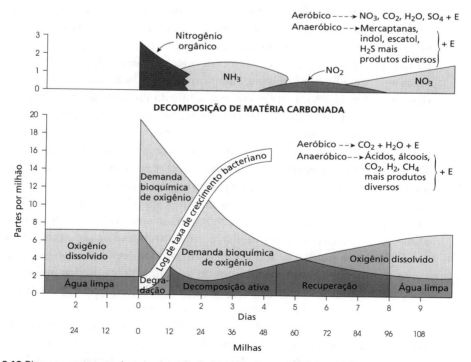

Figura 2.12 Diagrama representando os produtos finais do metabolismo aeróbico e anaeróbico quando uma grande dosagem de lodo contendo matéria nitrogenada e carbonada entra em um córrego. Essa entrada de nutrientes causa rapidamente uma demanda bioquímica de oxigênio no sistema.

a vida Pré-Cambriana evoluiu conforme aumentou a energia livre da extensão do transporte de elétrons (aumentou a *qualidade* da energia disponível para os organismos). Na segunda etapa, foi fixado o domínio da evolução multicelular convencional, o valor energético de uma unidade de matéria orgânica (principal aceptor de elétron = oxigênio) e a vida evoluiu em resposta à *quantidade* de energia disponível para os organismos.

No mundo atual, os compostos inorgânicos e orgânicos reduzidos, produzidos por processos microbianos anaeróbicos, servem como depósitos de carbono e de energia, da energia fixada por fotossíntese. Quanto mais tarde forem expostos às condições aeróbicas, os compostos servem como substratos para heterótrofos aeróbicos. Como consequência, os dois estilos de vida estão intimamente ligados e funcionam juntos para benefício mútuo. Por exemplo, uma estação de tratamento de esgoto, que é um subsistema de decomposição projetado pelo homem, depende da parceria entre decompositores anaeróbicos e aeróbicos para obter a eficiência máxima.

Decomposição: Uma Visão Geral

A decomposição resulta de ambos os processos, abiótico e biótico. Por exemplo, os incêndios de pradaria e floresta não são só importantes fatores limitantes e de controle (como será discutido adiante), mas também "decompositores" de detritos, que liberam grandes quantidades de CO_2 e outros gases na atmosfera, e minerais no solo. O incêndio é um processo importante – até mesmo necessário – para os assim chamados ecossistemas *dependentes do fogo* (dependentes de perturbação), no qual as condições físicas são tais que os decompositores microbianos não dão conta da produção orgânica. A ação triturante do congelamento e degelo e do fluxo de água também quebra as matérias orgânicas, reduzindo em parte o tamanho das partículas. De modo geral, no entanto, os microrganismos heterotróficos ou saprófagos agem, em última instância, sobre corpos mortos de vegetais e animais. Esse tipo de decomposição, certamente, é o resultado do processo pelo qual bactérias e fungos obtêm alimento. A decomposição, portanto, ocorre por intermédio das transformações de energia dentro de organismos e entre eles – e é uma função absolutamente vital. Se não ocorresse, todos os nutrientes logo estariam presos a corpos mortos, e nenhuma vida nova poderia ser produzida. Nas células bacterianas e dos micélios de fungo existem enzimas necessárias para levar a cabo reações químicas específicas. Essas enzimas são secretadas dentro da matéria morta; alguns dos produtos da decomposição são absorvidos pelo organismo como alimento, ao passo que outros permanecem no ambiente ou são excretados das células. Nenhuma espécie de saprótrofo sozinha pode decompor completamente um corpo morto. No entanto, populações de decompositores predominantes na biosfera consistem de muitas espécies que, por sua ação sequencial, podem decompor completamente um corpo. Nem todas as partes dos corpos dos vegetais e animais são degradadas na mesma velocidade. Gorduras, açúcares e proteínas são prontamente decompostas; a celulose das plantas, a lignina da madeira, a quitina dos insetos e os ossos dos animais são decompostos muito lentamente. A Figura 2.13 mostra uma comparação entre as taxas de decomposição de espartina (gramínea) e

Figura 2.13 Exemplo de decomposição em uma marisma na Geórgia. Taxas de decomposição, em termos de porcentagem de espartina (*Spartina alterniflora*) e caranguejo-chama-maré (*Uca pugnax* I) mortos, que restam em bolsas de decomposição de tela de náilon, colocados na marisma, sujeitas à submersão diária pela maré.

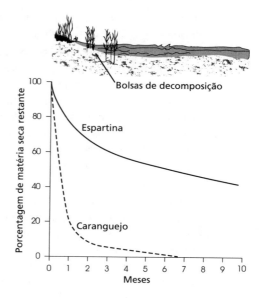

caranguejos-chama-maré mortos colocados em "bolsas de decomposição" de tela de náilon em uma marisma na Geórgia. Note que a maior parte dos restos animais permanece e cerca de 25% do peso seco da espartina foi decomposto em cerca de dois meses, mas os 75% restantes da espartina, principalmente a celulose, foram degradados de forma mais lenta. Após dez meses, permaneceu 40% da espartina, mas todo o resto do caranguejo tinha desaparecido da bolsa. Como os detritos se tornam finamente particulados e escapam da bolsa, as atividades intensas dos microrganismos resultam em enriquecimento por nitrogênio e proteína, fornecendo, assim, um alimento mais nutritivo para os animais que se alimentam de detritos. O modelo gráfico da Figura 2.14 mostra que a decomposição da serapilheira da floresta (folhas e galhos) é muito influenciada pelo conteúdo de lignina (polímeros resistentes da madeira) e pelas condições climáticas. Até algumas décadas atrás, acreditava-se que a lignina era decomposta apenas na presença de oxigênio. No entanto, pesquisas demonstraram que mesmo compostos muito resistentes podem

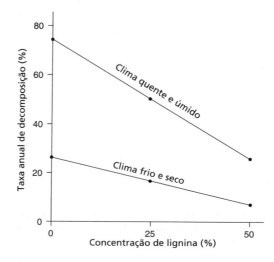

Figura 2.14 Decomposição da serapilheira da floresta como função do conteúdo de lignina e do clima (segundo Meentemeyer, 1978).

ser degradados por microrganismos (apesar de muito lentamente) sob condições anaeróbicas (Benner et al., 1984).

Os produtos de decomposição mais resistentes resultam em **húmus** (ou **substâncias húmicas**), componente universal dos ecossistemas. É conveniente reconhecer quatro estágios da decomposição: (1) *lixiviação* inicial, a perda de açúcares solúveis e outros compostos que são dissolvidos e carregados pela água; (2) formação de detritos particulados por ação física e biológica (*fragmentação*) acompanhada pela liberação de matéria orgânica dissolvida; (3) *produção* relativamente rápida de húmus e liberação de compostos orgânicos solúveis adicionais pelos saprótrofos; e (4) *mineralização* mais lenta do húmus. A **mineralização** é a liberação de nutrientes organicamente ligados por forma inorgânica, disponível para vegetais e micróbios.

A demora na decomposição das substâncias húmicas é um fator na defasagem da decomposição e no acúmulo de oxigênio em um ecossistema que tenha passado por estresse. Em sua aparência geral, o húmus é uma substância escura, com frequência marrom-amarelada, amorfa ou coloidal, difícil de ser quimicamente caracterizada. Não existem grandes diferenças entre as propriedades físicas ou a estrutura química do húmus entre os ecossistemas terrestres, mas estudos sugerem que os materiais húmicos marinhos têm origem diferente e, portanto, estrutura distinta. Essa diferença está relacionada com o fato de não existirem plantas lenhosas, ricas em lignina, no mar, portanto os compostos húmicos são derivados de substâncias químicas menos aromáticas de algas.

Em termos químicos, as substâncias húmicas são condensações de compostos aromáticos (fenóis) combinados com os produtos de decomposição de proteínas e polissacarídeos. Um modelo para a estrutura molecular do húmus derivado de lignocelulose é mostrado na Figura 2.15. Os anéis de benzeno fenólicos e a ligação da cadeia lateral tornam esses compostos recalcitrantes à decomposição microbiana. Ironicamente, muitos dos materiais tóxicos que os humanos estão agora adicionando ao ambiente, como herbicidas, pesticidas e efluentes industriais, são derivados do benzeno e estão causando sérios problemas por causa de sua baixa degradabilidade e grande toxicidade.

O balanço geral de energia de um ecossistema reflete o equilíbrio entre a entrada e o gasto (ou seja, um equilíbrio entre produção e decomposição), assim como em uma conta bancária. O ecossistema ganha energia por meio da assimilação fotossintética da luz pelas plantas verdes (autótrofas) e do transporte de matéria orgânica para o ecossistema de fontes externas. Falaremos mais sobre esse equilíbrio entre produção, P, e a decomposição ou respiração, R, no Capítulo 3.

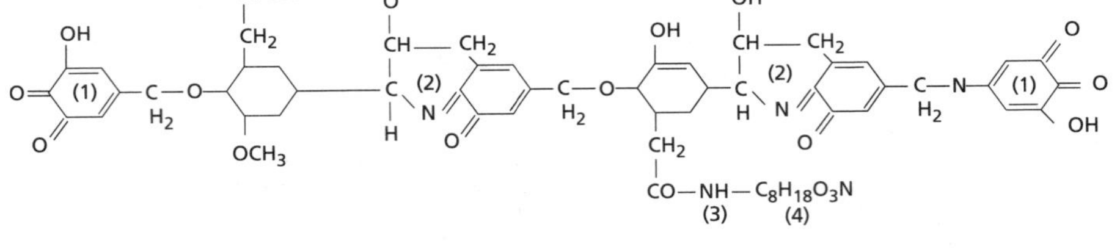

Figura 2.15 Modelo de uma molécula de ácido húmico ilustrando (1) anéis benzênicos aromáticos ou fenólicos; (2) anéis cíclicos de nitrogênio; (3) cadeias laterais de nitrogênio; e (4) resíduos de carboidrato; todos tornam difícil a decomposição de substâncias húmicas.

Detritos, substâncias húmicas e outras matérias orgânicas em decomposição são importantes para a fertilidade do solo. Esses materiais fornecem uma textura de solo favorável para o crescimento dos vegetais. Como os jardineiros sabem, adicionar matéria orgânica podre ou decomposta à maioria dos solos aumenta em muito a possibilidade de o canteiro do jardim produzir legumes e flores. Além disso, vários compostos orgânicos formam complexos com os minerais que afetam muito a disponibilidade biológica desses minerais. Por exemplo, a **quelação** (de *chele* = "garra", referindo-se a "agarrar"), ou formação de complexo com íons metálicos, mantém o elemento em solução e atóxico quando comparado aos sais inorgânicos do metal. Como o esgoto industrial está cheio de metais tóxicos, é uma sorte os quelantes, que são produtos de decomposição natural de matéria orgânica, trabalharem para mitigar os efeitos tóxicos nos organismos. Por exemplo, a toxicidade do cobre para o fitoplâncton está correlacionada com a concentração do íon livre (Cu^{++}), não com a concentração total de cobre. Como consequência, um dado valor de cobre é menos tóxico em um ambiente marinho costeiro organicamente rico do que em mar aberto, onde há menos matéria orgânica para complexar com o metal.

Os solos são compostos de uma combinação variável de minerais, matéria orgânica, água e ar. As definições atuais de solo (Coleman e Crossley, 1996) incluem a frase "com seus organismos vivos". Assim, o solo saudável e fértil é vivo e composto de elementos bióticos e abióticos com muitas interações (ver Capítulo 5 para detalhes referentes à ecologia do solo).

Numerosos estudos demonstram que pequenos animais (como protozoários, ácaros de solo, colêmbolos, ostrácodos, nemátodos, caracóis e minhocas) são muito importantes na decomposição e na manutenção da fertilidade do solo. Quando essa microfauna é removida seletivamente, a degradação do material vegetal morto é muito retardada, como mostra a Figura 2.16. Apesar de muitos animais comedores de detrito (*detritívoros*) não conseguirem de fato digerir os substratos da lignocelulose, eles obtêm a maior parte de sua energia alimentar da microflora do material,

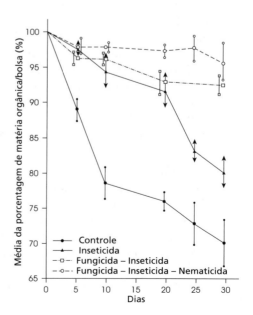

Figura 2.16 A perda de matéria orgânica das bolsas de decomposição enterradas em um campo é bastante desacelerada quando se remove seletivamente microartrópodos, fungos ou nemátodos (segundo Santos et al., 1981). Esses dados demonstram a importância de pequenos invertebrados e fungos na decomposição da matéria orgânica do solo.

acelerando a decomposição do detrito vegetal de várias maneiras indiretas: (1) degradando detrito ou **matéria orgânica particulada grossa** (MOPG) em pedaços menores, aumentando assim a área superficial disponível para a ação microbiana; (2) adicionando proteínas ou outras substâncias (frequentemente presentes na excreção de animais) que estimulam o crescimento microbiano; e (3) estimulando o crescimento e a atividade metabólica dessas populações microbianas, comendo um pouco das bactérias e fungos. Além disso, muitos detritívoros são **coprófagos** (de *kopros* = "esterco"), ou seja, regularmente ingerem pelotas fecais após estas terem sido enriquecidas por fungos e atividades microbianas no ambiente. No mar, os tunicados pelágicos se alimentam extraindo a microflora da água, produzindo grandes pelotas fecais que têm se mostrado uma fonte importante para outros animais marinhos, inclusive peixes. Nos campos, os coelhos também exibem frequentemente o comportamento coprofágico ingerindo suas próprias pelotas fecais.

A importância do tamanho das partículas é revelada em uma comparação entre agricultura com preparo da terra e de plantio direto. No preparo convencional, que envolve aragem profunda uma ou mais vezes por ano, os resíduos orgânicos são fragmentados em pequenos pedaços, resultando em uma cadeia alimentar de detrito baseada em bactérias. Quando a aragem é reduzida ou eliminada (plantio direto ou limitado), predomina uma cadeia alimentar baseada em fungos, pois estes são mais eficientes na degradação de partículas maiores do que as bactérias. Os detritívoros, como as minhocas, são mais abundantes quando se reduz a aragem (Hendrix et al., 1986). Vários estudos também indicaram que os fagótrofos podem acelerar a decomposição do esgoto e realmente o fazem (ver NRC, 1996b, "Use of Reclaimed Water and Sludge in Food Crop Production", para detalhes sobre os custos e benefícios do uso do lodo de esgoto e água servida nos agroecossistemas para produção em cultivos).

Apesar de a mineralização de matéria orgânica que fornece nutrientes vegetais ter sido enfatizada como a função primária da decomposição, outra função tem recebido mais atenção dos ecólogos. Além da importância dos saprótrofos como alimento para outros organismos, as substâncias orgânicas liberadas no ambiente durante a decomposição podem ter efeitos profundos no crescimento de outros organismos no ecossistema. Julian Huxley sugeriu, em 1935, o termo "hormônios de difusão externa" para aquelas substâncias químicas que exercem uma ação correlativa (ou de retroalimentação) no sistema por meios externos. No entanto, os termos **metabólitos secundários** ou **compostos secundários** são os rótulos mais usados para as substâncias excretadas por uma espécie que afeta as outras. Essas substâncias podem ser inibidoras, como no caso do antibiótico penicilina (produzida por um fungo), ou estimulantes, como em várias vitaminas e outras substâncias de crescimento (por exemplo, tiamina, vitamina B_{12}, biotina, histidina, uracil e outras), muitas das quais não foram identificadas quimicamente.

A inibição direta de uma espécie por outra usando compostos prejudiciais ou tóxicos é chamada **alelopatia**. Essas excreções são comumente chamadas **substâncias alelopáticas** (de *allelon* = "de um a outro", e *pathy* = "sofrimento"). As algas liberam substâncias que têm efeitos importantes na estrutura e na função de comunidades aquáticas. As excreções inibitórias de folhas e raízes de plantas superiores também são importantes nesse aspecto. As nogueiras pretas (*Juglans nigra*), por exemplo, são conhecidas pela produção de juglona, uma substância química alelopática que interfere na capacidade de outras plantas em se estabelecerem ao seu redor. Foi demonstrado que os metabolitos alelopáticos interagem de modo complexo com o fogo no controle da vegetação do deserto e do chaparral. Em climas secos, essas excreções tendem a se acumular e por isso têm mais efeito do que sob condições chuvosas. Whittaker e Feeny (1971), Rice (1974), Harborne (1982), Gopal e Goel (1993) e Seigler (1996) detalharam o papel das excreções bioquímicas no desenvolvimento e na estruturação das comunidades.

Em resumo, a degradação da matéria orgânica é um processo longo e complexo, que envolve sequências de várias espécies e substâncias químicas – *uma biodiversidade extremamente importante a ser mantida*. A decomposição controla diversas funções importantes no ecossistema. Por exemplo, (1) recicla nutrientes por meio da mineralização de matéria orgânica morta; (2) quela e complexa os nutrientes minerais; (3) recupera nutrientes e energia por intermédio dos microrganismos; (4) produz alimento para a sequência de organismos da cadeira alimentar de detrito; (5) produz metabolitos secundários que podem ser inibidores ou estimulantes e frequentemente reguladores; (6) modifica materiais inertes na superfície da Terra para produzir, por exemplo, o complexo terrestre sem igual conhecido como "solo"; e (7) mantém uma atmosfera que conduz à vida de aeróbios de grande biomassa, como os humanos.

Novos Métodos Moleculares para o Estudo da Decomposição

O estudo das comunidades microbianas envolvidas na decomposição foi muito limitado até recentemente pela nossa incapacidade de identificar ou discriminar as muitas espécies de bactéria envolvidas. Exceto por algumas espécies morfologicamente incomuns, todas as bactérias parecem similares aos humanos quando vistas em um microscópio. As células que parecem idênticas, no entanto, podem estar gerando processos muito diferentes. Recentemente, métodos baseados em marcar células com sondas de DNA curtas muito específicas tornaram possível identificar bactérias em amostras de solo, sedimentos e água, e até determinar se uma célula individual possui ou não um gene para decompor compostos específicos. Essas técnicas moleculares também oferecem a esperança de indicar se o gene está "ligado" ou não na célula. Essas técnicas tornarão possível descrever como funcionam as comunidades de decompositores, com o mesmo nível de detalhes que os ecólogos têm sido capazes de aplicar em comunidades de organismos superiores.

Balanço Global de Produção-Decomposição

Apesar do amplo espectro e da grande variedade de funções na natureza, a classificação simples do decompositor-autótrofo-heterótrofo é um bom esquema de trabalho para descrever a estrutura ecológica de uma comunidade biótica. *Produção, consumo* e *decomposição* são termos úteis para descrever as funções gerais. Essas e outras categorias ecológicas pertencem a *funções* e não necessariamente a *espécies* em si, porque uma população de uma espécie em particular pode estar envolvida em mais de uma função básica. As espécies individuais de bactérias, fungos, protozoários e algas podem ser bastante especializadas metabolicamente, mas no aspecto coletivo esses filos inferiores são bastante versáteis e podem executar numerosas transformações bioquímicas. Os seres humanos e outros organismos superiores não podem viver sem o que LaMont Cole uma vez chamou de "micróbios amistosos" (Cole, 1966); os microrganismos fornecem um certo grau

60 Fundamentos de Ecologia

de estabilidade e sustentabilidade ao ecossistema porque podem se ajustar rapidamente a mudanças de condições.

A defasagem entre o uso heterotrófico completo e a decomposição dos produtos do metabolismo autotrófico é uma das características espaço-temporais mais importantes da ecosfera. Entender isso é especialmente importante para as sociedades industrializadas, pois os combustíveis fósseis se acumularam na terra e o oxigênio se acumulou na atmosfera por causa dessa defasagem. É uma preocupação imediata que as atividades humanas estão de forma involuntária, mas muito rapidamente, acelerando a decomposição: (1) pela queima da matéria orgânica armazenada em combustíveis fósseis; (2) por práticas agrícolas que aumentam a taxa de decomposição do húmus; e (3) pelo desflorestamento e queima de madeira (ainda a principal fonte de energia de dois terços das pessoas que vivem em nações menos desenvolvidas) em escala mundial. Todas essas atividades emitem no ar o CO_2 armazenado no carvão, no petróleo, nas árvores e no húmus profundo das florestas. Embora a quantidade de CO_2 difundida na atmosfera pelas atividades agroindustriais ainda seja pequena, comparada com a quantidade total em circulação, a concentração de CO_2 na atmosfera tem aumentado significativamente desde 1900. As possíveis consequências da modificação do clima serão revistas no Capítulo 4.

9 Microcosmos, Mesocosmos e Macrocosmos

Enunciado

Pequenos mundos autocontidos, ou **microcosmos**, em garrafas ou outros recipientes, como aquários, podem simular em miniatura a natureza dos ecossistemas. Esses recipientes podem ser considerados *microecossistemas*. Os grandes tanques experimentais ou recintos externos, chamados **mesocosmos** ("mundos de tamanho médio"), são modelos experimentais mais realistas porque estão sujeitos a fatores ambientais naturalmente pulsantes, como luz e temperatura, e podem conter organismos maiores com histórias de vida mais complexas. O planeta Terra, grandes bacias hidrográficas ou paisagens naturais, chamados **macrocosmos** (o mundo natural ou "grande"), são os sistemas naturais usados como base de referência ou medidas de "controle".

Um mesocosmo autocontido que inclui humanos, chamado *Biosfera-2*, foi uma primeira tentativa de construir um recinto biorregenerativo como poderá ser um dia construído na Lua ou em planetas mais próximos. As astronaves e estações espaciais, como são operadas hoje, não são autocontidas e podem permanecer no espaço somente por pouco tempo, a menos que sejam frequentemente reabastecidas da Terra. As características e processos da biosfera evoluída naturalmente devem ser pareados à "esfera sintética" industrial projetada pelo homem (Severinghaus et al., 1994), de modo a projetar sistemas que imitem a sustentabilidade do ecossistema.

Explicação e Exemplos

Dois tipos básicos de microcosmos de laboratório podem ser distinguidos: (1) microecossistemas derivados diretamente da natureza por semeadura múltipla de meios de cultura com amostras ambientais; e (2) sistemas construídos adicionando-se espécies de culturas *puras* ou *axênicas* (livres de outros organismos vivos) até que se obtenham as combinações desejadas. Os sistemas derivados resultantes representam a natureza "desmontada" ou "simplificada" para organismos que podem sobreviver e funcionar juntos por um longo período nos limites do recipiente, do meio de cultura e do ambiente de luz e temperatura imposto pelo executor do experimento. Portanto, tais sistemas normalmente tencionam simular alguma situação específica do ambiente externo. Por exemplo, o microcosmo mostrado na Figura 2.17 é obtido de tanque de esgoto; o exemplo na Figura 2.18 mostra um **microcosmo aquático padronizado** (MAP). Um problema com microecossistemas derivados é que sua composição exata – especialmente de bactérias – é difícil de determinar. O uso ecológico de sistemas derivados ou "de múltiplas semeaduras" foi iniciado por H. T. Odum e seus alunos.

Na abordagem axênica, os sistemas definidos são construídos adicionando-se componentes previamente isolados e estudados com cuidado (Figura 2.17). As culturas resultantes são chamadas **gnotobióticas** porque se conhece a composição

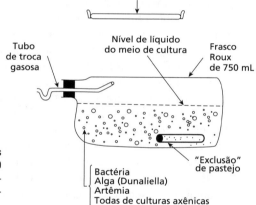

Figura 2.17 Microcosmo gnotobiótico contendo três espécies provenientes de culturas axênicas ("puras"). O tubo fornece uma área onde as algas podem se multiplicar livres de pastejo por artêmias, para evitar o sobrepastejo (segundo Nixon, 1969).

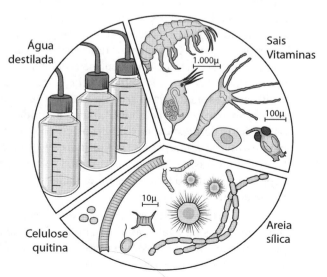

Figura 2.18 Diagrama de montagem de um microcosmo aquático padronizado (MAP). (Ilustração: Marcelo A.Ventura)

exata, até mesmo a presença ou ausência de bactérias. Culturas gnotobióticas têm sido usadas principalmente para estudar a nutrição, a bioquímica e outros aspectos de espécies ou cepas únicas, ou para estudar as interações das espécies, mas os ecólogos têm feito experimentos com culturas *poliaxênicas* mais complexas para planejar ecossistemas autocontidos (Taub, 1989, 1993, 1997; Taub et al., 1998). Essas abordagens contrastantes com microecossistema de laboratório fazem paralelo com dois modos de prestígio (holol008ico e merológico), nos quais os ecólogos têm procurado estudar lagos e outros sistemas grandes no mundo real. Para uma revisão dos trabalhos ecológicos iniciais com microcosmos e uma discussão sobre a controvérsia do aquário equilibrado, ver Beyers (1964), Giesy (1980), Beyers e Odum (1995) e Taub (1993, 1997).

Existe uma noção errônea a respeito do aquário de peixe "equilibrado". Pode-se conseguir um equilíbrio apropriado entre gases e alimentos em um aquário se a razão entre peixe e água permanecer pequena. Em 1851, Robert Warington "estabeleceu um equilíbrio maravilhoso e admirável entre os reinos animal e vegetal" em um aquário de 45,5 litros, usando alguns peixes-vermelhos, caracóis e muita valisnéria (*Vallisneria*), e também uma diversidade de microrganismos associados (Warington, 1851). Ele não só reconheceu o papel recíproco de peixes e plantas como também observou corretamente a importância do caracol detritívoro "decompondo a vegetação e o muco", e assim "convertendo aquilo que agiria como um agente venenoso em um alimento nutritivo e fértil para o crescimento de vegetais". A maioria das tentativas de equilibrar os aquários falha porque são armazenados muitos peixes para os recursos disponíveis (um caso elementar de superpopulação). Para ter autossuficiência completa, um peixe de tamanho médio precisa de muitos metros cúbicos de água e da continuidade de organismos para alimento. Como a motivação normal em ter um aquário em casa, no escritório ou na escola é "apreciar os peixes", são necessários subsídios de alimento, aeração e limpeza periódica se for apinhar um grande número de peixes em pequenos espaços. O aquarista amador, em outras palavras, faria melhor se estabelecesse os aquários baseando-se na ciência do ecossistema. Peixes – e seres humanos – exigem mais espaço do que se pensa!

Grandes tanques externos e canais de água corrente para sistemas aquáticos e vários tipos de recintos para sistemas terrestres representam **mesocosmos** experimentais cada vez mais usados, que são intermediários entre os sistemas de cultura em laboratório e os ecossistemas ou paisagens naturais. A Figura 2.19 mostra diversos tanques experimentais que servem como mesocosmos aquáticos. O fundo do tanque é coberto de sedimento e adiciona-se água e organismos, baseando-se nas questões a serem respondidas pela pesquisa. Esses mesocosmos acompanham muito bem as mudanças sazonais que ocorrem naturalmente no comportamento dos organismos e no metabolismo da comunidade (produção e respiração). Tanto os modelos de mesocosmos internos como externos fornecem ferramentas úteis para estimar a tentativa ou, preliminarmente, os efeitos dos poluentes ou perturbações impostas de forma experimental relacionadas com a atividade humana. O papel dos estudos de mesocosmo em análise de risco ecológico foi resumido por Boyle e Fairchild (1997).

Vários tipos de mesocosmos terrestres cercados (Figura 2.20) também têm se mostrado úteis na avaliação do efeito do fogo, de pesticidas e do enriquecimento por nutrientes em ecossistemas inteiros (Barrett, 1968, 1988; Crowner e Barrett, 1979; W. P. Carson e Barrett, 1988; Hall et al., 1991; Brewer et al., 1994), e no

Figura 2.19 Mesocosmo aquático experimental localizado no Savannah River Ecology Laboratory (SREL), perto de Aiken, Carolina do Sul.

questionamento e no teste de hipóteses em agroecologia e ecologia da paisagem (Barrett et al., 1995; R. J. Collins e Barrett 1997; Peles et al., 1998). Por exemplo, Barrett (1968), ao avaliar os efeitos de um estresse agudo por inseticida sobre um mesocosmo de campo, determinou não somente que a aplicação do inseticida reduziu os insetos fitófagos "alvo" em curto prazo, mas também que no tratamento houve redução na taxa de decomposição do detrito vegetal, atraso na reprodução de pequenos mamíferos (*Sigmodon hispidus*) e redução na diversidade de insetos predadores em longo prazo. Assim, essa abordagem de mesocosmo ilustrou como uma aplicação "recomendada" de inseticida afetou a dinâmica do sistema como um todo. Para mais informações sobre conceito e abordagem de mesocosmo, veja E. P. Odum (1984) e Boyle e Fairchild (1997).

A pesquisa em micro e mesoecossistema está se mostrando útil também no teste de várias hipóteses ecológicas geradas pela observação da natureza. Por exemplo, os mesocosmos terrestres mostrados na Figura 2.20 foram projetados para avaliar os efeitos da fragmentação do habitat (mancha) sobre a dinâmica populacional da arganaz-do-prado (*Microtus pennsylvanicus*) em manchas de paisagem experimental. Os resultados desse experimento indicam que significativamente mais fêmeas do que machos foram encontradas no tratamento fragmentado de um habitat total de tamanho igual, resultando em diferenças na estrutura social das populações de arganaz-do-prado (R. J. Collins e Barrett, 1997); as descobertas de-

Figura 2.20 Fotografia aérea de 16 mesocosmos terrestres no Miami University Ecology Research Center, Oxford, Ohio. Esta figura mostra como a abordagem do mesocosmo pode ser usada para investigar a restauração de habitat (oito mesocosmos subdivididos à esquerda) e os efeitos da fragmentação do habitat (mancha) na dinâmica populacional de mamíferos pequenos (arganaz-do-prado) (oito mesocosmos à direita). Os mesocosmos (cercados) à direita mostram planejamento experimental regular pareado em que os cercados são usados para simular componentes de paisagem (mancha e matriz), segundo R. J. Collins e Barrett, 1997.

monstraram que a fragmentação do habitat pode ter efeitos tanto positivos quanto negativos em espécies particulares. Nos próximos capítulos, será descrito como as pesquisas de microcosmo e mesocosmo ajudaram a estabelecer e esclarecer princípios básicos ecológicos.

Espaçonave como um Ecossistema

Um modo de visualizar um modelo de ecossistema é pensar sobre a viagem espacial. Quando deixamos a biosfera para exploração que dure vários anos, devemos levar conosco um ambiente fechado severamente delimitado, que possa suprir todas as necessidades vitais ao se usar a luz solar como entrada de energia do espaço. Para jornadas de alguns dias ou semanas, como ida e volta à Lua, não precisamos de um ecossistema completamente autossustentável, porque podem ser estocados oxigênio e alimentos suficientes, bem como CO_2 e outros produtos residuais podem ser fixados ou destoxificados por curtos períodos. No entanto, para longas jornadas, como viagens a planetas ou para estabelecer colônias espaciais, precisamos projetar uma espaçonave regenerativa que inclua todas as substâncias abióticas vitais e os meios para reciclá-las. Os processos vitais de produção, consumo e decomposição também devem ser efetuados por componentes bióticos ou substitutos mecânicos de maneira equilibrada. Em um sentido muito real, a espaçonave autocontida é um *mesocosmo humano*.

Os módulos de suporte à vida para todas as espaçonaves tripuladas lançadas até agora têm sido do tipo *estocado*; em alguns casos, a água e os gases atmosféricos têm sido parcialmente regenerados por meios físico-químicos. A possibilidade de acoplar seres humanos e microrganismos, como algas e bactérias de hidrogênio, foi considerada, mas julgada impraticável. Organismos maiores – especialmente para a produção de alimento –, diversidade considerável e, acima de tudo, grandes volumes de ar e água seriam exigidos por um ecossistema realmente regenerativo e que pudesse sobreviver por longos períodos no espaço sem reabastecimento da Terra (ver nosso comentário sobre a grande porção de espaço necessário para um único peixe ou ser humano). Portanto, teria de ser incluído algo parecido com a agricultura convencional e outras comunidades vegetais.

O problema crítico é como providenciar a capacidade de tamponamento da atmosfera e dos oceanos, que estabiliza a biosfera como um todo. Para cada metro quadrado da superfície da Terra, mais de mil metros cúbicos de atmosfera e quase 10 mil metros cúbicos de oceano, mais grandes volumes de vegetação permanente, estão disponíveis como escoadouros, reguladores e recicladores. Obviamente, para se viver no espaço, alguns desses trabalhos de tamponamento terão de ser executados mecanicamente, usando energia solar (e talvez energia atômica). A National Aeronautics and Space Administration (Nasa) concluiu: "É um ponto discutível se pode ser construído um ecossistema artificial, totalmente fechado à entrada ou saída de massa, com reciclagem completa e regulado por seus componentes biológicos" (MacElroy e Averner, 1978). No entanto, entre 1991 e 1993, foi construído na Terra um protótipo de mesocosmo, financiado por fundos privados completamente independentes da Nasa. Eis um breve relato da Biosfera-2.

O Experimento Biosfera-2

Para determinar o que realmente será necessário para manter um grupo de pessoas na Lua ou em Marte em uma base biorregenerativa, foi construída uma cápsula na Terra chamada **Biosfera-2** (sendo a Terra a Biosfera-1) no deserto de Sonoran, a 50 quilômetros ao norte de Tucson, Arizona. A Figura 2.21 mostra o recinto de 1,27 hectare (3,24 acres), hermético, coberto de vidro e suas estruturas externas para suporte. No outono de 1991, oito pessoas foram lacradas em uma cápsula, onde viveram por dois anos, sem qualquer troca de material com o exterior, apesar de serem supridas de abundante fluxo de energia (como exigido por qualquer sistema de sustento à vida) e troca irrestrita de informações (como rádio, televisão e telefone).

Cerca de 80% do espaço interno da Biosfera-2 é ocupado por meia dúzia de habitats naturais, desde floresta úmida até deserto. Esses tipos de habitat fornecem grande quantidade de biodiversidade, pois se espera que algumas dessas espécies dentro do recinto irão prosperar, ao passo que outras podem não se adaptar e acabarão sendo perdidas. A maior parte da área remanescente (cerca de 16%, ou 0,2 hectare) é ocupada por cultivos (a asa agrícola) que alimenta os humanos e um pequeno número de animais domésticos (cabras, porcos e galinhas) que fornecem leite e um pouco de carne para a dieta de baixo colesterol dos habitantes humanos. O habitat humano, onde as oito pessoas têm seus quartos – a área urbana –, é muito pequeno, cerca de 4% do espaço. A alocação do espaço foi feita entre os três tipos básicos de ambiente – natural, cultivado e desenvolvido –, similar às proporções de uso da terra nos Estados Unidos. No entanto, na Biosfera-2 não existem automóveis ou indústrias poluentes na "área desenvolvida". Se houvesse – ou se a população fosse aumentar, seria necessário muito mais ambiente de suporte à vida. Para mais descrições e fotos, ver J. Allen (1991).

No outono de 1993, os oito "biosferianos" emergiram de seus dois anos de isolamento ainda conversando uns com os outros e em melhores condições de saúde do que quando entraram. O maquinário complexo que manteve a circulação e a reciclagem do ar e da água, o aquecimento, o resfriamento e assim por diante, funcionou bastante bem. A energia solar que entrava era suficiente para manter as hortas de alimento intensivamente tratadas, incluindo bananeiras em tinas localizadas em pontos ensolarados por toda a área do recinto. No entanto, a fotossíntese total não foi suficiente para manter o equilíbrio do oxigênio e do dióxido de carbono; durante os últimos seis meses, teve de ser adicionado oxigênio para evitar a "doença da altitude". Aparentemente, a redução de luz pelo vidro, o tempo nublado externo incomum e o solo orgânico rico, trazido para a ala agrícola, combinaram para reduzir a produção e o aumento de consumo de oxigênio mais que o previsto (Severinghaus et al., 1994).

Alguns cientistas criticaram o experimento da Biosfera-2 por não ser "ciência de verdade", pois os membros da tripulação não eram cientistas, mas pessoas que foram selecionadas por sua capacidade de trabalhar juntas, produzir seu próprio alimento e controlar os aparelhos – e por sua vontade de viver em um nível de subsistência por dois anos. A tripulação, por exemplo, teve de passar cerca de 45% de seu tempo acordada produzindo e preparando alimentos, 25% em manutenção e reparos, 20% em comunicação e 5% em pequenos projetos de pesquisa, o que

Figura 2.21 Imagens da Biosfera-2, um mesocosmo biorregenerativo experimental e suas estruturas de suporte. O espaço confinado por vidro de 1,3 hectare combina sistemas e controles naturais e artificiais. Por dois anos, de 1991 a 1993, oito pessoas viveram em isolamento na cápsula com entradas de energia (solar e de combustível fóssil) e trocas de informação. O oxigênio teve de ser adicionado durante os últimos seis meses do estudo porque a fotossíntese total não foi suficiente para manter o equilíbrio do oxigênio e do dióxido de carbono (Severinghaus et al., 1994).

deixou pouco tempo (5%) para relaxamento e recreação. Encarado como um exercício em ecologia humana e engenharia ambiental, o experimento foi um sucesso. Acima de tudo, demonstrou como será difícil e caro manter vida humana no espaço sem o contínuo reabastecimento da Terra. Essa abordagem de mesocosmo também demonstrou os benefícios dos serviços naturais do ecossistema fornecidos às sociedades humanas (Daily et al., 1997). Infelizmente, o futuro da Biosfera-2 como instalação de pesquisa experimental (mesocosmo) permanece duvidoso (Mervis, 2003).

Apesar de não sermos ainda capazes de construir um mesocosmo humano – e de não sabermos se teremos recursos para fazê-lo mesmo se soubéssemos como –, os entusiastas por colonização espacial predizem que durante o século XXI, milhões de pessoas estarão vivendo em colônias espaciais, sustentadas por uma biota cuidadosamente selecionada, livre de pragas e outros organismos indesejáveis ou improdutivos que as pessoas da Terra enfrentam. A colonização bem-sucedida da "alta fronteira" (conforme seus proponentes) permitiria o crescimento continuado da população humana e prosperidade muito depois de esse crescimento não ser mais possível no confinamento do planeta Terra. A energia solar e a riqueza mineral das luas e asteróides poderiam ser exploradas para manter esse crescimento. No entanto, problemas sociais, econômicos, políticos e de poluição dentro de um desses mesocosmos seriam mesmo impressionantes. A extensão com que as forças sociopolíticas moldam e limitam a vida humana e o crescimento na Terra será discutida mais à frente neste livro. De qualquer modo, é prudente cuidar do futuro da Terra em vez de planejar escapar de uma biosfera moribunda, mudando-se para as colônias espaciais.

10 Cibernética do Ecossistema

Enunciado

Além dos fluxos de energia e dos ciclos de material, como foi brevemente descrito na seção 1 (e mais detalhadamente nos Capítulos 3 e 4), os ecossistemas são ricos em redes de informação, incluindo fluxos de comunicação físicas e químicas que ligam todas as partes e dirigem ou regulam o sistema como um todo. Portanto, os ecossistemas podem ser considerados *cibernéticos* (de *kybernetes* = "piloto" ou "governador") em sua natureza, mas, como enfatizado no Capítulo 1, a cibernética acima dos níveis de organização de organismo é muito diferente daquela no nível de organismos ou de aparelhos de controle mecânico. As funções de controle na natureza são internas e difusas (sem pontos de ajuste) em vez de externas e especificadas (por pontos de ajuste), como nos aparelhos cibernéticos construídos por humanos. A falta de controle por pontos de ajuste resulta em um *estado pulsante* em vez de um *estado estável*. A variância, ou o grau no qual a estabilidade é alcançada, muda amplamente, dependendo do rigor do ambiente externo e da eficiência dos controles internos. É útil reconhecer dois tipos de estabilidade: a *estabilidade de resistência* (capacidade de permanecer "firme" diante do estresse) e a *estabilidade de resiliência* (capacidade de se recuperar rapidamente); as duas podem estar relacionadas de modo inverso.

Explicações e Exemplos

Os princípios elementares da **cibernética** estão modelados na Figura 2.22, que compara A, um sistema de controle automático de busca de objetivos com controles externos específicos, como em um aparelho mecânico, com B, um sistema não teleológico com regulação de subsistema difuso. Em ambos os casos, o controle depende da **retroalimentação**, que ocorre quando parte da saída retroalimenta-se como entrada. Quando essa entrada de retroalimentação é positiva (como juros compostos, que se permite tornar parte do principal), a quantidade aumenta. A **retroalimentação positiva** acelera o desvio e é, com certeza, necessária para o crescimento e sobrevivência dos organismos. No entanto, para atingir o controle – por exemplo, para prevenir o superaquecimento de um cômodo ou o supercrescimento de uma população –, deve haver também a **retroalimentação negativa**, que neutraliza a entrada de desvio. A energia envolvida em um sinal de retroalimentação negativa pode ser extremamente pequena quando comparada com o fluxo total de energia por meio do sistema, seja este de aquecimento doméstico, um organismo ou um ecossistema. Os componentes de baixa energia que têm efeitos de retroali-

Figura 2.22 Sistema de controle por retroalimentação. (A) Modelo apropriado para os sistemas de controle automático feitos pelo homem e sistemas organísmicos homeostáticos e de busca de objetivos. (B) Modelo apropriado para os sistemas não teleológicos, inclusive ecossistemas, em que os mecanismos de controle são internos e difusos, envolvendo interações entre os subsistemas primários e secundários (segundo Patten e Odum, 1981).

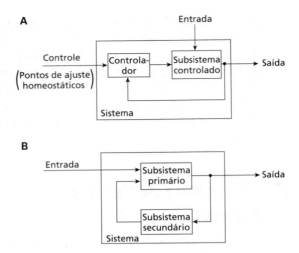

mentação muito amplificados e de alta energia são as principais características dos sistemas cibernéticos.

A ciência da cibernética, como fundada por Norbert Wiener (1948), abrange tanto os controles animados como inanimados. Os mecanismos de retroalimentação mecânicos são frequentemente chamados pelos engenheiros de **servomecanismos**, ao passo que os biólogos usam a expressão **mecanismos homeostáticos** para se referir aos sistemas organísmicos. A **homeostase** (de *homeo* = "mesmo", e *stasis* = "permanecer") no nível de organismo é um conceito bem conhecido em fisiologia, como esboçado no livro clássico de Walter B. Cannon, *The Wisdom of the Body* (1932). Nos servomecanismos e nos organismos, um "controlador" mecânico ou anatômico distinto tem um "ponto de ajuste" específico (Figura 2.22A). Por exemplo, no conhecido sistema de aquecimento doméstico, o termostato controla a caldeira; em um animal de sangue quente, um centro específico no cérebro controla a temperatura do corpo; e os genes controlam rigorosamente o crescimento e o desenvolvimento de células, órgãos e organismos. Não existem termostatos ou quimiostatos na natureza; em vez disso, a interação entre os ciclos materiais e fluxos de energia, bem como as retroalimentações de subsistemas em grandes ecossistemas, geram **homeorese** autocorretiva (*rhesis* = "fluxo" ou "pulso", Figura 2.22B). Waddington (1975) cunhou o termo *homeorese* para denotar a estabilidade ou preservação evolutiva de um fluxo ou processo pulsante de um sistema como um caminho de mudança ao longo do tempo. A meta da homeorese é manter os sistemas alterando da mesma maneira como alteravam no passado. Mecanismos de controle operando no nível de ecossistema incluem subsistemas microbianos que regulam a armazenagem e liberação de nutrientes, mecanismos comportamentais e subsistemas predador-presa, que controlam a densidade populacional, para mencionar apenas alguns exemplos. (Ver Engelberg e Boyarsky, 1979; Patten e Odum, 1981, para visões contrastantes sobre a cibernética e o "equilíbrio da natureza".)

Uma dificuldade em perceber o comportamento cibernético no nível de ecossistema é que os componentes nesse nível estão acoplados em redes por meio de vários mensageiros físicos e químicos, que são análogos, mas muito menos visíveis que os sistemas nervosos ou hormonais dos organismos. H. A. Simon (1973) destacou que as "energias de ligações" que unem os componentes se tornam mais difusas e mais fracas com o aumento no tamanho do sistema e das escalas temporais. Na escala de ecossistema, essas ligações fracas, mas numerosas, de energia e informação química, foram chamadas de "fios invisíveis da natureza" (H. T. Odum, 1971), e o fenômeno dos organismos respondendo dramaticamente a baixas concentrações de substâncias é mais que apenas uma fraca analogia ao controle hormonal. As causas de baixa energia produzindo efeitos de alta energia são onipresentes nas redes de ecossistemas (H. T. Odum, 1996); dois exemplos serão suficientes para ilustrar tal afirmativa. Insetos minúsculos, conhecidos como *Hymenoptera parasita*, representam uma porção muito pequena (geralmente menos de 0,1%) do metabolismo total da comunidade de um ecossistema de campo, porém eles podem ter um grande efeito controlador no fluxo de energia primária total (produção), por conta do impacto de seu parasitismo sobre insetos herbívoros. Em um modelo de ecossistema de uma nascente fria, Patten e Auble (1981) descreveram uma alça de retroalimentação na qual somente 1,4% da entrada de energia para o sistema é retroalimentada para o substrato detrítico das bactérias. Em diagramas de sistema ecológico (veja as Figuras 1.5, 1.6 e 1.7), esse fenômeno é comumente mostrado como uma alça reversa, na qual uma baixa quantidade de energia "a jusante" é retroalimentada para um sistema "a montante". Esse tipo de controle amplificado, em virtude de sua posição em uma rede, é extremamente difundido e indica a intrincada estrutura global de retroalimentação dos ecossistemas. Nas cadeias alimentares, os herbívoros e os parasitas (componentes a jusante) frequentemente aumentam ou promovem o bem-estar de seus hospedeiros (componentes a montante) por meio de um processo de retroalimentação conhecido como **retroalimentação por recompensa** (Dyer et al., 1993, 1995). Ao longo do tempo evolutivo, tais interações estabilizaram ecossistemas, prevenindo herbivoria do tipo "explosão e colapso", oscilações presa-predador catastróficas, e assim por diante. Embora, como já observado, a extensão do controle por retroalimentação no nível da biosfera seja um assunto controvertido, é uma consequência natural do que se conhece no nível de ecossistema.

Além do controle por retroalimentação, a *redundância* entre os componentes funcionais também contribui para a estabilidade. Por exemplo, se diversas espécies de autótrofos estão presentes, cada uma com uma amplitude de temperatura operacional diferente, a taxa de fotossíntese da comunidade pode permanecer estável apesar das mudanças na temperatura.

C. S. Holling (1973) e Hurd e Wolf (1974) sugeriram que as populações e, por inferência, os ecossistemas, apresentam mais que um estado de equilíbrio e frequentemente retornam a um equilíbrio diferente após uma perturbação. O CO_2 introduzido na atmosfera por atividades humanas é em grande parte, mas não completamente, absorvido pelo sistema carbonado do mar e outros depósitos de carbono, mas conforme a entrada aumenta, os novos níveis de equilíbrio na atmosfera são mais altos. Em muitas ocasiões, os controles regulatórios emergem somente depois de um período de ajuste evolutivo. Novos ecossistemas, como um novo tipo de agricultura ou novos arranjos hospedeiro-parasita, tendem a oscilar mais violentamente e têm mais probabilidades de desenvolver superabundância que os sistemas maduros, nos quais os componentes tiveram oportunidade de se ajustarem de maneira conjunta.

Parte da dificuldade em lidar com o conceito de estabilidade é semântica. Uma definição de dicionário do termo **estabilidade** é, por exemplo, "a propriedade de um corpo que a causa, quando perturbado de uma condição de equilíbrio, para desenvolver forças ou momentos que restauram a condição original" (*Merriam Webster's Collegiate Dictionary*, 10ª edição.) Isso parece bastante simples, mas, na prática, a *estabilidade* assume significados diferentes em profissões diferentes (como engenharia, ecologia ou economia), especialmente quando se tenta medi-la e quantificá-la. Como consequência, as confusões são abundantes na literatura, e uma discussão completa sobre a teoria da estabilidade está além do escopo deste livro. No entanto, de uma perspectiva ecológica, podemos contrastar dois tipos de estabilidade, como mostra a Figura 2.23.

A **estabilidade de resistência** indica a capacidade de um ecossistema de resistir às perturbações (distúrbios) e de manter sua estrutura e função intactas. A **estabilidade de resiliência** indica a capacidade de se recuperar quando o sistema tiver sido rompido por uma perturbação. Crescentes evidências sugerem que esses dois tipos de estabilidade podem ser mutuamente exclusivos; em outras palavras, é difícil desenvolver ambos ao mesmo tempo. Assim, uma floresta de sequoia sempre-verde da Califórnia é bastante resistente ao fogo (cascas grossas e outras adaptações), mas, quando queima, irá se recuperar muito lentamente ou talvez nunca. Em contraste, a vegetação de chaparral da Califórnia se queima facilmente (baixa estabilidade de resistência), mas se recupera de maneira rápida em alguns anos (alta estabilidade de resiliência). Em geral, pode-se esperar que os ecossistemas em ambientes físicos propícios apresentem mais estabilidade de resistência e menos estabilidade de resiliência, ao passo que o oposto é válido em ambientes físicos incertos (ver Gunderson, 2000, para uma visão de resiliência ecológica).

Em resumo, um ecossistema não é equivalente a um organismo; por não estar sob controle genético direto, um ecossistema está em um nível de organização supra organísmico, mas não é um superorganismo, nem é parecido com um complexo industrial (como uma usina atômica). Tem uma única coisa em comum com os organismos: o comportamento cibernético embutido – embora diferente. Por causa da evolução do sistema nervoso central, o *Homo sapiens* tem se tornado gradualmente o organismo mais poderoso, pelo menos no que concerne à capacidade de modificar a operação dos ecossistemas. O cérebro humano requer uma quantidade extremamente pequena de energia para produzir com rapidez todo tipo de

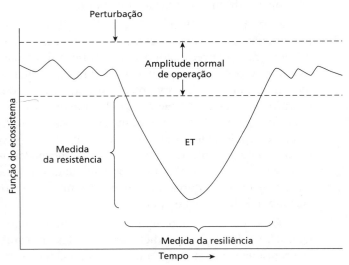

Figura 2.23 Estabilidade de resistência e de resiliência. Quando uma perturbação (distúrbio ou estresse) provoca o desvio de uma função importante do ecossistema de sua amplitude operativa normal, o grau de desvio é uma medida da estabilidade de resistência relativa, ao passo que o tempo necessário para a recuperação é a medida da estabilidade de resiliência relativa. A estabilidade total (ET) pode ser representada pela área abaixo da curva (segundo Leffler, 1978).

ideias poderosas. Muitos de nossos pensamentos em curto prazo envolveram retro-alimentação positiva, que promove, por sua vez, expansão do poder, tecnologia e exploração de recursos. Em longo prazo, no entanto, a qualidade de vida humana e do ambiente provavelmente será degradada, a menos que possam ser estabelecidos controles de retroalimentação negativa adequados.

Em um famoso ensaio, o crítico social Lewis Mumford (1967) defendeu a "qualidade no controle da quantidade", que estabelece eloquentemente o princípio cibernético das causas de baixa energia produzindo efeitos de alta energia. Está se tornando tão importante o papel da humanidade como "um agente geológico poderoso" que Vernadskij (1945) sugeriu que pensemos na **noosfera** (do grego *noos* = "mente"), ou no mundo dominado pela mente humana, gradualmente subs-tituindo a biosfera, o mundo em evolução natural, que existiu por bilhões de anos. Barrett (1985) reviu o conceito de noossistema e sugeriu que este poderia servir como uma unidade básica para a integração dos componentes biológico, físico e social dentro dos sistemas ecológicos. Apesar de o cérebro humano ser um "dispo-sitivo" de energia de baixa quantidade e alta qualidade com um grande potencial de controle, provavelmente ainda não chegou o tempo para a noosfera de Vernadskij. Quando você tiver acabado de ler este livro, vai concordar que não podemos ainda gerir nossos sistemas de sustento à vida, especialmente porque processos naturais provados (capital natural) funcionam tão bem (e são tão baratos).

11 Tecnoecossistemas

Enunciado

A sociedade urbano-industrial atual não só afeta os ecossistemas de suporte à vida como também cria acordos inteiramente novos, chamados **tecnoecossistemas**, que são competitivos e *parasitários* dos ecossistemas naturais. Esses novos sistemas envolvem tecnologia avançada e fontes energéticas poderosas. Se as sociedades urbano-industriais tiverem de sobreviver em um mundo finito, é imperativo que o tecnoecossistema faça a interface com os ecossistemas de suporte à vida de um modo mais positivo e mutualístico que o atual.

Explicação

Como observado na seção 1 deste capítulo, antes da Revolução Industrial, os seres humanos eram uma parte – em vez de estarem à parte – dos ecossistemas naturais. No modelo de ecossistema da Figura 2.2, os seres humanos eram predadores de topo e onívoros (o bloco H terminal na teia alimentar). A agricultura inicial – como no caso da agricultura tradicional ou pré-industrial, ainda amplamente praticada em muitas partes do mundo – era compatível com os sistemas naturais, e muitas vezes enriqueciam a paisagem além de fornecer alimento. No entanto, com o uso crescente de combustíveis fósseis e fissão nuclear – fontes de energia muitas vezes mais poderosas que a luz solar – bem como o crescimento das cidades e o aumento das economias de mercado baseadas no dinheiro, o modelo mostrado na Figura 2.2 não é mais adequado. Precisamos criar um modelo para esse novo *tecnoecossiste-ma* – um termo sugerido pelo ecólogo pioneiro de paisagem Zev Naveh (1982). Mais recentemente, ele usou o termo **ecossistema humano total** para descrever a intera-ção entre sociedade industrial (tecnoecossistema) e a ecosfera total (Naveh, 2000).

A Figura 2.24 mostra nosso modelo gráfico para esses novos sistemas (em termos de história humana). São mostradas as entradas de fontes energéticas de combustíveis fósseis e do urânio, e de recursos naturais, e as crescentes saídas sob forma de poluição de ar, água e resíduos sólidos, que são muito maiores e mais tóxicos que qualquer coisa que saia do ecossistema natural! Na Figura 2.24 completamos o modelo com ecossistemas naturais que fornecem bens e serviços de suporte à vida (respirar, beber e comer) – e que mantêm o equilíbrio homeorético global (sustentabilidade) da atmosfera, dos solos, da água doce e dos oceanos. Note que o dinheiro circula como um contrafluxo entre a sociedade e os sistemas construídos pelo homem, mas não os sistemas naturais, criando assim uma enorme falha no mercado quando a sociedade deixa de pagar os serviços para o ecossistema.

Exemplos

Uma cidade moderna, com certeza, é o principal componente do tecnoecossistema fabricado – uma zona quente energética que requer uma grande área suburbana na-

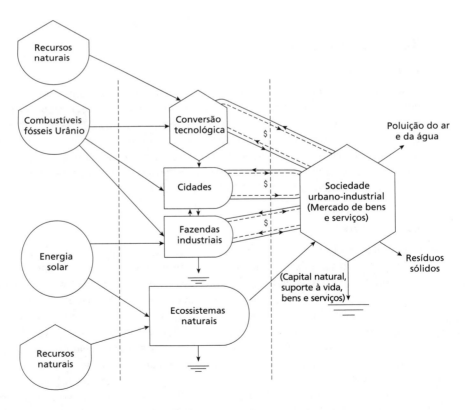

Figura 2.24 Modelo de interação entre os tecnoecossistemas urbano-industriais e os ecossistemas naturais, inclusive fluxo de dinheiro. O modelo mostra como os tecnoecossistemas dominados pelo homem precisam ser acoplados com os bens e serviços (capital natural) fornecidos pelos ecossistemas naturais, a fim de aumentar a sustentabilidade da paisagem.

tural e seminatural de baixa densidade de energia para mantê-la. As cidades atuais cultivam pouco ou nenhum alimento e geram uma grande torrente de resíduos que afeta amplas áreas a jusante de paisagem rural e oceanos. A cidade de fato exporta dinheiro que paga por alguns recursos naturais, e fornece muitas instituições culturais desejáveis não disponíveis nas áreas rurais, como museus e orquestras sinfônicas. A Figura 2.25 compara a cidade humana com um banco de ostras, um análogo natural da cidade, com entrada energética muito menor. Observe que as exigências energéticas de um tecnoecossistema urbano é cerca de 70 vezes maior que o do ecossistema natural.

As cidades podem ser encaradas como parasitas do subúrbio de baixa energia. Como será discutido no Capítulo 7, os parasitas e hospedeiros na natureza tendem a coevoluir para a coexistência; de outro modo, se o parasita toma demais de seu hospedeiro, ambos morrem. John Cairns (1997) expressou a esperança de que, de algum modo, os ecossistemas naturais e os tecnoecossistemas irão coevoluir para evitar esse dia do juízo. Wackernagel e Rees (1996) usaram o termo *pegada ecológica* para descrever o impacto e os recursos necessários para uma cidade a fim de suprir seus cidadãos de modo sustentável.

Especialmente ameaçador ao sistema global de suporte à vida é o crescimento explosivo das *megacidades* nas nações em desenvolvimento, causado, ao menos em parte, pelo domínio crescente de outro tecnoecossistema, *a agricultura industrializada*, com seu consumo excessivo de água e o uso de produtos químicos tóxicos e eutrofizantes. Além disso, esses sistemas não só poluem, mas também

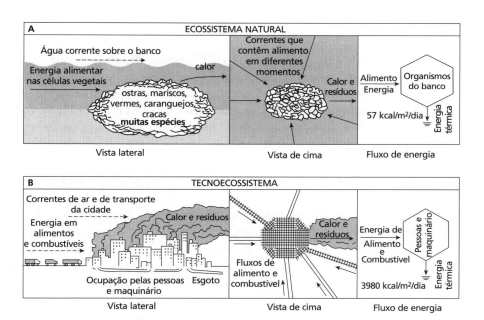

Figura 2.25 Ecossistemas heterotróficos. (A) Uma das "cidades" da natureza – um banco de ostras que depende do fluxo de entrada de energia alimentar de uma ampla área de ambiente ao seu redor. (B) Tecnoecossistema construído pelo homem (cidade industrializada) mantido por um enorme fluxo de entrada de combustível e alimento, com um fluxo de saída grande de resíduos e calor. Sua exigência em energia, baseada em área em m², é de cerca de 70 vezes aquela do banco, ou cerca de 4 mil kcal/m²/dia, o que chega a cerca de 1,5 milhão de kcal por ano (segundo H. T. Odum, 1971).

74 Fundamentos de Ecologia

expulsam as pequenas fazendas dos negócios no mundo todo, realocando a maioria dessas famílias para dentro das cidades, que não conseguem assimilá-las na taxa em que estão se mudando para as áreas urbanas. Essa situação reflete o que o engenheiro e ex-presidente do Massachusetts Institute of Technology, Paul Gray (1992), escreveu: "Um paradoxo do nosso tempo é a bênção mista de quase todos os desenvolvimentos tecnológicos". Em outras palavras, a tecnologia tem seu lado obscuro, assim como seu lado brilhante. No Capítulo 11 vamos discutir o que pode ser feito a respeito desses e de outros "problemas de taxa de excesso".

12 Conceito de Pegada Ecológica

Enunciado

A área dos ecossistemas produtivos (terra de cultivo e de floresta, corpos de água e áreas naturais não desenvolvidas) fora de uma cidade e que é exigida para sustentar a vida nela é chamada de **pegada ecológica** de uma cidade (Rees e Wackernagel, 1994; Wackernagel e Rees, 1996).

Explicação

Como observado na discussão sobre tecnoecossistema, as cidades são áreas quentes com entradas de bens e serviços de suporte à vida e saídas de resíduos muito grandes. A área da pegada ecológica depende: (1) da demanda da cidade (afluência); e (2) da capacidade do ambiente do entorno de suprir essa demanda.

Exemplos

Folke et al. (1997) e Jansson et al. (1999) estimaram que a pegada ecológica do consumo de recursos e da assimilação de resíduos das 27 cidades abastadas que circundam o mar Báltico seria de 500 a 1.000 vezes a área das próprias cidades. A pegada ecológica de Vancouver, Canadá, localizada em uma região fértil e com água abundante, foi estimada como 22 vezes maior que a área da própria cidade. As pegadas ecológicas das cidades em países menos desenvolvidos são muito menores.

Luck et al. (2001) apresentaram um bom exemplo das diferenças na capacidade do ambiente matriz em fornecer serviços na sua comparação de pegadas de água e alimento entre as cidades dos Estados Unidos. As áreas metropolitanas de Nova York e Los Angeles têm quase a mesma densidade de população humana, mas a pegada de água de Los Angeles é duas vezes, e a de alimento quatro vezes, maior que a de Nova York, que está localizada em uma área mais úmida. A pegada de água de Phoenix, Arizona, localizada no deserto, inclui metade dos estados vizinhos se considerarmos a demanda por água de irrigação.

O conceito de pegada também pode ser aplicado *per capita*. Por exemplo, a pegada ecológica de um cidadão individual dos Estados Unidos é estimada em 5,1 hectare por pessoa; de um cidadão do Canadá, 4,3 hectares por pessoa; e de um cidadão da Índia, 0,4 hectare por pessoa (Wackernagel e Rees, 1996). Se os países altamente desenvolvidos reduzissem seu consumo excessivo de recursos e energia, os conflitos internacionais e as ameaças terroristas seriam igualmente reduzidos.

Por exemplo, os Estados Unidos, com 4,7% da população humana do mundo, consome 25% dos recursos energéticos do planeta. Schumacher (1973) notou que "o pequeno é lindo"; nós sugerimos que "as pequenas pegadas ecológicas" deveriam ser vistas como lindas também.

13 Classificação dos Ecossistemas

Enunciado

Os ecossistemas podem ser classificados segundo as características *estruturais* ou segundo as características *funcionais*. A vegetação e as principais características físicas estruturais fornecem uma base para a classificação amplamente usada de *bioma* (termo discutido em detalhes no Capítulo 10). Um exemplo de esquema funcional útil é a classificação baseada na quantidade e qualidade da "função de força" da entrada de energia.

Explicação

Embora não se considere a classificação de ecossistemas como uma disciplina em si, diferentemente da classificação dos organismos (*taxonomia*), a mente humana parece exigir algum tipo de categorização ordenada quando se trata de uma grande variedade de entidades, como informação em uma biblioteca. Os ecólogos não têm concordado com nenhuma classificação para os tipos de ecossistema, ou mesmo qual seria a base apropriada para ela. No entanto, muitas abordagens servem para propósitos bastante úteis.

A *energia* fornece uma base excelente para uma classificação funcional, pois é um importante denominador comum para todos os ecossistemas, tanto naturais quanto gerenciados pelos homens. As macrocaracterísticas *estruturais* sempre presentes e conspícuas são a base para uma classificação de biomas amplamente usada. Em ambientes terrestres, a vegetação fornece essa macrocaracterística que "integra", em si, a flora e a fauna com o clima, a água e as condições do solo. Em ambientes aquáticos, nos quais as plantas são geralmente inconspícuas, outra característica física dominante, como "água parada", "água corrente", "plataforma continental marinha", e assim por diante, fornecem a base para o reconhecimento dos principais tipos de ecossistemas.

Exemplos

Uma classificação dos ecossistemas baseada em energia será discutida em detalhes após delinearmos, no Capítulo 3, as leis básicas do comportamento da energia. A classificação baseada em biomas e nos tipos de ecossistema global será ilustrada no Capítulo 10. Os 21 principais tipos de ecossistemas representam a matriz na qual os humanos embutiram suas civilizações (Tabela 2.7). Os tipos de ecossistema *marinho* estão baseados em estrutura e função dos sistemas marinhos; os tipos de ecossistema *terrestre* estão firmados em condições naturais ou nativas da vegetação; os tipos de ecossistema *aquático* estão sustentados em estruturas geológicas e físicas; e os tipos de ecossistema *doméstico* dependem de bens e serviços fornecidos por ecossistemas naturais.

76 Fundamentos de Ecologia

Tabela 2.7

Principais tipos de ecossistema da biosfera

Ecossistemas marinhos	Oceano aberto (pelágico) Águas da plataforma continental (águas costeiras) Regiões de ressurgência (áreas férteis com pesca produtiva) Mar profundo (fontes hidrotermais) Estuários (enseadas costeiras, braços de mar, foz de rios, marismas)
Ecossistemas de água doce	Lênticos (águas paradas): lagos e lagoas Lóticos (água corrente): rios e riachos Áreas úmidas: florestas inundadas e brejos
Ecossistemas terrestres	Tundras: ártica e alpina Florestas de coníferas boreais Florestas decíduas temperadas Campos temperados Campos tropicais e savanas Chaparrais: regiões de seca no verão e chuva no inverno Desertos: herbáceos e arbustivos Florestas tropicais semidecíduas: estações úmidas e secas pronunciadas Florestas pluviais tropicais perenes
Ecossistemas controlados	Agroecossistemas Silvicultura e sistemas de agroflorestas Tecnoecossistemas rurais (corredores de transporte, pequenas cidades, indústrias) Tecnoecossistemas urbano-industriais (distritos metropolitanos)

3

Energia nos Sistemas Ecológicos

1. Conceitos Fundamentais Relacionados à Energia: As Leis da Termodinâmica
2. Radiação Solar e o Ambiente da Energia
3. Conceito de Produtividade
4. Repartição da Energia em Cadeias e Teias Alimentares
5. Qualidade de Energia: eMergia
6. Metabolismo e Tamanho dos Indivíduos: Lei da Potência ¾
7. Teoria da Complexidade, Energética de Escala e a Lei dos Retornos Decrescentes
8. Conceito de Capacidade de Suporte e Sustentabilidade
9. Conceito de Energia Líquida
10. Uma Classificação de Ecossistemas Baseada em Energia
11. Futuros da Energia
12. Energia e Dinheiro

78 Fundamentos de Ecologia

1 Conceitos Fundamentais Relacionados à Energia: As Leis da Termodinâmica

Enunciado

A **energia** é definida como a capacidade de executar trabalho. O comportamento da energia é descrito pelas seguintes leis: **a primeira lei da termodinâmica**, ou **lei da conservação da energia**, estabelece que a energia pode ser transformada de uma forma para outra, mas não pode ser criada nem destruída. A luz, por exemplo, é uma forma de energia: pode ser transformada em trabalho, calor ou energia potencial do alimento, dependendo da situação, mas nenhuma delas pode ser destruída. A **segunda lei da termodinâmica**, ou **lei da entropia**, pode ser exposta de várias maneiras, incluindo a seguinte: nenhum processo envolvendo transformação de energia irá ocorrer espontaneamente, a menos que haja a *degradação* da energia de uma forma concentrada para uma forma dispersa. Por exemplo, o calor em um objeto quente tenderá, espontaneamente, a se dispersar nos arredores mais frios. A segunda lei da termodinâmica também pode ser exposta da seguinte maneira: nenhuma transformação espontânea de energia (como a luz solar, por exemplo) em energia potencial (protoplasma, por exemplo) é 100% eficiente, porque alguma parte da energia sempre será dispersada sob a forma de energia térmica não disponível. A **entropia** (de *en* = "em" e *trope* = "transformação") é uma medida da energia não disponível resultante das transformações; o termo também é usado como um índice geral da *desordem* associada à degradação da energia.

Os organismos, ecossistemas e toda a ecosfera possuem a seguinte característica termodinâmica essencial: podem criar e manter um estado elevado de ordem interna ou uma condição de baixa entropia (uma baixa quantidade de desordem). Obtém-se a *baixa entropia* ao dissipar de forma contínua e eficiente a energia de alta utilidade (luz ou alimento, por exemplo) em energia de baixa utilidade (calor, por exemplo). No ecossistema, mantém-se a ordem em uma estrutura complexa de biomassa por meio da respiração total da comunidade, que "expulsa a desordem" continuamente. Assim, os ecossistemas e organismos são sistemas termodinâmicos abertos, em estado de não-equilíbrio, que trocam energia de modo contínuo e matéria com o ambiente para reduzir a entropia interna e aumentar a entropia externa (ficando, assim, em conformidade com as leis da termodinâmica).

Explicação

Os conceitos fundamentais da termodinâmica, delineados no parágrafo anterior, são os mais importantes das leis naturais e se aplicam a todos os sistemas biológicos e ecológicos. Até onde se sabe, nenhuma exceção – e nenhuma inovação tecnológica – pode transgredir essas leis da física. Qualquer sistema da humanidade ou da natureza que não esteja em conformidade com tais conceitos está condenado. As duas leis da termodinâmica estão ilustradas pelo fluxo de energia através de uma folha de carvalho, como mostra a Figura 3.1

As várias formas de vida são todas acompanhadas pelas mudanças de energia, apesar de nenhuma energia ser criada ou destruída (primeira lei da termodinâmica). A energia que atinge a superfície da Terra como luz é equilibrada pela energia que deixa a superfície do planeta como radiação invisível de calor. A essência da vida é a progressão de mudanças, como crescimento, autoduplicação e

Figura 3.1 O fluxo de energia através de uma folha de carvalho, ilustrando as duas leis da termodinâmica. A primeira lei – conversão da energia do Sol, A, em energia alimentar (açúcar; C) por fotossíntese ($A = B + C$). A segunda lei – C é sempre menor que A por causa da dissipação do calor, B, durante o processo de conversão.

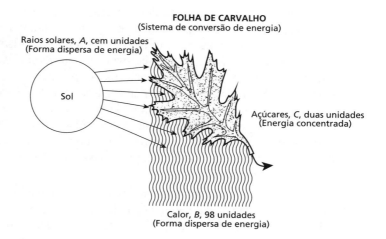

a síntese de complexas combinações de matéria. Sem as transferências de energia que acompanham todas essas mudanças não existiriam vida nem sistemas ecológicos. A humanidade é apenas uma das notáveis proliferações naturais que dependem da entrada de um fluxo contínuo da energia concentrada.

Os ecólogos compreendem como a luz está relacionada com os sistemas ecológicos e como a energia é transformada dentro desses sistemas. As relações entre plantas produtoras e animais consumidores, entre predadores e presas, sem mencionar os números e tipos de organismos em um dado ambiente, são limitadas e controladas pelo fluxo de energia de formas concentradas para dispersas. Atualmente, os ecólogos e engenheiros ambientais estão usando ecossistemas naturais como modelos, na tentativa de projetar sistemas construídos pelo homem – e energeticamente mais eficientes – capazes de transformar combustíveis fósseis, energia atômica e outras formas de energia concentrada em sociedades industriais e tecnológicas. As mesmas leis básicas que governam sistemas não vivos, como automóveis e computadores, também governam todos os tipos de ecossistema, como os agroecossistemas. A diferença é que os sistemas vivos usam parte de sua energia interna disponível para autorreparos e para "expulsar" as desordens; as máquinas precisam ser consertadas e partes são repostas por meio do uso de energia externa. No seu entusiasmo por máquinas e tecnologia, alguns esquecem que uma quantidade considerável de recursos energéticos deve ser sempre reservada, a fim de reduzir a entropia criada por suas operações.

Quando a luz é absorvida por algum objeto, que como resultado se torna mais quente, a energia da luz se transforma em outro tipo de energia: energia térmica. A *energia térmica* compreende as vibrações e movimentos das moléculas que compõem um objeto. A absorção diferencial dos raios do Sol pela terra e água forma áreas quentes e frias, e resulta no fluxo de ar que pode tocar moinhos de vento e executar trabalho, como bombear água contra a força da gravidade. Nesse caso, a energia da luz é modificada em energia térmica na superfície da Terra, e depois em **energia cinética** do movimento do ar, o que completa o trabalho de puxar a água. A energia não é destruída pela elevação da água; pelo contrário, ela se torna **energia potencial**, pois a energia latente inerente à elevação da água pode ser transformada em algum outro tipo de energia ao permitir que a água caia de volta ao seu nível original.

80 Fundamentos de Ecologia

Como indicado nos capítulos anteriores, o alimento resultante da fotossíntese das plantas verdes representa a energia potencial, que se modifica em outras formas de energia quando o alimento é usado por organismos. Como o montante de um tipo de energia é sempre equivalente em *quantidade* (mas não em *qualidade*) ao outro tipo no qual é transformado, podemos calcular um pelo outro. A energia "consumida" não é realmente gasta. Em vez disso, ela é convertida de um estado de energia de alta qualidade para um estado de baixa qualidade (discutiremos o conceito de energia de alta qualidade mais adiante, neste capítulo). A gasolina no tanque de um automóvel é de fato usada como gasolina; no entanto, a energia no tanque não é destruída, mas convertida para formas que não serão mais usadas pelo automóvel.

A segunda lei da termodinâmica trata da transferência da energia para um estado cada vez menos disponível e mais disperso. No que diz respeito ao sistema solar, o último estado de dispersão é aquele no qual toda a energia termina na forma de energia térmica uniformemente distribuída. Esse processo de degradação foi muitas vezes denominado "esgotamento do sistema solar".

Hoje, a Terra está longe de ser aquele estado estável de energia, pois a entrada contínua do fluxo de energia do Sol mantém enormes potenciais de energia e diferenças de temperatura. No entanto, o processo de *ir em direção* ao estado estável é responsável pela sucessão de mudanças na energia que constitui o fenômeno natural da Terra. A situação é mais como a de uma pessoa executando uma tarefa monótona e árdua: essa pessoa nunca chega ao fim da tarefa, mas o esforço para realizá-la resulta em processos fisiológicos bem definidos e saudáveis. Assim, quando a energia do Sol atinge a Terra, tende a ser degradada em energia térmica. Somente uma porção muito pequena (menos de 1%) da energia luminosa absorvida pelas plantas verdes é transformada em energia potencial ou de alimento: a maior parte torna-se calor, que então sai da planta, do ecossistema e da ecosfera. O restante do mundo biológico obtém sua energia química potencial por meio das substâncias orgânicas produzidas pela fotossíntese das plantas ou da quimiossíntese dos microrganismos. Um animal, por exemplo, pega a energia química potencial do alimento e converte grande parte dela em calor, a fim de permitir que uma pequena parte da energia se restabeleça como energia potencial química do novo protoplasma. A cada passo da transferência da energia de um organismo para outro, uma grande parte da energia é degradada na forma de calor. No entanto, a entropia não é de todo negativa. Como a *quantidade* de energia disponível diminui, a *qualidade* da energia restante pode ser consideravelmente aumentada.

Ao longo dos anos, muitos teóricos (Brillouin, 1949, por exemplo) se incomodaram com o fato de que a ordem funcional mantida dentro de sistemas vivos parecia desafiar a segunda lei da termodinâmica. Ilya Prigogine (1962), ganhador do prêmio Nobel por seu trabalho em termodinâmica do não-equilíbrio, resolveu essa aparente contradição mostrando que a auto-organização e a criação de novas estruturas podem e ocorrem nos sistemas que estão longe do equilíbrio e que têm "estruturas dissipativas" bem desenvolvidas, capazes de expulsar a desordem (ver Nicolis e Prigogine, 1977). A respiração da biomassa altamente ordenada é a "estrutura dissipativa" em um ecossistema.

Embora a entropia no sentido técnico esteja relacionada à energia, a palavra também é usada em um sentido mais amplo, para se referir à degradação da matéria. O aço recém-criado representa um estado do ferro de baixa entropia (de alta utilidade); o chassi enferrujado de um automóvel representa um estado de alta entropia (baixa utilidade). Portanto, uma civilização de alta entropia é caracterizada por energia em degradação, como infraestruturas dilapidantes (canos enferrujados, madeira apodrecida) ou solo em erosão. O reparo constante é um dos custos das civilizações de alta energia.

As unidades básicas da quantidade de energia estão apresentadas na Tabela 3.1. Existem duas classes de unidades básicas: unidades de *energia potencial*, independente de tempo (Classe A), e unidades de *potência* ou *taxa*, com o tempo inserido na definição (Classe B). As interconversões das unidades de força devem levar em conta a unidade de tempo usada; assim, 1 watt = 860 cal/h. Naturalmente, as unidades de Classe A se transformam em unidades de potência se for incluído um período de tempo (por exemplo, BTU por hora, dia ou ano), e unidades de potência podem ser convertidas de volta em unidades de energia, bastando, para isso, "desmultiplicar" a unidade de tempo (como no caso de KWh).

A transferência de energia ao longo da cadeia alimentar de um ecossistema é chamada de **fluxo de energia** porque, de acordo com a lei da entropia, as transformações da energia são "unidirecionais", em contraste com o comportamento cíclico da matéria. Mais à frente, neste capítulo, vamos analisar a porção do fluxo total de energia que passa pelos componentes vivos do ecossistema. Além disso, serão estudadas a qualidade da energia, a energia líquida, a eMergia, e uma classificação de ecossistemas baseada em energia, a fim de demonstrar que a energia é um denominador comum para todos os tipos de sistemas, sejam eles naturais ou projetados pelo homem.

Tabela 3.1

Unidades de energia e potência e algumas aproximações ecológicas úteis

(A) Unidades de energia potencial

Unidade (abreviação)	Definição
caloria ou grama-caloria (cal ou gcal)	a energia térmica necessária para elevar a temperatura de 1 centímetro cúbico de água em 1 grau centígrado (a 15 °C)
quilocaloria ou quilograma-caloria (kcal)	a energia térmica necessária para elevar a temperatura de 1 litro de água em 1 grau centígrado (a 15 °C) = 1.000 calorias
Unidade Térmica Britânica (BTU)	a energia térmica necessária para elevar a temperatura de 1 libra de água em 1 grau Fahrenheit
joule (J)	a energia de trabalho necessária para elevar 1 quilograma a uma altura de 10 centímetros (ou 1 libra a aproximadamente 9 polegadas) = 0,1 quilograma-metros
pé-libra	a energia de trabalho necessária para elevar 1 libra a altura de 1 pé
kilowatt-hora (KWh)	a quantidade de energia elétrica transmitida em 1 hora a uma potência constante de 1.000 watts = $3,6 \times 10^6$ joules

(B) Unidades de potência (unidades de energia-tempo)

Unidade (abreviação)	Definição
watt (W)	a unidade internacional padrão de potência = 1 joule por segundo = 0,239 cal por segundo; também a quantidade de potência elétrica transmitida por uma corrente de 1 ampère por meio da diferença potencial de 1 volt
cavalo-vapor (hp)	550 pés-libras por segundo = 745,7 watts

(continua)

82 Fundamentos de Ecologia

(continuação)

(C) Valores de referência (médias ou aproximações)

Constituinte	Peso seco (kcal/g)	Peso seco livre de cinzas (kcal/g)
Alimento		
Carboidratos	4,5	
Proteínas	5,5	
Lipídeos	9,2	
Biomassa*		
Plantas terrestres (total)	4,5	4,6
Somente sementes	5,2	5,3
Algas	4,9	5,1
Invertebrados (exceto insetos)	5,0	5,5
Insetos	5,4	5,7
Vertebrados	5,6	6,3

Espécies	Necessidade alimentar diária (kcal/g peso corpóreo vivo)
Humanos	0,04†
Pequenos pássaros ou mamíferos	1,0
Insetos	0,5

(D) Conteúdo energético dos combustíveis fósseis (números arredondados)

Unidade de combustível	Conteúdo energético
1 grama de carvão	7,0 kcal = 28 BTU
1 libra de carvão	3.200 kcal = $12,8 \times 10^3$ BTU
1 grama de gasolina	11,5 kcal = 46 BTU
1 galão de gasolina	32.000 kcal = $1,28 \times 10^5$ BTU
1 pé cúbico de gás natural	250 kcal = 1.000 BTU = 1 termo
1 barril de petróleo bruto (45 galões)	$1,5 \times 10^6$ kcal = $5,8 \times 10^6$ BTU

* 2 kcal/g peso vivo (úmido) é uma aproximação bastante grosseira para a biomassa em geral, porque a maioria dos organismos vivos são dois terços ou mais de água e minerais.

† = 40 kcal/kg = cerca de 3.000 kcal/dia para um adulto de 70 kg.

2 Radiação Solar e o Ambiente da Energia

Enunciado

Os organismos que estão na superfície da Terra ou perto dela são constantemente irradiados pela radiação solar e térmica de ondas longas advindas das superfícies do entorno. Ambas contribuem para o ambiente climático (temperatura, evaporação da água, movimento do ar e da água). A **radiação solar** que atinge a Terra consiste de três componentes: *luz visível,* e dois componentes invisíveis, ondas curtas *ultravioletas* e ondas longas *infravermelhas* (Figura 3.2). Por causa de sua

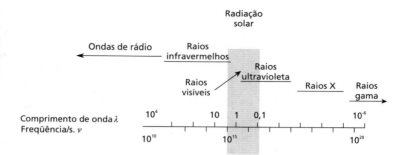

Figura 3.2 Espectro da radiação eletromagnética. A radiação solar atingindo a superfície da Terra está na porção média do espectro, próximo ao infravermelho até o ultravioleta.

natureza diluída e dispersa, somente uma fração muito pequena (no máximo 5%) da luz visível pode ser convertida pela fotossíntese em energia muito mais concentrada da matéria orgânica para os componentes bióticos do ecossistema.

A luz extraterrestre do Sol alcança a ionosfera a uma taxa de 2 gcal.cm^{-2}.min^{-1} (a **constante solar**), mas é atenuada exponencialmente ao passar pela atmosfera; no máximo, 67% (1,34 gcal.cm^{-2}.min^{-1}) pode atingir a superfície da Terra no nível do mar ao meio-dia em um dia claro de verão. A radiação solar é muito alterada ao passar através da cobertura de nuvens, água e vegetação. A entrada diária de luz solar para a camada autotrófica de um ecossistema é, em média, de cerca de 300 a 400 gcal/cm^2 (= 3.000 a 4.000 kcal/m^2) para uma área na zona temperada do norte, como os Estados Unidos. A variação no fluxo de radiação total entre os diferentes estratos do ecossistema, e de uma estação ou local para outro na superfície da Terra, é enorme, e a distribuição dos organismos individuais responde da mesma forma.

Explicação

Na Figura 3.3, a distribuição espectral da radiação solar extraterrestre, vinda a uma taxa constante de 2 gcal.cm^{-2}.min^{-1}, é comparada com (1) a radiação solar que realmente atinge o nível do mar em um dia claro; (2) a luz solar que penetra em um dia completamente encoberto (*luz nebulosa*); e (3) a luz transmitida pela vegetação. Cada curva representa a energia incidente sobre uma superfície horizontal. Em países serranos ou montanhosos do hemisfério norte, as vertentes orientadas para o sul recebem mais radiação solar, ao passo que as inclinações orientadas para o norte recebem menos radiação solar, ambas em relação às superfícies horizontais, ocorrendo o inverso no hemisfério sul; isso resulta em notáveis diferenças nos climas locais (*microclimas*) e na composição da vegetação.

A radiação que penetra a atmosfera é atenuada exponencialmente pelos gases e poeira atmosféricos, mas dependendo, em graus variados, da frequência ou comprimento da onda. A radiação ultravioleta de ondas curtas abaixo de 0,3 μm é limitada abruptamente pela camada de ozônio na atmosfera exterior (a cerca de 18 milhas ou 25 km de altitude), o que é bem-vindo, pois essa radiação é letal para o protoplasma exposto a ela. É por isso que existe uma grande preocupação com respeito à relação entre a redução de ozônio (em consequência da degradação química por clorofluorcarbonos) e o aumento do risco de câncer de pele. A absorção na atmosfera reduz de forma ampla a luz visível e de forma irregular, a radiação infravermelha. A energia radiante que atinge a superfície da Terra em um dia claro é por volta de 10% ultravioleta, 45% visível e 45% infravermelha. A radiação visí-

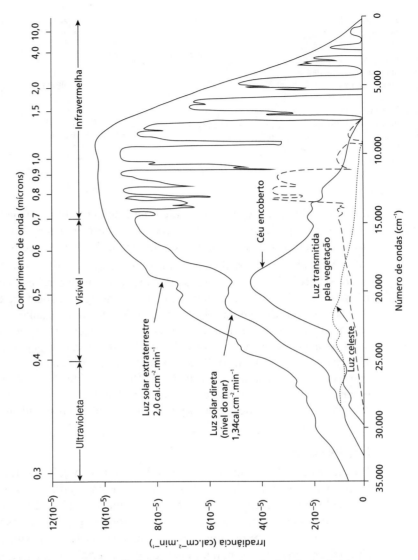

Figura 3.3 A distribuição espectral da radiação solar extraterrestre, da radiação solar no nível do mar em um dia claro, da luz solar em céu completo encoberto, e da luz solar penetrando por uma parcela de vegetação e luz difusa do céu, dispersa pelas moléculas atmosféricas, sendo distinta da radiação direta do sol. Cada curva representa a energia incidente sobre uma superfície horizontal (de Gates 1965).

vel é menos atenuada ao passar através de densas camadas de nuvens e água, o que significa que a fotossíntese (que está restrita à faixa do visível) pode continuar em dias nublados e até a uma certa profundidade em águas límpidas. A vegetação absorve com intensidade os comprimentos de onda azul e vermelho visíveis, infravermelho distante, de forma menos intensa o verde, mas de modo muito fraco o infravermelho próximo. Como o verde e o infravermelho próximo são refletidos pela vegetação, essas faixas espectrais são usadas em sensoriamento remoto aéreo, por satélite e fotografia, para revelar os padrões de vegetação natural, condição das culturas, presença de plantas doentes e paisagens perturbadas.

A **radiação térmica**, outro componente do ambiente de energia, vem de qualquer superfície ou objeto a uma temperatura acima do zero absoluto. Isso inclui não só o solo, a água e a vegetação mas também as nuvens, que contribuem com uma parcela substancial da energia de calor irradiada para baixo, em direção aos ecossistemas. Por exemplo, a temperatura em uma noite nublada de inverno geralmente fica mais alta que em uma noite de céu limpo. O "efeito estufa" da rerradiação e da retenção de calor será considerado em detalhes no Capítulo 4, em conexão com o papel do incremento do CO_2 na mudança climática global. Evidentemente, os fluxos de radiação de ondas longas são sempre secundários e vêm de todas as direções, ao passo que o componente solar é direcional (exceto o azul e a luz UV difusa pela atmosfera) e está presente apenas durante o dia. A radiação térmica é absorvida pela biomassa em um grau mais alto que a radiação solar. Assim, sua variação diária tem um significado ecológico maior. Em lugares como desertos ou tundra alpina, o fluxo diário é muito maior que o noturno; em águas profundas ou no interior de uma floresta tropical (e, claro, em cavernas), o ambiente de radiação total pode ser praticamente constante durante o período de 24 horas. A água e a biomassa tendem a reduzir as flutuações no ambiente de energia e, assim, tornar as condições menos estressantes para a vida – outro exemplo de mitigação de estresse no nível de ecossistema.

Embora o fluxo de radiação total determine as condições de existência para os organismos, a radiação solar direta integrada ao *estrato autotrófico* – a energia do Sol recebida pelas plantas verdes ao longo dos dias, meses e do ano – é de interesse maior para a produtividade e a ciclagem dos nutrientes dentro do ecossistema. Essa entrada de energia solar aciona todos os sistemas biológicos e ecológicos. A Tabela 3.2 mostra a média de radiação solar diária recebida a cada mês em cinco regiões dos Estados Unidos. Além da latitude e da estação, a cobertura de nuvem é um fator im-

Tabela 3.2

Radiação solar que incide regionalmente sobre os Estados Unidos por unidade de superfície horizontal

Mês	Média em Langleys (gcal/cm²) por dia				
	Nordeste	*Sudeste*	*Centro--Oeste*	*Noroeste*	*Sudoeste*
Janeiro	125	200	200	150	275
Fevereiro	225	275	275	225	375
Março	300	350	375	350	500
Abril	350	475	450	475	600
Maio	450	550	525	550	675
Junho	525	550	575	600	700
Julho	525	550	600	650	700
Agosto	450	500	525	550	600
Setembro	350	425	425	450	550
Outubro	250	325	325	275	400
Novembro	125	250	225	175	300
Dezembro	125	200	175	125	250
Média gcal.cm^{-2}.dia^{-1}	317	388	390	381	494
Média kcal.m^{-2}.dia^{-1} (números arredondados)	3.200	3.900	3.900	3.800	4.900
Estimado kcal.m^{-2}. ano^{-1} (números arredondados)	$1,17 \times 10^6$	$1,42 \times 10^6$	$1,42 \times 10^6$	$1,39 \times 10^6$	$1,79 \times 10^6$

Fonte: Reifsnyder e Lull, 1965.

portante, como mostrado na comparação entre o sudeste úmido e o sudoeste árido. Uma amplitude de 100 a 800 gcal.cm^{-2}.dia^{-1} representaria a maior parte da superfície da Terra na maior parte do tempo, exceto nas regiões polares e nas regiões tropicais áridas. Ali, as condições são tão extremas que é possível pouca saída biológica. Portanto, para a maior parte da biosfera, a entrada de energia radiante é da ordem de 3.000 a 4.000 kcal.m^{-2}.dia^{-1}, e de 1,1 a 1,5 milhão de kcal.m^{-2}.ano^{-1}.

O componente solar é geralmente medido pelos **solarímetros**. Os instrumentos que medem o fluxo total de energia em toda a extensão dos comprimentos de onda são chamados **radiômetros**. O **radiômetro líquido** tem duas superfícies, uma voltada para cima e outra para baixo, e registra a diferença entre fluxos de energia solar e térmica. Aviões e satélites equipados com exploradores térmicos podem sentir quantitativamente o calor que emana da superfície da Terra. As figuras geradas por essas imagens mostram as "ilhas de calor" das cidades, a localização dos corpos de água, microclimas contrastantes (como nas encostas com orientação norte e sul), e muitos outros aspectos úteis do ambiente de energia. A cobertura de nuvem interfere muito menos nesse tipo de sensoriamento remoto que na imagem visual.

O destino da energia solar que entra na biosfera está resumido na Tabela 3.3. Apesar de menos de 1% ser convertido em alimento e outras biomassas, os 70% ou mais que resultam em calor, evaporação, precipitação, vento, e assim por diante, não são perdidos, porque esses fluxos criam uma temperatura tolerável e acionam os sistemas meteorológicos e os ciclos de água necessários para a vida na Terra. Embora a energia das marés e do calor interno do planeta possa fornecer fontes locais de energia úteis para os humanos, pouco fica disponível globalmente. Existe uma abundância de calor no interior profundo da Terra (chamada energia geotérmica), mas para explorá-la seria necessária uma perfuração profunda e muito gasto de energia na maior parte do mundo. No entanto, nas fendas profundas dos mares existem ecossistemas únicos e naturais acionados geotermicamente, como descrito no Capítulo 2.

3 Conceito de Produtividade

Enunciado

A **produtividade primária** de um sistema ecológico é definida como a taxa a que a energia radiante é convertida em substâncias orgânicas pelas atividades fotossintética e quimiossintética dos organismos produtores (principalmente plantas

Tabela 3.3

Dissipação da energia da radiação solar como porcentagem da entrada anual na biosfera

Energia	Porcentagem
Refletida	30,0
Conversão direta para calor	46,0
Evaporação da precipitação	23,0
Vento, ondas e correntes	0,2
Fotossíntese	0,8

Fonte: Hulbert, 1971.

verdes). É importante distinguir os quatro passos sucessivos no processo de produção, como segue:

1. **Produtividade primária bruta** (*PPB*) é a taxa total de fotossíntese, incluindo a matéria orgânica consumida na respiração durante o período de medição. Também é conhecida como *fotossíntese total.*

2. **Produtividade primária líquida** (*PPL*) é a taxa de armazenamento da matéria orgânica nos tecidos da planta que excede o uso respiratório, *R*, pelas plantas, durante o período de medição. Também chamada de *assimilação líquida.* Na prática, a quantidade de respiração da planta é geralmente adicionada à medição da produtividade primária líquida, a fim de estimar a produtividade primária bruta (*PPB = PPL + R*).

3. **Produtividade líquida da comunidade** é a taxa de armazenamento da matéria orgânica não usada pelos heterótrofos (ou seja, produção primária líquida menos o consumo heterotrófico) durante o período considerado, geralmente a época de crescimento ou um ano.

4. Finalmente, as taxas de armazenamento de energia nos níveis de consumidor são chamadas de **produtividades secundárias**. Como os consumidores usam somente materiais alimentares já produzidos e com as devidas perdas respiratórias, e como convertem essa energia alimentar em tecidos diversos por um processo global, a produtividade secundária *não* deve ser dividida em quantidades brutas e líquidas. O fluxo total de energia nos níveis heterotróficos, que é análogo à produtividade bruta dos autótrofos, deve ser designado como *assimilação,* não como *produção.*

Em todas essas definições, o termo *produtividade* e a expressão *taxa de produção* podem ser usados de forma alternada. Mesmo quando o termo *produção* designa uma quantidade de matéria orgânica acumulada, supõe-se ou subentende-se um fator temporal (por exemplo, um ano na produção de cultivo agrícola). Assim, para evitar confusão, devemos sempre referir o intervalo de tempo. De acordo com a segunda lei da termodinâmica, o fluxo de energia decresce a cada passo por causa da perda de calor que ocorre a cada transferência de energia de uma forma para outra.

As altas taxas de produção, em ambos os ecossistemas, natural e agrícola, ocorrem quando os fatores físicos são favoráveis, especialmente quando os *subsídios de energia* (como os fertilizantes) de fora do sistema aumentam o crescimento ou as taxas de reprodução dentro do sistema. Esses subsídios de energia também podem ser o trabalho do vento e da chuva em uma floresta, a energia de marés em um estuário ou de combustíveis fósseis, a energia do trabalho animal ou humano usado no cultivo agrícola. Ao avaliar a produtividade de um ecossistema, deve-se considerar a natureza e a magnitude não só dos *prejuízos energéticos* resultantes dos estresses climáticos, de colheita, de poluição e outros, que desviam a energia do processo de produção, mas também dos *subsídios de energia* que a aumentam ao reduzir a perda do calor respiratório (a "expulsão de desordem") necessário para manter a estrutura biológica.

Explicação

A palavra-chave nas definições precedentes é *taxa.* O **fator tempo** – ou seja, a quantidade de energia fixada em um dado tempo – deve ser considerado. Assim, a produtividade biológica difere do *rendimento* no sentido químico ou industrial. Na indústria, a reação termina com a produção de uma quantidade determinada de material; nas comunidades biológicas, o processo de produção é contínuo ao longo do tempo, portanto, deve ser designada uma unidade de tempo (a quantidade de alimento produzida por dia ou por ano, por exemplo). Embora uma comunidade altamente produtiva possa ter mais organismos que uma comunidade menos produtiva, isso não acontece se os organismos na comunidade produtiva forem removidos ou "renovados" com rapidez. Por exemplo, uma área fértil sendo pastada por gado provavelmente terá um "produto em pé" muito menor de capim que uma área menos produtiva sem ser pastada na época da medição. *A biomassa ou o "produto em pé" presente a qualquer momento não deve ser confundido com produtividade.* Os estudantes de ecologia muitas vezes confundem essas duas quantidades. Geralmente, não se pode determinar a produtividade primária de um sistema ou a produção do componente de uma população simplesmente pela contagem (ou censo) e pesagem dos organismos presentes em um dado momento, apesar de a produtividade primária líquida poder ser estimada pelos dados do "produto em pé", quando os materiais vivos acumulam-se ao longo de um período de tempo (como uma estação de crescimento), ou seja, não são consumidos (como em cultivos agrícolas, por exemplo).

Somente cerca de metade do total da energia radiante do Sol é absorvida, e no máximo cerca de 5% (10% da energia absorvida) podem ser convertidos pela fotossíntese bruta sob as mais favoráveis das condições. Então, a respiração da planta reduz consideravelmente – cerca de 20% a 50% – o alimento disponível para os heterótrofos.

Durante o pico da estação de crescimento, especialmente durante os longos dias de verão, até por volta de 10% do total da entrada solar diária podem ser convertidos em produção bruta, e de 65% até 80% dessa entrada podem permanecer como produção primária líquida por um período de 24 horas. Mesmo sob condições mais favoráveis, no entanto, essas altas taxas diárias não podem ser mantidas durante o ciclo anual, nem podem atingir esses altos rendimentos sobre grandes áreas de fazenda, como fica evidente quando tais taxas são comparadas com os rendimentos anuais realmente obtidos nos níveis nacional e mundial (ver Tabelas 3.4 e 3.5). A produção primária anual varia amplamente em diferentes tipos de ecossistemas, os quais serão detalhados na próxima seção. A relação entre produtividade bruta e líquida em vegetação terrestre natural varia com a latitude, como mostra a Figura 3.4. A porcentagem de produtividade bruta que se torna produção primária líquida é mais alta em latitudes frias e mais baixa em latitudes quentes, supostamente porque, nos trópicos, exige-se mais respiração para manter a biomassa.

O outro modo pelo qual os humanos aumentam a produção de alimento não envolve necessariamente uma elevação na produtividade bruta, mas a seleção genética, no sentido de aumentar a **razão alimento/fibra** ou a **razão de rendimento**. Por exemplo, uma planta de arroz selvagem pode produzir 20% de sua produção líquida em sementes (suficiente para assegurar sua sobrevivência), ao passo que uma planta de arroz cultivado é criada para produzir o máximo possível (50% ou mais) em sementes – a parte comestível. A *razão grão/palha em peso seco* foi aumentada em muitas vezes na maioria dos cultivos. A desvantagem é que a planta modificada não tem muita energia disponível para produzir compostos químicos anti-herbívoros (para se defender), assim, terá de ser usado mais pesticida no cultivo de variedades muito modificadas.

Energia nos Sistemas Ecológicos **89**

Tabela 3.4

Estimativa de PPL e biomassa vegetal nos principais ecossistemas

Tipo de ecossistema	Produtividade primária líquida por unidade de área ($g.m^{-2}.ano^{-1}$)			Biomassa por unidade de área (kg/m^2)	
	Área (10^6 km²)	Amplitude normal	Média	Amplitude normal	Média
Floresta úmida tropical	17,0	1.000 – 3.500	2.200	6 – 80	45
Floresta tropical estacional	7,5	1.000 – 2.500	1.600	6 – 60	35
Floresta temperada sempre-verde	5,0	600 – 2.500	1.300	6 – 200	35
Floresta temperada decídua	7,0	600 – 2.500	1.200	6 – 60	30
Floresta boreal	12,0	400 – 2.000	800	6 – 40	20
Arbóreo e arbustivo	8,5	250 – 1.200	700	2 – 20	6
Savana	15,0	200 – 2.000	900	0,2 – 15	4
Pradaria temperada	9,0	200 – 1.500	600	0,2 – 5	1,6
Tundra e alpino	8,0	10 – 400	140	0,1 – 3	0,6
Arbustivo de deserto e de semideserto	18,0	10 – 250	90	0,1 – 4	0,7
Deserto extremo, rocha,areia e gelo	24,0	0 – 10	3	0 – 0,02	0,02
Terra cultivada	14,0	100 – 3.500	650	0,4 – 12	1
Pântano e brejo	2,0	800 – 3.500	2.000	3 – 35	15
Lago e córrego	2,0	100 – 1.500	250	0 – 0,1	0,02
Continental total	149		773		1837
Oceano aberto	332,0	2 – 400	125	0 – 0,005	0,003
Zonas de ressurgência	0,4	400 – 1.000	500	0,005 – 0,1	0,02
Plataforma continental	26,2	200 – 600	360	0,001 – 0,04	0,01
Bancos de algas e recifes	0,6	500 – 4.000	2.500	0,04 – 4	2
Estuários	1,4	200 – 3.500	1.500	0,01 – 60	1
Marinho total	361		152		0,01
Total geral	510		333		3,6

Fonte: Baseada em Whittaker, 1975.

Tabela 3.5

Duas estimativas globais da produção primária líquida em petagramas de carbono/ano (1 Pg = 10^{15}g ou 10^9 t)

Estudo	Terra	Oceano	Total
Whittaker e Likens, 1973	57,5	27,5	85,0
Field et al., 1998	56,4	48,5	104,9

Figura 3.4 Variação por latitude na porcentagem da produção primária bruta (PPB) que termina como produção primária líquida (PPL) na vegetação natural. A tendência é de menos de 50% em regiões equatoriais até 60% a 70% em altas altitudes (modelo gráfico baseado em dados de E. Box, 1978).

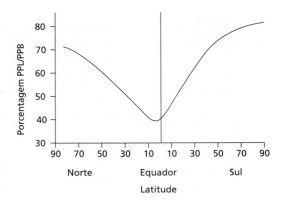

O que foi chamado de **Revolução Verde** envolve a seleção genética de variedades de cultivo modificadas com altas taxas de colheita, adaptadas para responder aos subsídios pesados em energia, irrigação e nutrientes. Aqueles que pensam que os países desenvolvidos podem aprimorar a produção agrícola dos países menos desenvolvidos fornecendo sementes e recomendações agrícolas não percebem que as nações menos desenvolvidas não podem dispor dos subsídios de energia necessários. Assim, até agora, a Revolução Verde, do ponto de vista econômico, beneficiou mais os países ricos do que os pobres (Shiva, 1991). Essa situação está documentada na Figura 3.5, que compara as tendências na produção agrícola (desde 1950) entre as nações com as maiores e menores produções dos três principais produtos da alimentação: milho, trigo e arroz. Os rendimentos aumentaram duas a três vezes nos países ricos (Estados Unidos, França e Japão), mas quase nada nos países pobres (Índia, China e Brasil).

Na década de 1960, os geneticistas de plantas desenvolveram novas variedades de trigo e arroz que renderam duas ou três vezes as quantidades das variedades tradicionais. De fato, Norman Borlaug recebeu o prêmio Nobel em 1970 por sua liderança no desenvolvimento dessas novas variedades. Esse avanço no que diz respeito ao melhoramento de cultivo foi anunciado como o início da Revolução Verde. No entanto, naquela época, ainda não estava claro que a necessidade de

Figura 3.5 Produtividade agrícola desde 1950 para trigo, arroz e milho em países desenvolvidos (Estados Unidos, França e Japão) comparada com a de países menos desenvolvidos (China, Índia e Brasil).

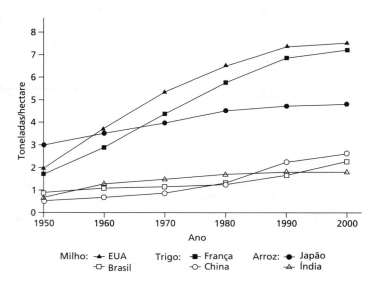

aumento do uso de subsídios (como fertilização e irrigação ótimas), que teriam de acompanhar essas novas variedades, invalidaria muitos de seus benefícios. Esse é um dos vários exemplos em que os resultados julgados merecedores do Nobel tiveram consequências ambientais imprevistas mais tarde.

Para dar outro exemplo, Fritz Haber, químico alemão, recebeu o prêmio Nobel em 1918 por sua descoberta de um processo catalítico (chamado de **processo de Haber**) para a síntese da amônia com base no nitrogênio e no hidrogênio. Atualmente, a alteração humana do ciclo global do nitrogênio é um dos principais problemas ambientais que a sociedade enfrenta (Vitousek, Aber et al., 1997). Da mesma forma, a descoberta do pesticida DDT durante a Segunda Guerra Mundial ajudou a controlar os mosquitos e a reduzir – muito – o número de mortes causadas pela malária. De fato, os benefícios do DDT pareciam tão extraordinários que Paul Muller, químico suíço, recebeu o prêmio Nobel em 1948 por essa descoberta. Os proponentes do uso em massa do DDT (e outros pesticidas de hidrocarbonetos clorados) não compreenderam as ramificações em longo prazo de tal descoberta (como a magnificação biológica ascendente desses compostos na cadeia alimentar). Foi somente em 1962 que *Primavera Silenciosa*, de Rachel Carson, chamou a atenção e começou a documentar os efeitos ecológicos das aplicações em ampla escala desse biocida. A mensagem é a seguinte: *o que parece ser uma descoberta importante em um dado momento pode resultar em consequências ecológicas importantes em outro momento no futuro.*

Conceito do Subsídio de Energia

As altas taxas de produção primária, tanto nos ecossistemas naturais como nos cultivados, ocorrem quando fatores físicos (como água, nutrientes e clima) são favoráveis – em especial quando a energia auxiliar de fora do sistema reduz os custos de manutenção (aumenta a dissipação da desordem). Qualquer energia secundária ou auxiliar que suplemente o Sol e permita que as plantas armazenem e repassem fotossintato é chamada de **fluxo de energia auxiliar** ou **subsídio de energia**. Vento e chuva em uma floresta úmida, energia de marés em um estuário e combustíveis fósseis usados no cultivo agrícola são exemplos de subsídios de energia, pois todos aumentam a produção das plantas e beneficiam animais adaptados a fazer uso da energia auxiliar. Por exemplo, as marés trazem nutrientes para a gramínea da marisma e alimento para as ostras, assim como levam embora os dejetos, de modo que os organismos não têm de gastar energia na evolução de tais trabalhos, podendo usar mais sua produção no crescimento (outro exemplo do trabalho do capital natural).

Alta produtividade e altas taxas de produtividade líquida-bruta na colheita são mantidas por grandes entradas de energia envolvida no cultivo, irrigação, fertilização, seleção genética e controle de pragas. O combustível usado para acionar o maquinário de fazendas é uma entrada de energia tanto quanto o Sol; podendo ser medido como calorias ou cavalos-vapor desviados para o aquecimento no desempenho do trabalho de manutenção da colheita. Nos Estados Unidos, a entrada do subsídio de energia na agricultura aumentou dez vezes entre 1900 e 1980, com entrada de cerca de uma a dez calorias para cada caloria de alimento colhido (ver Steinhart e Steinhart, 1974; Tangley, 1990; Barrett, 1990, 1992). A relação entre entradas de combustíveis fósseis, fertilizantes, pesticidas e energia de trabalho necessárias para produzir uma caloria de energia alimentar é mostrada na Figura 3.6 – a duplicação do rendimento da colheita requer aproximadamente um aumento de

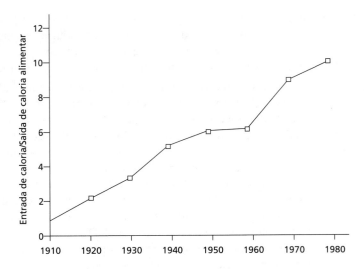

Figura 3.6 Mudança ao longo do tempo na quantidade de subsídios de energia usados no sistema de produção de alimento nos Estados Unidos para obter uma saída de caloria alimentar (segundo Steinhart e Steinhart, 1974).

dez vezes em todas essas entradas. A seleção genética para a razão alimento/fibra é outro modo pelo qual os rendimentos das colheitas foram aumentados. A razão grão/palha em peso seco do trigo e do arroz, por exemplo, aumentou de 50% para quase 80% durante o século passado.

H. T. Odum foi um dos primeiros ecólogos a afirmar a relação vital entre entrada de energia, seleção e produtividade agrícola. Ele escreveu: "Na realidade, a energia das batatas, carne e produtos de plantas da agricultura intensiva vem em grande parte dos combustíveis fósseis em vez do Sol. O alimento que ingerimos é parcialmente feito de petróleo".

As altas temperaturas (e o intenso estresse por água) geralmente exigem que uma planta gaste mais sua energia de produção bruta na respiração. Assim, custa mais manter a estrutura da planta em climas quentes, embora as plantas C_4 tenham desenvolvido um ciclo de fotossíntese que dribla em parte essa restrição imposta pelos climas quentes e secos. A relação geral entre produção bruta e líquida da vegetação natural como uma função de latitude foi apresentada na Figura 3.4. Essas razões se aplicam também a cultivos C_3, como o arroz.

As comunidades naturais que se beneficiam dos subsídios naturais de energia (ou seja, do capital natural; Daily et al., 1997) são as que possuem as maiores produtividades brutas. O papel das marés nos estuários e marismas costeiros, que se beneficiam da maré ou de outro subsídio de fluxo de água ótimo, tem praticamente a mesma produtividade bruta que um cultivo intensivo de milho em Iowa (ver Tabela 3.4 para comparação).

Como regra geral, a produtividade bruta de ecossistemas cultivados não excede a encontrada na natureza. Sem dúvida, nós aumentamos a produtividade fornecendo água e nutrientes para áreas onde esses são limitados (como desertos e campos). Acima de tudo, no entanto, aumentamos a produtividade líquida primária e a produtividade líquida da comunidade por meio dos subsídios de energia, que reduzem tanto o consumo autotrófico como o heterotrófico, portanto aumentam a safra.

Há um outro ponto importante a ser discutido sobre o conceito geral de subsídio de energia. Um fator sob um conjunto de condições ambientais ou em um nível baixo de intensidade pode agir como um subsídio de energia, mas sob outras condições ambientais ou em um nível mais alto de entrada pode agir como um *prejuízo energético*, reduzindo a produtividade. Por exemplo, os sistemas de água corrente, como os de Silver Springs, na Flórida (H. T. Odum, 1957), tendem a ser mais férteis que os de água parada, exceto se o fluxo for muito abrasivo ou irregular. O suave fluxo de subida e descida das marés em uma marisma, manguezal no estuário ou recife de coral contribui extraordinariamente para a alta produtividade dessas comunidades, mas as marés fortes quebram contra as praias rochosas do Norte do hemisfério norte, sujeitas a congelar no inverno e a esquentar no verão, podem representar um enorme prejuízo. Pântanos e matas ciliares, sujeitos a enchentes regulares durante o inverno e no período dormente do início da primavera no hemisfério norte, têm uma taxa de produção muito mais alta que os locais inundados continuamente ou por longos períodos durante a época de crescimento.

Na agricultura, a aragem do solo ajuda em um bioma decíduo temperado, mas não nos trópicos, onde a rápida lixiviação dos nutrientes e perda da matéria orgânica resultante podem estressar profundamente os cultivos subsequentes. A tendência à agricultura do plantio direto como um modo de reduzir esses prejuízos foi observada no Capítulo 2. Por fim, alguns tipos de poluição, como o esgoto tratado, podem atuar como um subsídio ou como um estresse, dependendo da taxa e da periodicidade de sua entrada. O esgoto tratado, liberado em um ecossistema a uma taxa constante, mas moderada, pode aumentar a produtividade, mas descargas maciças e irregulares podem destruir quase completamente o ecossistema como uma entidade biológica.

Gradiente Subsídio-Estresse

Um fator que sob um conjunto de condições ambientais ou nível de entrada age como subsídio pode, sob outro conjunto de condições ambientais ou alto nível de entrada, agir como um **prejuízo energético** ou **estresse**, reduzindo a produtividade. Algo bom em demasia (fertilizante demais, carros demais) pode ser um estresse tão sério quanto algo em pouca quantidade, como o ser humano muitas vezes percebe tardiamente. O conceito de **gradiente subsídio-estresse** está ilustrado na Figura 3.7. Se a entrada ou *perturbação* (de *perturbare* = "perturbar") é venenosa, a resposta será negativa para qualquer nível de entrada. Se, no entanto, a entrada envolver energia ou material utilizável, poderá aumentar a produtividade ou outra medida de desempenho, como foi explicado na subseção anterior. Como o nível da entrada de subsídio aumenta a capacidade do sistema em assimilar pode atingir a saturação; o desempenho irá então declinar, como mostra o modelo. Por exemplo, uma pequena quantidade de fertilizante nitrogenado aplicada em um gramado aumentará o crescimento e melhorará a saúde da área; fertilizante nitrogenado demais irá "queimar" metabolicamente o gramado ou matar a grama (para mais informação sobre cuidado ecológico de gramados, ver Bormann et al., 2001). Conforme o subsídio começa a se transformar em estresse, a variância aumenta, como mostram as barras de erro da Figura 3.7, consequentemente o sistema começa a oscilar fora de controle até ser substituído por outro sistema mais tolerante à perturbação – ou até que a vida não seja mais viável.

Em resumo, quase tudo o que a civilização faz tem um efeito misto no ambiente natural e na qualidade da vida humana. Os seres humanos podem tanto enriquecer como degradar o ambiente. Com frequência, essa é uma questão de escala temporal e espacial. Em geral, aumentamos a resposta ou a qualidade do

Figura 3.7 Curvas do gradiente subsídio-estresse. (A) Curva generalizada mostrando como as entradas crescentes de energia ou materiais podem produzir um desvio da taxa da faixa operacional normal, N. Se a entrada for utilizável e básica, funções como produtividade podem ser aumentadas (efeito do subsídio; Sub) em níveis moderados de entrada e então decrescidas com o aumento de entradas (efeito do estresse; St). Se a entrada for tóxica, as funções serão decrescidas, com a possibilidade de a comunidade ser substituída por uma mais tolerante ou completamente eliminada. R = substituída; L = letal. (B) Efeitos subsídio-estresse da fertilização crescente de nitrogênio em uma plantação de milho (fertilizante fosfórico constante). Linha contínua = curva de eficiência, retorno em kcal (colheita) por unidade de entrada. Linha interrompida = curva de rendimento kg/hectare. Note que a curva de eficiência tem o pico em uma taxa mais baixa de fertilização do que a curva de rendimento (segundo Pimentel et al., 1973).

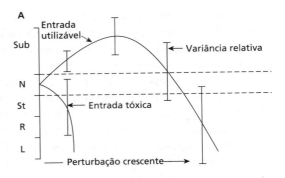

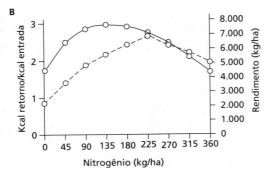

ecossistema com baixos níveis de entrada, mas degradamos tanto a função como a qualidade com altos níveis de entrada. Um pouco de calor, CO_2 ou fosfato pode aumentar a produtividade de um corpo de água se essas entradas são limitantes sob condições naturais, mas grandes quantidades dessas mesmas entradas podem reduzir essas funções básicas, afetando de modo prejudicial as espécies particulares e reduzindo a qualidade da água para uso humano.

Os seres humanos raramente reconhecem quando os retornos de escala crescentes (sobre os quais a maioria dos economistas gosta de falar) se transformam em retornos de escala decrescentes (sobre os quais a maior parte dos economistas não gosta de falar). Em outras palavras, *a maioria dos humanos tem dificuldade em determinar quando o bastante é suficiente.*

Conceito de Energética da Fonte-Sumidouro

Um corolário ao subsídio da energia é o conceito de **energética da fonte-sumidouro**, no qual o excesso de produção orgânica de um ecossistema (a *fonte*) é exportado para outro ecossistema menos produtivo (um *sumidouro*). Por exemplo, um estuário produtivo pode exportar matéria orgânica ou organismos para águas litorâneas em um processo chamado **exportação**. Consequentemente, a produtividade de um ecossistema é determinada pela sua taxa de produção interna, mais o que recebe como importação, ou menos o que exporta como um sistema-fonte. No nível das espécies, uma população pode produzir mais prole do que o necessário para mantê-la, com o excedente migrando para uma população adjacente que, de outro modo, não seria autossustentada (Pulliam, 1988). No nível da população, o conceito de *metapopulação*, conforme discutido nos Capítulos 6 e 9, está baseado na observação de que a sobrevivência das espécies, em uma pequena mancha da paisagem (semi-isolada de outros habitats semelhantes), pode depender mais da imigração e emigração de indivíduos para dentro e para fora de sua mancha que dos nascimentos e mortes dentro da mancha.

Distribuição da Produção Primária

A distribuição vertical da produção primária na terra e no mar, e a sua relação com a biomassa, estão ilustradas na Figura 3.8. As taxas de produção primária líquida ($g.m^{-2}.ano^{-1}$) em uma floresta temperada decídua e no oceano podem ser comparadas na Tabela 3.4. A floresta, na qual a renovação (razão entre a biomassa e a produção) é medida em anos, é comparada com o mar, cuja renovação é medida em dias. Mesmo se fossem consideradas somente as folhas verdes, que compõem de 1% a 5% do total da biomassa de floresta, se comparadas ao fitoplâncton, o tempo de substituição ainda seria muito mais longo em uma floresta. Nas águas costeiras mais férteis, a produção primária está concentrada mais ou menos nos primeiros 30 metros; nas águas mais transparentes, porém mais pobres, do mar aberto, a zona de produção primária pode se estender por 100 metros ou mais. É por isso que as águas costeiras parecem ser de um verde-escuro e as águas oceânicas, azuis. Em todas as águas, o pico da fotossíntese tende a ocorrer um pouco abaixo da su-

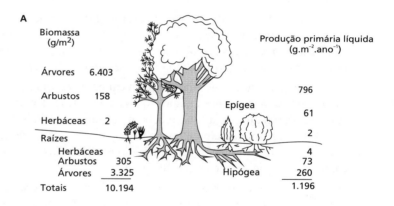

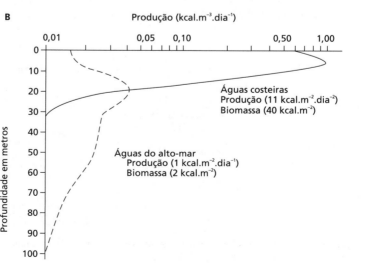

Figura 3.8 Comparação da distribuição vertical da produção primária, *P*, e da biomassa, *B*. (A) mostra a distribuição vertical em uma floresta. (B) mostra a distribuição vertical no mar. Esses dados também contrastam a renovação radical no mar (B/P = 2 a 4 dias) com a renovação mais lenta da floresta (B/P = 9 anos). (Dados de Whittaker e Woodwell, 1969, de uma floresta jovem de carvalho-pinheiro; dados de Currie, 1958, do mar do nordeste do oceano Atlântico.)

perfície, porque o fitoplâncton circulante é *adaptado à sombra* e inibido pela luz solar direta. Na floresta, onde as unidades fotossintetizantes (folhas) estão permanentemente fixas no espaço, as folhas do dossel das árvores são *adaptadas ao Sol*, ao passo que as folhas do sub-bosque são adaptadas à sombra (ou seja, são maiores e mais verdes).

A tentativa de estimar a taxa de produção orgânica, ou produtividade primária dos sistemas naturais mundiais movidos a luz solar, tem uma história interessante. Em 1862, o químico agrícola e nutricionista vegetal pioneiro, Barão Justus von Liebig, baseou uma estimativa de produção de matéria seca da área de terra global em uma única amostra de prado. Bastante interessante, a estimativa de Liebig, de aproximadamente 10^{11} toneladas métricas por ano, é muito próxima da estimativa de Lieth e Whittaker de 118×10^9 toneladas por ano para áreas continentais (ver *Primary Productivity of the Biosphere,* Lieth e Whittaker, 1975). Gordon Riley (1944) superestimou a produtividade do oceano ao basear sua estimativa nas medidas de águas costeiras férteis. Somente na década de 1960, após a introdução da técnica de medição por carbono-14, foi reconhecida a baixa produtividade da maioria dos oceanos abertos. Como os oceanos cobrem cerca de 2,5 vezes a área terrestre em nosso planeta, foi natural assumir, como Riley fez, que os ecossistemas marinhos fixam mais energia solar total que os sistemas terrestres. Na verdade, a área terrestre sobrepuja a produção do mar em talvez até 5:1 (ver Tabela 3.4).

A Figura 3.9 mostra uma comparação da distribuição latitudinal da produção terrestre e do oceano. Para os valores médios estimados para grandes áreas, *a produtividade varia em cerca de duas ordens de magnitude* (cem vezes), de 200 a 20 mil kcal.m^{-2}.ano^{-1}, e *a produção bruta total mundial está na ordem de 10^{18} kcal/ano*.

Uma parte muito grande da Terra cai na categoria de baixa produção porque a água (nos desertos e nos campos) ou os nutrientes (no mar aberto) são limitantes. As áreas férteis (ou seja, que recebem subsídios naturais de energia) são encontradas principalmente em deltas de rios, estuários, áreas de ressurgência costeira, áreas de sedimento glacial não litificado e solos transportados pelo vento ou vulcânicos em regiões com chuva adequada.

Para todos os propósitos práticos pode-se considerar 50 mil kcal.m^{-2}.ano^{-1} o limite superior máximo da fotossíntese bruta. Grande parte da agricultura apresenta uma produtividade anual baixa, porque os cultivos anuais são produtivos du-

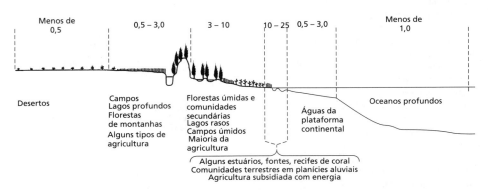

Figura 3.9 Distribuição mundial de produção primária em termos de produção bruta anual (10^3 kcal.m^{-2}.ano^{-1}) dos principais tipos de ecossistemas (segundo E. P. Odum, 1963).

rante menos da metade do ano. O cultivo em sucessão (isto é, plantar em sequência, para que haja produção durante o ano todo) pode chegar perto da produtividade bruta das comunidades naturais de maior produção. Lembre-se, no entanto, que a produção primária líquida será, em média, 60% da produtividade bruta, e que a "colheita para a humanidade" dos cultivos será um terço ou menos da produtividade bruta. O sistema de suporte da fotossíntese (células, folhas, ramos e raízes) e a respiração da biomassa total, inclusive micróbios que decompõem a matéria orgânica e reciclam os nutrientes, custam energia!

Uso Humano da Produção Primária

Vitousek et al. (1986) estimou que, embora somente 4% da produção líquida terrestre seja usada diretamente pelos humanos e animais domésticos como alimento, mais 34% é apropriado pela humanidade, e nessa parte está a produção não comestível (como gramados) ou a parte destruída pelas atividades humanas (como o desmatamento das florestas tropicais). Haberi (1997) fez uma estimativa semelhante, de 41%, apropriada pelos humanos. Estimativas desse tipo são difíceis de ser feitas e estão sujeitas à revisão, mas parece que conforme a humanidade entrou no século XXI, pelo menos 50% da produção terrestre líquida e a maior parte da produção aquática líquida permanecem como bens e serviços de suporte à vida (ou seja, capital natural) – e para sustentar todos os organismos com os quais dividimos o planeta.

A partir de 2000, com a estimativa de 6,1 bilhões de pessoas no mundo, cada uma delas passou a precisar de cerca de 1 milhão kcal por ano, ou um total de 6×10^{15} kcal de energia alimentar para sustentar sua biomassa. O total mundial estimado de colheita de alimentos é inadequado por causa da má distribuição, do desperdício e da baixa qualidade de proteína. Somente cerca de 1% do alimento vem do mar, e a maioria é de origem animal (o tamanho reduzido e a renovação rápida do fitoplâncton impedem o acúmulo de biomassa possível de ser colhida). Como a sobrepesca se tornou um fenômeno mundial, obter mais alimento do mar parece fora de questão. A aquicultura é responsável por grande parte dos frutos do mar e dos peixes atualmente comercializados nos mercados. Como já foi observado, a lacuna entre a produção de alimento em países ricos e pobres tem aumentado durante o último meio século (ver Figura 3.5), porque alguns países não podem obter os subsídios de energia necessários para sustentar as variedades genéticas de alto rendimento.

As safras e a produção primária líquida (*PPL*) estimadas para as principais culturas de alimento em alguns países desenvolvidos e menos desenvolvidos são comparadas com as médias mundiais na Tabela 3.6. Um *país desenvolvido* é definido como um país com o produto interno bruto (PIB) per capita de mais de 8 mil doláres.

Cerca de 30% de todas as pessoas vivem nesses países, que também tendem a ter uma baixa taxa de crescimento populacional (1% por ano ou menos). Em contraste, 65% das pessoas no mundo vivem em *países subdesenvolvidos,* cujo PIB *per capita* é de menos de 300 dólares, muitas vezes menos de 100 dólares, e que também possuem uma alta taxa de crescimento populacional (mais de 2% por ano). Os países subdesenvolvidos têm baixa produção de alimento por hectare, pois não podem se permitir manter os subsídios necessários para altas safras. Essas duas massas de humanos são profundamente divididas, ou seja, a distribuição de renda *per capita* e a produção por área unitária é bimodal.

Tabela 3.6

Safra anual (produção primária líquida) da porção comestível das principais culturas de alimento, em quatro níveis de conteúdo proteico e dois níveis de subsídio de energia

Peso da colheita (quilogramas/hectare)

Culturas	País desenvolvido (com agricultura subsidiada por combustível)				País subdesenvolvido (com pouco subsídio de energia)				Média mundial		
	País	*1970*	*1990*	*1997*	*País*	*1970*	*1990*	*1997*	*1970*	*1990*	*1997*
Açúcares* (<1% de proteína)	Estados Unidos	9.210	7.940	7.620	Paquistão	4.250	4.160	4.350	5.480	6.160	6.380
Arroz (10% de proteína)	Japão	5.630	6.330	6.420	Bangladesh	1.690	2.570	2.770	2.380	3.540	3.820
Trigo (12% de proteína)	Holanda	4.550	7.650	8.370	Argentina	1.330	1.900	2.520	1.500	2.560	2.670
Soja (30% de proteína	Canadá	2.090	2.610	2.580	Índia	438	1.020	955	1.480	1.900	2.180

Nota: Os números são médias arredondadas do *FAO Production Yearbook,* 1997. As produções das culturas básicas de alimento têm se estabilizado, com pouco crescimento (às vezes decréscimo), desde 1990, mas a diferença entre países ricos e pobres permanece grande, e a média mundial mantém-se perto dos níveis das nações subdesenvolvidas, em vez de próximo das nações desenvolvidas.

*O açúcar é estimado em 10% do peso da colheita da cana-de-açúcar, como informado no *Yearbook*.

A Figura 3.10 ilustra um ecossistema ou paisagem natural, não subsidiado, acionado por energia solar, incluindo entradas de energia (chuva e luz solar), subprodutos naturais (dióxido de carbono e escoamento por água), rendimento (produção primária líquida) e perda de energia ou respiração (entropia ou perda de calor do sistema). Trata-se de um modelo para sistemas naturais como florestas, campos ou cultivos orgânicos.

Vamos agora comparar as Figuras 3.10 e 3.11, que representam um ecossistema ou paisagem acionado por energia solar, subsidiado pelo homem; nesse ecossistema, além das entradas de energia provenientes da chuva e do Sol, entram também grandes quantidades de combustíveis fósseis, fertilizantes e pesticidas químicos. Além dos subprodutos naturais, subprodutos não naturais "escapam" frequentemente do sistema, o que requer significativas somas de dinheiro e recursos de energia para limpá-lo. É interessante notar que, mesmo o rendimento ou a produção primária líquida do sistema subsidiado pelo homem é subsidiado, seja na forma de subsídios do governo ou recursos monetários. Somente a segunda lei da termodinâmica (energia degradada) não é subsidiada nesse modelo (Figura 3.11). A humanidade, por causa do seu limitado entendimento de como operam os ecossistemas naturais, pode até tentar subsidiar a segunda lei, que é uma tarefa impossível!

As terras cultivadas aumentaram cerca de 15% em todo o mundo durante os últimos anos, mas na Europa, nos Estados Unidos e no Japão, a área de colheita tem diminuído. Os países menos desenvolvidos têm elevado seu fornecimento de alimento aumentando a área de terra de cultivo e os rendimentos. Se tal tendência continuar, cada vez mais terra marginal será cultivada a um custo e risco de degradação ambiental crescentes. Além disso, a quantidade de proteína, em vez das calorias totais, tende a limitar a dieta das nações subdesenvolvidas. Sob con-

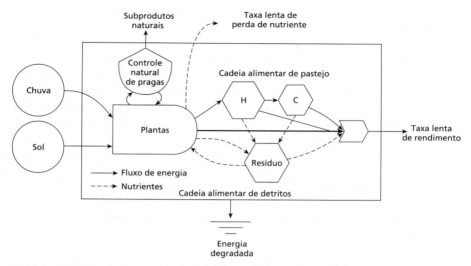

Figura 3.10 Diagrama mostrando um ecossistema natural, não subsidiado, acionado por energia solar.

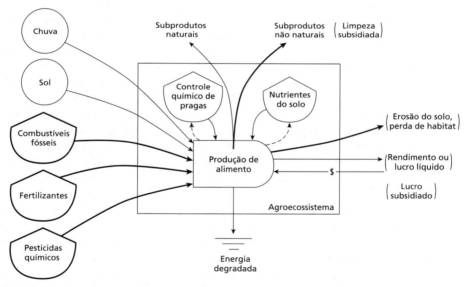

Figura 3.11 Diagrama mostrando um sistema agrícola acionado por energia solar, subsidiado pelo homem no mundo ocidental, e baseado em entradas e saídas de subsídio solar, combustíveis fósseis e material.

dições equivalentes, o rendimento do cultivo de alimentos de alto teor proteico, como a soja, deve ser sempre menor (em calorias totais) que o de carboidratos, por exemplo, o açúcar (ver Tabela 3.6). Deve-se notar, também, que as batatas dão um rendimento maior, mas têm um conteúdo proteico mais baixo que os grãos.

    Existem ainda outros usos da produção primária, isto é, por fibra (como algodão) e combustível. Para mais da metade da população mundial, a lenha é o principal combustível usado no cozimento, no aquecimento e na indústria leve. Nos países mais pobres, a queima da lenha é muito mais rápida que o crescimento das árvores, o que transforma as florestas em áreas de capoeira e depois em desertos. A escassez de lenha é chamada de "outra crise energética" (o petróleo, claro, é a crise de energia mais falada). Em países como Tanzânia e Gâmbia, o consumo de lenha combustível *per capita* é de cerca de 1,5 tonelada por ano, e 99% da população usa lenha como combustível.

Na América do Norte e em outras regiões com grandes estoques de vegetação em pé, mais pessoas ficaram interessadas em usar a biomassa, tanto das florestas como das terras agrícolas, como combustível para suplementar ou substituir os suprimentos decrescentes de petróleo, um recurso não renovável. Entre as opções existentes estão (1) plantar árvores de crescimento rápido (pinheiros, sicômoros, álamos, entre outros) aproveitadas em rotação curta (cortadas rente e replantadas em dez anos ou menos), são as chamadas "florestas combustíveis"; (2) usar galhos e outras partes de árvores que não servem para tábuas ou papel e que hoje são deixados nas florestas para se decompor; (3) reduzir a demanda por polpa, reciclando o papel, e usar a madeira destinada à polpa para aquecimento de moradias e geração de eletricidade; (4) usar resíduos de plantas agrícolas e de animais (estrume) para produzir gás metano ou álcool; e (5) plantar cultivos como cana-de-açúcar e milho especificamente para a produção de álcool como combustível para máquinas de combustão interna.

Converter alimento de alta qualidade, como o milho, em álcool combustível não satisfaz a lógica da ecologia atual. Vários estudos (Hopkinson e Day, 1980, por exemplo) mostraram que tanto quanto ou até mais energia de alta qualidade é exigida para produzir álcool como o próprio rendimento do álcool, resultando em pouco ou nenhum ganho de energia líquida. Brown (1980) estimou que seriam necessários 8 acres (3,2 ha) para produzir grãos suficientes para abastecer um automóvel por um ano; essa mesma área poderia alimentar de 10 a 20 pessoas. Na maioria das vezes, o gasoálcool (mistura da gasolina com o álcool) é vendido no cinturão de grãos dos Estados Unidos porque existe uma sobra de grãos que não é consumida (pelos seres humanos ou animais) nem vendida no mercado mundial (os famintos não podem comprar). Não é provável que tal situação continue. Do ponto de vista holístico, em longo prazo, o uso da produção primária como combustível poderia substituir somente uma pequena parte do nosso uso atual de petróleo, pois a produção mundial de biomassa totaliza apenas cerca de 1% da radiação solar total.

O impacto humano na biosfera pode ser visto de outra maneira. A densidade humana é hoje de uma pessoa por cerca de 2,37 hectares (6 acres) de terra. Quando se incluem os animais domésticos, a densidade é de um equivalente populacional por cerca de 0,65 hectare. Isso é menos de 2 acres por pessoa – e animal doméstico equivalente a uma pessoa-consumidor. Se a população dobrar durante o século XXI, e se os humanos continuarem a consumir e usar animais, haverá somente cerca de 1 acre (0,4 ha) para suprir todas as necessidades (água, oxigênio, minerais, fibras, biomassa combustível, espaço para viver e alimento) de cada consumidor de 50 quilos; e isso não inclui os animais de estimação e silvestres que tanto contribuem para a qualidade da vida humana. Muitos agroecólogos acreditam que foi dada ênfase demais nas monoculturas anuais. Faz sentido do ponto de vista ecológico e do senso comum considerar a diversificação dos cultivos, estabelecendo sistemas múltiplos de colheita, adotando procedimentos de aragem limitados (menos perturbação da estrutura do solo) e aumentando o uso de espécies perenes. Por exemplo, os cientistas do The Land Institute, localizado perto de Salinas, Kansas, por exemplo, estão dedicando muito estudo e pesquisa para a viabilidade de colheita de espécies perenes nativas nas pradarias do centro-oeste dos Estados Unidos. As pradarias nativas são ecossistemas de espécies multiespecíficas, que devolvem a fertilidade do solo, têm raízes mais profundas para construir o solo, e são mais bem adaptadas aos caprichos da natureza (Pimm, 1997). Como esses sistemas e paisagens naturais não subsidiados poderiam se transformar em "fins agrícolas", da maneira que cientistas como Wes Jackson acreditam, teriam grande possibilidade de prevalecer como agricultura sustentável. Para mais informações sobre a relação entre energia e produção de alimento, ver NRC (1989), Barrett (1990, 1992), Soule e Piper (1992), Pimm (1997), Jackson e Jackson (2002) e E. P. Odum e Barrett (2004).

Produtividade e Biodiversidade: Uma Relação de Mão Dupla

Em ambientes naturais com baixo teor de nutrientes, um aumento na biodiversidade parece elevar a produtividade, como indicado em pesquisa experimental em campos (Tilman, 1999). No entanto, em ambientes com alto teor de nutrientes ou enriquecidos, um aumento na produtividade eleva a dominância e reduz a biodiversidade.

Em outras palavras, um aumento na biodiversidade pode elevar a produtividade, mas um aumento na produtividade quase sempre diminui a biodiversidade – uma via de mão dupla. Além disso, o enriquecimento por nutrientes (por exemplo, eutrofização, fertilização nitrogenada e escoamento superficial) traz ervas daninhas perniciosas, pragas exóticas e organismos causadores de doenças perigosas, pois esses tipos de organismos são adaptados e prosperam em ambientes com alto teor de nutrientes (E. P. Odum e Barrett, 2000).

Quando os recifes de coral são sujeitos ao enriquecimento de nutrientes pela ação do homem, observamos um aumento na dominância de algas filamentosas sufocantes, bem como o aparecimento de doenças antes desconhecidas, que podem destruir rapidamente esses ecossistemas diversificados e que estão tão maravilhosamente adaptados às águas com baixo teor de nutrientes. Outro exemplo é a *maré vermelha*, que resulta na mortandade maciça e periódica de peixes nos estuários da Flórida. Os microrganismos da maré vermelha, um dinoflagelado, produzem uma toxina que, supostamente funciona como autodefesa, ao impedir que sejam comidos. Em sua densidade normal, não é produzida toxina suficiente capaz de afetar os peixes de maneira prejudicial, mas quando os estuários se tornam poluídos, a população de dinoflagelados às vezes apresenta "floração" (aumento repentino e em abundância), resultando na mortandade maciça de peixes.

Talvez seja exigir demais desse princípio, mas podemos sugerir que os seres humanos, em seus esforços para aumentar a produtividade e sustentar o aumento do número de pessoas e animais domésticos (que por sua vez excretam enormes quantidades de nutrientes no ambiente), estão causando uma eutrofização em escala mundial, a maior das ameaças à diversidade, à elasticidade e à estabilidade da ecosfera – essencialmente uma síndrome de "coisas boas em demasia". O aquecimento global, que resulta do enriquecimento de CO_2 da atmosfera, é um aspecto dessa perturbação global, ao passo que o enriquecimento por nitrogênio é cada vez mais responsável pela desordem, em escala mundial, tanto nos ambientes aquáticos como terrestres (Vitousek et al., 1997). Temos aqui um dilema ou paradoxo, no qual nossos esforços para alimentar e produzir bens e serviços de mercado para o sempre crescente número de pessoas estão se tornando uma grande ameaça à diversidade e qualidade do nosso ambiente.

Clorofila e Produção Primária

Gessner (1949) observou que a quantidade de clorofila "por metro quadrado" tende a ser semelhante em diferentes comunidades. Essa descoberta indica que o conteúdo do pigmento verde em comunidades inteiras é mais uniforme que nas plantas individuais ou nas partes das plantas. O todo não só é diferente das partes como também não pode ser explicado apenas por elas. Comunidades intactas contendo várias plantas – jovens e velhas, ensolaradas ou sombreadas – são integradas e ajustadas ao máximo, tanto quanto os fatores locais permitem, à energia solar recebida, que, obviamente, afeta o ecossistema em uma base de "metro quadrado".

As plantas ou partes das plantas adaptadas à sombra tendem a ter uma concentração mais alta de clorofila que as plantas ou partes das plantas adaptadas à luz. Tal propriedade lhes permite aprisionar e converter o máximo possível de fótons escassos da luz. Como consequência, o uso da luz solar é altamente eficiente em sistemas sombreados, mas o rendimento fotossintético e a taxa de assimilação são baixos. As culturas de algas que crescem em laboratórios, sob baixa intensidade luminosa, muitas vezes se adaptam à sombra. A alta eficiência desses sistemas sombreados às vezes tem sido erroneamente projetada para condições de luz solar plena por aqueles que pretendem alimentar a humanidade com culturas em massa de algas. No entanto, quando a entrada de luz é aumentada para elevar o rendimento, a eficiência cai, como acontece em qualquer outro tipo de planta.

Pirâmides Ecológicas

A relação entre números, biomassa e fluxo de energia (metabolismo) no nível de comunidade biótica pode ser mostrado graficamente por meio das **pirâmides ecológicas**, nas quais o primeiro nível trófico ou *produtor* forma a base, e os níveis tróficos sucessivos formam as camadas. Alguns exemplos são mostrados na Figura 3.12. As pirâmides de número são frequentemente invertidas (base menor que uma ou mais camadas superiores) quando organismos produtores individuais são muito maiores que a média dos consumidores, como nas florestas decíduas temperadas. As pirâmides de biomassa, porém, tendem a ser invertidas quando os produtores individuais são muito menores que a média dos consumidores, como nas comunidades aquáticas dominadas por algas planctônicas. Como ditado pela segunda lei da termodinâmica, no entanto, a pirâmide de energia deve ter sempre uma forma vertical verdadeira – desde que se considerem todas as fontes de energia alimentar.

Por conseguinte, o fluxo de energia fornece uma base melhor que os números ou a biomassa para comparar ecossistemas e populações entre si. A Tabela 3.7 lista estimativas de densidade, biomassa e taxas de fluxo de energia para seis populações muito diferentes em tamanho de indivíduos e habitat. Nessa série, os números variam em 17 ordens de magnitude (10^{17}), a biomassa varia cerca de cinco ordens de magnitude (10^5), ao passo que o fluxo de energia varia apenas cerca de cinco vezes. A semelhança entre os fluxos de energia indica que todas as seis populações estão funcionando aproximadamente no mesmo nível trófico (consumidores primários), embora nem os números nem a biomassa indiquem tal semelhança. A regra ecológica para isso seria a seguinte: *os números superenfatizam a importância de pequenos organismos, e a biomassa superenfatiza a importância de organismos grandes.* No entanto, nenhum deles pode ser usado como um critério confiável para comparar o papel funcional das populações, que difere amplamente em relações tamanho-metabolismo, apesar de que dos dois, a biomassa é geralmente mais confiável que os números. Assim, *o fluxo de energia fornece um índice mais adequado para comparar qualquer e todos os componentes de um ecossistema.*

As atividades dos decompositores e outros organismos pequenos podem ter pouquíssima relação com os números totais ou com a biomassa presente em qual-

Energia nos Sistemas Ecológicos **103**

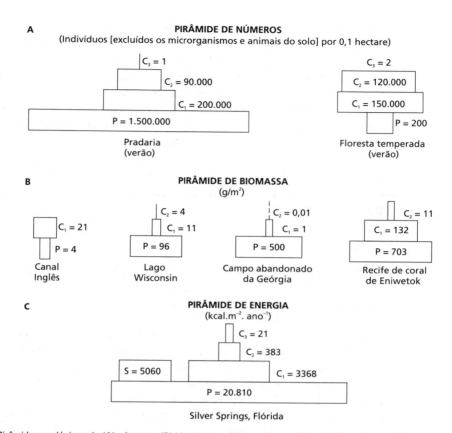

Figura 3.12 Pirâmides ecológicas de (A) números, (B) biomassa, e (C) energia em diferentes tipos de ecossistema. P = produtores; C1 = consumidores primários; C2 = consumidores secundários; C3 = consumidores terciários; e S = saprótrofos (bactérias e fungos). Dados de plantas de pradaria de F. C. Evans e Cain (1952); dados de floresta temperada de Elton (1966) e Varley (1970); dados do canal inglês de Harvey (1950); dados do lago Wisconsin de Juday (1942); dados de campos abandonados da Geórgia de E. P. Odum (1957); dados de recife de coral de H. T. Odum e E. P. Odum (1955); e dados de Silver Springs de H. T. Odum (1957).

Tabela 3.7

Densidade, biomassa e fluxo de energia de seis populações de consumidores primários, que diferem em tamanho de indivíduos que compõem a população

População	Densidade aproximada (nº/m²)	Biomassa (g/m²)	Fluxo de energia (kcal.m⁻².dia⁻¹)
Bactérias do solo	10^{12}	0,001	1,0
Copépodos marinhos (*Acartia*)	10^5	2,0	2,5
Caracol intermareal (*Littorina*)	200	10,0	1,0
Gafanhotos da marisma (*Orchelimum*)	10	1,0	0,4
Arganaz-do-prado (*Microtus*)	10^{-2}	0,6	0,7
Cervo (*Odocoileus*)	10^{-5}	1,1	0,5

Fonte: E.P.Odum, 1968.

quer momento. Por exemplo, um aumento de 15 vezes em energia dissipada resultante da adição de matéria orgânica ao solo pode ser acompanhado por menos que duas vezes o aumento no número de bactérias e fungos. Em outras palavras, esses pequenos organismos se renovam com mais rapidez quando se tornam mais ativos; eles não aumentam proporcionalmente sua biomassa em "produto em pé" como os maiores organismos. A estrutura trófica parece ser uma propriedade fundamental, que tende a ser reconstituída quando uma comunidade em particular é perturbada *de repente*.

Quando um ecossistema é estressado sem interrupção (em contraste com de repente estressado), no entanto, a estrutura trófica provavelmente será alterada, pois os componentes bióticos se adaptam à perturbação crônica, como ocorreu, por exemplo, nos Grandes Lagos, resultado da poluição contínua durante as décadas de 1960 e 1970.

Medidas da Produção Primária

Antes de deixarmos o assunto da produção ecológica, devemos comentar sobre as dificuldades de medida. A produção primária é mais bem estimada pela medida de trocas gasosas: produção de oxigênio ou absorção de dióxido de carbono. Isso é mais fácil de ser feito em água. Em águas paradas (lagoas, lagos, oceanos), medidas das mudanças diurnas na concentração de oxigênio, como na experiência com as garrafas clara e escura descrita no Capítulo 2, podem ser usadas para estimar a produção bruta e líquida. Em águas correntes, o método montante-jusante, envolvendo mudanças nas medidas diurnas de oxigênio em pontos a montante e a jusante, em geral, eficiente. As medidas das mudanças em CO_2 com o isótopo radioativo ^{14}C são muito usadas, especialmente em ambientes marinhos.

A medida na mudança de gases é muito mais difícil no ambiente terrestre. A medida do gradiente de concentração do CO_2 do ar do chão ao topo da vegetação, como foi primeiramente tentado por Transeau (1926) em um milharal e por Woodwell e Whittaker (1968) em uma floresta, é muito usada hoje, especialmente em plantações. É difícil medir a produção bruta em ecossistemas de grande biomassa, como as florestas, por ser pouco prático tentar colocar toda a floresta em uma tenda ou saco transparente (que teria de ser resfriado, pois o ar dentro de um saco esquentaria rapidamente!), apesar de já ter sido tentado com árvores e ramos individuais. Portanto, a maioria das medidas de produtividade na vegetação terrestre são estimativas de produção líquida obtidas somando-se o crescimento anual de folha, tronco e raiz. Para exercício em classe, coletar folhas que caem em volumosas caixas colocadas no chão da floresta fornece um método simples de medir a diversidade das espécies e estimar sua produtividade – isso se levarmos em consideração as variações latitudinais na (1) razão entre produção de folhas e madeira; e (2) razão entre produção bruta e líquida. Para a zona temperada do norte, a razão entre a queda anual de folhas e a produção líquida é de cerca de 1 a 4 g/m². A Figura 3.13 mostra ripas suspensas ao redor de coletores de precipitação, reduzindo rajadas de vento para que a precipitação leve não caia no coletor, na Área Experimental de Hubbard Brook, em White Mountains, New Hampshire.

Obtêm-se estimativas muito aproximadas da produção primária em amplas paisagens e regiões combinando-se globalmente a cor da paisagem do sensoriamento remoto por satélite com medidas de "prova de campo". Assim, uma paisagem terrestre verde brilhante ou uma porção de água verde-escura indicam ecossistemas muito produtivos. No ambiente terrestre, a cor verde-amarelada

Figura 3.13 Ripas suspensas ao redor de coletores de precipitação e equipamentos para monitoramento de microclima no Hubbard Brook Experimental Site, em White Mountains, New Hampshire.

indica níveis moderados de produtividade, enquanto a cor marrom revela níveis muito baixos de produtividade. Água límpida azul indica baixa produtividade. Os valores quantitativos são obtidos confrontando-se as cores com as medidas quantitativas na superfície do local. As fotografias aéreas ou infravermelhas por satélite também são eficientes, na maioria das vezes. Quanto mais brilhante o infravermelho, mais produtiva a paisagem. Lembrando, porém, que o sensoriamento remoto deve ser calibrado por medição quantitativa real no solo.

Modelo Universal de Fluxo de Energia

Qual o componente básico de um modelo de fluxo de energia? A Figura 3.14 apresenta o que pode ser chamado de um **modelo universal** – aplicável a qualquer componente vivo – planta, animal, microrganismo, indivíduo, população ou grupo trófico. Ligados entre si, esses modelos gráficos podem mostrar cadeias alimentares (Figura 3.15) ou a bioenergética de um ecossistema inteiro. Na Figura 3.14, a caixa sombreada representa a biomassa viva de um componente. Apesar de a biomassa ser geralmente medida como um tipo de peso (peso vivo ou "úmido"; peso seco, ou livre de cinzas), a biomassa deve ser expressa em calorias para que possa ser estabelecida a relação entre as taxas do fluxo de energia e a biomassa presente,

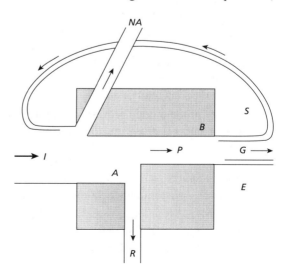

Figura 3.14 Componentes de um modelo de fluxo de energia ecológico. I = entrada (ou ingestão); NA = não assimilado (ou egestão); A = energia assimilada; P = produção; R = respiração; G = crescimento e reprodução; B = biomassa presente; S = energia armazenada; e E = energia excretada.

106 Fundamentos de Ecologia

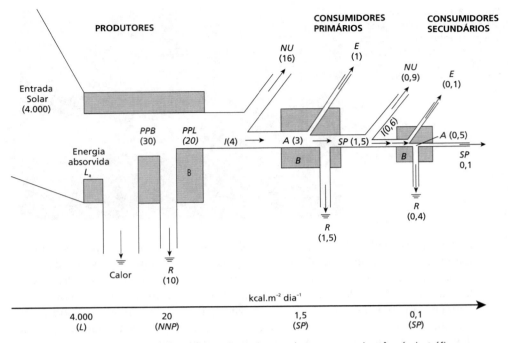

Figura 3.15 Diagrama simplificado de fluxo de energia representando três níveis tróficos em uma cadeia alimentar linear. As anotações padronizadas para os fluxos de energia sucessivos são as seguintes: L_a = luz absorvida pela cobertura vegetal; *PPB* = produção primária bruta; *A* = assimilação total; *PPL* = produção primária líquida; *PS* = produção secundária (consumidor); *NU* = energia não consumida pelo nível trófico seguinte; *E* = energia não assimilada pelos consumidores (egestão); *I* = entrada (ou ingestão); *B* = biomassa presente; e *R* = respiração. A linha na base do diagrama mostra a ordem de magnitude das perdas de energia esperadas nos principais pontos de transferência, iniciando com a entrada solar de 4.000 kcal por metro quadrado por dia.

instantânea ou média. A entrada total de energia ou *influxo* está indicada por *I* na Figura 3.14. Para os autótrofos estritos, ela é a luz; para os heterótrofos estritos, é alimento orgânico.

O conceito de **nível trófico** não tem a intenção primária de categorizar as espécies. A energia flui em etapas por meio da comunidade e de acordo com a segunda lei da termodinâmica, mas uma população de uma espécie determinada pode estar envolvida (e muitas vezes está) em mais de um único nível trófico. Portanto, o modelo universal de fluxo de energia ilustrado na Figura 3.14 pode ser usado de duas maneiras.

O modelo pode representar a *população de uma espécie,* nesse caso as entradas de energia e as conexões apropriadas com outras espécies seriam mostradas sob a forma de um diagrama convencional, de teia alimentar voltada à espécie (ver Figura 3.15), ou o modelo pode representar um *nível de energia* discreto, nesse caso, a biomassa e os canais de energia representam parte de muitas populações – ou todas – sustentadas pela mesma fonte de energia.

As raposas, por exemplo, geralmente obtêm parte de seu alimento comendo plantas (como frutas, veja a Figura 3.16), e parte comendo pequenos mamíferos herbívoros (como coelhos e camundongos do campo).

Figura 3.16 Raposa selvagem jovem se alimentando de frutas.

Basta de questões sobre fonte de entrada de energia. Nem toda a entrada na biomassa de um organismo, população ou nível trófico é transformada; uma parte dela pode passar simplesmente pela estrutura biológica, como quando o alimento é evacuado do trato digestivo sem ter sido metabolizado – ou quando a luz passa através da vegetação sem ter sido fixada. Esse componente de energia é indicado por NU (não utilizada) ou NA (não assimilada; ver Figura 3.14). Essa porção utilizada ou assimilada é indicada por A no diagrama. A razão entre A e I (ou seja, a eficiência da assimilação) varia amplamente. Pode ser muito baixa, como na fixação da luz pelos vegetais ou assimilação de alimento pelos animais que consomem detritos; ou muito alta, como quando os animais ou bactérias consomem alimento de alta energia, como açúcares ou aminoácidos.

Nos autótrofos, a energia assimilada, A, é lógico, a produção primária bruta ou fotossíntese bruta.

O componente análogo (o componente A) nos heterótrofos representa o alimento ingerido menos o alimento evacuado (fezes). Portanto, *o termo produção primária bruta deveria ser restrito à produção autotrófica*.

Uma característica-chave do modelo é a separação da energia assimilada, A, nos componentes P e R. A parte da energia fixada, A, que é queimada e perdida como calor, é designada como *respiração, R*; a porção transformada em matéria orgânica nova ou diferente é designada como *produção, P*. Assim, P representa a produção primária líquida nas plantas e produção secundária nos animais. A **produção secundária** (PS) nos consumidores individuais é composta de crescimento de tecido e dejetos de novos indivíduos. O componente P é a energia disponível para o próximo nível trófico; os componentes NU ou não assimilados (como as fezes) entram na cadeia alimentar de detritos (ou seja, materiais como as fezes se tornam disponíveis para ser degradados por bactérias e fungos).

A razão entre P e R e entre a biomassa presente, B e R, varia muito e é ecologicamente significativa. Em geral, a proporção de energia desviada para a respiração (*energia de manutenção*) é grande nas populações que funcionam em níveis tróficos mais altos e em comunidades com grande biomassa presente. R aumenta quando um sistema é estressado (E. P. Odum, 1985). Reciprocamente, o compo-

108 Fundamentos de Ecologia

nente P é relativamente grande em populações ativas de organismos pequenos, como bactérias ou algas; em comunidades jovens, com crescimento rápido; e em sistemas que se beneficiam de subsídios de energia. A relevância da razão P/R na produção de alimentos para os humanos será observada no Capítulo 8.

4 Repartição de Energia em Cadeias e Teias Alimentares

Enunciado

A transferência de energia alimentar da sua fonte nos autótrofos (plantas), por meio de uma série de organismos que consomem e são consumidos, é chamada de **cadeia alimentar**. A cada transferência, uma proporção (frequentemente de até 80% ou 90%) da energia potencial é perdida como calor. Portanto, quanto mais curta a cadeia alimentar – ou quanto mais próximo o organismo estiver do nível trófico de produtor –, maior a energia disponível para essa população. Contudo, *enquanto a quantidade de energia declina a cada transferência, aumenta a qualidade ou a concentração da energia que é transferida*. As cadeias alimentares são de dois tipos básicos: (1) **cadeia alimentar de pastejo**, que, iniciando em uma base de plantas verdes, segue para os herbívoros pastejadores (organismos que comem células ou tecidos de plantas vivas) e então para os carnívoros (que se alimentam de animais); e (2) **cadeia alimentar de detritos**, que segue da matéria orgânica não viva para microrganismos e, em seguida, para organismos que se alimentam de detritos (detritívoros) e seus predadores. As cadeias alimentares não são sequências isoladas – elas estão interligadas. O padrão de interconexões é geralmente denominado de **teia alimentar** (Figura 3.17). Em comunidades naturais complexas, os organismos cuja nutrição é obtida do Sol e com mesmo número de passos são considerados pertencentes ao mesmo *nível trófico*. Assim, as plantas verdes ocupam o primeiro nível (o nível trófico *produtor*), os que se alimentam de plantas (herbívoros) ocupam o segundo nível (o nível trófico de *consumidor primário*), e os carnívoros primários ocupam o terceiro nível (o nível trófico de *consumidor secundário*), e os carnívoros secundários ocupam o quarto nível (o nível trófico de *consumidor terciário*). Essa classificação trófica é relativa à função e não à espécie propriamente dita. Uma população de espécie em particular pode ocupar um ou mais níveis tróficos de acordo com a fonte de energia realmente assimilada.

Explicação

As cadeias alimentares são vagamente familiares a todos, pois comemos o grande peixe, que comeu o pequeno peixe, que comeu o zooplâncton, que comeu o fitoplâncton, que fixou a energia do Sol; ou podemos comer a vaca, que comeu a grama, que fixou a energia da luz do Sol; ou podemos usar uma cadeia muito mais curta, comendo o grão que fixou a energia do Sol. Nesse último caso, os seres humanos funcionam como consumidores primários no segundo nível trófico. Na cadeia alimentar grama-vaca-humano, funcionamos no terceiro nível trófico, como consumidores secundários. Em geral, os seres humanos tendem a ser tanto consumidores primários quanto secundários, pois nossa dieta é mais comumente formada de uma mistura de alimentos vegetais e animais. Animais que consomem matéria vegetal e animal são com frequência chamados de **onívoros**.

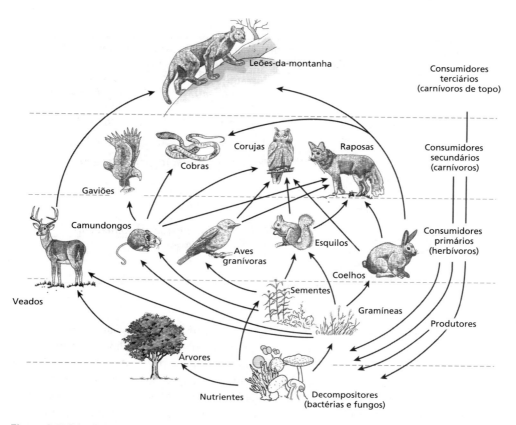

Figura 3.17 Teia alimentar típica de um ecossistema terrestre.

Como consequência, o fluxo de energia é dividido entre dois ou mais níveis tróficos proporcionalmente à porcentagem de alimento vegetal e animal ingerido.

A energia potencial é perdida a cada transferência de alimento. Somente uma pequena porção (geralmente menos de 1%) da energia solar disponível é fixada pela planta em primeiro lugar. Como consequência, o número de consumidores (como pessoas) que podem ser sustentados por uma dada saída de produção primária, depende muito do comprimento da cadeia alimentar; cada elo em nossa cadeia alimentar agrícola tradicional reduz a energia disponível em cerca de uma ordem de magnitude (por volta de dez vezes). Portanto, menos pessoas podem ser sustentadas por uma certa quantidade de produção primária quando grandes quantidades de carne fazem parte da dieta. No entanto, como enfatizado no enunciado, conforme a quantidade diminui a cada transferência, a concentração de energia (qualidade) aumenta, como no caso em que "más notícias podem ser boas notícias".

Onde a qualidade nutricional da fonte de energia é alta, as eficiências da transferência podem ser maiores que 20%. No entanto, como plantas e animais produzem muita matéria orgânica difícil de ser digerida (celulose, lignina e quitina) assim como inibidores químicos que desencorajam os consumidores potenciais, as transferências típicas entre todos os níveis tróficos têm uma média de 20% ou menos.

A Tabela 3.8 fornece aproximações da proporção de energia assimilada a cada nível trófico que é desviada para a produção ou respiração; bem como as *eficiências de utilização* para cada nível trófico, ilustrando a porcentagem de energia disponível no nível trófico precedente que é consumida (utilizada) naquele nível trófico; e

Tabela 3.8

Resumo da produção, respiração, eficiências de utilização e eficiências de assimilação expressas como porcentagens por nível trófico

Nível trófico	Produção (porcentagem)	Respiração (porcentagem)
Produtores	60 – 70	30 – 40
Consumidores primários	40 – 50	50 – 60
Consumidores secundários	5 – 10	90 – 95

Nível trófico	Eficiência de utilização (porcentagem)
Produtores	<1
Consumidores primários	20 – 25
Consumidores secundários	30 – 40

Nível trófico	Eficiência de assimilação (porcentagem)
Produtores	60 – 70
Consumidores primários	70 – 80
Consumidores secundários	90 – 95

as *eficiências de assimilação* (*I-NA*) para cada nível trófico. Naturalmente, essas porcentagens variam dependendo da qualidade do alimento, homeotermia *versus* pecilotermia, e o estágio do ciclo de vida de cada espécie. As aproximações, no entanto, fornecem de fato estimativas referentes à diversidade de espécies que funcionam em cada nível trófico. As porcentagens expressas na Tabela 3.8 podem ser usadas para ilustrar o fluxo de energia por meio dos níveis tróficos de produtor, consumidor primário e consumidor secundário, como mostra a Figura 3.15.

Na Figura 3.18, as cadeias alimentares de detritos e de pastejo são mostradas como fluxos separados em um diagrama de fluxo de energia em forma de Y ou de dois canais. Esse modelo é mais realista que o modelo de canal único, pois (1) está de acordo com a estrutura estratificada básica dos ecossistemas; (2) o consumo direto das plantas vivas e o consumo de matéria orgânica morta estão geralmente separados tanto em tempo como em espaço; e (3) os macroconsumidores (animais fagotróficos) e microconsumidores (bactérias e fungos saprotróficos) diferem muito nas relações tamanho-metabolismo e nas técnicas exigidas para estudá-los.

A proporção de energia da produção líquida que flui pelos dois caminhos varia em diferentes tipos de ecossistema e muitas vezes varia sazonal ou anualmente no mesmo ecossistema. Em alguns corpos de águas rasas e em pastagens ou campos com alto nível de pastejo, pode passar 50% ou mais da produção líquida pelo caminho de pastejo. Em contraste, brejos, oceanos, florestas e a maioria dos ecossistemas naturais operam como *sistemas de detrito*, no sentido de que 90% ou mais da produção autotrófica não é consumida por heterótrofos até que as folhas, caules e outras partes da planta morram e sejam processados, formando matéria orgânica particulada e dissolvida na água, nos sedimentos e nos solos. Como foi enfatizado no Capítulo 2, esse consumo adiado aumenta a complexidade estrutural e a biodiversidade, assim como as capacidades de armazenamento e de tamponamento dos ecossistemas. Não haveria florestas se todas as plântulas das árvores fossem pastadas tão logo brotassem das sementes.

Energia nos Sistemas Ecológicos **111**

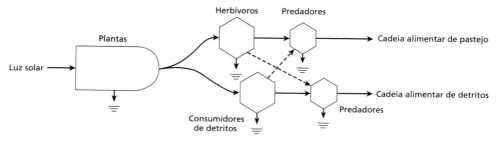

Figura 3.18 Modelo de fluxo de energia em forma de Y mostrando conexões entre as cadeias alimentares de pastejo e de detritos.

Em todos os ecossistemas, as cadeias alimentares de pastejo e de detritos estão interligadas, assim podem ocorrer mudanças no fluxo mais rapidamente, em resposta a entradas de funções forçadas de fora do sistema. Nem todo o alimento ingerido pelos pastejadores é assimilado; uma parte (como material não digerido das fezes) é desviada para o caminho dos detritos. O impacto do pastejador na comunidade depende da taxa de remoção do material vegetal vivo, não só da quantidade de energia no alimento que é assimilado. A remoção direta de mais de 30% a 50% do crescimento anual das plantas pelos animais pastejadores terrestres ou por ceifa de gramíneas torna o ecossistema menos capaz de resistir a estresse futuro.

Os muitos mecanismos apresentados por espécies nativas na natureza para controlar e reduzir o pastejo ou herbivoria são tão impressionantes quanto não o são a antiga capacidade da humanidade de controlar os animais domésticos de pastejo. O sobrepastejo contribuiu para o declínio das civilizações passadas. Aqui, é importante escolher as palavras. *Sobrepastejo*, por definição, é prejudicial, mas o que constitui sobrepastejo em diferentes tipos de ecossistemas só está sendo definido agora em termos energéticos, econômicos de longo prazo e de sustentabilidade do ecossistema.

O *subpastejo* também pode ser prejudicial. Na ausência completa de consumo direto de plantas vivas, os detritos se acumulariam mais rapidamente do que os microrganismos poderiam decompô-los, adiando assim a reciclagem mineral e, talvez, tornando o sistema vulnerável ao fogo. O valor positivo de queimadas superficiais leves sobre a decomposição será discutido no próximo capítulo, e os efeitos da *retroalimentação por recompensa* dos pastejadores sobre as plantas estão apresentados mais adiante neste capítulo.

Os fluxos de energia originários dos materiais orgânicos não vivos envolvem diversos caminhos de cadeias alimentares, como mostra a Figura 3.19. O que foi identificado como caminho de detrito na Figura 3.18 está subdividido em três fluxos na Figura 3.19. Um fluxo, frequentemente o dominante, origina-se da *matéria orgânica particulada* (MOP); os outros dois caminhos começam com a *matéria orgânica dissolvida* (MOD). Fungos simbióticos chamados micorriza, afídeos e outros parasitas, bem como patógenos, extraem fotossintato (MOD) diretamente do sistema vascular ou dos tecidos das plantas, ao passo que a grande maioria dos microrganismos saprotróficos (decompositores) consome MOD mais frequentemente na forma de exsudato das células, raízes e folhas.

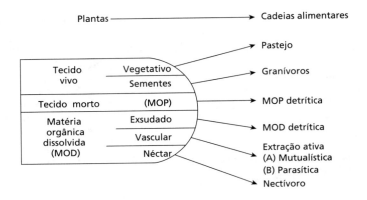

Figura 3.19 Modelo de cadeia alimentar ramificada, aplicável especialmente a ecossistemas terrestres. MOD = matéria orgânica dissolvida; MOP = matéria orgânica particulada.

Dois subsistemas distintos de cadeias alimentares estão restritos, principalmente, aos ecossistemas terrestres ou de águas rasas, como mostra a Figura 3.19: a **cadeia alimentar de granívoros**, originada de sementes, fontes de energia de alta qualidade e os principais itens alimentares para animais e humanos; e a **cadeia alimentar de néctar**, originada dos néctares de plantas com flores, que dependem de insetos e outros animais para a polinização. As relações mutualísticas intrincadas, que evoluíram entre as plantas e os polinizadores, e entre as plantas e os granívoros, são discutidas no Capítulo 7.

Finalmente, a Figura 3.20 mostra outro modo de ver as cadeias alimentares, esse especialmente aplicável aos ambientes aquáticos. O caminho anaeróbico, discutido com algum detalhe no Capítulo 2, é apresentado como um fluxo separado (*fluxo de afundamento* e a *alça microbiana*) ao lado dos fluxos de pastejadores diretos, de MOD e de MOP. Todos os quatro caminhos dos fluxos de energia são importantes, mas exatamente quanto da energia primária percorre cada uma das quatro rotas varia entre os diferentes tipos de ecossistema.

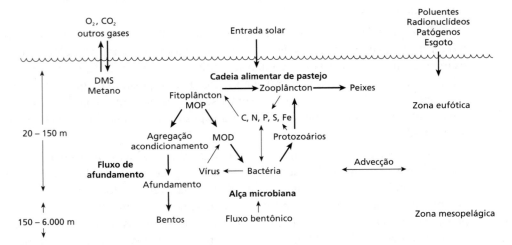

Figura 3.20 Visão moderna da teia alimentar pelágica, enfatizando a alça microbiana como o principal caminho para o fluxo de matéria orgânica. A competição entre os três principais caminhos do fluxo – cadeia alimentar de pastejo, alça microbiana e fluxo de afundamento – afeta significativamente o ciclo de carbono oceânico e a produtividade. DMS = dimetilsufeto; MOD = matéria orgânica dissolvida; MOP = matéria orgânica particulada. (De Azam, F., 1998. Microbial control of oceanic carbon flux: The plot thickens. *Science* 280: 694-696. Copyright © 1998 AAAS. Reproduzido com permissão.)

Exemplos

Seriam suficientes três exemplos para ilustrar as principais características de cadeias alimentares, teias alimentares e níveis tróficos. Primeiro, no extremo norte, na região conhecida como tundra, relativamente poucos tipos de organismos conseguiram se adaptar com sucesso às baixas temperaturas. Assim, as cadeias alimentares e as teias alimentares são de certo modo simples. O ecólogo britânico pioneiro, Charles Elton, entendeu isso cedo e, durante as décadas de 1920 e 1930, estudou a ecologia das terras árticas. Ele foi um dos primeiros a esclarecer os princípios e conceitos relativos às cadeias alimentares (Elton, 1927). As plantas da tundra – liquens-derenas (*Cladonia*; geralmente chamada de "musgo-de-rena"), gramíneas, juncos e salgueiros anões – fornecem alimento para os caribus da tundra norte-americana e para seus pares ecológicos, as renas da tundra do Velho Mundo. Esses animais, por sua vez, são predados por lobos e humanos. As plantas da tundra também são comidas por lemingues e pelos lagópodos escoceses (*Lagopus lagopus*) ou pelas galinhas-bravas-do-ártico (*Lagopus mutus*). Durante todo o longo inverno e durante o breve verão, a raposa-branca-do-ártico (*Alopex lagopus*) e a coruja-da-neve (*Nyctea scandiaca*), assim como outras aves de rapina, caçam lemingues, ratos e lagópodos escoceses. Qualquer mudança radical no número de roedores ou na densidade da *Cladonia* afeta os níveis tróficos, pois as escolhas de alimento alternativo são poucas. Essa é uma das razões pelas quais o número de alguns grupos de organismos do Ártico flutuam muito, da superabundância à quase extinção. O mesmo também aconteceu muitas vezes com as civilizações humanas que dependeram de uma ou de relativamente poucas fontes locais de alimento, como a escassez de batata na Irlanda. No Capítulo 6, há mais e detalhadas considerações sobre esses ciclos árticos.

Segundo, lagos de fazenda dirigidos à pesca esportiva, construídos aos milhares ao longo dos anos, é um excelente exemplo de cadeias alimentares sob condições razoavelmente simplificadas. Como um viveiro de peixes deve fornecer o número máximo de peixes de uma espécie e de um tamanho em particular, os procedimentos de manejo são projetados para canalizar o máximo possível da energia disponível para o produto final, restringindo-se os produtores a um grupo; algas flutuantes ou fitoplâncton. Evitam-se outras plantas verdes, como as macrófitas aquáticas enraizadas e as algas filamentosas. A Figura 3.21 mostra um modelo de compartimento de uma lagoa de pesca esportiva em que as transferências para cada elo da cadeia alimentar são quantificadas quanto às quilocalorias por metro quadrado por ano. Nesse modelo, somente são mostradas as entradas sucessivas de energia ingerida; as perdas durante a respiração e a assimilação não são mostradas. O fitoplâncton é comido pelos crustáceos zooplanctônicos na coluna de água, e o detrito planctônico é ingerido por alguns invertebrados bentônicos, notadamente os quironomídeos (dípteros), que são o alimento preferido da perca-sol; esta, por sua vez, é comida pelo "bass". O equilíbrio entre os dois últimos grupos na cadeia alimentar (perca-sol e "bass") é muito importante para a produção de peixe pelos humanos. Uma lagoa com perca-sol como único peixe pode produzir de fato uma biomassa total maior de peixes do que uma lagoa com "bass" e perca-sol, mas a maioria das percas-sol permaneceria com um tamanho pequeno por causa da alta taxa de reprodução e da competição por alimento disponível. A pesca com anzol e linha logo se tornaria muito pobre. Como os esportistas querem peixes grandes, o predador final (consumidor terciário) é importante para uma boa lagoa de pesca esportiva.

Figura 3.21 Modelo de compartimento das principais cadeias alimentares em uma lagoa da Geórgia dirigida à pesca esportiva. As entradas de energia estimadas com respeito a tempo estão em kcal.m^{-2}.ano^{-1}. O modelo sugere a possibilidade interessante de a produção de peixes ser aumentada se "a cadeia alimentar lateral" que passa por *Chaoborus* fosse eliminada, mas deve-se considerar a possibilidade de que essa cadeia lateral aumenta a estabilidade do sistema (dados de Welch, 1967).

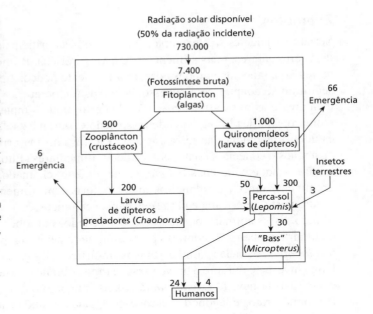

As lagoas de pesca são bons locais para demonstrar como a produtividade secundária se relaciona com (1) o comprimento da cadeia alimentar; (2) a produtividade primária; e (3) a natureza e extensão das importações de energia de fora do sistema da lagoa. Os grandes lagos e o mar produzem menos peixe por hectare, ou por metro quadrado, que lagoas pequenas, fertilizadas e intensamente manejadas, não somente porque a produtividade primária é menor e as cadeias alimentares são mais longas mas também porque somente uma parte da população de consumidores (as espécies vendáveis) é pescada em grandes corpos de água. Do mesmo modo, as produções são várias vezes maiores quando os herbívoros, como a carpa, são produzidos, ao contrário do que acontece quando os carnívoros, como os "bass", o são – esses últimos, obviamente, necessitam de uma cadeia alimentar mais longa. Obtêm-se altas produções adicionando alimento de fora do ecossistema (adicionando subsídios como produtos vegetais ou animais que representam energia fixada em outro local). De fato, essas produções subsidiadas não devem ser expressas em área, a menos que se ajuste a área incluindo a terra (a *pegada ecológica*, como descrito no Capítulo 2) de onde se obteve o alimento suplementar. Como era de se esperar, o cultivo de peixes depende da densidade da população humana. Onde as pessoas estão apinhadas e com fome, as lagoas são gerenciadas para a produção de herbívoros ou consumidores de detritos; produções de mil a 1.500 libras por acre (450–675 kg/ha) são facilmente obtidas sem alimentação suplementar. Onde as pessoas não estão apinhadas nem com fome, é mais desejável peixes para pesca esportiva. Como esses são geralmente carnívoros no final de uma longa cadeia alimentar, as produções são muito menores: cem a 500 libras por acre (45–225 kg por 0,4 ha). Finalmente, as 300 kcal.m^{-2}.ano^{-1} de produção de peixes das águas naturais mais férteis ou de lagoas gerenciadas para cadeias alimentares curtas se aproximam dos 10% de conversão da produção primária líquida para a produção do consumidor primário.

Um terceiro exemplo é a cadeia alimentar de detritos baseada nas folhas do mangue, que foi descrita por W. E. Odum e E. J. Heald (1972, 1975). No sul da Flórida, as folhas do mangue vermelho (*Rhizophora mangle*) caem dentro de águas salobras a uma taxa anual de nove toneladas métricas por hectare (cerca de 2,5 g ou 11 kcal por m² por dia) em áreas ocupadas por parcelas de árvores de mangue. Como somente 5% do material foliar é removido por insetos pastejadores antes da abscisão da folha, a maior parte da produção primária líquida anual é amplamente dispersa pelas marés e correntes sazonais ao longo de muitos hectares de enseadas e estuários. Como mostra a Figura 3.22, um grupo-chave de pequenos animais, frequentemente chamados de *meiofauna* ("animais diminutos"), que compreende poucas espécies, mas muitos indivíduos, ingere grandes quantidades de detritos de plantas vasculares com microrganismos associados e quantidades menores de algas. A meiofauna nos estuários geralmente compreende pequenos caranguejos, camarões nemátodos, vermes poliquetos, pequenos bivalvos e caramujos; em águas menos salgadas, compreende larvas de insetos. As partículas ingeridas por esses

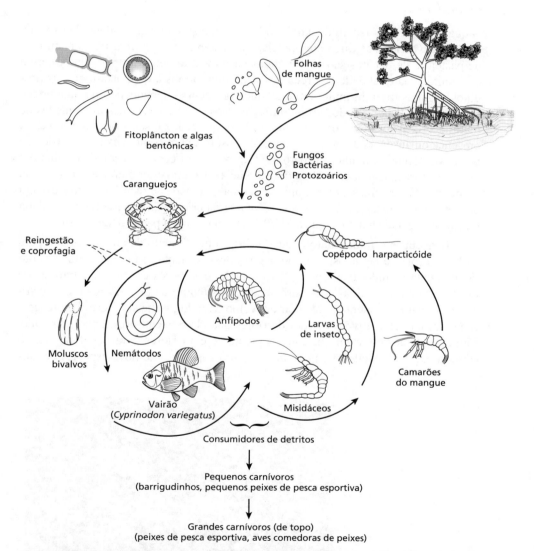

Figura 3.22 Teia alimentar de detritos baseada em folhas de mangue que caem dentro de águas estuarinas rasas do sul da Flórida. Os fragmentos das folhas sofrendo a ação dos saprótrofos e colonizados pelas algas são ingeridos e reingeridos (coprofagia) por um grupo-chave de pequenos consumidores de detritos, que, por sua vez, fornece o alimento principal para os peixes de pesca esportiva, garças, cegonhas e guarás (retirado de W. E. Odum e Heald, 1975).

consumidores de detritos vão desde fragmentos de folhas de tamanhos consideráveis até pequenas partículas de argila nas quais a matéria orgânica foi adsorvida. Essas partículas passam pelos tratos digestivos de muitos organismos individuais e espécies em sucessão (um processo de *coprofagia*), resultando na extração e reabsorção da matéria orgânica até que o substrato tenha sido exaurido.

O esquema da Figura 3.15 serve de modelo para todos os ecossistemas, como floresta, campo ou estuário. Os padrões de fluxo seriam os mesmos; apenas as espécies seriam diferentes. Os sistemas detríticos aumentam a regeneração e a reciclagem de nutrientes porque os componentes vegetais, microbianos e animais estão bem acoplados, de modo que os nutrientes são rapidamente reabsorvidos conforme liberados.

Qualidade do Recurso

A qualidade do recurso alimentar é tão importante quanto a quantidade de fluxo de energia envolvida nas diferentes cadeias alimentares. Na Figura 3.19, os caminhos de pastejo e de detritos são subdivididos para mostrar seis caminhos que diferem – e muito – na qualidade dos recursos. Do ponto de vista do consumidor, os produtos vegetais diferem muito em qualidade de recurso dependendo da quantidade prontamente disponível de carboidratos, lipídeos e proteínas, e nas quantidades de materiais recalcitrantes, como a lignocelulose, que reduz o seu valor comestível. A presença ou ausência de estimulantes e repressores, bem como a estrutura física de partes da planta (tamanho, formato, textura da superfície e dureza), determinam a taxa e a coordenação temporal da transferência da energia dos autótrofos para a teia alimentar. As sementes, por exemplo, têm uma qualidade de recurso muito mais alta que as folhas vegetativas e os ramos. A MOD (matéria orgânica dissolvida) exudada ou extraída é mais nutritiva que a MOP (matéria orgânica particulada) detrítica.

O néctar e o fotossintato exudado fornecem alimento de alta qualidade para os heterótrofos adaptados, e as produções dessas plantas são consumidas muito rapidamente quando disponíveis. Por exemplo, nectívoros em famílias inteiras de insetos (como as abelhas e as borboletas), aves (como os beija-flores e os *Nectariniidae*, seu equivalente ecológico do Velho Mundo), e mesmo certos morcegos, são extremamente ativos ao redor de flores quando o néctar está sendo secretado. Muitas espécies coevoluíram com as plantas e com flores para benefício mútuo (Figura 3.23). Colwell (1973) documentou um caso em que nove espécies de ani-

Figura 3.23 Beija-flor-de-orelha--verde-violeta se alimenta do néctar de uma orquídea *elleanthus*.

mais em grupos taxonômicos muito diferentes (insetos, carrapatos e aves) estão estreitamente associados a flores de quatro tipos de plantas tropicais, criando, assim, uma subcomunidade intimamente entrelaçada.

Coleman et al., (1998) estimou que os "pontos quentes" metabólicos das rizosferas e os locais de decomposição ativa no solo podem ocupar menos que 10% do volume total do solo. Um "halo" similar de bactérias rodeia as células vivas das algas no ambiente marinho que Bell e Mitchell (1972) chamaram de **ficosfera**. Essas bactérias não fazem contato nem penetram a membrana celular, e vivem da matéria orgânica exudada.

Retroalimentação por Recompensa e o Papel dos Heterótrofos nas Teias Alimentares

As teias alimentares envolvem muito mais que uma relação predador-presa ou "quem come quem". Existem retroalimentações positivas ou mutualísticas, assim como negativas. Quando um organismo "a jusante" no fluxo de energia tem um efeito positivo em seu fornecimento alimentar "a montante", temos a **retroalimentação por recompensa**, no sentido de que um organismo consumidor (como um herbívoro ou parasita) faz algo para sustentar a sobrevivência de seus recursos alimentares (vegetal ou hospedeiro).

Tem-se demonstrado que o pastejo por grandes manadas de antílopes nas planícies do leste da África aumenta a produção líquida das gramíneas, ou seja, o crescimento vegetativo anual é maior com os pastejadores do que sem eles (McNaughton, 1976). A pegada é que o "tempo é tudo", no sentido de que as manadas migram sazonalmente em grandes áreas, evitando desse modo o sobrepastejo. Cercar os animais cancela a adaptação. Um efeito similar de bisões pastando em campos da América do Norte foi encontrado em um estudo de dez anos no Kansas (S. L. Collins et al., 1998). Com o pastejo moderado, não só houve um aumento da produção primária líquida como também a biodiversidade foi aumentada. Houve também a hipótese de que a saliva dos gafanhotos e dos mamíferos pastejadores conteria hormônios de crescimento (peptídeos complexos) que estimulam o crescimento da raiz e a capacidade das plantas de regenerar novas folhas, fornecendo um mecanismo para esse efeito de retroalimentação positiva (Dyer et al., 1993, 1995).

Como um exemplo aquático, os caranguejos-chama-maré do gênero *Uca*, que se alimentam de algas e detritos da superfície das planícies costeiras, "cultivam" as plantas de várias formas com as quais se alimentam. As escavações de suas tocas aumentam a circulação da água ao redor das raízes das gramíneas da marisma e levam o oxigênio e os nutrientes para o fundo até a zona anaeróbica. Ao retrabalhar constantemente o lodo organicamente rico de que se alimentam, os caranguejos melhoram as condições para o crescimento das algas bentônicas. Por fim, as partículas de sedimento expelidas e as pelotas fecais fornecem substâncias para o crescimento de bactérias fixadoras de nitrogênio e outras, que enriquecem o sistema (Montague, 1980).

Em resumo, a sobrevivência dos "comedores" e dos "comidos", em uma escala temporal-espacial maior, aumenta quando o consumidor pode favorecer e consumir seu suprimento alimentar, assim como os humanos consomem e promovem o bem-estar de plantas e animais domésticos. Quanto mais estudos sobre teias alimentares, mais parceria e relação de benefício mútuo são identificadas entre produtores e consumidores, e entre diferentes níveis de consumidores.

O *comprimento* das cadeias alimentares é também de grande interesse. A redução da energia disponível para os níveis tróficos sucessivos obviamente limita o comprimento das cadeias alimentares. No entanto, a disponibilidade de energia pode não ser o único fator, pois cadeias alimentares longas ocorrem com frequência em sistemas inférteis, como lagos oligotróficos, e as cadeias alimentares curtas são geralmente encontradas em situações muito produtivas ou eutróficas. A produção rápida do material vegetal nutritivo pode atrair pastejos intensos, resultando na concentração do fluxo de energia nos primeiros dois ou três níveis tróficos. A **eutrofização** (enriquecimento por nutrientes) dos lagos também aumenta o fluxo de energia nos primeiros poucos níveis tróficos e desvia a teia alimentar planctônica da sequência fitoplâncton – zooplâncton grande – peixes de pesca esportiva para um sistema micróbio-detrito-microzooplâncton não tão bom para sustentar a pesca recreativa.

Eficiências Ecológicas

As razões entre os fluxos de energia em diferentes pontos ao longo da cadeia alimentar são de interesse ecológico considerável. Tais razões, quando expressas em porcentagens, são frequentemente denominadas **eficiências ecológicas**. A Tabela 3.9 lista algumas dessas razões e as define em termos de diagrama do fluxo de energia. As razões têm significado também com referência às populações componentes, assim como para os níveis tróficos inteiros. Como os diferentes tipos de eficiências são geralmente confundidos, é importante definir com exatidão a qual relação se refere; os diagramas de fluxo de energia (Figuras 3.14 e 3.15) ajudam a esclarecer essa definição. Encorajamos que os estudantes de ecologia leiam o artigo clássico de Raymond L. Lindeman, "The Trophic-Dynamic Aspect of Ecology" (1942), para um melhor entendimento das eficiências ecológicas.

Mais importante, as razões de eficiência fazem sentido apenas nas comparações em que o numerador e o denominador de cada razão são expressos na mesma unidade de medida. Caso contrário, os enunciados sobre eficiência podem ser enganosos. Por exemplo, os granjeiros podem falar de 40% de eficiência na conversão de ração para frangos em frangos (razão P_t/I_t na Tabela 3.9). No entanto, essa

Tabela 3.9

Vários tipos de eficiências ecológicas

Razão	Designação e explicação
A. Razões entre níveis tróficos	
I_t/I_{t-1}	Tomada de energia pelo nível trófico, ou eficiência de Lindeman
	Para o nível trófico de produtor, essa é P_G/L ou P_G/L_A
A_t/A_{t-1}	Eficiência de assimilação do nível trófico
P_t/P_{t-1}	Eficiência de produção do nível trófico
B. Razões dentro dos níveis tróficos	
P_t/A_t	Crescimento do tecido ou eficiência de produção
P_t/I_t	Eficiência de crescimento ecológico
A_t/I_t	Eficiência de assimilação

Chave de símbolos: L = luz (total); L_A = luz absorvida; P_G = fotossíntese total (produção primária bruta); P = produção de biomassa; I = Tomada de energia; A = assimilação; t = nível trófico vigente; $t-1$ = nível trófico precedente.

é de fato uma razão entre frangos "úmidos" ou vivos (valendo cerca de 2 kcal/g) e alimento seco (valendo cerca de 4 kcal/g). A eficiência de crescimento ecológico verdadeiro (em kcal/kcal), nesse caso, é mais próxima de 20%. Assim, sempre que possível, as eficiências ecológicas devem ser expressas na mesma "moeda de energia" (como calorias para calorias).

A natureza geral da eficiência de transferência entre níveis tróficos já foi discutida. Em geral, as eficiências de produção entre os níveis tróficos secundários se aproximam de 10% a 20%. Como a proporção de energia assimilada que deve ir para a respiração é, pelo menos, dez vezes mais alta em animais de sangue quente (*homeotérmicos*) – que mantêm uma temperatura corporal sempre alta – que em animais de sangue frio (*pecilotérmicos*), a **eficiência de produção** (*P/A*) deve ser menor em espécies de sangue quente. Portanto, a eficiência da transferência entre os níveis tróficos deve ser mais alta em uma cadeia alimentar de invertebrados que de mamíferos. Por exemplo, a transferência de energia do alce para o lobo na Ilha Royale é de cerca de 1%, comparada com uma transferência de 10% em uma cadeia alimentar de *Daphnia-Hydra* (Lawton, 1981). Os herbívoros tendem a ter *P/A* maiores, mas *A/I* menores que os carnívoros.

Para muitas pessoas, as eficiências primárias baixas, características de sistemas naturais intactos, são intrigantes em vista das eficiências de certo modo altas e aparentemente obtidas em sistemas projetados pelo homem e em outros sistemas mecânicos. Isso levou muitos a considerar modos de aumentar a eficiência da natureza. Na verdade, as eficiências primárias de sistemas de longo prazo e de grande escala não são diretamente comparáveis aos sistemas mecânicos de curto prazo. Para variar, é usado muito combustível para reparo e manutenção dos sistemas mecânicos, e a desvalorização e reparos não são em geral incluídos no cálculo de eficiência de combustível dos motores. Em outras palavras, exige-se muita energia (humana ou de outro tipo), além da energia do combustível consumido na tarefa de construir uma máquina e mantê-la funcionando. Não se pode comparar de modo justo motores mecânicos e sistemas biológicos a menos que *todos* os custos de energia e subsídios sejam considerados, porque os sistemas biológicos são *autorreparadores* e *autoperpetuantes*. Além disso, sob certas condições, um crescimento mais rápido por unidade de tempo provavelmente tem maior valor de sobrevivência que a eficiência máxima no uso de energia. Por simples analogia, seria melhor alcançar um destino rapidamente, a 105 km/h, do que alcançar a eficiência máxima em consumo de combustível dirigindo mais devagar. Os engenheiros devem entender que qualquer aumento na eficiência de um sistema biológico será obtido à custa de manutenção; assim, um ganho por aumentar a eficiência será perdido por conta do aumento do custo – sem mencionar o perigo de aumento de desordem que pode resultar em estresse do sistema. Como já foi notado, esse ponto de retornos reduzidos pode ter sido atingido na agricultura industrializada, pois a razão entre saída e entrada de energia diminuiu conforme o rendimento por unidade de área aumentou.

Interação entre Controle do Fluxo de Energia de Baixo para Cima e de Cima para Baixo em Teias Alimentares

Hairston et al. (1960) propuseram uma hipótese de "balanço da natureza" que anos atrás causou muita discussão e controvérsia entre os ecólogos. Eles argumentaram que, como as plantas sempre acumulavam muita biomassa (o mundo é verde), alguma coisa deveria estar inibindo o pastejo. Essa alguma coisa, eles teorizavam, eram os predadores. Portanto, os consumidores primários eram limitados pelos consumidores secundários, e os produtores primários eram limitados, por sua vez, pelos recursos, em vez de limitados pelos pastejadores. Subsequentemente, mais pesquisa, em especial em sistemas aquáticos, resultaram em perspectivas "de baixo para cima" *versus* "de cima para baixo", no que diz respeito à compreensão da dinâmica da cadeia alimentar. A **hipótese de baixo para cima** sustenta que a produção é regulada por fatores a montante, como disponibilidade de nutrientes; já a **hipótese de cima para baixo** prediz que os predadores e pastejadores regulam a produtividade. Existem evidências para sustentar ambas as hipóteses. Por exemplo, vários estudos demonstraram que aumentos nas entradas de fertilizante nitrogenado elevavam significativamente as taxas de produtividade primária em comunidades de campos e em campos abandonados (W. P. Carson e Barrett, 1988; Brewer et al., 1994; Wedin e Tilman, 1996; Tilman et al., 1996). Deve-se notar, no entanto, que a produtividade está relacionada à biodiversidade (Tilman e Downing, 1994). E. P. Odum (1998b) salientou que, em ambientes de baixo teor de nutrientes, um aumento em biodiversidade tende a elevar a produtividade, mas em ambientes de alto teor de nutrientes, um aumento em produtividade eleva a dominância e reduz a diversidade.

S. R. Carpenter et al. (1985) propuseram que, ao passo que entradas de nutrientes (**controle de baixo para cima**) determinam a taxa de produção em um lago, os peixes piscívoros e planctívoros podem causar desvios significativos na taxa de produção primária. A influência dos consumidores à jusante na dinâmica do ecossistema é conhecida como **controle de cima para baixo**. S. R. Carpenter e Kitchell (1988) propuseram que a influência dos consumidores sobre a produção primária se propaga por meio das teias alimentares ou dos níveis tróficos. Esses autores chamaram tais efeitos sobre os níveis tróficos ou dinâmicas de ecossistema de *cascatas tróficas*. A **hipótese da cascata trófica** propõe que se alimentar de consumidores piscívoros ou planctívoros afeta a taxa de produção primária em lagos (uma influência de cima para baixo).

Por exemplo, reduzir a população de peixes planctívoros resultou em menores taxas de produção primária. Na ausência dos barrigudinhos planctívoros, o invertebrado predador *Chaoborus* se tornou abundante. Como o *Chaoborus* se alimenta de herbívoros pequenos do zooplâncton, estes deslocaram a dominância de espécies pequenas para grandes. Na presença de herbívoros grandes e abundantes do zooplâncton, a biomassa do fitoplâncton e a taxa de produção primária declinaram. Esse caso ilustra o efeito em cascata nos diversos níveis tróficos em um ecossistema aquático.

Parece que os consumidores terrestres também podem ter influências importantes de cima para baixo sobre a produtividade primária (ver McNaughton, 1985; McNaughton et al., 1997 no que diz respeito aos efeitos do pastejo de grandes mamíferos sobre a produção primária e ciclagem de nutrientes no ecossistema de campos do Serengeti). A Figura 3.24 ilustra os mecanismos de controle de baixo para cima e de cima para baixo (isto é, cascatas tróficas conectando todos os níveis tróficos em comunidades bióticas). Para mais informações sobre mecanismos de controle de baixo para cima e de cima para baixo, ver Hunter e Price (1992), Harrison e Cappuccino (1995) e Price (2003).

Obviamente, existem outros mecanismos além de consumidores e recursos que determinam como a produção primária é utilizada. Os compostos químicos

Figura 3.24 Diagrama representando os vários tipos possíveis de mecanismos de controle sob a hipótese da cascata trófica.

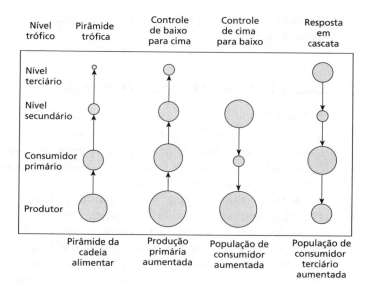

alelopáticos produzidos por plantas – como a celulose, taninos e lignina – inibem o consumo heterotrófico (ver a seção anterior deste capítulo). Esses mecanismos são todos parte da corrida armamentista evolutiva entre produtores e consumidores que mantém a natureza em estado pulsante.

Marcadores Isotópicos como Auxílio no Estudo de Cadeias Alimentares

A observação e exame dos conteúdos estomacais têm sido o meio tradicional para determinar que recursos alimentares os heterótrofos consomem, mas tais métodos nem sempre são possíveis, especialmente em animais pequenos ou reclusos e em decompositores (bactérias e fungos). Em alguns casos, os marcadores isotópicos podem ser usados para traçar teias alimentares em ecossistemas naturais nos quais muitas espécies estão interagindo. Os marcadores radioativos têm notória utilidade para determinar quais insetos estão se alimentando de que plantas ou quais predadores estão se alimentando de que presas. Por exemplo, o uso de fósforo radioativo ($_{32}P$) para isolar cadeias alimentares em ecossistemas de campos abandonados revelou que as cadeias alimentares em algumas plantas começam com as formigas atraídas pelos açúcares exudados das folhas e ramos, ao passo que outras plantas sustentam cadeias alimentares herbívoro-predadores mais tradicionais. Tais experiências ilustram dois ou três modos pelos quais as plantas sobrevivem à herbivoria, a saber: (1) alimentando um exército de formigas para proteção; (2) dependendo de grandes predadores para manter os herbívoros sob controle; ou (3) produzindo compostos químicos anti-herbívoros.

Com o desenvolvimento de melhores instrumentos de detecção, tem aumentado o uso de isótopos estáveis (em vez de radioativos). As razões entre isótopos estáveis de carbono mostraram ser especialmente úteis em mapear fluxos de materiais em cadeias alimentares que seriam difíceis de estudar de outro modo. As plantas C_3, C_4 e as algas têm razões $^{13}C/^{12}C$ diferentes, que são transportadas para quaisquer organismos (animais ou micróbios) que consumam aquela planta ou detrito de planta em particular. Por exemplo, em um estudo das cadeias alimentares estuarinas, Haines e Montague (1979) descobriram que as ostras se alimentavam principalmente de algas fitoplanctônicas, enquanto os caranguejos-chama-marés consumiam algas bentônicas e detritos derivados da gramínea da marisma (uma planta C_4).

5 Qualidade de Energia: eMergia

Enunciado

A energia tem qualidade e quantidade. Nem todas as calorias (ou qualquer outra unidade de quantidade de energia que se empregue) são iguais, tais quantidades iguais de formas diferentes de energia variam amplamente em potencial de trabalho. As formas concentradas de energia, como combustíveis fósseis, têm uma qualidade muito mais alta que as formas mais dispersas de energia, como a luz do Sol. Podemos expressar a *qualidade de energia* ou *concentração* quanto à quantidade de um tipo de energia (como a luz solar) necessária para desenvolver a mesma quantidade de outro tipo (como petróleo). O termo **eMergia** (com M maiúsculo) foi proposto para essa medida. A eMergia pode ser definida, de modo geral, como a soma da energia disponível já usada direta ou indiretamente para criar um serviço ou produto. Ao comparar as fontes de energia de uso direto pela humanidade, deve-se considerar a qualidade e a quantidade de energia disponível – bem como, sempre que possível, equiparar a qualidade da fonte com a qualidade do uso (Figura 3.25).

Explicação e Exemplos

Já descrevemos neste capítulo como a qualidade da energia aumenta ao passo que a quantidade diminui nas cadeias alimentares e em outras sequências de transferência de energia (Figura 3.15). Uma razão pela qual a maioria das pessoas parece desconhecer a importância da concentração de energia ou o fator qualidade é que, apesar de haver numerosos termos para a quantidade de energia (como calorias, joules e watts), não existem termos para a qualidade de energia no uso geral. Em 1971, H. T. Odum propôs o termo **energia incorporada** (em inglês, *embodied energy*) como uma medida de qualidade (e o rebatizou de **eMergia**, em 1996), definida como todas as energias disponíveis já usadas, direta ou indiretamente, para criar um serviço ou produto (H. T. Odum, 1966). Assim, se mil calorias de luz solar são necessárias para produzir uma caloria de alimento pelas plantas, a transformação (ou **transformidade**) é mil calorias solar para uma caloria de alimento, e a eMergia do alimento é de mil calorias de energia solar. A eMergia pode ser considerada a "memória da energia", pois é calculada adicionando-se todas as energias transformadas para produzir o produto ou serviço final. Para efeito comparativo, todas as energias contributivas deveriam ser do mesmo tipo e, evidentemente, expressas nas mesmas unidades quantitativas. Sob outro ponto de vista, a qualidade da energia é medida pela *distância termodinâmica* em relação ao Sol. Se o componente de melhor nível (alimento, por exemplo) está disponível ou não para um consumidor, depende da qualidade do recurso.

Alguns valores de eMergia, em números arredondados, são mostrados na Tabela 3.10, tanto em relação a unidades solares como combustíveis fósseis. Como mostra essa tabela, os combustíveis fósseis têm um potencial de trabalho de pelo menos duas mil vezes o da luz solar. Para a energia solar fazer o trabalho que hoje

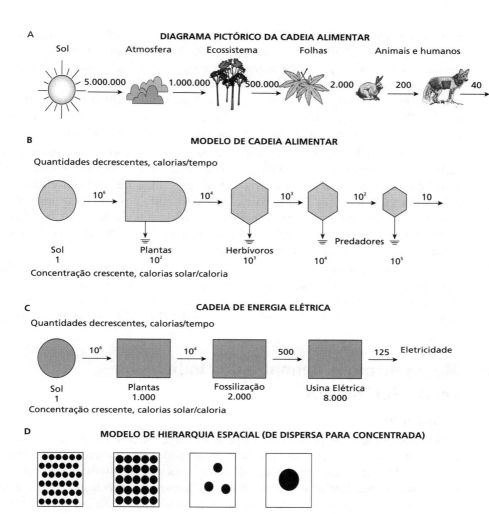

Figura 3.25 Diagrama mostrando como o aumento na concentração de energia (qualidade) acompanha a redução na quantidade de energia em (A) cadeias alimentares, (B) fluxos de energia, (C) geração de energia elétrica; e (D) concentração de energia espacial. A concentração de energia da entrada à saída envolve até cinco ordens de magnitude (10^5). Os dados estão em kcal/m^2 (segundo H. T. Odum, 1983, 1996).

Tabela 3.10

Fatores de qualidade de energia (eMergia): unidade solar *versus* combustíveis fósseis

Tipo de energia	Equivalente solar de calorias	Equivalente em combustíveis fósseis de calorias
Luz solar	1,0	0,0005
Produção bruta vegetal	100	0,05
Produção líquida vegetal, como madeira	1.000	0,5
Combustíveis fósseis (entregue para uso)	2.000	1,0
Energia para elevar a água	6.000	3
Eletricidade	8.000	4

Fonte: Segundo H. T .Odum e E. C. Odum, 1982.

124 Fundamentos de Ecologia

é realizado pelo carvão ou petróleo, ela deve ter seu nível melhorado milhares de vezes. Em outras palavras, *a luz solar não faria funcionar um automóvel ou uma geladeira a menos que fosse concentrada no mesmo nível da gasolina ou da eletricidade*. As sociedades não podem mudar de combustível fóssil para luz solar como sua principal fonte de energia a menos que a energia solar dispersa possa ter seu nível melhorado em grande escala, equivalente à eletricidade ou a algum outro tipo de combustível concentrado – uma conversão que sem dúvida será cara.

A energia solar pode ser usada diretamente, sem melhoria de seu nível, para realização de tarefas de baixa qualidade, como aquecimento domiciliar. Equiparar a qualidade da fonte e do uso reduziria o atual desperdício de combustíveis fósseis e daria mais tempo às sociedades para mudar para outra possível fonte de energia concentrada. Em outras palavras, o petróleo deveria ser reservado para fazer funcionar maquinário, não queimado em fornos para aquecer uma casa quando o Sol poderia fazer pelo menos parte desse trabalho.

A eMergia é uma medida especialmente útil para comparar e fazer a interface entre o valor dos bens e serviços de mercado e os bens e serviços naturais (não de mercado). Ver *Environmental Accounting: EMergy and Environmental Decision Making* de H. T. Odum (1996), para uma revisão detalhada do conceito de eMergia.

6 Metabolismo e Tamanho dos Indivíduos: Lei da Potência ¾

Enunciado

A biomassa presente (expressa como o peso seco total ou o conteúdo calórico total dos organismos presentes a qualquer tempo) que pode ser sustentada por um fluxo constante de energia em uma cadeia alimentar depende não só de sua posição na teia alimentar mas também do tamanho dos organismos individuais. Assim, uma biomassa mais baixa de organismos menores pode ser sustentada em um nível trófico particular no ecossistema. Reciprocamente, quanto maior o organismo, maior a biomassa presente. Assim, a biomassa de bactéria presente a qualquer tempo seria muito menor que a biomassa de peixes ou mamíferos, mesmo que a energia usada possa ser a mesma para ambos os grupos. Em geral, a taxa de metabolismo em animais individuais varia de acordo com a potência ¾ de seu peso corpóreo.

Explicação e Exemplos

A taxa de metabolismo por grama de biomassa em organismos muito pequenos, como algas, bactérias e protozoários, é muito mais alta que a taxa metabólica por unidade de peso de organismos grandes, como árvores e vertebrados. Em muitos casos, as partes metabolicamente importantes da comunidade não são os poucos organismos grandes e conspícuos, mas os muitos organismos pequenos, inclusive os microrganismos invisíveis a olho nu. Assim, as pequenas algas (fitoplâncton) pesando apenas poucos quilos por hectare podem, a qualquer tempo em um lago, ter um metabolismo tão alto quanto um volume muito maior de árvores em um hectare de floresta. Do mesmo modo, alguns poucos quilos de pequenos crustáceos (zooplâncton) pastejando algas podem ter uma respiração total igual a muitas centenas de quilos de búfalo pastejando grama.

A taxa de metabolismo dos organismos, ou grupos de organismos, é frequentemente estimada medindo-se a taxa pela qual o oxigênio é consumido (ou, no caso da fotossíntese, produzido). *A taxa metabólica de um animal tende a aumentar como a potência ¾ do seu peso.* Uma relação similar parece existir em plantas, apesar de as diferenças estruturais entre plantas e animais tornar difícil a comparação direta. As relações entre peso corpóreo (ou volume) e respiração por indivíduo e por unidade de peso são mostradas na Figura 3.26. A curva mais baixa (Figura 3.26B) é importante porque mostra como a taxa metabólica específica de peso aumenta conforme o tamanho do indivíduo diminui. Várias teorias a respeito dessa tendência, frequentemente chamada de **lei da potência ¾**, tiveram foco em processos de difusão – os organismos maiores têm menor área de superfície por unidade de peso, por meio da qual os processos de difusão podem ocorrer.

As comparações devem ser feitas em temperaturas similares, pois as taxas metabólicas são geralmente maiores em temperaturas mais altas que em temperaturas mais baixas (exceto nos casos de adaptação à temperatura).

West et al. (1999) revisaram relações de escala alométrica tanto em plantas como em animais e apresentaram o seguinte modelo geral:

$$Y = Y_o M^b$$

em que Y é a taxa metabólica; Y_o, uma constante característica do tipo de organismo; M, a massa; e b, o expoente de escala. Os expoentes de escala frequentemente resultam em múltiplos de ¼.

Quando se compara organismos de um mesmo tamanho geral, as relações mostradas na Figura 3.26 nem sempre são mantidas. Isso é de se esperar, porque muitos fatores além do tamanho afetam a taxa metabólica. Por exemplo, vertebrados de sangue quente têm uma taxa de respiração mais alta que vertebrados de sangue frio, mesmo que ambos tenham o mesmo tamanho. No entanto, a diferença é de fato relativamente menor, quando comparada com a diferença entre um vertebrado e uma bactéria. Assim, dada a mesma quantidade de energia alimentar disponível, a biomassa de um peixe herbívoro de sangue frio em uma lagoa pode ser da mesma ordem de magnitude de um mamífero herbívoro terrestre de sangue

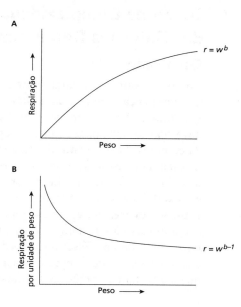

Figura 3.26 Relação entre (A) a respiração e o peso corpóreo por indivíduo e (B) a respiração por unidade de peso e massa corpórea total.

quente. No entanto, como mencionado no Capítulo 2, o oxigênio está menos disponível na água que no ar, portanto, é mais provável de ser limitante na água. Em geral, animais aquáticos parecem ter uma taxa respiratória específica relativa ao peso menor, contrariamente aos animais terrestres do mesmo tamanho. Tal adaptação pode muito bem afetar a estrutura trófica.

A relação da lei de potência entre as densidades populacionais e a massa corpórea em mamíferos também ocorre entre consumidores primários e secundários (Marquet, 2000). Por exemplo, a relação para os consumidores primários (herbívoros) tem uma inclinação de –3/4, ao passo que a dos consumidores secundários (carnívoros) é mais inclinada.

Estudando-se as relações entre tamanho-metabolismo em plantas, muitas vezes é difícil decidir o que constitui um "indivíduo". Assim, uma árvore grande pode ser considerada um indivíduo, mas as folhas podem agir como "indivíduos funcionais", pelo menos quando se trata da relação tamanho-área superficial. Essa relação é similar ao *índice de área foliar*, que é a área da folhagem da copa por unidade de área do chão. Um estudo de várias espécies de macroalgas (algas pluricelulares grandes) mostrou que as espécies com talos finos ou estreitos (e, consequentemente, com uma alta razão superfície-volume) tinham uma taxa mais alta por grama de biomassa de manufatura de alimento, respiração e assimilação de fósforo radioativo da água que as espécies com talos mais espessos. Nesse caso, os talos, ou mesmo as células individuais, eram indivíduos funcionais, e não toda a planta, o que pode incluir numerosos talos fixados ao substrato por meio de uma única estrutura de fixação.

A relação inversa entre tamanho e metabolismo também pode ser observada na ontogênese de uma única espécie. Os ovos, por exemplo, mostram uma taxa metabólica muito mais alta por grama do que os adultos maiores. Lembre-se, *a taxa metabólica específica por peso, e não o metabolismo total do indivíduo, decresce com o aumento no tamanho*. Assim, um ser humano adulto requer mais alimento total que uma criança pequena, mas menos alimento por quilo de peso corpóreo.

7 Teoria da Complexidade, Energética de Escala e a Lei dos Retornos Decrescentes

Enunciado

Conforme aumenta o tamanho e a complexidade do sistema, o custo energético da manutenção tende a aumentar – e a uma taxa mais alta. Uma duplicação no tamanho geralmente requer mais que a duplicação na quantidade de energia que deve ser desviada para expulsar a entropia crescente associada com a manutenção da complexidade estrutural e funcional aumentada. Existem **retornos crescentes de escala** ou **economias de escala** (sobre os quais a maioria dos economistas gosta de comentar) associados incremento de tamanho e complexidade, como qualidade e estabilidade aumentadas em face dos distúrbios; no entanto, existem também **retornos decrescentes de escala** ou **deseconomias de escala** (sobre os quais os economistas não gostam de comentar) envolvidos nos custos crescentes para expulsar a desordem. Esses retornos decrescentes são inerentes aos sistemas grandes e complexos e podem ser reduzidos até um certo ponto com projetos aperfeiçoados que aumentam a eficiência da transformação de energia. No entanto, tais retornos não podem ser inteiramente mitigados. A **lei dos retornos decrescentes** se aplica a todos os tipos de sistema, inclusive à rede de força elétrica nos tecnoecossistemas dos humanos. Conforme um ecossistema se torna maior e mais complexo, aumenta a proporção da produção primária bruta que deve ser respirada pela comunidade para manter seus aumentos, e a proporção que pode entrar no crescimento futuro do tamanho diminui. Quando essas entradas e saídas se equilibram, o tamanho não pode aumentar mais sem ultrapassar a capacidade de manutenção, resultando em uma sequência pulsante de "explosão e colapso".

Explicação

A experiência em engenharia de lidar com redes físicas como quadros de distribuição telefônica, indica que, conforme o número de assinantes ou chamadas, C, aumenta, o número de chaves necessárias, N, também aumenta, aproximando-se do quadrado do número, como segue:

$$C = N\left(\frac{N-1}{2}\right)$$

Em 1950, C. E. Shannon, do Laboratório Telefônico Bell, provou que essa *deseconomia de escala* é uma característica intrínseca às redes, e que nenhum método de construção, por mais engenhoso que seja, pode evitá-la. O melhor que se pode obter em redes de chaves é a redução da deseconomia para alguma coisa perto de N elevado à potência 1,5. Ver Shannon e Weaver (1949), Pippenger (1978) e Patten e Jørgensen (1995) para uma revisão do fundamento da teoria da complexidade.

Esse tipo de deseconomia de escala também é uma característica intrínseca dos ecossistemas naturais, mas pelo menos alguns dos custos crescentes da complexidade são equilibrados pelos benefícios que os economistas chamam de *economias de escala*. O metabolismo por unidade de peso decresce conforme cresce o tamanho do organismo ou da biomassa (como em uma floresta), de modo que é possível manter mais estrutura por unidade de fluxo de energia (*eficiência B/P*). Ao adicionar circuitos funcionais e alças de retroalimentação, pode-se aumentar também a eficiência do uso de energia, bem como a reciclagem de materiais e a resistência ou resiliência à perturbação. As propriedades da eMergia e as relações mutualísticas entre os organismos também podem desenvolver um aumento na eficiência geral. Não importa qual seja o ajuste, a entropia total que deve ser dissipada aumenta rapidamente com qualquer aumento no tamanho, de modo que cada vez mais fluxo total de energia (produção primária bruta mais subsídios) deve ser desviado para a manutenção da respiração – e cada vez menos energia fica disponível para um novo crescimento. *Quando os custos de energia de manutenção equilibram-se com a energia disponível, o tamanho teórico máximo ou a capacidade de suporte foi atingido, além do que foram estabelecidos os retornos decrescentes de escala.*

Exemplo

Os impostos *per capita* fornecem um exemplo da lei de rede do aumento de custos como uma função potência do tamanho. Em geral, os impostos municipais e estaduais estão relacionados com a densidade populacional, especialmente com a porcentagem da urbanização dentro do estado. Por exemplo, custa cerca de três vezes mais em impostos para uma pessoa viver no estado de Nova York que no estado

128 Fundamentos de Ecologia

do Mississippi. Não obstante a "revolta contra impostos" por parte dos cidadãos, não se pode evitar pagar impostos maiores quando se decide viver em uma cidade grande e não se quer vê-la tornar-se desordenada. Por muitas décadas, a diferença em impostos *per capita* entre áreas urbanas e rurais tem aumentado conforme a intensificação da expansão urbana. Ver Barrett et al. (1999) para uma discussão sobre a necessidade de reconectar as paisagens rurais e urbanas.

8 Conceitos de Capacidade de Suporte e Sustentabilidade

Enunciado

Em termos de energética no nível de ecossistema, o que é conhecido como **capacidade de suporte** é atingido quando toda a energia disponível que entra é necessária para sustentar todas as estruturas e funções básicas, ou seja, quando P (*produção*) é igual a R (*manutenção respiratória*). A quantidade de biomassa que pode ser sustentada sob essas condições é conhecida como **capacidade de suporte máxima** e é indicada pela letra K maiúscula nos modelos teóricos. Esse nível não é absoluto (não é uma *barreira*), mas é facilmente suplantado quando o ímpeto de crescimento é forte. Evidências crescentes mostram que a **capacidade de suporte ótima** (sustentável por longos períodos diante das incertezas ambientais) é mais baixa que a capacidade de suporte máxima (ver Barrett e Odum, 2000, para detalhes). No que diz respeito a indivíduos e populações, a capacidade de suporte depende não só do número e da biomassa mas também do estilo de vida (ou seja, do consumo de energia *per capita*).

Explicação

Os modelos matemáticos simples de crescimento sigmoide, conforme o gráfico da Figura 3.27 serão discutidos com mais detalhes no Capítulo 6. Por enquanto, dois pontos na curva de crescimento precisam ser notados: K, a *assíntota superior*, representa a capacidade de suporte máxima, como definido no enunciado, e I, o *ponto de inflexão* no qual a taxa de crescimento é máxima, como mostrado no diagrama da Figura 3.27B. O nível I é frequentemente chamado de **produção máxima sustentada** ou **densidade ótima** por gestores de caça e pesca, pois, na teoria, a biomassa colhida seria substituída mais rapidamente nesse ponto.

O problema em manter o nível máximo, K, em ambientes flutuantes no mundo, é que provavelmente ocorrerá a ultrapassagem dos limites, tanto porque o ímpeto de crescimento faz com que o tamanho da população exceda K, como porque uma redução periódica na disponibilidade de recurso (como em uma seca) reduz temporariamente K. Quando o limite é ultrapassado e a entropia excede a capacidade do sistema de dissipá-la, pode ocorrer uma redução em tamanho ou um "colapso". Se a capacidade produtiva do ambiente for prejudicada no colapso, o próprio K pode ser abaixado, pelo menos temporariamente, para um novo nível (K_1 na Figura 3.27A). O desafio global de alimentar pessoas está se aproximando do ponto em que a necessidade de alimento iguala-se à capacidade de produção máxima dentro das atuais restrições tecnológicas, políticas, econômicas ou de distribuição. Qualquer perturbação de grande amplitude, como guerra, seca, doença ou terrorismo, que reduza o rendimento da produção, mesmo que por um ano, significa desnutrição severa ou fome para milhões de seres humanos que vivem no limite.

Figura 3.27 Capacidade de suporte em relação ao crescimento sigmoide da população. (A) Curva de crescimento. (B) Mudança na taxa de crescimento dependendo do tamanho da população. K representa a densidade máxima que pode ser sustentada por uma dada base de espaço e recurso. Se a densidade ultrapassar esse nível, K pode ser abaixado para K_1, pelo menos temporariamente. O ponto de inflexão (I) representa o nível mais alto da taxa de crescimento da população – além de ser o ponto ótimo teórico em termos de rendimento sustentado máximo para uma população de caça ou pesca.

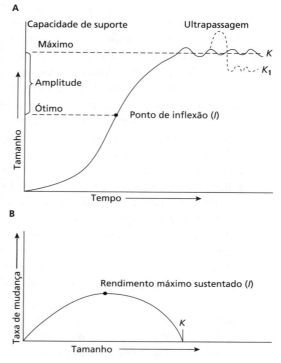

A margem de segurança no nível da capacidade de suporte máxima é muito pequena. Do ponto de vista da segurança e estabilidade em longo prazo, um valor dentro da amplitude entre K e I (como mostra a Figura 3.27A) representa o nível de capacidade de suporte desejável e sustentável em longo prazo. Muitas populações naturais desenvolveram mecanismos que mantêm a densidade nesse nível seguro.

Exemplos

Conceito de Capacidade de Suporte

Um estudo clássico sobre a capacidade de suporte no mundo animal envolveu uma manada de veados em Michigan (McCullough, 1979). Em 1928, seis veados colocados em um cercado de 2 milhas quadradas (5 km² ou 500 hectares) aumentaram para cerca de 220 em meados da década de 1930. Quando se tornou evidente que essa manada estava prejudicando o ambiente com o sobrepastejo, a população foi reduzida, por meio da caça seletiva, para aproximadamente 115 e esse nível foi mantido por alguns anos. McCullough sugeriu que o nível ± 200 (2 hectares por veado) representava o nível de *capacidade de suporte máxima*, K, e que as populações de veados tendem a direcionar-se para esse nível máximo. Se fossem deixados por sua própria conta, os veados iriam crescer até o limite de disponibilidade de alimento ou outros recursos vitais. O número ± 100 (cerca de 4 hectares por veado), portanto, representa a *capacidade de suporte de densidade ótima*, I (ver Figura 3.27), que evita ultrapassagens, morte por fome, doenças e possíveis danos ao habitat. Nessa espécie em particular, a predação, que mantém a população abaixo da capacidade de suporte máxima, parece ser uma função que favorece a qualidade em detrimento da quantidade. Outros tipos de população evoluíram para mecanismos autorregulatórios que tendem a manter o nível de capacidade de suporte bem abaixo do máximo.

Um estudo de fluxo de energia em colônias de formigas pode revelar algo sobre a energética de escala e a capacidade de suporte aplicável ao *Homo sapiens*. As saúvas (*Atta colombica*), que vivem em florestas tropicais úmidas, colhem porções de folhas frescas da vegetação e as carregam para seus ninhos subterrâneos como substrato para cultivar fungos que fornecem seu alimento. Esses jardins de fungos são cuidados e fertilizados (parcialmente com excreções das formigas) quase do mesmo modo como os fazendeiros humanos cultivam seus alimentos. Lugo et al. (1973) estimaram os gastos de energia para todas as principais atividades dentro da colônia e concluíram que a capacidade de suporte máxima (o tamanho máximo da colônia) é atingida quando a entrada de calorias combustíveis (na forma de folhas colhidas) equilibra o custo de energia do trabalho envolvido no corte e transporte de folhas, na manutenção de trilhas e no cultivo dos fungos. A qualquer momento em grandes colônias, aproximadamente 25% das formigas estariam carregando folhas, e 75% mantendo as trilhas e os jardins de fungos. Quando a entrada de energia é balanceada por esses custos de manutenção, a colônia para de crescer. A retroalimentação por recompensa para outros organismos, como o excremento depositado pelas formigas no solo das florestas – o que aumenta o crescimento da folha, aumenta a eficiência e eleva a capacidade máxima de suporte, K.

Não é muito difícil estimar a capacidade de suporte de uma civilização agrária sustentada por agricultura de subsistência, pois a energia de entrada vem principalmente de recursos locais, e não de regiões distantes. Por exemplo, Mitchell (1979) relatou que a densidade na zona rural da Índia é uma função linear da quantidade de chuva, que determina a produção agrícola na ausência de irrigação ou outro subsídio. Ele relatou que 10 cm de precipitação sustentam duas pessoas por hectare de terra de colheita; 100 cm sustentam três pessoas; 200 cm sustentam 4,5 pessoas e 300 cm sustentam seis pessoas. Outro estudo interessante da capacidade de suporte agrário foi realizado por Pollard e Gorenstein (1980), que documentaram a relação entre a produção de milho e a densidade humana em uma civilização mexicana antiga (Tarascan).

É muito mais difícil estimar a capacidade de suporte das sociedades urbano-industriais porque essas sociedades são sustentadas por sólidos subsídios de energia, importados de longe e frequentemente retirados de estoques acumulados antes do advento da humanidade, como combustíveis fósseis, água subterrânea, floresta primária e solos orgânicos profundos. Todos esses recursos são reduzidos com o uso intensivo. Uma coisa é certa: os humanos, assim como os veados, parecem seguir esses níveis de capacidade máxima de suporte, ou K, em escala de paisagem ou regional (o *Homo sapiens* é uma das poucas espécies que ainda vai atingir as condições de capacidade de suporte em escala global). Nossa população tende a aumentar até (ou além de) um limite depois do outro (alimentos, combustíveis fósseis e doenças são os limites preocupantes no momento). A retroalimentação por recompensa ou outros meios de manutenção dos níveis de capacidade de suporte ótima, em vez dos níveis de suporte máximo, são muito pouco desenvolvidos por vários motivos: (1) muitas pessoas que vivem em países desenvolvidos acreditam que a ciência e a tecnologia encontrarão substitutos para os recursos em declínio, assim, continuarão a elevar o K indefinidamente; (2) muitas famílias em países em desenvolvimento frequentemente têm um forte motivo econômico ou social em relação ao tamanho da família; e (3) em geral, os sistemas tradicionais de credo tendem a dominar o conhecimento ecológico. Assim, continua o jogo perigoso de flertar com a ultrapassagem dos limites. Existem boas razões ecológicas para regular a população humana, mas o envolvimento de temas sociais, econômicos e religiosos complexos torna difícil essa regulação.

O conceito de capacidade de suporte (ou *limiar*) também pode ser aplicado à economia. Por exemplo, Max-Neef (1995) comparou a tendência do produto interno bruto (PIB) com o *índice de sustentabilidade do bem-estar econômico* (ISBEE), de Daly e Cobb (1989). Suas descobertas sugerem a existência de uma capacidade ótima de suporte econômico. A Figura 3.28 ilustra as tendências do PIB e do ISBEE norte-americanos. Os dois índices seguiam juntos até meados da década de 1970, e então se separaram em uma época conhecida como **limiar do bem-estar econômico** ou **capacidade de suporte econômico** (Barrett e Odum, 2000). Parece que, durante a década de 1970, o crescimento econômico começou o descompasso com a tendência do bem-estar econômico em longo prazo (*qualidade de vida*). Essa tendência sugere que o crescimento econômico já tinha aumentado para além da capacidade ótima de suporte de crescimento econômico para os Estados Unidos.

Assim, *o uso de energia per capita ou estilo de vida é tão importante quanto os números para determinar a capacidade humana de suporte.* Por exemplo, uma pessoa que vive nos Estados Unidos consome 40 vezes mais energia de alta qualidade que uma pessoa na Índia. Em outras palavras, dada uma base de recurso, 40 vezes mais pessoas com um estilo de vida indiano podem ser sustentadas, em vez de pessoas com estilo de vida americano. Para mais detalhes sobre esses dois aspectos da capacidade de suporte, ver Catton (1980, 1987).

Conceito de Sustentabilidade

O conceito de sustentabilidade está diretamente relacionado com o conceito de capacidade de suporte. As definições para *sustentar* no dicionário incluem "manter", "permanecer em existência", "suportar", "guardar", ou "fornecer sustento ou alimento" (*Merriam-Webster's Collegiate Dictionary*, 10ª edição). Em termos ambientais, Goodland (1995) definiu **sustentabilidade** como *manutenção do capital e recursos naturais*. O termo sustentabilidade é cada vez mais usado como um guia para futuro desenvolvimento, pois muito do que os humanos estão hoje fazendo na área de gestão de consumo e ambiente é obviamente insustentável. As dificuldades de usar o conceito de *desenvolvimento sustentável*

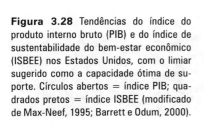

Figura 3.28 Tendências do índice do produto interno bruto (PIB) e do índice de sustentabilidade do bem-estar econômico (ISBEE) nos Estados Unidos, com o limiar sugerido como a capacidade ótima de suporte. Círculos abertos = índice PIB; quadrados pretos = índice ISBEE (modificado de Max-Neef, 1995; Barrett e Odum, 2000).

como meta ou guia político serão discutidas no Capítulo 11. Barrett e Odum (2000) sugeriram que, em assuntos humanos de longo prazo, a sustentabilidade seja efetivamente compreendida e encarada no que se refere ao conceito de *capacidade de suporte ótima*, como definido antes nesta seção. Novas estratégias e tecnologias, como o uso de moinhos de vento para gerar eletricidade (Figura 3.29), ilustram como o capital natural (neste caso, o vento) pode ser usado para gerar capital econômico (energia elétrica).

9 Conceito de Energia Líquida

Enunciado

Um número cada vez maior de pessoas entende que é preciso energia para produzir energia (e para reciclar materiais), porque energia produzida por um dado sistema de conversão deve ser retroalimentada ou suplementada com energia externa adicional para manter o sistema. Para produzir **energia líquida** o rendimento deve ser maior que o custo da energia para sustentar o sistema de conversão.

Explicação e Exemplos

O conceito de energia líquida está sob a forma de diagrama na Figura 3.30. Para haver energia líquida, *o rendimento*, A, deve ser maior que o *custo de energia*, B, para manter o sistema de conversão. Para uma usina elétrica realmente valer a pena, por exemplo, a energia líquida deve ser pelo menos duas vezes, ou preferivelmente quatro vezes o custo da energia ou *penalização energética*, como os engenheiros denominaram.

Quando se trata de fontes de energia para os humanos, a questão não é quanto petróleo ou gás natural existe sob a superfície da terra e dos mares, mas quanto estará disponível quando todas as penalizações energéticas, associadas com a dissipação da entropia (como perfuração, proteção da saúde humana e prevenção da poluição), forem pagas. Em 1998, quando a gasolina se tornou muito barata nos Estados Unidos, por exemplo, muitas plataformas de perfuração em mar aberto foram desativadas, por terem manutenção muito cara.

Outra situação: nos Estados Unidos, as atuais usinas elétricas por fissão de urânio são tão caras para construir e manter que sua energia líquida é limita-

Figura 3.29 Moinhos de vento geradores de energia na Alemanha Oriental.

Figura 3.30 Conceito de energia líquida. Um rendimento de saída do sistema de conversão de energia (A) deve ser maior que a energia necessária para manter o sistema (B), de modo que o sistema produza energia líquida.

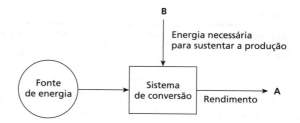

da, sendo necessários vários subsídios do governo (dólares de impostos) – por exemplo, pagar contensão de resíduos – para mantê-las funcionando. Até hoje, as experiências com fusão nuclear não produziram nenhuma energia líquida. As temperaturas e pressões extremamente altas necessárias para a fusão ocorrer tornaram muito difícil "domar" a bomba H.

10 Uma Classificação de Ecossistemas Baseada em Energia

Enunciado

A fonte e a qualidade da energia disponível determinam em maior ou menor grau os tipos e números de organismos, o padrão de processos funcionais e de desenvolvimento e, direta ou indiretamente, o estilo de vida dos seres humanos. Como a energia é o denominador comum e a função de força definitiva de todos os ecossistemas, sejam eles naturais ou projetados pelos humanos, ela fornece uma base lógica para uma classificação de "primeira ordem". Assim, é conveniente distinguir quatro classes de ecossistemas:

- Ecossistemas naturais movidos a energia solar não subsidiados.
- Ecossistemas naturais movidos a energia solar subsidiados por outras energias naturais.
- Ecossistemas movidos a energia solar com subsídio humano.
- Tecnoecossistemas urbano-industriais movidos a combustível (usando energia de combustíveis fósseis ou outros combustíveis orgânicos ou nucleares).

Essa classificação é baseada no ambiente de entrada (ver Figura 2.1), e faz contraste e complementa a classificação de *biomas* (ver Capítulo 10), fundamentada sobretudo na principal estrutura vegetativa do ecossistema.

Explicação

Os quatro principais tipos de ecossistemas classificados de acordo com a fonte, nível e quantidade de energia estão descritos na Tabela 3.11. Os ecossistemas dependem de duas fontes diferentes de energia: (1) Sol; e (2) combustíveis químicos ou nucleares. Portanto, podemos distinguir entre os sistemas **movidos a luz solar** e **movidos a combustível**, reconhecendo que ambas as fontes de energia podem ser usadas em qualquer situação particular. Comparando-se as principais classes de ecossistemas (Tabela 3.11), podemos falar do fluxo de energia por unidade de área como **densidade de potência** (lembrando que *potência* é o uso ou dissipação de energia pela unidade de tempo). Essa medida também pode ser considerada

134 Fundamentos de Ecologia

Tabela 3.11

Ecossistemas classificados de acordo com a fonte e o nível de energia

Categoria	Exemplo	Fluxo de energia anual (Nível de potência) (kcal/m²)*
1. Ecossistemas naturais movidos a energia solar não subsidiados[†]	Oceanos abertos, florestas, campos	1.000 – 10.000 (2.000)
2. Ecossistemas movidos a energia solar subsidiados naturalmente[‡]	Estuários de marés, algumas florestas pluviais	10.000 – 40.000 (20.000)
3. Ecossistemas movidos a energia solar com subsídio humano[§]	Agricultura, aquicultura	10.000 – 40.000 (20.000)
4. Sistemas urbano-industriais movidos a combustível[**]	Cidades, subúrbios, parques industriais	100.000 – 3.000.000 (2.000.000)

* Os números entre parênteses são médias estimadas arredondadas.

† Esses sistemas constituem o módulo básico de suporte à vida (capital natural) para a espaçonave Terra.

‡ Esses são os sistemas naturalmente produtivos da natureza que não só têm alta capacidade de suporte à vida como também produzem matéria orgânica em excesso que pode ser armazenada e exportada para outros sistemas.

§ Esses são sistemas produtores de alimento e fibra sustentados por combustível ou outros subsídios de energia auxiliares fornecidos pelos humanos.

** Esses são nossos sistemas de geração de bens (também de geração de poluição), nos quais o combustível substitui o Sol como principal fonte de energia. Eles são dependentes (parasitas) do suporte de vida, alimento e combustível das outras classes de ecossistemas.

para representar a quantidade de desordem ou entropia que deve ser dissipada se o sistema tiver de permanecer viável.

Os sistemas da natureza que dependem muito ou inteiramente dos raios diretos do Sol podem ser designados como **ecossistemas não subsidiados movidos a luz solar** (Categoria 1 na Tabela 3.11). Eles são *não subsidiados* no sentido de haver poucas fontes auxiliares de energia disponíveis para elevar ou suplementar a radiação solar. Os humanos deveriam ser encorajados a proteger e envolver os benefícios da Categoria 1 em modelos futuros de tomada de decisão. Oceanos abertos, grandes extensões de florestas, campos de planaltos e lagos grandes e profundos são exemplos de ecossistemas relativamente não subsidiados movidos a energia solar. Frequentemente, estão sujeitos a outras limitações, como carência de nutrientes ou de água. Como consequência, os ecossistemas nessa grande categoria variam muito, mas em geral recebem pouca energia e têm baixa produtividade ou capacidade de trabalho. Os organismos que habitam esses sistemas desenvolveram adaptações extraordinárias para viver em meio à escassez de energia e outros recursos, bem como para usá-los de maneira eficiente.

Embora a densidade de potência dos ecossistemas naturais dessa primeira categoria não seja muito expressiva, e os próprios ecossistemas não suportem uma grande densidade de pessoas, eles são, apesar disso, extremamente importantes por causa de sua enorme extensão (só os oceanos cobrem quase 70% do planeta). Para os humanos, os agregados de ecossistemas naturais não subsidiados movidos a energia solar podem ser considerados – e deveriam ser bastante valorizados – o módulo básico de suporte à vida que estabiliza e homeoreticamente controla a espaçonave Terra. Nesses sistemas, grandes volumes de ar são purificados todos os dias, a água é reciclada, o clima é controlado, o tempo é moderado e muitos outros trabalhos úteis são realizados. Esses processos e serviços são chamados de **capital natural**. Uma parte da necessidade dos humanos de alimento e fibras também é produzida como um subproduto sem custo econômico e esforço de gestão pelo homem. Tal avaliação, evidentemente, não inclui os inestimáveis valores estéticos inerentes à vasta paisagem de um oceano, à grandeza de uma floresta primária ou ao desejo cultural de grandes espaços verdes (ver Daily, 1997; Daily et al., 1997 para um esboço dos benefícios prestados pelos ecossistemas naturais para as sociedades humanas).

Quando fontes auxiliares de energia podem ser usadas para ampliar a radiação solar, a densidade de potência pode ser elevada consideravelmente, talvez por uma ordem de magnitude. Lembre-se de que o *subsídio de energia* é uma fonte auxiliar de energia que reduz o custo unitário da automanutenção do ecossistema e, assim, aumenta a quantidade de energia solar que pode ser convertida em produção orgânica. Em outras palavras, a energia solar é ampliada por energia não solar, liberando-a para produção orgânica. Tais subsídios podem ser tanto naturais como sintéticos (ou, evidentemente, uma combinação de ambos). Com o propósito de simplificar a classificação, listamos **ecossistemas movidos a energia solar naturalmente subsidiados** e **com subsídio humano** como categorias 2 e 3, respectivamente, na Tabela 3.11.

Um estuário costeiro é um exemplo de ecossistema natural subsidiado pela energia auxiliar das marés, ondas e correntes. Como a vazante e o fluxo de água reciclam parcialmente os nutrientes minerais e transportam alimento e resíduos, os organismos em um estuário podem concentrar seus esforços, por assim dizer, em uma conversão mais eficiente de energia do Sol em matéria orgânica. Em um sentido bem real, organismos do estuário estão adaptados ao uso da potência da maré. Como consequência, os estuários tendem a ser mais férteis do que, digamos, uma área de terra adjacente ou uma lagoa que recebe a mesma entrada solar, mas não tem o benefício do subsídio da energia das marés. Os subsídios que aumentam a produtividade podem ter outras formas – por exemplo, o vento e a chuva em uma floresta pluvial tropical, a água corrente de um córrego, ou a matéria orgânica importada e os nutrientes recebidos por um pequeno lago de sua bacia hidrográfica.

Os seres humanos aprenderam cedo a modificar e subsidiar a natureza para seu benefício direto, e nos tornamos cada vez mais hábeis não somente em aumentar a produtividade mas também em canalizá-la para materiais alimentares e fibras que são facilmente colhidos, processados e usados. A agricultura (cultura baseada na terra) e a aquicultura (cultura baseada na água) são os exemplos primordiais da categoria 3 (Tabela 3.11), os ecossistemas movidos a energia solar com subsídio humano. Grandes produções de alimento são mantidas por grandes entradas de combustíveis fósseis (e, na agricultura primitiva, por trabalho humano e animal) no cultivo, na irrigação, na fertilização, na seleção genética e no controle de pragas. Assim, o combustível para tratores (e trabalho humano e animal) é considerado entrada de energia nos agroecossistemas tanto quanto a luz solar, e pode ser medido como gasto em cavalos-vapor ou calorias não apenas no campo, mas também no processamento e transporte de alimento para supermercados.

Na Tabela 3.11, os níveis de produtividade ou potência dos ecossistemas movidos a luz solar natural ou com subsídio humano são os mesmos. Essa avaliação se baseia na observação de que os ecossistemas naturais mais produtivos e os agroecossistemas mais produtivos estão aproximadamente no mesmo nível de produtividade; 50.000 kcal.m^{-2}.ano^{-1} parece ser quase o limite mais alto de qualquer sistema fotossintetizante vegetal no que se refere à função contínua de longo prazo. A diferença real entre essas duas classes de sistema é a distribuição do fluxo de energia. As pessoas canalizam o máximo de energia possível para os alimentos que podem ser usados imediatamente, ao passo que a natureza tende a distribuir os produtos de fotossíntese entre muitas espécies e produtos, bem como a arma-

136 Fundamentos de Ecologia

zenar energia como uma "poupança" para os períodos difíceis, naquilo que vamos discutir mais adiante como uma estratégia de *diversificação para sobrevivência*.

O **ecossistema movido a combustível** (categoria 4 na Tabela 3.11), também conhecido como sistema urbano-industrial, é uma conquista laureada da humanidade. A energia potencial concentrada dos combustíveis substitui – em vez de simplesmente suplementar – a energia do Sol. Como as cidades agora são administradas, a maior parte da energia solar não é usada e frequentemente se torna um incômodo caro por esquentar o concreto e contribuir para a geração de *smog*. O alimento – um produto dos sistemas movidos a energia solar – é considerado externo, pois é importado em grande escala de fora da cidade. Conforme o combustível se torna mais caro, as cidades provavelmente se tornarão mais interessadas em usar a energia solar. Talvez uma nova classe de ecossistema, a cidade movida a combustível, subsidiada pelo Sol, se torne cada vez mais uma nova categoria durante o século XXI. Seria sensato desenvolver novas tecnologias projetadas para concentrar a energia solar em um nível em que pudesse substituir, em parte, o combustível em vez de simplesmente suplementá-lo (ver Figura 3.29 como exemplo).

11 Futuros da Energia

Enunciado

A história da civilização está intimamente ligada à disponibilidade de fontes de energia. Os caçadores e coletores viviam como parte das cadeias alimentares naturais em ecossistemas movidos a energia solar, atingindo suas mais altas densidades em sistemas naturalmente subsidiados em locais costeiros e ribeirinhos. Quando a agricultura se desenvolveu, há cerca de dez mil anos, a capacidade de suporte foi bastante aumentada conforme os humanos se tornaram mais hábeis no cultivo de plantas, domesticação de animais e subsídio de produção primária comestível. Durante muitos séculos, a lenha e outras biomassas forneciam a principal fonte de energia. Foram realizadas obras em arquitetura e agricultura com a potência muscular movida a biomassa (trabalho físico, animal e humano). Esse período pode ser chamado de *era da potência muscular*. Em seguida, chegou a *era dos combustíveis fósseis*, que fornece suprimentos tão abundantes que a população global duplicava a cada meio século.

Aos poucos, as máquinas movidas a petróleo e eletricidade substituíram o trabalho dos animais e dos humanos nos países desenvolvidos. Até recentemente, parecia possível que, conforme os combustíveis fósseis se exaurissem, a terceira era da humanidade seria a *era da energia atômica*. No entanto, dar fim na grande desordem associada a essa fonte de energia para obter energia líquida provou, há tempos, ser algo problemático. Assim, o futuro da energia atômica é imprevisível. Outras opções para o futuro (*a era da tecnologia*) incluem retornar à energia solar e usar o hidrogênio como combustível.

Explicação

A civilização progrediu ao longo dos quatro tipos de ecossistema esboçados na Tabela 3.11. Nas últimas décadas do século XX e na primeira década do século XXI, a parte do mundo que consome petróleo e outros combustíveis fósseis em grande escala está operando como um sistema movido a combustível; a parte que por alguns foi chamada de Terceiro Mundo permanece essencialmente dependente da biomassa (alimento e lenha) e do trabalho humano, suas principais fontes de energia. Como já foi observado, a diferença de renda *per capita* entre os países de alta e baixa energia criou conflitos sociais, econômicos e políticos preocupantes. Apesar dos esforços mundiais em preencher essa lacuna, acontecimentos, como o ataque terrorista às torres do World Trade Center, em 11 de setembro de 2001, têm aumentado em vez de diminuir.

Na Primeira Conferência Internacional para o Uso Pacífico da Energia Atômica, que aconteceu em Genebra, em 1955, o presidente da conferência, o falecido Homi J. Bhabha, da Índia, descreveu as três eras da humanidade como a era da potência muscular, a era dos combustíveis fósseis e a era atômica. Bhabha falou eloquentemente sobre sua crença de que, por causa da disponibilidade universal do átomo, a chegada da era atômica preencheria a lacuna entre os países ricos e pobres. O sonho da energia igual e abundante advinda do átomo ainda está para ser materializado, porque drenar o enorme potencial da energia atômica provou ter um potencial muito maior de desordem do que foi antecipado em 1955. Carroll Wilson, o primeiro administrador-geral da Comissão de Energia Atômica dos Estados Unidos, em um artigo (1979) intitulado "What Went Wrong" ("O que deu errado"), escreveu: "Ninguém parece entender que se o sistema todo não ficar coerentemente junto, nenhuma parte dele será aceitável".

Até que o ciclo inteiro, da matéria-prima à disposição do resíduo, se torne "coerente" e sejam inventados meios novos e mais eficientes de drenar a energia das fontes nucleares, a chegada da era atômica fica pelo menos adiada.

Nesse meio tempo, opções estão sendo consideradas no século XXI, entre elas, o retorno à energia solar e o uso mais eficiente (e com menos desperdício) dos combustíveis fósseis remanescentes para prolongar sua disponibilidade pelo maior tempo possível. Como foi apontado na discussão sobre qualidade da energia (Seção 5 deste capítulo), concentrar essa fonte de energia dispersa, mas abundante e renovável, pode ser tarefa cara e que exigirá tecnologia nova e melhorada (como fotovoltaica). Localmente, energia solar indireta derivada do vento, fluxo de água e diferenças de temperatura no mar tropical já estão sendo drenados (ver Figura 3.29). A última é especialmente promissora como fonte renovável com o uso da tecnologia conhecida como **conversão de energia térmica oceânica** (CETO), que drena o diferencial de temperatura entre a água quente de superfície e a água fria do fundo para fazer funcionar uma máquina de ciclo Rankin e gerar eletricidade. Essas usinas, usando, ao pé da letra, energia solar armazenada, podem ser dispostas em barcaças ancoradas nas águas equatoriais (ver Avery e Wu, 1994). A energia geotérmica é outra fonte renovável potencial em localidades onde o calor do centro da Terra fica perto da superfície.

Por fim, o hidrogênio é outra opção para substituir o uso de gasolina ou gás natural para mover automóveis e outros maquinários. Queimar hidrogênio em vez de combustíveis fósseis baseados em carbono reduziria o perigo de aquecimento global, pois o CO_2, um gás de efeito estufa, não seria emitido. Existe muito hidrogênio na água, mas romper as ligações no H_2O para liberar o hidrogênio exige abundância de energia de alta qualidade, assim, a questão da energia líquida aparece de novo. A eletricidade produzida pela CETO ou outras fontes solares diretas e indiretas poderia suprir essa necessidade.

Há os otimistas cornucopianos entre nós – especialmente Jesse Ausubel (1996) e seus colegas da Universidade Rockefeller – que sugerem que a combinação de economia de hidrogênio, indústria sem desperdício e agricultura com redução de terra não somente sustentará uma grande população de humanos, mas

138 Fundamentos de Ecologia

também tornará possível a preservação de grandes áreas de ambiente natural para fornecer suporte vital de ar e água – bem como abrigo – para espécies ameaçadas.

12 Energia e Dinheiro

Enunciado

Dinheiro, como exemplo de moeda corrente, está diretamente relacionado com energia, porque é preciso energia para fazer dinheiro, e custa dinheiro comprar energia. Dinheiro é o *contrafluxo* da energia, uma vez que flui para fora das cidades e fazendas a fim de pagar a energia e os materiais que fluem para dentro. O problema com as práticas econômicas atuais é que o dinheiro busca os bens e serviços *produzidos pelo homem*, mas não os igualmente importantes produtos e serviços fornecidos pelos sistemas *naturais*. No nível do ecossistema, o dinheiro entra no quadro somente quando um recurso natural é convertido em bens e serviços negociáveis, deixando sem preço (e, portanto, sem apreciação) todo o trabalho do sistema natural que sustenta esse recurso. É vital que o capital humano de mercado e o capital natural tenham interface e seja mantida a qualidade do ambiente se quisermos evitar a explosão global, pois o capital natural é desnecessariamente esgotado para produzir sempre mais produtos e serviços de mercado.

Explicações e Ilustrações

A Figura 3.31 mostra um modelo de fluxo de energia de um estuário que está produzindo bens de mercado na forma de frutos do mar. O dinheiro entra no quadro somente depois da pesca do camarão e do peixe, deixando todo o trabalho do estuário sem preço. Nesse exemplo, o valor em dólares do trabalho do estuário convertido em energia é calculado como pelo menos dez vezes o valor dos bens e serviços de mercado extraídos. A Figura 3.32 mostra um típico sistema de suporte de energia para os humanos. Note que os contrafluxos do dinheiro acompanham os fluxos de energia dos ecossistemas feitos e domesticados pelo homem, mas não dos ecossistemas naturais.

Kenneth Boulding foi um dos primeiros economistas a ser eleito para a prestigiosa Academia Nacional de Ciências (ANC). Nas décadas de 1960 e 1970, ele debateu o desenvolvimento de uma economia mais holística que preencheria a lacuna entre os valores de mercado (com preço) e a ausência de valores de mercado (sem preço).

Seus numerosos livros e artigos têm títulos provocativos, como *A Reconstruction of Economics* (1962), *The Economics of the Coming Spaceship Earth* (1966), e *Ecodynamics: A New Theory of Societal Evolution* (1978). Seus ensaios têm sido amplamente citados, mas tiveram pouco efeito nas práticas econômicas do seu tempo. No entanto, durante o século XXI, iniciou-se um sério diálogo entre economistas e ecólogos para criar o novo campo de interface, a **economia ecológica**, com novas sociedades e periódicos. Daly e Cobb (1989), Costanza (1991), Daly e Townsend (1993), H. T. Odum (1996), Prugh et al. (1995), Costanza et al. (1997) e Barrett e Farina (2000) estão entre os que lideram esse diálogo, que está finalmente chamando a atenção de cidadãos e líderes políticos. Como é muito comum, a escolha do momento é a essência, e chegou o tempo de realizar reformas.

Concluindo, a moeda corrente é uma invenção importante e fornece a base para a tomada de decisões na maioria dos níveis da sociedade. Devemos lembrar,

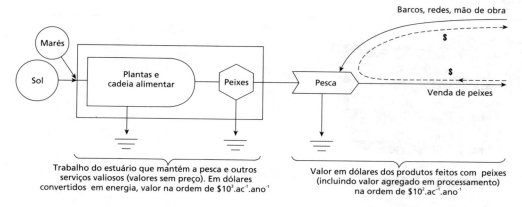

Figura 3.31 Modelo de fluxo de energia de um ecossistema estuarino com pesca de frutos do mar, inclusive com fluxos de dinheiro ($). Na economia convencional, o dinheiro é raramente envolvido até que o peixe seja capturado; ao trabalho do estuário (capital natural) em fornecer o peixe não é dado valor econômico. O valor total do estuário em termos de trabalho útil para os humanos é pelo menos dez vezes o valor da produção de pesca (Gosselink et al., 1974).

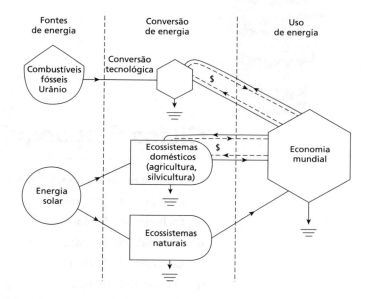

Figura 3.32 Sistema convencional de suporte de energia para humanos. Os fluxos de dinheiro ($) acompanham os fluxos de energia nos ecossistemas domesticados e feitos pelo homem, mas não nos ecossistemas naturais (cortesia de H. T. Odum).

no entanto, que os sistemas monetários atuais não levam em consideração todos os reais custos de vida. Devemos corrigir essa "falha de mercado" e cuidar para não permitir que o dinheiro seja o único fator no processo de tomada de decisões. Quando se trata da qualidade de vida humana, dinheiro e consumo de produtos de mercado feitos pelo homem – e sobre os quais as economias atuais se baseiam – não são as únicas considerações. Uma apreciação do capital natural e um comprometimento com o ecossistema e a saúde humana merecem prioridades mais elevadas na eterna busca pela felicidade e pelo bem-estar.

4

Ciclos Biogeoquímicos

1. Tipos Básicos de Ciclos Biogeoquímicos
2. Ciclagem do Nitrogênio
3. Ciclagem do Fósforo
4. Ciclagem do Enxofre
5. Ciclagem do Carbono
6. O Ciclo Hidrológico
7. Tempos de Renovação e de Retenção
8. Biogeoquímica da Bacia Hidrográfica
9. Ciclagem dos Elementos Não Essenciais
10. Ciclagem de Nutrientes nos Trópicos
11. Caminhos da Reciclagem: O Índice de Ciclagem
12. Mudança Climática Global

1 Tipos Básicos de Ciclos Biogeoquímicos

Enunciado

Os elementos químicos, incluindo todos os elementos essenciais para a vida, tendem a circular na biosfera em caminhos característicos, que vão do ambiente para o organismo e de volta para o ambiente. Esses caminhos mais ou menos circulares são conhecidos como **ciclos biogeoquímicos**. O movimento dos elementos e compostos inorgânicos essenciais para a vida pode ser convenientemente designado de **ciclagem dos nutrientes**. Cada ciclo de nutriente também pode ser convenientemente dividido em dois compartimentos ou *estoques*: (1) **estoque reservatório**, um componente grande, de movimento lento e, em geral, não biológico; e (2) **estoque lábil** ou **de ciclagem**, uma porção menor, porém mais ativa, que faz permuta (move-se nos dois sentidos) rapidamente entre os organismos e seu ambiente imediato. Muitos elementos têm múltiplos estoques reservatórios e alguns (como o nitrogênio) têm múltiplos estoques lábeis. Do ponto de vista da ecosfera, os ciclos bioquímicos se enquadram em dois grupos básicos: (1) **tipos gasosos**, nos quais o reservatório está na atmosfera ou na hidrosfera (oceano); e (2) **tipos sedimentares**, nos quais o reservatório está na crosta terrestre. A dissipação de alguma forma de energia é sempre necessária para acionar os ciclos de materiais.

Explicação

Conforme enfatizado no Capítulo 2, em ecologia é essencial estudar não apenas organismos e suas relações com o ambiente mas também o ambiente não vivo básico em relação aos organismos. Vimos como as duas divisões do ecossistema – a biótica e a abiótica – coevoluem e influenciam o comportamento entre si. Dos elementos que ocorrem na natureza, sabe-se que entre 30 e 40 são exigidos pelos organismos vivos (*elementos essenciais*). Alguns elementos, como carbono, hidrogênio, oxigênio e nitrogênio, são necessários em grandes quantidades; outros, em pequenas ou até minúsculas. Seja qual for a quantidade necessária, os elementos essenciais exibem ciclos biogeoquímicos definidos. Os elementos não essenciais (elementos não exigidos para a vida), apesar de menos ligados aos organismos, também circulam e frequentemente fluem com os elementos essenciais, pelo ciclo da água, ou porque têm afinidade química com eles.

Bio refere-se a organismos vivos e *geo* refere-se à Terra. A **geoquímica** está interessada na composição química da Terra e na troca de elementos entre diferentes partes da crosta terrestre, bem como em sua atmosfera e oceanos, rios e outros corpos d'água. O conceito de geoquímica é atribuído ao russo Polynov (1937) e é definido como o papel dos elementos químicos na síntese e decomposição de todos os tipos de materiais, com ênfase especial no intemperismo. A **biogeoquímica**, ciência fundada em 1926 pelo russo V. I. Vernadskij (1998), teve relevância reconhecida nas monografias de G. E. Hutchinson (1944, 1948, 1950), as quais envolvem o estudo da troca de materiais entre os componentes vivos e não vivos da ecosfera. Fortescue (1980) revisou a geoquímica de uma perspectiva ecológica e holística em termos de **geoquímica da paisagem**. Os resumos dos artigos-chave no desenvolvimento do campo da biogeoquímica são apresentados por Butcher et al. (1992) e Schlesinger (1997).

Na Figura 4.1, um ciclo bioquímico está sobreposto a um diagrama simplificado do fluxo de energia para mostrar como a unidirecionalidade desse fluxo

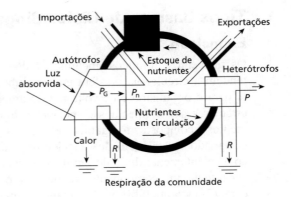

Figura 4.1 Ciclo biogeoquímico (círculo preto) sobreposto a um diagrama simplificado do fluxo de energia, contrastando a ciclagem da matéria com o fluxo de energia unidirecional. P_G = produção primária bruta; P_N = produção primária líquida; P = produção secundária; R = respiração (segundo E. P. Odum, 1963).

aciona o ciclo da matéria. É importante enfatizar que alguma forma de energia deve ser gasta para reciclar os materiais – fato para ser lembrado quando se trata da crescente necessidade humana de reciclar água, metais, papéis e outros materiais. Dessa forma, a ciência da **ecologia humana** – estudo do impacto da humanidade sobre os sistemas naturais e sua integração com eles – tornou-se um componente vital na gestão de sistemas naturais e construídos pelo homem.

Os elementos na natureza quase nunca estão distribuídos de forma homogênea nem estão presentes na mesma composição química em todo o ecossistema. Na Figura 4.1, o estoque reservatório – porção do ciclo que está química ou fisicamente distante do organismo – é indicado pelo bloco rotulado "estoque de nutrientes"; a porção em circulação é designada pelo círculo que vai dos autótrofos para os heterótrofos, retornando novamente para os primeiros. Algumas vezes, a porção reservatório é chamada de *estoque indisponível*, e o estoque ativo em circulação, de *estoque disponível* ou *trocável*. Por exemplo, os agrônomos medem rotineiramente a fertilidade do solo estimando a concentração de *nutrientes trocáveis* – a parte pequena do conteúdo de nutrientes total do solo que logo se torna disponível para as plantas. Tais designações são admissíveis desde que se compreenda que os termos são relativos. Um átomo no estoque reservatório não está, necessariamente, indisponível para os organismos, porque existem fluxos lentos entre os componentes disponíveis e indisponíveis. Os métodos usados para estimar nutrientes trocáveis em testes de solo (geralmente extração com ácidos e bases fracos) são, na melhor das hipóteses, apenas indicadores aproximados. O tamanho relativo dos estoques reservatório é importante quando se avaliam os efeitos da atividade humana sobre os ciclos biogeoquímicos. Em geral, os menores estoques reservatório serão os primeiros afetados pelas mudanças nos fluxos dos elementos. Por exemplo, a quantidade de carbono na atmosfera (principalmente na forma de CO_2) é uma parte muito pequena do total de carbono na biosfera, mas uma pequena mudança nesse estoque tem um grande efeito na temperatura da Terra.

O ser humano é singular não só em exigir os 40 elementos essenciais mas também ao usar todos os outros elementos, incluindo os mais novos, os sintéticos. A humanidade acelerou de tal forma a circulação de muitos materiais que os processos autorreguladores que tendem a manter a homeorese estão oprimidos, ao passo que os ciclos de nutrientes tendem a se tornar imperfeitos ou *acíclicos*, resultando na situação paradoxal de " muito pouco aqui e excesso ali". Por exemplo, os seres humanos exploram e processam as rochas fosfatadas com tamanho descuido, que passam a ocorrer altos níveis de poluição perto de minas e indústrias de fosfato.

Então, com a mesma perspicaz miopia, os seres humanos aumentam a entrada de fertilizantes nos sistemas agrícolas pouco considerando o inevitável aumento no escoamento superficial, o que estressa os cursos de água e reduz a sua qualidade.

A **poluição** foi frequentemente definida como *recursos extraviados*. O objetivo da conservação dos recursos naturais no sentido mais amplo é fazer que os processos acíclicos se tornem mais cíclicos. O conceito de *reciclagem* deve, cada vez mais, tornar-se uma meta importante da sociedade. A reciclagem da água é um bom começo, pois se o ciclo hidrológico puder ser mantido e reparado, existem melhores chances de controle dos nutrientes que se movimentam com a água.

Exemplos

Cinco exemplos ilustrarão o princípio da ciclagem. O **ciclo do nitrogênio** é um exemplo de ciclo do tipo gasoso muito complexo e bem tamponado; o **ciclo do fósforo** é um exemplo do tipo sedimentar mais simples, menos bem tamponado e regulado. Esses dois elementos muitas vezes são fatores importantes, que limitam ou controlam a abundância de organismos. Atualmente, a superfertilização com esses dois elementos vem criando graves efeitos adversos em escala global.

O **ciclo do enxofre** foi escolhido para ilustrar (1) as conexões entre o ar, a água e a crosta terrestre, porque existem ciclagens ativas dentro e entre cada um desses estoques; (2) o papel-chave desempenhado por microrganismos; e (3) as complicações causadas pela poluição industrial do ar. Os tamanhos dos reservatórios e os tempos de renovação dos quatro elementos biologicamente ativos são apresentados na Tabela 4.1. O **ciclo do carbono** (Tabela 4.1) e o **ciclo hidrológico** (Tabela 4.2) são cruciais para a vida e vêm sendo afetados cada vez mais pelas atividades humanas. Ao discutir os ciclos biogeoquímicos é também muito importante distinguir as fronteiras de um ecossistema – tanto os limites naturais como os criados pelos ecólogos para estudos e modelagem – do que é chamado de **pegada** ou **região de influência**.

2 Ciclagem do Nitrogênio

A Figura 4.2 mostra dois modos diferentes para descrever as complexidades do ciclo de nitrogênio; cada um ilustra uma característica global importante ou de força impulsora. A Figura 4.2A expõe a circularidade dos fluxos de nutrientes e os tipos de microrganismos exigidos para a troca básica entre os organismos e o ambiente. O nitrogênio do protoplasma é decomposto de formas orgânicas para inorgânicas por uma série de bactérias decompositoras, cada uma delas especializada em uma parte específica do ciclo. Parte do nitrogênio transforma-se em amônio e nitrato, as formas mais rapidamente utilizadas pelas plantas verdes. A atmosfera, que é composta de aproximadamente 78% de nitrogênio, é o maior reservatório e a válvula de segurança do sistema. O nitrogênio está continuamente penetrando na atmosfera pela ação de bactérias denitrificantes, e sempre voltando ao ciclo por meio da ação de microrganismos fixadores de nitrogênio (*biofixação*), bem como pela ação de faíscas e outras fixações físicas.

As etapas, das proteínas até os nitratos, fornecem energia para o organismo que completa a degradação, ao passo que as etapas de retorno exigem energia de outras fontes, tais como matéria orgânica ou luz solar. Por exemplo, as bactérias

Tabela 4.1

Tamanhos de reservatório e tempo de renovação de elementos biologicamente ativos

Reservatório	Quantidade	Tempo de renovação*
Nitrogênio (10^{12} g N)		
Atmosfera (N_2)	4×10^9	10^7
Sedimentos	5×10^8	10^7
Oceano (N_2 dissolvido)	$2,2 \times 10^7$	1.000
Oceano (inorgânico)	6×10^5	
Solo	3×10^5	2.000
Biomassa terrestre	$1,3 \times 10^4$	50
Atmosfera (N_2O)	$1,4 \times 10^4$	100
Biomassa marinha	$4,7 \times 10^2$	
Enxofre (10^{12} g S)		
Litosfera	2×10^{10}	10^8
Oceano	3×10^9	10^6
Sedimentos	3×10^8	10^6
Solos	3×10^5	10^3
Lagos	300	3
Biota marinha	30	1
Atmosfera	4,8	8-25 dias
Fósforo (10^{12} g P)		
Sedimentos	4×10^9	2×10^8
Continente	2×10^5	2.000
Oceano profundo	$8,7 \times 10^4$	1.500
Biota terrestre	3.000	~50
Oceano superficial	2.700	2,6
Atmosfera		0,028 dias
Carbono (10^{12} g C)		
Sedimentos, rochas	77×10^6	$> 10^6$
Oceano profundo (CID, carbono inorgânico dissolvido)	38.000	2.000
Solos	1.500	$< 10\text{-}10^5$
Oceano superficial décadas	1.000	décadas
Atmosfera	750	5
Oceano profundo (COD, carbônico orgânico dissolvido)	700	5.000
Biomassa terrestre	550-680	50
Sedimentos superficiais	150	0,1-1.000
Biomassa marinha	2	0,1-1

* Tempo de renovação em anos, a menos que citado de outra forma.

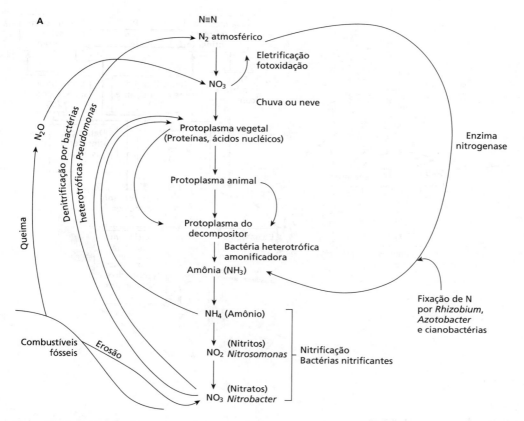

Figura 4.2 Duas maneiras de representar o ciclo biogeoquímico do nitrogênio, um exemplo de ciclo autorregulador relativamente bem tamponado, com um grande reservatório atmosférico. (A) Circulação de nitrogênio entre organismos e o ambiente, mostrando os microrganismos responsáveis por etapas-chave. (B) Diagrama esquemático do ciclo do nitrogênio, representando estoques e fluxos globais por ano, expressos em bilhões de toneladas métricas (10^{15} g). (Reproduzido de Schlesinger, 1997; nossos agradecimentos a Lawrence Pomeroy pela atualização dos valores). (*continua*)

quimiossintetizantes *Nitrosomonas* (que converte amônia em nitrito) e *Nitrobacter* (que converte nitrito em nitrato) obtêm energia da degradação da matéria orgânica, ao passo que as bactérias denitrificantes e fixadoras de nitrogênio requerem energia de outras fontes para completar as suas respectivas transformações.

Existe também um ciclo curto, mas importante, do nitrogênio na biosfera viva, na qual os organismos heterotróficos degradam as proteínas por meio de enzimas e excretam o nitrogênio excedente sob a forma de ureia, ácido úrico ou amônio. As bactérias especializadas adquirem a energia para seu sustento oxidando o amônio para nitrito e o nitrito para nitrato. Todas as três formas – amônio, nitrito e nitrato – podem ser usadas como fontes básicas de nitrogênio pelas plantas. As plantas que utilizam nitrato precisam produzir enzimas para convertê-las de volta em amônio, pois, do ponto de vista das plantas, o nitrato é uma fonte mais cara em termos de energia do que o amônio. Dessa forma, a maioria das plantas utilizará preferencialmente o amônio quando esse estiver disponível.

Até cerca de 1950, pensava-se que a capacidade de fixar nitrogênio atmosférico era limitada a poucos, mas abundantes tipos de microrganismos:

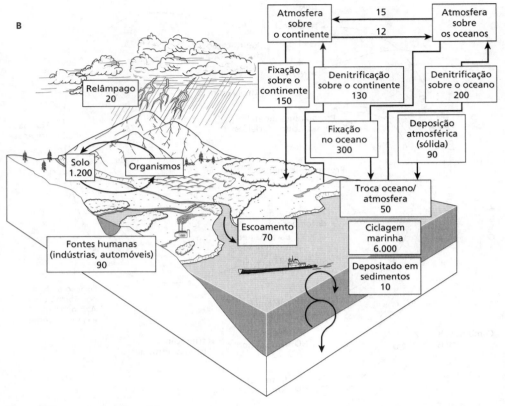

Figura 4.2 (*continuação*)

- Bactérias de vida livre: *Azotobacter* (aeróbica) e *Clostridium* (anaeróbica).
- Bactérias de nódulos simbióticos em leguminosas: *Rhizobium*.
- Cianobactérias: *Anabaena*, *Nostoc* e vários outros gêneros (anteriormente denominadas algas azuis, são bactérias verdes, e não algas).

Então foi descoberto que as bactérias púrpuras *Rhodospirillum* e outras representantes das bactérias fotossintetizantes também são fixadoras de nitrogênio, e que uma variedade de bactérias de solo semelhantes a *Pseudomonas* também têm essa capacidade. Mais tarde foi descoberto que os actinomicetos (um tipo de bactéria filamentosa), quando nos nódulos das raízes dos amieiros (*Alnus*), e algumas outras plantas lenhosas não leguminosas, fixam o nitrogênio tão eficientemente quanto o faz a bactéria *Rhizobium* em nódulos de leguminosas. No oceano, por exemplo, a fixação de nitrogênio pela bactéria verde *Trichodesmium* é limitada pelo ferro. Como resultado, a fixação de nitrogênio é sazonal e controlada pelo padrão de queda de partículas de poeira provenientes dos desertos do Saara e de Gobi sobre o mar – e das ressurgências ou fontes costeiras. Até agora, 160 espécies em oito gêneros e em cinco famílias de dicotiledôneas têm demonstrado possuir nódulos induzidos por actinomicetos. Diferente das leguminosas, que são em sua maioria de origem tropical, esses fixadores de nitrogênio se originam na zona temperada do norte. A maioria das espécies é adaptada a solos pobres pantanosos ou de textura arenosa, nos quais a disponibilidade de nitrogênio é escassa. Algumas espécies, como os amieiros (*Alnus*), têm o potencial de aumentar a produção florestal quando intercaladas com o plantio de outras espécies de madeiras. Um exemplo de nódulo fixador de nitrogênio é mostrado na Figura 4.3.

A fixação de nitrogênio por cianobactérias pode ocorrer em formas de vida livre ou em formas simbióticas com fungos, como em certos liquens, musgos, samambaias, e ao menos com uma planta com sementes. As frondes das samambaias aquáticas flutuantes *Azolla* contêm pequenos poros preenchidos com *Anabaena* simbiótica, que fixa ativamente o nitrogênio. Por séculos, essas samambaias desempenharam um papel importante no cultivo de arroz inundado no Oriente. Antes do plantio das plântulas de arroz, os campos inundados das plantações são cobertos por samambaias aquáticas, que fixam nitrogênio suficiente para prover o cultivo de arroz enquanto este matura. Essa prática, combinada com o encorajamento dos microrganismos fixadores de nitrogênio de vida livre, permite que a produção de arroz se repita estação após estação, nos mesmos lotes, sem que seja necessária a adição de fertilizantes. Entretanto, as lavouras de arroz também estão entre as principais áreas de denitrificação e produção de metano.

A chave para a biofixação é a enzima **nitrogenase**, que catalisa a quebra de N_2 (Figura 4.2A). Essa enzima também pode reduzir acetileno a etileno e, assim, fornecer uma maneira conveniente de medir a fixação de nitrogênio em nódulos, solos, água ou qualquer lugar suspeito de estar ocorrendo a fixação. O método de redução de acetileno, em conjunto com o uso de traçador isotópico ^{15}N, revelou que a capacidade de fixar nitrogênio é bastante difundida entre microrganismos fotossintetizantes, quimiossintetizantes e heterotróficos. Existe até evidências de que os microrganismos crescem em folhas e epífitas em florestas tropicais úmidas, fixando apreciáveis quantidades de nitrogênio atmosférico, e parte disso poderia ser utilizada pelas próprias árvores. Em resumo, há indícios de que a fixação biológica de nitrogênio caminhe tanto para o estrato autotrófico como heterotrófico do ecossistema, e tanto nas zonas aeróbicas como nas anaeróbicas dos solos e sedimentos aquáticos.

A fixação de nitrogênio é um processo particularmente caro em termos de energia, pois é necessária muita energia para quebrar a tripla ligação molecular

Figura 4.3 Figura 4.3 Nódulos de raízes na planta da soja (*Glycine max*) onde localizam-se as bactérias mutualísticas fixadoras de nitrogênio (*Bradyrhizobium spp.*). Os nódulos são estruturas onde as bactérias fixam nitrogênio atmosférico e o convertem em compostos orgânicos nitrogenados, que são usados pelas plantas nas sínteses de proteínas e ácidos nucleicos.

de N_2 ($N \equiv N$) de forma que possa ser convertida (com adição do hidrogênio da água) em duas moléculas de amônia (NH_3). Para a biofixação por bactérias do nódulo de leguminosas são necessários em torno de 10 g de glicose (cerca de 40 kcal), proveniente de fotossintato da planta, para fixar 1 g de nitrogênio (10% de eficiência). Os fixadores de nitrogênio de vida livre são menos eficientes e podem requerer até 100 g de glicose para fixar 1 g de nitrogênio (1% de eficiência). De modo semelhante, é necessário o dispêndio de muita energia de combustíveis fósseis na fixação industrial, motivo pelo qual o fertilizante nitrogenado, comparado em peso, é mais caro que a maioria dos outros fertilizantes.

Em resumo, somente os procariotes (microrganismos primitivos) podem converter biologicamente o gás nitrogênio inútil em formas de nitrogênio exigidas para construir e manter células vivas. Quando esses microrganismos formam parcerias mutuamente benéficas com plantas superiores, aumenta muito a fixação de nitrogênio. A planta fornece uma residência simpática (os nódulos da raiz ou uma cavidade na folha), protege os micróbios do excesso de O_2 (que inibe a fixação de N_2) e os supre com energia de alta qualidade. Em troca, a planta obtém um suprimento de nitrogênio fixado prontamente assimilável. Essa cooperação para benefício mútuo – uma estratégia de sobrevivência muito comum nos sistemas naturais – poderia ser imitada pelos sistemas feitos pelos homens. Os fixadores de nitrogênio trabalham com mais intensidade quando o suprimento de nitrogênio no seu ambiente é baixo; adicionar fertilizante nitrogenado à plantação de leguminosas encerra a biofixação.

É possível projetar geneticamente a formação de nódulos em milho e em outros cultivos de grãos, reduzindo a necessidade de fertilizantes minerais nitrogenados e a poluição resultante, pois esta tende a escoar mais que o nitrogênio fixado organicamente. Várias empresas comerciais de genoma estão trabalhando na inclusão dos genes da fixação de nitrogênio no milho. Entretanto, haveria um custo para isso, o que reduziria a produtividade, pois parte da produção primária, que de outro modo iria para a produção de grãos, seria desviada para sustentar os nódulos, conforme observado anteriormente.

Efeitos Prejudiciais do Excesso de Nitrogênio

Em edições anteriores deste livro, a ênfase principal foi no nitrogênio como um fator limitante importante. Agora, a principal preocupação são os efeitos adversos do excesso de nitrogênio – a situação "algo bom em demasia". A Figura 4.2B fornece estimativas recentes sobre o fluxo anual global do nitrogênio em teragramas (1 Tg = 10^{12} gramas ou 1 milhão de toneladas métricas), incluindo estimativas para magnitudes de fluxos diretamente relacionadas às atividades humanas. A produção e utilização de fertilizantes, os cultivos de leguminosas, a queima de combustíveis fósseis depositam, em escala mundial, aproximadamente 140 Tg/ano de nitrogênio novo no solo, na água e no ar – quantidade quase igual às estimativas de nitrogênio fixado de forma natural. O esgoto humano e os excrementos de animais domésticos contribuem com, talvez, a metade desse valor. Muito pouco dessas entradas são recicladas, pois elas escapam para o solo ou cursos de água, ou são misturadas a metais pesados e outras toxinas.

A maioria dos ecossistemas naturais e a maioria das espécies nativas estão adaptadas aos ambientes com baixos teores de nutrientes. O enriquecimento com nitrogênio e outros nutrientes abre as portas para espécies oportunistas do tipo "daninhas", que estão adaptadas às condições de altos teores de nutrientes. Por exemplo, nos campos naturais em Minnesota e na Califórnia, que têm sido enriquecidos com nitrogênio, quase todas as espécies de plantas nativas foram substituídas por espécies de ervas daninhas exóticas, resultando em biodiversidade reduzida (Tilman, 1987, 1988). Baseados em extensas evidências de campo, Tilman et al. (1997) previram que a aplicação de nitrogênio provavelmente afetaria os processos do ecossistema. Aplicações anuais de nitrogênio em fertilizantes e esgotos municipais, bem como em comunidades de campos abandonados em Ohio também reduziram significativamente a diversidade vegetal, se comparada aos lotes de controle em base de longo prazo (Brewer et al., 1994).

Qualquer coisa que seja perniciosa para os ecossistemas naturais eventualmente também se torna prejudicial para os humanos, o que muitas vezes é o caso. O excesso de componentes nitrogenados na água de abastecimento, na comida, e no ar põe a saúde humana em risco. O excesso de nitrato na água de abastecimento também pode ser causado por leguminosas exóticas: por exemplo, a introdução da leguminosa acácia-negra (*Leucaena leucocephala*), proveniente das Filipinas, após a Segunda Guerra Mundial, envenenou as águas subterrâneas de boa parte de Guam.

Em resumo, o enriquecimento por nitrogênio vem reduzindo a biodiversidade e aumentando o número de pragas e doenças no mundo, além de afetar de maneira adversa a saúde humana. Para mais informações sobre a ameaça presente e futura do excesso de nitrogênio no meio ambiente, ver Vitousek et al. (1997).

3 Ciclagem do Fósforo

O ciclo do fósforo parece um pouco mais simples que o do nitrogênio, pois ocorre em menor número de formas químicas. Como mostrado na Figura 4.4, o fósforo, um componente necessário do protoplasma, tende a circular com componentes orgânicos na forma de fosfato (PO_4), elemento que é novamente disponibilizado para as plantas. Entretanto, o grande depósito de fósforo não é o ar, mas os depósitos minerais de apatita formados em épocas geológicas passadas (isto é, na litosfera). A poeira atmosférica e aerossóis devolvem, por ano, 5×10^{12} g de fósforo (não fosfato) ao ambiente terrestre, mas o fosfato volta sempre para o mar, onde parte dele é depositado nos sedimentos rasos e parte se perde nos sedimentos profundos.

Ao contrário da crença popular, as aves marinhas têm papel limitado na devolução de fósforo para o ciclo (testemunhado pelos depósitos de guano localizados na costa do Peru). Essa transferência de fósforo e outros materiais do mar para o continente por intermédio das aves é contínua – provavelmente na mesma taxa que ocorria no passado –, mas esses depósitos de guano têm sido explorados. Embora ninhos de aves em todo lugar produzam concentrações locais de fosfato e ácido úrico, sua importância global é limitada. Hoje, resgatamos fosfato das antigas jazidas fossilíferas ricas em ossos, localizadas na Flórida e na Rússia.

Infelizmente, as atividades humanas parecem acelerar a taxa de perda de fósforo, o que diminui esse ciclo. Embora peixes marinhos sejam capturados em abundância, estima-se que apenas cerca de 60 mil toneladas de fósforo por ano retornem ao ciclo dessa maneira, comparadas com um ou dois milhões de toneladas de fosfato que são exploradas e usadas como fertilizante – grande parte é lavada e perdida. Não existe razão para preocupação imediata com o suprimento para uso do homem, pois as reservas conhecidas de fosfato são enormes. No entanto, a mineração e o processamento do fosfato para fertilizantes criam graves problemas de poluição local, como evidenciado na área da baía de Tampa, na Flórida, onde existem grandes depósitos.

Walsh e Steidinger (2001) sugeriram que a mineração de fosfato é, provavelmente, parte da causa das marés vermelhas na Flórida; seria outro fator a poeira do Saara, que fornece ferro para a fixação marinha de N_2. A hipótese de Walsh e Steidinger (2001) é que essa poeira do Saara atinge regularmente o Golfo do México, trazendo ferro, o que estimula a floração de *Trichodesmium*. O nitrogênio fixado dessa forma, mais o fosfato dos depósitos da Flórida, estimulam a floração geral do fitoplâncton. Em seguida, o zooplâncton devora todo o fitoplâncton não tóxico, deixando uma maré vermelha residual de *Karenia brevis* tóxica. Além disso, borrifar terrão solo com água servida e esgoto é atualmente tão comum que está se tornando uma nova forma de poluição. O excesso de fosfato dissolvido nos sistemas aquáticos resultantes da crescente entrada por escoamento de materiais urbano-industriais e agrícolas é a preocupação do presente. Em última instância, o fósforo terá de ser reciclado em grande escala para evitar falta de alimentos.

Um procedimento experimental "trabalhoso" para a reciclagem do fósforo envolve borrifar a água não servida em vegetação de planaltos e campos abandonados, ou fazer passar por terras alagadas naturais ou construídas (brejos e pântanos), em vez de canalizá-las para os cursos de água e rios (ver Woodwell, 1977; Soon et al., 1980; W. P. Carson e Barrett, 1988; Levine et al., 1989). O representante perfeito para a poluição de fosfato são os Everglades, cuja concentração de PO_4 em suas águas correntes é comparável à concentração encontrada na superfície do mar de Sargassos. Os Everglades vêm sendo poluídos por décadas pelo escoamento agrícola, e o problema é exacerbado por movimentos mais rápidos da água nos canais. Atualmente, o plano é criar, a um alto custo, terras alagadas "descartáveis" adjacentes a áreas agrícolas para "absorver" o fósforo e retê-lo em sedimentos – provavelmente um "quebra-galho" parecido com alguma "vingança" não planejada no futuro.

De qualquer modo, como apresentado na Figura 4.4, o fósforo terá um papel importante no futuro, pois, de todos os macronutrientes (elementos vitais exigidos em grandes quantidades para a vida), ele é o mais escasso em termos de abundância relativa nos depósitos disponíveis na superfície da Terra.

A interação de nitrogênio e fósforo merece especial atenção. A razão N/P na biomassa média é de cerca de 16 para 1 e, em cursos de água e rios, cerca de 28 para 1. Schindler (1977) relatou experimentos nos quais fertilizantes com razões N/P diferentes foram acrescentadas em um lago inteiro. Quando a razão N/P foi reduzida para 5, as cianobactérias fixadoras de nitrogênio dominaram o fitoplâncton e fixaram nitrogênio suficiente para aumentar a razão para valores encontrados em vários lagos naturais. Schindler apresentou a hipótese de que os ecossistemas de lagos desenvolveram mecanismos naturais para compensar as deficiências em nitrogênio e carbono, mas não a deficiência em fósforo, pois este não apresenta fase gasosa. Assim, a produção primária em sistemas de água doce está frequentemente correlacionada com o fósforo disponível.

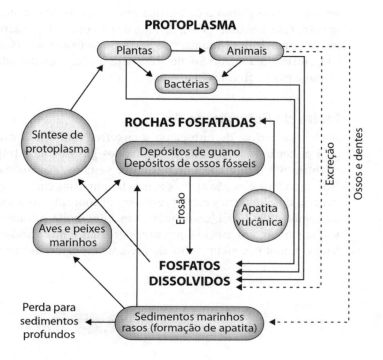

Figura 4.4 Diagrama do modelo do ciclo do fósforo. (Ilustração de Marcelo A.Ventura)

4 Ciclagem do Enxofre

Assim como o nitrato e o fosfato, o sulfato (SO_4) é a principal forma disponível biologicamente que é reduzida pelos autótrofos e incorporada às proteínas, sendo o enxofre um componente essencial de certos aminoácidos. O enxofre não é mais requerido pelo ecossistema do que o nitrogênio e o fósforo, assim como não é tão limitante para o crescimento de plantas e animais. Apesar disso, o ciclo do enxofre é uma das peças-chave nos padrões gerais de produção e decomposição. Por exemplo, quando sulfetos de ferro são formados nos sedimentos, o fósforo é convertido de modo insolúvel para solúvel, como descrito na Figura 4.4, e dessa maneira entra nos depósitos disponíveis para os organismos vivos. Essa é uma ilustração de como o ciclo de um nutriente regula o do outro. A recuperação do fósforo como parte do ciclo do enxofre é mais evidenciada nos sedimentos anaeróbicos das zonas alagadas, que também são locais importantes para a reciclagem do nitrogênio e carbono.

A Figura 4.5A fornece estimativas acerca da quantidade de enxofre nos estoques reservatório (litosfera, atmosfera e oceanos), bem como dos fluxos anuais para dentro e para fora desses estoques, incluindo as entradas e saídas diretamente relacionadas às atividades humanas. A Figura 4.5B enfatiza o papel-chave desempenhado pelas bactérias de enxofre especializadas, que funcionam como uma "equipe de revezamento" na ciclagem do enxofre no solo, na água doce e nos brejos. Os processos conduzidos via micróbios em zonas anaeróbicas profundas em solos e sedimentos resultam dos movimentos ascendentes de gases de sulfeto de hidrogênio (H_2S) em ecossistemas terrestres e pantanosos. A decomposição das proteínas também leva à produção de sulfeto de hidrogênio. Uma vez na atmosfera, essa fase gasosa é convertida em outras formas, principalmente dióxido de enxofre (SO_2), sulfato (SO_4), dióxido de carbono (CO_2) e aerossóis de enxofre (minúsculas partículas flutuantes de SO_4). Os aerossóis de enxofre, diferentemente do CO_2, refletem a luz do Sol de volta para o céu, contribuindo para o resfriamento global e para a chuva ácida.

Efeito da Poluição do Ar

Ambos os ciclos, de nitrogênio e enxofre, vêm sendo cada vez mais afetados pela poluição industrial do ar. Os óxidos gasosos de nitrogênio (N_2O e NO_2) e enxofre (SO_2), diferentes de nitratos e sulfatos, são tóxicos em diversos graus. Normalmente, eles são apenas etapas temporárias em seus respectivos ciclos – na maioria dos ambientes estão presentes em concentrações muito baixas. A queima de combustível fóssil, entretanto, aumentou muito a concentração desses óxidos voláteis no ar, em especial nas áreas urbanas e nos arredores de usinas termelétricas, a ponto de afetar de modo prejudicial importantes componentes bióticos e

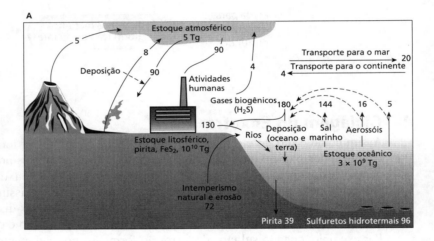

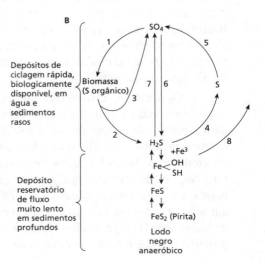

Figura 4.5 (A) Ciclo global do enxofre com ênfase na relação entre os estoques depósito e os fluxos dos componentes. Valores expressos em teragramas (Tg) de enxofre por ano (modificado de Schlesinger, 1997). (B) Ciclo de enxofre em ambientes aquáticos, com ênfase no papel dos microrganismos. A etapa 1 é a produção primária das plantas. Outros organismos, a maioria microrganismos especializados, conduzem os passos 2-7: 2 = decomposição por microrganismos heterotróficos; 3 = excreção animal; 4 e 5 = bactérias de enxofre incolores, verdes e púrpuras; 6 = bactérias anaeróbicas redutoras de enxofre, *Desulfovibrio*; e 7 = bactérias aeróbicas sulfeto-oxidantes *Thiobacillus*. O passo 8 representa a conversão de fósforo de uma forma indisponível para uma forma disponível, quando os sulfuretos de ferro são formados, ilustrando como a ciclagem de um elemento vital pode afetar outro.

processos do ecossistema. Quando plantas, peixes, aves ou micróbios são envenenados, os homens também são afetados. Esses óxidos constituem cerca de um terço dos poluentes atmosféricos industriais liberados no ar dos Estados Unidos. A aprovação da "Lei do Ar Limpo", lei federal norte-americana (Clean Air Act, de 1970, aperfeiçoada em 1990) que estreitou os padrões de emissão, apenas reduziu levemente os volumes.

As emissões pela queima de carvão e escapamento de automóveis são as principais fontes de produção de SO_2 e SO_4 e, ao lado de outras combustões industriais, são fontes importantes de formas venenosas de nitrogênio. O dióxido de enxofre é prejudicial à fotossíntese, como foi descoberto no começo da década de 1950, quando verduras, árvores frutíferas e florestas apresentaram sinais de estresse na bacia de Los Angeles. A destruição da vegetação nos arredores de fundições de cobre é, em grande parte, causada pelo SO_2. Além disso, tanto os óxidos de enxofre como os óxidos nítricos interagem com o vapor d'água para produzir gotículas diluídas dos ácidos sulfúrico e nítrico (H_2SO_4 e H_2NO_3) que caem em forma de **chuva ácida**, em um desenvolvimento alarmante (para detalhes, ver Likens e Bormann, 1974a; Likens et al., 1996; Likens, 2001a). A chuva ácida tem maior impacto sobre lagos ou córregos, e também sobre solos já ácidos que carecem de tamponadores de pH (como carbonatos, cálcio, sais e outras bases). O aumento da acidez (redução do pH) em alguns lagos de Adirondack tornou-os incapazes de manter peixes em suas águas. A chuva ácida também se tornou um problema na Escandinávia e em outras partes do norte da Europa. De várias maneiras, a construção de altas chaminés para usinas termelétricas à base de queima de carvão (para reduzir a poluição local do ar) agravou o problema, porque quanto mais os óxidos permanecem nas camadas de nuvens, mais ácido é formado. Esse é um típico exemplo de "quebra-galho" de curto prazo que produz problemas sérios em longo prazo (precipitações locais transformaram-se em precipitações regionais). A solução em longo prazo é gasificar ou liquefazer o carvão, eliminando, dessa forma, as emissões.

Os óxidos de nitrogênio também estão ameaçando a qualidade da vida humana. Eles irritam as membranas respiratórias de animais superiores e dos humanos. Além disso, reações químicas com outros poluentes produzem *sinergismo* (efeito total da interação excede a soma dos efeitos de cada substância individualmente), o que aumenta o perigo. Por exemplo, na presença de radiação ultravioleta na luz do Sol, o NO_2 reage com hidrocarbonetos não queimados (emitidos em grande quantidade pelos automóveis) para produzir o *smog* **fotoquímico**, que, além de fazer os olhos lacrimejarem, pode provocar lesões pulmonares. Para mais informações sobre os ciclos do nitrogênio, do fósforo e do enxofre, ver Butcher et al. (1992) e Schlesinger (1997).

5 Ciclagem do Carbono

Enunciado

Em nível global, os ciclos do carbono e da água são ciclos biogeoquímicos muito importantes, pois o carbono é um elemento básico da vida e a água é essencial para toda a vida. Ambos os ciclos são caracterizados por pequenos, porém muito ativos estoques reservatórios atmosféricos, que além de vulneráveis às perturbações produzidas pelo homem, podem modificar o tempo meteorológico e o clima, de forma

Fundamentos de Ecologia

a afetar muito a vida no planeta. De fato, durante a segunda metade do século XX, a concentração de CO_2 na atmosfera aumentou de forma significativa, assim como outros gases de efeito estufa que refletem o calor solar de volta para a Terra.

Explicação

O ciclo do carbono global é mostrado na Figura 4.6A, com estimativas das quantidades nos estoques reservatórios e fluxos. Na Figura 4.6B está lançado o crescimento do CO_2 atmosférico, medido no Observatório de Mauna Loa, no Havaí, de 1960 a 2010. Conforme já foi observado, o depósito atmosférico de carbono é muito pequeno, se comparado com a quantidade de carbono presente no oceano, em combustíveis fósseis e outros depósitos na litosfera. A queima de combustíveis fósseis, aliada à agricultura e ao desmatamento, vêm contribuindo para o aumento contínuo de CO_2 na atmosfera. A perda líquida de CO_2 (adição de mais CO_2 na atmosfera do que é removido) na agricultura pode parecer surpreendente, mas isso ocorre porque o CO_2 fixado por cultivos (muitos deles ativos apenas uma parte do ano) não compensa o CO_2 liberado do solo, especialmente em consequência de frequentes aragens. A remoção de florestas pode liberar o carbono armazenado nas matas recentemente queimadas, ao que se segue liberação de carbono por meio da oxidação de húmus, se a terra for usada para agricultura ou desenvolvimento urbano. Em comparação, as florestas jovens de crescimento rápido são sumidouros de carbono, portanto, o reflorestamento em larga escala pode reduzir a taxa de aquecimento global, associado ao aumento atmosférico de CO_2.

Antes de 1850 (ou seja, antes da Revolução Industrial), a concentração de CO_2 na atmosfera era da ordem de 280 ppm. Durante os últimos 150 anos, o CO_2 atmosférico aumentou para mais de 370 ppm. Esse aumento levou à preocupação com o efeito estufa. O **efeito estufa** é o aquecimento do clima na Terra atribuído ao aumento da concentração de CO_2 e de outros poluentes gasosos na atmosfera. Esses *gases de efeito estufa* (metano, ozônio, óxido nitroso e clorofluorcarbonos) absorvem a radiação infravermelha emitida pelo aquecimento solar da Terra e refletem a maior parte dessa energia térmica de volta para a Terra, resultando no aquecimento global.

A rápida oxidação do húmus e a liberação de CO_2 gasoso, normalmente retido no solo, têm efeitos mais sutis, inclusive na ciclagem de outros nutrientes. Os agrônomos hoje reconhecem que devem adicionar minerais-traço aos fertilizantes para manter o rendimento em várias áreas, porque os agroecossistemas não regeneram esses nutrientes tão bem como os sistemas naturais.

Em termos ecológicos, os fluxos entre os estoques reservatórios e os estoques permutáveis de muitos elementos estão sendo alterados pela atual ingerência da paisagem. Existem práticas que podem ser utilizadas para compensar, por exemplo, a promoção de treinamento e prática no plantio direto para conservação das lavouras, que reduz o escoamento e a erosão do solo. Se o ser humano reconhecer o que aconteceu e aprender a compensar, tais mudanças não precisam ser prejudiciais. Recorde como a atmosfera da Terra chegou a ter esses conteúdos baixos de CO_2 e altos de O_2 (ver seção sobre a hipótese Gaia no Capítulo 2).

A produção de carbonatos no mar também forma dióxido de carbono como subproduto, como segue:

$$Ca + 2HCO_3 \rightarrow CaCO_3 + H_2O + CO_2$$

Em função da redução no pH resultante do movimento dessa reação para a direita, apenas 0,6 mol de CO_2 por mol de carbonato é realmente liberado nas águas do mar (e, em última instância, na atmosfera). Os recifes de corais e outros organismos calcificantes são uma fonte, não o sumidouro de CO_2. O mar desempenha um importante papel no sequestro do carbono – contém 40 atmosferas de carbono, sob a forma de bicarbonato e carbono orgânico dissolvido (COD), que funcionam como importantes reservas de carbono. Portanto, o mar é um eficiente tamponador de CO_2 atmosférico, pois ele e a atmosfera equilibram-se entre si. Provavelmente, esse é o mecanismo de controle básico do CO_2 atmosférico. Qualquer aumento maior futuro na queima de combustíveis fósseis, bem como as futuras reduções da capacidade dos cinturões verdes em remover CO_2, certamente resultarão em aumento contínuo do conteúdo de CO_2 da atmosfera. Lembre-se da discussão prévia: os conteúdos de compartimentos pequenos e ativos são os mais afetados pelas mudanças nos fluxos ou débitos.

Somadas ao CO_2, duas outras formas de carbono estão presentes em pequenas quantidades na atmosfera: monóxido de carbono (CO), aproximadamente 0,1 ppm, e metano (CH_4), cerca de 1,6 ppm. Tanto CO como CH_4 surgem da decomposição incompleta ou anaeróbica da matéria orgânica; na atmosfera, ambos são oxidados para CO_2. Uma quantidade de CO_2 igual formada por decomposição natural é injetada no ar pela queima incompleta dos combustíveis fósseis, especialmente nos escapamentos dos automóveis. O monóxido de carbono (CO), um veneno mortal para o ser humano, não é uma ameaça global, mas está se tornando um preocupante poluente das áreas urbanas quando o ar fica estagnado. As concentrações de CO acima de 100 ppm não são incomuns em áreas de intenso tráfego de automóveis – um estresse que pode resultar em doenças circulatórias e respiratórias.

O metano (CH_4) é um gás incolor e inflamável produzido de forma natural pela decomposição de matéria orgânica por bactérias anaeróbicas, especialmente em pântanos de água doce, campos de arroz inundados e no trato digestivo de ruminantes (como gado) e cupins. É também um importante componente do gás natural, portanto, as perturbações geoquímicas associadas às minerações e perfurações de combustíveis fósseis resultam na liberação de metano. Embora seja hoje um componente muito pequeno da atmosfera (2 ppm, comparado aos 370 ppm de CO_2), a concentração de metano dobrou durante o século passado, na maioria das vezes por conta das atividades do ser humano, como aterros sanitários e uso de combustíveis fósseis. O metano é um gás de efeito estufa que, se comparado molecularmente, absorve 25 vezes mais calor que o CO_2. O tempo de residência na atmosfera é de cerca de nove anos, comparado aos seis anos do CO_2. Em épocas passadas, a concentração de metano na atmosfera foi mais alta que a atual. O metano tem potencial para aumentar sua contribuição para o aquecimento global. Um dos reais perigos do aquecimento global contínuo é outra "explosão de metano" causada pelo derretimento dos hidratos metano no *permafrost* ou no assoalho do mar, e que já está começando a acontecer na Sibéria e no Alasca (D. J. Thomas et al., 2002; R. V. White, 2002). Para revisão do ciclo de carbono, ver Schimel (1995).

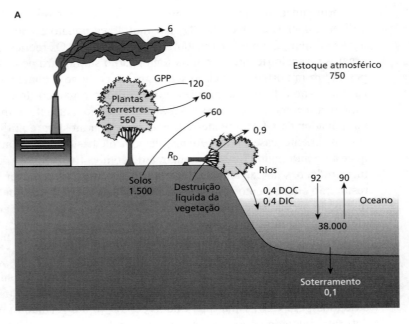

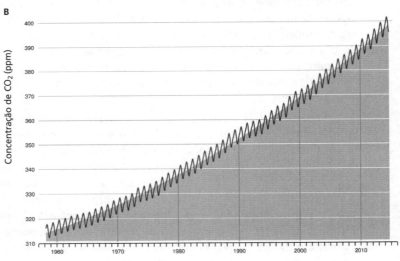

Figura 4.6 (A) Ciclo global do carbono. Valores expressos em 10^{15} g de carbono por ano (valores segundo Schimel et al., 1955, e Schlesinger, 1997). *PPB* = produção primária bruta; *R*p = respiração da planta; *R*d = respiração de detritos; COD = carbono orgânico dissolvido; CID = carbono inorgânico dissolvido. (B) Gráfico descrevendo o aumento contínuo de CO_2 na atmosfera de 1960 a 2010 como medido no Observatório Mauna Loa, Havaí. Os pontos dos dados representam as médias mensais de concentração de CO_2. (Fonte: C. D. Keeling e T. P. Whorf, Instituto de Oceanografia de Scripps, UC, La Jolla, Califórnia, EUA 92093.)

6 O Ciclo Hidrológico

Enunciado

A Terra difere de outros planetas do sistema solar por ter uma grande quantidade de água, a maioria em forma líquida, que sustenta toda a vida no planeta. O ciclo da água, ou **ciclo hidrológico**, envolve o movimento da água dos oceanos (o maior reservatório) por evaporação para a atmosfera (o menor reservatório) e, posteriormente, pela precipitação (chuva) de volta para a superfície da Terra, com infiltração e escoamento nos continentes e eventual retorno aos oceanos. Parte da chuva volta para o ar por evaporação e transpiração da vegetação. Cerca de um terço da incidência de energia solar está envolvido na condução do ciclo da água. Ainda que hoje a quantidade global de água na Terra seja igual à da era glacial, a quantidade congelada variou muito ao longo do tempo geológico. O movimento da água (fluxo) também varia de lugar para lugar, e vem sendo cada vez mais afetado pelas atividades humanas.

Explicação

Duas visões do ciclo da água estão mostradas na Figura 4.7. A Figura 4.7A inclui as estimativas da quantidade de água e do fluxo anual que entra e sai dos grandes estoques reservatórios. Na Figura 4.7B, o ciclo da água é mostrado em termos de energia, como uma "alça ascendente" acionada pelo Sol e uma "alça descendente" que libera energia utilizável pelo ecossistema e para geração de energia hidrelétrica. *Cerca de um terço de toda a energia solar é dissipada na condução do ciclo da água.* Novamente, dependemos da energia solar como um serviço do capital natural. Os humanos não apreciam esse serviço porque não se paga nada por ele em dinheiro. Entretanto, se continuarmos a interrompê-lo, sem dúvida passaremos a pagar por ele.

Dois aspectos do ciclo de H_2O devem ser enfatizados:

1. Evapora mais água do oceano do que retorna a ele por meio da chuva no continente e vice-versa. Em outras palavras, uma parte considerável das chuvas que sustentam os ecossistemas terrestres, incluindo a maioria da produção de alimentos, vem da água evaporada do mar. Em várias áreas (como o vale do Mississippi), estima-se que até pelo menos 90% das chuvas venham do mar.

2. Como já foi indicado, as atividades humanas tendem a aumentar o índice pluviométrico (por exemplo, pela pavimentação da terra, abrindo e represando rios, compactação dos solos agrícolas e desmatamento), o que reduz a recarga do importante compartimento da água subterrânea – o terceiro maior reservatório global de água, que contém cerca de 13 vezes mais água que toda a água doce nos lagos, rios e solos (ver Tabela 4.2). Os maiores depósitos de água subterrânea são os **aquíferos** – camadas porosas subterrâneas, frequentemente de rocha calcária, areia ou cascalho, confinados por rochas ou argila impenetráveis que retêm a água como um tubo gigante ou um tanque extenso.

Nos Estados Unidos, aproximadamente metade da água potável, a maioria da água para irrigação e, em muitos casos, uma grande parte da água de uso industrial, vêm das águas subterrâneas. Nas áreas secas, como as Grandes Planícies do oeste, a água nos aquíferos subterrâneos são essencialmente águas "fósseis" – armazenadas durante períodos geológicos prévios mais úmidos – que não estão sendo recarregadas agora. Consequentemente, é um recurso não renovável, como o petróleo. Um caso para apontar é o da região de grãos intensamente irrigada no oeste do Nebraska, Oklahoma, Texas e partes do Kansas, onde o principal aquífero, chamado Ogallala, se esgotará até 2030–2040 (Opie, 1993). O uso de terra terá então de ser revertido para pastos e agriculturas de terras secas, a não ser que enormes quantidades de água possam ser canalizadas dos grandes rios do vale do Mississippi – um projeto de trabalho público caro e de alta demanda de ener-

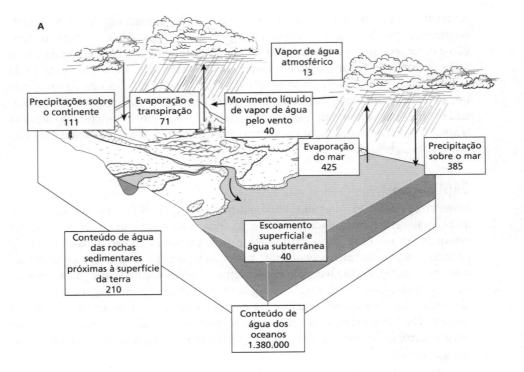

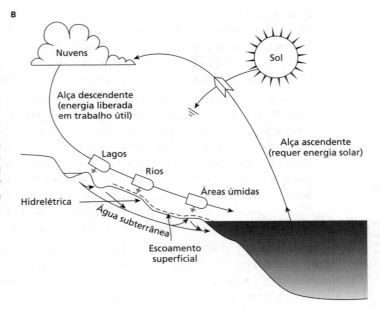

Figura 4.7 (A) Estoques e fluxos globais de água na Terra. Valores expressos em teratons (1.018 g) por ano (dados de Graedel e Crutzen, 1995 e Schlesinger, 1997). (B) Energética do ciclo hidrológico vista como uma alça ascendente acionada pela energia solar e alça descendente que libera energia para os lagos, rios e áreas úmidas – e que executa trabalho útil para o benefício direto do ser humano, tal como geração de energia hidrelétrica.

gia que poderia sobrecarregar a arrecadação de impostos. Decisões referentes ao suprimento de água e seu uso já deveriam ter sido tomadas, mas as controvérsias políticas no futuro serão certamente amargas, e muitas pessoas vão ser apanhadas pelo colapso econômico que sempre acontece quando recursos não renováveis são explorados sem a preocupação com o amanhã.

Como mostrado na Tabela 4.2, as calotas polares e as geleiras das montanhas constituem o segundo maior estoque reservatório de água. Por causa do derretimento das bolsas de gelo globais, o nível do mar aumentou gradativamente durante o século passado (Figura 4.8). Cerca de metade desse aumento se deve à expansão térmica, pois a água mais quente ocupa mais espaço que a água muito fria ou o gelo. Esse pequeno, porém perceptível, aumento no nível do mar é o sinal mais evidente da tendência de aquecimento global.

A Figura 4.9A é um modelo de alça descendente no ciclo de H_2O e mostra como as comunidades bióticas se ajustam às mudanças de condições no que tem sido chamado de **conceito do contínuo fluvial** (o gradiente de pequenos para grandes cursos de água; Cummins, 1977; Vannote et al., 1980). Os córregos de cabeceira são pequenos e, em geral, completamente sombreados, de modo que pouca

Tabela 4.2

Tamanhos dos reservatórios e tempos de renovação da água global (H_2O)		
Reservatório	*Quantidade*	*Tempo de renovação**
Oceanos	1.380.000	37.000
Calota polar, geleiras	29.000	16.000
Águas subterrâneas (trocadas ativamente)	4.000	300
Lagos de água doce	125	10-100
Lagos salinos	104	10-10.000
Umidade do solo	67	280 dias
Rios	1,32	12-20 dias
Vapor de água atmosférico	14	9 dias

* Tempo de renovação em anos, exceto quando citado de outra forma.

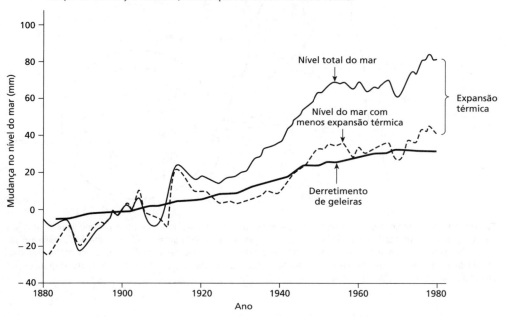

Figura 4.8 Mudanças no nível do mar durante o último século, indicando a proporção devida à expansão térmica dos oceanos e ao derretimento das geleiras. (De Gornitz, V. S. Lebedeff e J. Hansen, 1982. Global sea level in the past century. *Science* 215:1611–1614. Copyright © 1984 AAAS.)

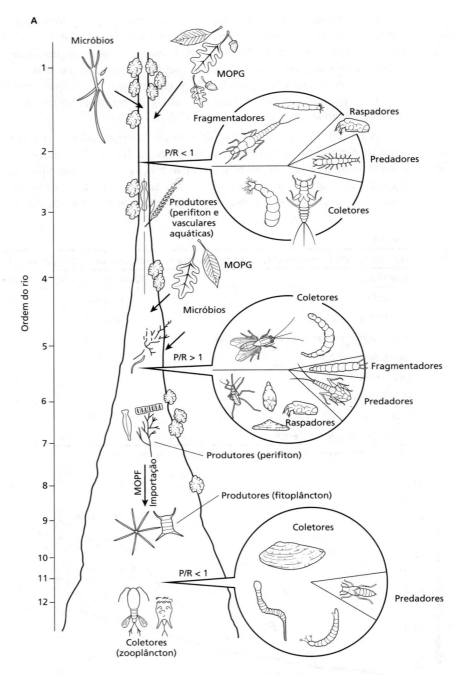

Figura 4.9 (A) Visão geral do contínuo fluvial descrevendo a ordem dos rios, organismos por tipo de alimentação e mudanças em matéria particulada. MOPG = matéria orgânica particulada grossa; MOPF = matéria orgânica particulada fina (segundo Cummins, 1977). (B) Modelo de contínuo fluvial, representando mudanças no metabolismo da comunidade (razões *P/R*), diversidade e tamanho das partículas da cabeceira dos cursos de água até os grandes rios (segundo Vannote et al., 1980). *(continua)*

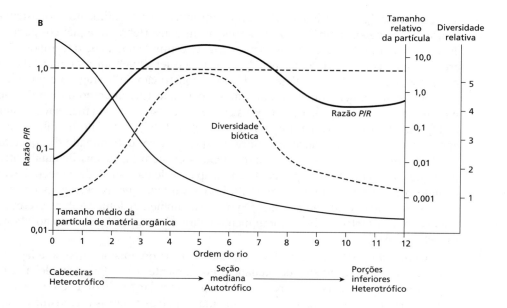

Figura 4.9 (*continuação*)

luz fica disponível à comunidade aquática. Os consumidores dependem de folhas e outros detritos orgânicos que entram pela bacia hidrográfica. A grande quantidade de *matéria orgânica particulada grossa* (MOPG), como fragmentos de folhas, predomina, assim como os insetos aquáticos e outros consumidores primários pertencentes a uma classe que ecólogos de córregos denominaram fragmentadores. O ecossistema de cabeceira é heterotrófico, com razão *P/R* muito menor que um.

Em contraste, a seção mediana dos córregos é mais larga, não mais sombreada e menos dependente de matéria orgânica importada das bacias hidrográficas, porque algas e macrófitas aquáticas autotróficas suprem a produção primária líquida. Predominam a *matéria orgânica particulada fina* (MOPF) e filtradores com adaptações de coletores (equipados com redes e peneiras). O metabolismo das comunidades das porções medianas dos rios é autotrófico, com razão *P/R* de um ou mais (Figura 4.9B). As amplitudes de diversidade de espécies e temperatura diurna geralmente alcançam seu pico na porção mediana dos rios. Nas porções inferiores de grandes rios, a correnteza é reduzida e a água é mais profunda e turva de lodo, diminuindo, assim, a penetração de luz e a fotossíntese aquática. O curso de água torna-se novamente heterotrófico (*P/R* < 1), com reduzida variedade de espécies na maioria dos níveis tróficos.

Ao passo que o conceito de contínuo fluvial descreve um rio longitudinalmente, o **conceito de pulso de inundação** encara o curso de água tanto lateral como longitudinal, incluindo o rio como sua planície de inundação (B. L. Johnson et al., 1995). Esse conceito considera que a *enchente periódica* é um evento natural para o qual as comunidades biológicas estão adaptadas. O avanço e recuo anual das enchentes estendem o rio sobre a planície de inundação. Dessa forma, o sistema fluvial inclui não só o canal principal mas também os afluentes e a planície de inundação. A *planície de inundação* sustenta uma floresta ripária em solo aluvial altamente produtiva, uma variedade de habitats aquáticos e um gradiente de espécies de plantas adaptadas às gradações sazonais entre enchente e seca (Junk et al., 1989). Durante

162 Fundamentos de Ecologia

a enchente, as águas da inundação depositam nutrientes e sedimentos no sistema ripário. Essas águas também trazem peixes jovens e invertebrados aquáticos para as áreas de berçário. O recuo das águas na vazante estimula a taxa de decomposição, crescimento renovado de gramíneas e arbustos, e fervilha com a abundância de pequenos mamíferos. A canalização dos rios, construção de barragens e poluição crescente comprometem tanto o conceito de contínuo fluvial como o de pulso de inundação. A compreensão de ambos os conceitos é essencial para manejar e imitar os regimes hidrológicos naturais (Gore e Shields, 1995). Pelo fato de tantos rios apresentar uma ou mais barragens, surgiu o que pode ser denominado de *conceito de descontinuidade fluvial*. Em muitos lugares existem barragens demais (outro caso que passou dos limites por conta da incapacidade da sociedade de reconhecer quando o suficiente é o bastante), tanto isso é verdade que as barragens em pequenos rios estão sendo demolidas. O jornalista ambiental John McPhee escreveu um artigo informativo sobre o rompimento de uma barragem localizada no Maine (McPhee, 1999).

Como em qualquer outro lugar da biosfera, os organismos não se adaptam passivamente a um gradiente de mudanças no ambiente físico. Por exemplo, a ação orquestrada dos animais do córrego trabalha para reciclar e reduzir a perda a jusante de nutrientes para o oceano. Insetos aquáticos, peixes e outros organismos coletam matérias orgânicas particuladas e dissolvidas, que são retidas e circuladas pela cadeia alimentar. A **espiral fluvial** é a ciclagem dos elementos essenciais (como nitrogênio, carbono e fósforo) entre os organismos e os estoques disponíveis na medida em que eles se movem em direção a jusante. Em outras palavras, a espiral fluvial é o processo pelo qual os elementos se alternam entre formas orgânicas e inorgânicas conforme se movem em direção a jusante. Para mais informações sobre espiral fluvial, ver Mulholland et al. (1985) e Munn e Meyer (1990).

Para sumários dos ciclos hidrológicos, ver Hutchinson, *A Treatise on Limnology* (1975) e Postel et al. (1996).

7 Tempos de Renovação e de Retenção

Enunciado

O conceito de taxa de renovação, como introduzido no Capítulo 2, é útil na comparação entre as taxas de troca entre diferentes compartimentos de um ecossistema após o estabelecimento de um equilíbrio pulsante. A **taxa de renovação** é a fração da quantidade total de uma substância em um compartimento que é liberado (ou que entra) em um dado período de tempo; o **tempo de renovação** é o seu recíproco – isto é, o tempo necessário para substituir a quantidade da substância igual à sua quantidade no compartimento. Por exemplo, se estão presentes mil unidades no compartimento e dez saem ou entram por hora, a taxa de renovação é 10/1.000 (0,01), ou 1% por hora. O tempo de renovação seria, então, 1.000/10 ou cem horas. O **tempo de residência**, termo utilizado na literatura geoquímica, é um conceito semelhante ao tempo de renovação: refere-se ao tempo que uma dada quantidade de substância permanece no compartimento designado de um sistema.

Explicação

Como previamente enfatizado, o fluxo ou a taxa de movimentação de nutrientes para dentro ou para fora dos estoques é mais importante que a quantidade dentro dos estoques, em especial quando se entende como um ecossistema funciona. Por exemplo, Pomeroy (1960) comentou que "um fluxo rápido de fosfato é mais importante que a concentração na manutenção de altas taxas de produção orgânica".

Exemplos

As estimativas de tamanhos e tempos de renovação de reservatórios nos ciclos globais, discutidos nas primeiras cinco seções, deste capítulo, estão listadas nas Tabelas 4.1 e 4.2. Apesar do tempo de renovação tender a ser mais curto nos estoques menores, a relação entre o tamanho e o tempo de renovação do estoque não é linear. Depende muito da localização do reservatório.

Os avanços na tecnologia de detecção, que possibilitaram medições de quantidades muito pequenas de isótopos tanto radioativos como estáveis de todos os principais elementos biogênicos, estimularam os estudos de ciclagem nos níveis de paisagem, porque esses isótopos podem ser usados como *traçadores* ou marcadores para acompanhar os movimentos dos materiais. As lagoas ou lagos são locais propícios a estudos com traçadores, pois seus ciclos de nutrientes são relativamente autocontidos durante curtos períodos.

Um modelo de marisma na Geórgia, estudado por meio de observações em campo e experimentos usando ^{32}P ilustra a importância de complexos de filtradores e detritos na reciclagem de fósforo nesse sistema estuarino. Por exemplo, Kuenzler (1961a) descobriu que uma população de mexilhões filtradores (*Modiolus demissus*), sozinha, "recicla" da água, a cada 2,5 dias, uma quantidade de fósforo particulado equivalente à quantidade presente na água (quer dizer, o tempo de renovação para o fósforo particulado é de apenas 2,5 dias). Kuenzler (1961b) também mensurou o fluxo de energia da população de mexilhões e concluiu que tal população é mais importante para o ecossistema como um agente biogeoquímico que como um transformador de energia (quer dizer, como uma fonte potencial de alimentos para outros animais ou humanos). Esse exemplo mostra que uma espécie não precisa ser um elo na cadeia alimentar para ser valiosa para a vida. Muitas espécies são valiosas indiretamente, prestando serviços que parecem imperceptíveis ao ecossistema se não forem analisados com cuidado.

8 Biogeoquímica da Bacia Hidrográfica

Enunciado

Como todo ecossistema, os corpos de água são sistemas abertos e precisam ser considerados parte de **bacias de drenagem** ou **hidrográficas** maiores. Para efeito de gestão prática, a bacia hidrográfica fornece um tipo de ecossistema ou unidade de paisagem mínimo. Os estudos de longo prazo (pesquisas com dez ou mais anos de duração) em bacias hidrográficas experimentais e equipadas (macrocosmos ao ar livre) – como aqueles em andamento na Floresta Experimental de Hubbard Brook, localizada em New Hampshire; Laboratório Hidrológico de Coweeta, localizado no oeste da Carolina do Norte; e os estudos de longo prazo de Schindler (1990) na bacia hidrográfica de um lago canadense – fizeram avançar o entendimento dos processos geoquímicos básicos, uma vez que tais processos ocorrem em ecossistemas relativamente inalterados. O trabalho de Schindler, por exemplo, demonstrou que o fósforo é frequentemente escasso no sistema aquático e muitas vezes limita a produtividade da água doce. Demonstrou também o papel crucial do fósforo na eutrofização, ao adicioná-lo em uma das metades de um lago gêmeo que foi dividido por uma cortina plástica. Em dois meses, o sistema que recebeu fósforo ficou recoberto por uma pesada floração de cianobactérias fotossintetizantes. Esses estudos, por sua vez, forneceram uma base de comparação com as bacias hidrográficas agrícolas, urbanas ou outras domesticadas, em que a maioria das pessoas vive. Tais comparações revelam atividades humanas desperdiçadoras e apontam os meios para reduzir perdas descendentes, restabelecendo o comportamento cíclico de nutrientes vitais e, com certeza, conservando energia.

Exemplos

A Figura 4.10 apresenta um modelo quantitativo do ciclo de cálcio para bacias hidrográficas montanhosas e florestadas da área de estudo de Hubbard Brook, localizada em New Hampshire. Os dados são baseados em estudos de seis bacias hidrográficas variando em tamanho de 12 hectares a 48 hectares (Bormann e Likens, 1967, 1979; Likens et al., 1977, 1996; Likens, 2001a). A precipitação, cuja média é de 123 cm por ano, foi medida por uma rede de estações de aferição, e a quantidade de água que sai da bacia hidrográfica pelos córregos de drenagem de cada unidade de bacia foi medida por uma barragem em forma de V similar à mostrada na Figura 2.4B. Com base na concentração de cálcio e de outros minerais na

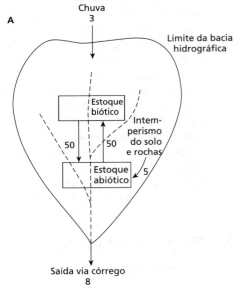

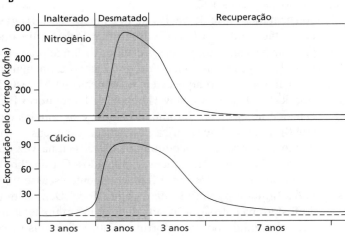

Figura 4.10 (A) Balanço de cálcio equilibrado de uma bacia hidrográfica florestada na Floresta Experimental de Hubbard Brook, New Hampshire. Os valores são fluxos de cálcio em quilo por hectare por ano. Note que as entradas e saídas são pequenas comparadas com as trocas entre os estoques biótico e abiótico dentro do ecossistema da bacia hidrográfica. (B) Efeito do desmatamento e reflorestamento natural (recuperação) sobre a saída de nitrogênio e cálcio via córrego (segundo Bormann e Likens, 1979).

água de entrada e saída e nos estoques bióticos e o solo, um "balanço" de entrada e saída da bacia hidrográfica pode ser calculado, como mostrado de maneira simplificada na Figura 4.10A.

A retenção e a reciclagem no interior das florestas não perturbadas, porém de crescimento rápido, provaram-se tão eficientes que a perda estimada do ecossistema foi de apenas 8 kg Ca.ha^{-1}.ano^{-1} (e, igualmente, pequenas quantidades para outros nutrientes). Como 3 kg de cálcio foi reposto pela chuva, uma entrada de apenas 5 kg/ha seria necessária para atingir o equilíbrio. Essa quantidade pode ser facilmente suprida pelas taxas normais de intemperismo das rochas subjacentes que constituem o estoque reservatório. Em experimentos com ^{45}Ca para medir a renovação em Oak Ridge, Tennessee, as bacias hidrográficas demonstraram como árvores do sub-bosque, como corniso (*Cornus florida*, Magnoliopsida), agem como bombas de cálcio que se contrapõem aos movimentos descendentes no solo, recirculando, dessa forma, o cálcio entre os organismos e as camadas superiores ativas da serapilheira e do solo.

A Tabela 4.3 resume as concentrações médias de cálcio em três espécies de plantas amostradas no Laboratório Hidrológico de Coweeta, localizado em Franklin, Carolina do Norte. Os carvalhos (*Quercus prinus*) retêm a maior quantidade de todos os nutrientes por conta do seu grande tamanho; as folhas dos carvalhos retêm a maior quantidade de nitrogênio. O rododendro (*Rhododendron maximum*), perene, retém a maior quantidade de biomassa foliar das três espécies. Como suas folhas são perenes, ele recicla os nutrientes em um período de sete anos, em vez de um ano, típico das outras duas espécies. O corniso (*Cornus florida*; Figura 4.11) apresenta a menor das biomassas, mas distingue-se por possuir a mais alta concentração de cálcio em suas folhas (Tabela 4.3). Essa planta concentrou mais de três vezes a quantidade de cálcio por unidade de biomassa foliar que o carvalho. As pequenas árvores de corniso reciclaram 66% mais cálcio do que as castanheiras, e 150% mais que o rododendro. Dessa forma, diferentes espécies de plantas têm influências marcantes, mas diferentes, na reciclagem de nutrientes baseada nos seus tamanhos, história de vida e longevidade.

Atualmente, o corniso está sendo atacado por uma doença fatal conhecida por antracnose do corniso (*Discula destructiva*). Causada por um fungo, essa doença se espalhou ao longo de aproximadamente 1,6 milhão de hectares (4 milhões de acres), mudando, em razão disso, a composição e a aparência das florestas por toda a extensão dos Montes Apalaches (Bolen, 1998; Rossell et al., 2001). Stiles (1980) classificou as drupas dos cornisos como frutos de queda de alta qualidade, capazes de fornecer recurso alimentar para 40 espécies de aves migratórias e não migratórias, bem como para numerosas espécies de mamíferos durante o inverno.

Tabela 4.3

Concentrações médias de nutriente (cálcio, peso seco percentual) em três espécies de planta amostradas no Laboratório Hidrológico de Coweeta, em Franklin, Carolina do Norte

Espécie	Casca	Madeira	Ramo	Folhas
Carvalho	1,25 ± 0,17	0,09 ± 0,01	0,68 ± 0,06	0,58 ± 0,07
Cornizo	2,36 ± 0,26	0,11 ± 0,01	0,80 ± 0,06	1,85 ± 0,11
Rododendro	0,30 ± 0,10	0,07 ± 0,31	0,99 ± 0,24	1,20 ± 0,29

Fonte: F. P. Day e McGinty, 1975.
Nota: Valores expressos são médios + ou − 1 erro padrão.

Figura 4.11 A árvore de corniso (*Cornus florida*) é uma espécie importante para a reciclagem de cálcio nos ecossistemas florestais. As flores brancas semelhantes a pétalas são de fato folhas modificadas chamadas "brácteas".

O impacto mais significativo da antracnose do corniso provavelmente será o desaparecimento dele das paisagens, com a concomitante perda de produção de frutos. Dessa forma, essa relação planta-fungo no nível da comunidade (floresta) tem ramificações diretas no nível do ecossistema, porque os cornisos são conhecidos por sua importância na ciclagem de cálcio no ecossistema florestal, e porque, provavelmente, levará a mudanças na produtividade e biodiversidade em nível de paisagem. Esse é um excelente exemplo de como uma relação causa--efeito de um nível da organização pode resultar em efeitos cascata em diversos níveis de organização.

Em um dos experimentos com bacias hidrográficas de Hubbard Brook, toda a vegetação foi cortada e toda a rebrota contida, por meio da aplicação de herbicidas, nas três estações seguintes. Apesar de o solo ter sido pouco perturbado e de a matéria orgânica não ter sido removida nesse procedimento, a perda de nutrientes minerais pelo córrego aumentou de três para 15 vezes mais que as perdas nas bacias hidrográficas de controle inalterado. Os aumentos na perda de cálcio em seis vezes e de nitrogênio em 15 vezes são mostrados na Figura 4.10B. O aumento dos fluxos do córrego de um ecossistema devastado resultou, primariamente, da eliminação da transpiração das plantas – e foi esse fluxo adicional que carregou os minerais adicionais. Até certo ponto, os escoamentos estão relacionados ao que os geoquímicos chamam de *mobilidade relativa*. Por exemplo, potássio e nitrogênio são muito móveis (removidos com facilidade pelo intemperismo). Entretanto, o cálcio é mais firmemente preso ao solo.

Quando se permite que a vegetação se recupere (suspendendo a aplicação de herbicidas), a taxa de perda de nutrientes declina rapidamente, com um "balanço equilibrado" restaurado entre três e cinco anos, embora sejam necessários de dez a vinte anos para que todos os nutrientes retornem para o valor básico de saída de uma bacia hidrográfica florestada (Figura 4.10B). A rápida recuperação da retenção de nutrientes – muito antes de que as composições das espécies e biomassas da floresta original possam ser restauradas – é auxiliada por alguns mecanismos, como o que Marks (1974) chamou de *estratégia de sementes enterradas*. As sementes das árvores pioneiras de rápido crescimento, como a cerejeira selvagem (*Prunus pennsylvanica*), permanecem viáveis durante anos, se enterradas no solo.

Quando a floresta é removida, essas sementes germinam e as árvores de cerejeira de rápido crescimento logo formam um tipo de floresta temporária que estabiliza os fluxos de água e de nutrientes, além de reduzir as perdas de nutrientes e de solo das bacias hidrográficas. Certamente, essas adaptações para a recuperação rápida evoluíram como resposta às perturbações naturais, como as tempestades e o fogo. De fato, as florestas (e outros ecossistemas) adaptadas a interrupções naturais periódicas são mais resilientes e se recuperam mais rapidamente após perturbações provocadas pelo homem que as florestas em ambientes físicos benignos, uma vez que essas últimas estão menos sujeitas a perturbações naturais severas. Consequentemente, *a resiliência inerente é uma propriedade no nível de ecossistema que precisa ser considerada quando se está decidindo procedimentos de colheita ou outras práticas de gestão.*

A bacia hidrográfica de Coweeta, localizada nas florestas montanhosas decíduas da Carolina do Norte, consiste de uma série de pequenos e tributários córregos de cabeceira que desembocam em um córrego maior que, por sua vez, reflui no centro da bacia. Essa bacia vem sendo alvo de pesquisas contínuas desde 1934, o que a torna a paisagem estudada por mais tempo que qualquer outra na América do Norte. Coweeta foi um dos primeiros locais de pesquisa a adotar abordagens experimentais em grande escala para o estudo de paisagens naturais, além de estabelecer fluxos de água e barragens de medição permanentes (Swank et al., 2001).

Estudos anteriores em Coweeta focaram em hidrologia, especialmente em rendimento de água a jusante, afetada por diferentes usos de terra e práticas de silvicultura. As bacias de cabeceiras individuais foram deixadas ao natural, sofreram corte seletivo, corte total, receberam plantação agrícola ou tiveram as madeiras de lei substituídas por plantação de pinheiros. Em geral, esses experimentos mostraram que reduzir a biomassa da cobertura vegetal aumenta o fluxo de água a jusante, porém, reduz a qualidade da água e do solo (Swank e Crossley, 1988) – um exemplo do dilema entre qualidade e quantidade (aparentemente, não se pode maximizar os dois ao mesmo tempo).

Em tempos recentes, Coweeta, como um local de Pesquisas Ecológicas de Longo Prazo financiado pela Fundação Nacional de Ciência norte-americana, concentrou suas pesquisas nos elementos bióticos do ecossistema, como árvores, insetos, biota do solo, vida dos córregos e decomposição de serapilheiras, e focou sua atenção nos efeitos das perturbações naturais, como seca, inundação, temporais e desfolhações por taturanas.

As pesquisas em Hubbard Brook e Coweeta demonstraram que florestas (e outros ecossistemas) sujeitas a frequentes perturbações naturais se recuperam rapidamente dos distúrbios *agudos*, mas são menos resilientes quando se trata de perturbações *crônicas* e de longa duração, como a eutrofização ou contaminação por compostos químicos tóxicos. Enquanto as perdas de nutrientes em bacias hidrográficas florestadas inalteradas, bem como nas nascentes dos cursos de água são pequenas e, na maioria das vezes, repostas por entradas via chuva e intemperismo, o quadro a jusante em que a atividade humana é mais intensa é bastante diferente. As concentrações de nitrogênio e fósforo nos córregos e nos rios aumenta nitidamente à medida que as bacias hidrográficas são progressivamente domesticadas (isto é, conforme aumenta a porcentagem de uso agrícola e urbano da área da bacia hidrográfica). As concentrações de nutrientes nas águas que saem de uma paisagem urbano-agrícola são sete vezes maiores que em córregos drenando uma bacia hidrográfica completamente florestada. Oitenta por cento das saídas de fósforo das paisagens urbanas e agrícolas são inorgânicos (fosfato), ao passo que o fósforo orgânico predomina nos escoamentos das bacias hidrográficas, que são completamente ocupadas por florestas ou outras vegetações naturais. A maioria dos demais nutrientes e vários compostos químicos (incluindo os tóxicos) mostram um padrão similar de elevação de escoamento com aumento de intensidade de uso de terra e de energia pelo ser humano. As grandes saídas de nutrientes e outros compostos químicos das paisagens domesticadas e das industrializadas são, certamente, resultado mais ou menos direto das grandes entradas de compostos químicos agrícolas e industriais, bem como de resíduos orgânicos humanos e de animais domésticos. Assim, foram aumentados os processos de ecossistemas, como a eutrofização dos córregos e a magnificação biológica.

9 Ciclagem dos Elementos Não Essenciais

Enunciado

Embora os elementos não essenciais possam ter valor pequeno ou não conhecido para um organismo ou espécie, eles frequentemente passam de um lado para o outro entre os organismos e seu ambiente, da mesma maneira como fazem os elementos essenciais. Muitos desses elementos não essenciais estão envolvidos no ciclo sedimentar geral, e alguns encontram seu caminho para a atmosfera. Vários elementos não essenciais concentram-se em certos tecidos, às vezes em função da sua semelhança química com alguns elementos vitais específicos. Os ecólogos passaram a se preocupar com a ciclagem desses elementos principalmente porque as atividades humanas envolvem vários elementos não essenciais. De fato, todos nós devemos nos preocupar com o crescente volume dos resíduos tóxicos que são descarregados ou escapam inadvertidamente para o ambiente e contaminam os ciclos básicos dos elementos vitais.

Explicação

Vários animais marinhos concentram elementos – como arsênio, um análogo ao fósforo – que não podem remover de seus ambientes. Eles então transformam o arsênio em uma forma química inerte armazenada em seus tecidos. Alguns elementos, como o mercúrio, são transferidos por meio da cadeia alimentar. Dessa forma, grandes animais predadores tendem a acumular grandes concentrações do elemento. Esse processo, chamado **magnificação biológica** (ou biomagnificação), é a razão pela qual alguns peixes, como o peixe-espada e o atum, contêm quantidades de mercúrio potencialmente prejudiciais. O processo de magnificação biológica será ilustrado e discutido em detalhes no Capítulo 5.

A maioria dos elementos não essenciais tem pouco efeito em concentrações encontradas em grande parte dos ecossistemas naturais, provavelmente porque os organismos adaptaram-se à sua presença. Portanto, seu movimento biogeoquímico seria de pouco interesse, a não ser que sejam subprodutos das indústrias de mineração, de manufatura, química e agrícola, que contêm altas concentrações de metais pesados, compostos orgânicos tóxicos e outros materiais potencialmente perigosos, que muitas vezes encontram seus próprios caminhos em direção ao ambiente. A ciclagem de todos os elementos é importante. Até os mais raros podem tornar-se biologicamente preocupantes se tomarem a forma de compostos metálicos tóxicos ou de isótopos radioativos, pois uma pequena quantidade de tais materiais (do ponto de vista biogeoquímico) pode ter um efeito biológico notável.

Exemplos

O estrôncio é um exemplo de elemento que há tempos era praticamente desconhecido, mas que hoje precisa de atenção especial, porque sua versão radioativa é perigosa para os humanos e outros animais vertebrados. O estrôncio se comporta como o cálcio. Disso resulta que o estrôncio radioativo entra em contato íntimo com os tecidos produtores de sangue ricos em cálcio dos nossos ossos. Cerca de 7% do total do material sedimentar que flui pelos rios é cálcio. Para cada mil átomos de cálcio, 2,4 átomos de estrôncio se movem para o mar juntamente com o cálcio. Quando o urânio sofre fissão na preparação e teste de armas nucleares e usinas termonucleares, o processo produz estrôncio-90 radioativo como produto residual – um de uma série de produtos da fissão que decai com lentidão. O estrôncio-90 é um material relativamente novo acrescentado à biosfera. Ele não existia na natureza antes de o átomo sofrer fissão. Diminutas quantidades de estrôncio radioativo liberadas em precipitações radioativas em testes de armas nucleares e que escapam dos reatores nucleares têm agora acompanhado o cálcio, a água e o solo para o interior das vegetações, animais, alimentos e ossos humanos. A presença de estrôncio-90 nos ossos das pessoas pode ter efeitos carcinogênicos.

O césio-137 radioativo, outro perigoso produto da fissão, se comporta como o potássio e, consequentemente, circula pela cadeia alimentar. A tundra ártica é um ecossistema sujeito a precipitações radioativas por causa de testes com armas nucleares no passado. A tundra ártica recebeu entrada de materiais radioativos depois da explosão da usina nuclear de Chernobyl, em 1986. Grandes quantidades de produtos de fissão radioativa estão agora armazenadas em tanques em instalações de energia atômica. A falta de conhecimento tecnológico para processar e armazenar esses resíduos com segurança limitou o uso pacífico da energia atômica. O problema dos resíduos perigosos será considerado em detalhes no Capítulo 5.

O mercúrio é um outro exemplo de elemento natural que, em função da sua baixa concentração e baixa mobilidade, tinha impacto pequeno sobre a vida antes da era industrial. A mineração e a manufatura mudaram isso e o mercúrio, assim como outros metais pesados (como cádmio, chumbo, cobre e zinco), são agora graves problemas de poluição; ver Levine et al. (1989), Brewer et al. (1994) e Brewer e Barrett (1995) para rever os dez anos de investigação sobre a concentração dos metais pesados através dos níveis tróficos, resultantes da aplicação dos tratamentos de esgotos municipais em um ecossistema de campo abandonado.

Algumas plantas aquáticas têm a capacidade de sequestrar e armazenar em seus tecidos grandes quantidades de metais pesados tóxicos sem se prejudicar. Está em investigação a viabilidade de propagação e manipulação por engenharia biológica dessas plantas, que limpam o derramamento industrial de mercúrio, níquel e chumbo. Para uma revisão do mercúrio como um problema global, incluindo abordagens sobre a sua limpeza, ver Porcella et al. (1995).

10 Ciclagem de Nutrientes nos Trópicos
Enunciado

O padrão de ciclagem de nutrientes nos trópicos, especialmente no trópico úmido, é diferente do padrão das zonas temperadas do norte de maneiras relevantes. Em regiões frias, uma grande porção de material orgânico e de nutrientes disponíveis está sempre situada no solo ou sedimento. Nos trópicos, uma porcentagem muito maior está localizada na biomassa e é reciclada rapidamente no interior da estrutura orgânica do sistema, auxiliada por algumas adaptações biológicas para a conservação dos nutrientes, incluindo simbiose mutualística entre microrganismos e plantas. Quando essa evoluída e bem organizada estrutura biótica é removida (por exemplo, por desmatamento), os nutrientes são rapidamente perdidos por lixiviação, sob condições de altas temperaturas e de chuva intensa, em especial nos locais em que são originalmente pobres em nutrientes. Por isso, as estratégias agrícolas das zonas temperadas do norte, que envolvem a monocultura de plantas anuais de vida curta, são inapropriadas para as regiões tropicais. Assim, faz-se necessário uma urgente reavaliação ecológica da agricultura e da gestão ambiental nos trópicos, caso se queira corrigir os erros do passado e evitar desastres ecológicos no futuro. Ao mesmo tempo, a rica diversidade genética de espécies e de habitat dos trópicos deve ser preservada. A agricultura itinerante em diversas partes dos trópicos funciona melhor em regiões montanhosas úmidas.

Explicação

A Figura 4.12 compara a distribuição de matéria orgânica e nutrientes nas florestas temperadas do norte e tropicais. É interessante observar nessa comparação que ambos os ecossistemas contêm aproximadamente a mesma quantidade de carbono orgânico, mas na floresta temperada, mais da metade está na serapilheira e no solo, enquanto na floresta tropical mais de três quartos está na vegetação, especialmente na biomassa de madeira.

Quando uma floresta na zona temperada do norte é removida, o solo retém nutrientes e mantém sua estrutura, podendo ser cultivado por *agricultura convencional* por vários anos, o que envolve lavrar a terra uma ou mais vezes ao ano, bem como o plantio de espécies anuais e a aplicação de fertilizantes inorgânicos. Durante o inverno, as temperaturas de congelamento ajudam a retenção de nutrientes e controlam as pragas e os parasitas. Nos trópicos úmidos, entretanto, a remoção de florestas retira a capacidade da terra de reter e reciclar nutrientes (e combater as pragas) por conta das altas temperaturas durante o ano todo e dos longos períodos de chuvas lixiviantes. Frequentemente, a produtividade agrícola declina com rapidez e a terra é abandonada, criando um padrão de *agricultura itinerante*. O controle da comunidade em geral e a ciclagem de nutrientes em particular tendem a ser mais físicos nas zonas temperadas do norte e mais biológicos nos trópicos. Em outras palavras, a maior parte dos

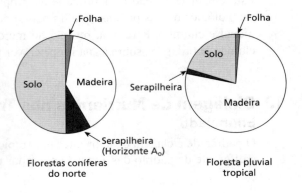

Figura 4.12 Comparação da distribuição do carbono orgânico acumulado nos compartimentos abiótico (solo, serapilheira) e biótico (madeira, folhas) de ecossistemas das florestas temperadas do norte e tropicais. As quantidades totais são similares (~250 t/ha), mas a maior porcentagem do total de carbono orgânico está na biomassa das florestas tropicais.

estoques de nutrientes temperados está no solo e na serapilheira, ao passo que nos trópicos úmidos, os estoques de nutrientes estão na biomassa.

Entretanto, é preciso notar que a agricultura itinerante pode ser sustentada enquanto a densidade populacional humana for baixa – como foi o caso no passado – e rotações de longo prazo forem lentas e contínuas. O problema da agricultura itinerante não é o processo, mas a *superpopulação*, que torna cada vez mais necessário o desmatamento e não permite intervalos de tempo suficientemente longos para que as áreas sejam desmatadas de novo. Nem todas as agriculturas de latitudes tropicais estão localizadas em florestas pluviais. Por exemplo, pessoas que vivem no Peru, no Equador e em Papua Nova Guiné praticaram agricultura sustentável por séculos (Rappaport, 1968). Essa breve consideração simplifica em demasia a complexidade da situação, mas revela a razão ecológica básica de as áreas tropicais e subtropicais, que sustentam florestas exuberantes ou outra vegetação altamente produtiva, renderem tão pouco sob métodos convencionais de gestão agrícola de região temperada.

C. F. Jordan e Herrera (1981) salientaram que o grau em que as florestas tropicais "investem", por assim dizer, em mecanismos de reciclagem de conservação de nutrientes, depende da geologia e da fertilidade básicas do terreno. Grandes áreas de florestas tropicais (como a maioria do leste e centro da bacia amazônica) estão sobre antigos solos pré-cambrianos altamente lixiviados ou depósitos de areia pobres em nutrientes. Apesar disso, esses locais oligotróficos sustentam florestas exuberantes e produtivas, como as encontradas em locais mais eutróficos (férteis): nas montanhas de Porto Rico e Costa Rica e nos sopés das montanhas andinas. As simbioses intrincadas entre autotróficos e heterótrofos, envolvendo microrganismos intermediários especiais, são a chave para o sucesso desses ecossistemas de tipo oligotrófico.

Os mecanismos a seguir são bem desenvolvidos nos ecossistemas de florestas pluviais em locais oligotróficos (C. F. Jordan e Herrera, 1981) :

- Emaranhado de numerosas raízes finas alimentadoras penetrando a superfície da serapilheira, recuperando nutrientes do folhedo e da chuva antes que esses possam ser lixiviados. Aparentemente, o emaranhado de raízes inibe a atividade de bactérias denitrificadoras, bloqueando com isso a perda de nitrogênio para o ar.

- Fungos de micorrizas, associados aos sistemas radiculares, agem como armadilhas de nutrientes e facilitam muito a recuperação de nutrientes e sua retenção na biomassa. Essa simbiose de benefício mútuo é muito difundida em locais oligotróficos das zonas temperadas do norte.

- As folhas sempre-verdes com cutículas espessas e cerosas retardam a perda de água e de nutrientes das árvores, bem como resistem aos herbívoros e parasitas.

- "Pontas de gotejamento" de folhas (pontas de folhas longas e pontiagudas) drenam a água da chuva, reduzindo, assim, a lixiviação dos nutrientes das folhas.

- Algas e liquens que cobrem a superfície das folhas retiram os nutrientes da água da chuva, parte disso fica imediatamente disponível para a absorção pelas folhas. Os liquens também fixam nitrogênio.

- A casca grossa das árvores inibe a difusão dos nutrientes para fora do floema e sua subsequente perda por escoamento do tronco (água da chuva que escoa pelos troncos das árvores).

Em resumo, os ecossistemas tropicais pobres em nutrientes são capazes de manter alta produtividade sob condições naturais por meio de uma variedade de mecanismos de conservação de nutrientes. Esses mecanismos evolutivos proporcionam a ciclagem mais direta das plantas de volta para as plantas, como que desviando do solo. Quando essas florestas cedem lugar à agricultura de grande escala ou a plantações de árvores, esses mecanismos são destruídos e a produtividade declina muito rapidamente, assim como o rendimento das lavouras. Quando as clareiras são abandonadas, a floresta se recupera aos poucos – caso recupere inteiramente. Em contraste, florestas em locais eutróficos são mais resilientes.

O desenvolvimento e testes de plantas agrícolas com micorrizas bem desenvolvidas e sistemas radiculares fixadores de nitrogênio, bem como o uso mais intenso de plantas perenes, são as metas ecologicamente prudentes para as áreas de alta temperatura (como as do sudeste dos Estados Unidos) e clima tropical (como as Filipinas). As culturas de arroz são bem-sucedidas nos trópicos por causa de uma característica especial desse antigo tipo de agricultura: a retenção de nutrientes. Os campos inundados de arroz vêm sendo cultivados no mesmo lugar por mais de mil anos nas Filipinas – um recorde de sucesso que poucos sistemas de agricultura convencional em uso atualmente podem reivindicar. Uma certeza é aparente: *a agrotecnologia industrializada, como a praticada nas zonas temperadas do norte, não pode ser transferida sem modificações para as regiões tropicais.*

11 Caminhos da Reciclagem: O Índice de Ciclagem

Enunciado

Rever o assunto biogeoquímica em termos dos caminhos da reciclagem é instrutivo na medida em que a reciclagem de água e de nutrientes é um processo vital em ecossistemas e vem se tornando cada vez mais uma importante preocupação para a humanidade. Cinco principais **caminhos da reciclagem** podem ser distinguidos: (1) por decomposição microbiana; (2) por excreções animais; (3) por reciclagem direta de planta para planta por simbiontes microbianos; (4) por meios físicos, envolvendo ações diretas da energia solar; (5) pelo uso de energia combustível, como a fixação industrial de nitrogênio. A reciclagem requer a dissipação de energia de alguma fonte, como matéria orgânica, radiação solar ou combustíveis fósseis. A quantidade relativa de reciclagem em diferentes ecossistemas pode ser comparada calculando-se um *índice de ciclagem* baseado na razão entre a soma das quantidades cicladas entre os compartimentos dentro dos sistemas e o fluxo total.

Explicação

É apropriado focar na ciclagem de nutrientes na porção biologicamente ativa do ecossistema. Lembre-se de que a mesma abordagem foi usada para energia no Capítulo 3: a energia total do ambiente foi considerada primeiro e, então, a atenção foi colocada no destino das pequenas frações de energia envolvidas na cadeia alimentar. A discussão sobre a regeneração biológica também é relevante, porque a reciclagem vem se tornando cada vez mais uma meta importante para as sociedades humanas.

Uma rede alimentar microbiana, composta por bactérias, fungos e microrganismos que consomem detritos orgânicos, está presente de maneiras um pouco diferentes em todos os solos e águas naturais. Tanto a matéria orgânica dissolvida como a particulada no solo e na água são em parte processadas por bactérias, algumas presas às partículas e outras que flutuam livremente na água. As bactérias são ingeridas pelos protozoários, que excretam amônio e fosfato; estes, por sua vez, podem ser reutilizados pelas plantas. Essa teia alimentar é frequentemente denominada **caminho do detrito** ou **ciclo do detrito**. As interações complexas entre os micróbios e os pequenos animais detritívoros foram descritas no Capítulo 2. Onde as pequenas plantas, como gramíneas ou fitoplâncton, são intensamente pastadas por animais, a reciclagem por meio das excreções de animais também pode ser importante.

As medidas de taxas de renovação indicam que os nutrientes liberados pelos protozoários durante seu tempo de vida são várias vezes a quantidade de nutrientes solúveis liberados por decomposição microbiana de seus corpos após sua morte (Pomeroy et al., 1963; Azam et al., 1983). Essas excreções incluem compostos orgânicos e inorgânicos dissolvidos de fósforo, nitrogênio e CO_2, que são diretamente aproveitáveis por produtores sem nenhuma outra degradação química por bactérias.

A reciclagem direta por microrganismos simbiontes, como dinoflagelados em recifes de corais, é supostamente importante em ambientes pobres em nutrientes ou oligotróficos, como nos oceanos ou Everglades. A água, como temos visto, é amplamente reciclada pela ação direta da energia solar e pelos processos de intemperismo e erosão associados aos fluxos de água descendentes que trazem os elementos sedimentares dos reservatórios abióticos para dentro dos ciclos bióticos. O ser humano entra em cena na reciclagem quando gasta energia de combustível para dessalinizar a água do mar, produzir fertilizantes ou reciclar alumínio ou outros metais.

O trabalho de reciclagem executado de maneira mêcanica ou física pode fornecer um subsídio de energia para o sistema todo. No planejamento do sistema de descarte de resíduo humano e industrial, é vantajoso incluir entradas de energia mecânica para pulverizar a matéria orgânica e, dessa forma, acelerar a taxa de decomposição. A degradação física pelas atividades de grandes mamíferos pastejadores não confinados também é importante na liberação de nutrientes de partes resistentes do detrito (MacNaughton et al., 1997).

A reciclagem não é um serviço gratuito. Sempre há um custo de energia. Quando luz do Sol e matéria orgânica são as fontes de energia para o trabalho de reciclagem, os humanos não precisam pagar pelo uso dos serviços prestados pelo capital natural. Uma vez que não são interrompidos ou envenenados, os mecanismos naturais de reciclagem podem fazer a maior parte do trabalho de reciclagem de água e nutrientes. No entanto, os materiais industriais (como os metais pesados) envolvidos em manufatura são um assunto completamente diferente. Sua reciclagem custa combustível e dinheiro, mas existem poucas opções quando as provisões se tornam limitadas ou quando os resíduos põem em risco a saúde humana.

O Índice de Ciclagem

A ciclagem dentro do ecossistema pode ser definida em relação à proporção dos materiais de entrada que circulam de um compartimento a outro antes de sair do sistema. A fração reciclada é a soma das quantidades circuladas por meio de cada compartimento, como segue:

$$CI = \frac{TST_c}{TST}$$

em que *CI* é o **índice de ciclagem**, TST_C é a parte do fluxo total do sistema reciclado e *TST* é o fluxo total do sistema. O **fluxo total** é definido como a soma de todas as entradas menos a variação no armazenamento no sistema, se for negativo ou, alternativamente, todas as saídas mais a variação no armazenamento, se for positivo.

Finn (1978) calculou o índice de ciclagem para o cálcio na bacia hidrográfica de Hubbard Brook e obteve um valor entre 0,76 e 0,80. Isso significa que cerca de 80% do fluxo total do cálcio é reciclado. Os índices de ciclagem foram até maiores para o potássio e o nitrogênio. Os nutrientes nessa bacia hidrográfica parecem se reciclar na seguinte ordem de eficiência (do *CI* mais alto para o mais baixo): K > Na > N > Ca > P > Mg > S. Essa ordenação se relaciona com a entrada de cada elemento de fora do sistema, bem como a mobilidade do elemento e os requisitos biológicos da biota. Os índices de ciclagem são geralmente baixos para os elementos não essenciais, como o chumbo, ou para elementos essenciais que são requeridos em pequenas quantidades em relação à sua disponibilidade, como o cobre. Os elementos que as sociedades humanas consideram valiosos, como a platina e o ouro, são 90% ou mais reciclados. Como seria de esperar, o índice de ciclagem para energia (fluxo de caloria) é zero, porque como enfatizado anteriormente, por conta da segunda lei da termodinâmica, a energia passa direto pelo sistema e não pode circular.

Reciclagem de Papel

O papel fornece um excelente exemplo de como a reciclagem se desenvolve em sistemas urbano-industriais de maneira paralela à reciclagem de materiais importantes em sistemas naturais. Como mostrado na Figura 4.13A, a reciclagem nos ecossistemas naturais, como medido pelo índice de ciclagem, aumenta conforme os componentes bióticos do ecossistema se tornam maiores e mais complexos, o que ocorre à medida que os recursos nos ambientes de entrada se tornam escassos, ou ainda conforme os produtos residuais se acumulam no ambiente de saída em detrimento da vida dentro do ecossistema.

Enquanto havia fartura de árvores, fábricas de papéis e terras devolutas para o descarte de papel usado, havia pouco incentivo fluindo pelos sistemas urbano-industriais (Figura 4.13B), para investir em instalações e energia para reciclar o papel. Entretanto, conforme os arredores das cidades vão ficando congestionados, o valor dos terrenos sobe, tornando cada vez mais difícil e caro manter aterros sanitários ou locais para descarte. A pressão vem dos ambientes de entrada, quando os suprimentos de madeira para polpa ou as produções das usinas de papel começaram a cair aquém da demanda. Nos dois casos isso foi a causa para considerar a reciclagem. Precisa existir um mercado (as usinas de reciclagem) de jornal e de papelão usados para o sucesso da reciclagem de papel. Tais usinas representam um mecanismo de reciclagem de economia de energia similar às estruturas dissipativas encontradas nos ecossistemas naturais, como as florestas e os recifes de coral.

12 Mudança Climática Global

Enunciado

Como enfatizado no Capítulo 2, sistemas grandes e complexos tendem a pulsar amplamente na falta de um controle por pontos de ajuste. Durante os últimos 150 mil anos o clima global variou entre dois estados: quente-úmido e frio-seco. Hoje, as atividades humanas estão começando a afetar as funções de força do aquecimento global.

Figura 4.13 (A) Teoria ecológica da reciclagem. O índice de ciclagem (*CI*) é baixo (0% a 10%) durante os estágios iniciais do desenvolvimento do ecossistema (sucessão), quando os recursos são abundantes e voltados para os elementos não essenciais. *CI* é alto (> 50%) durante os estágios maduros do desenvolvimento do ecossistema, quando os recursos são escassos e voltados para os elementos essenciais. A consideração-chave é a de que a energia (que não pode ser reciclada) é requerida para acionar as alças de reciclagem. (B) O fluxo de papel pelo sistema urbano-industrial, mostrando as condições que conduzem à reciclagem de papel. Os cidadãos beneficiam-se da reciclagem, que reduz os impactos nocivos no ambiente (sobre as florestas, córregos e terras), e também os impostos de serviços públicos.

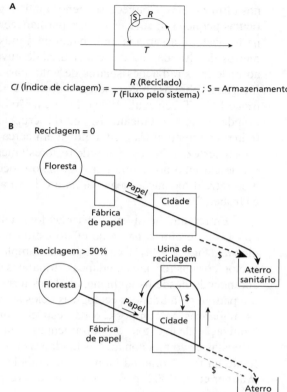

Explicação

Existem no mínimo três maneiras de estudar as flutuações passadas do clima: (1) a dendrocronologia, por meio dos anéis de crescimento das árvores; (2) a extração de camadas de sedimento do fundo de lagos, turfeiras e oceano; e (3) a extração de camadas de gelo. Camadas sedimentares revelam que entre 130 mil e 115 mil anos atrás, existiu um período quente bastante parecido com o clima atual, seguido pela Era do Gelo de Wisconsin, que terminou há cerca de 12 mil anos, quando o atual período, relativamente quente, o Holoceno, começou (M. B. Davis, 1989). Embora essas grandes mudanças entre clima quente e frio tenham ocorrido durante longos períodos de tempo, possibilitando que os organismos se adaptassem ou deslocassem suas amplitudes geográficas, estudos recentes das camadas de gelo polar revelam que, no passado, também houve épocas de rápidas mudanças de clima que ocorreram em um período de menos de 50 anos. Consequentemente, existe uma preocupação em relação a atividades humanas, como a queima de combustíveis fósseis relacionada ao aumento de CO_2, sobre terem desencadeado uma mudança de clima tão rápida com a qual será difícil para a humanidade lidar.

Recorde a Figura 4.6B, que mostrou o aumento contínuo da concentração de CO_2 na atmosfera de 1958 a 2002, conforme medição no Observatório de Mauna Loa, Havaí. O aumento nos gases de efeito estufa (especialmente CO_2 e metano), fenômeno que tende a aquecer a Terra, foi tema de muitas pesquisas e discussões nos últimos anos. Conhece-se menos ainda o papel da poeira e dos aerossóis (partículas pequenas o suficiente para permanecerem suspensas por semanas e meses na troposfera, a camada mais baixa da atmosfera, abrangendo de 10 a 20 quilômetros de altitude), ou das coberturas de nuvens, que tendem a esfriar o planeta ao refletir as radiações solares de volta para o espaço. Existe uma considerável incerteza sobre os efeitos indiretos do esfriamento provocado pelos aerossóis (Andreae 1996; Tegen et al., 1996). Também são incertos os efeitos de longo prazo das grandes erupções vulcânicas, como a erupção do monte Pinatubo em 1991, que reduziu a temperatura média global em cerca de 0,5 °C. Da mesma forma, existe uma incerteza sobre os efeitos do reflorestamento (aumento da biomassa) e sequestro de carbono nos sumidouros do solo e oceanos, que poderia funcionar como uma retroalimentação negativa para o lento aquecimento global (J. L. Sarmiento e Gruber, 2002).

Entretanto, há diversas décadas foi estabelecida a certeza de que o aumento de CO_2 e de outros gases de efeito estufa resulta no aumento das temperaturas globais (Figura 4.14). Existe hoje uma ampla evidência para avaliar os impactos ecológicos das recentes mudanças climáticas sobre os vários tipos de ecossistema, abrangendo desde os ambientes polares terrestres até os marinhos. Parece haver um padrão de mudanças ecológicas pelos sistemas e níveis dos organismos (como as mudanças na composição das espécies nas comunidades ecológicas, na sincronização de eventos comportamentais e na invasão de espécies exóticas). Essas respostas estão relacionadas às mudanças nos níveis de organização de população (tanto na flora como na fauna), comunidade, ecossistema, paisagem e bioma (ver Walther et al., 2002, para um resumo das respostas ecológicas acerca das mudanças climáticas recentes).

Embora seja certo que, durante várias décadas passadas, o aumento de CO_2 (Figura 4.6B) e de outros gases de efeito estufa tenha resultado em um aumento das temperaturas globais (Figura 4.14), existe ainda uma considerável incerteza em relação aos efeitos do aquecimento global sobre a chuva. Os campos de cultivo são mais vulneráveis às mudanças nas chuvas que as florestas ou desertos, como observou Kaiser (2001). Com um aumento nas chuvas, arbustos e árvores invadirão os campos; com a redução das chuvas, os arbustos de deserto é que invadirão as áreas de cultivo. As mudanças nos campos também dependerão da intensidade de pastejo, pois o pastejo intensivo traz os arbustos do deserto. As informações necessárias para gerenciar recursos em escala mundial serão obtidas somente por meio de investigações de longo prazo, integradas e voltadas às mudanças globais.

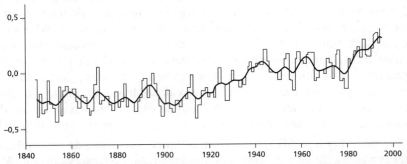

Figura 4.14 Aquecimento global em termos médios da temperatura média (1860-2000). As temperaturas globais oscilam muito, mas apenas a partir da década de 1930 houve um aquecimento líquido significativo (cortesia da University of East Anglia, Hadley Centre, Norwich, Reino Unido).

5

Fatores Limitantes e Regulatórios

1 Conceito de Fatores Limitantes: A Lei do Mínimo de Liebig
2 Compensação de Fator e Ecótipos
3 Condições de Existência como Fatores Regulatórios
4 Solo: Componente de Organização dos Ecossistemas Terrestres
5 Ecologia do Fogo
6 Revisão de Outros Fatores Limitantes Físicos
7 Magnificação Biológica das Substâncias Tóxicas
8 Estresse Antropogênico como um Fator Limitante para as Sociedades Industriais

1 Conceito de Fatores Limitantes: A Lei do Mínimo de Liebig

O sucesso de um organismo, de um grupo de organismos ou de uma comunidade biótica inteira depende de um complexo de condições. Qualquer condição que se aproxime ou exceda os limites de tolerância é chamada de **condição limitante** ou **fator limitante**. Sob condições estáveis, o constituinte essencial disponível em valores que mais se aproxima da necessidade mínima tende a ser um limitante, um conceito chamado de **lei do mínimo de Liebig**. O conceito é menos aplicável sob condições transitórias, quando as quantidades e, portanto, os efeitos de muitos constituintes estão se modificando rapidamente.

Explicação

A ideia de que um organismo não é mais forte que o elo mais fraco de sua cadeia ecológica de exigências foi claramente expressa pelo Barão Justus von Liebig em 1840. Liebig foi um pioneiro no estudo dos efeitos de vários fatores sobre o crescimento das plantas, especialmente de culturas domésticas. Ele descobriu – como os agricultores de hoje – que o rendimento dos cultivos estava frequentemente limitado não pelos nutrientes necessários em grandes quantidades, como o dióxido de carbono e a água, pois estes são geralmente abundantes no ambiente, mas por alguma matéria-prima (como o zinco) necessária em quantidades diminutas, mas muito escassa no solo. Seu de que "o crescimento de uma planta depende da quantidade de material alimentar que está presente em quantidade mínima" ficou conhecido como *lei de Liebig*.

Um trabalho extensivo desde o tempo de Liebig mostrou que dois princípios auxiliares devem ser adicionados ao conceito para que esse seja útil na prática. O primeiro é uma limitação de que *a lei do mínimo de Liebig é aplicável sob condições relativamente estáveis;* ou seja, quando os fluxos médios de entrada de energia e materiais equilibram os fluxos de saída em um ciclo anual. A título de ilustração, vamos supor que o dióxido de carbono seja o principal fator limitante em um lago e, portanto, a produtividade seja controlada pela taxa de abastecimento de dióxido de carbono vinda da degradação da matéria orgânica. Suponhamos, também, que a luz, o nitrogênio, o fósforo e outros elementos vitais estejam disponíveis em excesso para uso (portanto não são fatores limitantes). Se uma tempestade trouxesse mais dióxido de carbono para dentro do lago, a taxa de produção mudaria e dependeria também de outros fatores. Enquanto a taxa está mudando, é menos provável que haja apenas um constituinte mínimo. Em vez disso, a reação depende da concentração de *todos* os constituintes presentes, que nesse período de transição difere da taxa normal em que o constituinte menos abundante está sendo adicionado. A taxa de produção mudaria rapidamente conforme vários constituintes fossem sendo esgotados, até que algum constituinte, talvez de novo o dióxido de carbono, se tornasse limitante. O sistema lacustre estaria mais uma vez operando a uma taxa controlada pela lei do mínimo.

A segunda consideração importante é a *interação de fator*. Assim, uma alta concentração ou disponibilidade de alguma substância, ou a ação de algum fator que não o constituinte mínimo, pode modificar a taxa de uso do fator limitante. Algumas vezes os organismos podem substituir, ao menos em parte, uma substância deficiente no ambiente por outra quimicamente relacionada. Assim, onde o estrôncio é abundante, os moluscos podem, em parte, substituir o cálcio pelo estrôncio em suas conchas. Algumas plantas parecem necessitar de menos zinco quando crescem na sombra do que quando crescem à luz plena do Sol, portanto uma baixa concentração de zinco no solo seria menos limitante para as plantas na sombra que para as plantas nas mesmas condições sob luz solar plena.

Conceito dos Limites de Tolerância

Não somente algo de menos pode ser um fator limitante, como proposto por Liebig (1840) mas também algo demais (como no caso do nitrogênio documentado no Capítulo 4), como em fatores como calor, luz e água. Assim, os organismos têm um mínimo e um máximo ecológico; a amplitude entre esses dois representa *os limites de tolerância*. O conceito do efeito limitante máximo, assim como mínimo, de constituintes, foi incorporado à **lei de tolerância de Shelford** (Shelford, 1913). A partir de então, muito trabalho tem sido feito na "ecologia do estresse", de modo que os limites de tolerância nos quais várias plantas e animais podem existir são bem conhecidos. São de especial utilidade o que se pode chamar de *testes de estresse*, feitos em laboratório e em campo, nos quais organismos são submetidos a uma série de amplitudes experimentais de condições (ver Barrett e Rosenberg, 1981, para detalhes). Tal abordagem fisiológica tem ajudado os ecólogos a entender a distribuição dos organismos na natureza; no entanto, isso é só uma parte da história. Todos os requisitos físicos podem estar bem dentro dos limites de tolerância de um organismo, o qual, ainda pode falhar por causa de interações biológicas, como competição ou predação (ver Capítulo 7 para detalhes). Os estudos em ecossistemas intactos devem acompanhar os estudos experimentais em laboratório, que isolam indivíduos das suas populações e comunidades.

Alguns princípios auxiliares à lei de tolerância podem ser descritos como segue:

- Os organismos podem ter uma grande amplitude de tolerância para um fator e uma estreita amplitude para outro.
- Os organismos com grandes amplitudes de tolerância a fatores limitantes provavelmente terão distribuição mais ampla.
- Quando as condições não são ótimas para uma espécie em relação a um fator ecológico, os limites de tolerância podem ser reduzidos a outros fatores ecológicos. Por exemplo, quando o nitrogênio do solo é limitante, a resistência da gramínea à seca é reduzida (é necessário mais água para evitar que murche em níveis baixos de nitrogênio do que em níveis altos).
- Na natureza, é comum os organismos não viverem em uma amplitude ótima de um fator físico em particular (como determinado experimentalmente). Em tais casos, algum outro ou outros fatores devem ter maior importância. Por exemplo, a gramínea marinha *Spartina alterniflora*, que domina as marismas da costa leste dos Estados Unidos, cresce melhor em água doce que em água salgada, mas na natureza é encontrada somente em água salgada, aparentemente porque pode exudar o sal de suas folhas melhor que outras plantas enraizadas de brejo (isto é, porque esse mecanismo possibilita à gramínea marinha vencer seus competidores).
- A reprodução é um período crítico quando fatores ambientais parecem ser mais limitantes. Os limites de tolerância de indivíduos reprodutivos, sementes, ovos, embriões, plântulas e larvas são geralmente mais estreitos que o das plantas e animais adultos não reprodutivos. Assim, uma árvore de cipreste adulto vai crescer submersa na água ou em planaltos secos, mas não poderá se reproduzir a menos que haja umidade e solo não inundado para o desenvolvimento das plântulas. Siris azuis adultos e muitos outros animais marinhos

podem tolerar água salobra ou doce que tem alto conteúdo de cloreto, por essa razão são frequentemente encontrados rio acima, a alguma distância. As larvas, no entanto, não podem viver nessas águas; portanto, essa espécie não pode se reproduzir no ambiente do rio e nunca se estabelece ali. A amplitude geográfica das aves de caça é muitas vezes determinada pelo impacto do clima sobre os ovos ou os jovens em vez de sobre os adultos. Centenas de outros exemplos poderiam ser citados.

Para um grau relativo de tolerância, entrou em uso uma série de termos em ecologia que usam os prefixos *esteno-*, que significa "estreito", e *euri-*, que significa "amplo". Assim:

Estenotérmico-euritérmico	Refere-se à tolerância estreita e ampla, respectivamente, da temperatura
Estenoídrico-eurídrico	Refere-se à tolerância estreita e ampla, respectivamente, da água
Estenoalino-euralino	Refere-se à tolerância estreita e ampla, respectivamente, da salinidade
Estenofágico-eurifágico	Refere-se à tolerância estreita e larga, respectivamente, do alimento
Estenoécio-euriécio	Refere-se à tolerância estreita e ampla, respectivamente, da seleção de habitat

Esses termos se aplicam não somente no nível de organismo mas também nos níveis de comunidade e ecossistema. Por exemplo, os recifes de coral são muito estenotérmicos, ou seja, prosperam somente em uma estreita margem de temperatura. Uma queda de 2 °C prolongada é estressante, causa "branqueamento" ou perda das algas simbióticas que possibilita aos corais prosperar em águas com nível de nutriente muito baixo.

O conceito de fatores limitantes é valioso porque abre uma "brecha" ao ecólogo para estudar ecossistemas complexos. As relações ambientais de organismos são complexas, felizmente, nem todos os fatores possíveis são importantes na mesma medida em uma situação para um organismo em particular. Estudando uma dada situação, o ecólogo pode descobrir os prováveis elos fracos e focar a atenção, de início pelo menos, nas condições ambientais mais críticas ou limitantes. Se um organismo tem um amplo limite de tolerância a um fator relativamente constante presente em quantidades moderadas do ambiente, é provável que esse fator não seja limitante. Ao contrário, se é um fato conhecido que um organismo tem limites definidos de tolerância por um fator que também é variável no ambiente, então esse fator merece estudo cuidadoso, pois pode ser limitante. Por exemplo, o oxigênio é tão abundante, constante e disponível em ambientes da superfície terrestre que raramente é limitante para organismos terrestres, exceto para parasitas ou organismos que vivem no solo ou a grandes altitudes. No entanto, o oxigênio é relativamente escasso e variável na água; assim, é muitas vezes um fator limitante importante para organismos aquáticos, em especial animais.

Exemplos

Como exemplo de fatores limitantes no nível de espécie, compare as condições sob as quais os ovos da truta-do-córrego (*Savelinus*) e os ovos da rã-leopardo (*Rana pipiens*) se desenvolvem e eclodem. Os ovos de truta se desenvolvem entre 0 e 12 °C, com uma temperatura ótima em torno de 4 °C. Os ovos da rã se desenvolvem entre 0 e 30 °C, sob uma temperatura ótima em torno de 22 °C. Assim, os ovos da truta são estenotérmicos e tolerantes à baixa temperatura; os ovos da rã são euritérmicos e tolerantes à alta temperatura. As trutas – tanto seus ovos como os animais adultos – são, em geral, estenotérmicas, mas algumas espécies são mais euritérmicas que a truta-do-córrego. Do mesmo modo, as espécies de rãs são diferentes. Esses conceitos, e o uso de termos em relação à temperatura, são ilustrados na Figura 5.1. De certo modo, a evolução de limites estreitos de tolerância pode ser considerada uma forma de especialização que contribui para o aumento da diversidade na comunidade ou no ecossistema, ao passo que a evolução de limites amplos de tolerância pode ser considerada como promotora de espécies generalistas – menos suscetíveis às perturbações humanas.

Um exemplo de fatores limitantes no nível de ecossistema é a descoberta de que dois nutrientes minerais, ferro e sílica, limitam a produção primária em áreas muito grandes dos oceanos abertos no mundo. Menzel e Ryther (1961) estão entre os primeiros a descobrir o ferro como um fator limitante em seus estudos acerca das águas oceânicas ao largo das Bermudas. Martin et al. (1991) e Mullineaux (1999) revisaram a evidência de que o ferro é limitante em quase todas as partes do oceano aberto. Como as diatomáceas precisam de sílica para suas carapaças, e como esse micronutriente está presente em concentrações muito baixas na água do mar, a sílica é limitante onde as diatomáceas são parte importante do fitoplâncton (Tréguer e Pondaven, 2000).

Os exemplos seguintes, brevemente esboçados, demonstram a importância do conceito de fatores limitantes e as limitações do conceito:

- Os ecossistemas em desenvolvimento em formações geológicas incomuns frequentemente oferecem locais interessantes para a análise de fatores limitantes, pois um ou mais elementos químicos importantes podem ser escassos ou abundantes de forma incomum. Tal situação é oferecida pelos solos *serpentinos* (derivados das rochas de magnésio, ferro e silicato), que têm baixo teor dos nutrientes mais importantes (cálcio, fósforo e nitrogênio) e alto teor de magnésio, cromo e níquel, estes dois últimos com concentrações próximas aos níveis tóxicos para os organismos. A vegetação que cresce nesses solos tem aparência atrofiada, o que contrasta com a vegetação adjacente em solos não serpentinos, além de compreender uma flora incomum com muitas *espécies endêmicas* (ou seja, espécies restritas a certos habitats especializados). Por exemplo, o mímulo (*Mimulus nudatus*, Scrophulariaceae) cresce somente em solos serpentinos. Apesar das limitações duplas, da escassez dos principais nutrientes e da abundância de metais tóxicos, uma comunidade biótica se desenvolveu no tempo

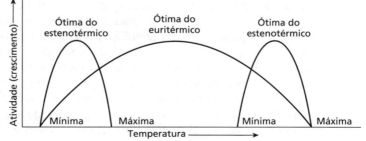

Figura 5.1 Limites relativos de tolerância de organismos estenotérmicos e euritérmicos. Para as espécies estenotérmicas, os valores mínimo, ótimo e máximo estão próximos, portanto uma pequena diferença na temperatura, que teria pouco efeito em uma espécie euritérmica, é frequentemente crítica.

182 Fundamentos de Ecologia

geológico que pode tolerar essas condições, mas a um nível reduzido de estrutura e produtividade da comunidade.

- A Great South Bay, em Long Island, Nova York, demonstra como "uma boa coisa em excesso" pode mudar completamente um ecossistema, nesse caso em detrimento da indústria de frutos do mar. Essa história, que pode ser intitulada "Os patos contra as ostras", foi bem documentada, e as relações de causa e efeito foram verificadas experimentalmente. O estabelecimento de grandes fazendas de criação de patos ao longo dos tributários que chegam à baía resultou em extensa fertilização das águas com esterco de pato e, como consequência, em um grande aumento na densidade de fitoplâncton. A baixa taxa de circulação na baía permitiu o acúmulo de nutrientes em vez de sua saída para o mar. O aumento da produtividade primária poderia ter sido benéfico, se a forma orgânica dos nutrientes adicionados e a baixa razão entre nitrogênio e fósforo não tivessem modificado completamente o tipo de produtores. O fitoplâncton misto normal da área, formado por diatomáceas, flagelados verdes e dinoflagelados, foi quase totalmente substituído por flagelados verdes muito pequenos do gênero *Nannochloris* e *Stichococcus*. As famosas ostras de Blue Point, criadas durante muitos anos com uma dieta de fitoplâncton normal e que sustentavam uma indústria lucrativa, não puderam usar os recém-chegados como alimento e acabaram desaparecendo. As ostras foram encontradas morrendo de fome com seus intestinos cheios de flagelados verdes não digeridos. Outros moluscos também foram eliminados, e todas as tentativas de reintrodução falharam. Os experimentos com culturas demonstraram que os flagelados verdes crescem bem quando o nitrogênio está sob a forma de ureia, ácido úrico e amônia, ao passo que as diatomáceas *Nitzschia*, produtoras naturais de fitoplâncton, exigem nitrogênio inorgânico (nitrato). Os flagelados invasores poderiam provocar um "curto-circuito" no ciclo do nitrogênio (não precisavam esperar o material orgânico ser reduzido a nitrato). Esse caso é um bom exemplo de como um especialista normalmente raro no ambiente flutuante comum sobressai quando as condições incomuns se estabilizam. Esse exemplo também demonstra uma experiência frequente dos biólogos de laboratório, que descobriram que as espécies comuns da natureza não poluída são difíceis de cultivar em laboratório sob condições de temperatura constante e meio enriquecido, pois estão adaptadas a condições opostas (baixos teores de nutrientes e temperaturas variáveis). No entanto, as espécies "daninhas" – normalmente raras ou transitórias na natureza – são fáceis de cultivar, pois são estenotróficas e criadas em condições enriquecidas (ou seja, poluídas).

- Na década de 1950, Andrewartha e Birch (1954) iniciaram uma discussão intensa na literatura ecológica quando sugeriram que a distribuição e a abundância eram controladas principalmente por fatores físicos (abióticos). Como consequência, os estudos sobre os limites da amplitude deveriam ser um bom modo de destacar quais fatores são limitantes. No entanto, os ecólogos sabem hoje que tanto os fatores bióticos quanto os abióticos podem limitar a abundância nos centros das amplitudes e a distribuição nas margens, em especial porque os geneticistas de população relataram que os indivíduos em populações marginais podem ter arranjos genéticos diferentes dos constatados em populações centrais (ver discussão sobre ecótonos e ecótipos na próxima seção). De qualquer modo, a abordagem biogeográfica se torna interessante quando um ou mais fatores ambientais no nível de paisagem mudam de repente ou de forma drástica. Assim, é montado um "experimento natural" e muitas vezes superior à experiência em laboratório, porque outros fatores além daquele em consideração continuam variando normalmente em vez de serem controlados de uma maneira constante e anormal.

- Uma abordagem experimental para determinar os fatores limitantes bióticos envolve adição ou remoção de populações de espécies. A zona intermareal em costões rochosos é um bom habitat para tais experimentos. Trabalhos extensivos de Paine (1966, 1976, 1984), Dayton (1971, 1975), Connell (1972) e outros mostraram que as comunidades intermareais tendem a ter fortes dominantes (ou seja, espécies capazes de excluir outras na mesma posição trófica). Com o espaço nas estreitas zonas intermareais sempre potencialmente limitante, os principais fatores na prevenção do monopólio por uma só espécie são a predação (para os animais) e o pastejo (para as plantas).

2 Compensação de Fator e Ecótipos

Os organismos não são subjugados pelo ambiente físico; eles se adaptam e modificam o ambiente físico para reduzir os efeitos limitantes de temperatura, luz, água e outras condições físicas de existência. Essa *compensação de fator* é particularmente eficiente no nível de organização de comunidade, mas também ocorre dentro das espécies. As espécies com amplas distribuições geográficas quase sempre desenvolvem populações adaptadas localmente, chamadas *ecótipos*, e que têm limites de tolerância ajustados às condições locais. Os **ecótipos** são subespécies geneticamente diferenciadas e que estão bem adaptadas a um conjunto de condições ambientais em particular. A compensação ao longo de gradientes de temperatura, luz, pH ou outros fatores geralmente envolve mudanças genéticas de ecótipos, mas tais mudanças também podem ocorrer por ajustes fisiológicos sem fixação genética.

Explicação

As espécies que exploram um gradiente de temperatura, ou outras condições, geralmente diferem no aspecto fisiológico e, às vezes, no morfológico em diferentes partes de sua amplitude. No geral, envolve mudanças genéticas, mas a compensação de fator pode ser realizada sem fixação genética por meio de ajustes fisiológicos nas funções do órgão ou por conta de deslocamento nas relações enzima-substrato no nível celular. Os *transplantes recíprocos* fornecem um método conveniente de determinar a extensão na qual a fixação genética está envolvida nos ecótipos. McMillan (1956), por exemplo, descobriu que as gramíneas de pradaria da mesma espécie (e aparentemente idênticas) transplantadas em jardins experimentais de diferentes partes de sua amplitude responderam de maneira bastante diferente em relação à luz. Em cada caso, o tempo de crescimento e reprodução estava adaptado à área de onde as gramíneas foram trazidas. A importância da fixação genética em raças locais foi sempre esquecida na ecologia aplicada; a reposição ou o transplante de plantas e animais falham porque são usados indivíduos de regiões remotas em vez de estoque localmente adaptado. Muitas vezes o transplante também interrompe interações de espécies e mecanismos regulatórios locais.

Exemplos

A Figura 5.2 ilustra a compensação de temperatura para a água-viva *Aurelia aurita*. A água-viva do norte pode nadar de forma ativa a baixas temperaturas que inibiriam indivíduos das populações do Sul. Ambas as populações estão adaptadas para nadar quase à mesma taxa e funcionam em uma extensão extraordinária, independentemente das variações de temperatura em seus ambientes particulares.

Um bom exemplo de análise experimental para determinar a extensão da fixação genética nos ecótipos é o estudo da *Achillea millefolium*, uma espécie de mil-folhas que cresce desde os fundos de vales até as grandes altitudes das Sierra Mountains. Quanto à sua estrutura, as plantas de baixa altitude são altas, e as de grande altitude são pequenas (Figura 5.3). Quando as sementes de ambas as variedades foram plantadas no mesmo jardim no nível do mar, as plantas mantiveram suas estaturas alta e baixa, indicando que ocorreu a fixação genética (para detalhes ver Clausen et al., 1948).

A compensação de fator ocorre tanto ao longo dos gradientes sazonais como dos geográficos. Um exemplo notável e bem estudado é o do arbusto creosoto, *Larrea*, que domina os desertos quentes e de baixa altitude do sudoeste dos Estados Unidos. Apesar da *Larrea* ser uma planta C_3 (usando um modo de fotossíntese não adaptada às condições quentes e secas), ela pode deslocar sua temperatura ótima para cima, do inverno para o verão, por aclimatação. As altas taxas de fotos-

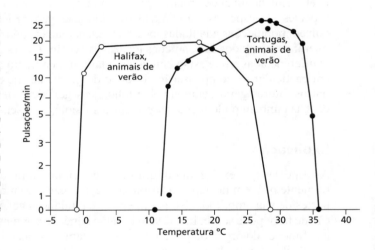

Figura 5.2 Compensação de temperatura nos níveis de espécie e comunidade. A relação da temperatura com os movimentos natatórios em indivíduos da mesma espécie de águas-vivas, *Aurelia aurita* do norte (Halifax) e do sul (Tortugas). As temperaturas do habitat eram 14 °C e 29 °C, respectivamente. Observe que cada população está aclimatada para nadar a uma taxa máxima na temperatura de seu ambiente local. A forma adaptada ao frio mostra um grau alto de independência de temperatura (de Bullock, 1955).

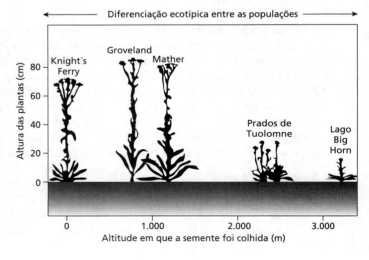

Figura 5.3 Diferenciação de ecótipos em população de mil-folhas, *Achillea millefolium*, como demonstrado ao coletar sementes de diferentes altitudes e cultivando essas sementes sob condições idênticas em um jardim no nível do mar. (De Clausen, J., D. D. Keck e W. M. Hiesey, 1948. *Experimental studies on the nature of species*. Volume 3. *Environmental responses to climactic races of Achillea*. Carnegie Institution of Washington. Publicação 581:1-129. Reproduzido com permissão.)

síntese são mantidas por meio de aclimatação adicional ao estresse da seca, como medido pelo potencial hídrico na folha.

Em ambientes pobres em nutrientes, a reciclagem eficiente entre os autótrofos e os heterótrofos compensa a escassez de nutriente. Os recifes de coral e as florestas pluviais são exemplos previamente citados. Os nutrientes nitrogenados nas águas do Atlântico Norte apresentam teores tão baixos que são difíceis de ser detectados por instrumentos padronizados. Mesmo assim, ocorre a fotossíntese do fitoplâncton a altas taxas. A rápida e eficiente tomada dos nutrientes liberados pela excreção do zooplâncton e da ação bacteriana compensa a escassez geral de nitrogênio.

3 Condições de Existência como Fatores Regulatórios

Os organismos não só se adaptam ao ambiente físico no sentido de tolerá-lo, mas também usam as periodicidades naturais no ambiente físico para marcar o tempo de suas atividades e "programar" seus ciclos de vida para que possam se beneficiar de condições favoráveis. Realizam isso por meio de **relógios biológicos**, mecanismos fisiológicos de medida do tempo. A manifestação mais comum e, talvez a mais básica, é o **ritmo circadiano**, (de *circa* = "cerca", e *dies* = "dia"), ou a capacidade de cronometrar e repetir funções em intervalos de cerca de 24 horas, mesmo na ausência de deixas ambientais conspícuas como a luz do dia. Quando se adicionam interações entre organismos e seleção natural recíproca entre espécies (coevolução), a comunidade inteira se torna programada para responder à sazonalidade e a outros ritmos.

Explicação

É o nosso ritmo circadiano que fica transtornado quando sofremos de "*jet lag*" após uma longa viagem de avião. O relógio biológico é estabelecido por meio de ritmos biológicos e físicos que permitem aos organismos antecipar periodicidades diárias, sazonais, de marés e outras. Existe evidência crescente de que o ajuste real é obtido mediante oscilações celulares que operam como uma alça de retroalimentação envolvendo genes "relógio" (ver Dunlap, 1998). Os ritmos circadianos e seus osciladores celulares subjacentes são onipresentes em organismos biológicos, sendo usados para antecipar o melhor momento para se alimentar, florescer (no caso das plantas), migrar, hibernar, e assim por diante.

Exemplos

Os caranguejos-chama-marés que vivem em planícies de maré têm seus relógios acertados com as marés em vez do tempo diurno. Quando mantidos em laboratório no escuro e sem marés, eles se tornam ativos no horário de maré baixa, quando normalmente estariam emergindo de suas tocas para se alimentar.

Uma deixa confiável pela qual os organismos medem o tempo de suas atividades sazonais nas zonas temperadas é o comprimento do dia ou **fotoperíodo**. Em contraste com a maioria dos outros fatores sazonais, o comprimento do dia é sempre o mesmo para uma dada estação e localidade. A amplitude do ciclo anual do comprimento do dia aumenta com o aumento da latitude, fornecendo, assim, deixas tanto latitudinais como sazonais. Em Winnipeg, Manitoba, Canadá, o fotoperíodo máximo é de 16,5 horas (em junho), e o mínimo, de 8 horas (no final de dezembro). Em Miami, Flórida, a amplitude é apenas de 13,5 a 10,5 horas, respectivamente. O fotoperíodo tem se mostrado o contador ou gatilho que dispara as sequências fisiológicas que causam o crescimento e a floração de muitas plantas; a troca de penas/pelos, o acúmulo de gordura, a migração e a reprodução das aves e dos mamíferos; o início da hibernação ou diapausa (estágio de dormência) dos insetos. A *fotoperiodicidade* é acoplada com o relógio biológico do organismo para criar um mecanismo de contagem de tempo de grande versatilidade.

O comprimento do dia age por meio de um receptor sensorial, como o olho em animal ou um pigmento especial nas folhas de uma planta, que, por sua vez, ativa um ou mais sistemas hormonais e enzimáticos integrados que produzem a resposta fisiológica ou comportamental. Apesar de animais e plantas superiores serem muito divergentes em sua morfologia, a conexão fisiológica com a fotoperiodicidade ambiental é similar.

Entre as plantas superiores, algumas espécies florescem conforme aumenta o comprimento dos dias, são as *plantas de dias longos*; outras que florescem em dias curtos (menos de 12 horas) são conhecidas como *plantas de dias curtos*. De maneira semelhante, os animais podem responder tanto ao aumento como à redução nos comprimentos dos dias. Em muitos dos organismos sensíveis ao fotoperíodo, mas não em todos, a marcação do tempo pode ser alterada por manipulação experimental ou artificial do fotoperíodo. Como mostrado na Figura 5.4, um regime de luz artificialmente acelerado pode levar a truta-do-córrego a ter condições para se reproduzir até quatro meses mais cedo. Os floristas podem, muitas vezes, florescer em outra estação, alterando o fotoperíodo. As aves migratórias são refratárias a estímulos por fotoperíodo por vários meses após a migração de outono. Os dias curtos do outono são aparentemente necessários para "reiniciar" o relógio biológico e preparar o sistema endócrino para responder aos dias longos. A qualquer momento após o fim de dezembro, um aumento artificial no comprimento do dia iniciará a sequência de troca de penas, deposição de gordura, inquietação migratória e aumento de gônada que normalmente ocorre na primavera. A fisiologia dessa resposta em aves foi documentada pela primeira vez por Farner (1964a, 1964b).

Digno de nota é a fotoperiodicidade em certos insetos e em sementes de plantas anuais, porque proporciona um controle de natalidade. Por exemplo, nos insetos, os dias longos do fim da primavera e começo do verão estimulam o "cérebro" (na verdade, um gânglio nervoso) a secretar um hormônio que começa a produzir a diapausa ou os ovos de resistência que não irão eclodir até a próxima primavera, por mais favorável que sejam a temperatura, o alimento ou outras con-

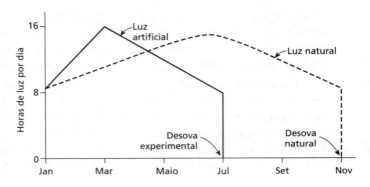

Figura 5.4 Controle da estação de reprodução da truta-do-córrego pela manipulação artificial do fotoperíodo. A truta, que geralmente se reproduz no outono, desova no verão quando o comprimento do dia é aumentado artificialmente na primavera e depois diminuído no verão, para simular condições de outono (redesenhado de Hazard e Eddy, 1950).

dições. Assim, o crescimento da população é suspenso antes, em vez de depois, que a oferta de alimento se torne crítica.

Em notável contraste com o comprimento do dia, a chuva no deserto é bastante imprevisível, porém as plantas anuais dos desertos, que incluem o maior número de espécies nas floras de muitos desertos, usam esse fator como um regulador. Essas plantas anuais, conhecidas como **efêmeras**, persistem como sementes durante os períodos de seca, mas estão prontas para germinar, florescer e produzir sementes quando a umidade estiver favorável. As sementes, em muitas dessas espécies, contêm um inibidor de germinação que precisa ser lavado por uma quantidade mínima de água da chuva (por exemplo, 1 a 2 cm). Esse aguaceiro fornece toda a água necessária para completar novamente o ciclo de vida até as sementes. As plantas jovens crescem com rapidez na brilhante luz do sol no deserto que se segue à chuva. Elas começam a florescer e produzir sementes quase imediatamente. Permanecem pequenas, sem caules ou sistemas radiculares elaborados, com toda a energia dirigida para o florescimento e produção de sementes. Se essas sementes forem colocadas em solo úmido na estufa, não germinarão; no entanto, o fariam se tratadas com um aguaceiro simulado com magnitude necessária. As sementes podem permanecer viáveis no solo por muitos anos, como que "esperando" pelo aguaceiro adequado, o que explica por que os desertos apresentam floração (se tornam rapidamente cobertos por flores) logo após uma chuva pesada.

4 Solo: Componente de Organização dos Ecossistemas Terrestres

Às vezes, é conveniente pensar que a ecosfera inclui a atmosfera, a hidrosfera e a *pedosfera*, sendo esta última o solo. Cada uma é formada por um componente vivo e outro não vivo, que são mais facilmente separados em teoria do que na prática. A relação entre os componentes biótico e abiótico é íntima no **solo**, que por definição consiste de uma camada intemperizada da crosta da Terra com organismos vivos misturados com produtos de sua degradação.

Explicação

O solo pode ser considerado um centro principal de organização dos ecossistemas terrestres, pois, em sua grande parte, os nutrientes são regenerados e reciclados durante a decomposição no solo antes de se tornarem disponíveis para os produtores primários (plantas). Sem vida, a Terra teria algum tipo de crosta, mas nada como o solo. Assim, o solo não é apenas um fator do ambiente para os organismos, mas também é produzido por eles. De modo geral, *solo* é o resultado líquido da ação do clima e dos organismos, especialmente vegetação e micróbios, sobre a rocha-mãe na superfície da Terra. Assim, o solo é composto de uma rocha-mãe – o substrato geológico ou mineral subjacente – e um componente orgânico no qual os organismos e seus produtos estão misturados com a rocha-mãe dividida e modificada. Os espaços entre as partículas do solo são preenchidos com gases e água. A textura e porosidade do solo são características muito importantes que determinam a sua fertilidade.

Como em outras partes importantes da ecosfera, a atividade do solo está concentrada em "pontos quentes", como as zonas de raízes (*rizosferas*) e agregados orgânicos.

As **rizosferas** são agregados de micróbios em torno das raízes, pelotas fecais, manchas de matéria orgânica e secreções de mucos nos poros do solo (Coleman e Crossley, 1996). De acordo com Coleman (1995), aproximadamente 90% das atividades metabólicas podem ocorrer nesses pontos quentes, que podem ocupar menos de 10% do total do volume de solo. O sistema de solo é o centro da organização dos ecossistemas terrestres; os sedimentos nos ecossistemas aquáticos também podem funcionar de maneira semelhante. Funções importantes, como respiração da comunidade, R, e reciclagem são controladas pela taxa em que os nutrientes são liberados pela decomposição.

O barranco de uma ribanceira ou um campo erodido (Figura 5.5) mostra que o solo é composto de camadas distintas, que geralmente diferem quanto à sua cor. Essas camadas são chamadas de **horizontes do solo**, e a sequência dos horizontes da superfície para baixo é chamada de *perfil do solo*. O horizonte superior, ou **horizonte A** (solo superficial), é composto pelos corpos de vegetais e animais que estão sendo reduzidos a material orgânico finamente dividido pela *humificação*. Em um solo maduro, esse horizonte é subdividido em camadas distintas, representando estágios progressivos de humificação. Essas camadas (Figura 5.6) são designadas (da superfície para baixo) como A-0 (serapilheira), A-1 (húmus) e A-2 (zona de lixiviada [de cor clara]). A camada A-0 é algumas vezes subdividida como A-1 (serapilheira propriamente dita), A-2 (manta morta) e A-3 (folha com fungo). A serapilheira, ou o horizonte A-0, representa o componente detrito e pode ser considerado um tipo de subsistema ecológico no qual microrganismos (bactérias e fungos) trabalham em parceria com pequenos artrópodos (ácaros e colêmbolos) para decompor o material orgânico. Esses microartrópodos são "fragmentadores", pois quebram os pedaços dos detritos particulados em pedaços ainda menores e em matéria orgânica dissolvida (MOD), que são mais facilmente disponibilizados aos microrganismos do solo. Quando esses fragmentadores são removidos, a taxa de decomposição é reduzida (Coleman e Crossley, 1996).

A entrada anual para o subsistema serapilheira com a queda de folhas nas florestas aumenta das latitudes árticas para o equador (Figura 5.7). O próximo horizonte importante, ou **horizonte B**, é composto de solo mineral, no qual os compostos orgânicos foram convertidos por decompositores em compostos inorgânicos (*mineralização*) e completamente misturados com a rocha-mãe finamente dividida. Os materiais solúveis do horizonte B são, em geral, formados no horizonte A e depositados ou lixiviados pelo fluxo descendente de água para dentro do horizonte B. A faixa escura na Figura 5.6 representa a parte superior do horizonte B, onde se acumulam materiais lixiviados. O terceiro horizonte, ou **horizonte C**, é a rocha-mãe mais ou menos não modificada. Essa rocha-mãe pode representar a formação mineral original que está se desintegrando no local, ou que pode ter sido transportada para o local pela gravidade (*depósito coluvial*), água (*depósi-*

Figura 5.5 Área onde boa parte do horizonte A (solo superficial) está sendo erodida por chuva por causa da falta de cobertura por cultivo.

Figura 5.6 Diagramas simplificados dos três principais tipos de solo característicos dos três principais biomas da zona temperada (floresta decídua, floresta de coníferas e campo).

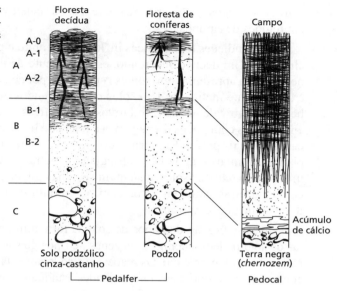

Figura 5.7 Queda de folhedo anual em florestas em relação à latitude. (1) florestas equatoriais; (2) florestas temperadas quentes; (3) florestas temperadas frias; e (4) florestas árticas alpinas (segundo Bray e Gorham, 1964).

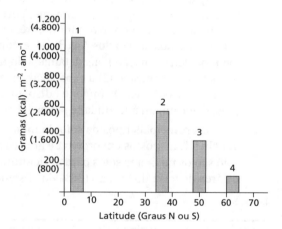

to aluvial), geleiras (*depósito glacial*), ou vento (*depósito eólico*, ou *loess*). Solos transportados são muitas vezes extremamente férteis (como testemunham os solos tipo loess profundos de Iowa e os solos ricos dos deltas de grandes rios).

O perfil do solo e a espessura relativa dos horizontes são características das diferentes regiões climáticas e das situações topográficas diferentes (Figura 5.6). Assim, os solos dos campos diferem dos solos das florestas, onde a humificação é rápida, mas a mineralização é lenta. Como a gramínea inteira e suas raízes têm vida curta, a cada ano, o crescimento adiciona grandes quantidades de material orgânico, que se degrada rapidamente, deixando pouca serapilheira ou folhedo, mas muito húmus. Na floresta, no entanto, a serapilheira e as raízes se degradam lentamente, e como a mineralização é rápida, a camada de húmus permanece fina. O conteúdo de húmus no solo do campo, por exemplo, pode chegar a 600 toneladas por acre, comparado com apenas 50 toneladas por acre do solo da floresta (Daubenmire, 1974). Em uma zona de amortecimento campo-floresta em Illinois, pode-se dizer pela cor do solo qual milharal foi um dia prado e qual foi floresta. O solo do prado é mais preto, graças ao seu alto conteúdo de húmus. Por causa das chuvas adequadas, não é por acidente que os "celeiros do mundo" são localizados em regiões de campos.

As condições topográficas influenciam muito o perfil do solo em uma região climática. Um declive acentuado, especialmente de uso inadequado pelos humanos, tende a apresentar horizontes A e B finos por causa da erosão. Terrenos planos e suavemente inclinados têm solos mais profundos, mais maduros (perfil de solo bem desenvolvido) e mais produtivos que as terras de declive acentuado. Às vezes, em terrenos com pouca drenagem, a água pode lixiviar materiais rapidamente para camadas mais profundas, formando um "horizonte endurecido" que as raízes das plantas, animais e água não conseguem penetrar, como em uma floresta anã em uma região onde os solos sustentam sequoias gigantes. As áreas pouco drenadas, como turfeiras, também favorecem o acúmulo de húmus, pois a baixa aeração desacelera a decomposição.

A classificação dos tipos de solo se tornou um assunto empírico. Os cientistas de solo podem reconhecer dezenas de tipos de solos que ocorrem dentro de um país, estado ou município. Os mapas de solo locais estão disponíveis em agências de conservação de solo e nas universidades estaduais. Esses mapas e as descrições de solos que os acompanham oferecem uma base útil para o estudo dos ecossistemas terrestres. Os ecólogos, naturalmente, devem fazer mais que apenas nomear o solo em sua área de estudo. No mínimo, três importantes atributos devem ser medidos pelo menos nos horizontes A e B: (1) textura – a porcentagem de areia, silte e argila (ou uma determinação mais detalhada do tamanho da partícula); (2) a porcentagem de matéria orgânica; e (3) a capacidade de troca – uma estimativa da quantidade de nutrientes trocáveis. Os minerais disponíveis, em vez da quantidade total de materiais, determinam a fertilidade potencial quando outras condições são favoráveis.

Os principais tipos de solo do mundo e dos Estados Unidos estão listados na Tabela 5.1, dispostos em ordem de área ocupada. O alfissolo (terra roxa) e o molissolo são os melhores solos para agricultura, mas constituem somente cerca de 24% da área de terra do mundo (38% dos Estados Unidos). Enormes áreas terrestres do

Tabela 5.1

Distribuição dos principais tipos de solo no mundo e nos Estados Unidos		
Tipo de solo	Porcentagem de área de terra no mundo	Porcentagem de área de terra nos EUA
Aridissolos (solos de deserto)	19,2	11,5
Inceptissolos (solos pouco desenvolvidos)	15,8	18,2
Alfissolos (solos de floresta moderadamente intemperizados)	14,7	13,4
Entissolos (solos recentes, perfil não desenvolvido)	12,5	7,9
Oxissolos (solos tropicais)	9,2	<0,1
Molissolos (solos de campos)	9,0	24,6
Ultissolos (solos de floresta altamente intemperizados)	8,5	12,9
Espodossolos (solos de floresta de coníferas do norte)	5,4	5,1
Vertissolos (solos de argila expansível)	2,1	1,0
Histossolos (solos orgânicos)	0,8	0,5
Solos diversos (por exemplo, montanhas íngremes)	2,8	4,9
Total	100,0	100,0

Fonte: E. P. Odum, 1997.

mundo são impróprias para a produção agrícola intensiva a menos que os solos sejam intensamente subsidiados com fertilizantes e água.

Como o solo é um produto do clima e da vegetação, os principais tipos de solo do mundo formam um mapa composto de clima e vegetação. Dada uma rocha-mãe favorável e uma topografia não muito inclinada, a ação dos organismos e do clima tende a construir um solo característico da região. De um ponto de vista ecológico geral, os solos de uma certa região podem ser divididos em dois grupos: *solos maduros*, de topografia plana ou ligeiramente ondulada, controlada pelo clima e vegetação da região; e *solos imaturos* (em termos de desenvolvimento do perfil), controlados pelas condições locais de topografia, nível de água ou tipo incomum de rocha-mãe. O grau de maturidade do solo varia muito com a região.

Wolfanger (1930), por exemplo, estimou que 83% dos solos localizados no condado de Marshall, Iowa, eram maduros, comparado com apenas 15% dos solos do condado de Bertie, Carolina do Norte, localizado sobre a planície costeira arenosa e geologicamente jovem. Para mais informações sobre a ecologia do solo, veja Richards (1974), um dos primeiros a considerar o solo um ecossistema; Paul e Clark (1989); Killham (1994); e Coleman e Crossley (1996). Effland e Pouyat (1997) sugeriram que adicionássemos solo urbano criado pelo homem ou *antrossolo* à lista dos tipos de solo. O **antrossolo** é 25% "entulho", incluindo muito concreto pulverizado, poeira e restos, com mais escoamento de nitrogênio e cal que os solos naturais.

Deslocamento do Solo: Natural e Acelerado pelo Homem

A erosão do solo causada pela água e pelo vento ocorre naturalmente a todo momento em taxas baixas, com grandes deslocamentos periódicos resultantes de enchentes, geleiras, erupções vulcânicas e outros eventos episódicos. Áreas que perdem solo mais rapidamente que a formação de novos solos sofrem de produtividade reduzida e outros efeitos prejudiciais. As áreas que recebem solo demais também podem ser negativamente afetadas. No entanto, a fertilidade pode ser aumentada quando os solos são lavados das montanhas para dentro dos vales e deltas dos rios ou são depositados em pradarias pelo vento. Como é o caso de tantos processos naturais, os humanos tendem a acelerar a erosão em longo prazo, muitas vezes em nosso próprio prejuízo.

Na década de 1930, o Serviço de Conservação do Solo (SCS) foi estabelecido pelo governo dos Estados Unidos para combater a erosão do solo que estava arruinando milhares de hectares de fazendas e florestas. Nessa mesma época, a "Tigela de Pó" (Dust Bowl) estava cobrando o seu pedágio nas planícies do oeste. O programa do SCS, desenvolvido para salvar o solo, é um excelente exemplo de como o governo deveria trabalhar para o interesse público em uma democracia. Foi estabelecida uma conexão íntima entre o governo federal em Washington, D.C., governos estaduais e universidades em terras concedidas pelo governo e em condados.

Washington forneceu o dinheiro, as universidades contribuíram com pesquisas, mas as decisões foram tomadas em cada localidade – e os agentes dos condados trabalharam diretamente com os proprietários das terras ou com os acionistas da região. Terraceamento, canais de grama, faixas de amortecimento de florestas ripárias, rotatividade de culturas e outras medidas, além das melhorias no *status* econômico e cultural dos fazendeiros, reverteram a maré de perda de solo e uma *ética de conservação de solo* foi aceita pelos fazendeiros e outros proprietários.

Talvez em parte por causa de seu sucesso, o SCS teve tanto apoio no Congresso e nos estados que foi se tornando cada vez mais burocrático (portanto menos pronto a responder às necessidades relevantes), estendendo suas atividades para outras áreas, como retificação de córregos e construção de grandes barragens (Figura 5.8), que muitas vezes tiveram valor questionável quanto à preservação do solo. Então, de repente, em 1970, a erosão do solo se tornou de novo um problema nacional urgente por causa de duas novas tendências. A primeira foi a *industrialização da agricultura*, enfatizando os produtos mais rentáveis que foram tratados menos como alimento e mais como mercadorias para a venda, em especial nos mercados exteriores. Infelizmente, quando as fazendas são operadas apenas como negócio – por corporações ou outros proprietários ausentes –, as produções em curto prazo são maximizadas à custa de manter a fertilidade e a produtividade em longo prazo. A segunda tendência foi a *expansão urbana*, com estradas e casas proliferando nas áreas rurais, havendo pouca ou nenhuma preocupação com a perda do solo e prioridade de cultivo (Forman e Alexander, 1998).

A necessidade urgente de contra-atacar os efeitos nocivos dessas duas principais mudanças no uso da terra e de restabelecer a ética de conservação do solo foi bem documentada em relatórios governamentais – por exemplo, o Conselho de Qualidade Ambiental (CQA, 1981) – e avaliada pelas fundações privadas de conservação. Em 1985, foi estabelecido o Programa de Reserva de Conservação (PRC), que pagava aos fazendeiros para "aposentar" 15 milhões de hectares – por alto, 10% da área de plantio localizada nos Estados Unidos –, convertendo-os de volta a campos ou florestas antes que se tornassem inúteis. Em cinco anos, os fazendeiros norte-americanos tinham convertido perto de 15 milhões de hectares de cultivo em campos. O PRC reduziu a erosão excessiva do solo em cerca de 40%, ajudando a aumentar a garantia de alimento em uma base global. Os benefícios não mercantis (capital natural) de reduzir a erosão do solo e fornecer qualidade de habitat entre 1985 e 2000 estão estimados a exceder 1,4 bilhão de dólares (L. R. Brown, 2001).

Aproximadamente metade das melhores terras em Iowa e Illinois está perdendo de 10 toneladas a 20 toneladas de solo por acre a cada ano, e um quarto de toda terra cultivada dos Estados Unidos está perdendo solo a uma taxa maior que o nível tolerável. Para ter uma perspectiva disso, considere que um acre (0,4 ha) de solo arável de 6 polegadas de profundidade (15 cm) (profundidade aproximada de lavra) pesa cerca de mil toneladas.

Assim, 1 acre-polegada é igual a cerca de 167 toneladas. Uma perda anual de 10 toneladas por acre representa uma perda de 1 polegada (2,54 cm) de solo arável a cada 17 anos – uma perda muito maior que qualquer taxa conhecida de formação de solo. Langdale et al. (1979) estimaram que para cada polegada (2,54 cm) de perda de solo arável ocorre uma redução de produção de pelo menos 10%. As

Figura 5.8 Barragem construída pelo Grupo de Engenharia das Forças Armadas, na represa de Brookville, sudoeste de Indiana. Muitas das bacias hidrográficas nessa área têm prática de agricultura, assim, o reservatório está sujeito à sedimentação que poderá exigir dragagem nos próximos anos.

perdas de solo em consequência de construções urbanas e suburbanas, apesar de geralmente ser de curta duração, são ainda mais severas. As perdas de 40 toneladas por acre não são incomuns, e têm sido reportadas em casos extremos as perdas de cem toneladas por acre (E. H. Clark et al., 1985).

A erosão de solo resultante do mau uso da terra não é novidade. O que é novidade são as taxas aceleradas e em maior escala da perturbação do solo por causa da pressão do mercado, crescimento populacional e uso de grandes e poderosas máquinas, bem como dos compostos químicos tóxicos da agricultura e da indústria, que descem morro e rio abaixo, com o solo deslocado. Se a degradação atual continuar, não será possível atingir as necessidades e demandas por mais alimento em menos hectares.

Naturalmente, a erosão não é o único problema que ameaça a capacidade do solo de produzir alimento e fibra para os humanos. A compactação do solo, resultante de cultivo intensivo com maquinários cada vez maiores e mais pesados, reduz os rendimentos. Cerca de metade das terras irrigadas do mundo são prejudicadas de algum modo pela salinização (acúmulo do sal) ou alcalinização (acúmulo de álcali). Até o momento, as produções têm sido mantidas, apesar do declínio na qualidade do solo, aplicando-se mais fertilizantes e mais água. Esse método funciona enquanto esses subsídios permanecerem relativamente baratos, o que não será o caso em um futuro próximo.

Qualidade do Solo como um Indicador da Qualidade Ambiental

Nos anos finais do século XX, a atenção científica e a publicidade sobre as variedades de cultura de alto rendimento desviaram a atenção do fato de que manter altos rendimentos depende da manutenção da qualidade do solo, que, por sua vez, depende do cultivo sustentável e da diversidade tanto no nível de cultura como de paisagem. Como o solo é o principal centro da organização dos ecossistemas terrestres e de áreas úmidas, a qualidade do solo deve ser um bom indicador da qualidade ambiental em geral. Em outras palavras, se a qualidade do solo está sendo mantida, o que estiver acontecendo na paisagem, seja natural ou gerenciado, deve ser sustentável.

A *qualidade do solo* foi definida pela Soil Science Society of America (SSSA, 1994) como "a capacidade de um tipo particular de solo funcionar dentro dos limites de um ecossistema natural ou gerenciado de forma a sustentar a produtividade vegetal e animal, manter ou aumentar a qualidade da água, e sustentar a saúde e habitação humanas". O National Research Council (NRC, 1993) apresenta uma definição mais breve: "A qualidade do solo é a sua capacidade de promover o crescimento das plantas, proteger as bacias hidrográficas e prevenir a poluição da água e do ar".

Apesar da enxurrada de livros e artigos que focam a gestão sustentável do solo, a Soil and Water Conservation Society (Lal, 1991) notou que até o momento não existe um acordo de como medir a qualidade do solo. Obviamente, a medição envolve índices múltiplos, inclusive nutrientes disponíveis; textura; densidade dos agregados orgânicos; diversidade de microrganismos e animais do solo, incluindo micorrizas, fixadores de nitrogênio e minhocas; e medidas de erosão e taxas de lixiviação. Para uma revisão das abordagens, ver Karlen et al. (1997).

Em última instância, o destino dos sistemas de solo depende da vontade da sociedade de intervir no mercado para abdicar de alguns benefícios de curto prazo a fim de preservar os solos e proteger o capital natural em longo prazo. Os custos econômicos de curto prazo da conservação do solo podem ser muito reduzidos

194 Fundamentos de Ecologia

projetando-se ecossistemas agrícolas mais eficientes e mais harmônicos. O problema real, no entanto, é político e econômico, não ecológico ou técnico.

5 Ecologia do Fogo

O fogo é um fator importante na formação da história da vegetação na maioria dos ambientes terrestres. Como o clima varia entre períodos úmidos e secos, do mesmo modo o fogo varia no ambiente. Como ocorre com a maioria dos fatores ambientais, os seres humanos modificaram muito o efeito do fogo, aumentando sua influência em alguns casos e diminuindo em outros. A falta de reconhecimento de que os ecossistemas podem ser "adaptados ao fogo" resultou, em grande parte, na ingerência dos nossos recursos naturais. Usado de modo apropriado, o fogo pode ser uma ferramenta ecológica de grande valor. É um fator limitante importante, se não por outro motivo, o controle do fogo é mais viável que o controle de outros fatores limitantes.

Explicação

Usando uma série de imagens globais por satélite espalhadas por um período de mais de 12 meses (1992-1993), Dwyer et al. (1998) conseguiram apresentar um panorama global do fogo. Em algum dia desse período, incêndios, tanto naturais como provocados pelo homem, estavam acontecendo em todo o globo. O maior número de incêndios estava na África, especialmente em regiões de savana (campo com árvores ou grupos de árvores espalhados). A maioria dos incêndios ocorridos em janeiro estava localizada nas regiões equatoriais e na zona temperada do sul; já em agosto, havia grande número de incêndios localizados nas regiões secas ou quentes da zona temperada do norte. Apesar de muitos incêndios nas regiões remotas serem naturais por iniciar com raios, a maioria dos incêndios foi iniciada por humanos, acidental ou propositadamente.

Na maior parte dos Estados Unidos, em especial nos estados do sul e oeste, é difícil encontrar uma área que não mostre evidência de incêndios que tenham acontecido durante os últimos 50 anos – exemplo disso são os grandes incêndios que ocorreram na Califórnia durante outubro de 2003. Em muitas áreas, os incêndios iniciam de forma natural, por intermédio de raios. A humanidade primitiva (indígenas da América do Norte, por exemplo) queimava regularmente florestas e prados por razões práticas. O fogo era um fator nos ecossistemas naturais muito antes dos tempos modernos. Como consequência, deveria ser considerado um fator ecológico importante, da mesma forma que outros fatores, como temperatura, chuva e solo.

Como um fator ecológico, o fogo pode ser de diferentes tipos e ter diferentes efeitos. Dois tipos extremos são mostrados na Figura 5.9. *Incêndios de copa* ou *queimadas* (muito intensos e fora de controle) frequentemente destroem a maior parte da vegetação e parte da matéria orgânica do solo; os *incêndios de superfície* têm efeito diferente. A Figura 5.9A mostra os incêndios de copa no Parque Nacional de Yellowstone em 1988. Os **incêndios de copa** são limitantes para a maioria dos organismos; após esse tipo de incêndio, a comunidade biótica precisa começar a desenvolver-se toda de novo, quase do princípio, e pode levar muitos anos antes de a sucessão natural restabelecer a área para algo semelhante às condições de antes

Figura 5.9 (A) Grande incêndio de copa no Parque Nacional de Yellowstone em 1988. (B) Queimadas controladas (prescritas) em uma floresta de pinheiros de folhas longas no sudoeste da Geórgia. As queimadas prescritas removem a competição da madeira de lei, estimulam o crescimento de leguminosas e melhoram a reprodução de madeira de pinho valiosa. A queimada é feita sob condições úmidas no fim da tarde. Formigas, insetos do solo e pequenos mamíferos não são afetados por incêndios leves de superfície.

do incêndio. Os **incêndios de superfície**, porém, exercem um efeito muito mais seletivo; são mais limitantes a alguns organismos que a outros, portanto, favorecem o desenvolvimento de ecossistemas com uma tolerância alta ao fogo, como as florestas de carvalho (McShea e Healy, 2002). A Figura 5.9B ilustra as queimadas prescritas (controladas) dos pinheiros de folha longa (*Pinus palustris*) no Centro de Pesquisas Ecológicas Joseph W. Jones, em Ichauway, no sudoeste da Geórgia. A floresta de pinheiros em Ichauway é um ecossistema mantido pelo fogo.

Os incêndios de superfície leves ou queimadas prescritas suplementam a ação bacteriana degradando os corpos das plantas e tornando os nutrientes minerais mais rapidamente disponíveis para o crescimento de novas plantas. As leguminosas fixadoras de nitrogênio muitas vezes crescem após uma queimada leve. Em regiões sujeitas a incêndios, os leves de superfícies regulares reduzem muito o risco de incêndios de copa severos, mantendo a serapilheira combustível em um nível mínimo. Ao se examinar regiões onde o fogo é um fator, os ecólogos geralmente encontram alguma evidência da influência anterior do fogo. Se os incêndios devem ser excluídos no futuro (considerando que isso seja prático) ou se devem ser usados como ferramenta de manejo, dependerá inteiramente do tipo de comunidade que se deseja ou que parece ser a melhor do ponto de vista do uso da terra regional.

Exemplos

Vários exemplos tomados de situações bem estudadas ilustram como o fogo age como um fator limitante e como não é necessariamente "mau" do ponto de vista humano:

1. Na planície costeira do sudeste dos Estados Unidos, o pinheiro de folha longa (*Pinus palustris*) é mais resistente ao fogo que qualquer outra espécie de árvore, e os pinheiros, em geral, são mais resistentes que as madeiras de lei. O broto terminal da muda do pinheiro de folha longa é bem protegido por uma porção de acículos resistentes ao fogo. Assim, as queimadas de solo favorecem seletivamente essa espécie. Na ausência completa de fogo, os arbustos de madeira dura crescem rapidamente e abafam os pinheiros. São também eliminadas as gramíneas, as leguminosas e as codornizes norte-americanas – e outros animais dependentes de leguminosas também não sobrevivem na ausência completa de fogo em áreas de floresta. Os ecólogos geralmente concordam que os magníficos lotes virgens de pinheiros da planície costeira, bem como a caça abundante associada a eles, são parte de um ecossistema controlado pelo fogo ou "piroclímaces". Um local para observar os efeitos de longo prazo do uso inteligente do fogo é a Estação de Pesquisa Tall Timbers, no norte da Flórida, e as plantações adjacentes do sudoeste da Geórgia, onde, por muitos anos, mais de um milhão de acres têm sido manejados de acordo com os princípios desenvolvidos pelo falecido Herbert Stoddard, bem como por E. V. Komarek e R. Komarek, que iniciaram os estudos da relação do fogo com o complexo ecológico inteiro, na década de 1930. H. L. Stoddard (1936) foi um dos primeiros a defender o uso de queimadas controladas ou "prescritas" para aumentar tanto a produção de madeira como a de caça em uma época em que a maioria dos silvicultores profissionais acreditavam que todos os incêndios eram prejudiciais. Por anos, as altas densidades tanto de cordonizes como de perus selvagens têm sido mantidas em terras devotadas à cultura de madeira altamente rentável pelo uso de um sistema de "manchas" de queimada, auxiliadas pela diversificação no uso da terra.

2. O fogo é especialmente importante nos campos e savanas. Sob condições de umidade (como nos prados de campo alto do centro-oeste), o fogo favorece a gramínea mais que as árvores, e sob condições secas (como no sudoeste dos Estados Unidos e no leste da África), o fogo é necessário para proteger o campo contra a invasão dos arbustos do deserto. Os principais centros de crescimento e de estocagem de energia de gramíneas são subterrâneos, de modo que brotam de forma rápida e exuberante após a queimada das partes secas acima do solo, que também liberam nutrientes para a superfície. A união do fogo com o pastejo mostrou ser a chave para a manutenção da incrível diversidade de antílopes e de outros grandes herbívoros e seus predadores na savana do leste da África.

3. Talvez o tipo mais estudado de ecossistema seja a vegetação de chaparral da costa da Califórnia, a região mediterrânea e outras áreas com clima de inverno úmido e verão seco. Nesses lugares, o fogo interage com os antibióticos produzidos pelas plantas, ou alelopáticos, fomentando um clímax cíclico único.

4. O uso do fogo no manejo da caça é exemplificado nas charnecas de urzes britânicas. Experiências extensivas ao longo dos anos têm mostrado que a queimada em manchas ou faixas de cerca de um hectare cada, com cerca de seis dessas faixas por quilômetro quadrado, resulta em uma população maior de tetrazes e no rendimento de caça. As tetrazes são herbívoros que se alimentam de brotos, requerem urzes maduras (não queimadas) para nidificação e proteção contra os inimigos, mas encontram alimento mais nutritivo na rebrota das manchas queimadas. Esse exemplo de um comprometimento entre a maturidade e a juventude em um ecossistema é muito relevante para os seres humanos e será discutido no Capítulo 8.

5. O prado de Konza é um campo nativo de 3.487 hectares localizado na região de Flint Hills, no nordeste do Kansas. A vegetação do prado de Konza é predominantemente composta de gramíneas nativas, perenes de estação quente. Os incêndios periódicos (Figura 5.10A) são um dos principais processos naturais que regulam e sustentam esse ecossistema. A Figura 5.10B mostra como a queimada prescrita de um prado experimental do Centro de Pesquisas Ecológicas da Universidade de Miami, em Ohio, pode ser estabelecida e usada como uma ferramenta de aprendizado para aulas de ecologia e gestão de recursos.

No verão de 1988, um ano muito seco, as queimadas, a maioria iniciada por raios, queimaram descontroladamente mais da metade do Parque Nacional de Yellowstone (cerca de 350 mil hectares). Para o observador casual, a terra chamuscada parecia devastada, como se não houvesse sobreviventes. No entanto, como o fogo se movia com rapidez, as temperaturas fatais penetravam o solo não mais que uma polegada (2,54 cm), assim, nenhum pedaço de terra ficou impróprio para o crescimento de plantas. Os grandes animais (como o bisão e o alce) foram muito pouco afetados, pois foram capazes de forragear mais que o esperado com os açúcares dos restos queimados – "balas de caramelo" como os guardas florestais chamavam – e com a vegetação herbácea que logo cobriu as áreas atingidas. De fato, os invernos severos nos anos que se seguiram ao incêndio tiveram maior efeito sobre as manadas que o fogo.

No primeiro verão que se seguiu ao incêndio, um tapete de epilóbio e outras ervas cobriam as áreas queimadas. Os epilóbios (*Epilobium angustifolium*), da família da prímula, são uma planta alta com haste com flores rosa púrpura. São encontrados em lugares abertos e perturbados nas florestas do norte, de costa a costa e, de acordo com seu nome (*fireweed* em inglês), é uma das primeiras plantas a nascer depois dos incêndios em florestas. Eles podem transformar a terra queimada em um jardim de lindas flores! Os epilóbios também aparecem na Inglaterra, onde, durante a Segunda Guerra Mundial, cobriram as áreas bombardeadas e queimadas de Londres.

Em 1998, dez anos depois dos incêndios, as coníferas dominantes originais, os pinheiros *lodgepole* e de Douglas, emergiram das camadas de arbustos e herbáceas. Normalmente, os álamos alpinos precedem as coníferas na sucessão ecológica nas montanhas do oeste, mas, em Yellowstone, a sucessão parece estar indo diretamente ao encontro das coníferas dominantes. Aparentemente, as grandes populações de herbívoros mamíferos estão sobrepastejando os álamos.

Os incêndios de Yellowstone desencadearam, por assim dizer, uma "tempestade de fogo" na política federal sobre incêndios, que desde 1972 permitia que as queimadas acontecessem a menos que houvesse ameaça às pessoas ou propriedades. O problema agora, na primeira década do século XXI, é que as pessoas estão se mudando das cidades e construindo casas nas florestas. Assim, os esforços custosos e maciços de combate a incêndios devem ser realizados nos anos de seca, durante as oscilações normais de clima entre úmido e seco. Os incêndios no sul da Califórnia, durante outubro de 2003, que enegreceram mais de 743 mil acres (297 mil ha) e destruíram 3.600 casas ilustram esse ponto. Para mais informações sobre os incêndios em Yellowstone e a recuperação, uma década depois, veja Stone (1998) e Baskin (1999).

Como era de esperar, as plantas se adaptaram ao fogo, assim como o fizeram com outros fatores limitantes. As espécies dependentes e tolerantes ao fogo podem ser divididas em dois tipos básicos: (1) espécies de **rebrota**, que põem mais energia nos órgãos de armazenamento subterrâneo e menos nas estruturas reprodutivas (flores inconspícuas, com pouco néctar e poucas sementes) e, assim, podem rapidamente regenerar-se após o fogo ter matado as partes expostas; e (2) espécies **matura-e-morre**, que fazem exatamente o oposto: produzem sementes em abundância e resistentes, prontas para germinar logo após o incêndio (epilóbios, por exemplo).

O problema de queimar ou não pode ser confuso, pois o momento no tempo e a intensidade das estações são aspectos críticos na determinação das consequências das queimadas. O descuido humano tende a aumentar as queimadas; portanto, é necessário fazer campanhas intensas para prevenção de incêndios provocados pelos humanos nas florestas nacionais e áreas de recreação. No entanto, deve-se reconhecer que o uso do fogo como uma ferramenta utilizada por pessoas treinadas

Figura 5.10 (A) Queimada controlada do prado de Konza, localizado na região de Flint Hills, no nordeste do Kansas. O prado de Konza é dominado pelas gramíneas perenes de estação quente como os capins *Andropogon, Schizachyrum, Sorgastrum* e *Panicum*. O fogo é um processo natural que ajuda a regular e sustentar o prado de gramíneas altas. (B) Queimadas prescritas em um prado experimental do Centro de Pesquisas de Ecologia da Universidade de Miami, Ohio.

faz parte de um bom manejo da terra. O fogo é parte do "clima" em muitas áreas, e muitas vezes é benéfico. As revisões recomendadas sobre a ecologia do fogo são H. L. Stoddard (1950), Kozlowski e Ahlgren (1974), Whelan (1995), Knapp et al. (1998) e McShea e Healy (2002).

6 Revisão de Outros Fatores Limitantes Físicos

O amplo conceito de fatores limitantes não se restringe aos fatores físicos, pois as inter-relações biológicas são tão importantes quanto esses fatores no controle da distribuição real e da abundância dos organismos na natureza. No entanto, fatores biológicos serão considerados nos Capítulos 6 e 7, nos quais serão discutidos populações e comunidades. Esta seção conclui as breves revisões sobre aspectos naturais, físicos e químicos do ambiente. Para apresentar tudo o que é conhecido nesse campo, seriam necessários vários livros – especialmente sobre ecologia fisiológica ou *ecofisiologia* –, e está além do escopo do presente esboço dos princípios ecológicos.

Explicação

A **ecofisiologia** é a parte da ecologia que diz respeito às respostas dos organismos individuais ou das espécies aos fatores abióticos, como temperatura, luz, umidade, gases atmosféricos etc. Focalizaremos aqui alguns poucos fatores importantes que os ecólogos precisam apreciar para entender as relações abióticas e bióticas em níveis mais elevados da organização bioecológica.

Temperatura

Comparada com a amplitude de milhares de graus conhecidos que ocorrem no universo, a vida como conhecemos pode existir somente dentro de uma pequena faixa de cerca de 300 graus Celsius – de -200 a $100\ °C$. A maioria das espécies e das atividades estão restritas a uma faixa ainda mais estreita de temperatura. Alguns organismos, especialmente em um estágio de repouso, podem existir a temperaturas muito baixas, enquanto alguns microrganismos, principalmente bactérias e algas, podem viver e se reproduzir em nascentes hidrotérmicas, nas quais a temperatura está próxima do ponto de ebulição. A tolerância superior de temperatura para as bactérias de nascentes hidrotérmicas é de $80\ °C$ para a cianobactéria, comparada com os $50\ °C$ para os peixes e insetos mais tolerantes. Em geral, os limites superiores são mais críticos que os inferiores, apesar de muitos organismos funcionarem de forma mais eficiente em direção aos limites superiores de suas amplitudes de tolerância. A amplitude de variação da temperatura tende a ser menor em água do que em terra, e os organismos aquáticos geralmente têm amplitudes mais estreitas de tolerância à temperatura que os animais terrestres. A temperatura, portanto, é importante como um fator limitante.

A temperatura é um dos fatores ambientais mais fáceis de se medir. O termômetro de mercúrio, um dos primeiros e mais usados instrumentos de precisão científica, foi agora substituído pelos aparelhos "sensores" elétricos, como os termômetros de resistência de platina, pares termelétricos e termistores, que permitem não somente medir em lugares de "difícil acesso" mas também registrar contínua e automaticamente as medidas. Além disso, os avanços na radiotelemetria tornam possível transmitir informações de temperatura do corpo de um lagarto no fundo de sua toca ou de uma ave migratória voando alto na atmosfera.

A variabilidade da temperatura é extremamente importante do ponto de vista ecológico. Uma temperatura que flutua entre 10 e 20 °C, com média em 15 °C, não tem necessariamente o mesmo efeito nos organismos com uma temperatura constante de 15 °C. Os organismos sujeitos a temperaturas variáveis na natureza (como na maioria das regiões temperadas) tendem a ser deprimidos, inibidos ou mais vagarosos quando estão sob temperaturas constantes. Por exemplo, Shelford (1929), em um estudo pioneiro, descobriu que os estágios de ovos e larvas (ou pupa) do bicho-da-maçã (*Cydia pomonella*) se desenvolveram 7% a 8% mais rápido sob condições de temperatura variável do que sob uma temperatura constante, com a mesma média. Assim, o efeito estimulante das temperaturas variáveis, nas zonas temperadas pelo menos, pode ser encarado como um princípio ecológico bem--aceito, especialmente porque a tendência foi conduzir o trabalho experimental no laboratório sob condições de temperatura constante.

Luz

A luz coloca os organismos no cerne de um dilema: a exposição direta do protoplasma à luz causa morte, embora a luz do Sol seja a fonte fundamental de energia e sem a qual a vida não poderia existir. Consequentemente, muitas das características estruturais e comportamentais dos organismos estão preocupadas em resolver esse problema. De fato, como observado na discussão sobre a hipótese Gaia (Capítulo 2), a evolução da biosfera tem envolvido a "domesticação" da radiação solar que a atinge, de modo que os comprimentos de onda úteis possam ser explorados, ao passo que os perigosos possam ser mitigados ou evitados. A luz, portanto, não é só um fator vital, é também um fator limitante, tanto no seu nível máximo como no mínimo. Não há, talvez, outro fator de maior interesse para os ecólogos.

O ambiente total da radiação e algo sobre sua distribuição espectral foram considerados no Capítulo 3, assim como o papel primário da radiação solar na energética do ecossistema. Consequentemente, este capítulo discute as ondas de luz sobre uma grande amplitude de comprimentos de onda. Duas faixas de comprimento de onda penetram de imediato a atmosfera da Terra, a *faixa do visível*, com algumas partes das faixas adjacentes, e a *faixa de rádio de baixa frequência*, com comprimentos de onda maiores que 1 cm. Não se sabe se as ondas longas de rádio são significantes no aspecto ecológico, apesar de alguns pesquisadores declararem existir efeitos positivos em aves migratórias ou outros organismos. Os papéis da luz ultravioleta (abaixo de 3.900 Å) e infravermelha (acima de 7.600 Å) foram considerados no Capítulo 3. O papel que a radiação gama de alta energia e ondas muito curtas e outros tipos de radiação ionizante podem desempenhar como um fator limitante ecológico será revisto de maneira breve na próxima seção.

Do ponto de vista ecológico, a *qualidade* (comprimento de onda ou cor), a *intensidade* (energia real medida em grama-calorias) e a *duração* (comprimento do dia) da luz são reconhecidas como importantes. Tanto os animais como as plantas respondem a diferentes comprimentos de onda de luz. A visão de cores nos animais ocorre esporadicamente em diferentes grupos taxonômicos, sendo bem desenvolvida em certas espécies de artrópodos, peixes, aves e mamíferos, mas não em outras espécies do mesmo grupo (entre mamíferos, por exemplo, a visão de cor é bem desenvolvida somente em primatas). A taxa de fotossíntese varia com diferentes comprimentos de onda. Em ecossistemas terrestres, a qualidade da luz solar não varia o suficiente para ter um efeito diferencial importante na taxa de fotossíntese, mas quando a luz penetra na água, os vermelhos e os azuis são filtrados por atenuação, e a luz esverdeada resultante é pouco absorvida pela clorofila. As algas marinhas vermelhas (*Rhodophyta*), no entanto, apresentam pigmentos suplementares (*ficoeritrinas*), capacitando-as a usar essa energia e a viver em profundidades maiores do que seria possível para as algas verdes.

A intensidade luminosa (entrada de energia) impingida à camada autotrófica controla o ecossistema inteiro por meio de sua influência na produção primária. O relacionamento entre a intensidade luminosa e a fotossíntese tanto nas plantas terrestres como nas aquáticas segue o mesmo padrão geral de aumento linear até um nível ótimo ou de *saturação de luz*, seguido, em muitas instâncias, por um decréscimo das altas intensidades da luz solar plena. As plantas que apresentam a fotossíntese do tipo C_4, no entanto, atingem a saturação a altas intensidades e não são inibidas pela luz solar plena (ver Capítulo 2).

Como era de esperar, o fator compensação ocorre; as plantas individuais e as comunidades se adaptam a diferentes intensidades luminosas ao se tornarem *plantas de sombra* (atingindo a saturação em baixas intensidades) ou *plantas de sol*. As diatomáceas que vivem na areia da praia ou em planícies lodosas de marés são extraordinárias porque atingem a taxa máxima de fotossíntese quando a intensidade luminosa é menor que 5% da luz solar total. Ainda assim, essas diatomáceas são pouco inibidas pelas altas intensidades. As algas do fitoplâncton, ao contrário, são adaptadas à sombra e são muito inibidas pelas altas intensidades, o que explica o fato de o pico de produção no mar geralmente ocorrer abaixo em vez de logo na superfície.

Radiações Ionizantes

As radiações de energia muito alta que podem remover os elétrons dos átomos e fixá-los em outros átomos, produzindo com isso *pares iônicos* positivos e negativos, são conhecidas como **radiações ionizantes**. A luz e a maioria das outras radiações solares não têm esse efeito ionizante. Acredita-se que a ionização seja a principal causa dos danos da radiação à vida, e que a avaria é proporcional ao número de pares iônicos produzidos no material absorvente. As radiações ionizantes são produzidas pelos materiais radioativos na Terra e também são recebidas do espaço. Os isótopos dos elementos que emitem as radiações ionizantes são chamados de *radionuclídeos* ou *radioisótopos*.

A radiação ionizante no ambiente tem aumentado perceptivelmente pelos esforços humanos em usar a energia atômica. Os testes com armas nucleares injetam radionuclídeos na atmosfera que, depois, retornam à Terra como "chuva" global. Cerca de 10% da energia de uma arma nuclear é expendida em radiação residual. As usinas nucleares (e os processamentos de combustível e disposição de resíduos em outros locais), pesquisas médicas e outros usos pacíficos da energia atômica produzem "pontos quentes" locais e resíduos que frequentemente escapam para o ambiente durante o transporte ou armazenamento. A falha em evitar as emissões acidentais e em resolver o problema dos resíduos radioativos são as principais razões por que a energia atômica não alcançou seu potencial como fonte de energia para as sociedades humanas. Por causa da importância da energia atômica no futuro, vamos rever esse tópico em mais detalhes.

Das três radiações ionizantes de interesse ecológico primário, duas são *corpusculares* (radiações alfa e beta) e uma é *eletromagnética* (radiação gama e a radiação X relacionada). A radiação corpuscular consiste de correntes de partículas atômicas e subatômicas que transferem sua energia para qualquer material que atingem. As **partículas alfa** são núcleos de átomos do hélio que viajam somente alguns centímetros no ar e podem ser barradas por uma folha de papel ou a epiderme da pele humana, mas quando isso ocorre produzem uma grande quantidade de ionização no local. As **partículas beta** são elétrons em alta velocidade – partículas muito menores que podem viajar vários metros no ar ou até alguns centímetros para dentro do tecido e largam a sua energia ao longo de um trecho maior. As radiações eletromagnéticas ionizantes são de comprimentos de onda muito mais curtos que a luz visível; viajam grandes distâncias e penetram na matéria imediatamente, liberando sua energia em longos trechos (a ionização é dispersada). Por exemplo, os **raios gama** penetram facilmente em materiais biológicos; um raio gama pode atingir um organismo sem ter nenhum efeito ou pode produzir ionização sobre um longo trecho. O efeito dos raios gama depende do número e da energia do raio, bem como da distância que o organismo está da fonte, pois a intensidade decresce exponencialmente com a distância. As características biológicas importantes da radiação alfa, beta e gama são apresentadas nos diagramas da Figura 5.11. A série alfa-beta-gama é de penetração crescente, mas de concentração de ionização e dano local decrescente, portanto, os biólogos classificam as substâncias radioativas que emitem partículas alfa ou beta como *emissores internos*, porque seu efeito máximo provável será quando for absorvido, ingerido ou de outra forma depositado dentro ou próximo de tecido vivo. Ao contrário, as substâncias radioativas que são primariamente emissoras gama são classificadas como *emissores externos*, porque são penetrantes e podem produzir efeito sem que sejam ingeridas.

Outros tipos de radiação de interesse dos ecólogos incluem **raios cósmicos**, que são radiações de fora do espaço exterior e constam de uma mistura de componentes corpusculares e eletromagnéticos. A intensidade dos raios cósmicos na ecosfera é baixa, mas eles são um grande perigo nas viagens espaciais. Os raios cósmicos e a radiação ionizante de fontes naturais radioativas no solo e na água produzem o que é chamado de **radiação de fundo**, à qual as biotas atuais estão adaptadas. De fato, a biota pode depender dessa radiação de fundo para manter a fluidez genética. A radiação de fundo varia de três a quatro vezes em várias partes da ecosfera; seu valor é mínimo na superfície do mar ou abaixo dela, e máximo em

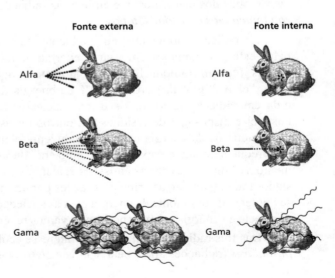

Figura 5.11 Comparação esquemática dos três tipos de radiação ionizante de maior interesse ecológico, mostrando a penetração relativa e os efeitos específicos da ionização. O diagrama não pretende ser quantitativo.

grandes altitudes, como nas montanhas graníticas. Os raios cósmicos aumentam em intensidade com o aumento da altitude, e as rochas graníticas apresentam mais radionuclídeos que ocorrem naturalmente que as rochas sedimentares.

Um estudo do fenômeno da radiação requer dois tipos de medidas: (1) uma medida do *número de desintegrações* que ocorrem em uma quantidade de substâncias radioativas; e (2) uma medida da dosagem de radiação em termos de *energia absorvida* que possa causar ionização e avaria. A unidade básica da quantidade de substância radioativa é *curie* (Ci), definida como a quantidade de material no qual $3,7 \times 10^{10}$ átomos desintegram a cada segundo, ou $2,2 \times 10^{12}$ desintegrações por minuto. O peso real do material que forma um curie é muito diferente para um isótopo de longa vida e decaimento lento, comparado a um decaimento rápido. Como um curie representa uma quantidade relativamente grande de radioatividade do ponto de vista biológico, são muito mais usadas unidades menores: *milicurie* (mCi) = 10^{-3} Ci; *microcurie* (μCi) = 10^{-6} Ci; *nanocurie* (nCi) = 10^{-9} Ci; e *picocurie* (pCI) = 10^{-12} Ci. O curie indica quantas partículas alfa ou beta, ou raios gama, são emitidos de uma fonte radioativa por unidade de tempo, mas essa informação não nos diz como a radiação pode afetar os organismos na linha de fogo.

A dosagem, outro aspecto importante da radiação, tem sido medida em diversas escalas. A unidade mais conveniente para todos os tipos de radiação é o *rad*, definido como uma dose absorvida de 100 ergs (10^{-5} joules) de energia por grama de tecido. *Roentgen* (R) é uma unidade mais antiga que, de modo rigoroso, deve ser usada somente para raios X e gama. Realmente, para os efeitos em organismos vivos, o rad e o roentgen são quase a mesma coisa. O roentgen ou rad é a unidade da *dosagem total*. A *taxa de dosagem* é a quantidade recebida por unidade de tempo. Assim, se um organismo está recebendo 10 mR por hora, a dose total em um período de 24 horas seria de 240 mR por hora, ou 0,240 R/h. O tempo em que uma dose é recebida é uma consideração importante.

Em geral, os organismos superiores e mais complexos são mais facilmente prejudicados ou mortos pela radiação ionizante. Os seres humanos são um dos mais sensíveis. A sensibilidade comparativa de três grupos diferentes de organismos a doses únicas de radiação gama é apresentada na Figura 5.12. Doses altas únicas, liberadas em intervalos curtos (minutos ou horas), são conhecidas como *doses agudas*, em contraste com as *doses crônicas* de radiação subletal que podem ocorrer continuamente por todo o ciclo de vida.

As extremidades à esquerda das barras na Figura 5.12 indicam os níveis nos quais podem ser esperados efeitos severos na reprodução (esterilização temporária ou permanente, por exemplo) das espécies mais sensíveis do grupo, e as extremidades à direita da barra indicam os níveis nos quais uma grande parte (50% ou mais) das espécies mais resistentes seriam mortas imediatamente. As setas para a esquerda indicam os menores valores de doses que poderiam matar ou prejudicar os estágios sensíveis do ciclo de vidas, como os embriões. Assim, a dose de 200 rads mataria alguns embriões de inseto no estágio de segmentação, 500 rads esterilizariam algumas espécies de insetos, 100 mil rads seriam necessários para matar todos os indivíduos adultos das espécies mais resistentes de insetos. Em geral, os mamíferos são os organismos mais sensíveis, e os microrganismos, os mais resistentes. As plantas com semente e os vertebrados inferiores se posicionam em algum lugar entre os insetos e os mamíferos. A maioria dos estudos mostra que células em divisão rápida são as mais sensíveis à radiação (o que explica por que a sensibilidade diminui com a idade). Assim, qualquer componente que passa por

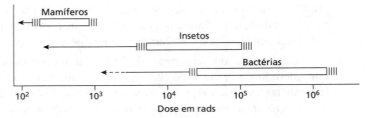

Figura 5.12 Radiossensibilidade de três grupos de organismos a doses agudas únicas de radiação gama.

crescimento rápido pode ser afetado por níveis baixos de radiação, independentemente das relações taxonômicas. Os efeitos das doses crônicas de baixo nível são mais difíceis de medir, porque podem estar envolvidos efeitos genéticos, assim como somáticos de longo prazo.

Em plantas superiores, a sensibilidade às radiações ionizantes tem sido demonstrada como diretamente proporcional ao tamanho do núcleo da célula ou, mais especificamente, ao volume de cromossomos ou conteúdo de DNA. No campo, outras considerações, como a proteção das partes sensíveis em crescimento ou regeneração (quando subterrâneas), determinariam a sensibilidade relativa.

Entre 1950 e 1970 foram estudados os efeitos da radiação gama em comunidades e ecossistemas inteiros em diversos locais. As fontes gama – geralmente cobalto-60 ou césio-137 – de 10.000 Ci ou mais foram colocadas em campos e florestas localizados no Laboratório Nacional de Brookhaven, em Long Island, Nova York (Woodwell, 1962, 1965), em uma floresta pluvial tropical localizada em Porto Rico (H. T. Odum e Pigeon, 1970) e em um deserto localizado no estado de Nevada (French, 1965). Os efeitos dos reatores nucleares não protegidos (que emitem tanto nêutrons como radiação gama) em campos e florestas foram estudados na Geórgia (Platt, 1965) e no Laboratório Nacional de Oak Ridge no Tennessee (Witherspoon, 1965, 1969). Foi usada uma fonte gama portátil para estudar os efeitos de curto prazo em uma ampla variedade de comunidades no Laboratório de Ecologia do Rio Savannah, na Carolina do Sul (McCormick e Golley, 1966; McCormick, 1969). Muito tem sido aprendido em relação à estrutura e ao funcionamento do ecossistema com base nesses estudos pioneiros.

Nenhuma espécie vegetal ou animal superior sobreviveu próximo dessas fontes poderosas. A inibição do crescimento de plantas e a redução na diversidade de espécies animais foram observadas em níveis tão baixos como 2 a 5 rads por dia. Apesar das árvores de floresta e arbustos (no caso de deserto) resistentes terem persistido a taxas de dosagem bastante altas (10 a 40 rads por dia), a vegetação ficou estressada e se tornou vulnerável a insetos e doenças. No segundo ano do experimento no Laboratório Nacional de Brookhaven, por exemplo, ocorreu um surto de afídeos de folhas de carvalho na zona que estava recebendo cerca de 10 rads por dia. Nessa zona, os afídeos eram 200 vezes mais abundantes que nas florestas de carvalho normais, que não recebiam radiação.

Quando os radionuclídeos são liberados no ambiente, geralmente são dispersos e diluídos, mas podem se concentrar em organismos vivos durante as transferências na cadeia alimentar, o que é classificado sob o título geral de *magnificação biológica*. As substâncias radioativas também podem se acumular em solos, água, sedimentos ou ar se a entrada exceder a taxa natural de decaimento radioativo;

assim, uma quantidade aparentemente inócua de radioatividade pode logo se tornar letal.

A razão entre a quantidade de radionuclídeo em um organismo em relação ao ambiente é chamada de *fator de concentração*. O comportamento químico de um isótopo radioativo é essencialmente o mesmo do isótopo não radioativo do mesmo elemento. Portanto, a concentração observada no organismo não é o resultado da radioatividade, mas demonstra, de modo mensurável, a diferença entre a densidade do elemento em um ambiente e no organismo. Assim, o iodo-131 radioativo (^{131}I) se concentra na tireoide como um iodo não radioativo. Alguns radionuclídeos sintéticos também se concentram por causa de sua afinidade química com os nutrientes que são naturalmente concentrados pelos organismos.

Dois exemplos ilustram as tendências de concentração de dois dos radionuclídeos de longa vida mais problemáticos, subprodutos da fissão do urânio (de agora em diante chamados de *produtos de fissão*). O estrôncio-90 (^{90}Sr) tende a ciclar como o cálcio; o césio-137 (^{137}Cs) se comporta como o potássio nos tecidos vivos. Os fatores de concentração do 90Sr em várias partes da teia alimentar de um lago que recebe resíduos de baixo nível de radioatividade estão apresentados no diagrama da Figura 5.13. Como do tecido da medula óssea formador de sangue é sensível à radiação beta de ^{90}Sr, a concentração de três mil a quatro mil vezes no osso da parca e do rato-almiscarado é significativa. Ao analisar a emissão de material radioativo no ambiente, deve-se determinar as concentrações biológicas.

Os fatores de concentração provavelmente são maiores em solos pobres em nutrientes que em solos ricos em nutrientes e na água. A concentração também é maior em vegetação "de cobertura fina", como as rochas cobertas de líquen na tundra ártica. Uma preocupação é que os povos Inuit e Saame da região da Lapônia, que consomem carne de rena ou alce, ingerem mais material de chuva radioativa de radionuclídeos que aqueles que consomem alimentos da cadeia alimentar de grãos e carne.

A Tabela 5.2 mostra a concentração de césio-137 da chuva radioativa (determinada pela contagem do corpo total) em veado, muito mais alta na planície costeira arenosa baixa do que na Piedmont adjacente, onde os solos são bem drenados e têm grande conteúdo de argila. Como a média de chuva é a mesma em ambas as regiões, a entrada via chuva radioativa da atmosfera para o solo provavelmente também é a mesma.

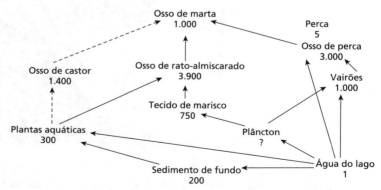

Figura 5.13 Concentração de estrôncio-90 em várias partes da teia alimentar de um pequeno lago canadense que recebe um baixo nível de resíduos nucleares. Os valores médios de fatores de concentração estão apresentados em relação à água do lago = 1 (segundo Ophel, 1963; utilizado com permissão da Biology and Health Physics Division, Atomic Energy of Canada Limited, Chalk River, Ontario).

Tabela 5.2

Comparação da concentração de césio-137 (resultante de chuva radioativa) em veados-de-cauda-branca (*Odocoileus virginianus*) das regiões das planícies costeiras e de Piedmont da Geórgia e da Carolina do Sul

		Césio-137 (pCi/kg de peso úmido)	
Região	Número de veados	Média ± erro padrão*	Amplitude
Planície Costeira Baixa	25	18.039 ± 2359	2076 – 54.818
Piedmont	25	3007 ± 968	250 – 19.821

Fonte: Dados de Jenkins e Fendley, 1968.
* Diferença entre as regiões altamente significativas no nível de probabilidade $p < 0{,}01$.

Água

Água, uma necessidade fisiológica para toda a vida, é, do ponto de vista ecológico, um fator limitante nos ambientes terrestres e aquáticos nos quais a quantidade pode flutuar muito ou a alta salinidade provoca a perda de água dos organismos por osmose. A chuva, a umidade, o poder de evaporação do ar e o suprimento disponível de água superficial são os principais fatores medidos. Descrevemos, a seguir, cada um desses aspectos.

A *chuva* é determinada principalmente pela geografia e pelo padrão de grandes movimentos do ar ou de sistemas de condições meteorológicas. Como qualquer pessoa que verifica a previsão do tempo sabe, os sistemas de condições meteorológicas nos Estados Unidos se movem principalmente do oeste para o leste. Como mostra a Figura 5.14, os ventos carregados de umidade que sopram pelo oceano depositam a maior parte da umidade nas vertentes voltadas para o oceano; a **sombra de chuva** resultante produz um deserto no lado protegido do vento das montanhas. Em geral, quanto mais altas as montanhas, maior o efeito. Como o ar continua além das montanhas, alguma umidade é captada e a chuva pode au-

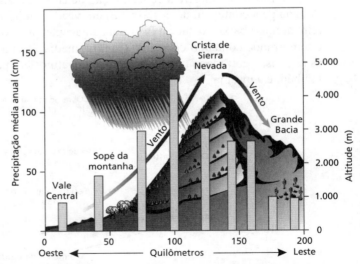

Figura 5.14 As cadeias de montanhas influenciam os padrões de precipitação. Na Sierra Nevada, o vento se move da costa oeste dos Estados Unidos pelo vale central da Califórnia e então é defletido para cima, quando atinge a cadeia de montanhas. Esse ar carregado de umidade então se resfria, e sua umidade condensa ao ser defletido para cima pela montanha. Quando o ar se precipita pela vertente do leste (o lado protegido do vento da montanha), ele se aquece e cria condições áridas na grande bacia (dados e perfil segundo Pianka, 2000).

mentar um pouco de novo. Assim, os desertos estão, em geral, "atrás" de grandes cadeias de montanhas. A distribuição de chuva durante o ano é um fator limitante muito importante para os organismos. A situação proporcionada por uma chuva de 35 polegadas (89 cm), uniformemente distribuída ao longo do tempo, é bem diferente da fornecida por 35 polegadas (89 cm) de chuva que cai durante uma parte restrita do ano. Nesse último caso, plantas e animais devem ser capazes de sobreviver a longas secas (e a enchentes súbitas). A chuva tende a ser distribuída de forma desigual entre as estações nas regiões tropicais e subtropicais, muitas vezes resultando em estações bem definidas de chuva e seca. Nos trópicos, esse ritmo sazonal de umidade regula as atividades sazonais (em especial a reprodução) dos organismos, tanto quanto o ritmo sazonal da temperatura e da luz regula os organismos que vivem nas zonas temperadas. Nos climas temperados, a chuva tende a ser mais uniformemente distribuída ao longo do ano, apesar das muitas exceções. A seguinte tabulação apresenta uma aproximação grosseira do clímax das comunidades bióticas (biomas) que se pode esperar para diferentes quantidades anuais de chuva uniformemente distribuídas em latitudes temperadas:

  0-25 centímetros (0-10 polegadas) por ano – deserto

  25-75 centímetros (10-30 polegadas) por ano – campo, savana

  75-125 centímetros (30-50 polegadas) por ano – floresta seca

  > 125 centímetros (> 50 polegadas) por ano – floresta úmida

Na realidade, a situação biótica é determinada não somente pela chuva, mas também pelo balanço entre a chuva e a evapotranspiração potencial, que é a perda de água por evaporação do ecossistema.

A *umidade* representa a quantidade de vapor de água no ar. A **umidade absoluta** é a quantidade real de água no ar expressa como peso de água por unidade de ar (gramas por quilograma de ar, por exemplo). Como a quantidade de vapor de água que o ar pode reter (na saturação) varia com a temperatura e a pressão, a **umidade relativa** representa a porcentagem de vapor de água realmente presente, comparada com a densidade de saturação sob condições existentes de temperatura e pressão. Em geral, a umidade relativa tem sido a medida mais usada no trabalho ecológico, apesar de o inverso da umidade relativa, **déficit da pressão de vapor** (diferença entre a pressão parcial de vapor de água na saturação e a pressão de vapor real), ser muitas vezes referido como uma medida das relações de umidade, porque a evaporação tende a ser proporcional ao déficit de pressão de vapor em vez de proporcional à umidade relativa.

Por conta do ritmo diário da umidade na natureza (alta à noite, baixa durante o dia, por exemplo), bem como das diferenças verticais e horizontais, a umidade, a temperatura e a luz ajudam a regular as atividades dos organismos e a limitar sua distribuição. A umidade é importante pelo fato de modificar os efeitos da temperatura, como será observado em uma das seções a seguir.

O poder de evaporação do ar é importante do ponto de vista ecológico, especialmente para as plantas terrestres. Os animais podem, muitas vezes, regular suas atividades para evitar desidratação, mudando-se para lugares protegidos ou tornando-se ativos à noite; as plantas, no entanto, não podem se mover. Entre 97% e 99% da água que passa do solo para as plantas é perdida por meio da evaporação pelas folhas. Essa evaporação, chamada de **evapotranspiração**, é a característica única da energética dos ecossistemas terrestres. Quando a água e os nutrientes não são limitantes, o crescimento das plantas terrestres é bastante proporcional ao suprimento total de energia na superfície do solo. Como a maior parte da energia é calor, e como a fração que fornece o calor latente para a transpiração é quase constante, o crescimento é também proporcional à transpiração.

Apesar das muitas complicações biológicas e físicas, a evapotranspiração total está amplamente relacionada à taxa de produtividade. Por exemplo, Rosenzweig (1968) descobriu que a evapotranspiração é um descritor bastante significativo na previsão da produção primária líquida anual acima do solo (Pn) em comunidades terrestres maduras ou climáxicas de todos os tipos (desertos, tundras, campos e florestas); no entanto, a relação não é confiável em vegetação instável ou em desenvolvimento (não climáxica). A baixa correlação entre a energia assimilada e Pn nas comunidades em desenvolvimento tem lógica, pois essas comunidades não atingiram ainda as condições de equilíbrio entre os seus ambientes de energia e de água.

A razão entre produção primária líquida e quantidade de água transpirada é chamada **eficiência de transpiração** e é expressa em gramas de matéria seca produzida por mil gramas de água transpirada. Muitas espécies de produtos agrícolas – e uma grande amplitude de espécies não cultivadas – têm eficiência de transpiração de dois ou menos (ou seja, 500 gramas ou mais de água perdida por grama de matéria seca produzida). Os cultivos resistentes à seca, como o sorgo (*Sorghum bicolor*) e o milho-miúdo (*Panicum ramosum*), têm eficiência de transpiração de até quatro. O estranho, no entanto, é que as plantas do deserto podem ter menos que essa eficiência. Sua adaptação singular envolve não a habilidade de crescer sem transpiração, mas a capacidade de se tornar dormente quando não há água disponível (em vez de murchar e morrer, como seria o caso das plantas não desérticas). As plantas de deserto que perdem suas folhas e expõem somente brotos ou caules verdes durante os períodos de seca mostram uma alta eficiência de transpiração. Os cactos que empregam o tipo de fotossíntese CAM, reduzem a perda da água mantendo seus estômatos fechados durante o dia (ver Capítulo 2).

O suprimento de água superficial disponível está, certamente, relacionado com a chuva na área, mas existem discrepâncias por conta da natureza do substrato no qual a chuva cai. As dunas da Carolina do Norte são chamadas de "desertos na chuva" porque a chuva abundante na região é drenada com tanta rapidez através do solo poroso que as plantas, especialmente as herbáceas, encontram pouca água disponível na camada mais superficial do solo. As plantas e os pequenos animais dessas áreas parecem-se com os das regiões mais secas. Outros solos nas planícies do oeste dos Estados Unidos retêm água tão tenazmente que as culturas podem ser criadas sem uma só gota de chuva durante a estação de crescimento (as plantas podem usar a água armazenada durante as chuvas de inverno).

O represamento artificial de água corrente (represas) ajudou a aumentar a disponibilidade de suprimento hídrico local, assim como a criar recreação e energia hidrelétrica. No entanto, esse aparato de engenharia mecânica, por mais útil que seja, não deveria ser visto como substituto de práticas de uso de terra seguras como agricultura e silvicultura, que represam a água em suas fontes ou perto delas para maior utilidade. Do ponto de vista ecológico, a água como mercadoria cíclica no ecossistema é muito importante. As pessoas que pensam que todas as enchentes, erosões e problemas de uso da água podem ser resolvidos construindo-se represas ou por meio de outras estratégias mecânicas, como a canalização, precisam adquirir uma compreensão de hidrologia e ecologia da paisagem. O rio Mississippi, por exemplo, tem uma longa história de enchentes e tentativas de controlar esse processo. Apesar dos milhões gastos para controlar enchentes construindo-se diques, represas e outras tentativas de "domar" o Mississippi, o custo do prejuízo

Figura 5.15 Recursos hídricos subterrâneos dos Estados Unidos da América. Cerca de metade do país apresenta aquífero subterrâneo capaz de produzir um volume muito grande de água. Os aquíferos nas regiões mesocontinental e ocidental, que são pouco recarregados, estão sendo "superextraídos" ou "explorados" em muitas áreas onde as extrações são a fonte da água para irrigação (cortesia de U.S. Water Resources Council).

das inundações tem aumentado. Quanto mais o rio é espremido por diques e barragens e quanto mais a bacia hidrográfica é urbanizada, mais as águas sobem e mais grave é a enchente quando a água passa pelas barreiras ou sobre elas.

De 1930 a 2000 houve uma perda dramática de áreas úmidas no delta do Mississippi, na Louisiana, com estimativas em torno de 100 km^2/ano, ou um total de 4.000 km^2 durante esse período. De acordo com J. W. Day et al. (2000), canais e diques projetados para acelerar o fluxo do rio para o Golfo do México o mais rápido possível reduziram os sedimentos necessários para manter as áreas úmidas do delta. Para um relato bem documentado do lado negativo das tentativas de controlar o rio Mississippi, ver Belt (1975), Sparks et al. (1998) e Jackson e Jackson (2002).

O orvalho pode contribuir de forma apreciável e, em áreas de baixa precipitação, de forma vital para o fornecimento de água. O orvalho e o nevoeiro baixo são importantes em florestas costeiras e desertos. O nevoeiro na costa oeste dos Estados Unidos representa até duas a três vezes mais água que a precipitação anual. Árvores altas, como a sequoia costeira (*Sequoia sempervirens*), interceptam o nevoeiro costeiro que se move para o continente e podem colher até 150 cm de "chuva" que pinga dos galhos.

Água Subterrânea

Para a humanidade, a água subterrânea é um dos recursos mais importantes, porque temos acesso, em muitas regiões, a uma grande quantidade de água além daquela que cai como chuva. As cidades e a agricultura irrigada, localizadas em desertos e outras regiões secas, são possíveis graças ao acesso à água subterrânea. Infelizmente, muito dessa água foi armazenado em eras passadas e não está sendo reposta ou está sendo reposta a uma taxa mais lenta do que está sendo explorada. A água subterrânea de regiões áridas, assim como o petróleo, é um recurso não renovável.

A água subterrânea fornece 25% da água doce usada para todos os propósitos nos Estados Unidos, e cerca de 50% da água de abastecimento. O uso da água em irrigação no país aumentou continuamente de 1965 a 1980 porque o uso da água em irrigação depende de fatores como precipitação, disponibilidade de água, custos energéticos, preços de mercadorias agropecuárias, aplicação de tecnologia e práticas de conservação. A quantidade total de água usada para irrigação diminuiu de 1980 a 1995, embora a área total irrigada permaneça consistente em cerca de 23,5 milhões de hectares (Pierzynski et al., 2000). Esses dados sugerem que fatores como práticas de conservação, uso reduzido de energia e tecnologias apropriadas podem diminuir significativamente a quantidade de água subterrânea usada em irrigação. Assim como no caso de outros capitais naturais abundantes, a água subterrânea tende a ser considerada como certa e foi muito pouco estudada até que sinais de seu esgotamento e poluição mostraram que fatores limitantes estavam envolvidos.

Os maiores estoques de água subterrânea estão em **aquíferos**, estratos subterrâneos porosos muitas vezes compostos de pedra calcária, areia ou cascalho, limitados por rochas ou argila impermeáveis que mantêm a água como uma manilha gigante ou um tanque comprido. A água entra por locais onde os estratos permeáveis estão próximos da superfície ou de alguma maneira cruzam o lençol freático superficial; a água pode sair do aquífero pelas fontes ou outras descargas na superfície ou próximo dela. Onde o declive do aquífero segue em direção ao mar, vindo de áreas de recarga em altitudes maiores, a água no aquífero mais profundo fica sob pressão e jorra acima da superfície, como um chafariz ao se cavar um poço (o assim chamado *poço artesiano*). A distribuição geográfica dos aquíferos e outros estoques substanciais de água subterrânea estão mapeados na Figura 5.15.

A entrada (chuva ou recarga do cinturão de neve) e saída (água que retorna para o ciclo hidrológico dos rios, oceanos e atmosfera) anuais para esse enorme reservatório estão estimadas em torno de uma em 120 partes do volume total. Apesar de as retiradas totalizarem somente cerca de um décimo do volume de recarga, alguns dos aquíferos mais intensamente utilizados estão localizados em regiões de baixa ou nenhuma recarga. Por exemplo, cerca de um quarto de todas as retiradas dos aquíferos são *saldos negativos* (que excedem a recarga), principalmente nas regiões agrícolas do oeste. Um exemplo é o aquífero de Ogallala nos planaltos de Texas, Kansas, Oklahoma, Nebraska e leste do Colorado, onde a produção irrigada de grãos supre uma parte importante do mercado de exportação com que contam os Estados Unidos para equilibrar os pagamentos pela importação de petróleo. A água fóssil e o combustível fóssil (para bombear a água) sustentam uma economia de bilhões de dólares nessa região. Prevê-se que nas próximas duas décadas esse aquífero estará, para todos os propósitos práticos, esgotado (Opie, 1993). A água fóssil terá acabado antes da exaustão do combustível fóssil, que se tornará inútil sem a água. Então a região enfrentará uma depressão econômica severa e uma evasão populacional, e a nação terá de encontrar outro lugar para plantar grãos – a menos que, naturalmente, seja julgado possível construir um aqueduto do sistema do rio Mississippi. Para mais informações sobre a água subterrânea, ver a edição especial da National Geographic (1993).

O esgotamento não é a única ameaça para a água subterrânea. A contaminação por substâncias químicas tóxicas pode ser uma ameaça ainda maior. Pelo menos o problema de resíduos tóxicos tem soluções tecnológicas, se as sociedades quiserem e estiverem aptas a pagar o custo de proteger os recursos hídricos que, em longo prazo, são mais preciosos que o petróleo ou o ouro. De fato, pode-se discutir a proposta de que para a civilização a água doce utilizável é potencialmente um fator limitante maior que a energia. Os problemas com a água variam conforme a região, mas como mostrado na Figura 5.16, nenhuma região está livre de ter algum tipo de problema com a água. Como a água é encarada como mercadoria não comercial, a opinião pública e a intervenção política são importantes para impedir tanto o esbanjamento como o completo esgotamento desse recurso. Se pagarmos mais pela água, gastaremos e poluiremos menos esse recurso. Não há dúvida de que a água doce de qualidade está se tornando um grave fator limitante para humanos em escala global (ver Postel 1992, 1993, 1999; Gleick, 2000, para mais detalhes).

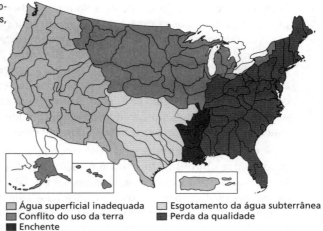

Figura 5.16 Distribuição regional de problemas com a água nos Estados Unidos, em Porto Rico e nas Ilhas Virgens.

☐ Água superficial inadequada   ☐ Esgotamento da água subterrânea
☐ Conflito do uso da terra   ■ Perda da qualidade
■ Enchente

Ação Conjunta de Temperatura e Umidade

Com base no conceito de ecossistema, evitamos criar a impressão de que os fatores ambientais operam independentemente um dos outros. Este capítulo tenta mostrar que a consideração dos fatores individuais é um meio de abordar os problemas ecológicos complexos, mas não é o objetivo final do estudo ecológico, que é o de avaliar a importância relativa dos vários fatores conforme operam em conjunto em ecossistemas reais. A temperatura e a umidade são tão importantes e interagem tão intimamente nos ambientes terrestres que são considerados os aspectos mais importantes do clima.

A interação entre temperatura e umidade – como a interação entre a maioria dos fatores – depende tanto dos valores relativos como dos valores absolutos de cada fator. Assim, a temperatura exerce um efeito limitante mais severo nos organismos tanto quando há abundância como quando há muito pouca umidade, ou quando em condição moderada. Do mesmo modo, a umidade é crítica em extremos de temperatura. De certa maneira, esse é outro aspecto do princípio da interação de fator. Por exemplo, o besouro-bicudo-do-algodoeiro (*Anthonomus grandis*) pode tolerar melhor temperaturas mais altas quando a umidade é baixa ou moderada do que quando é muito alta. A condição quente e seca no cinturão de algodão é um sinal para os fazendeiros tomarem cuidado com o aumento da população de besouros. A condição quente e úmida é menos favorável para o besouro, mas, infelizmente, não tão boa para a planta do algodão.

Grandes corpos de água atenuam bastante os climas continentais por causa do alto calor latente da evaporação e das características de fusão da água, o que quer dizer que são necessárias muitas calorias de aquecimento para derreter o gelo e evaporar a água. De fato, existem dois tipos básicos de clima: (1) os *climas continentais*, caracterizados por temperatura e umidade extremas; e (2) os *climas marítimos*, caracterizados por flutuações menos extremas de temperatura e umidade, por causa dos efeitos atenuantes de grandes corpos de água (grandes lagos produzem climas marítimos locais).

As classificações iniciais do clima foram baseadas principalmente em medidas quantitativas de temperatura e umidade, levando em consideração a efetividade da precipitação e da temperatura determinadas pela distribuição sazonal e valores médios. A relação entre precipitação e evapotranspiração potencial (que depende da temperatura) fornece um quadro particularmente preciso dos climas.

O período de uso da umidade do solo representa o período principal da produção primária para o ecossistema e, assim, determina o fornecimento de alimento disponível para o consumidor e os decompositores durante o ciclo anual inteiro. No bioma da floresta decídua, a água provavelmente é bastante limitante apenas no fim do verão, e mais na parte sul que na parte norte do bioma. A vegetação nativa está adaptada para resistir a secas periódicas de verão, mas alguns produtos agrícolas cultivados na região não estão. Após penosas experiências com muitas falhas na produção agrícola no fim do verão, os fazendeiros do sul dos Estados Unidos estão começando a prover irrigação durante esse período.

Os **climadiagramas**, gráficos nos quais um fator climático importante é lançado contra um outro, formam um método útil para representar graficamente a temperatura e a umidade combinadas. Em gráficos de temperatura-precipitação, os valores médios mensais são lançados na escala de temperatura no eixo vertical e de umidade ou precipitação no eixo horizontal. O polígono resultante mostra as condições de temperatura-umidade e torna possível a comparação gráfica de um ano com outro, ou a comparação do clima de uma região biótica com o da outra. Os climadiagramas têm sido úteis para determinar a adequação das combinações entre temperatura e umidade para propostas de introdução de plantas agrícolas e animais de caça. Gráficos de outros pares e fatores, como a temperatura e a salinidade de ambientes marítimos, também podem ser instrutivos.

As *câmaras de ambiente controlado* fornecem outra abordagem útil ao estudo das combinações dos fatores físicos. Variam desde simples *câmaras de temperatura e umidade* até as grandes *estufas* ou *fitotrons* controlados, nos quais qualquer combinação desejada de temperatura, umidade e luz pode ser mantida. Essas câmaras são projetadas para controlar condições ambientais de modo que o pesquisador possa estudar a genética, a fisiologia e a ecologia das espécies cultivadas ou domesticadas. Essas câmaras podem ser úteis para estudos ecológicos quando os ritmos naturais da temperatura e da umidade podem ser simulados. Experimentos desse tipo ajudam a distinguir os fatores que podem ser significativos operacionalmente, mas podem revelar somente parte da história, pois muitos aspectos significativos do ecossistema não podem ser duplicados em recintos fechados (em microcosmos), mas devem ser testados em recintos abertos (em mesocosmos). Os fitotrons foram usados recentemente para determinar o efeito do aumento de CO_2 em consequência das atividades humanas sobre as plantas (ver próxima seção). A Biosfera 2, descrita no Capítulo 2, é a maior "estufa" projetada para sustentar humanos.

Gases Atmosféricos

A atmosfera, na maior parte da ecosfera, é marcadamente homeostática. Bem interessante, as concentrações atuais do dióxido de carbono (0,03% em volume) e oxigênio (21% em volume) são um tanto limitantes para muitas plantas superiores. Sabe-se que a fotossíntese em muitas plantas C_3 pode ser elevada pelo aumento moderado na concentração de CO_2, mas não é muito conhecido o fato de a redução experimental na concentração de oxigênio também aumentar a fotossíntese. Feijões, por exemplo, aumentam sua taxa de fotossíntese em até 50% quando a concentração de oxigênio ao redor de suas folhas é reduzida a 5%. As plantas C_4 não são inibidas pelas altas concentrações de O_2. Assim, as gramíneas C_4, inclusive milho e cana-de-açúcar, não apresentam inibição por oxigênio. A razão para a inibição em plantas C_3 de folhas largas pode ser que elas evoluíram quando a concentração de CO_2 era maior e a concentração de O_2 era menor do que é agora.

A situação em ambientes aquáticos difere do ambiente atmosférico porque as quantidades de oxigênio, dióxido de carbono e outros gases atmosféricos dissolvem-se na água, portanto as disponibilidades para organismos variam muito conforme a época e o local. O oxigênio é um fator limitante de suma importância, especialmente em lagos e águas com uma carga pesada de material orgânico. Apesar de o oxigênio ser mais solúvel em água que o nitrogênio, a quantidade real de oxigênio que a água pode manter sob condições mais favoráveis é muito menor que a quantidade presente na atmosfera. Assim, se 21% por volume de um litro de ar é oxigênio, haverá 210 cm^2 de oxigênio por litro. Em contraste, a quantidade de oxigênio por litro de água não excede 10 cm^2. A temperatura e os sais dissolvidos afetam muito a capacidade da água de manter o oxigênio; a solubilidade do oxigênio é aumentada em baixas temperaturas e reduzida em alta salinidade. O fornecimento de oxigênio na água vem de duas fontes principais: (1) por difusão do ar; e (2) por fotossíntese das plantas aquáticas. O oxigênio se difunde na água muito lentamente, a menos que tenha a ajuda do vento e dos movimentos da água; a penetração da luz é um fator muito importante na produção fotossintética do oxigênio. Assim, pode-se esperar variações diárias, sazonais e espaciais importantes na concentração de oxigênio nos ambientes aquáticos.

O dióxido de carbono, assim como o oxigênio, pode estar presente na água em quantidades bastante variáveis. É difícil fazer afirmações gerais sobre o papel do dióxido de carbono como um fator limitante nos sistemas aquáticos. Apesar de estar presente em baixas concentrações no ar, o dióxido de carbono é extremamente solúvel na água, que também obtém grande abastecimento da respiração, da decomposição e do solo. Portanto, a concentração mínima de CO_2 parece ser menos importante que a do oxigênio. Além disso, diferente do oxigênio, o dióxido de carbono combina quimicamente com a água para formar o H_2CO_3 (*ácido carbônico*), que, por sua vez, reage com o calcário disponível para formar os carbonatos (CO_3) e os bicarbonatos (HCO_3). Um reservatório estoque importante de CO_2 biosférico é o sistema carbonato dos oceanos. Os compostos carbonatados não só fornecem uma fonte de nutrientes, mas também agem como *tamponadores*, ajudando a manter a concentração do íon hidrogênio (pH) dos ambientes aquáticos perto do ponto neutro. Aumentos moderados de CO_2 da água parecem aumentar a fotossíntese e os processos de desenvolvimento de muitos organismos. O enriquecimento por CO_2, aliado ao aumento de nitrogênio e fósforo, pode ajudar a explicar a eutrofização cultural. As altas concentrações de CO_2 podem ser limitantes para os animais, em especial porque essas altas concentrações de dióxido de carbono estão associadas às baixas concentrações de oxigênio. Os peixes respondem intensamente às altas concentrações de CO_2 e podem morrer se a água estiver muito carregada com CO_2 livre.

A concentração de íon hidrogênio, ou pH, está intimamente relacionada ao ciclo do dióxido de carbono e tem sido muito estudada em ambientes aquáticos naturais. A menos que os valores de pH sejam extremos, as comunidades compensam as diferenças em pH (por mecanismos já descritos neste capítulo) e apresentam uma ampla tolerância à faixa de valores que ocorre de forma natural. No entanto, quando a alcalinidade total é constante, a mudança de pH é proporcional à mudança de CO_2, portanto é um indicador útil da taxa de metabolismo total da comunidade (fotossíntese e respiração). Os solos e águas de baixo pH (ácidos) frequentemente apresentam deficiência em nutrientes e têm baixa produtividade.

Macronutrientes e Micronutrientes

Sabe-se hoje que cerca de metade dos 92 elementos da tabela periódica são essenciais para plantas ou animais – ou, na maioria dos casos, para ambos. Como

214 Fundamentos de Ecologia

já foi dito, os sais de nitrogênio e fósforo são de grande importância, e deveriam ser considerados uma questão de rotina (ver Capítulo 4 para detalhes relativos à razão N/P).

O potássio, o cálcio, o enxofre e o magnésio merecem consideração, bem como o nitrogênio e o fósforo. Os moluscos e vertebrados precisam de cálcio em grandes quantidades para o esqueleto, e o magnésio é um elemento necessário da clorofila, sem o qual nenhum ecossistema pode operar. Os elementos e seus compostos necessários em quantidades relativamente grandes são conhecidos como **macronutrientes**.

Recentemente, tem havido um grande interesse pelo estudo dos elementos e os compostos necessários para o funcionamento dos sistemas vivos, mas exigidos somente em quantidades muito pequenas, frequentemente como componentes de enzimas vitais. Esses elementos são chamados de **elementos traço** ou **micronutrientes**. Como as exigências mínimas parecem estar associadas igualmente ou até de maneira mais reduzida a uma ocorrência no ambiente, esses micronutrientes são importantes como fatores limitantes. O desenvolvimento de métodos modernos de microquímica, espectrografia, difracção por raio X e análise biológica tem aumentado muito nossa capacidade de medir até mesmo as menores quantidades de micronutrientes. Também, a disponibilidade de radioisótopos para muitos elementos traço tem estimulado bastante a realização de estudos experimentais. As *doenças de deficiência* resultantes da ausência de elementos traço são conhecidas há muito tempo.

Os sintomas patológicos foram observados em plantas e animais de laboratório, tanto domésticos como selvagens. Sob condições naturais, os sintomas de deficiência desse tipo estão algumas vezes associados a histórias geológicas peculiares, outras, a um ambiente de alguma forma deteriorado, possivelmente resultado direto de uma gestão inadequada de habitat ou paisagem pelos homens. Um exemplo de uma história geológica peculiar ocorreu no sul da Flórida. Os solos orgânicos potencialmente produtivos dessa região não atingiam expectativas para cultivos e gado, até que se descobriu que essa região sedimentar tinha falta de cobre e cobalto, elementos presentes na maioria das outras áreas.

Dez micronutrientes são especialmente importantes para as plantas: ferro (Fe), manganês (Mn), cobre (Cu), zinco (Zn), boro (B), silício (Si), molibdênio (Mo), cloro (Cl), vanádio (V) e cobalto (Co). Esses elementos podem ser organizados em três grupos, de acordo com as funções: (1) os que são exigidos para a fotossíntese: Mn, Fe, Cl, Zn, V; (2) os que são exigidos para o metabolismo do nitrogênio: Mo, B, Co, Fe; e (3) os que são exigidos para outras funções metabólicas: Mn, B, Co, Cu, Si. Todos esses elementos, com exceção do boro, são essenciais para os animais, que também podem exigir selênio (Se), cromo (Cr), níquel (Ni), flúor (F), iodo (I), estanho (Sn), e talvez até mesmo o arsênio (As e Mertz, 1981). Claro que a linha divisória entre macro e micronutrientes não é clara nem é a mesma para todos os grupos de organismos; o sódio e o cloro, por exemplo, são necessários em maiores quantidades para os vertebrados do que para as plantas. O sódio (Na), de fato, é muitas vezes adicionado à lista precedente como um micronutriente para plantas. Muitos micronutrientes parecem vitaminas porque agem como catalisadores. Os metais traço frequentemente combinam-se com compostos orgânicos para formar os *metalo-ativadores*; o cobalto, por exemplo, é um constituinte fundamental da vitamina B_{12}. Goldman (1960) documentou um caso no qual o molibdênio era limitante para um ecossistema inteiro quando descobriu que a adição de cem partes por bilhão de Mo à água de um lago de montanha aumentava a taxa de fotossíntese. Ele também descobriu que nesse lago em particular, a concentração de cobalto era alta o suficiente para inibir o fitoplâncton. Como no caso dos macronutrientes, excesso de micronutrientes pode ser tão limitante quanto sua falta. Para uma análise do padrão dos elementos traço em uma bacia hidrográfica inteira, ver Riedel et al. (2000).

Vento e Enchente

Os meios atmosférico e hidrosférico onde os organismos vivem raramente estão parados por completo em qualquer período. As correntes na água não somente influenciam muito a concentração de gases e nutrientes como também agem como fatores limitantes no nível das espécies – e como subsídios de energia que aumentam a produtividade no nível de ecossistema. Assim, as diferenças entre as composições específicas das comunidades de um córrego e de uma pequena lagoa estão relacionadas com a grande diferença nas correntes de vento e água. Muitas plantas e animais de córrego estão morfológica e fisiologicamente adaptados para manter sua posição na correnteza e são conhecidos por ter limites de tolerância muito definidos para esse fator específico. Entretanto, o fluxo de água que age como um subsídio de energia é uma chave para a produtividade dos ecossistemas de área úmida e de maré.

No ambiente terrestre, o vento exerce um efeito limitante sobre atividades, comportamentos e até distribuição dos organismos. As aves, por exemplo, ficam quietas em locais protegidos em dias de vento – dias em que é difícil para o ecólogo tentar fazer um censo de aves. As plantas podem ser estruturalmente modificadas pelo vento, em especial quando outros fatores são também limitantes, como nas regiões alpinas. A Figura 5.17 mostra a linha de árvores no Parque Nacional das Montanhas Rochosas, onde há condições extremas de vento. Anos atrás, Whitehead (1957) demonstrou experimentalmente que o vento limita o crescimento das plantas em locais expostos nas montanhas. Quando ele levantou uma parede para proteger a vegetação do vento, a altura das plantas aumentou.

No entanto, o movimento do ar pode aumentar a produtividade da mesma maneira que o fluxo da água, como é aparentemente o caso de certas florestas pluviais tropicais. As tempestades são importantes, mesmo que apenas em nível local. Os furacões transportam animais e plantas por grandes distâncias, e quando essas tempestades atingem a terra, os ventos podem mudar a composição das comunidades de floresta durante muitos anos depois. Oliver e Stephens (1977) relataram

Figura 5.17 Linha de árvores no Parque Nacional das Montanhas Rochosas, Colorado, mostrando como o vento afeta a morfologia e a fisiologia da vegetação.

que os efeitos de dois furacões sobre as florestas da Nova Inglaterra que ocorreram antes de 1803 ainda podiam ser vistos na estrutura da vegetação. Foi observado que os insetos se espalham mais rapidamente na direção dos ventos predominantes que em outras direções, para áreas que parecem oferecer oportunidade igual para o estabelecimento das espécies. Em regiões secas, o vento é um fator limitante importante para as plantas, porque aumenta a taxa de perda de água por transpiração, mas as plantas do deserto desenvolveram muitas adaptações, como os estômatos em cripta, para tolerar essas limitações.

7 Magnificação Biológica das Substâncias Tóxicas

A distribuição de energia, é claro, não é a única qualidade influenciada pelo fenômeno da cadeia alimentar. Algumas substâncias se concentram em vez de se dispersar por meio de cada elo da cadeia alimentar. As concentrações via cadeia alimentar, ou **magnificação biológica**, são ilustradas pelo comportamento de certos radionuclídeos persistentes, pesticidas e metais pesados.

Explicação

A tendência de certos subprodutos de radionuclídeo da fissão e ativação atômica de se tornar cada vez mais concentrados a cada passo na cadeia alimentar foi inicialmente descoberta pela Comissão de Energia Atômica da usina de Hanford, a leste de Washington, na década de 1950. Descobriu-se que o césio, o estrôncio e o fósforo radioativos liberados no rio Columbia concentraram-se nos tecidos de peixes e aves. Foi relatado um fator de concentração (quantidade em tecido/quantidade na água) de dois milhões de vezes para o fósforo radioativo em ovos de ganso nidificando nas ilhas do rio. Assim, o que foi considerado inofensivo quando liberado na água se tornou altamente tóxico para os componentes a jusante da cadeia alimentar.

Rachel Carson, em seu famoso livro *Primavera Silenciosa* (1962), chamou a atenção para os efeitos prejudiciais e persistentes (permanecem ativos por longos períodos de tempo) dos inseticidas de hidrocarbonetos clorados, especialmente o DDT, e seus efeitos danosos como um biocida sobre as populações, comunidades, ecossistemas e paisagens totais, por causa da aplicação aérea difundida desses compostos. Um exemplo do acúmulo de DDT é mostrado na Tabela 5.3 e na Figura 5.18. Para controlar os mosquitos em Long Island, Nova York, os funcionários da prefeitura pulverizaram DDT nos pântanos durante muitos anos. Os especialistas em controle de insetos tentaram usar concentrações de pulverização que não fossem letais para peixes e outros seres silvestres, mas falharam em reconhecer o efeito negativo nos processos ecológicos e na toxicidade em longo prazo dos resíduos de DDT. Em vez de serem levados para o mar, como alguns previram, os resíduos venenosos absorvidos pelos detritos se tornaram concentrados nos tecidos dos comedores de detritos e em pequenos peixes, e cada vez mais concentrados nos predadores de topo, como aves piscívoras. O fator de concentração (razão entre ppm em organismo e ppm em água) é de cerca de 500 mil vezes para os piscívoros no caso apresentado na Tabela 5.3.

Em retrospecto, um estudo do modelo de cadeia alimentar de detrito teria indicado que qualquer coisa que seja adsorvida prontamente pelos detritos e par-

Tabela 5.3

Exemplo da concentração através da cadeia alimentar de um pesticida persistente: o DDT

Nível trófico	Resíduos de DDT (ppm*)
Água	0,00005
Plâncton	0,04
Menídia	0,23
Cyprinodon variegatus	0,94
Lúcio-pequeno (peixe predador)	1,33
Peixe-agulha (peixe predador)	2,07
Garça (alimenta-se de pequenos animais)	3,57
Andorinha-do-mar (alimenta-se de pequenos animais)	3,91
Gaivota-prateada (necrófago)	6,00
Águia-pesqueira (ovo)	13,8
Merganso (pato piscívoro)	22,8
Cormorão (alimenta-se de peixes maiores)	26,4

Fonte: Dados de Woodwell et al., 1967.
*Partes por milhão (ppm) dos resíduos totais, DDT+DDD+DDE (todos tóxicos) em uma base de peso úmido de organismos inteiros.

tículas do solo e dissolvida no trato digestivo se concentraria pelo processo de ingestão e reingestão no início da cadeia alimentar de detrito.

A magnificação é combinada em peixes e aves pela tendência do DDT de se acumular na gordura do corpo. O uso difundido do DDT eliminou definitivamente populações inteiras de aves predadoras, como a águia-pesqueira, o falcão-peregrino, o pelicano e comedores de detritos, como o caranguejo-chama-maré. As aves são especialmente vulneráveis ao envenenamento pelo DDT porque este (e outros inseticidas à base de hidrocarbonetos clorados) interfere na formação da casca do ovo, causando uma degradação dos hormônios esteróides (Peakall, 1967; Hickey e Anderson, 1968). Esses ovos frágeis se quebram antes que os filhotes possam chocar. Assim, quantidades muito pequenas que não são letais para o indivíduo podem ser letais para a população. A documentação científica desse tipo de acúmulo assustador (porque os humanos também são parcialmente "carnívoros de topo") e seus efeitos fisiológicos imprevistos fizeram que a opinião pública se voltasse contra o uso de DDT e pesticidas similares.

O DDT foi banido nos Estados Unidos em 1972. Dieldrin, outro hidrocarboneto clorado persistente, foi banido em 1975. Ambos foram proscritos na Europa, mas infelizmente ainda são fabricados para exportação para países onde seu uso é legal. Muitas populações de aves (águias-de-pallas, falcões, pelicanos e águias-pesqueiras) dizimadas pelos pesticidas de hidrocarboneto clorado foram recuperadas conforme o uso desses pesticidas mais persistentes foi sendo reduzido ou eliminado.

Alguns metais pesados, como o cádmio (Cd) e o chumbo (Pb), que são frequentemente abundantes nos lodos de esgotos por causa do processamento industrial em uma área urbana ou bacia hidrográfica, também podem ter sido magnificados biologicamente por meio da cadeia alimentar. Em uma pesquisa de longo prazo envolvendo solos e três níveis tróficos em uma comunidade de campo abandonado tratado por 11 anos consecutivos com lodo de esgoto, determinou-se que o nível detritívoro concentrava metais pesados mais que o nível trófico de produtor ou consumidor primário (Figura 5.19). Como ilustrado, as minhocas (*Lumbricus*) concentraram cádmio mais de 30 vezes acima dos níveis de concentração encontrados no solo, mais de 60 vezes acima dos níveis encontrados nas plantas (*Poa*), e mais de 100 vezes acima dos níveis encontrados em rins de arganaz-do-prado (*Microtus*) durante o décimo

Figura 5.18 Magnificação biológica do DDT em um estuário localizado na costa leste dos Estados Unidos (dados de Woodwell et al., 1967).

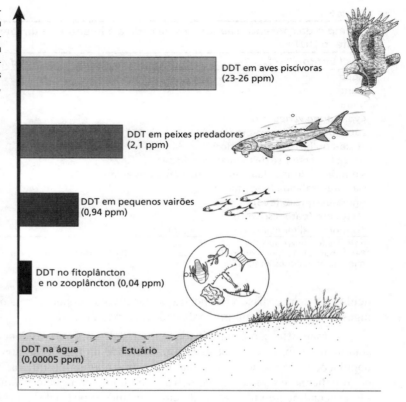

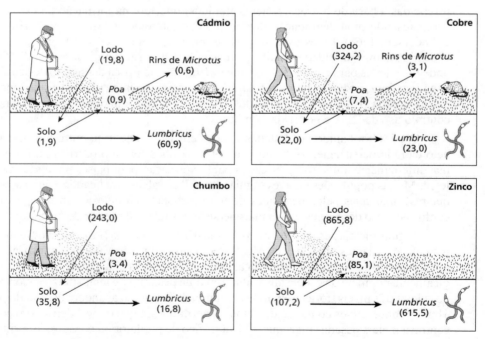

Figura 5.19 Diagrama mostrando as concentrações de metais pesados (mg/kg) em espécies representativas de níveis tróficos em um ecossistema de campo abandonado durante o décimo ano consecutivo de aplicação de lodo de esgoto. (De Levine, M. B., A. T. Hall, G. W. Barrett, e D. H. Taylor, 1989. Concentrações de metal pesado durante os dez anos de tratamento de sedimento em uma comunidade de campo abandonado. *Journal of Environmental Quality* 18: 411-418. Impresso com permissão.)

ano de aplicação de lodo de esgoto (ver W. P. Carson e Barrett, 1988; Levine et al., 1989; e Brewer et al., 1994 para outros detalhes). Esses pesquisadores recomendaram que as minhocas, como representantes ou *espécies indicadoras* entre os detritívoros, fossem usadas para monitorar os efeitos da aplicação de lodo nas comunidades terrestres e paisagens durante a sucessão secundária.

8 Estresse Antropogênico como um Fator Limitante para as Sociedades Industriais

Os ecossistemas naturais exibem considerável resistência, resiliência, ou ambas, em caso de perturbação *aguda* ou severa periódica, provavelmente porque ao longo do tempo evolutivo eles se adaptaram a ela. Muitos organismos, de fato, exigem perturbações *estocásticas* (aleatórias) ou periódicas, como o fogo ou tempestades, para persistência em longo prazo, como foi notado na discussão sobre a vegetação adaptada ao fogo (Seção 5). Portanto, os ecossistemas podem se recuperar razoavelmente bem de muitas perturbações antropogênicas periódicas, como a remoção da colheita. As perturbações *crônicas* (persistentes ou continuadas), no entanto, podem ter efeitos pronunciados e prolongados, especialmente no caso de substâncias químicas industriais que são novas para o ambiente. Nesses casos, os organismos não têm história evolutiva de adaptação. A menos que o aumento de volume de resíduos altamente tóxicos, que são os atuais subprodutos das sociedades industrializadas de alta energia, sejam reduzidos e eliminados em sua fonte, os resíduos tóxicos irão ameaçar cada vez mais a saúde dos humanos e do ecossistema – e ser um fator limitante importante para a humanidade.

Explicação

Embora qualquer classificação seja de alguma forma arbitrária, pode ser instrutivo considerar o *estresse antropogênico* sobre os ecossistemas segundo duas categorias: (1) **estresse agudo**, caracterizado pelo aparecimento repentino, aumento abrupto da intensidade e curta duração; e (2) **estresse crônico**, envolvendo longa duração ou recorrência frequente, mas não alta intensidade, uma perturbação "constantemente incômoda". Os ecossistemas naturais apresentam uma capacidade considerável de lidar com estresse agudo ou se recuperar dele. A Figura 5.20 mostra um exemplo de um estresse agudo. Uma dose alta de entrada de lodo de esgoto em um ecossistema de córrego resultou na mortandade de peixes porque a decomposição bacteriana fez com que o conteúdo de oxigênio do córrego se

Figura 5.20 Mortandade de peixes em Four Mile Creek, perto de Oxford, Ohio, resultante da entrada aguda de lodo de esgoto municipal em um ecossistema de córrego.

aproximasse de zero. Uma vez que a estação de tratamento de esgoto cujo colapso causou o estresse agudo foi reparada, o córrego iniciou o processo de recuperação. Outro exemplo de recuperação seguindo um estresse agudo é a *estratégia do banco de sementes*, um mecanismo de recuperação rápida que facilita a recuperação da floresta após um corte raso (Marks, 1974). Os efeitos do estresse crônico são mais difíceis de avaliar porque as respostas não são tão dramáticas. Pode levar anos até que todos os efeitos sejam conhecidos, como levou anos para entender a conexão entre o câncer e o fumo ou a relação entre o câncer e a radiação ionizante crônica de baixo nível. O "câncer" ambiental (crescimento desorganizado de espécies exóticas em níveis de população ou comunidade) parece oferecer uma situação análoga com respeito aos sistemas ecológicos.

De preocupação especial para a saúde humana são os resíduos industriais contendo estressores potenciais que são criações químicas novas e, portanto, fatores ambientais para os quais os organismos e ecossistemas vivos não tiveram um período de história evolutiva para adaptação ou acomodação. Pode-se esperar que a exposição crônica a esses fatores antropogênicos resulte em mudanças básicas na estrutura e função das comunidades bióticas, em especial quando ocorrerem aclimatações e adaptações genéticas. Durante a transição ou período de adaptação, os organismos podem estar vulneráveis a fatores secundários, como as doenças, o que pode ter resultados catastróficos.

O volume crescente de resíduos tóxicos que afetam a saúde humana – seja por causa do contato direto, seja pela contaminação de alimento ou água de abastecimento – está se aproximando de proporções críticas. Em um número da revista *Times* (1980) sob o título (*The Poisoning of America*), "O envenenamento da América", a situação foi descrita como segue:

> De todas as intervenções da humanidade sobre a ordem natural, nenhuma está se acelerando de modo tão alarmante quanto a criação dos compostos químicos. Por meio de sua genialidade, os alquimistas modernos criam perto de mil novas formulações a cada ano somente nos Estados Unidos. Na última contagem, perto de 50 mil substâncias químicas estavam no mercado. Alguns têm sido de um benefício inegável para a humanidade – mas quase 35 mil dos usados nos Estados Unidos foram classificados pela Agência de Proteção Ambiental Federal como definitiva ou potencialmente prejudiciais à saúde humana.

Um dos maiores perigos e desastres potenciais é a contaminação da água subterrânea nos aquíferos profundos que fornecem uma grande porcentagem da água para as cidades, indústria e agricultura. Ao contrário da água superficial, a água subterrânea é quase impossível de ser purificada após ter sido poluída, porque ela não é exposta à luz solar, ao fluxo intenso, ou a qualquer outro processo natural de purificação que limpa a água superficial. Agora, as cidades nos corações industriais não podem usar mais água subterrânea local para abastecimento por causa da contaminação; precisam bombeá-la a um preço elevado (ver a edição especial da National Geographic, 1993, "Água: A Força, a Promessa e o Tumulto da Água Doce da América do Norte", para mais detalhes).

A manipulação de resíduos tóxicos antes de 1980 foi considerada uma "externalidade" de negócio, não merecendo atenção séria. O material indesejado era simplesmente jogado fora em algum lugar, até que diversos desastres locais começaram a vir a público. O desastre de Love Canal, em Nova York, onde uma área residencial construída sobre um depósito de lixo teve de ser abandonada, recebeu ampla cobertura da imprensa, assim como o Kepone, que envenenou uma grande parte do rio James, na Virgínia (assim como os trabalhadores da fábrica que fizeram o inseticida). Quando a fábrica fechou, o rio se recuperou, mas alguns dos trabalhadores não. Esses e outros incidentes levaram à preocupação do público e à ação do governo. No entanto, apesar dos milhões de dólares do Super fundo da Agência de Proteção Ambiental (EPA) – dinheiro gasto na tentativa de limpar alguns dos piores depósitos de lixo tóxico –, essa meta permanece ilusória.

A solução clara para o problema do lixo tóxico é a *redução da fonte* – ou seja, eliminar os resíduos em sua fonte por meio da reciclagem, desintoxicação e busca de materiais menos tóxicos para a manufatura (E. P. Odum, 1989, 1997). A redução da fonte pode ser atingida pela combinação de regulamentação e incentivos.

Exemplos

Está além do escopo deste livro discutir ou mesmo listar todas as emissões tóxicas que são potencialmente limitantes à sociedade humana. Vamos nos contentar em comentar de forma breve três exemplos nos quais uma abordagem de solução de problema ecológico parece ser útil.

Poluição do Ar

A poluição do ar fornece o sinal de retroalimentação negativa que pode salvar a sociedade industrializada da extinção porque (1) fornece um sinal claro de perigo que é facilmente percebido por todos; e (2) quase todos contribuem (ao dirigir um carro, usar eletricidade, comprar um produto, e assim por diante) e sofrem com ela, assim não se pode culpar um vilão escondido em algum aterro sanitário remoto. Uma solução holística deve evoluir, porque tentativas de parte a parte para lidar com qualquer poluente (a abordagem de uma solução para cada problema) não são apenas ineficientes, elas só deslocam o problema de um lugar ou ambiente para outro.

A poluição do ar também fornece um exemplo de *sinergismo amplificador*, no qual as combinações de poluentes reagem no ambiente para produzir poluição adicional, o que agrava – e muito – o problema original (em outras palavras, o efeito total é maior que a soma dos efeitos individuais). Por exemplo, dois componentes do escapamento de um automóvel se combinam na presença da luz solar para produzir substâncias novas e ainda mais tóxicas, conhecidas como *smog fotoquímico*:

$$\text{óxido de nitrogênio + hidrocarbonetos} \xrightarrow[\text{da luz solar}]{\text{radiação ultravioleta}} \text{peroxiacetil nitrato (PAN) + ozônio (O}_3)$$

Ambas as substâncias secundárias não só causam lacrimejamento e problemas respiratórios em humanos, mas também são extremamente tóxicas para as plantas. O ozônio aumenta a respiração das folhas, matando a planta ao esgotar seu alimento. O peroxiacetil nitrato bloqueia a "reação de Hill" na fotossíntese, matando a planta ao cessar a produção de alimento. As variedades mais tenras de plantas cultivadas se tornam as primeiras vítimas, de modo que certos tipos de agricultura e horticultura não são mais possíveis perto de grandes cidades. Outros poluentes fotoquímicos com o nome genérico de hidrocarbonetos policíclicos aromáticos (HPA) são sabidamente cancerígenos.

Poluição Térmica

A poluição térmica está se tornando um exemplo comum de estresse crônico, porque o aquecimento de baixo proveito é um subproduto de qualquer conversão de energia de uma forma para outra, como enuncia a segunda lei da termodinâmica. As usinas elétricas e outros conversores de energia emitem grandes quantidades de calor no ar e na água, por sua vez, as usinas nucleares requerem grandes volumes de água para o seu esfriamento.

Consequentemente, é necessária uma quantidade significativa de água superficial para dispersar o calor, algo na ordem de 1,5 acres/megawatts em um local temperado, ou 4.500 acres (1.822 ha) para uma usina de 3.000 megawatts de potência.

O uso de equipamentos de resfriamento abastecidos, como as torres de resfriamento, podem reduzir o espaço e o volume de água necessários, é claro, mas a um custo considerável, porque os combustíveis caros substituem a energia solar. Também, as torres de resfriamento podem causar impactos ambientais se o cloro ou outra substância química for usada para manter suas superfícies livres de algas.

Em geral, os efeitos do aumento da temperatura da água em lagoas, lagos ou córregos seguem um gradiente subsídio-estresse (discutido no Capítulo 3), do qual resultam respostas positivas e negativas. Os aumentos moderados geralmente atuam como subsídios, no sentido de que a produtividade da comunidade aquática e o crescimento de peixes pode ser aumentado, mas com o tempo – ou com o aumento da carga de aquecimento – os efeitos do estresse começam a aparecer.

O Parque Nacional de Pesquisa Ambiental (PNPA), localizado no Departamento de Energia da Usina de Savannah River, é um lugar para observar os efeitos de longo prazo da poluição térmica. O Laboratório de Ecologia de Savannah River (LESR), localizado nesse local, tem focado no estudo dos efeitos térmicos, desde o estabelecimento das instalações de energia nuclear na década de 1950, e patrocinou dois grandes simpósios que combinaram trabalhos e ideias de outros locais de estudo (Gibbons e Sharitz, 1974; Esch e McFarlane, 1975). Um grande lago artificial construído como uma lagoa de resfriamento é especialmente interessante porque tem um braço "quente" (recebe água aquecida) e um braço "frio", que não recebe água aquecida e tem temperatura ambiente (normal para a região). Além disso, como os reatores são periodicamente desligados e ligados, pode-se observar o efeito de um estado de temperatura para outro. As tartarugas e peixes (*"bass"*), por exemplo, crescem mais rápido e alcançam tamanhos maiores quando a temperatura da água está elevada em alguns graus, e a estação ativa para os aligatores é prolongada até os meses de inverno. Assim, os primeiros efeitos observados foram geralmente os subsídios. No entanto, após alguns anos, os efeitos definitivos do estresse começaram a aparecer, como as doenças debilitantes que reduzem a longevidade e aumentaram a mortalidade. A porcentagem de peixes infectados com as doenças ulcerativas por *Aeromonas* aumenta e diminui com as estações, mas é maior nas zonas termicamente enriquecidas do lago. Após dez anos ou mais de temperaturas elevadas, existe evidência de mudança genética nas populações de peixes e também de tabuas (*Typha*), que crescem nas margens do braço quente do lago. Para uma breve revisão de todos esses estudos, ver Gibbons e Sharitz (1981). Essas ilustrações enfatizam a importância de procurar respostas secundárias ou defasadas quando se analisa o efeito de uma perturbação antropogênica crônica.

Pesticidas

As aplicações cada vez mais intensas de inseticidas e outros pesticidas na agricultura resultaram na contaminação do solo e da água. Essa ameaça à saúde dos ecossistemas e dos humanos pode logo ser reduzida pela simples razão de que a dependência exclusiva de venenos químicos falhou em obter controle em longo prazo, mas acabou produzindo altos e baixos no rendimento da produção. Os sistemas alternativos de controle de pragas têm sido desenvolvidos e podem reduzir brevemente a necessidade de aplicações maciças do que são, na realidade, venenos muito perigosos.

Paradoxalmente, a resiliência e adaptabilidade da natureza é a causa básica do insucesso dos inseticidas de amplo espectro, como os organoclorados (por exemplo, o DDT) e os organofosforados (por exemplo, o malation). Com frequência excessiva, as pragas desenvolvem imunidade ou se tornam ainda mais abundantes após a dissipação ou detoxificação do pesticida, porque seus inimigos naturais foram destruídos pelo tratamento. Também uma espécie de praga que tenha sido exterminada com sucesso é algumas vezes substituída por outras espécies mais resistentes, menos conhecidas e, portanto, ainda mais difíceis de lidar.

Os esforços para controlar pragas do algodão dão um exemplo claro da síndrome de altos e baixos. O algodão foi uma das produções mais intensamente tratadas com inseticidas; antes de 1970, até 50% de todos os inseticidas usados na agricultura dos Estados Unidos foi borrifado sobre o algodão. Na década de 1950, a pulverização aérea maciça de hidrocarbonetos clorados no vale Canete, no Peru, possibilitada pelos fundos de auxílio ao exterior dos Estados Unidos, resultou na duplicação do rendimento durante cerca de seis anos. Depois, no entanto, se seguiu uma completa falência da produção, pois as pragas se tornaram resistentes e outras espécies de insetos apareceram. O mesmo aconteceu na década de 1960 no estado do Texas – um importante produtor de algodão – como documentado em detalhe por Adkisson et al. (1982). Em ambos os casos, os rendimentos foram restabelecidos pela adoção do que é hoje conhecido como *manejo integrado de pragas* (*MIP*) ou *manejo de praga com base ecológica* (MPBE; NRC 1996a,1996b, 2000b), que envolve práticas culturais e de manejo que desencorajam as pragas, a promoção de parasitas e predadores de insetos e ervas daninhas (controle biológico), bem como engenharia biológica de plantas para que produzam seus próprios inseticidas, combinado com o uso prudente de pesticidas menos tóxicos de vida curta.

O novo sistema de controle confirma uma sabedoria antiga de bom senso: não vale a pena colocar todos os ovos em uma só cesta. A diversidade e a resiliência da natureza devem ser confrontadas com as diversas inovações tecnológicas, que devem ser atualizadas conforme as condições mudam e a natureza reage. Em outras palavras, a "guerra" contra as pragas e as doenças provavelmente nunca poderá ser "ganha", mas envolve um esforço contínuo, que é um dos custos de "esvaziar a desordem", necessário para manter uma civilização grande e complexa. E. P. Odum e Barrett (2000) revisaram algumas das práticas de manejo no nível de paisagem como a superfertilização e a vulnerabilidade da monocultura à invasão de pragas; mitigar essas influências seria útil no controle ecológico dos insetos.

Na década de 1960, houve um otimismo considerável para o que Carroll Williams (1967) chamou de "terceira geração de pesticidas". A primeira geração, de acordo com a classificação de Williams, foi de pesticidas botânicos ou sais inorgânicos; a segunda geração foi de hidrocarbonetos clorados e organofosforados de amplo espectro. A terceira geração é de pesticidas bioquímicos – hormônios e feromônios (atrativos sexuais) que dirigem o comportamento e são específicos das espécies – que se adiciona ao arsenal disponível para o manejo integrado de pragas. No geral, a agricultura industrial em nível mundial continua a depender demais da segunda geração. Para uma revisão das expectativas do manejo de praga com base ecológica no século XXI, ver o relatório do Conselho Nacional de Pesquisa, "Ecologically Based Pest Management: New Solutions for a New Century".

6

Ecologia de População

1 Propriedades da População
2 Conceitos Básicos de Taxa
3 Taxa Intrínseca de Crescimento Natural
4 Conceito de Capacidade de Suporte
5 Flutuação de População e Oscilações Cíclicas
6 Mecanismos de Regulação da População Independentes de Densidade e Dependentes de Densidade
7 Padrões de Dispersão
8 O Princípio de Allee de Agregação e Refúgio
9 Área de Ação e Territorialidade
10 Dinâmica da Metapopulação
11 Repartição e Otimização da Energia: Seleção *r* e Seleção *K*
12 Genética de Populações
13 Características e Estratégias da História Natural

Dos Capítulos 3 a 5, foram discutidas as forças físicas e químicas que atuam como funções de força primárias. Os organismos não se adaptam de forma passiva a essas forças, mas modificam ativamente e regulam o ambiente dentro dos limites impostos pelas leis da natureza que determinam a transformação da energia e a ciclagem dos materiais. Em outras palavras, os seres humanos não formam a única população que modifica e tenta controlar o ambiente. Voltando ao esquema dos níveis de organização (Figuras 1.2 e 1.3), vemos que este capítulo e o próximo focam nos respectivos níveis bióticos das *populações* e das *comunidades*. As interações nesses níveis entre os sistemas genéticos e os sistemas físicos afetam o percurso da *seleção natural* e, desse modo, determinam não apenas como os organismos individuais sobrevivem mas também como o ecossistema muda durante o tempo evolutivo.

1 Propriedades da População

Enunciado

Define-se **população** como qualquer grupo de organismos da mesma espécie que ocupam um espaço particular e funcionam como parte de uma **comunidade biótica**, que, por sua vez, é definida como um conjunto de populações que funciona como uma unidade integrativa por meio de transformações metabólicas co-evoluídas em uma área determinada de um habitat físico. Uma população tem diversas propriedades que, embora mais bem expressas como variáveis estatísticas, são propriedades únicas do grupo e não são características dos indivíduos no grupo. Algumas dessas propriedades são densidade, natalidade (taxa de nascimento), mortalidade (taxa de morte), distribuição etária, potencial biótico, dispersão e formas de crescimento r e K selecionadas. As populações também possuem características genéticas que estão diretamente relacionadas a suas ecologias, ou seja, capacidade de adaptação, sucesso reprodutivo e persistência (a probabilidade de deixar descendentes durante longos períodos de tempo).

Explicação

Como bem expressou o ecólogo pioneiro em população Thomas Park (Allee et al., 1949), uma população tem características ou *atributos biológicos* que são compartilhados com seus organismos componentes, bem como características ou *atributos de grupos* singulares ao grupo ou às espécies. Entre os atributos biológicos das populações está a história natural (a população cresce, diferencia-se e se mantém, assim como fazem os organismos). A população também tem estrutura e função definidas que podem ser descritas. Em contraste, os atributos de grupo, como as taxas de natalidade, de mortalidade, razão etária, adaptação genética e forma de crescimento, aplicam-se apenas às populações. Desse modo, um indivíduo nasce, envelhece e morre, mas há, para ele, uma taxa de natalidade, taxa de mortalidade ou razão etária. Esses últimos atributos fazem sentido apenas no âmbito de população.

Seguem definições e breves resumos de atributos básicos das populações.

Índices de Densidade

A **densidade populacional** é o tamanho de uma população em relação a uma unidade de espaço definido. Geralmente é expressa como o número de indivíduos ou da biomassa da população por área ou volume unitário – por exemplo, 200 árvores por hectare (1 hectare = 2,471 acres) ou cinco milhões de diatomáceas por metro cúbico de água. Algumas vezes, é importante distinguir entre **densidade bruta**, o número (ou biomassa) por unidade do *espaço total* e **densidade ecológica**, o número (ou biomassa) por unidade do *espaço do habitat* (área ou volume disponível que pode ser colonizado pela população). Em geral, é mais importante saber se a população está em mudança (aumentando ou diminuindo) do que saber seu tamanho em qualquer momento. Nesses casos, os índices de **abundância relativa** são úteis; eles podem ser relacionados ao tempo, por exemplo, o número de aves avistadas por hora. Outro índice útil é a **frequência de ocorrência**, como a porcentagem dos lotes amostrais ocupados pelas espécies. Em estudos descritivos de vegetação, a densidade, a dominância e a frequência são frequentemente combinadas para fornecer um **valor de importância** para cada espécie.

Densidade, Biomassa e Relações Tróficas

A Figura 6.1 ilustra como as densidades encontradas em populações de mamíferos estão relacionadas aos níveis tróficos e ao tamanho individual dos animais. Embora a densidade dos mamíferos, como uma classe, possa abranger cerca de cinco ordens de grandeza, a amplitude para uma espécie ou grupo trófico determinado é muito menor. Quanto mais baixo o nível trófico, mais alta a densidade e, em um determinado nível, quanto maiores os indivíduos, maior a biomassa. Como organismos grandes apresentam taxas metabólicas mais baixas por unidade de peso do que organismos pequenos, uma biomassa populacional maior pode ser mantida em uma determinada base de energia.

Quando o tamanho e a taxa metabólica dos indivíduos na população são relativamente uniformes, a densidade expressa em relação a número de indivíduos é bastante satisfatória como medida, mas, muitas vezes, esse não é o caso. O mérito relativo dos números, biomassa e parâmetros do fluxo de energia como índices foi discutido no Capítulo 3. Lembre que os números superestimam a importância dos organismos pequenos e a biomassa superestima a importância dos organismos grandes. Os fluxos de energia fornecem um índice mais adequado para comparar toda e qualquer população em um ecossistema.

Várias medidas e termos especiais são aplicáveis apenas a populações ou grupos de populações específicos. Os ecólogos florestais, por exemplo, usam com frequência a "área basal" (área total das secções transversais dos troncos das árvores) como medida da densidade de árvores. Entretanto, os engenheiros florestais preferem "volume sólido" (metro cúbico por hectare) como uma medida da parte

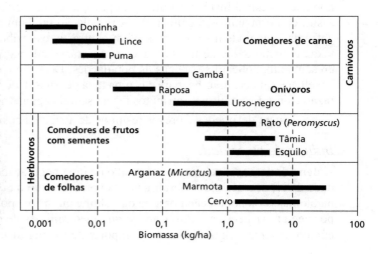

Figura 6.1 A amplitude da densidade populacional (biomassa por hectare) de várias espécies de mamíferos registrados em seus habitats preferidos. As espécies estão dispostas de acordo com os níveis tróficos e com os tamanhos individuais dentro dos quatro níveis tróficos, para ilustrar os limites impostos pela posição do nível trófico e pelo tamanho individual do organismo na biomassa esperada.

comercialmente utilizável da árvore. Essa e várias outras são medidas de densidade, como o conceito vem sendo definido de um modo amplo, porque todas expressam, de alguma maneira, a dimensão da biomassa por unidade de área.

Como se pode supor, os índices de *abundância relativa* são bastante utilizados em populações de animais e plantas terrestres maiores, nas quais é indispensável obter uma medida aplicável a grandes áreas sem excessivos gastos de tempo e dinheiro. Por exemplo, administradores encarregados de estabelecer regras anuais para a caça de aves aquáticas migratórias precisam saber se as populações, em relação às do ano anterior, são menores, maiores ou iguais, caso a intenção for ajustar as regras de caça para o melhor interesse tanto das aves quanto dos caçadores. Para fazer isso, é preciso contar com índices de abundância relativa obtidos de registros de campos, inspeções de caçadores, questionários e censos de nidificação. Tais informações são frequentemente resumidas em termos de números observados ou mortos por unidade de tempo. Os índices percentuais são utilizados nos estudos de vegetação e termos especialmente definidos tornaram-se de uso comum. Por exemplo, a *frequência* é igual à porcentagem dos lotes amostrais onde as espécies ocorrem, a *abundância* é igual à porcentagem dos indivíduos em uma amostra e a *cobertura* é igual à porcentagem da superfície do solo coberta, determinada por meio da projeção das partes aéreas. É preciso ter cuidado para não confundir esses índices com as medidas verdadeiras da densidade, que estão sempre relacionadas a uma quantidade definida de espaço.

Métodos para Estimar Densidades Populacionais

O **Índice de Lincoln** é um método comum de marcação e recaptura usado para estimar a densidade da população total (número de organismos de uma espécie) em uma área definida. Esse método se baseia na captura e marcação de uma fração da população total e no uso dessa fração para fazer a estimativa da densidade da população total.

A seguinte equação é utilizada para obter essa estimativa da população:

$$\frac{\text{Estimativa da população}(x)}{\substack{\text{Número de animais capturados e} \\ \text{marcados na amostra } S_1 \text{ no} \\ \text{tempo } t_1}} = \frac{\substack{\text{Número de animais capturados} \\ \text{na amostra } S_1 \text{ no tempo } t_2}}{\substack{\text{Número de animais marcados} \\ \text{encontrados na amostra } S_2 \text{ no} \\ \text{tempo } t_2}}$$

Como sabemos (por exemplo, por meio da captura viva e marcação de pequenos mamíferos capturados) três dos quatro componentes dessa equação, podemos estimar o quarto componente (a estimativa da população, x).

A validade desse método depende das seguintes suposições:

- que a técnica de marcação não tenha nenhum efeito negativo na mortalidade dos indivíduos marcados;
- que os indivíduos marcados sejam liberados no local original de captura e seja permitido se misturarem com a população com base no comportamento natural;
- que a técnica de marcação não afete a probabilidade de serem recapturados;
- que as marcas (como os "brincos" de orelha) não possam ser perdidas nem passem despercebidas;
- que não haja imigração ou emigração dos indivíduos marcados ou não marcados nos intervalos entre t_1 e t_2; e
- que não haja mortalidade ou natalidade significante no intervalo entre t_1 e t_2.

A violação dessas suposições afetaria, obviamente, a estimativa da densidade populacional.

O método do **número mínimo de indivíduos** (NMI) é outro sistema de marcação e recaptura usado para estimar as densidades populacionais em um período de tempo prolongado. Esse método foi originalmente publicado como o *método do calendário de captura* (Petrusewicz e Andrzejewski, 1962) usando uma história de captura (calendário) guardada para cada indivíduo, seguida de um período de intensiva remoção para "atualizar o calendário" ao término do estudo.

Outros métodos entram em diversas categorias mais amplas:

1. **Contagens totais** são possíveis às vezes com organismos grandes ou conspícuos (por exemplo, bisões em planícies abertas ou baleias em uma área do mar) ou com organismos que se agregam em grandes colônias de reprodução.

2. **Amostragem em quadrat ou transecção** envolve a contagem de organismos de uma só espécie em lote ou *transecções* de um tamanho e número apropriados para ter uma estimativa da densidade na área amostrada. Esse método se aplica a uma grande variedade de espécies terrestres e aquáticas em ambientes, que vão de florestas ao fundo do mar.

3. **Amostragem por remoção** lança no eixo y de um gráfico o número de organismos removidos de uma área em amostras sucessivas; no eixo x é lançado o número total previamente removido. Se a probabilidade de captura permanecer razoavelmente constante, os pontos recairão em uma linha reta que pode ser estendida para um ponto no eixo x, que indicará a remoção teórica de 100% da área (a estimativa de densidade da população).

4. **Método baseado em distância** (aplicável a organismos sésseis como as árvores). *O método do quadrante centrado* é baseado em uma série de pontos aleatórios; a distância do indivíduo mais próximo é medida em cada um dos quatro quadrantes em cada ponto ao longo dessa série de pontos aleatórios. A densidade por unidade de área pode ser estimada pela distância média.

5. Uma **porcentagem de valor de importância** é a soma da densidade relativa, dominância relativa e frequência relativa das espécies em uma comunidade. **Densidade relativa**, A, é igual à densidade de uma espécie dividida pela densidade total de todas as espécies × 100. **Dominância relativa**, B, é igual à área basal de uma espécie dividida pela área basal total de todas as espécies × 100. **Frequência relativa**, C, é a frequência (ocorrência) de uma espécie em um lote dividida pela frequência total de todas as espécies × 100. Assim, o valor de importância para cada espécie é igual à soma de densidade relativa, dominância relativa e frequência relativa: $A + B + C$. A combinação de densidade com dominância e frequência da ocorrência dá um índice melhor do que só a densidade com respeito à importância ou função das espécies em seu habitat. Uma tabela ou resumo dos valores de importância para cada três espécies (as três maiores que três polegadas de diâmetro na altura do peito) dá uma ordem de classificação para três espécies dentro de uma comunidade florestal.

Tentou-se a aplicação de muitas metodologias para estimar a densidade populacional; e *metodologia de amostragem* é um campo importante da própria pesquisa. Os métodos são aprendidos de maneira eficaz consultando-se os manuais de campo ou um pesquisador experiente que tenha revisto a literatura e modificado ou melhorado os métodos existentes para se adaptar a uma situação específica de campo. Não há substituto para experiência quando se trata de censo de campo.

Natalidade

Natalidade é a capacidade de uma população de crescer por meio da reprodução. Equivale à *taxa de nascimentos* na terminologia do estudo da população humana (demografia). De fato, é um termo amplo que cobre a produção de novos indivíduos de qualquer organismo, tenha ele nascido, sido chocado, germinado ou surgido por divisão. A **natalidade máxima** (às vezes chamada de *absoluta* ou *fisiológica*) é a produção máxima teórica de novos indivíduos sob condições ideais (sem fatores limitantes, sendo a reprodução limitada somente por fatores fisiológicos) e é uma constante em uma dada população. A **natalidade ecológica** ou **efetiva** se refere ao crescimento populacional sob uma condição ambiental de campo específica ou real. Não é uma constante para uma população, mas pode variar com a composição do tamanho e da idade da população e com as condições físicas ambientais. A natalidade é geralmente expressa como uma taxa determinada pela divisão do número de novos indivíduos produzidos por uma unidade específica de tempo (*taxa de natalidade bruta* ou *absoluta*) ou dividindo-se o número de novos indivíduos por unidade de tempo por uma unidade de população (*taxa de natalidade específica*).

A diferença entre a natalidade específica e bruta, ou a taxa de nascimentos, pode ser ilustrada como segue: suponhamos que uma população de 50 protozoários em um tanque aumente por divisão para 150 em uma hora. A natalidade bruta é 100 por hora, e a natalidade específica (taxa média da mudança por unidade de população) é 2 por hora por indivíduo (dos 50 originais). Ou suponhamos que aconteceram 400 nascimentos em um ano em uma cidade de 10 mil habitantes; a taxa de natalidade bruta é 400 por ano e a taxa de natalidade específica é 0,04 *per capita* (4 por 100, ou 4%). Em demografia humana, costuma-se expressar as taxas de natalidade específica em relação ao número de mulheres em idade reprodutiva em vez de população total. Outras considerações que afetam a natalidade serão discutidas nas seções subsequentes.

Mortalidade

A **mortalidade** quantifica as mortes dos indivíduos na população. É mais ou menos a antítese da natalidade. Equivale à taxa de mortes na demografia humana. Da mesma forma que a natalidade, a mortalidade pode ser expressa como um número de indivíduos que morre em um certo período (mortes por unidade de tempo), ou como uma taxa específica relacionada a unidades da população total ou qualquer parte dela. A **mortalidade ecológica** ou **efetiva** – a perda de indivíduos sob dada condição ambiental – como a natalidade ecológica, não é uma constante, mas varia de acordo com as condições de população e ambiente. A **mortalidade mínima** teórica – constante para uma população – representa a perda mínima sob condições ideais ou não limitantes. Mesmo sob as melhores condições, os indivíduos morreriam de velhice determinada por sua *longevidade fisiológica*, que, lógico, é muitas vezes maior que a *longevidade ecológica* média. Muitas vezes, *a taxa de sobrevivência* é de maior interesse que a taxa de mortes. Se a taxa de mortes for expressa como uma fração, M, então a **taxa de sobrevivência** é $1 - M$.

Como a mortalidade varia muito com a idade, assim como a natalidade, especialmente em organismos superiores, *mortalidades específicas* nos mais diferentes estágios possíveis da história natural são de grande interesse, porque possibilitam aos ecólogos determinar as forças sob a mortalidade total e bruta da população. Um quadro completo da mortalidade em uma população é ilustrado sistematicamente pela **tabela de vida**, um instrumento estatístico desenvolvido pelos estudiosos de populações humanas. Raymond Pearl introduziu pela primeira vez a tabela de vida na biologia geral quando a aplicou a dados obtidos de estudos em laboratório da mosca-das-frutas, *Drosophila* (Pearl e Parker, 1921). Deevey (1947, 1950) reuniu dados para a construção de tabelas de vida para diversas populações naturais, de rotíferos a carneiros monteses. Após Deevey, várias tabelas de vida foram publicadas para várias populações naturais e experimentais. A tabela de vida para uma população de carneiros monteses Dall (*Ovis dalli*) do Alasca, talvez a tabela de vida mais famosa apresentada em muitos livros-texto, é demonstrada na Tabela 6.1. A idade dos carneiros foi determinada com base no exame dos chifres (quanto mais velho o carneiro, mais anéis ósseos). Quando um carneiro é morto por um lobo ou morre por qualquer outra razão, seus chifres permanecem preservados por um longo período. Por muitos anos, Adolph Murie estudou a relação entre os lobos (*Canis lupus*) e os carneiros monteses que vivem no Parque Nacional do Monte McKinley, no Alasca. Ele coletou muitos chifres, fornecendo exaustivos dados sobre a idade de cada carneiro morto em um ambiente sujeito a todos os perigos naturais, inclusive predação por lobos (mas não incluindo predação por humanos, pois os carneiros não foram caçados no Parque Nacional de Monte McKinley).

A tabela de vida consiste em várias colunas, com títulos padronizados, sendo l_x, o número de indivíduos de uma dada população (1.000 ou qualquer outro número conveniente) que sobrevivem após intervalos regulares de tempo (dia, mês, ano, e assim por diante, fornecidos na coluna x); d_x, o número de mortes durante intervalos de tempo sucessivos; q_x, a taxa de mortes ou mortalidade durante os intervalos sucessivos (população inicial no princípio do período) e e_x, a expectativa de vida ao fim de cada intervalo.

Como mostra a Tabela 6.1, a idade média do carneiro montês Dall era de mais de sete anos, e se um carneiro sobrevivesse ao primeiro ano ou além, seriam boas as suas chances de sobreviver até uma idade relativamente avançada, apesar da abundância de lobos e outras vicissitudes do ambiente.

As curvas traçadas com base nos dados da tabela de vida podem ser muito instrutivas. Quando os dados da coluna lx são contra o intervalo de tempo no eixo

Tabela 6.1

Tabela de vida dos carneiros monteses Dall (*Ovis dalli*)

x^*	$x'^\dagger$	$d_x^\ddagger$	$l_x^\S$	$1.000q_x^{**}$	$e_x^{\dagger\dagger}$
0-1	−100	199	1000	199,0	7,1
1-2	−85,9	12	801	15,0	7,7
2-3	−71,8	13	789	16,5	6,8
3-4	−57,7	12	776	15,5	5,9
4-5	−43,5	30	764	39,3	5,0
5-6	−29,5	46	734	62,6	4,2
6-7	−15,4	48	688	69,9	3,4
7-8	−1,1	69	640	108,0	2,6
8-9	+13,0	132	571	231,0	1,9
9-10	+27,0	187	439	426,0	1,3
10-11	+41,0	156	252	619,0	0,9
11-12	+55,0	90	96	937,0	0,6
12-13	+69,0	3	6	500,0	1,2
13-14	+84,0	3	3	1000	0,7

Fonte: Segundo Deevey, 1947; dados de Murie, 1944, baseados na idade conhecida quando da morte de 608 carneiros antes de 1937 (ambos os sexos combinados). Tempo de vida média = 7,06 anos

* Idade (anos)
† Idade como porcentagem do desvio do tempo de vida média
‡ Número de mortes em intervalo etário de cada 1.000 nascidos
§ Número de sobreviventes ao início do intervalo etário de cada 1.000 nascidos
** Mortalidade por 1.000 vivos no início do intervalo etário
†† Expectativa de vida = tempo médio restante para atingir o intervalo etário (anos)

horizontal e o número de sobreviventes (geralmente em forma logarítmica) no eixo vertical, a curva resultante é chamada de **curva de sobrevivência**. A Figura 6.2 é uma curva de sobrevivência dos dados tabulados na Tabela 6.1 sobre os carneiros monteses Dall.

As curvas de sobrevivência são de três tipos gerais, como mostra a Figura 6.3. Uma curva convexa (Figura 6.2; Tipo I na Figura 6.3) é característica de espécies, como os carneiros monteses Dall, nas quais a taxa de mortalidade da população é baixa até perto do fim do tempo de vida. Muitas espécies de animais grandes e, claro, de humanos, mostram essa curva do Tipo I de sobrevivência. No outro extremo, uma curva côncava (Tipo III na Figura 6.3) resulta quando a mortalidade é alta durante os estágios juvenis. As ostras, outros bivalvos e os carvalhos são exemplos de curva de sobrevivência do Tipo III; a mortalidade é extremamente alta durante o estágio larval livre-natante ou o estágio brota da bolota do carvalho, mas uma vez o indivíduo bem estabelecido em um substrato favorável, a expectativa de vida aumenta consideravelmente. Um tipo em "degraus" de curva de sobrevivência pode surgir se a sobrevivência diferir muito nos estágios sucessivos da história natural, como é geralmente o caso dos insetos holometábolos (insetos com metamorfose completa, como as borboletas). Provavelmente, nenhuma população no mundo natural tem uma taxa de sobrevivência de idade específica constante em todo o período de vida, mas uma curva ligeiramente côncava, aproximando-se de uma linha reta diagonal em escala semilogarítmica (Tipo II na Figura 6.3) é característica de muitos ratos, aves, coelhos e cervos. Nesses casos, a mortalidade é alta nos jovens, porém mais baixa e mais próxima de constante nos adultos (de um ano ou mais).

A forma da curva de sobrevivência está, muitas vezes, relacionada com o grau de cuidado parental ou outra proteção dada ao jovem. Assim, as curvas de sobrevivência das abelhas melíferas e dos piscos-de-peito-ruivo (que protegem seus filhotes) são muito menos côncavas que as curvas de gafanhotos e sardinhas (que não protegem seus filhotes). Essas últimas espécies, claro, compensam botando mais ovos (a razão entre a natalidade máxima e a realizada é alta, como foi possível notar na seção anterior).

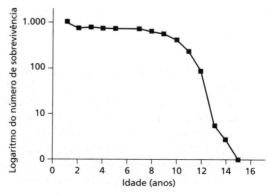

Figura 6.2 Curva de sobrevivência dos dados tabulados na Tabela 6.1 para os carneiros monteses Dall (dados de Deevey, 1947).

Figura 6.3 Tipos de curvas de sobrevivência. Curvas do Tipo I representam organismos com uma alta mortalidade ao término do tempo de vida, curvas Tipo III, alta mortalidade perto do início do tempo de vida, e curvas do Tipo II, mortalidade uniforme no decorrer da vida.

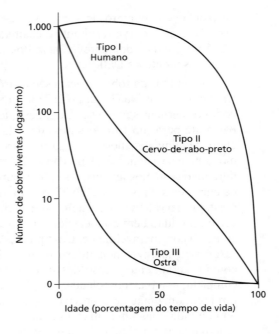

Figura 6.4 Curvas de sobrevivência para duas populações estáveis do cervo (*Odocoileus hemionus*) vivendo no chaparral da Califórnia. A população de alta densidade (cerca de 64 cervos por 2,6 km^2) está em uma região com manejo onde uma área de cobertura aberta de arbustos e de herbáceas é mantida por queimadas controladas, fornecendo assim uma maior quantidade de alimentos na forma de folhas novas. A população de baixa densidade (cerca de 27 cervos por 2,6 km^2) está em uma área sem manejo, de arbustos velhos, não queimada há 10 anos (segundo Taber e Dasmann, 1957).

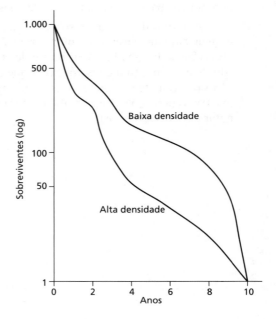

O formato da curva de sobrevivência, muitas vezes, varia de acordo com a densidade da população. As curvas de sobrevivência de duas populações de cervos (*Odocoileus hemionus*) que vivem no chaparral da Califórnia aparecem na Figura 6.4; a curva de sobrevivência da população mais densa é um tanto côncava. Em outras palavras, os cervos que vivem em área com manejo, onde o suprimento alimentar foi aumentado pelas queimadas controladas, têm expectativa de vida mais curta que as renas na área sem manejo, presumivelmente por causa do aumento da pressão de caça, competição intraespecífica e assim por diante. Do ponto de vista do caçador, a área com manejo é mais favorável por causa da alta densidade de animais de caça, mas do ponto de vista do cervo, uma área menos populosa oferece mais chances de vida longa. Para as populações humanas também a alta densidade tende a não ser favorável ao indivíduo. Muitos ecólogos acreditam que o crescimento rápido e a alta densidade nas populações humanas não são uma ameaça tão grande à sobrevivência, mas uma ameaça à qualidade de vida do indivíduo. Os humanos aumentaram muito sua própria longevidade ecológica por causa da expansão do conhecimento médico, da nutrição e do saneamento adequado. A curva denotando a sobrevivência dos seres humanos aproxima-se da curva de mortalidade mínima, Tipo I, muito angulosa.

Para preparar o caminho para modelos matemáticos de crescimento populacional a serem considerados nas seções subsequentes, é interessante adicionar à tabela a *natalidade idade específica* (prole por fêmea reprodutiva por unidade de tempo, m_x), para que não seja só uma tabela de "morte".

Multiplicando-se l_x por m_x e obtendo-se a soma dos valores para as diferentes classes etárias, pode-se calcular uma taxa reprodutiva líquida, R_o. Assim:

$$R_o = \sum l_x \cdot m_x$$

Sob condições estáveis na natureza, R_o em relação à de população total deveria estar em torno de 1. Por exemplo, o valor calculado de R_o para uma população de bicho-de-conta em um campo foi de 1,02, indicando um equilíbrio aproximado entre nascimentos e mortes.

O programa reprodutivo influencia muito o crescimento e outros atributos da população. A seleção natural pode provocar vários tipos de mudança na história da vida, o que resultará em esquemas adaptados. Assim, a pressão da seleção pode mudar o tempo quando a reprodução começar, sem afetar o número total de crias produzidas, ou pode afetar a produção ou o tamanho da ninhada sem mudar o tempo de reprodução. Esses e muitos outros aspectos da reprodução podem ser revelados pela análise da tabela da vida.

Distribuição Etária da População

A distribuição, um atributo importante das populações, influencia tanto a natalidade quanto a mortalidade, como mostram os exemplos discutidos na seção anterior. A razão entre os vários grupos etários em uma população determina o estado reprodutivo atual da população e indica o que esperar do futuro. Geralmente, uma população que se expande com rapidez conterá uma grande proporção de indivíduos jovens; uma população pulsante, estável, mostrará uma distribuição mais uniforme das classes etárias; e uma população em declínio terá uma grande proporção de indivíduos velhos, como ilustram as pirâmides etárias nas Figuras 6.5 e 6.6. Uma população pode passar por mudanças na estrutura etária sem mudar o seu tamanho. Existem evidências de que as populações têm uma distribuição etária "normal" ou estável para a qual a distribuição etária real tende, como foi proposto primeiro por Lotka (1925), a firmar-se em bases teóricas. Quando se atinge uma distribuição etária estável, os aumentos incomuns na natalidade ou mortalidade resultam em mudanças temporárias, com retorno espontâneo à situação estável. Conforme as nações passam das condições pioneiras de densidades expandindo rapidamente às condições maduras de populações estáveis, a porcentagem de indivíduos em classes etárias mais jovens diminui, como mostra a Figura 6.6. Essa mudança de estrutura etária, com um aumento na porcentagem de indivíduos mais

Figura 6.5 Pirâmides etárias. (A) Três tipos de pirâmides etárias, representando uma porcentagem grande, média e pequena de indivíduos jovens na população. (B) Pirâmides etárias para populações de laboratório do arganaz (*Microtus agrestis*), quando expandindo a uma taxa exponencial em um ambiente não limitado (esquerda) e quando as taxas de nascimento e de morte são iguais (direita) (dados de Leslie e Ranson, 1940).

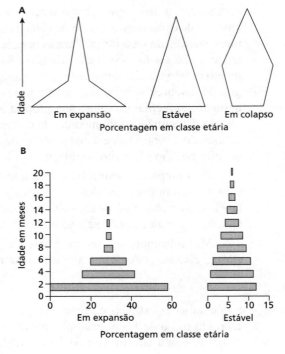

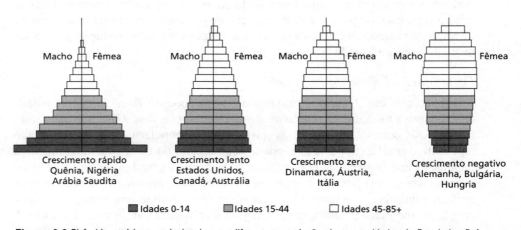

Figura 6.6 Pirâmides etárias populacionais para diferentes populações humanas (dados do Population Reference Bureau).

velhos, tem impactos profundos nas considerações de estilo de vida e econômicas, como os custos de benefícios com cuidados médicos e assistência social.

As pirâmides na Figura 6.6 são baseadas em nascimentos e mortes entre a população e não incluem imigração, que está aumentando na Europa e nos Estados Unidos. Essa situação é semelhante à importância da abordagem do ecossistema que inclui entradas e saídas, como demonstrado no Capítulo 2.

De forma simplista, a estrutura etária pode ser expressa em termos de três idades ecológicas: *pré-reprodutiva, reprodutiva* e *pós-reprodutiva*. A duração relativa dessas idades em proporção ao tempo de vida varia bastante em diferentes organismos. Para os humanos, em tempos recentes, as três idades são relativamente iguais em comprimento, com cerca de um terço de uma vida humana caindo em cada classe. Os primeiros humanos, em comparação, tinham um período pós-reprodutivo muito mais curto. Diversos animais, notadamente insetos, têm períodos pré-reprodutivos bastante longos, um período reprodutivo muito curto, e nenhum período pós-reprodutivo. Certas espécies de "efêmeras" (*Ephemeridae*) e a cigarra de 17 anos (*Magicicada* spp.) são exemplos clássicos. As efêmeras precisam de um ano a vários anos para desenvolver-se como estágio de larva na água, e os adultos emergem para a vida por somente alguns dias. As ninfas de cigarras têm uma história de desenvolvimento extremamente longa (13 a 17 anos; Rodenhouse et al., 1997), com a vida adulta durando menos que uma única estação.

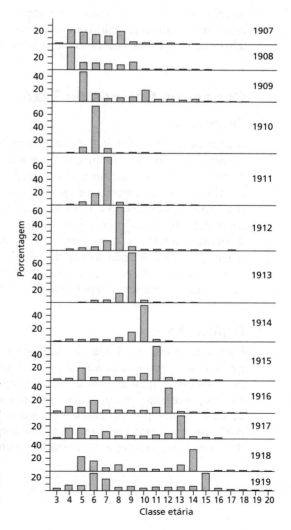

Figura 6.7 A distribuição etária na pesca comercial do arenque no mar do Norte entre 1907 e 1919, ilustrando o fenômeno da classe etária dominante. A classe de 1904 foi muito grande e dominou a população por muitos anos. Como os peixes com menos de cinco anos não são pescados com redes, a classe de 1904 não apareceu até 1909. A idade dos peixes foi determinada pelos anéis de crescimento em escamas, que são acrescentados anualmente, do mesmo modo que os anéis de crescimento das árvores (segundo Hjort, 1926).

236 Fundamentos de Ecologia

Em aves de caça e mamíferos de pele, a razão entre os animais no seu primeiro ano e os animais mais velhos, determinada durante a estação de colheita (outono ou inverno) por amostragem de exame de uma população apanhada por caçadores ou armadilheiros, fornece um índice das tendências da população. Em geral, uma razão alta ente jovens e adultos, como mostrado no diagrama da Figura 6.5, indica uma estação de procriação muito bem-sucedida e a previsão de uma população maior no próximo ano, contanto que a mortalidade juvenil não seja excessiva.

Um fenômeno conhecido como **classe etária dominante** foi muitas vezes observado em populações de peixe que têm uma taxa de natalidade potencial muito alta. Quando ocorre uma grande classe de ano por causa da sobrevivência alta incomum dos ovos e das larvas de peixes, a reprodução é suprimida por vários anos seguintes. Os primeiros dados de Hjort sobre o arenque no mar do Norte forneceu o caso clássico, como mostra a Figura 6.7 (Hjort, 1926). Peixes do ano de 1904 dominaram a pesca de 1909 (quando essa classe etária tinha cinco anos e era suficientemente grande para ser pescada com redes de pesca comerciais) até 1918 (quando, aos 14 anos de idade, ainda eram em maior número do que os peixes de grupos de menor idade). A situação produziu algo como um ciclo ou pulso na pesca total, que foi alta em 1909 e então declinou nos anos subsequentes, pois a classe etária dominante diminuiu antes de ser substituída por outras classes. Os biólogos de pesca continuam a conduzir pesquisas recapitulando que condições ambientais, como o El Niño, resultam em uma sobrevivência incomum que ocorre de vez em quando.

2 Conceitos Básicos de Taxa

Enunciado

A população é uma entidade em mudança. Mesmo quando a comunidade e o ecossistema parecem não estar mudando, densidade, natalidade, sobrevivência, estrutura etária, taxa de crescimento e outros atributos das populações componentes estão em fluxo, pois as espécies se ajustam constantemente às estações, às forças físicas e umas às outras. O estudo das mudanças no número relativo de organismos em populações e dos fatores que explicam essas mudanças é chamado de **dinâmica de populações**. Os ecólogos estão sempre mais interessados em como e a que taxa a população está mudando do que em seu tamanho absoluto e composição a qualquer tempo. *Cálculo diferencial*, o ramo da matemática que trata (em parte) do estudo das taxas, é uma ferramenta importante no estudo da ecologia de populações.

Explicação

Uma **taxa** pode ser obtida dividindo-se a mudança em alguma quantidade pelo período de tempo que passou durante a mudança; esse termo, taxa, indicaria a velocidade com a qual alguma coisa muda com o tempo. Assim, o número de quilômetros percorridos por um carro por uma hora é a *taxa de velocidade*, e o número de nascimentos por um ano é a *taxa de natalidade*. O "por" significa "dividido por". Lembre-se de que, como já vimos anteriormente (Capítulo 3), a produtividade é uma taxa, não um estado estático, como a biomassa presente no local.

Costumeiramente, a *mudança* em alguma coisa é abreviada usando-se o símbolo Δ (delta) na frente da letra que representa a entidade em mudança. Assim, se N representa o número de organismos e t representa o tempo, então

ΔN = a mudança no número de organismos.

$\dfrac{\Delta N}{\Delta t} =$ a taxa média de mudança no número de organismos por (dividido por, em relação ao) tempo.

Essa é a *taxa de crescimento* da população.

$\dfrac{\Delta N}{N\Delta t} =$ a taxa média de mudança no número de organismos por tempo por organismo (taxa de crescimento dividida pelo número de organismos inicialmente presentes ou, como alternativa, pelo número médio de organismos durante um período de tempo).

Isso é, muitas vezes, chamado de *taxa de crescimento específico* e é útil quando populações de tamanhos diferentes devem ser comparadas. Se multiplicarmos por 100 ($\Delta N/(N\Delta t) \times 100$), torna-se *taxa de crescimento percentual*.

Com frequência, estamos interessados não somente na *taxa média* por um período de tempo mas também na *taxa instantânea* teórica em intervalos de tempo particulares (ou seja, a taxa de mudança quando Δt se aproxima de zero). Na linguagem de cálculo, a letra d (de *derivada*) substitui o Δ quando se consideram as taxas instantâneas. Nesse caso, as notações anteriores se tornariam

$\dfrac{dN}{dt} =$ a taxa de mudança no número de organismos por tempo em um instante particular;

$\dfrac{dN}{Ndt} =$ a taxa de mudança no número de organismos por tempo por indivíduo em um instante particular.

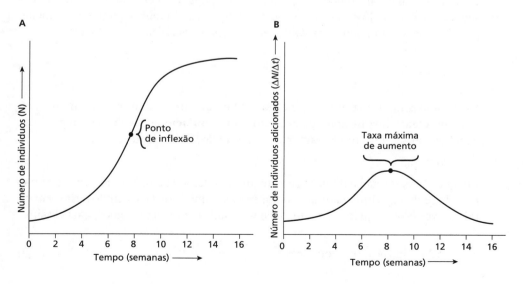

Figura 6.8 (A) curva de crescimento populacional e (B) curva da taxa de aumento do crescimento para a mesma população hipotética durante o mesmo intervalo de tempo. A curva A mostra a densidade populacional (número de indivíduos por unidade de área) contra o tempo; a curva B ilustra a taxa de mudança (número de indivíduos adicionados por unidade de tempo) contra o tempo para a mesma população.

A Figura 6.8 mostra a diferença entre uma curva de crescimento e uma curva de taxa de crescimento. Como discutiremos mais à frente, na Seção 4, as curvas de crescimento em forma de S e as curvas da taxa de crescimento em corcova são geralmente características de populações em estágios pioneiros ou em início de crescimento.

Na curva de crescimento, a *inclinação* (linha reta tangente) em qualquer ponto é a *taxa de crescimento*. Assim, no caso da população hipotética na Figura 6.8, a taxa de crescimento esteve no máximo por aproximadamente oito semanas e caiu para zero após 16 semanas. O ponto no qual a taxa de crescimento é máxima é chamado de **ponto de inflexão**. A notação $\Delta N/\Delta t$ serve para ilustrar o modelo para os propósitos comuns de medição, mas a notação dN/dt deve substituí-la na maioria dos tipos e modelos matemáticos reais.

A taxa instantânea, dN/dt, não pode ser medida diretamente nem a $dN/(Ndt)$ ser calculada diretamente da contagem da população. A taxa pode ser aproximada, claro, fazendo-se censos em intervalos muito curtos, ligando esses pontos com linhas, determinando, então, que tipo de equação se aproxima mais da curva de crescimento real. O tipo de curva de crescimento populacional exibido pela população teria de ser conhecido. Assim, seria possível calcular a taxa instantânea com base nas equações, como será explicado na Seção 4.

3 Taxa Intrínseca de Crescimento Natural

Enunciado

Quando o ambiente é ilimitado (espaço, alimento, ou outros organismos não estão exercendo um efeito limitante), a taxa específica de crescimento (taxa de crescimento populacional por indivíduo) se torna constante e máxima para as condições microclimáticas existentes. O valor da taxa de crescimento sob essas condições populacionais favoráveis caracteriza uma estrutura etária populacional particular e é um índice singular do poder inerente de uma população crescer. Ele pode ser designado pelo símbolo r, que é o expoente na equação diferencial para o crescimento populacional em um *ambiente ilimitado* sob condições físicas especificadas:

$$\frac{dN}{dt} = rN \tag{1}$$

Essa é a mesma forma usada na Seção 2. O parâmetro r pode ser entendido como um **coeficiente instantâneo de crescimento populacional**. A forma integrada da exponencial segue automaticamente da manipulação de cálculo:

$$N_t = N_0 e^{rt} \tag{2}$$

Em que N_0 representa o número de indivíduos no tempo zero, N_t o número no tempo t, e a base do logaritmo natural. Ao transformar ambos os lados em logaritmo natural, converte-se a equação em uma fórmula usada para fazer cálculos reais. Assim

$$\ln N_t = \ln N_0 + rt; \quad \text{ou} \quad r = \frac{\ln N_t - \ln N_0}{t} \tag{3}$$

Dessa maneira, o índice r pode ser calculado considerando duas medidas de tamanho da população (N_0 e N_t, ou em quaisquer dois momentos durante a fase de crescimento ilimitada, e nesse caso, N_{t1} e N_{t2} podem ser substituídos por N_0 e N_1 e ($t_2 - t_1$) por t nas equações anteriores).

O índice r na realidade é a diferença entre a taxa de natalidade específica instantânea b (taxa por tempo por indivíduo) e a taxa de mortalidade instantânea d, e pode ser expresso como:

$$r = b - d \tag{4}$$

A taxa de crescimento global da população sob condições ambientais ilimitadas, r, depende da composição etária e das taxas de crescimento específicas por causa da reprodução dos grupos etários componentes. Assim, pode haver diversos valores r para uma espécie dependendo da estrutura da população. Quando existe uma distribuição etária estacionária e estável, a taxa de crescimento específica é chamada de **taxa intrínseca de crescimento natural** ou r_{max}. O valor máximo de r é muitas vezes chamado de *potencial biótico* ou **potencial reprodutivo**, uma expressão menos específica, mas bastante utilizada. A diferença entre o r máximo ou o potencial biótico e a taxa de crescimento que ocorre em uma condição real de laboratório ou campo é frequentemente adotada como uma medida da **resistência ambiental**, que é a soma total dos fatores ambientais que impedem o potencial biótico de se efetivado.

Explicação

A natalidade, a mortalidade e a distribuição etária são todas importantes, mas cada uma delas diz pouco sobre como a população está crescendo, sobre o que aconteceria se as condições fossem diferentes e sobre qual é o melhor desempenho possível, comparado com o desempenho do dia a dia. Chapman (1928) propôs o termo *potencial biótico* para designar o poder reprodutivo máximo. Ele definiu **potencial biótico** como "a propriedade inerente a um organismo de se reproduzir, sobreviver, aumentar em números. É um tipo de soma algébrica do número de jovens produzidos a cada reprodução, do número de reproduções em um dado período de tempo, da razão sexual e sua capacidade geral de sobreviver sob determinadas condições físicas". Com base nessa definição geral, o potencial biótico passou a significar coisas diferentes para pessoas diferentes. Para alguns, significava o poder reprodutivo nebuloso oculto na população, felizmente nunca permitido manifestar-se em sua totalidade, por causa da ação do ambiente (se liberado, os descendentes de um par de moscas pesaria mais que a Terra em alguns anos). Para outros, significava de uma forma mais concreta, o número máximo de ovos, sementes, esporos etc., que o indivíduo mais fecundo poderia produzir, apesar de isso ter pouco significado no que se refere ao aspecto populacional, pois a maioria das populações contém indivíduos que são incapazes de atingir o máximo em produção.

Lotka (1925), Dublin e Lotka (1925), Leslie e Ranson (1940), Birch (1948) e outros tiveram de traduzir a ideia ampla de potencial biótico para a linguagem matemática para que pudesse ser entendida em qualquer contexto. Birch (1948) expressou-se bem quando disse: "Se é preciso dar ao 'potencial biótico' de Chapman uma expressão quantitativa em um único índice, o parâmetro r parece ser a medida mais efetiva a ser adotada, uma vez que ele mostra a capacidade intrínseca do animal em crescer em um ambiente ilimitado". O índice r é usado também como uma expressão quantitativa de "aptidão reprodutiva" no sentido genético, como será notado adiante.

Para as curvas de crescimento discutidas na Seção 2, r é a taxa de crescimento específico ($\Delta N/N\Delta t$) quando o crescimento da população é exponencial. A equação 3 no enunciado desta seção é para uma linha reta. Portanto, o valor de r pode ser obtido graficamente. Se o crescimento é lançado como logaritmo (ou em papel semilogarítmico), o logaritmo do tamanho da população lançado contra o tempo produzirá uma linha reta se o crescimento for exponencial; r é a inclinação dessa linha. Assim, quanto mais íngreme essa inclinação, mais alta a taxa intrínseca do crescimento. As amplas diferenças em potencial biótico são especialmente enfatizadas quando expressas como número de vezes que a população se multiplicaria se a taxa exponencial continuasse ou como tempo necessário para duplicar a população. *Tempo de duplicação* na taxa intrínseca máxima para os besouros da farinha sob condições ótimas de laboratório é menos que uma semana (Leslie e Park, 1949).

A população humana atingiu 6 bilhões durante outubro de 1999, e espera-se que atinja 8,04 bilhões em 2025 (Bongaarts, 1998). As Nações Unidas prevêem que a população humana crescerá de 6,1 bilhões em 2000 para 9,3 bilhões em 2050 (L. R. Brown, 2001). Provavelmente, a população humana do mundo ultrapassará a capacidade de sustentação de vida da Terra e deixará de crescer em algum momento do século XXI, e espera-se que posteriormente haja um período de crescimento negativo, para alcançar capacidade de suporte ótima em vez de máxima (Barrett e Odum, 2000; Lutz et al., 2001). Voltaremos a essas previsões ainda neste capítulo.

As populações na natureza, em geral, crescem exponencialmente por curtos períodos quando há muito alimento e não existem efeitos de apinhamento, inimigos etc., que criam padrões do tipo "explosão e colapso". Sob tais condições, a população está expandindo a uma taxa extraordinária, apesar de cada organismo apresentar a mesma taxa de reprodução de antes – ou seja, a taxa de crescimento específica é constante. As florações de plâncton (mencionadas nos capítulos anteriores), a erupção das pragas ou o crescimento de bactérias no novo meio de cultura são exemplos de situações em que o crescimento pode ser logarítmico. É óbvio que esse crescimento exponencial não pode continuar por muito tempo; geralmente, nunca se realiza. As interações dentro da população e as resistências ambientais externas logo desaceleram a taxa de crescimento e tomam parte na conformação do crescimento populacional de várias maneiras.

4 Conceito de Capacidade de Suporte

Enunciado

As populações mostram padrões característicos de aumento, chamados *formas de crescimento populacional*. Como comparação, dois padrões básicos, baseados em formas de construção aritmética de curvas de crescimento, podem ser designados: *crescimento em forma de J* e *em forma de S* ou *sigmoide de crescimento*. No **crescimento em forma de J**, a densidade aumenta rapidamente de forma *exponencial* (como mostra a Figura 6.9A) e então para abruptamente quando a resistência ambiental ou um outro fator limitante se torna efetivo de repente. Essa forma pode ser representada por um modelo simples baseado na equação exponencial considerada na seção anterior:

$$\frac{\mathrm{d}N}{\mathrm{d}t} = rN$$

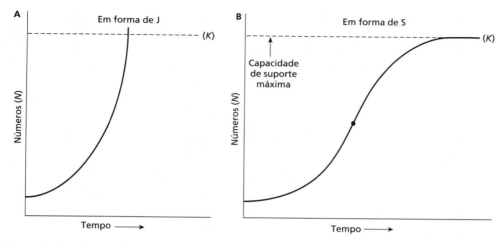

Figura 6.9 Exemplos hipotéticos de (A) curvas de crescimento em forma de J (*exponencial*) e (B) em forma de S (*sigmoide*).

Na forma de **crescimento em S** ou **sigmoide** (Figura 6.9B), a população aumenta devagar no início (*fase de estabelecimento ou de aceleração positiva*), depois com rapidez (talvez se aproximando de uma fase logarítmica), mas logo desacelera quando a resistência do ambiente aumenta em porcentagem (*fase de aceleração negativa*) até que o equilíbrio seja alcançado e mantido. Essa forma pode ser representada pelo modelo logístico simples:

$$\frac{dN}{dt} = rN \times \frac{K-N}{K}$$

O nível superior, além do qual nenhum aumento substancial pode ocorrer, como representado pela constante K, é a *assíntota superior* da curva sigmoide e é chamada de **capacidade de suporte máxima** (ver Barrett e Odum, 2000, para detalhes).

Explicação

Quando alguns poucos indivíduos são introduzidos ou entram em uma área desocupada (por exemplo, no início de uma estação de crescimento), várias vezes foram observados padrões característicos de aumento da população. Quando lançados em uma escala aritmética, a parte da curva de crescimento que representa um aumento na população geralmente toma a forma de J ou de S (Figuras 6.9A e 6.9B). É interessante notar que essas duas formas básicas de crescimento são similares aos dois tipos metabólicos ou de crescimento descritos em organismos individuais. Esses padrões de crescimento e desenvolvimento ilustram processos que transcendem os níveis de organização (Barret et al., 1997). Entretanto, como enfatizado no Capítulo 2, não existem pontos de ajuste para o crescimento no nível de população e acima; portanto, é provável ultrapassar K.

A equação dada anteriormente como um modelo simples para o crescimento em forma de J é a mesma equação exponencial discutida na Seção 3, exceto que é imposto um limite em N. O crescimento irrestrito é interrompido de forma repentina quando acaba algum recurso da população (como alimento ou espaço), quando a geada ou algum outro fator sazonal interfere, ou quando a estação reprodutiva termina. Quando é alcançado o limite superior de N, a densidade pode permanecer por um tempo nesse nível, mas geralmente ocorre um declínio imediato, produzindo um padrão de relaxamento e oscilação (explosão e colapso) na densidade. Esse padrão em curto prazo é característico de muitas populações na natureza, como a floração de algas, plantas anuais, alguns insetos e talvez os lemingues na tundra.

O segundo tipo de forma de crescimento, que também é frequentemente observado, segue um padrão em forma de S ou *sigmoide* quando a densidade e o tempo são lançados em escalas aritméticas. A curva sigmoide é resultado da ação crescente dos fatores danosos (resistência ambiental ou retroalimentação negativa) conforme a densidade da população aumenta – diferente do que ocorre no modelo em forma de J, em que a retroalimentação negativa é adiada até quase o fim do crescimento. Um caso simples é aquele cujos fatores danosos são linearmente proporcionais à densidade. Essa forma de crescimento é dita *logística* e tem a conformidade com a equação logística usada como uma base para o modelo do padrão sigmoide. A equação logística foi proposta pela primeira vez por P. F. Verhulst, em 1838; foi usada extensivamente por Lotka (1925) e "redescoberta" por Pearl e Reed (1930).

A equação logística pode ser escrita de várias maneiras; seguem três formas comuns, mais a forma integrada:

$$\frac{\mathrm{d}N}{\mathrm{d}t} = rN \times \frac{K-N}{K} \quad \text{ou}$$

$$\frac{\mathrm{d}N}{\mathrm{d}t} = rN - \left(\frac{r}{K}\right) N^2 \quad \text{ou}$$

$$\frac{\mathrm{d}N}{dt} = rN \left(1 - \frac{N}{K}\right) \text{ e a forma integrada}$$

$$Nt = \frac{K}{1 + e^{a-rt}}$$

em que $\mathrm{d}N/\mathrm{d}t$ é a taxa de crescimento populacional (mudança no número de indivíduos por unidade de tempo), r é a taxa de crescimento específico ou taxa intrínseca de crescimento (discutida na Seção 3), N, o tamanho da população (número de indivíduos), a, uma constante de integração definindo a posição da curva relativa à origem, e K é o possível tamanho máximo da população (assíntota superior) ou capacidade de suporte.

Essa equação é a mesma da exponencial da seção anterior, com a adição de uma das expressões $(K - N)/K$, $(r/K)N^2$ ou $(1 - N/K)$. Essas expressões são três formas de indicar a **resistência ambiental** criada pela própria população em crescimento, que produz um aumento na redução da taxa de reprodução potencial conforme o tamanho da população se aproxima da capacidade de suporte. Traduzindo em palavras, tais equações significam o seguinte:

| Taxa de crescimento populacional | igual | Taxa máxima possível de aumento (taxa ilimitada de crescimento específico) vezes o tamanho da população | vezes ou menos | Grau de efetivação da taxa máxima Aumento não efetivado |

Esse modelo simples é um produto de três componentes: uma taxa constante, r, uma medida de tamanho de população, N, e uma medida da porção dos fatores limitantes disponíveis não usados pela população $(1 - N/K)$. Apesar de o crescimento de uma grande variedade de populações – representando microrganismos, plantas e animais, e incluindo populações tanto de laboratório como naturais – ter demonstrado seguir um padrão sigmoide, não decorre necessariamente que tais populações cresçam de acordo com a equação logística. Como Wiegert (1974) mostrou, a equação logística representa um tipo de forma de crescimento mínimo sigmoide, pois os efeitos limitantes tanto do espaço como dos recursos começam logo no início do crescimento. Na maioria dos casos, seria de se esperar menor crescimento limitado no início, seguido por uma desaceleração conforme aumenta a densidade. A Figura 6.10 ilustra esse conceito da logística como a mais lenta e a exponencial como a forma de crescimento mais rápida. Seria de se esperar que a maioria das populações seguisse um padrão intermediário.

Em populações de plantas e animais superiores, que têm histórias de vida complicadas e longos períodos de desenvolvimento individual, é possível que haja atrasos no aumento da densidade e do impacto de fatores limitantes. Nesses casos, pode resultar uma curva de crescimento mais côncava (períodos mais longos são necessários para a natalidade se tornar efetiva). Em muitas situações, as populações ultrapassam a assíntota superior e passam por oscilações antes de se estabelecerem no nível da capacidade de suporte, como mostra a Figura 6.11. Barrett e Odum (2000) apresentaram dois tipos de crescimento sigmoide, levando tanto para uma *capacidade de suporte máxima* como para uma *capacidade de suporte ótima*.

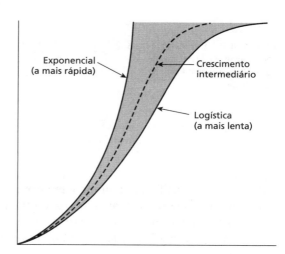

Figura 6.10 Curvas mostrando o crescimento teórico superior (*exponencial*) e inferior (*logístico*) de qualquer população, com taxas idênticas de crescimento máximo e densidades mínimas de manutenção. A parte sombreada entre as curvas representa a área dentro da qual recairiam as formas de crescimento da maioria das populações (segundo Wiegert, 1974).

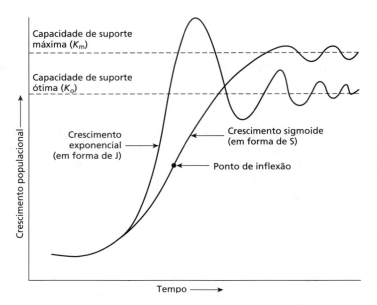

Figura 6.11 Modelos contrastantes de forma de crescimento sigmoide (em forma de S) e exponencial (em forma de J) em relação aos conceitos de capacidade de suporte máximo (K_m) e ótimo (K_o). (De Barrett, G. W. e Odum, E. P. 2000. The twenty-first century: the world at carrying capacity. *BioScience* 50: 363-368.)

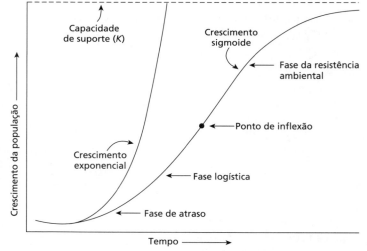

Figura 6.12 Gráfico representando as várias fases da curva de crescimento sigmoide modificada.

A **capacidade de suporte máxima**, K_m, é a densidade máxima que os recursos em um certo habitat podem suportar. A **capacidade de suporte ótima**, K_o, é a densidade de nível mais baixo que pode ser sustentada em um certo habitat sem "viver no limiar" no que diz respeito a recursos, como alimento ou espaço (a qualidade sobre o parâmetro da quantidade). Nossa previsão (Barrett e Odum, 2000) é que a população humana seguirá o segundo padrão durante o século XXI.

As modificações na forma de crescimento logístico incluem dois tipos de atraso no tempo: (1) o tempo necessário para um organismo começar a crescer quando as condições são favoráveis; e (2) o tempo de que os organismos necessitam para reagir ao apinhamento desfavorável alterando as taxas de natalidade e mortalidade. A Figura 6.12 ilustra uma forma de crescimento logístico generalizada, mostrando atraso, crescimento logístico, ponto de inflexão, resistência ambiental e fases da capacidade de suporte. A **fase de atraso** ilustra o tempo de atraso necessário para uma população se aclimatar ao ambiente. Por exemplo, pequenos mamíferos em um novo habitat precisam fazer passagens ou escavações antes de se tornarem reprodutivamente bem-sucedidos; os peixes em um novo tanque ou lagoa devem adaptar-se à química da água antes de maximizarem sua taxa de reprodução. Uma vez que as populações estejam aclimatadas ao habitat onde os recursos, como alimento, abrigo, e espaço, sejam abundantes, elas reproduzem a uma taxa exponencial (logarítmica) de crescimento. A taxa máxima de crescimento é chamada de *ponto de inflexão.* Os demógrafos e os ecólogos de população procuram determinar o ponto de inflexão porque, logo após esse ponto na curva sigmoide de crescimento, a taxa de aumento começa a desacelerar (ao contrário de acelerar um pouco antes do ponto de inflexão). A razão para essa desaceleração é que um recurso, ou um conjunto de recursos, torna-se limitante no ambiente. A desaceleração no crescimento da população decorrente de recursos limitantes é chamada **fase de resistência ambiental** do crescimento sigmoide. Finalmente, a população atinge as condições da capacidade de suporte, quando a taxa de crescimento populacional é zero e a densidade populacional é máxima, como mostram as Figuras 6.11 e 6.12. Os humanos ainda estão para alcançar as condições de capacidade de suporte de uma forma global, apesar de que há evidências de que isso ocorrerá durante o século XXI (Lutz et al., 2001).

As cidades de crescimento rápido e que dependem de enormes fontes externas de energia, alimento, água e suporte vital (capital natural), podem passar por ascensão e queda de vários modos, de acordo com os fatores de entrada e o grau em que cidadãos e governos podem antecipar as condições futuras e planejar de antemão. Assim, nos primeiros estágios do crescimento urbano, quando as condições econômicas são favoráveis (espaço e recursos disponíveis e baratos) e a necessidade por serviços (água, tratamento de esgoto, ruas, escolas e assim por diante) é pequena, a população cresce rapidamente (a imigração frequentemente como responsável pelo maior aumento), como em um padrão de crescimento em forma de J. Somente algum tempo depois (o atraso no tempo) a moradia e as escolas se tornam superpopuladas, a demanda por serviços aumenta, os impostos sobem para cobrir os custos crescentes de manutenção e começa a ser sentida a deseconomia de escala em geral. Na ausência inicial de retroalimentação negativa, como o planejamento racional do uso da terra, as cidades irão crescer rápido demais para a própria sobrevivência e então sofrerão um declínio. Existe uma necessidade de unir a capacidade de suporte econômico a um conceito de capacidade de suporte ecológico para guiar o desenvolvimento sustentado (L. R. Brown, 2001).

Exemplos

Apesar da forma de crescimento logístico simples ser provavelmente restrita a pequenos organismos ou a organismos com história de vida simples, pode-se observar um padrão geral de crescimento sigmoide em organismos maiores quando são introdu-

246 Fundamentos de Ecologia

zidos em ilhas previamente desocupadas, por exemplo, o crescimento da população de carneiros na ilha da Tasmânia (Davidson, 1938), o crescimento da população de faisões introduzidos em uma ilha em Puget Sound, Washington (Einarsen, 1945), ou o crescimento de uma população de pequenos mamíferos introduzidos em recintos em habitat de alta qualidade (Barrett, 1968; Stueck e Barrett, 1978; Barrett, 1988).

As populações são sistemas abertos. A **dispersão da população** – o movimento dos indivíduos ou propágulos (sementes, esporos, larvas e assim por diante) para dentro ou para fora da população ou da área da população – suplementa a natalidade e a mortalidade na configuração do crescimento populacional. A **emigração** – movimento unidirecional dos indivíduos para fora – afeta a forma de crescimento local do mesmo modo que a mortalidade; a **imigração** – movimento unidirecional de indivíduos para dentro – age como a natalidade. A **migração** – saída e entrada periódica dos indivíduos – suplementa sazonalmente tanto a natalidade como a mortalidade. A dispersão é influenciada por barreiras e pela força inerente ao movimento, ou **vagilidade**, dos indivíduos ou de seus propágulos. E, claro, a dispersão é o meio de colonizar áreas desabitadas e de manter metapopulações. É também um componente importante no fluxo gênico e na especiação. A dispersão de pequenos organismos e propágulos passivos geralmente toma uma forma exponencial, na qual a densidade decresce por uma quantidade constante de múltiplos iguais à distância da fonte. A dispersão de grandes animais ativos desvia desse padrão e pode tomar a forma de dispersão "de distância estabelecida", dispersão em distribuição normal, ou outras formas. Um estudo conduzido por Mills et al. (1975) sobre a dispersão de grandes morcegos marrons (*Eptesicus fuscus*) é um exemplo do efeito recíproco entre a dispersão aleatória e a tendência de migração para o sul. Dentro de oito quilômetros (5 milhas), a dispersão era sem direção (uma probabilidade aproximadamente igual de um bando de morcegos ser recuperado em qualquer ponto em qualquer direção), mas para além dessa distância, a dispersão foi definitivamente direcional e para o sul. Para uma revisão geral sobre padrões de dispersão, ver MacArthur e Wilson (1967), Stenseth e Lidicker (1992), e Barrett e Peles (1999).

5 Flutuação de População e Oscilações Cíclicas

Enunciado

Quando as populações completam seu crescimento, e a média de $\Delta N/\Delta t$ permanece em zero por um longo período, a densidade da população tende a pulsar ou flutuar acima e abaixo do nível da capacidade de suporte, pois as populações estão sujeitas a várias formas de controle por retroalimentação em vez de controles de pontos de ajuste. Algumas populações – em especial de insetos, espécies de plantas exóticas e pragas em geral – são *irruptivas*; ou seja, explodem em números em um padrão ascensão-e-queda. Muitas vezes, essas flutuações resultam de mudanças sazonais ou anuais na disponibilidade de recursos, mas podem ser estocásticas (aleatórias). Algumas populações oscilam tão regularmente que podem ser classificadas como *cíclicas*.

Explicação

Na natureza, é importante distinguir entre (1) *mudanças sazonais* no tamanho da população, intensamente controlado pelas adaptações ao ciclo de vida associadas a mudanças sazonais em fatores ambientais; e (2) *flutuações anuais*. Para o propósito desta análise, as flutuações podem ser consideradas sob dois títulos: (1) flutuações controladas primariamente por diferenças anuais em **fatores extrínsecos** (como temperatura e chuva) que estão fora da esfera de interações da população; e (2) oscilações sujeitas a **fatores intrínsecos** (fatores bióticos, como disponibilidade de alimento e energia, doenças ou predação), controladas primariamente pela dinâmica populacional. Em muitos casos, as mudanças em abundância de um ano para outro parecem estar relacionadas com a variação em um ou mais fatores limitantes extrínsecos importantes, mas algumas espécies mostram tal regularidade na abundância relativa – aparentemente independentes dos sinais ambientais óbvios – que o termo *ciclos* parece apropriado. Exemplos de teorias que avançaram na explicação desses ciclos serão apresentados mais adiante neste capítulo.

Como enfatizado nos capítulos anteriores, as populações se modificam e compensam as perturbações de fatores físicos. No entanto, *em razão da falta de controles de ponto de ajuste, esses equilíbrios em sistemas maduros não são estados de equilíbrio dinâmico, mas balanços de estados pulsantes com amplitudes variáveis de pulsação em teoria.* Quanto mais organizada e madura a comunidade, ou mais estável o ambiente físico, ou ambos, tanto menor será a amplitude das flutuações na densidade populacional ao longo do tempo.

Exemplos

Os humanos estão familiarizados com as variações sazonais no tamanho da população. Espera-se que, a certa altura do ano, os mosquitos e pernilongos sejam abundantes, as matas estejam cheias de aves ou os campos cheios de ervas-de--santiago. Em outras estações, as populações desses organismos podem diminuir a ponto de desaparecer. Embora seja difícil encontrar na natureza populações de animais, microrganismos e plantas herbáceas que não mostrem alguma mudança sazonal em tamanho, as flutuações sazonais mais pronunciadas ocorrem em organismos que têm estações de crescimento limitado, especialmente aqueles com ciclos de vida curtos e aqueles com padrões de dispersão sazonal pronunciados (como as aves migratórias).

Um exemplo de padrão irruptivo de flutuações da densidade populacional ocorreu entre 1959 e 1960, quando uma população de ratos domésticos ferais (*Mus musculus*) na Califórnia explodiu duas vezes, como mostra a Figura 6.13 (Pearson, 1963). Essas irrupções populacionais ocasionais e imprevisíveis permanecem

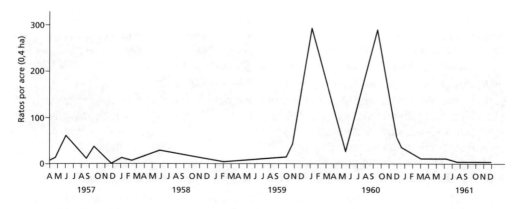

Figura 6.13 Irrupções de população de ratos domésticos ferais (*Mus musculus*) na Califórnia durante 1959 e 1960 (modificado segundo Pearson, 1963).

pouco compreendidas, mas surgem provavelmente quando algumas condições favoráveis (como temperatura, recursos abundantes de alimento, cobertura vegetal para reduzir a predação) ocorrem em conjunto, resultando em uma explosão populacional. Ocasionalmente, as irrupções cobrem uma vasta área geográfica ou de paisagem, levando os ecólogos a formar teorias gerais sobre a regulação da população (que será discutida adiante neste capítulo).

Entre os exemplos mais conhecidos dos "megaciclos" regulares estão as oscilações de certas espécies de mamíferos e aves boreais que exibem uma periodicidade tanto de 9 a 10 anos como de 3 a 4 anos. Um exemplo de oscilações de 9 a 10 anos é o da lebre americana (*Lepus americanus*) e do lince (*Felis lynx*) como mostra a Figura 6.14. A Figura 6.15 mostra a lebre americana com a pelagem de verão e de inverno. Desde 1800, a Companhia Hudson Bay do Canadá manteve registros de pele de animais capturados por armadilhas a cada ano. Quando lançados em gráfico, esses registros mostram que o lince, por exemplo, alcançou um pico populacional a cada 9 ou 10 anos ($\overline{X}$ = 9,6 anos) por um longo período de tempo. Os picos de abundância foram frequentemente seguidos de "colapsos", ou declínios rápidos, e os linces se tornavam escassos por muitos anos. A lebre americana (Figura 6.15)

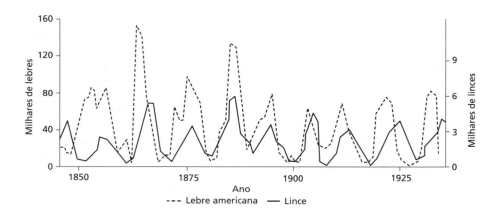

Figura 6.14 Flutuações na abundância do lince (*Felis lynx*) e da lebre americana (*Lepus americanus*), como indicado pelo número de peles recebidas pela Companhia Hudson Bay (redesenhado de MacLulich, 1937 e Keith, 1963).

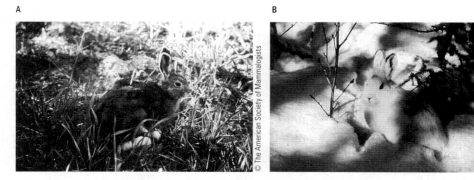

Figura 6.15 A lebre americana (*Lepus americanus*), com (A) pelagem de verão e (B) de inverno. Foi demonstrado que a mudança da pelagem marrom de verão para a branca de inverno é controlada pela fotoperiodicidade, não pela temperatura.

segue o mesmo ciclo; seu pico de abundância geralmente precede o do lince em um ano ou mais (Keith e Windberg, 1978; Keith et al., 1984; Keith, 1990). Como o lince depende muito da lebre como alimento, é obvio que o ciclo do predador está relacionado com o da presa. No entanto, os dois ciclos não são estritamente uma interação predador-presa de causa e efeito, pois o ciclo da lebre ocorre em áreas onde não existem linces. A resposta, aparentemente, é que o ciclo das lebres é um produto da interação entre a predação e o suprimento alimentar (Krebs et al., 1995; Krebs, Boonstra et al., 2001; Krebs, Boutin et al., 2001).

O ciclo mais curto de três a quatro anos é característico de muitos roedores murídeos (lemingues, camundongos e arganazes) e seus predadores (em especial a coruja-da-neve e as raposas) boreais. O ciclo dos lemingues da tundra e da raposa do Ártico *(Alopex lagopus)* e da coruja do Ártico (*Nyctea scandiaca*) foi primeiro documentado por Elton (1942). A cada três ou quatro anos, sobre enormes áreas da tundra boreal em dois continentes, os lemingues (duas espécies na Eurásia e uma na América do Norte, do gênero *Lemmus*, e uma espécie de *Dicrostonyx* na América do Norte) se tornam abundantes somente para "colapsar", frequentemente dentro de uma única estação. As raposas e corujas, que aumentam em número quando sua presa aumenta, diminuem logo em seguida. Durante os anos de baixa, as corujas podem migrar para o sul dentro dos Estados Unidos em busca de alimento. Essa emigração irruptiva de aves excedentes é aparentemente um movimento de uma só direção; poucas, se alguma, chegam a voltar. A população de corujas na tundra então colapsa como resultado do movimento de dispersão. Essa oscilação é tão regular que os ornitologistas dos Estados Unidos podem contar com uma invasão de corujas do Ártico a cada três ou quatro anos. Como as aves são conspícuas e aparecem em todos os lugares das cidades, atraem a atenção e têm sua foto impressa nos jornais. Nos anos entre as invasões são vistas poucas ou quase nenhuma coruja nos Estados Unidos ou no sul do Canadá durante o inverno. Shelford (1943) e Gross (1947) analisaram os registros das invasões de corujas e mostraram que elas estão correlacionadas com a redução periódica na abundância de lemingues, principal alimento das corujas.

Na Europa, os lemingues se tornaram tão abundantes no pico do ciclo que algumas vezes emigram de suas tocas superlotadas. Elton (1942) descreveu as famosas migrações de lemingues (Figura 6.16a) na Noruega. Como com a lebre americana, os ciclos dos lemingues e dos arganazes são acionados mais pela predação ou pelos recursos (alimentos). Os ciclos dos lemingues, acionados por alimento, têm fios agudos, ao passo que os ciclos dos arganazes, acionados por predadores, têm ciclos arredondados (Turchin et al., 2000). Os lemingues aparentemente se alimentam de musgo da tundra (em especial no inverno sob neve), que rebrota muito devagar. Os lemingues esgotam seu suprimento de alimento e colapsam em um ano (por conseguinte, os picos agudos), antes de os predadores atingirem uma densidade suficientemente alta para dizimar a população. Em contraste, os arganazes se alimentam de folhagem que se regenera rapidamente, permitindo dois ou mais anos para os predadores reduzirem a população (por conseguinte, o pico arredondado).

Resumindo, sugerimos que a maioria das flutuações intrínsecas são acionadas por predadores ou recursos ou por ambos. Os pulsos boreais exagerados ocorrem onde o ambiente físico é extremo e a diversidade dos predadores, presas e recursos é baixa. Assim como o aumento explosivo das corujas-da-neve, o movimento dos lemingues é unidirecional. As emigrações espetaculares dos lemingues

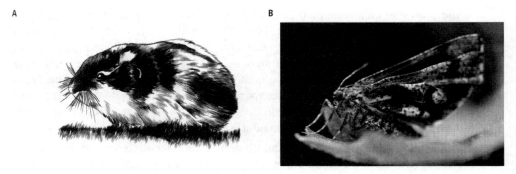

Figura 6.16 Lemingue (A); *Bupalus piniaria* (B).

não ocorrem a cada quatro anos de pico de densidade, mas apenas durante os picos excepcionalmente altos. Em geral, a população retrocede sem que os animais saiam da tundra ou das montanhas.

Os registros de longo prazo de oscilações violentas nos insetos comedores de folhagem nas florestas da Europa ilustram um ciclo de seis a sete anos para o inseto-enrolador-de-folha-de-pinheiro (*Bupalus piniaria*), mostrado na Figura 6.16b, nas florestas de pinheiros da Grã-Bretanha (Barbour, 1985). Bem interessante, *B piniaria* exibe flutuações mais curtas em alguns locais e ciclos mais longos em outras áreas – resultado de uma interação hospedeiro-parasita com a *Dusoma oxyacanthae*. Foram registrados ciclos pronunciados principalmente nas florestas do norte, especialmente em parcelas puras de coníferas. A densidade pode variar em mais de cinco ordens de magnitude (ciclos logarítmicos), de menos de um para mais de 10 mil por mil metros quadrados (Figura 6.17). Pode-se imaginar que, com 10 mil mariposas emergindo de cada mil metros quadrados, existem lagartas suficientes para desfolhar e até matar as árvores, como acontece frequentemente. Os ciclos das lagartas-desfolhadoras não são tão regulares como as oscilações das lebres americanas, e os ciclos de diferentes espécies não são sincronizados.

As explosões populacionais das processionárias de abetos (*Choristoneura fumiferana*) e das lagartas-de-tenda (*Malacosoma*) são exemplos bem conhecidos de padrões similares na parte norte da América do Norte. As lagartas-de-tenda foram estudadas por Wellington (1957, 1960) e as processionárias, por Ludwig et al. (1978) e Holing (1980).

Os ciclos das processionárias são um fenômeno no nível de ecossistema, porque o inseto desfolhador, seus parasitas e predadores, e as coníferas (abetos e abetos balsâmicos), que geralmente crescem em parcelas puras, estão associados ou coevoluídos. Conforme a biomassa da floresta aumenta, as árvores mais velhas e grandes são vulneráveis a um acúmulo de lagartas processionárias, e muitas árvores são mortas por sucessiva desfolhação. A morte e a decomposição das árvores e os excrementos e fezes dos insetos devolvem os nutrientes para o solo das florestas. As árvores mais jovens, que são menos suscetíveis aos ataques, são liberadas pela supressão de sombra e crescem rapidamente, preenchendo o dossel em poucos anos. Durante esse tempo, os parasitas e as aves predadoras de insetos em conjunto reduzem a densidade ecológica das processionárias. Em longo prazo, as processionárias representam um componente integrado que periodicamente rejuvenesce

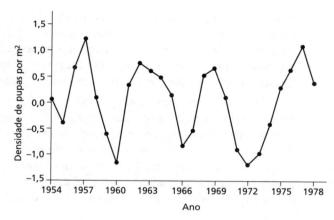

Figura 6.17 Estimativas anuais da densidade de pupas por m² do inseto enrolador-de-folha-de-pinheiro (*Bupalus piniaria*) em Tetsmuir na Grã-Bretanha (segundo Barbour, 1985). Dados baseados em flutuações logarítmicas em torno da densidade de equilíbrio de 0,0 (1 pupa por m²).

o ecossistema de coníferas, e não a catástrofe que parece se observarmos apenas as árvores mortas ou morrendo no pico do ciclo.

De fato, após estudar o papel do besouro-do-pinheiro-da-montanha (*Dendroctonus ponderosae*) em florestas da montanha de pinheiros torcidos (*Pinus contorta*), Peterman (1978) concluiu que o besouro cria florestas que são dominadas primariamente por pinheiros Douglas (*Pseudotsuga menziesii*) em elevações menores. Essas florestas são mais úteis aos humanos do que as florestas de pinheiro torcido superlotadas, que são de pouco valor como madeira, vida selvagem ou recreação. Peterman nos fez ver o escaravelho como uma ferramenta de manejo em vez de uma praga, e sugeriu que, em florestas isoladas, seria melhor deixar as explosões populacionais periódicas tomarem seu curso, apressando, assim, a sucessão ecológica. Essa visão, claro, contradiz o manejo tradicional das pragas das florestas, que é tentar controlar os insetos somente quando sua densidade se torna grande o suficiente para matar completamente as árvores. Uma estratégia alternativa seria simplesmente remover as árvores mais velhas antes que escaravelhos e processionárias o façam. Isso é prático, agora que foram desenvolvidos modelos que prevêem quando uma explosão populacional de insetos pode acontecer. As tempestades periódicas desempenham uma função similar à dos insetos; derrubando as parcelas velhas e sobrecarregadas das florestas de montanhas altas, as tempestades criam uma mistura de manchas de árvores mais jovens e velhas que são constantemente transferidas para cada lado das montanhas.

Provavelmente a mais famosa de todas as oscilações populacionais de inseto é aquela que envolve os gafanhotos migradores. Na Eurásia, registros de surtos de gafanhotos migradores (*Locusta migratoria*) remontam à Antiguidade (J. R. Carpenter, 1940). Os gafanhotos vivem no deserto ou em países semiáridos e na maior parte dos anos não são migratórios, não comem os cultivos e não atraem a atenção. Em alguns intervalos, no entanto, a densidade de sua população aumenta a uma dimensão enorme. Secas periódicas também causam apinhamento de indivíduos em áreas limitadas. A resposta táctil às repetidas "trombadas" faz com que tanto as fêmeas como os machos contribuam para a produção de proles migratórias. As atividades humanas, como agricultura itinerante e sobrepastejo, tendem a aumentar ao invés de diminuir as chances de um surto, porque uma colcha de retalhos ou mosaico de vegetação e solo nu (onde os gafanhotos põem os ovos) são favoráveis a um aumento exponencial da população. Aqui, uma explosão de população é gerada pela combinação da instabilidade e da simplicidade no ambiente. Como com os lemingues, nem todo o máximo populacional é acompanhado por uma emigração; portanto, a frequência das pragas não representa necessariamente a verdadeira periodicidade das oscilações na densidade. Mesmo assim, os surtos foram registrados pelo menos uma vez a cada 40 anos entre 1695 e 1895.

Duas características notáveis das oscilações megacíclicas são que (1) são as mais pronunciadas em ecossistemas menos complexos das regiões boreais e em florestas de monocultura mantidas pelo homem; e (2) apesar de os picos de abundância poderem acontecer simultaneamente em vastas áreas, os picos nas mesmas espécies em diferentes regiões nem sempre coincidem. As teorias têm avançado para explicar a amplitude dos megaciclos por meio da hierarquia dos níveis de organização. Segue um breve resumo de algumas dessas teorias.

Teorias Extrínsecas

As tentativas de relacionar as oscilações de densidade populacional com os fatores climáticos têm sido malsucedidas até agora (MacLulich, 1937). Palmgren (1949) e Cole (1951, 1954) sugeriram que o que aparenta ser oscilações regulares pode ser resultado de variações aleatórias nos fatores tanto bióticos como abióticos. Lidicker (1988) sugeriu que os ecólogos de população adotem um modelo multifatorial de modo a compreender como muitos fatores extrínsecos e intrínsecos funcionam de modo sinergético, para explicar as mudanças nas densidades populacionais.

Algumas espécies, no entanto, realmente parecem ser reguladas por fatores climáticos. Por exemplo, existe uma relação entre a abundância populacional de codorna de Gambel (*Callipepla gambelii*), no sul do Arizona, e as chuvas de inverno (Sowls, 1960). As codornas precisam de abundância de vegetação e cobertura de alta qualidade no fim do inverno e no começo da primavera para que tenham disponíveis nutrientes essenciais à reprodução. Nos anos de pouca chuva, o viscejar da vegetação de alta qualidade não aparece, e a maioria das aves deixa de reproduzir. Assim, o sucesso reprodutivo da codorna-do-deserto reflete a resposta independente de densidade à chuva (na Seção 6 será discutido mais sobre os fatores dependentes e independentes de densidade relacionados com a regulação da população).

Descobriu-se que a codorna americana (*Colinus virginianus*) experimenta intensa mortalidade por causa da cobertura de neve e condições de nevasca – fatores extrínsecos que regulam seus números (Errington, 1945). Errington (1963) também demonstrou que a abundância populacional do rato almiscarado (*Ondatra zibethicus*) é afetada pela seca, porque os ratos almiscarados defendem tocas em margens de riachos perto de áreas de alimentação de alta qualidade. Os períodos de seca os fazem abandonar essas tocas e procurar por novas, aumentando, assim, a sua vulnerabilidade aos predadores.

Esses exemplos demonstram como os fatores climáticos afetam as densidades de plantas e animais e servem como mecanismos extrínsecos da regulação das populações. Quando fatores climáticos (extrínsecos), aleatórios ou não, provam não ser a causa principal das oscilações violentas, então deve-se procurar as causas dentro das próprias populações (fatores intrínsecos).

Teorias Intrínsecas

Desenvolvendo pesquisas sobre a teoria médica de estresse (*a síndrome da adaptação geral*) de Hans Selye, John J. Christian e colaboradores (ver Christian, 1950, 1963; Christian e Davis, 1964) acumularam evidências consideráveis tanto de campo como de laboratório para mostrar que o apinhamento em vertebrados superiores causa aumento das glândulas adrenais. Esse aumento é sintomático nas mudanças do equilíbrio neuroendócrino, as quais, por sua vez, causam mudanças no comportamento, no potencial reprodutivo e na resistência a doenças ou outros estresses. Tais mudanças geralmente se combinam para causar um declínio rápido na densidade populacional. Essa teoria é chamada de *hipótese de retroalimentação adreno-pituitária*.

Durante os anos de 1960 e de 1970, Chitty (1960, 1967), Krebs e Myers (1974) e Krebs (1978) sugeriram que as derivas genéticas são responsáveis por diferenças no comportamento agressivo e na sobrevivência observadas em fases diferentes do ciclo do arganaz (Figura 6.18A) – uma situação similar à das raças fortes e fracas da lagarta-de-tenda (Wellington, 1960).

Outro grupo de teorias se baseia na ideia de que os ciclos de abundância são intrínsecos ao nível do ecossistema em vez de o serem ao nível de população. Certamente, as mudanças de densidade, que abrangem várias ordens de magnitude, devem envolver não somente níveis tróficos secundários, como predadores e presas (ver, por exemplo, Pearson, 1963), mas também as interações primárias planta-herbívoro. Um exemplo é o esgotamento de nutrientes e a hipótese de recuperação (Figura 6.18B) propostos para explicar os ciclos de roedores na tundra (Schultz, 1964, 1969; Pitelka, 1964, 1973). Essa hipótese é baseada em evidência documentada de que o pastejo intenso durante os anos de pico imobiliza e reduz a disponibilidade de nutrientes minerais (especialmente fósforo), de modo que o alimento passa a apresentar baixa qualidade nutricional. O crescimento e a sobrevivência de adultos e jovens sofrem redução. Após dois ou três anos, a reciclagem de nutrientes é restabelecida, as plantas são recuperadas e o ecossistema pode, de novo, sustentar grandes densidades de consumidores. Em outras palavras, o ciclo é acionado por recursos (alimento) mais do que por predadores.

Mais recentemente, o papel dos compostos secundários de vegetais envolvidos nas interações planta-herbívoro recebeu mais atenção (ver Harborne, 1982, para detalhes a respeito dessas classes de compostos). Por exemplo, muitos **compostos secundários** de plantas (ou seja, compostos usados não para metabolismo, mas principalmente para propósitos defensivos) interferem nos caminhos metabólicos, processos fisiológicos ou sucessos reprodutivos específicos dos herbívoros. Muitos desses compostos, como os taninos, tornam as plantas menos palatáveis, ao passo que outros, como os glicosídios cardíacos, são tóxicos e amargos para os animais que se alimentam de plantas que os contêm. Negus e Berger (1977) e Berger et al. (1981) identificaram compostos químicos em plantas que acionavam ou inibiam a reprodução na população natural de *Microtus montanus*.

Os ciclos de grande amplitude são importantes, não porque sejam particularmente comuns no mundo em geral, mas porque um estudo deles revela funções e interações que provavelmente têm aplicação geral, mas não são muito evidentes em populações cuja densidade seja menos variável. O problema da oscilação cíclica em qualquer caso específico pode muito bem depender da determinação de se um ou poucos fatores são primariamente responsáveis (Lidicker, 1988) ou se as causas são tão numerosas que seria muito difícil decifrá-las. A Figura 6.19

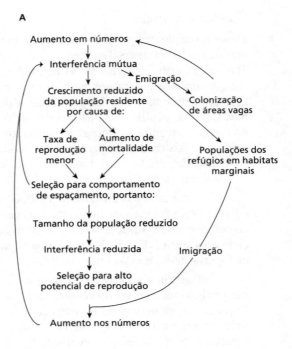

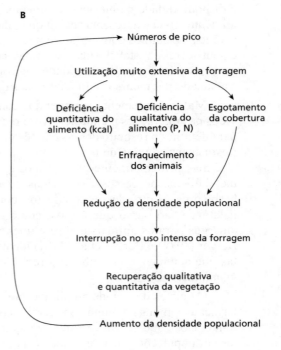

Figura 6.18 Versões modificadas das hipóteses de retroalimentação genética de Chitty-Krebs (A) e qualidade de alimento (B) para explicar os pulsos populacionais em roedores arganazes (segundo Krebs et al., 1973, e Pitelka, 1973).

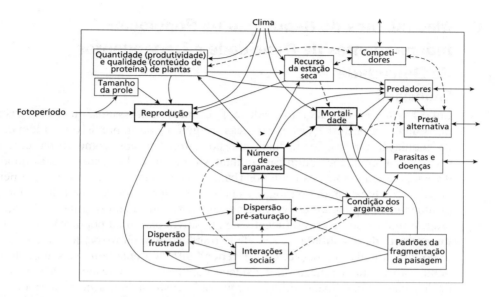

Figura 6.19 Modelo multifatorial de regulação de população em arganazes da Califórnia (*Microtus californicus*) (modificado de Lidicker, 1988).

ilustra o modelo multifatorial de Lidicker da regulação de população dos arganazes da Califórnia. Uma ou poucas causas são prováveis em ecossistemas simples, sejam eles experimentais ou naturais; muitas causas são mais prováveis em ecossistemas complexos.

Visão Geral do Ciclo

A Figura 6.20 modela os três tipos básicos de flutuações em nível de população; podem ocorrer de cima para baixo (acionadas por predador), de baixo para cima (acionadas por recurso), ou ambos. Sugerimos que os megaciclos podem ser pulsos de densidade exagerada, característicos de diversas populações, como proposto por W. E. Odum et al. (1995) em um trabalho intitulado "Nature's Pulsing Paradigm". A nosso ver, a densidade máxima é atingida quando os pulsos intrínsecos, baseados em fatores biológicos, são coordenados com os pulsos extrínsecos, baseados em fatores físicos.

Após considerarmos um número de especificações interessantes, podemos abordar o desafio mais geral da regulação da população.

Figura 6.20 Três tipos de pulso em nível de população.

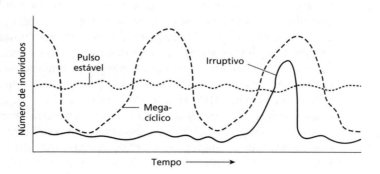

6 Mecanismos de Regulação da População Independentes de Densidade e Dependentes de Densidade

Enunciado

Em ecossistemas de baixa diversidade, fisicamente estressados, ou em ecossistemas sujeitos a perturbações extrínsecas irregulares ou imprevisíveis, o tamanho da população tende a ser influenciado por fatores físicos, como clima, correntes de água, condições químicas limitantes e poluição. Em ecossistemas de alta diversidade em ambientes benignos (baixa probabilidade de estresse físico periódico, como tempestades ou fogo), as populações tendem a ser controladas biologicamente, e pelo menos em certo grau, sua densidade é autorregulada. Qualquer fator, limitante ou favorável (negativo ou positivo) para uma população, é: (1) **independente de densidade**, se seu efeito (mudança em números) for independente do tamanho da população; ou (2) **dependente de densidade**, se seu efeito na população for uma função da densidade populacional. A resposta dependência de densidade é geralmente direta, porque se intensifica conforme se aproxima do limite superior (capacidade de suporte). Pode, no entanto, ser o inverso (reduzir a intensidade conforme a densidade aumenta). Os fatores dependentes de densidade diretos agem como reguladores em um motor (portanto, podem ser chamados de *reguladores de densidade*) e, por essa razão, são considerados um dos principais agentes que impedem a superpopulação. Os fatores climáticos muitas vezes, mas não sempre, agem de maneira independente de densidade, ao passo que os fatores bióticos (como competição, parasitas ou patógenos) muitas vezes, mas não sempre, agem de maneira dependente de densidade.

Explicação

A teoria geral da regulação de população é resultado lógico da discussão anterior sobre o potencial biótico, formas de crescimento e variação em torno do nível da capacidade de suporte. Assim, o *crescimento em forma de J* tende a ocorrer quando os *fatores extrínsecos* ou *independentes de densidade* determinam em que ponto o crescimento desacelera ou para. A *forma de crescimento sigmoide,* por outro lado, é *dependente de densidade*, porque os efeitos *intrínsecos* controlam o crescimento da população.

O comportamento de qualquer população que se queira selecionar para estudar depende do tipo de ecossistema do qual aquela população faz parte. Contrapor o ecossistema *fisicamente controlado* com o *autorregulado* é arbitrário e produz um modelo supersimplificado, mas é uma abordagem relevante, especialmente porque os efeitos humanos durante a maior parte do século passado foram direcionados para substituir os ecossistemas que se mantêm por si por monoculturas e sistemas estressados que requerem muito cuidado humano. Como o custo (em energia e em dinheiro) do controle físico e químico aumentou, porque a resistência das pragas a pesticidas aumentou, e porque os subprodutos de substâncias químicas tóxicas em alimentos, água e ar se tornaram mais uma ameaça, o *manejo integrado de pragas* (MIP) está sendo cada vez mais implementado. Uma evidência disso é o interesse crescente em uma nova fronteira chamada *manejo de praga com base ecológica*, que envolve esforços para restabelecer os controles naturais, dependentes da densidade em nível de ecossistema, em ecossistemas agrícolas e florestais (NRC, 1996a, 2000a; E. P. Odum e Barrett, 2000).

A seção anterior mostrou como as mudanças fisiológicas e genéticas, ou a alternância de ecótipos no tempo, podem amortecer as oscilações e apressar o retorno da densidade a níveis mais baixos após ter ultrapassado a capacidade de suporte. No entanto, permanece a questão como a autorregulação em nível de população evolui por meio da seleção natural no nível de indivíduo (para mais detalhes ver Seção 12 sobre genética de populações e seleção natural).

Wynne-Edwards (1962, 1965) propôs dois mecanismos que podem estabilizar a densidade em um nível mais baixo do que a saturação: (1) **territorialidade**, uma forma exagerada de competição intraespecífica que limita o crescimento mediante o controle do uso da terra (a ser mais discutido na Seção 9); e (2) **comportamento de grupo**, como ordem de bicada, dominância sexual e outros comportamentos que aumentam a aptidão da prole, mas reduzem seu número. Esses mecanismos tendem a aumentar a qualidade do ambiente para o indivíduo e reduzir a probabilidade de extinção que pode resultar quando ultrapassada a disponibilidade de recursos. A importância desses traços sociais e comportamentais é difícil de testar experimentalmente e é muito discutida, como indicado em diversos livros de revisão de Cohen et al. (1980), Chepko-Sade e Halpin (1987), Cockburn (1988), e Stenseth e Lidicker (1992).

Os fatores independentes de densidade (extrínsecos) do ambiente (como fenômenos climáticos) tendem a causar variações, às vezes drásticas, na densidade populacional e também deslocamento nos níveis da assíntota superior ou da capacidade de suporte. Os fatores dependentes de densidade (intrínsecos), como a competição, no entanto, tendem a manter a população em estado de pulsação estável ou apressar o retorno a esse nível. Os fatores ambientais independentes de densidade têm um papel mais importante nos ecossistemas fisicamente estressados; a mortalidade e a natalidade dependentes da densidade se tornam mais importantes em ambientes benignos nos quais o estresse extrínseco é reduzido. Como em um sistema cibernético funcionando bem, o controle por retroalimentação negativa adicional é feito por interações (tanto fenotípicas como genéticas) entre as populações de diferentes espécies que são unidas pelas cadeias alimentares ou por outras relações ecológicas importantes.

Exemplos

Chitty (1960) e Wellington (1960) descreveram o modo como a *qualidade* de populações naturais (arganazes e lagartas, respectivamente) mudam em relação à abundância da população. Por exemplo, parece que o sucesso reprodutivo e a sobrevivência da população diminuíam conforme as populações de arganazes aumentavam em número. Do mesmo modo, a sobrevivência, o comportamento de forrageamento e o comportamento de construção de "tendas" parece decrescer em qualidade conforme a abundância da população de lagartas ultrapassa as condições de capacidade de suporte. Tais fenômenos tendem a funcionar de modo dependente de densidade, fornecendo um mecanismo regulatório para essas espécies. Holling (1965, 1966) enfatizou a importância das características comportamentais em uma série de modelos matemáticos que previram com que eficiência um inseto parasita controlaria o inseto hospedeiro em densidades diferentes.

As plantas exibem mecanismos de regulação de população dependentes de densidade, assim como fazem os animais. As populações vegetais em altas densidades passam por um processo chamado *autodesbaste*. Quando a semeadura se dá em altas densidades, as jovens plantas emergentes ou plântulas competem vigorosamente. Durante o crescimento, muitas mudas morrem, reduzindo a densidade das mudas sobreviventes. O aumento da taxa de crescimento das plantas individuais sobreviventes resulta em uma competição contínua, levando a um declínio no número de plantas sobreviventes. Quando o logaritmo do peso médio da planta é lançado em gráfico como função do logaritmo da densidade populacional, os pontos dos dados ao longo da estação de crescimento geram uma linha com uma inclinação de aproximadamente –3/2. Os ecólogos chamam essa relação entre o peso médio e a densidade da planta de *curva de autodesbaste*. Por causa de sua regularidade entre as numerosas espécies de planta, tal relação é também chamada de **lei da potência –3/2**. A Figura 6.21 mostra as mudanças na densidade e no peso médio durante a estação de crescimento do caruru (*Amaranthus retroflexus*) e da ançarinha-branca (*Chenopodium album*), e ilustra a lei da potência –3/2 (J. L. Harper, 1977). Assim, vegetais e animais exibem mecanismos dependentes de densidade que tendem a regular e controlar as densidades das populações para permanecer dentro ou perto da capacidade de suporte estabelecida pela disponibilidade de recursos e condições do ambiente.

7 Padrões de Dispersão

Enunciado

Os indivíduos em uma população podem estar dispersos de acordo com quatro tipos gerais de padrões (Figura 6.22): (1) aleatório; (2) regular; (3) agregado; e (4) agregado regular. Todos esses tipos são encontrados na natureza. A distribuição **aleatória** ocorre quando o ambiente é muito uniforme e não há tendência a se agregar. A dispersão **regular** ou **uniforme** pode ocorrer quando a competição entre os indivíduos é severa ou quando há antagonismo positivo que promove espaçamento uniforme; claro, esse é também o padrão frequente em plantações e florestas de monocultura. **Agregados** em vários graus (indivíduos associados em grupos) representam, de longe, o padrão mais comum. No entanto, se os indivíduos de uma população tendem a formar grupos de um certo tamanho – por exemplo, manadas de animais ou clones vegetativos em plantas – a distribuição dos *grupos* pode ser tanto aleatória como agregada em um padrão regular. A determinação do tipo de dispersão é importante na seleção dos métodos de amostragem e análises estatísticas.

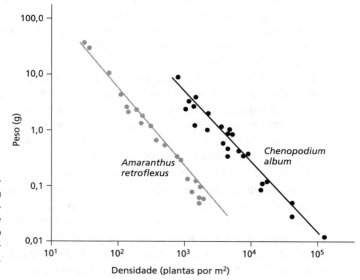

Figura 6.21 Mudanças na densidade e no peso médio da planta durante a estação de crescimento do *Amaranthus retroflexus* e *Chenopodium album*, ilustrando a lei da potência – 3/2 do autodesbaste (segundo J. L. Harper, 1977).

Explicação e Exemplos

Os quatro padrões de dispersão intrapopulacional são mostrados na Figura 6.22. Cada retângulo contém aproximadamente o mesmo número de indivíduos. No caso da distribuição agregada, os grupos podem ser distribuídos de forma aleatória ou uniforme – ou seja, os próprios agregados em um padrão regular com grandes espaços desocupados (Figura 6.22D). Ao se examinar a Figura 6.22, pode-se verificar que uma amostra pequena retirada das quatro populações poderia, obviamente, produzir resultados muito diferentes. Uma amostra pequena da população com distribuição agregada tenderia a dar uma densidade muito alta ou muito baixa quando o número na amostra fosse multiplicado para obter a população total. Assim, as populações agregadas necessitam de amostras maiores e técnicas de amostragem mais cuidadosamente planejadas do que as não agregadas.

A distribuição aleatória segue a curva *normal* ou em forma de sino sobre a qual se baseiam os *métodos estatísticos paramétricos* padrões (para maiores detalhes sobre os métodos estatísticos, ver Capítulo 12). Espera-se esse tipo de distribuição na natureza quando muitos fatores estão agindo juntos na população. Quando alguns fatores importantes estão dominando, como é o caso comum (lembrando o princípio de fatores limitantes), e quando há uma forte tendência de vegetais e animais se agruparem para (ou por causa de) funções reprodutivas e outras, há poucos motivos para se esperar uma distribuição completamente aleatória. Para estudar essas populações, usamos *estatísticas não paramétricas*, que se baseiam em padrões não aleatórios de distribuição; com frequência é necessário ter amostras de campo para determinar padrões de distribuição e, consequentemente, decidir quais testes estatísticos usar quando comparar diferenças entre populações. No entanto, as distribuições não aleatórias ou "contagiosas" de organismos algumas vezes são constituídas de misturas de distribuições aleatórias de grupos contendo vários números de indivíduos ou de grupos que se mostraram distribuídos de modo uniforme (ou pelo menos mais regulares do que aleatórios). Tomando-se um caso extremo, seria melhor determinar o número de colônias de formigas (usando a *colônia* como unidade de população) com um método de amostragem, e então determinar o número de indivíduos por colônia, do que tentar medir o número de indivíduos diretamente por meio de amostras aleatórias.

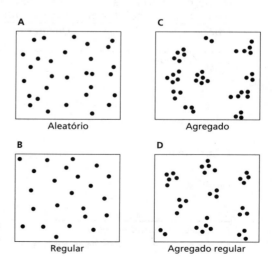

Figura 6.22 Quatro padrões básicos de dispersão de indivíduos em uma população. (A) Aleatória. (B) Regular. (C) Agregado. (D) Agregado regular.

Foram sugeridos muitos métodos para determinar o tipo de espaçamento e o grau de agregação entre os indivíduos em uma população (em que não é autoevidente), mas há muito a ser feito para resolver esse problema. Dois métodos são mencionados como exemplos. Um é comparar a frequência atual de ocorrência de grupos de tamanhos diferentes obtida em uma série de amostras com a *série de Poisson,* que dá a frequência com a qual grupos com 0, 1, 2, 3, 4...n indivíduos serão encontrados juntos se a distribuição for aleatória. Assim, se a ocorrência de grupos de tamanho pequeno (inclusive vazios) e grupos de tamanho grande é mais frequente e a ocorrência de grupos de tamanho médio é menos frequente do que o esperado, a distribuição é agregada. O oposto existe em uma distribuição uniforme. Podem ser usados testes estatísticos para determinar se o desvio observado em relação à curva de Poisson é significativo. A Tabela 6.2 mostra um exemplo do uso do método de Poisson para testar a distribuição aleatória em aranhas. Em todos os 11 quadrats menos em 3, as aranhas foram distribuídas aleatoriamente. As distribuições não aleatórias ocorreram em quadrats nos quais a vegetação era menos uniforme.

Outro método para determinar tipo de dispersão envolve medir de fato a distância entre indivíduos de algum modo padronizado. Quando a raiz quadrada da distância é lançada em gráfico contra a frequência, o formato do *polígono de frequências* resultante indica o padrão de distribuição. Um polígono simétrico (em outras palavras, uma curva normal, em forma de sino) indica distribuição aleatória; um polígono desviado para a direita indica uma distribuição uniforme; e um desviado para a esquerda indica uma distribuição agregada (indivíduos mais próximos entre si do que o esperado). Uma medida numérica do grau de desvio pode ser computada. Esse método, claro, seria mais aplicável à vegetação ou a animais sedentários, mas poderia ser usado para determinar o espaço entre colônias ou domicílios de animais (como covis de raposas, tocas de roedores ou ninhos de aves).

Larvas de besouros de farinha geralmente estão distribuídas de modo aleatório por todo seu ambiente uniforme, pois sua distribuição observada corresponde à distribuição de Poisson (Park, 1934). Parasitas ou predadores solitários, como as aranhas da Tabela 6.2, às vezes apresentam uma distribuição aleatória (frequen-

Tabela 6.2

Número e distribuição de aranhas de gramado (*Lycosidae*) em quadrats de 0,1 hectare em um habitat de campo abandonado

Espécie	Quadrat	Número por quadrat	Qui-quadrado da distribuição de Poisson
Lycosa timuqua	1	31	8,90*
	2	19	9,58*
	3	15	5,51
	4	16	0,09
	5	45	0,78
	6	134	1,14
L. carolinensis	2	16	0,09
	5	23	4,04
L. rabida	6	15	0,05
	3	70	17,30*
	4	16	0,09

Fonte: Segundo Kuenzler, 1958.

* Significativo a $P \leq 0,01$ nível de probabilidade.

temente se engajam no comportamento de busca aleatória por seus hospedeiros ou presas). As árvores de floresta que alcançaram altura suficiente para formar uma parte do dossel da floresta podem mostrar uma distribuição uniforme regular, porque a competição por luz solar é tão grande que as árvores tendem a ser espaçadas em intervalos mais regulares do que aleatórios. Um milharal, um pomar ou uma plantação de pinheiros, claro, seriam exemplos ainda mais claros. Os arbustos de deserto são, muitas vezes, espaçados muito regularmente, quase como se fossem plantados em fileiras, por causa da intensa competição no ambiente de baixa umidade, que pode incluir a produção de antibióticos vegetais que impedem o estabelecimento de vizinhos próximos. Um padrão similar mais regular do que aleatório ocorre em animais territoriais (ver Seção 9). O padrão agregado da dispersão será discutido em detalhes na seção a seguir.

8 O Princípio de Allee de Agregação e Refúgio

Enunciado

Como notamos na seção anterior, níveis variados de agregação são característicos da estrutura interna da maioria das populações uma vez ou outra. Essa agregação é um resultado de agregações individuais (1) em resposta a diferenças locais do habitat ou paisagem; (2) em resposta às mudanças diárias e sazonais do clima; (3) por causa dos processos reprodutivos; ou (4) por causa das atrações sociais (em animais superiores). A agregação pode aumentar a competição entre indivíduos por recursos, como nutrientes, alimento, ou espaço, mas isso é geralmente mais que contrabalançado pelo aumento da sobrevivência do grupo por causa de sua capacidade de se defender, de encontrar recursos ou de modificar condições do microclima ou do micro-habitat. O grau de agregação – e a densidade global – que resulta em crescimento e sobrevivência populacional ótimos varia de acordo com as espécies e condições; portanto, a subaglomeração (ou falta de agregação), assim como a superaglomeração, pode ser limitante. Esse princípio é chamado **princípio de agregação de Alee**, nome do famoso ecólogo comportamental W. C. Alee.

Refugiar-se descreve um tipo especial de agregação em que grupos de animais grandes, socialmente organizados, estabelecem-se em um local favorável, central (*refúgio*), de onde se dispersam e para onde retornam regularmente para satisfazer suas necessidades de alimento ou outros recursos. Alguns dos animais mais bem adaptados na Terra, inclusive as aves e os humanos, usam a estratégia de se refugiar.

Explicação e Exemplos

Em plantas, a agregação pode ocorrer em resposta ao primeiro dos três fatores listados no enunciado (habitat, clima ou reprodução). Em animais superiores, agregações podem ser resultado de todos os quatro fatores, mas especialmente do comportamento social – como ilustrado, por exemplo, pelas manadas de rena ou caribu no Ártico, os grandes bandos migratórios de aves, ou as manadas de antílope na savana da África oriental, que se movem de uma área de pastejo para outra, evitando, assim, o sobrepastejo em qualquer parte da savana.

Nas plantas em geral, é um princípio ecológico bem definido que a agregação é inversamente relacionada à mobilidade dos propágulos (sementes ou esporos), como foi apresentado no livro-texto pioneiro de Weaver e Clement (1929) *Plant Ecology*. Em campos abandonados, cedros, caquizeiros e outras plantas com sementes não móveis estão quase sempre agregados perto de uma árvore parental ou ao longo de cercas e outros lugares onde aves ou outros animais tenham depositado as sementes em grupos. As tasneiras, os capins e mesmo os pinheiros, que têm sementes leves espalhadas pelo vento, são, comparativamente, distribuídos de forma muito mais aleatória em campos abandonados.

O *valor da sobrevivência do grupo* é uma característica importante que pode resultar da agregação (Figura 6.23). Um grupo de plantas pode resistir à ação do vento bem melhor do que indivíduos isolados ou pode reduzir a perda de água de modo mais efetivo. Com as plantas verdes, no entanto, os efeitos prejudiciais da competição por luz e nutrientes geralmente superam as vantagens da agregação. As vantagens de sobrevivência em grupo mais marcantes são encontradas em animais. Allee (1931, 1951) conduziu muitas experiências nesse campo e resumiu os documentos sobre o assunto. Ele descobriu, por exemplo, que grupos de peixes podiam resistir a uma certa dose de veneno introduzido na água muito melhor do que os indivíduos isolados. Os indivíduos isolados são mais resistentes a veneno quando colocados em água anteriormente ocupada por um grupo de peixes do que quando colocado em água não tão "condicionada biologicamente"; nas águas previamente ocupadas, o muco e outras secreções ajudaram a combater os venenos, revelando, assim, algo do mecanismo da ação do grupo nesse caso. As abelhas são outro exemplo do valor de sobrevivência do grupo; uma colmeia ou cacho de abelhas pode gerar e reter calor suficiente na massa para a sobrevivência de todos os indivíduos a temperaturas suficientemente baixas para matar todas as abelhas se estivessem isoladas. A codorna americana (*Colinus virginianus*) aumenta suas chances de sobrevivência formando um grupo (*bando*) durante os meses de inverno no centro-oeste dos Estados Unidos; o bando fica em círculo com as cabeças voltadas para fora do círculo (Figura 6.24), assim podem "debandar" para diversas direções se um predador, como a raposa prateada (*Vulpes vulpes*), se aproximar. Esse comportamento social de grupo e a resposta à perturbação (como caçadores humanos) resultam que ao menos alguns dos indivíduos do bando escapem ao perigo e, consequentemente, sejam capazes de reproduzir na primavera.

As agregações sociais reais, como as dos insetos e vertebrados sociais (em contraste com agregação passiva em resposta a algum fator ambiental comum), têm uma organização definida, envolvendo hierarquias sociais e especializações individuais. Uma *hierarquia social* pode ser uma "ordem de bicada" (assim chamada

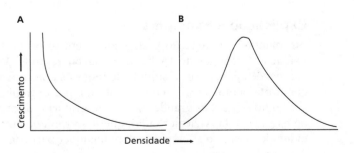

Figura 6.23 Ilustração do princípio de Allee. Em algumas populações (A), o crescimento e a sobrevivência são máximos quando o tamanho da população é pequeno; em outras (B), a cooperação intraespecífica resulta em uma população de tamanho intermediário como a mais favorável. No último caso, "subaglomeração" é tão danosa quanto "superaglomeração" (segundo Allee et al., 1949).

Figura 6.24 Um bando de codornas americanas (*Colinus virginianus*) ilustrando o princípio de agregação de Alee como uma estratégia comportamental.

porque o fenômeno foi primeiramente descrito em galinhas) com nítido domínio e subordinação entre os indivíduos, geralmente em ordem linear (como uma cadeia de comando militar de general a soldado raso), ou pode ser um padrão complicado de liderança, domínio e cooperação, como ocorre em grupos bem unidos de aves e insetos que se comportam quase como uma só unidade. Esses tipos de organizações sociais beneficiam a população evitando superabundância de densidade.

Entre animais superiores, uma estratégia de agregação muito bem-sucedida foi chamada de *refugiar-se*, como descrito em detalhes por W. J. Hamilton e Watt (1970) e Paine (1976). **Refúgios** são locais ou situações em que os membros de uma população explorada têm alguma proteção dos predadores e parasitas. Um grande número de indivíduos recorre a um local central favorável ou núcleo – por exemplo, um poleiro de estorninhos ou uma grande colônia reprodutiva de aves marinhas. De lá, eles se abastecem de forragem em um grande perímetro ou área de suporte vital, diariamente. A agregação em um local central é vantajosa, pois assegura um ganho líquido de energia pelos indivíduos quando bons locais centrais são escassos. As desvantagens dos refúgios são os estresses, como poluição por excremento e pisoteio excessivo da vegetação ou substrato no local central e o aumento no risco de predação durante a incursão de coleta de alimento ou forrageamento.

As organizações extraordinárias de insetos sociais são únicas em seus papéis especializados. As sociedades de insetos com maior desenvolvimento são encontradas entre os cupins (*Isoptera*) e as formigas e abelhas (*Hymenoptera*). Nas espécies mais especializadas, uma divisão de trabalho é cumprida pelas três castas: reprodutores (rainhas e zangões), operárias e soldados. Cada casta é especializada para desempenhar as funções de reprodução, coleta de alimento e proteção, respectivamente. Como será discutido no próximo capítulo, esse tipo de adaptação leva à seleção de grupo não somente dentro de uma espécie mas também em grupos de espécies intimamente ligadas.

O princípio de Allee é relevante para a condição humana. A agregação em cidades e distritos urbanos (uma estratégia de refúgio) é obviamente benéfica, mas só até um certo ponto, em conexão com a lei dos retornos reduzidos. A exploração de combustível fóssil estendeu a dispersão de áreas de forrageamento para os confins da Terra, de modo que as cidades e outros locais centrais têm pouca energia e restrições de combustível conforme o tamanho da população refugiada. Entretanto, a poluição e o custo de manutenção se tornam cada vez mais limitantes ao passo que cresce a densidade da população humana. Um gráfico dos benefícios (eixo y) contra tamanho da cidade (eixo x) teria teoricamente a mesma forma de corcova como a curva B na Figura 6.23. Assim, as cidades, como as colônias de abelhas e cupins, podem ficar grandes demais para o seu próprio bem. O tamanho ótimo de uma agregação de insetos sociais é determinada pela tentativa e erro da seleção natural. Como não se pode ainda determinar objetivamente o tamanho ótimo das cidades, elas tendem a ultrapassar em tamanho e então se despovoar, quando os custos excedem os benefícios. De acordo com os princípios ecológicos, é um erro manter ou subsidiar uma cidade que cresceu demais em relação a seu suporte vital; no entanto, alguns países ricos subsidiam cidades com, por exemplo, dinheiro federal, altos impostos e importações de combustíveis fósseis caros.

9 Área de Ação e Territorialidade

Enunciado

As forças que isolam ou espaçam os indivíduos, pares ou pequenos grupos em uma população são talvez não tão divulgadas como as que favorecem a agregação. No entanto, tais forças são importantes para aumentar a aptidão e funcionam como um mecanismo para regular populações. Em geral, o isolamento é resultado de (1) competição entre indivíduos por recursos limitantes; ou (2) antagonismo direto, envolvendo respostas comportamentais em animais superiores e mecanismos químicos de isolamento (antibióticos e alelopáticos) em plantas, microrganismos e animais inferiores. Em ambos os casos, podem ter como resultado uma distribuição aleatória ou uma uniforme, como esboçado na Seção 7 (Figura 6.22), porque vizinhos próximos são eliminados ou expulsos. Os indivíduos, pares ou grupos familiares de vertebrados e invertebrados superiores, comumente restringem suas atividades a uma área chamada de **área de ação**. Se essa área for defendida ativamente, de modo a haver pouca ou nenhuma sobreposição de uso de espaço por indivíduos antagonistas, pares etc., é chamada de *território*. A *territorialidade* parece ser mais pronunciada em vertebrados e em certos artrópodes que têm padrões de comportamento reprodutivo complicado, envolvendo construção de ninhos, postura de ovos e cuidado e proteção de jovens.

Explicação e Exemplos

Assim como a agregação pode aumentar a competição, mas tem vantagens compensatórias, o espaçamento de indivíduos em uma população também pode reduzir a competição pelas necessidades de vida ou fornecer a privacidade necessária para os ciclos reprodutivos complexos (como em aves e mamíferos), mas com o custo de perder as vantagens de ação cooperativa de grupo. Presumivelmente, o padrão que sobrevive por meio da evolução em um caso em particular depende de qual alternativa fornece a maior vantagem de sobrevivência no longo prazo. De qualquer modo, ambos os padrões são frequentes na natureza; de fato, populações de algumas espécies alternam de um para o outro. Os piscos-de-peito-ruivo (*Turdus migratorius*), por exemplo, isolam-se em territórios durante a estação de reprodução, mas se agregam em bandos no inverno, obtendo, assim, as vantagens de ambos os arranjos. De novo, as idades e os sexos diferentes podem mostrar padrões opostos ao mesmo tempo (adultos se isolam, jovens se agregam, por exemplo).

O papel da competição intraespecífica e das "guerras químicas" que produzem espaçamento em árvores de floresta e arbustos de deserto já foi notado nas Seções 6 e 7. Os mecanismos de isolamento desse tipo são muito difundidos entre as plantas superiores. Muitos animais se isolam e restringem suas atividades principais a áreas definidas ou áreas de ação, que podem variar de uns poucos metros quadrados a muitos hectares quadrados. Como as áreas de ação frequentemente se sobrepõem, somente um espaçamento parcial é obtido; a territorialidade atinge o máximo em espaçamento. A Figura 6.25 compara as áreas de ação dos arganazes (*Microtus pennsylvanicus*), que se sobrepõem (não são defendidas), com os territórios de tordos-comuns (*Turdus philomelos*), que não se sobrepõem (são defendidos) e que são restabelecidos em sucessivas estações de reprodução.

Os tamanhos das áreas de ação variam de acordo com o tamanho do animal, como seria de se esperar. O tamanho da área de ação do urso pardo (*Ursus horribilis*), por exemplo, foi estimado, em média, em 337 mil ha, ao passo que o tamanho da área de ação do rato-veadeiro (*Peromyscus maniculatus*) foi definida como menos que um hectare. Ver Harris (1984) para um quadro comparativo de tamanhos de áreas de ação de espécies de mamíferos pequenos e grandes.

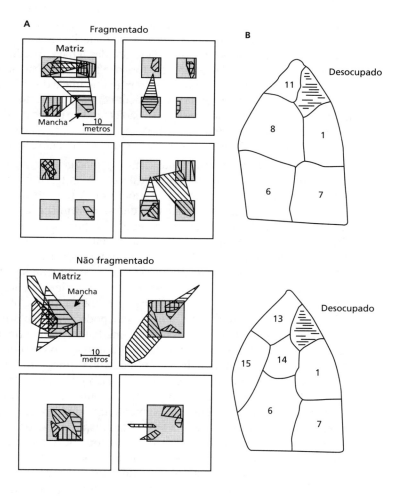

Figura 6.25 (A) Áreas de ação dos arganazes (*Microtus pennsylvanicus*) em manchas de habitat fragmentado e não fragmentado (Segundo R. J. Collins e Barrett, 1997). (B) Territórios de tordos-comuns (*Turdus philomelos*) em dois anos consecutivos (segundo Lack, 1966). Observe que os indivíduos 1, 6 e 7 mantiveram os mesmos territórios em ambos os anos, ao passo que dois indivíduos que ocupavam territórios em 1955 não retornaram e foram substituídos por três novos indivíduos.

O termo *território*, como definido nesta seção, foi primeiro introduzido por Elliot Howard em seu livro *Territory in Bird Life*, publicado em 1920. A maior parte das literaturas iniciais sobre o assunto tratou de aves. No entanto, o conceito de territorialidade é agora reconhecido para outros vertebrados e alguns artrópodes, em especial entre espécies nas quais um dos pais, ou ambos, guardam os ninhos e os filhotes. **Território** é definido como a área do habitat defendida pelos indivíduos de uma espécie em particular – frequentemente um casal em reprodução – contra outros membros da mesma espécie. **Territorialidade** – ou seja, a defesa desse espaço de habitat – é um comportamento social. A área defendida pode ser bastante grande, maior do que o necessário para o suprimento de alimento do casal e sua prole. Por exemplo, o pequeno balança-rabo (*Polioptila caerulea*), que pesa cerca de 7 gramas, estabelece-se em um território com média de 4,6 acres (1,8 ha), mas obtém todo o alimento de que precisa em uma área muito menor ao redor de seu ninho (Root, 1969). Na maioria dos comportamentos territoriais, a luta real por fronteiras é mantida em um nível mínimo. Os proprietários anunciam sua terra ou espaço com o canto ou exibindo-se, e os intrusos potenciais geralmente evitam entrar em domínios estabelecidos. Muitos peixes, aves e répteis têm sinais distintivos conspícuos na cabeça, no tronco ou nos apêndices, exibidos para intimidar os intrusos. No caso da maioria das aves canoras migratórias, os machos chegam às áreas de nidificação antes das fêmeas e dedicam seu tempo estabelecendo – e avisando sobre – seus territórios, e fazem isso cantando alto. O fato de que a área defendida por aves é muitas vezes maior no início do ciclo de nidificação do que mais tarde, quando a demanda por alimento é maior, e o fato de que muitas espécies de aves, peixes e répteis territorialistas não defendem a área de alimentação sustentam a ideia de que o isolamento e o controle reprodutivo têm maior valor de sobrevivência para a territorialidade que o isolamento de um suprimento alimentar.

A territorialidade certamente afeta a aptidão genética (probabilidade de deixar descendentes), porque os indivíduos de espécies territorialistas que não podem manter os territórios favoráveis não procriam. Apesar de que manter um território é visto como vantajoso, os custos de defesa devem ser levados em consideração. Brown (1964) explicou os custos e benefícios por meio da *hipótese de defensabilidade econômica*. É discutível se a territorialidade funciona para evitar superpopulação e evoluiu por essa razão, como Wynne-Edwards (1962) debateu com tanta intensidade. Jerram Brown (1969) resumiu os argumentos contra essa *hipótese de limitação da população*, incluindo a ideia de que o custo energético para defender uma área maior do que a necessária não produziria uma vantagem seletiva. Verner (1977), por outro lado, argumentou que pode ser adaptativo ocupar um local maior do que o ditado por necessidades imediatas, porque ficariam assegurados os recursos adequados às necessidades reprodutivas no caso de seca ou outras condições severas reduzirem a disponibilidade no futuro. Um estudo experimental de Riechert (1981) sobre uma espécie territorialista de aranha do deserto (*Agelenopsis aperta*) forneceu evidências a favor desse ponto de vista. Riechert descobriu que o tamanho do território era fixo (somente um número de aranhas poderia ocupar a área experimental), ajustado a baixas em disponibilidade de presa em tempos de grande escassez. Portanto, a densidade da população não aumentaria além de um limite superior, determinado pelo número de locais de territórios favoráveis disponíveis, não importando quanto alimento estaria disponível em tempos favoráveis. Os indivíduos incapazes de estabelecer territórios perdiam peso e eventualmente morriam, como demonstrado na Figura 6.26. Os donos dos territórios ocupavam os melhores sítios e eram os mais bem-sucedidos em produzir proles, especialmente sob condições difíceis (clima desfavorável e escassez de alimento). Nesse caso, era possível o potencial de territorialidade para limitar a população e selecionar os indivíduos com maior aptidão.

No caso de aves canoras migratórias, na primavera os machos geralmente chegam ao habitat de procriação antes das fêmeas. Os cantos altos funcionam para estabelecer um território para atrair seu par. Os indivíduos capazes de estabelecer um território não têm dificuldade de atrair um par; os indivíduos incapazes de estabelecer um território (*indivíduos marginais*; ver Figura 6.26) não procriam. Outras funções que foram sugeridas para a territorialidade incluem evitar a predação ou doença mediante o espaçamento de indivíduos, a alocação favorável e a preservação de recursos.

A extensão pela qual os humanos são territorialistas em virtude de comportamento inerente e a extensão pela qual eles podem aprender o controle de uso da terra e planejar as salvaguardas contra superpopulação são questões intrigantes. Certamente, existem alguns aspectos territorialistas no comportamento humano, como a imperativa propriedade privada e leis e costumes que dizem respeito ao lar como uma casa segura a ser defendida contra intrusos, com armas se necessário. Em um livro intitulado *The Territorial Imperative* (1967), Robert Ardrey argumentou com otimismo que os humanos eram territorialistas e irão resistir à aglomeração e, portanto, evitar o fantasma da superpopulação. Hoje em dia, no entanto, existem poucos dados para sustentar tal hipótese.

10 Dinâmica da Metapopulação

Enunciado

A *metapopulação* é um nível entre os níveis de organização de organismo e de população na hierarquia ecológica (Figura 1.3). **Metapopulações** podem ser definidas como as subpopulações que ocupam manchas discretas ou "ilhas" de habitat apropriado separadas por habitat não apropriado, mas ligadas por corredores de dispersão. Em paisagens naturalmente heterogêneas e fragmentadas (em especial paisagens dominadas pelo homem), grupos de indivíduos em cada mancha discreta podem ser extintos em algum ponto no tempo, mas a mancha pode ser recolonizada por indivíduos de uma mancha próxima, se houver um corredor navegável ligando as manchas. Se a colonização e a extinção se equilibrarem sobre uma grande área de paisagem, o tamanho total da população pode permanecer quase o mesmo. Portanto, a sobrevivência da espécie pode depender mais da dispersão (capacidade de migrar de uma mancha para outra) do que de nascimentos e mortes dentro da mancha.

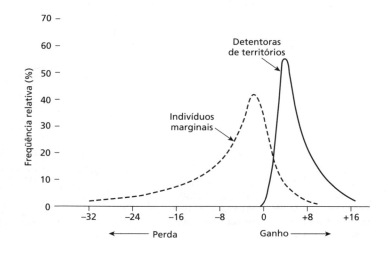

Figura 6.26 Aptidão em relação de peso corporal ganho ou perdido diariamente por aranhas detentoras de território comparadas com indivíduos incapazes de estabelecer e manter territórios (marginais). Em estações desfavoráveis, os indivíduos marginais ficam em desvantagem ainda maior; poucos sobrevivem para produzir prole (redesenhado de Riechert, 1981).

Explicação e Exemplos

A Figura 6.27 mostra uma metapopulação hipotética em um ambiente em manchas com corredores entre as manchas. Se a espécie não consegue reproduzir em uma mancha, especialmente em uma de baixa qualidade, a metapopulação pode sobreviver recebendo imigrantes de uma mancha de alta qualidade. O conceito de metapopulação pode ser considerado um aspecto mais amplo do conceito de "fonte-sumidouro" (discutido no Capítulo 3). O conceito de metapopulação foi primeiro introduzido por Levins (1969) e extensivamente atualizado por Hanski (1989).

Como descrito por Verboom et al. (1991), a trepadeira-azul (*Sitta europaea*) persiste como uma metapopulação porque ocorre em subpopulações isoladas ligadas por corredores de dispersão. A amplitude da densidade geral da espécie é muito menos variável do que em qualquer subpopulação.

Em outro exemplo, Gonzalez et al. (1998) criaram um microcosmo experimental de metapopulação em um grande afloramento rochoso coberto por musgos: rasparam a rocha para criar pequenas manchas. Dentro dessas manchas isoladas, foi observado um declínio na riqueza de espécie de microartrópodos, mas quando foram deixadas conexões por estreitos corredores, grande parte da riqueza de espécies ficou retida.

O conceito de metapopulação e a teoria da biogeografia de ilhas, discutida no Capítulo 9, fornecem modelos não somente para a conservação das espécies ameaçadas mas também para o manejo da vida selvagem em geral. Como em qualquer outra estratégia de manejo, pode haver defeitos e lado negro. Troca em excesso pelos corredores de conservação pode sincronizar flutuações e aumentar o alastramento de doenças e pragas exóticas (Simberloff e Cox, 1987; Earn et al., 2000). Para leitura adicional e exemplos de dinâmica de metapopulação, relacionados à conservação da vida selvagem e à genética de população, veja McCullough (1996) e Hanski e Gilpin (1997), respectivamente.

11 Repartição e Otimização da Energia: Seleção *r* e Seleção *K*

Enunciado

Em paralelo à repartição de energia entre *P* (produção) e *R* (respiração ou manutenção) e ao conceito de energia líquida para um ecossistema (discutido no Capítulo 3),

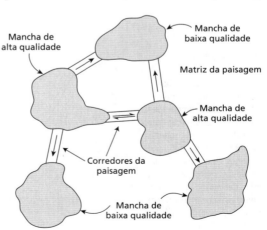

Figura 6.27 Distribuição hipotética da metapopulação. A espécie pode desaparecer periodicamente das manchas de baixa qualidade, que podem então ser recolonizadas por imigração de manchas de alta qualidade.

organismos individuais e suas populações podem crescer ou se reproduzir somente se puderem adquirir mais energia do que é necessário para a manutenção. **Energia de manutenção** consiste na taxa de repouso ou taxa basal do metabolismo mais um múltiplo desse para cobrir a atividade mínima necessária para a sobrevivência sob condições de campo. Essa *energia para existência* deve ser estimada por observação de tempo e energia no campo, porque varia muito se a espécie é sedentária ou ativa. A **energia líquida** necessária para reprodução e, portanto, para a sobrevivência das gerações futuras implica energia dedicada a estruturas reprodutivas, atividades de acasalamento, produção de prole (sementes, ovos, jovens) e cuidado parental. Por meio da seleção natural, os organismos atingem uma relação custo-benefício de entrada de energia menos energia de custo de manutenção tão favorável quanto possível. Para os autótrofos, essa eficiência envolve luz utilizável (convertível em alimento) menos a energia exigida para manter as estruturas de captação de energia (folhas, por exemplo) como uma função do tempo que a energia luminosa está disponível. Para os animais, o fator crítico é a proporção de energia utilizável do alimento menos o custo energético da busca e do consumo de itens alimentares. Pode-se atingir a otimização de duas maneiras básicas: (1) minimizando o tempo (com a busca ou conversão eficiente, por exemplo); ou (2) maximizando a energia líquida (selecionando itens grandes de alimento ou fontes facilmente conversíveis de energia, por exemplo). A maioria dos modelos de otimização indica que, quanto menor a abundância absoluta do alimento (ou outra fonte de energia), maior a área de habitat forrageada e maior a amplitude de itens alimentares que devem ser aceitos para otimizar as razões custo-benefício. No entanto, fatores extrínsecos, como competição ou cooperação com outras espécies, podem alterar essa tendência.

A razão entre a energia reprodutiva e a energia de manutenção varia não somente com o tamanho dos organismos e com os padrões de história de vida mas também com a densidade populacional e a capacidade de suporte. Em ambientes não apinhados, a pressão da seleção favorece a espécie com um alto potencial reprodutivo (alta razão entre os esforços de reprodução e de manutenção). Em contraste, condições de apinhamento favorecem organismos com menor potencial de crescimento, mas melhores capacidades de usar recursos escassos e competir por eles (maior investimento de energia na manutenção e sobrevivência do indivíduo). Esses dois modos são conhecidos como **seleção do tipo r** e **seleção do tipo K**, respectivamente (e as espécies que as exibem são designadas estrategistas r e K), baseados nas constantes r e K das equações de crescimento (descritas na Seção 4).

Explicação

Repartição ou **alocação de energia** entre as várias atividades de um organismo reflete balanços entre as vantagens e os custos de cada atividade na produção de mudança em r_{max}, a taxa intrínseca de crescimento (geneticamente determinada), para aumentar a sobrevivência ou a aptidão. A primeira consideração, claro, é sobrevivência e manutenção do indivíduo (o *componente respiratório*) com energia adicional alocada ao crescimento e à reprodução (*o componente produção*). Grandes organismos, como grandes cidades, devem alocar uma porção maior de sua entrada de energia metabolizada para a manutenção do que os pequenos organismos, que não têm tanta estrutura para manter. A seleção natural, aquela função de força mestre intransigente, exige que todos os organismos encontrem um balanço ótimo entre a energia gasta com sobrevivência futura e a energia gasta com a sobrevivência no presente.

A Figura 6.28 mostra quatro alocações hipotéticas de energia líquida entre três principais atividades: (1) energia gasta para lidar com a competição com outras espécies lutando pelos mesmos recursos; (2) energia gasta para evitar ser comido (ou pastejado) por um predador; e (3) energia gasta para produzir descendentes. Quando a competição e a predação têm baixo impacto, uma grande parte do fluxo de energia pode ir para a reprodução e a produção de descendentes (Figura 6.28A). Por outro lado, a competição ou atividades de antipredador podem tomar a maior parte da energia disponível (Figuras 6.28B e 6.28C, respectivamente). Todas as três demandas recebem aproximadamente iguais alocações no último exemplo (Figura 6.28D). Os exemplos A, B, C e D podem representar quatro espécies diferentes ou quatro comunidades diferentes nas quais a pressão de seleção produz os padrões ilustrados em muitas espécies. Como veremos no Capítulo 8, o exemplo A representa uma situação comum em estágios pioneiros ou em colonização da sucessão, em que a seleção r predomina; os exemplos de B a D são padrões prováveis em estágios mais maduros, quando a seleção K pode predominar.

Schoener (1971), Cody (1974), Pyke et al. (1977) e Stephens e Krebs (1986), ao reverem como uma repartição e uma otimização de energia podem ser analisadas (para determinar estratégias ótimas de alimentação ou forrageamento), sugerem que o problema é análogo à análise custo-benefício em economia, com o benefício sendo aptidão aumentada e os custos sendo energia e tempo exigidos para assegurar futuros rendimentos reprodutivos. **Forrageamento ótimo** é definido como o retorno máximo possível de energia sob um dado conjunto de condições de forrageamento e habitat. Um predador, por exemplo, sofre pressão seletiva para aumentar a razão entre energia utilizável menos o custo de energia para obter uma presa e o tempo necessário para procurar, perseguir e consumir a presa. Pode-se aumentar a energia disponível para reprodução, em teoria (1) selecionando a presa maior ou mais nutritiva, ou a presa mais fácil de capturar; (2) reduzindo o tempo e o esforço de busca e perseguição.

Uma abordagem para a repartição ótima de energia (análise de custo-benefício) envolve "análise estratégica" gráfica, como ilustrado nas Figuras 6.29A e 6.29B, são modelos de estratégia de forrageamento para uma espécie hipotética que enfrenta problemas de quantos dos seis itens potenciais de alimentação usar

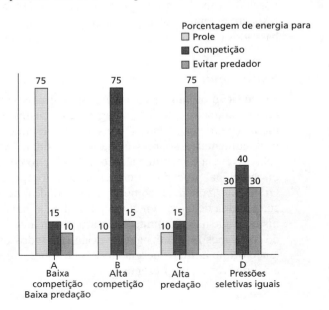

Figura 6.28 Alocações hipotéticas de energia a três principais atividades necessárias à sobrevivência em quatro situações contrastantes (A-D) em que a importância relativa de cada atividade varia (modificado de Cody, 1966).

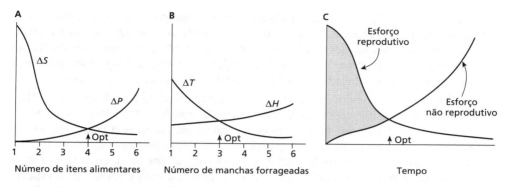

Figura 6.29 Modelos de otimização custo-benefício. (A) Uso balanceado das fontes alimentares. ΔS = energia gasta na procura por itens de alimentação preferidos; ΔP = energia gasta na busca por um item alimentar preferido. (B) Uso balanceado de áreas de forrageamento. ΔT = energia gasta em viagens entre as capturas; ΔH = energia gasta em caça. (C) Balanceamento do tempo gasto em reprodução e alimentação.

(A) ou quantas áreas isoladas de alimentação ou "manchas" forragear (B). Se for procurado apenas um item alimentar entre os muitos disponíveis, será necessário um maior esforço de busca por item, comparado com o esforço de busca de alimento indiscriminadamente em todos os seis itens, como demonstrado pela curva ΔS na Figura 6.29A. É necessário um maior esforço de perseguição quando se busca uma presa difícil de capturar ou uma presa menor, como demonstrado pelas curvas ΔP. No caso hipotético da Figura 6.29A, o equilíbrio ótimo custo-benefício vem quando as curvas de tendência decrescente e crescente se cruzam nos quatro itens de presa. As interações com outras espécies ou outros fatores ambientais podem deslocar o ótimo em uma direção ou em outra. A competição com outras espécies pode forçar esse animal hipotético a se tornar um *especialista* e se alimentar de um só item se tiver uma vantagem competitiva; ou essa seleção pode ser vantajosa quando o alimento for abundante. De novo, as condições podem ditar que se tornar um *generalista* é uma estratégia favorável.

Na Figura 6.29B, o esforço de caça (ΔH) aumenta quando mais áreas de alimentação são exploradas, mas isso é equilibrado com uma redução no tempo de viagem por unidade de alimento capturado (ΔT). Novamente, o ótimo é um compromisso entre as tendências opostas – três manchas forrageadas na situação do gráfico.

A Figura 6.29C é um modelo mais geral no qual o rendimento reprodutivo por unidade de energia diminui e o não reprodutivo aumenta (ambos monotonicamente) com o tempo gasto na procura por energia (alimentação). A área sombreada representa a região onde o rendimento reprodutivo é maximizado, e o tempo ótimo de alimentação, de novo, é onde as curvas se cruzam, dando um equilíbrio favorável entre as duas alocações de energia necessárias.

Como observou-se no Enunciado, as espécies com um potencial biótico (r) alto tendem a ser favorecidas em ambientes não apinhados ou incertos sujeitos a estresses periódicos (como tempestades ou secas). As espécies com repartição de energia a favor da manutenção e a capacidade competitiva aumentada se dão melhor sob densidades K (saturação) ou fatores físicos estáveis (baixa probabilidade de perturbações severas) e em estágios maduros ou clímax de sucessão ecológica (ver Capítulo 8). Em outras palavras, as espécies que exibem crescimento de população em forma de J são pioneiras eficientes que podem rapidamente explorar recursos não utilizados ou acumulados há pouco tempo, e elas são resilientes às perturbações. As espécies e populações de crescimento mais lento estão mais bem adaptadas a comunidades maduras e são mais resistentes, mas menos resilientes às perturbações (lembrar a discussão de estabilidade de resistência *versus* resiliência no Capítulo 2). A Tabela 6.3 resume os atributos de espécies r e K selecionadas.

Um modelo geral para a seleção r e K, como proposto por MacArthur (1972), está na Figura 6.30. Apesar de X_1 e X_2 serem designados como dois alelos genéticos em competição, eles também podem representar espécies em competição. Na região A (à esquerda do ponto C), onde a densidade é baixa e o alimento (ou luz solar e nutrientes, no caso de plantas) é abundante, a espécie de crescimento mais rápido ou alelo X_2 vence; há seleção r. Na região B (à direita do ponto C), a espécie X_1 está crescendo mais rápido do que a X_2 e assim ela vence; existe a seleção K. MacArthur notou que a seleção K prevalece nos trópicos relativamente não sazonais, ao passo que a seleção r prevalece no ambiente sazonal da zona temperada do norte, onde o crescimento da população é marcado por crescimento exponencial seguido por declínios catastróficos durante os meses de inverno.

Tabela 6.3

Atributos da seleção r e K

Atributo	Seleção r	Seleção K
Clima	Imprevisível	Previsível
Tamanho da população	Variável no tempo	Constante no tempo
Competição	Frouxa	Severa
A seleção favorece	Desenvolvimento rápido	Desenvolvimento lento
	Reprodução prematura	Reprodução atrasada
	Tamanho corporal pequeno	Tamanho corporal grande
	Muitos descendentes	Poucos descendentes
Duração da vida	Curta (< 1 ano)	Comprida (> 1 ano)
Estágio na sucessão	Inicial	Final (clímax)
Leva a	Produtividade	Eficiência

Fonte: Modificado de Pianka, 1970, 2000.

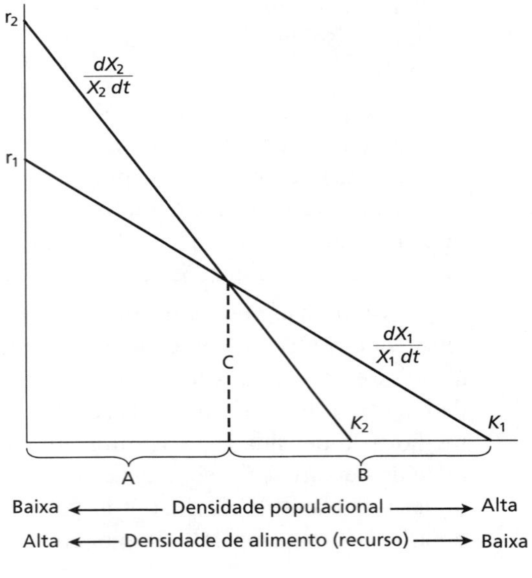

Figura 6.30 Modelo de seleção r e K de MacArthur (1972). Taxas de crescimento de dois alelos (ou espécies), X_1 e X_2, mostrados como funções de densidade populacional e densidade de recursos. A representa região de seleção r, e B região de seleção K.

O *tamanho da ninhada* (número de ovos ou filhotes por período reprodutivo) em aves parece não somente refletir a mortalidade e a sobrevivência mas também o espelho da seleção *r* e *K*. As aves oportunistas (estrategistas *r*) apresentam ninhada maior do que as espécies em equilíbrio, como é o caso de aves de áreas temperadas comparadas com as de áreas tropicais.

As designações de estrategistas *r* e *K* podem ser consideradas como classificações supersimplificadas, porque muitas populações têm modos variáveis ou intermediários. No entanto, Pianka (1970) descobriu uma bimodalidade aparente nos organismos relativamente *r* e *K* selecionados na natureza relacionada com os tamanhos dos corpos e o tempo de geração. Ele argumentou que "uma estratégia ou/ou é geralmente superior a algum tipo de compromisso".

Em seu livro *Evolution in Changing Environments,* Levins (1968) concluiu que a incerteza ambiental limita a especialização na evolução das espécies. Sob condições instáveis, para propósitos de seleção, é favorável ser um generalista, assim como ter um alto r_{max}. Também, sob essas condições, as comunidades podem ser organizadas apenas vagamente. A especialização e a organização podem alcançar níveis mais altos somente se a imprevisibilidade do ambiente for baixa. A que extensão podem os grupos de populações e comunidades, por sua ação combinada, reduzir as incertezas ambientais e, portanto, abrir o caminho para que a organização possa prosseguir para um nível mais alto, como acontece algumas vezes com as sociedades humanas? Essa questão permanece sem resposta.

Exemplos

A Tabela 6.4 compara a alocação de energia assimilada entre produção, *P* (crescimento e reprodução), e a respiração, *R* (manutenção), em seis espécies representando tanto predadores como herbívoros e tanto vertebrados como invertebrados. Em geral, os predadores (carrica-do-brejo, raposas vermelhas e aranhas caçadoras) alocam mais da sua energia assimilada na manutenção (forrageamento de alimento, defesa de territórios e assim por diante) do que os herbívoros (ratos-do-algodão e os afídeos-de-ervilha). Os homeotérmicos grandes (vertebrados de sangue quente) alocam do mesmo modo uma porcentagem maior da energia assimilada em *R* do que os pecilotérmicos pequenos (artrópodos).

Tabela 6.4

Alocação da energia assimilada entre a produção (*P*; crescimento e reprodução) e a respiração (*R*; manutenção)

Nível trófico	Porcentagem da energia assimilada para produção (P)	Porcentagem da energia assimilada para respiração (R)
Consumidor Primário		
Rato-do-algodão (herbívoro)	13	87
Consumidor Secundário		
Carrica-do-brejo (insetívoro)	1	99
Raposa vermelha (carnívoro)	4	96
Mão-pelada (onívoro)	4	96
Artrópodos Pecilotérmicos		
Afídeos-de-ervilha (herbívoro)	58	42
Aranha licosa (predador)	25	75

Fonte: Dados segundo Kale, 1965; Vogtsberger e Barrett, 1973; Randolph et al., 1975, 1977; Humphreys, 1978; e Teubner e Barrett, 1983.

A comparação entre aranhas caçadoras e aranhas de teia dá um exemplo interessante de repartição de energia. Como a teia tem grande conteúdo de proteína, a formação da seda requer um alto custo de energia, mas muitas aranhas reciclam a seda comendo-a enquanto reconstroem a teia, cortando, assim, os custos. Peakall e Witt (1976) estimaram que a produção de seda de uma aranha tecelã, que recicla sua teia, requer somente cerca de um quarto das calorias de manutenção total para construção da teia e para manter os reparos. O custo total de energia da teia é cerca de metade do consumo de energia basal, que é menos que a energia gasta em caça por algumas aranhas não construtoras de teia. Essa é uma lição para os humanos: as espécies que constroem aparatos caros e trabalhosos podem reduzir os custos de energia reciclando os materiais.

A teoria de que os predadores otimizam o custo-benefício energético variando a seleção do tamanho da presa de acordo com a abundância geral das presas foi testada e verificada experimentalmente por Werner e Hall (1974). Esses pesquisadores apresentaram o peixe-lua com diferentes combinações de tamanhos e números de presas cladóceros e registraram que tamanhos de presas foram selecionados. Quando a abundância absoluta de alimento estava baixa, as presas de todos os tamanhos eram comidas quando encontradas. Quando a abundância de presas aumentava, as classes de tamanho menor eram ignoradas, e os peixes se concentravam nos cladóceros de tamanho maior. Os peixes, assim, mudavam de generalistas para especialistas, conforme a abundância de alimento aumentava (e vice-versa quando declinava). Barrett e Mackey (1975) também notaram que o falcão-americano (*Falco sparverius*) inicialmente selecionava os arganazes (*Microtus pennsylvanicus*) mesmo quando os ratos-veadeiros (*Peromyscus maniculatus*) eram igualmente abundantes sob condições de viveiro seminaturais, resultando em uma captura de maior recompensa energética.

Como uma ilustração da seleção *r* e *K*, a erva-de-santiago (*Ambrosia*), que cresce em campos abandonados e outros locais com perturbações recentes, e a *Dentaria laciniata,* uma herbácea que vive em solos de floresta relativamente estáveis, foram comparadas em relação à produção de semente e ao esforço reprodutivo de pico. A erva-de-santiago produziu cerca de 50 vezes mais sementes que a *Dentaria* e alocou uma porcentagem maior de sua energia assimilada para a reprodução (Newell e Tramer, 1978).

O solidago dá um exemplo de amplitude de estratégias reprodutivas entre os extremos da seleção *r* e *K*. Na Figura 6.31, os esforços reprodutivos estão lançados em gráfico contra o acúmulo da biomassa não reprodutiva (folha) para seis populações (representando quatro espécies) de erva-lanceta do gênero *Solidago*. A população 1, uma espécie que cresce em campos abertos e secos ou em locais perturbados, mantém uma baixa biomassa foliar e aloca cerca de 45% da produção líquida nos tecidos reprodutivos. Em contraste, a população 6, que ocorre em muitas florestas de madeira de lei, coloca mais energia em folhas, com apenas 5% alocados para a reprodução. As outras populações ocorrem em habitats de umidade e estabilidade intermediárias e têm alocações intermediárias correspondentes.

Solbrig (1971) notou que os estrategistas *r* e *K* podem ser encontrados dentro da mesma espécie. O dente-de-leão comum (*Taraxacum officinale*), por exemplo, tem diversas linhagens ou variedades que diferem na mistura de genótipos que controlam a alocação de energia. Uma linhagem cresce principalmente em áreas perturbadas e produz mais sementes menores que amadurecem no início da estação, comparada com outra linhagem encontrada em áreas menos perturbadas que aloca mais energia nas folhas e hastes e produz menos sementes que amadurecem tarde. A

Figura 6.31 Esforço reprodutivo (razão entre o peso seco dos tecidos reprodutivos e o peso seco total de tecidos acima do solo) lançado contra a biomassa não reprodutiva (razão entre o peso das folhas e o peso total) em seis populações de quatro espécies de erva-lanceta (*Solidago*). A população 1 é uma espécie que ocorre em campos abertos secos ou solos perturbados; a população 6 ocorre em florestas úmidas de madeira de lei; as outras populações ocorrem em habitats de umidade e estabilidade intermediárias (segundo Abrahamson e Gadgil, 1973).

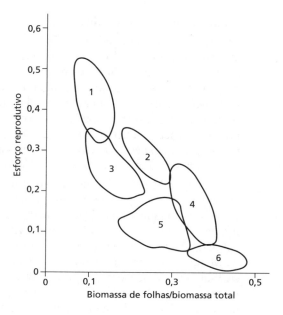

última linhagem obscurece a variedade mais fecunda quando as duas estão crescendo juntas em um bom solo. Assim, a linhagem 1 é uma colonizadora mais eficiente de solo novo e se qualifica como estrategista *r*; a linhagem 2 é uma competidora mais eficiente ou estrategista *K*.

Apesar de os ambientes incertos ou perturbados favorecerem a seleção *r*, os estrategistas *K* não estão de modo nenhum excluídos. Por exemplo, em comunidades adaptadas ao fogo, como o chaparral da Califórnia (ver Capítulo 5), as espécies de plantas de "rebrota" que alocam grandes reservas de energia às partes subterrâneas são bem adaptadas, ou até melhor, para sobreviver a fogos periódicos, pois são plantas que asseguram o futuro por meio de suas sementes. Para outros exemplos de repartição de energia do reino vegetal, processos de vegetação e estratégias em plantas, ver Grime (1977, 1979).

12 Genética de Populações

Enunciado

Uma compreensão da genética de populações e seleção natural é necessária para entender como as populações evoluem e como as comunidades e ecossistemas mudam no decorrer do tempo. A genética de populações e a seleção natural escoram a área de estudo frequentemente chamada *biologia evolutiva* ou *ecologia evolutiva*. A **genética de populações** é o estudo das mudanças na frequência gênica e genotípica dentro de uma população. **Seleção natural** é um processo evolutivo por meio do qual as frequências das características genéticas em uma população mudam como resultado da sobrevivência diferencial e do sucesso reprodutivo dos indivíduos que têm essas características. O registro histórico da vida na Terra documenta que os atributos e características dos organismos, populações e espécies mudam ao longo do tempo. Esse processo é chamado **evolução**.

Explicação e Exemplos

Charles Darwin, em seu livro *The Origin of Species by Means of Natural Selection*[1] (Darwin, 1859), foi o primeiro a documentar que o processo da seleção natural permite às populações responder a mudanças em seu ambiente, resultando na estreita conexão de um organismo com seu ambiente natural. A genética de populações ajuda a explicar como elas, e consequentemente as comunidades e os ecossistemas, sofrem mudanças evolutivas. A ação do ambiente sobre a variabilidade genética entre os indivíduos na população resulta em uma adaptação da população ou espécie ao seu ambiente. **Adaptação** se refere às características de um organismo que aumentam sua aptidão para sobreviver e reproduzir.

Gregor Mendel foi quem primeiro reconheceu que as características são passadas dos pais para os filhos em pacotes de informação que hoje chamamos de **genes**. Johann Mendel, renomeado Gregor quando se associou à ordem dos monges Agostinhos, era o filho mais velho de uma família de fazendeiros da localidade perto de Brno, onde é agora a República Checa. Os primeiros estudos de Mendel incluíram uma boa base em ciências, graças principalmente à condessa Walpurga Truchsess-Zeil, que governava o distrito onde a família de Mendel morava. Como Charles Darwin explorou as Ilhas Galápagos, Mendel, por causa de seu excelente treinamento em matemática, desenvolveu poderosas abordagens experimentais para investigar o mundo natural. Mendel determinou que os genes vinham em formas alternativas (**alelos**) que resultam em variabilidade entre os genótipos e fenótipos e diferenças entre genótipos homozigotos e heterozigotos. Alguns alelos na população são *dominantes,* e os alelos que eles suprimem são chamados *recessivos.*

Por exemplo, a Figura 6.32 mostra a foto de um arganaz (*Microtus pennsylvanicus*) aguti (fenótipo pigmentado) e de um albino (fenótipo não pigmentado). O aguti carrega o alelo do fenótipo dominante (AA), enquanto o albino carrega o alelo do fenótipo recessivo (aa). Os indivíduos resultantes de várias gerações de reprodução confirmaram que o albinismo foi herdado como um traço autossômico recessivo (Brewer et al., 1993). Essas investigações partiram da hipótese de que o albinismo seria desvantajoso nas comunidades de campos e campos abandonados, onde a conspicuidade da cor da pelagem resultaria em aumento nas taxas de predação. Peles et al. (1995), no entanto, não encontraram diferenças significantes nas densidades populacionais ou nas taxas de recrutamento entre tratamentos de cores de pelagem (aguti contra albino) conduzidas em áreas experimentais nos campos abandonados naturais. A ausência de aumento nas taxas de predação dos arganazes albinos foi atribuída à alta qualidade nutricional e à densa cobertura vegetal. De fato, quando os arganazes foram removidos desses recintos experimentais durante o começo do inverno, foram capturados mais indivíduos albinos do que aguti. Esse exemplo ilustra a relação íntima entre a genética de populações e a qualidade do habitat (Peles e Barrett, 1996).

Com base no exemplo precedente, a proporção de gametas portando alelos A e a é determinada pelos *genótipos* individuais (genes recebidos dos pais). Como os óvulos e espermatozoides geralmente se unem aleatoriamente, a proporção da prole com genótipos diferentes pode ser prevista com base nos genótipos parentais. A prole (geração F_1) de um aguti dominante (AA) e um albino recessivo (aa) consistirá de 0,25 AA, 0,50 Aa, e 0,25 aa. As proporções são chamadas de **frequências geno-**

---

[1] A tradução em língua portuguesa dessa obra chama-se *Origem das espécies e a seleção natural*, publicada pela editora Hemus, em 1995 (471 páginas) (NRT).

Figura 6.32 Variantes aguti (esquerda) e albino (direita) de arganazes (*Microtus pennsylvanicus*). Os arganazes são pequenos mamíferos herbívoros que habitam as comunidades de campo e de campo abandonado.

típicas. Como o genótipo Aa terá expressão fenotípica de aguti (porque A é o alelo dominante), prevê-se uma razão fenotípica 3/1 (aguti/albino).

As frequências genotípicas mudarão nas sucessivas gerações em populações bissexuadas? A lei de equilíbrio de Hardy-Weinberg ajuda a identificar as forças evolutivas ou ambientais que podem mudar as frequências gênicas nas populações. A **lei do equilíbrio de Hardy-Weinberg** determina que: se p é a frequência do alelo A (dominante), e q é a frequência do alelo a (recessivo), de modo que $p + q = 1$, então as frequências genotípicas serão $p^2 + 2pq + q^2 = 1$, em que p^2 é a frequência dos indivíduos homozigotos (AA), q^2 é a frequência dos indivíduos homozigotos (aa), e $2pq$ é a frequência dos indivíduos heterozigotos (Aa). No caso da população dos arganazes discutida previamente, as proporções dos genótipos na geração F_1 serão $(0,5)^2 + 2(0,5 + 0,5) + (0,5)^2$. As mesmas frequências de genótipos serão mantidas na geração F_2 se as condições da lei de Hardy-Weinberg forem mantidas. Essas condições são: (1) o acasalamento é aleatório; (2) não ocorrem novas mutações; (3) não há fluxo gênico de uma população para outra; (4) não ocorre seleção natural; e (5) o tamanho da população é grande. Como é raro atingir essas condições, qual o valor da lei de Hardy-Weinberg? Qualquer divergência em relação a uma ou mais suposições serve como hipótese de nulidade contra a qual deve-se testar a divergência de frequências do modelo de equilíbrio Hardy-Weinberg. As mudanças nas frequências de alelo devidas à variabilidade aleatória nas frequências do alelo em uma população ao longo do tempo são chamadas de **deriva genética**. A deriva genética reduz a variabilidade genética nas populações, aumentando a frequência de alguns alelos e reduzindo a frequência de outros.

A deriva genética tem efeitos mais pronunciados em populações pequenas do que em grandes. Os geneticistas de populações usam o termo **tamanho efetivo da população** (N_e) para descrever os efeitos dos números sobre a deriva. O **endocruzamento**, definido como o acasalamento entre parentes próximos, é frequentemente o resultado de pequeno tamanho de populações. O principal efeito genético do endocruzamento é o aumento da *homozigosidade* (uma redução na variabilidade genética). Por exemplo, há uma preocupação de que a pantera-da-flórida (*Felis concolor coryi*) tenha muito poucos indivíduos para um estoque de genes adequado. Por causa de gerações de endocruzamentos, 90% dos espermatozóides da pantera são anormais, o que poderia levar à sua extinção (Perry e Perry, 1994). A Figura 6.33 mostra essa espécie magnífica.

O comportamento social é também baseado em variabilidade genética, resultando em taxas reprodutivas diferenciadas entre linhagens de indivíduos intimamente relacionados. **Comportamentos altruístas** são comportamentos sociais que aumentam a aptidão de outros indivíduos na população aparentemente à custa do indivíduo que assim age. Por exemplo, um grito de alerta é um comportamento de um indivíduo para indicar a presença de um predador na área; a aptidão dos indivíduos na vizinhança aumenta, pois eles têm uma chance melhor de escapar, ao passo que a aptidão do indivíduo que grita diminui se o grito de alarme atrair a atenção do predador.

Os exemplos mais difundidos de altruísmo são a eussocialidade e a reprodução cooperativa. A **eussocialidade** é caracterizada pelo cuidado cooperativo da prole, divisão de trabalho e uma sobreposição de pelo menos duas gerações de estágio de vida funcionando para contribuir com a colônia ou com o trabalho em grupo. Os exemplos são colônias de abelhas melíferas, formigas e cupins. A Figura 6.34 mostra um grande cupinzeiro localizado perto de Darwin, na Austrália. Ao construírem seus enormes e complexos cupinzeiros, os cupins movimentam quantidades consideráveis de solo e detrito – uma tarefa que requer trabalho de grupo coordenado.

O comportamento altruísta de um indivíduo em uma família ampliada que influencia a aptidão de um indivíduo com o qual ele compartilha mais genes comparando a um indivíduo escolhido aleatoriamente é chamado de **seleção de parentesco**. A seleção de parentesco é a evolução de um traço genético expressa por um indivíduo que afeta o comportamento e a aptidão genética de um ou mais indivíduos muito relacionados. A seleção de parentesco é favorecida quando o aumento da aptidão de indivíduos intimamente relacionados na população é suficientemente grande o bastante para compensar a perda de aptidão do indivíduo altruísta. O gaio-da-flórida (*Aphelocoma coerulescens*) nos dá um exemplo de uma unidade de reprodução altruísta cooperativa formada pela retenção da prole madura. A família de gaios-da-flórida é formada por um casal monogâmico e alguns de sua prole; funciona como uma unidade durante a estação de reprodução, fornecendo alimento para a ninhada, guardando o ninho, protegendo o filhote recém-emplumado fora do ninho, e defendendo o território (McGowan e Woolfenden, 1989). O sucesso reprodutivo do próprio indivíduo *mais* a aptidão aumentada de seus parentes, ponderados de acordo com o grau de sua relação, são chamados **aptidão inclusiva** (W. D. Hamilton, 1964; Smith, 1964).

Figura 6.33 A pantera-da-flórida (*Felis concolor coryi*) habita as florestas e pântanos do sudoeste dos Estados Unidos.

Figura 6.34 Cupinzeiro de *Copotermes ascinaciformis* localizado perto de Darwin, Austrália. As colônias de cupins podem conter mais de 3 milhões de indivíduos; os cupins emitem cerca de 150 milhões de toneladas de metano na atmosfera anualmente.

Quando um indivíduo ajuda um parente com o qual ele compartilha muitos genes, e o sucesso reprodutivo do parente aumenta como um resultado da ajuda, essa reprodução adicional é contada como parte da aptidão inclusiva do organismo que fornece a ajuda. Assim, a aptidão inclusiva de um indivíduo representa seu próprio sucesso reprodutivo mais uma porção daquele dos parentes próximos que receberam os benefícios de seu comportamento altruísta. Esse conceito explica muitos aspectos do comportamento social.

Em resumo, a seleção natural, expressa pelas mudanças em frequências genotípicas e fenotípicas nas populações, é um mecanismo de adaptação ao ambiente. A base da adaptação ao ambiente local é a variabilidade genética dos indivíduos na população. As fontes de variabilidade estão embutidas nos genes – especificamente nas moléculas de DNA. As principais fontes de variabilidade genética são as recombinações reprodutivas de genes fornecidas por pais em populações bissexuadas e mutações herdáveis no gene ou cromossomo. A seleção natural, agindo nessa variabilidade genética, resulta em aumento de aptidão dentro do ambiente natural. A **aptidão** é geralmente medida como o sucesso reprodutivo total da vida de um indivíduo. Assim, a direção que a mudança toma (evolução) depende da estrutura genética dos indivíduos que sobrevivem e deixam para trás a prole reproduzida.

Por causa da fragmentação do habitat decorrente da intervenção humana na paisagem (ver Capítulo 9), as populações de muitas espécies de plantas, animais e micróbios estão sendo reduzidas a pequenos números e se mantêm, frequentemente isoladas. Essas populações pequenas carregam somente uma fração da variabilidade genética da população ou espécie total – uma situação que pode aumentar as taxas

280 Fundamentos de Ecologia

de deriva genética, produzir depressão de endocruzamento e até levar à extinção. As mudanças nas genéticas de populações também refletem nos níveis de organização de comunidade, ecossistema e paisagem. As interações e evoluções entre espécies (coevolução) serão discutidas em mais detalhes no Capítulo 7.

13 Características e Estratégias da História Natural

Enunciado

A pressão de seleção resultante do impacto do ambiente físico e de interações bióticas molda padrões de história natural de maneira que cada espécie desenvolve uma combinação adaptativa dos traços da população considerados nas seções anteriores deste capítulo. Apesar de cada história natural da espécie ser única, muitas estratégias básicas da história natural podem ser reconhecidas, e a combinação dos traços, que é característica de organismos que vivem em circunstâncias específicas, pode, de certo modo, ser prevista.

Explicação e Exemplos

Stearns (1976) listou quatro características de história natural que são táticas-chave para a sobrevivência: (1) tamanho da geração (número de sementes, ovos, filhotes ou outra prole); (2) tamanho dos filhotes (no nascimento, incubação ou germinação); (3) distribuição etária do esforço reprodutivo; e (4) interação do esforço reprodutivo com a mortalidade adulta (especialmente a razão entre a mortalidade juvenil e a adulta). As seguintes teorias de previsão foram resumidas por Gadgil e Bossert (1970), Stearns (1976), Pianka (2000) e outros:

1. Onde a mortalidade de adultos exceder a mortalidade juvenil, as espécies devem reproduzir somente uma vez na vida e, ao contrário, onde a mortalidade juvenil for maior, o organismo deve reproduzir várias vezes.

2. O tamanho da ninhada deve maximizar o número de jovens que sobrevivem até a maturidade com a média acima do tempo de vida dos pais. Assim, uma ave que nidifica no chão pode requerer um tamanho de ninhada de 20 ovos para garantir a substituição, enquanto um pássaro com ninho em uma cavidade ou outro local protegido terá um tamanho de ninhada muito menor.

3. Em populações em expansão (a porção de crescimento da curva de crescimento populacional), a seleção deve minimizar a idade da maturidade (organismos r selecionados deverão procriar em uma idade mais nova); em populações estáveis (na capacidade de suporte ou nível K), a maturação deve ser adiada. Esse princípio parece valer para as populações humanas; em países em crescimento rápido, a maternidade inicia cedo, ao passo que em países estáveis, na média, as pessoas adiam a maternidade para uma idade mais tardia.

4. Quando houver risco de predação, escassez de recursos ou ambos, o tamanho deve ser grande ao nascer; inversamente, o tamanho dos jovens deve diminuir com o aumento da disponibilidade de recursos e a redução da predação ou da pressão de competição.

5. Para populações em crescimento ou expansão, não só é minimizada a idade da maturidade e a reprodução é concentrada no começo da vida, mas também o tamanho da prole deve ser aumentado e uma grande porção de fluxo de energia é alocada para a reprodução – uma combinação de características reconhecidas

como uma tática de seleção *r*. Para populações estáveis, espera-se uma combinação inversa de características, ou seleção *K*.

6. Quando os recursos não são limitantes, a procriação começa cedo na vida.
7. História natural complexa permite à espécie explorar mais do que um habitat e nicho.

Comparações das floras dos desertos extremos e das florestas úmidas tropicais nos dão um exemplo de como um traço básico particular da história natural pode predominar em um tipo de ecossistema. As plantas anuais predominam em desertos extremos, onde a sobrevivência de uma planta perene seria baixa por causa de longos períodos de seca. Ao contrário, histórias naturais perenes são favorecidas nas florestas pluviais tropicais, onde a intensa competição e predação de sementes reduz em muito a sobrevivência das plântulas. Esse caso pode ser considerado um exemplo da primeira teoria preditiva.

W. P. Carson e Barrett (1988) e Brewer et al. (1944) notaram que as comunidades vegetais que foram enriquecidas por nutrientes durante 11 anos permaneceram dominadas por plantas anuais do tipo *Ambrosia trifida, A. artemisiifolia* e *Setaria faberi*, ao passo que partes não fertilizadas foram dominadas por perenes do tipo *Solidago canadensis, Trifolium pratense* e *Aster pilosus*. A relação inversa entre enriquecimento por nutriente e biodiversidade da comunidade vegetal foi documentada no Capítulo 3. Esses exemplos ilustram como a história natural da planta se relaciona com mudanças na disponibilidade de recursos em diferentes tipos de ecossistema (ver Tilman e Downing, 1994, a respeito da relação entre biodiversidade e estabilidade). O interesse pelas estratégias na história natural entre muitos ecólogos de populações começou com o documento pioneiro de LaMont Cole (1954) intitulado "The Population Consequences of Life History Phenomena", que recomendamos para leitura. Também aconselhamos a descrição de Grime (1979) de estratégias em história natural de plantas relacionadas à teoria ecológica e evolutiva.

7

Ecologia de Comunidades

1 Tipos de Interação entre Duas Espécies
2 Coevolução
3 Evolução da Cooperação: Seleção de Grupo
4 Competição Interespecífica e Coexistência
5 Interações Positivas/Negativas: Predação, Herbivoria, Parasitismo e Alelopatia
6 Interações Positivas: Comensalismo, Cooperação e Mutualismo
7 Conceitos de Habitat, Nicho Ecológico e Guilda
8 Biodiversidade
9 Paleoecologia: Estrutura da Comunidade no Passado
10 Das Populações e Comunidades aos Ecossistemas e Paisagens

Ecologia de Comunidades **283**

1 Tipos de Interação entre Duas Espécies
Enunciado

Teoricamente, populações de duas espécies podem interagir de formas básicas que correspondem à combinação de neutros, positivo e negativo (0, +, e −) como segue: 0 0, − −, + +, + 0, − 0, e + − . Três dessas combinações (++, − −, e + −) são comumente subdivididas, resultando em nove importantes interações e relações. Na literatura ecológica, os termos aplicados a essas relações são os seguintes (veja a Tabela 7.1 e a Figura 7.1):

1. **neutralismo**, quando nenhuma das populações é afetada pela associação com a outra;

2. **competição**, **por interferência direta**, na qual as duas populações se inibem ativamente entre si;

3. **competição**, **por uso de recurso**, na qual cada população afeta indiretamente a outra, de forma adversa, na disputa por recursos escassos;

4. **amensalismo**, na qual uma população é inibida e a outra não é afetada;

5. **comensalismo**, em que uma população é beneficiada, mas a outra não é afetada;

6. **parasitismo**; e

7. **predação**, em que uma população afeta a outra de forma adversa por ataques diretos, embora uma dependa da outra;

8. **protocooperação** (também frequentemente chamada de *cooperação facultativa*), na qual ambas as populações se beneficiam da interação, mas a associação não é obrigatória; e

9. **mutualismo**, em que o crescimento e a sobrevivência de ambas as populações são beneficiados e uma não pode sobreviver sem a outra em condições naturais.

Na ocorrência dessas relações, três tendências são especialmente merecedoras de ênfase:

- As interações negativas tendem a predominar nas comunidades pioneiras ou em condições de perturbação em que a seleção *r* neutraliza a alta mortalidade.

- Na evolução e no desenvolvimento do ecossistema (sucessão), interações negativas tendem a ser minimizadas a favor de interações positivas que aumentam a sobrevivência das espécies em interação nas comunidades maduras e superpopulosas.

- Associações novas ou recentes são mais passíveis de desenvolver interações negativas severas do que as associações mais antigas.

Explicação

As nove interações listadas acima são analisadas na Tabela 7.1, quanto à relação entre duas espécies no nível da comunidade e, na Figura 7.1, é apresentado um modelo coordenado dessas interações. Todas essas interações entre populações provavelmente ocorrem em qualquer comunidade biótica de escala ampla, como uma grande extensão de floresta, área úmida ou campo. Para um dado par de espécies, o tipo de interação pode mudar sob diferentes condições ou durante estágios sucessivos em sua história natural. Dessa forma, duas espécies poderiam exibir parasitismo em um momento, comensalismo em outro, ou serem completamente neutras em um momen-

Tabela 7.1

Análise das interações entre populações de duas espécies

Tipo de interação	Espécie 1	Espécie 2	Natureza geral da interação
Neutralismo	0	0	Nenhuma das populações é afetada pela outra
Competição, por interferência direta	–	–	Inibição direta de uma espécie pela outra
Competição, por uso de recurso	–	–	Inibição indireta quando os recursos comuns são escassos
Amensalismo	–	0	População 1, inibida; 2, não afetada
Comensalismo	+	0	População 1, *comensal*, é beneficiada; 2, *hospedeiro*, não é afetada
Parasitismo	+	–	População 1, *parasita*, geralmente menor que 2, *hospedeiro*
Predação (incluindo herbivoria)	+	–	População 1, *predador*, geralmente maior que 2, *presa*
Protocooperação	+	+	Interação favorável para ambas, mas não obrigatória
Mutualismo	+	+	Interação favorável para ambas e obrigatória

Nota: 0 indica nenhuma interação significativa; + indica crescimento, sobrevivência ou outros atributos da população beneficiada (termo positivo adicionado à equação de crescimento); – indica inibição de crescimento da população ou outro atributo (termo negativo adicionado à equação de crescimento).

to diferente. Comunidades simplificadas (como os mesocosmos) e experimentos de laboratório permitem aos ecólogos escolher e estudar quantitativamente as várias interações. Os modelos matemáticos dedutivos, derivados de tais estudos, também permitem aos ecólogos analisar fatores geralmente não separáveis dos outros.

Modelos de equações de crescimento tornam as definições mais precisas, esclarecem o raciocínio e permitem determinar como os fatores operam em situações naturais complexas. Se o crescimento de uma população pode ser descrito por uma equação, como a equação logística, a influência de uma outra população pode ser expressa por um termo que modifica o crescimento da primeira população. Vários termos podem ser substituídos de acordo com o tipo de interação. Por exemplo, no caso de competição, a taxa de crescimento de cada população é igual à taxa ilimitada menos os efeitos do próprio autoapinhamento (que aumenta conforme sua população aumenta) menos o efeito prejudicial da espécie competidora, N_2 (que também aumenta conforme aumentam os números, N e N_2, em ambas as espécies), ou

$$\frac{dN}{dt} = rN - \left(\frac{r}{K}\right) N_2 - CN_2N \text{ ou}$$

$$\frac{\text{Taxa de}}{\text{crescimento}} = \text{Taxa ilimitada} - \text{Efeitos de autoapinhamento} - \frac{\text{Efeitos prejudiciais}}{\text{da outra espécie,}}$$

C sendo uma constante, que reflete a eficiência da outra espécie.

Essa equação será reconhecida como equação logística (ver Capítulo 6), exceto pela adição do último termo, "menos os efeitos prejudiciais da outra espécie". Existem vários resultados possíveis para esse tipo de interação. Se a eficiência competitiva, C, for pequena em ambas as espécies, de modo que os efeitos redutores interespecíficos sejam inferiores aos efeitos intraespecíficos (autolimitantes), a taxa de crescimento e talvez a densidade final de ambas as espécies poderão ser reduzidas levemente; mas as duas espécies provavelmente poderão ser capazes de viver juntas, porque os efeitos interespecíficos redutores serão menos importantes do que a competição dentro das espécies. Também, se as espécies exibirem um crescimento exponencial (com fatores autolimitantes ausentes da equação), a competição interespecífica poderia fornecer a função niveladora que falta à forma de crescimento da própria espécie. Entretanto, se C for grande, a espécie que exercer o maior efeito irá eliminar seu competidor ou o pressionará em direção a outro habitat. Dessa forma, em teoria, as espécies cujas exigências são similares não podem viver juntas porque, provavelmente, será desenvolvida uma forte competição que causará a eliminação de uma delas. Esse modelo sugere algumas possibilidades. Mais adiante, neste capítulo, será discutido como essas possibilidades vão realmente se desenvolver.

Quando ambas as espécies na interação entre populações têm efeitos benéficos mútuos, em vez de efeitos prejudiciais, um termo *positivo* é adicionado à equação de crescimento. Nesses casos, ambas as populações crescem e prosperam, atingindo níveis de equilíbrio mutuamente benéficos. Se os efeitos benéficos da outra população (o termo positivo na equação) são necessários para o crescimento e a sobrevivência de ambas as populações, a relação é conhecida como *mutualismo*. Se, por outro lado, os efeitos benéficos apenas aumentam o tamanho ou a taxa de crescimento da população, mas não necessariamente para o crescimento e a sobrevivência, a relação é chamada *protocooperação*. Tanto no mutualismo como na protocooperação, o resultado é semelhante; o crescimento das duas populações é zero ou menor que zero sem a presença da outra população. Quando um equilíbrio é alcançado, as duas populações pulsam juntas, geralmente em uma proporção específica.

Considerando-se as interações entre populações, como mostrado na Tabela 7.1 e na Figura 7.1, ou quanto a equações de crescimento, evita-se a confusão que frequentemente resulta quando apenas os termos e definições são considerados. Dessa forma, o termo *simbiose* é utilizado algumas vezes com o mesmo sentido de *mutualismo*. Como **simbiose** significa literalmente "viver junto", neste livro a palavra é usada em seu sentido amplo sem considerar a natureza exata da relação. O termo *parasitismo* e a ciência da **parasitologia** são em geral considerados como relativos a qualquer organismo pequeno que vive sobre, ou dentro de um, outro organismo, independentemente de seus efeitos serem negativos, positivos ou neutros.

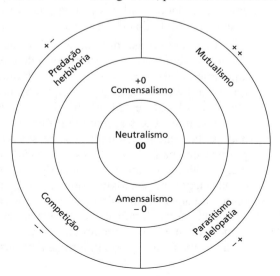

Figura 7.1 Modelo coordenado de interações entre duas espécies.

286 Fundamentos de Ecologia

Foram propostos diversos nomes para o mesmo tipo de interação, aumentando a confusão. Entretanto, quando as relações são apresentadas em forma de diagrama, existe pouca dúvida sobre o tipo de interação que está sendo considerada; assim, a palavra ou o rótulo passam a ser secundários para o mecanismo e seu resultado.

Observe que a palavra "nociva" não foi usada para descrever interações negativas. As competições e as predações reduzem as taxas de crescimento das populações afetadas, mas isso não significa, necessariamente, que a interação é nociva, tanto para a sobrevivência no longo prazo como pelas considerações evolutivas. De fato, as interações negativas podem aumentar a velocidade da seleção natural, resultando em novas adaptações. Os predadores e os parasitas frequentemente beneficiam as populações que carecem de autorregulação, pois evitam a superpopulação que, de outra forma, poderia resultar em autodestruição.

2 Coevolução

Enunciado

A coevolução é um tipo de evolução da comunidade (uma interação evolutiva entre organismos na qual a troca de informações genéticas entre os participantes é mínima ou ausente). A **coevolução** é evolução conjunta de duas ou mais espécies não intercruzantes que têm uma estreita relação ecológica, como as plantas e os herbívoros, grandes organismos e seus microrganismos simbiontes ou os parasitas e seus hospedeiros. Como há pressões seletivas recíprocas, a evolução de uma espécie na relação depende, em parte, da evolução da outra.

Explicação

Numerosos fenômenos interativos ocorrem entre os conjuntos de espécies em interação, como discutido na seção anterior. De fato, essas interações dominam o campo da ecologia evolutiva (ver Pianka, 2000, para uma descrição detalhada desse campo de estudo). As interações que iniciam como uma interação competitiva entre espécies podem tornar-se interações benéficas ou mutualistas para ambas as espécies ao longo do tempo evolutivo. Como discutiremos no Capítulo 8, as interações entre espécies parecem tornar-se mais mutualísticas nos ecossistemas e em comunidades maduras comparadas a sistemas jovens, em estágios iniciais de desenvolvimento do ecossistema.

Usando seus estudos sobre borboletas e plantas como base, Ehrlich e Raven (1964) estiveram entre os primeiros a delinear a teoria da coevolução como é hoje amplamente aceita pelos estudantes da biologia evolutiva. Essa pesquisa embrionária inicial focou as interações entre as borboletas e as plantas das quais elas se alimentam. A hipótese de Ehrlich e Raven pode ser expressa como segue: as plantas, mediante mutações ou recombinações ocasionais, produzem compostos químicos não diretamente relacionados aos passos metabólicos básicos (isto é, relacionados ao que é chamado de *química secundária*) que não são desfavoráveis para o crescimento e desenvolvimento normal. Alguns desses compostos reduzem a palatabilidade das plantas ou são tóxicos quando ingeridos pelos herbívoros. Uma planta assim protegida dos insetos fitófagos poderia, de certa maneira, ter entrado em uma nova zona adaptativa. A radiação evolutiva dessas plantas pode seguir, e o que começou como uma mutação ou recombinação ao acaso poderia eventualmente caracterizar uma família ou um grupo inteiro de famílias aparentadas. Os insetos fitófagos, entretanto, podem evoluir em resposta a esses obstáculos fisiológicos, como mostrado pelo desenvolvimento muito difundido das linhagens imunes. De fato, a resposta para as substâncias secundárias das plantas e a evolução das resistências aos inseticidas parecem estar intimamente ligadas (ver Palo e Robbins 1991, *Defesas das Plantas contra Mamíferos Herbívoros*, para saber como esses compostos inibem ou reduzem os mamíferos herbívoros). Se um mutante ou recombinante apareceu em uma população de insetos que permitiu a indivíduos se alimentarem da planta previamente protegida, a seleção pode ter conduzido essa linha de insetos para uma nova zona adaptativa, possibilitando que eles se diversificassem na falta de competição com outros herbívoros. Em outras palavras, a planta e o herbívoro evoluem juntos, ou seja, a evolução de um depende da evolução do outro. A expressão *retroalimentação genética* tem sido usada para esse tipo de evolução, que conduz à homeorese da população e da comunidade dentro do ecossistema.

Exemplos

É possível que a coevolução possa ser mais bem investigada e entendida com estudos de interação entre dois conjuntos de espécies – com frequência espécies que representam diferentes grupos taxonômicos. Beija-flores polinizadores e plantas com flores vermelhas que eles polinizam representam um exemplo clássico de coevolução. As mamangabas, espécies amplamente distribuídas do gênero *Bombus*, são polinizadoras muito importantes tanto de plantas silvestres como de cultivos como os de alfafa, trevo, feijão e arando. Heinrich (1979, 1980) avaliou as interações entre flores e mamangabas baseado na energética. Ele mediu a produção de néctar quanto ao açúcar disponível por flor e contou o número de visitas por abelhas e a taxa de remoção do néctar em relação à hora do dia e à temperatura. Diferente das borboletas, as abelhas têm uma alta taxa metabólica e precisam visitar as flores frequentemente para ter aproveitamento energético. Para atrair esses polinizadores necessários e garantir a sobrevivência, flores de várias espécies evoluíram mecanismos tanto de florada sincronizada como de ocupação de manchas de paisagem.

Os herbívoros exercem uma forte pressão seletiva sobre as espécies de plantas que pastam (isto é, as plantas evoluem para desencorajar o pastejo). Existe uma variedade de compostos químicos, conhecidos como *compostos secundários*, que servem para desencorajar os herbívoros. Os **compostos secundários** são compostos orgânicos produzidos pelas plantas e utilizados na defesa química. São compostos tanto tóxicos ou, como o tanino, compostos que tornam as plantas menos palatáveis. Esses compostos parecem representar adaptações bioquímicas e fisiológicas específicas das plantas contra as pressões seletivas causadas pelos herbívoros. Os herbívoros, por sua vez, se adaptam a essas substâncias químicas por meio de mudanças em seu próprio metabolismo genético ou fisiológico. Dessa forma, herbívoros e plantas coevoluem nessa "corrida armamentista" para aumentar a possibilidade de sobrevivência.

O *pastejo* também se tem mostrado como estímulo ao crescimento das plantas e ao aumento da produtividade primária líquida. Assim, essa interação evoluiu para beneficiar tanto os herbívoros como as espécies selecionadas nas quais eles pastam. Essa seleção natural recíproca não é limitada às interações entre duas espécies, como mostrado por Colwell (1973), que descreveu como dez espécies diferentes – quatro de plantas angiospermas, três de beija-flores, uma de ave e duas de ácaros – coevoluíram para produzir uma fascinante subcomunidade tropical. A coevolução pode envolver também mais de um passo na cadeia alimentar. Brower e Brower (1964) e Brower (1969), por exemplo, estudaram a borboleta-monarca (*Danaus plexippus*), conhecida como impalatável para os predadores vertebrados.

Eles descobriram que as lagartas de monarcas podem sequestrar os glicosídeos cardíacos tóxicos presentes em ervas-de-rato das quais elas se alimentam, fornecendo assim defesas altamente eficientes contra as aves predadoras não apenas para a lagarta mas também para a borboleta adulta. Dessa forma, a borboleta-monarca evoluiu em sua capacidade de se alimentar de planta impalatável para outros insetos, e também usar o veneno da planta para sua própria proteção contra os predadores. Pode-se assumir que os numerosos casos de mutualismo descritos na próxima seção envolvam a coevolução em vários níveis.

3 Evolução da Cooperação: Seleção de Grupo

Enunciado

Para considerar a incrível diversidade e a complexidade da biosfera, os cientistas postularam que a seleção natural opera além do nível de espécie e além da coevolução. A **seleção de grupo** é definida como uma seleção natural entre grupos ou conjuntos de organismos que não necessariamente estão ligados por associações mutualistas. A seleção de grupos, em teoria, conduz à manutenção das características favoráveis para as populações e comunidades, que podem ser seletivamente desvantajosas aos portadores dos genes nas populações. De forma recíproca, a seleção de grupo pode eliminar, ou manter em baixa frequência, características desfavoráveis para a sobrevivência das espécies, mas seletivamente favoráveis dentro das populações ou comunidades. A seleção de grupo envolve benefícios positivos que um organismo pode exercer na organização da comunidade, benefícios esses necessários para a sobrevivência contínua desses organismos.

Explicação e Exemplos

A "luta pela existência" e a "sobrevivência dos mais aptos" (T. H. Huxley, 1894) não envolvem apenas a questão "cachorro-come-cachorro". Em vários casos, sobrevivência e reprodução bem-sucedida são baseadas em cooperação, e não em competição. Tem sido difícil explicar, pela teoria da evolução, como a cooperação e elaboradas relações mutualistas iniciam e se tornam geneticamente fixadas, porque, quando os indivíduos interagem da primeira vez, é quase sempre vantajoso para cada indivíduo interagir em seu próprio interesse em vez de cooperar. Axelrod e Hamilton (1981) analisaram a evolução da cooperação e desenvolveram um modelo baseado no *jogo do dilema do prisioneiro* e na teoria da reciprocidade como uma extensão da teoria genética convencional baseada em competição e sobrevivência do mais apto. No jogo do dilema do prisioneiro, dois "jogadores" decidem se devem cooperar ou não, com base nos benefícios imediatos. No primeiro encontro, a decisão de não cooperar (*desertar*) produz o maior prêmio para cada indivíduo, independentemente do que o outro indivíduo faz. Entretanto, se *os dois* decidem não cooperar, ambos ficam em uma situação pior do que se tivessem cooperado. Se os indivíduos continuarem a interagir (o "jogo" continua), a probabilidade é de que a cooperação possa ser escolhida na base de tentativa e suas vantagens sejam reconhecidas. Deduções do modelo mostram que a cooperação baseada em tal reciprocidade pode ser iniciada em um ambiente associal e, então, desenvolver-se e persistir, uma vez totalmente estabelecida. Contatos estreitos constantes entre numerosos indivíduos, como microrganismos e plantas, aumentam as possibilidades de interação com benefício mútuo, assim como ocorrido na evolução entre as bactérias fixadoras de nitrogênio e as leguminosas.

Também foi sugerido que o *altruísmo* – sacrifício da aptidão de um indivíduo em benefício de outro – em indivíduos aparentados (como pais e a prole) pode ser o início de uma evolução em direção à cooperação (mesmo entre espécies sem parentesco). Uma vez que os genes que favoreçam a reciprocidade tenham sido estabelecidos por seleção de parentesco, a cooperação pode difundir-se em circunstâncias com cada vez menor relação de parentesco.

David Sloan Wilson (1975, 1977, 1980) afirmou o caso para seleção de grupo como segue (1980, p. 97):

> As populações rotineiramente evoluem no sentido de estimular ou desencorajar outras populações das quais sua aptidão depende. Assim, ao longo do tempo evolutivo, a adaptação de um organismo é, em grande parte, um reflexo de seus próprios efeitos sobre a comunidade assim como da reação da comunidade à presença daquele organismo. Se essa reação for suficientemente forte, persistem apenas os organismos com um efeito positivo sobre suas comunidades.

Wilson argumentou que a seleção entre "demes estruturados" (segmentos genéticos intimamente ligados de uma população) facilita a seleção de grupo. Ele também traçou uma analogia entre o paradoxo da aptidão individual *versus* da comunidade, nas comunidades biológicas, e benefícios particulares comparados a benefícios públicos em comunidades humanas.

A interação entre predador/presa e parasita/hospedeiro tende a se tornar menos negativa ao longo do tempo. Gilpin (1975) propôs a seleção de grupo no desenvolvimento de uma característica de "prudência" que conduz os predadores e os parasitas a não superexplorar suas presas e hospedeiros, pois agindo assim eles estariam extinguindo ambas as espécies envolvidas na interação. A história do vírus da mixomatose introduzido para controlar os coelhos europeus (lebres, na verdade) na Austrália é um exemplo de seleção da virulência reduzida. Quando introduzido pela primeira vez, o parasita matou o coelho em poucos dias. Subsequentemente, a linhagem virulenta foi substituída por outra menos virulenta, que levou duas ou três vezes mais tempo para matar o hospedeiro. A partir disso, os mosquitos que transmitem o vírus tiveram um tempo maior para se alimentar dos coelhos já infectados. Como a linhagem não virulenta não destrói seus recursos alimentares (coelhos) tão rapidamente como a virulenta, mais e mais parasitas do tipo não virulento foram produzidos e ficaram disponíveis para transmissão para novos hospedeiros. Dessa forma, a seleção interdêmica favoreceu a linhagem não virulenta sobre a virulenta; de outra forma, tanto os parasitas como os hospedeiros seriam eventualmente extintos.

Embora poucos duvidem da ocorrência da seleção de grupo, sua importância na história evolutiva permanece controversa. A complexidade organizada que foi desenvolvida no mundo natural é difícil de explicar somente pela seleção no nível das espécies e dos indivíduos. Por conseguinte, a seleção em níveis mais altos e os processos de auto-organização devem desempenhar papéis importantes. Para detalhes sobre seleção de grupo, veja E. O. Wilson (1973, 1980, 1999), D. S. Wilson (1975, 1977, 1980) e Maynard Smith (1976).

4 Competição Interespecífica e Coexistência

Enunciado

A *competição*, em sentido amplo, refere-se à interação entre dois organismos que disputam o mesmo recurso. **Competição interespecífica** é qualquer interação que afeta adversamente o crescimento e a sobrevivência de populações de duas ou mais espécies. A competição interespecífica pode tomar duas formas: (1) *competição por interferência* e (2) *competição por exploração*. A tendência de a competição produzir uma separação ecológica de espécies aparentadas ou semelhantes é conhecida como *princípio da exclusão competitiva*. Simultaneamente, a competição aciona várias adaptações seletivas que aumentam a coexistência de uma diversidade de organismos em uma dada área ou comunidade.

Explicação e Exemplos

Ecólogos, geneticistas e biólogos evolutivos escreveram muito sobre a competição interespecífica. Geralmente, a palavra *competição* é usada em situações em que influências negativas ocorrem pela escassez de recursos utilizados por ambas as espécies. A interação interespecífica é frequentemente discutida em relação à interação física direta *versus* competição por exploração. A **competição por interferência** ocorre quando duas espécies entram em contato uma com a outra, como na luta ou na defesa de um território. A **competição por exploração** ocorre quando uma espécie explora um recurso em comum com outra espécie, como comida, espaço ou presa, mas sem contato direto com aquela espécie. Essa exploração indireta de recursos pode determinar uma vantagem competitiva de uma espécie sobre a outra.

A interação competitiva pode envolver espaço, alimentos ou nutrientes, luz, materiais residuais, suscetibilidade aos carnívoros, doenças e várias outras interações mútuas. Os resultados da competição são de interesse dos biólogos evolutivos e têm sido muito estudados como um dos mecanismos da seleção natural. A competição interespecífica pode resultar em um ajuste do equilíbrio entre duas espécies ou, se severa, pode fazer com que a população de uma espécie substitua outra, force a outra a ocupar outro lugar ou, ainda, faça com que utilize outro alimento (não importando qual foi a base original da ação competitiva). Em geral, os organismos com parentesco próximo, com hábitos ou morfologias semelhantes, não ocorrem no mesmo local. Entretanto, se ocorrerem no mesmo local, usarão diferentes recursos ou serão ativos em momentos diferentes. A explicação para a separação ecológica de espécies aparentadas (ou mesmo semelhantes) ficou conhecida como **princípio de Gause** (Gause, 1932), segundo o nome do biólogo russo, primeiro a observar tal separação em culturas experimentais (ver Figura 7.2), ou como **princípio da exclusão competitiva**, como designado por Hardin (1960).

Um dos experimentos originais de Gause usando ciliados (Gause, 1934, 1935) é um exemplo clássico de exclusão competitiva (Figura 7.2). *Paramecium caudatum* e *Paramecium aurelia*, duas espécies de protozoários ciliados com relações próximas, quando crescem em culturas separadas, exibem crescimento populacional sigmoide típico e mantêm um nível populacional constante no meio de cultura mantida com uma densidade fixa de itens alimentares (bactérias que não se multiplicaram nesse meio e, dessa forma, puderam ser adicionadas em intervalos frequentes para manter a densidade alimentar constante). Entretanto, quando ambos os protozoários foram colocados na mesma cultura, apenas *P. aurelia* sobreviveu mais de 16 dias. Nenhum dos dois organismos atacou o outro ou secretou substâncias prejudiciais. As populações de *P. aurelia* simplesmente tinham uma velocidade de crescimento maior (taxa intrínseca de crescimento mais alta) e com isso "ganharam na competição" com *P. caudatum* pelas quantidades limitadas de alimento sob as condições existentes (um caso claro de competição por exploração). Em contraste, tanto *Paramecium caudatum* como *Paramecium bursaria* foram capazes de sobreviver e atingir um equilíbrio estável no mesmo meio de

Figura 7.2 Competição entre duas espécies de protozoários com relação próxima e que têm nichos semelhantes. Quando separados, *Paramecium caudatum* e *Paramecium aurelia* exibem crescimento sigmoide normal em culturas controladas com suprimento alimentar constante; quando ambos são cultivados juntos, *Paramecium caudatum* é eliminado (segundo Gause, 1932).

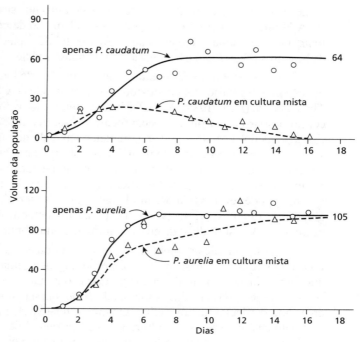

cultura. Embora estivessem competindo pelo mesmo alimento, *P. bursaria* ocupou uma parte diferente da cultura, na qual pôde alimentar-se de bactérias sem competir com *P. caudatum*. Assim, o habitat provou ser suficientemente diferente para a coexistência das duas espécies, mesmo que seus alimentos fossem idênticos.

Alguns dos aspectos teóricos mais amplamente debatidos da teoria da competição giram em torno do que ficou conhecido como as **equações de Lotka-Volterra**, assim denominada porque foram propostas como modelos por Lotka (1925) e Volterra (1926) em publicações separadas. Trata-se de um par de equações diferenciais semelhantes àquela descrita na Seção 1. Tais equações são úteis para a modelagem de predador-presa, parasita-hospedeiro, competição ou outras interações entre duas espécies. A respeito da competição dentro de um espaço limitado no qual cada população tem um K definido ou nível de equilíbrio, as equações de crescimento simultâneo podem ser escritas da seguinte forma, usando a equação logística como base:

$$\frac{dN_1}{dt} = r_1 N_1 \left(\frac{K_1 - N_1 - \alpha N_2}{K_1} \right)$$

$$\frac{dN_2}{dt} = r_2 N_2 \left(\frac{K_2 - N_2 - \beta N_1}{K_2} \right)$$

em que N_1 e N_2 são os números de indivíduos das espécies 1 e 2, respectivamente, α é o *coeficiente de competição* indicando os efeitos inibitórios da espécie 2 sobre a espécie 1, e β é o coeficiente de competição correspondente, significando a inibição da espécie 1 sobre a espécie 2.

Para entender a competição, deve-se considerar não apenas as condições e os atributos das populações que podem conduzir à exclusão competitiva, mas também as situações sob as quais as espécies semelhantes coexistem, porque em um grande número as espécies compartilham recursos comuns nos sistemas abertos da natureza. A Figura 7.3 apresenta o que poderia ser chamado de *modelo Tribolium – Trifolium*, que inclui uma demonstração experimental de exclusão em espécies pareadas de besouros (*Tribolium*) e a coexistência de duas espécies de trevo (*Trifolium*).

Um dos estudos experimentais mais completos de longa duração sobre a competição interespecífica foi conduzido na Universidade de Chicago, no laboratório de Thomas Park (Park, 1934, 1954). Park com seus alunos e colaboradores trabalharam com o besouro de farinha, especialmente aquele pertencente ao gênero *Tribolium*. Esses pequenos besouros podem completar seu ciclo de vida inteiro em um habitat simples e homogêneo, isto é, em um jarro de farinha ou farelo de trigo. Nesse caso, o meio de cultura é tanto o alimento como o habitat para as larvas e para os adultos. Se um meio de cultura fresco for adicionado em intervalos regulares, a população de besouros pode ser mantida por um longo tempo. Na terminologia do fluxo de energia, esse arranjo experimental é um ecossistema heterotrófico estabilizado no qual as importações (subsídios) de energia alimentar equilibram as perdas respiratórias.

Os pesquisadores descobriram que, quando duas espécies diferentes de *Tribolium* eram colocadas nesse microcosmo homogêneo, uma espécie invariavelmente era eliminada, cedo ou tarde, enquanto outra continuava a crescer. Uma das espécies sempre "vence", ou seja, duas espécies de *Tribolium* não podem sobreviver nesse microcosmo particular de um habitat. O número relativo de indivíduos de cada espécie originalmente colocados na cultura (*taxa de estoque* inicial) não afeta os eventuais resultados, mas o clima imposto ao ecossistema tem um grande impacto em relação à qual espécie do par terá êxito. Uma espécie (*T. castaneum*) sempre vence sob condições de alta temperatura e umidade, ao passo que outra (*T. confusum*) sempre vence sob condições mais frias e secas, embora as duas espécies possam viver indefinidamente em qualquer dos seis climas, desde que uma só esteja na cultura. Os atributos das populações medidas em culturas de espécies únicas ajudam a explicar alguns dos resultados da ação competitiva. Por exemplo, a espécie com maior taxa de crescimento, r, sob as condições de existência em questão, quase sempre vencia se a diferença entre r das espécies fosse bastante grande. Se a taxa de crescimento diferia apenas de forma moderada, a espécie com a maior taxa não vencia sempre. A presença de um vírus em

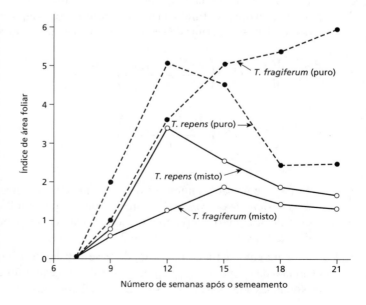

Figura 7.3 Coexistência na população dos trevos (*Trifolium*). O gráfico mostra o crescimento populacional de duas espécies de trevos em parcelas puras (crescendo sozinhas) ou mistas. Note que as duas espécies em parcela pura têm formas de crescimento diferentes, alcançando a maturidade em épocas diferentes. Por causa disso e de outras diferenças, as duas espécies são capazes de coexistir em parcelas mistas em densidade reduzida, apesar de uma interferir na outra. O índice de área foliar é a razão entre a área de superfície de folhas e a área de superfície do solo em cm^2/cm^2 (redesenhado de Harper e Clatworthy, 1963).

uma população pode facilmente alterar o equilíbrio. Feener (1981) descreveu um caso no qual uma mosca parasita alterou o equilíbrio competitivo entre duas espécies de formigas. As linhagens genéticas dentro da população também podem diferenciar em muito a capacidade competitiva.

Alguns dos mais interessantes experimentos em competição entre plantas foram reportados por J. L. Harper e colaboradores, em uma pesquisa realizada na University College of North Whales (ver J. L. Harper 1961; J. L. Harper e Clatworthy, 1963). Os resultados de um desses estudos, mostrados na Figura 7.3, ilustram como uma diferença na forma de crescimento permite a coexistência no mesmo ambiente de duas espécies de trevos (mesma condição de luz, temperatura e solo). Das duas espécies, *Trifolium repens* cresce mais rápido e atinge o pico de densidade foliar mais cedo. Entretanto, *T. fragiferum* tem os pecíolos mais longos e folhas mais altas, e pode ultrapassar a espécie de crescimento rápido, especialmente depois de *T. repens* passar o seu pico, dessa forma evitou ser sombreada. Contudo, em parcelas mistas, cada espécie inibe a outra, mas ambas podem completar seu ciclo de vida e produzir sementes, embora cada uma coexista em uma densidade reduzida. Nesse caso, as duas espécies, embora competindo intensamente pela luz, podem coexistir em função de sua morfologia e da diferença de tempo de seu crescimento máximo. J. L. Harper (1961) concluiu que duas espécies de plantas podem persistir juntas se as populações forem controladas independentemente por um ou mais dos seguintes mecanismos: (1) exigências nutricionais diferentes (como em leguminosas e não-leguminosas); (2) diferentes causas de mortalidade (como sensibilidades diferenciais ao pastejo); (3) sensibilidade a diferentes toxinas (reações diferentes a compostos químicos secundários); e (4) sensibilidade aos mesmos fatores de controle (como luz ou água) em épocas diferentes (como os trevos, já descritos).

Brian (1956) foi um dos primeiros a distinguir entre *competição indireta* ou *por exploração* e *competição direta* ou *por interferência*. A competição por interferência aparece com mais frequência conforme subimos a árvore filogenética dos animais, de simples alimentação por filtração em protozoários e cladóceros, que geralmente competem na coleta de alimento, até os vertebrados, com seus elaborados padrões de comportamento de agressão e territorialidade. Slobodkin (1964) concluiu, com base em experimentos de competição com *Hydra*, que esses dois tipos de competição se sobrepõem, mas é útil distinguir entre os dois processos em bases teóricas. Um padrão geral que surge da literatura sobre competição é que ela é mais severa – e a exclusão competitiva, mais provável de ocorrer – em sistemas nos quais a emigração e a imigração não existem ou são reduzidas, como em culturas em laboratório, mesocosmos, ilhas ou outros sistemas naturais com barreiras consideráveis contra entradas e saídas. A probabilidade de coexistência é mais alta nos sistemas abertos mais típicos na natureza.

A competição interespecífica nas plantas no campo tem sido mais estudada e, em geral, acredita-se que seja um fator importante para acarretar a sucessão de espécies (como será descrito no Capítulo 8). A evidência mais forte em relação à importância da competição na natureza vem dos estudos de como as espécies reagem às adições ou remoções experimentais de competidores potenciais (Connell, 1961, 1972, 1975; Paine, 1974, 1984; Hairston, 1980). O estudo clássico de Connell (1961) sobre a competição entre cracas em ambientação natural é um excelente exemplo de um experimento de campo bem planejado. A pesquisa de Connell foi conduzida no litoral rochoso da Escócia, onde duas espécies de cracas ocupam diferentes posições na zona entre marés. A menor das duas espécies, *Chthamalus stellatus*, ocorre em posição mais alta na zona entre marés do que a espécie maior, *Balanus glandula*. A Figura 7.4A apresenta um "modelo de cracas" baseado nos estudos experimentais de

J. H. Connell. A zona entre marés em um litoral oriental rochoso fornece uma miniatura de gradiente ambiental de fisicamente estressado para mais biologicamente controlado (Figura 7.4B). Connell descobriu que as larvas de duas espécies de cracas foram fixadas sobre uma grande amplitude da zona entre marés, mas sobreviveram como adultas em uma amplitude muito mais limitada. Descobriu-se que a espécie maior, *Balanus*, ficou restrita à parte inferior da zona porque não conseguiu tolerar longos períodos de exposição na maré baixa. A espécie menor, *Chthamalus*, foi excluída da zona inferior pela competição com a espécie maior e pelos predadores, que são mais ativos abaixo da marca da maré alta. Consequentemente, a pressão física da dessecação foi identificada como o principal fator controlador na parte superior do gradiente, ao passo que a competição interespecífica e a predação foram fatores controladores mais importantes nas zonas inferiores. Esse modelo pode ser considerado para aplicação em gradientes mais extensos, como os do Ártico ao Trópico ou de altitudes maiores para menores, desde que se lembre de que todos os modelos são, em diferentes graus, supersimplificações.

Robert Paine, da Universidade de Washington, demonstrou que a predação desempenhou um papel importante na formação das comunidades biológicas influenciando os resultados das interações competitivas entre as espécies de presas. A zona entre marés em um costão rochoso exposto na costa oeste dos Estados Unidos abriga várias espécies de cracas, mexilhões, lapas e quitões. Essas espécies são predadas

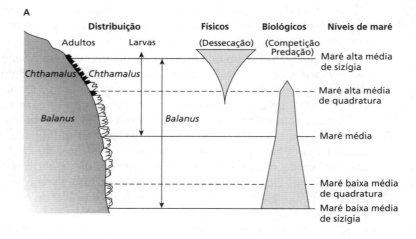

Figura 7.4 (A) Fatores que controlam a distribuição de duas espécies de cracas em um gradiente entre marés. Os jovens de cada espécie fixam-se sobre uma grande amplitude, mas sobrevivem à fase adulta em uma amplitude mais restrita. Fatores físicos, como a dessecação, controlam os limites superiores de *Balanus*, ao passo que fatores biológicos, como competição e predação, controlam as distribuições inferiores do *Chthamalus* (segundo E. P. Odum 1963; de Connell 1961). (B) Um exemplo de zona entre marés localizada na costa leste perto de Bar Harbor, Maine, Estados Unidos.

pela estrela-do-mar *Pisaster ochraceus*. Depois da remoção da estrela-do-mar das áreas experimentais, o número de espécies de presas nas áreas de remoção baixou rapidamente de 15 para 8 no final da investigação. A diversidade diminuiu porque as populações de cracas e mexilhões, competidoras superiores pelo espaço na ausência de predadores (estrelas-do-mar, nesse caso), deslocaram muitas das espécies de presa. Esse refinado estudo demonstrou como a predação modelou a comunidade biológica e regulou a diversidade biótica (Paine, 1974).

Diferenças morfológicas que aumentam a separação ecológica podem surgir em razão de um processo evolutivo denominado **deslocamento de caráter**. Por exemplo, na Europa central, seis espécies de chapins (pequenas aves do gênero *Parus*) coexistem, segregadas em parte por habitat e, em parte, por áreas de alimentação e tamanho das presas, o que se reflete em pequenas diferenças no comprimento e largura do bico. Na América do Norte, é raro encontrar mais de duas espécies de chapins na mesma localidade, embora sete espécies estejam presentes em todo o continente. Lack (1969) sugeriu que as espécies americanas de chapins estão em estágios evolutivos mais iniciais do que as espécies européias e suas diferenças no bico, no tamanho do corpo e no comportamento alimentar são adaptações aos seus respectivos habitats e ainda não são adaptações que permitam a coexistência no mesmo habitat.

A teoria geral do papel da competição em seleção de habitats está sintetizada na Figura 7.5. As curvas representam a amplitude do habitat que pode ser tolerada pelas espécies, com a indicação das condições ótima e marginal. Quando existe uma competição com espécies próximas ou espécies ecologicamente semelhantes, a amplitude dos habitats que as espécies ocupam, em geral, torna-se restrita ao ótimo (isto é, para as condições mais favoráveis sob as quais a espécie tem, de alguma maneira, vantagem sobre seus competidores). Onde a competição interespecífica é menos severa, a competição intraespecífica produz uma escolha mais ampla de habitats.

As ilhas são bons locais para observar a tendência de uma seleção mais ampla de habitats, quando potenciais competidores fracassam na colonização. Por exemplo, os arganazes (*Microtus*) frequentemente ocupam habitats florestais em ilhas onde seus competidores florestais, os arganazes vermelhos (*Clethrionomys*), são ausentes.

Só porque espécies próximas estão separadas na natureza não significa, é óbvio, que a competição está operando continuamente para mantê-las separadas; as duas espécies podem ter desenvolvido exigências ou preferências diferentes que, de fato, reduzem ou eliminam a competição. Por exemplo, na Europa, uma espécie de azaleia (*Rhododendron hirsutum*) é encontrada em solos calcários, ao passo que outra espécie (*R. ferrugineum*) é encontrada em solos ácidos. As exigências das duas espécies são tais que nenhuma delas pode viver, de forma alguma, no tipo oposto de solo, portanto

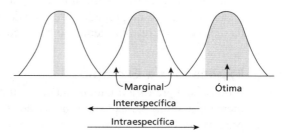

Figura 7.5 O efeito da competição sobre a distribuição de habitats. Quando a competição intraespecífica domina, as espécies se espalham e ocupam áreas menos favoráveis (marginais); onde a competição interespecífica é intensa, as espécies tendem a ser limitadas a amplitudes estreitas, representando as condições ótimas.

nunca há realmente competição entre elas. Teal (1958) fez um estudo experimental de seleção de habitat de espécies de caranguejos-chama-marés (*Uca*), que usualmente estão separadas em suas ocorrências nas marismas. Uma espécie, *U. pugilator*, é encontrada em áreas abertas, planas e arenosas; outra, *U. pugnax*, é encontrada em substratos lodosos cobertos por gramíneas de marisma. Teal descobriu que uma espécie tende a não invadir o habitat da outra, mesmo na ausência dessa outra, porque cada espécie escavaria suas tocas apenas nos seus substratos preferidos. A ausência de competição ativa, é claro, não significa que a competição no passado possa ser excluída como um fator que originalmente produziu o comportamento de isolamento.

Duas espécies próximas de aves aquáticas, o corvo-marinho-de-crista (*Phalacrocorax aristotelis*) e o corvo-marinho-de-faces-brancas (*P. carbo*), são encontradas juntas na Inglaterra durante a estação de procriação, mas se alimentam de tipos de peixes diferentes. Dessa forma, elas não competem diretamente por fontes de alimento (isto é, o nicho das duas espécies é diferente). Esse é um exemplo de neutralismo (0 0) como descrito na Tabela 7.1 e ilustrado na Figura 7.1.

5   Interações Positivas/Negativas: Predação, Herbivoria, Parasitismo e Alelopatia

Enunciado

A *predação* e o *parasitismo* são exemplos familiares de interações entre duas populações que resultam em efeitos negativos para o crescimento e a sobrevivência de uma população, e positivos e benéficos para outra. Quando o predador é um consumidor primário (normalmente, um animal) e a presa ou o "hospedeiro" é um produtor primário (planta), a interação é denominada **herbivoria**. Quando uma população produz uma substância prejudicial para a população competidora, o termo **alelopatia** é comumente usado para essa interação. Consequentemente, existe uma variedade de relacionamentos + –.

Os efeitos negativos tendem a ser pequenos do ponto de vista quantitativo quando as populações em interação tiveram uma história evolutiva comum em um ecossistema relativamente estável. Em outras palavras, a seleção natural tende a conduzir tanto para a redução dos efeitos prejudiciais como para a completa eliminação da interação, pois a contínua e severa redução da população da presa ou do hospedeiro pela população do predador ou do parasita pode conduzir à extinção de uma ou de ambas as populações. Consequentemente, um impacto severo de predação ou parasitismo é observado com mais frequência quando a interação é de origem recente (quando duas populações acabam de se tornar associadas) ou quando mudanças súbitas ou em escala ampla ocorreram no ecossistema (o que pode ter sido produzido por humanos); ou seja, no longo prazo, as interações parasita-hospedeiro ou predador-presa tendem a evoluir para a coexistência (lembrar da discussão da retroalimentação por recompensa no Capítulo 4).

Explicações e Exemplos

É quase sempre difícil para estudantes ou para pessoas em geral abordar objetivamente o assunto parasitismo e predação. As pessoas têm uma aversão natural aos organismos parasitas, sejam eles bactérias ou tênias. Embora os efeitos dos humanos sobre a Terra, como predadores e perpetradores de epidemias na natureza sejam extensos, as pessoas tendem a condenar todos os outros predadores sem verificar se são realmente prejudiciais aos interesses humanos. A ideia de que "o único falcão bom é o falcão morto" é a maior generalização sem critério.

Uma forma de ser objetivo é considerar a predação, o parasitismo, a herbivoria e a alelopatia nos níveis de organização de populações e comunidades, em vez de considerá-los no nível de indivíduos. Predadores, parasitas e pastejadores certamente matam ou ferem os indivíduos que deles se alimentam ou sobre os quais secretam produtos químicos tóxicos, e pelo menos em algum grau, reduzem a taxa de crescimento das suas populações-alvo ou reduzem o tamanho total da população. Isso significa que essas populações seriam mais saudáveis sem os consumidores ou inibidores? Do ponto de vista coevolutivo de longo prazo, os predadores são os únicos beneficiados por essa associação? Conforme apontado na discussão sobre regulação de populações (Capítulo 6), os predadores e parasitas ajudam a manter os insetos herbívoros em baixa densidade, assim eles não destroem seus próprios suprimentos de alimentos e habitat. No Capítulo 3, discutimos como os animais herbívoros e as plantas evoluíram em relações quase mutualistas (+ +).

As populações de cervos são citadas com frequência como exemplo de populações que tendem a irromper repentinamente quando a pressão dos predadores é reduzida. O rebanho de cervos de Kaibab, como originariamente descrito por Leopold (1943), com base nas estimativas de Rasmussen (1941), supostamente aumentou de 4 mil (em 700 mil acres no lado norte do Grand Canyon, Arizona), em 1907, para 100 mil, em 1924, coincidindo com uma campanha de remoção de predadores organizada pelo governo norte-americano. Caughley (1970) reexaminou esse caso e concluiu que, embora não houvesse nenhuma dúvida de que a população de cervos aumentou, causou sobrepastejo, depois decresceu, existe uma dúvida sobre a extensão da superpopulação e não há evidência de que isso decorreu apenas da remoção dos predadores. O gado e o fogo devem também ter contribuído. Caughley acreditava que as súbitas irrupções das populações de ungulados são mais provavelmente resultantes das mudanças nos habitats ou na qualidade dos alimentos, que permitem à população "escapar" do controle de mortalidade comum.

Uma coisa é clara: as mais violentas irrupções ocorrem quando as espécies são introduzidas em uma nova área, onde ocorrem tanto recursos inexplorados como falta de interação negativa. A explosão populacional de coelhos introduzidos na Austrália é um exemplo bem conhecido entre os milhares de casos de oscilações severas que resultam quando espécies com alto potencial biótico são introduzidas em novas áreas. As tentativas de controlar as irrupções dos coelhos pela introdução de um organismo doente produziram uma sequela interessante, a seleção de grupo no sistema parasita-hospedeiro (como discutido na Seção 3).

A generalização mais importante é que as interações negativas se tornam menos negativas com o tempo se o ecossistema for estável o suficiente e diversificado quanto a espaço para permitir adaptações recíprocas. Populações de parasita-hospedeiro ou predador-presa introduzidas nos microcosmos ou mesocosmos experimentais oscilam com violência, havendo até certa probabilidade de extinção. Pimentel e Stone (1968), por exemplo, mostraram experimentalmente (Figura 7.6) que oscilações violentas ocorrem quando um hospedeiro, como a mosca doméstica (*Musca domestica*), e uma vespa parasita (*Nasonia vitripennis*) são colocados juntos pela primeira vez em um sistema de cultura limitado. Quando indivíduos selecionados das culturas, que conseguiram sobreviver por dois anos às oscilações violentas, foram restabelecidos em novas culturas, ficou evidente que, com a seleção genética,

Figura 7.6 Evolução da coexistência na relação hospedeiro-parasita entre populações de mosca doméstica (*Musca domestica*) e vespa parasita (*Nasonia vitripennis*) em um estudo em laboratório. (A) Populações recém-associadas (linhagens selvagens colocadas juntas pela primeira vez) oscilam violentamente, conforme, primeiro o hospedeiro (mosca) e depois o parasita (vespa), aumentaram a densidade e colapsaram. (B) Populações derivadas de colônias nas quais as duas espécies permaneceram associadas por dois anos, coexistindo em um equilíbrio mais estável sem colapsos. O experimento demonstrou como a retroalimentação genética pode funcionar como um mecanismo regulador e estabilizador nos sistemas populacionais (redesenhado de Pimentel e Stone, 1968).

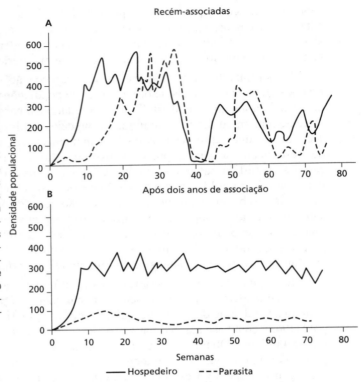

evoluiu uma homeorese ecológica na qual as duas populações podem coexistir em um equilíbrio muito mais estável.

No mundo real dos humanos e da natureza, tempo e circunstâncias podem não favorecer adaptações recíprocas como essa mediante novas associações. Existe sempre o perigo de que reações negativas possam ser irreversíveis, o que conduz à extinção do hospedeiro. A ferrugem da castanha na América é um caso cuja questão de adaptação ou extinção tem futuro incerto.

Originalmente, a castanheira americana (*Castanea dentata*) foi um importante integrante das florestas da região dos Apalaches, no leste da América do Norte, constituindo mais de 40% da biomassa total da floresta. Ela tinha parasitas, doenças e predadores. Do mesmo modo, as castanheiras orientais (*Castanea mollissima*) da China – uma espécie diferente, mas aparentada – tinham seus parasitas, incluindo o fungo *Endothia parasitica*, que ataca a casca dos troncos. Em 1904, o fungo foi acidentalmente introduzido nos Estados Unidos. As castanheiras americanas mostraram-se não resistentes a esse novo parasita. Em 1952, todas as grandes castanheiras foram mortas, seus troncos esqueléticos e cinzas tornaram-se traços característicos de algumas florestas dos Apalaches (Figura 7.7). As castanheiras continuam a brotar das raízes, e esses brotos podem produzir frutos antes de morrer, mas ninguém pode dizer se o resultado será a extinção ou a adaptação. Para todos os propósitos práticos, as castanheiras foram removidas da posição como influência importante na floresta.

Os exemplos anteriores não são apenas casos escolhidos para provar um argumento. Se o estudante fizer uma pequena pesquisa na biblioteca, poderá encontrar exemplos semelhantes mostrando (1) nos casos em que parasitas e predadores se associam com seus respectivos hospedeiros e presas, o efeito é moderado, neutro ou

Figura 7.7 Resultado do fungo da ferrugem da castanheira ilustrando o efeito extremo que um organismo parasita (fungo, *Endothia parasitica*) originário do Velho Mundo teve sobre um hospedeiro recém-adquirido (castanheira americana, *Castanea dentata*). Veja esta imagem colorida no material complementar deste livro no site (consulte a página XIV para detalhes).

até benéfico do ponto de vista de longo prazo; e (2) os parasitas ou predadores recém-adquiridos são os mais prejudiciais. Na realidade, uma lista de doenças, parasitas e insetos-pragas que causam as maiores perdas na agricultura e na silvicultura poderia incluir principalmente espécies que foram introduzidas há pouco tempo em uma nova área, como o fungo da ferrugem da castanheira, ou que tenham adquirido novos hospedeiros ou presas. A lagarta-da-espiga (*Helicoverpa zea*), a mariposa-cigana (*Lymantria dispar*), o besouro-japonês (*Popillia japonica*) e a mosca-do-mediterrâneo (*Ceratitis capitata*) são alguns dos insetos-pragas, pertencentes a essa categoria, que foram introduzidos. A lição, é claro, é evitar a introdução de novas pragas potenciais e, sempre que possível, não estressar o ecossistema com venenos que destroem tanto os organismos úteis quanto as pragas. O mesmo princípio se aplica a doenças humanas severas: as mais assustadoras são as recém-adquiridas. Para discussões recentes relacionadas à introdução de novos predadores e patógenos sobre espécies residentes nos níveis de comunidade, metacomunidade e global, ver M. A. Davis (2003). Simberloff (2003) descreveu a necessidade de mais pesquisas, baseadas em teoria ecológica segura, sobre populações biológicas para controlar espécies introduzidas.

Os organismos intermediários entre predadores e parasitas são de especial interesse – por exemplo, os chamados insetos parasitas ou *parasitoides*. Esses organismos frequentemente podem consumir o indivíduo-presa inteiro, assim como faz o predador, e ainda ter a especificidade do hospedeiro, o alto potencial biótico e o tamanho pequeno do parasita. Os entomólogos têm disseminado artificialmente alguns desses organismos, usando-os para controlar os insetos-pragas. Em geral, tentativas de fazer uso de predadores grandes e não específicos não têm tido sucesso. Por exemplo, o mangusto (*Herpestes edwardsi*), introduzido nas Ilhas do Caribe para controlar ratos nos canaviais, reduziram mais as aves que fazem ninhos no chão do que os ratos. Se o predador é pequeno, é especializado em sua escolha de presas e tem um potencial biótico alto, o controle pode ser eficiente.

A maioria das teorias gerais propostas para explicar a estrutura trófica das comunidades vegetais presta pouca atenção à influência potencialmente profunda dos insetos herbívoros. De fato, a maioria das teorias sobre interação trófica e regulação de comunidades sugere que a herbivoria por insetos terá pequena influência sobre a vegetação terrestre, em particular sobre a produção líquida primária (veja, por exemplo, Hairston et al., 1960; Oksanen, 1990). Muitos argumentam que os predadores e os parasitas impedem que os insetos herbívoros causem danos importantes em suas plantas hospedeiras nas comunidades terrestres (Strong et al., 1984; Spiller e Schoener, 1990; Bock et al., 1992; Marquis e Whelan, 1994; Dial e Roughgarden,

1995) e que os insetos herbívoros consomem apenas uma pequena quantidade da produção primária líquida disponível (Hairston et al., 1960; Strong, Lawton et al., 1984; Crawley, 1989; Root, 1996; Price, 1997).

Uma outra visão defende que os insetos danificam ou consomem apenas uma pequena quantidade de suas plantas hospedeiras porque muitas das espécies de plantas são bem defendidas ou têm um valor nutricional baixo (Hartley e Jones, 1997). Lawton e McNeil (1979) sugeriram que os insetos herbívoros estão presos entre as forças de interação dos predadores e parasitas de um lado e, outro, por plantas impalatáveis ou de baixa qualidade. Não obstante as diferentes visões, a conclusão é a mesma: os insetos herbívoros terão uma influência insignificante na estrutura, composição e produtividade das comunidades de plantas (Pacala e Crawley, 1992). Pacala e Crawley (1992) concluíram que "os herbívoros frequentemente têm pequeno efeito nas comunidades", embora mais tarde Crawley (1997) tenha registrado que não existia número suficiente de estudos sobre insetos herbívoros a ponto de fazer generalização.

Mais recentemente, entretanto, descobriu-se que a remoção dos artrópodes também pode causar mudanças significantes na estrutura e na função das comunidades. Estudos feitos por V. K. Brown (1985) e W. P. Carson e Root (1999) demonstraram que as exclusões dos insetos herbívoros com inseticidas causam mudanças importantes na frequência da floração e na composição de espécies de plantas nas comunidades em campos antigos. W. P. Carson e Root (2000) demonstraram que os insetos herbívoros poderiam ter um forte efeito de cima para baixo nas comunidades vegetais, mas isso ocorreu primariamente durante a explosão de insetos. Usando parcelas tratadas com inseticida e controle, eles examinaram os efeitos de longo prazo (dez anos) da supressão de insetos na estrutura e diversidade de um campo antigo dominado pela erva-lanceta *Solidago altissima* (Figura 7.8). Uma explosão populacional do besouro crisomelídeo *Microrhopala vittata*, especializado em *S. altissima*, ocorreu durante o experimento e persistiu por vários anos. O dano causado por essas explosões reduziu dramaticamente a biomassa, a densidade, a altura, a sobrevivência e a reprodução de *S. altissima*. A exclusão de herbívoros causou a formação de parcelas de ervas-lanceta com o dobro do crescimento tanto na biomassa como nos detritos. A vegetação herbácea abaixo nessas parcelas densas teve uma redução significativa na abundância de plantas, riqueza de espécies, produção de inflorescências e nos níveis de luminosidade; essas condições persistiram por anos após a explosão. Dessa forma, a *M. vittata* funcionou como uma espécie-chave.

Figura 7.8 O canteiro da esquerda foi pulverizado com inseticida por oito anos e é dominado por uma densa parcela de erva-lanceta *Solidago altissima*. Os canteiros vizinhos foram deixados sem pulverização, como controles. Esta fotografia foi tirada dois anos depois que um ataque do besouro crisomelídeo *Microrhopala vittata* desfolhou numerosos caules de *S. altissima*. Esses ataques ocorrem a cada 5-15 anos e exercem uma grande influência sobre a biomassa das culturas (segundo W. P. Carson e Root, 2000).

Além disso, a herbivoria por insetos indiretamente aumentou a abundância das árvores invasoras, o que fez elevar a taxa de sucessão pela aceleração da transição desses campos antigos para o estágio dominado por árvores.

W. P. Carson e Root (2000) argumentaram que as explosões populacionais de insetos podem ser muito importantes na dinâmica da comunidade, mas na maioria das vezes é ignorada nas teorias de regulação das comunidades. As observações de (1) que os herbívoros fitófagos nativos irrompem (pulsam) periodicamente e reduzem a abundância e o vigor das espécies de plantas dominantes; (2) que essas explosões podem ocorrer mais rapidamente em concentrações densas e exuberantes de seus hospedeiros; e (3) que uma explosão pode ocorrer mais de uma vez durante o tempo de vida de um hospedeiro de vida longa sugerem que as explosões de insetos podem desempenhar um papel muito importante na dinâmica e regulação das comunidades.

Como manipulador do ecossistema, o ser humano está aprendendo, aos poucos, a ser um predador prudente (quando e quanta biomassa colher sem danificar o sistema ou a relação). O problema pode ser abordado de forma experimental montando-se populações-teste em microecossistemas. Em um desses modelos, demonstrado na Figura 7.9, foram usados lebistes (*Poecilia reticulata*) para imitar uma população de peixe comercial que vem sendo explorada pelos humanos. Como mostrado, foi mantido o rendimento sustentado máximo quando *um terço* da população foi pescada durante cada período de reprodução, o que reduziu a densidade de equilíbrio para um pouco menos da metade dos não explorados. Dentro dos limites do experimento, essas proporções tenderam a ser independentes da capacidade de suporte do sistema, o que variou em três níveis pela manipulação do suprimento alimentar.

Frequentemente, modelos de uma espécie mostram ser supersimplificações, porque não levam em conta espécies competidoras que podem responder à densidade reduzida das espécies pescadas, aumentando suas próprias densidades e esgotando o alimento ou outros recursos necessários para sustentar a espécie explorada. Os predadores de topo, como os humanos (ou pastejadores importantes, como o gado), podem facilmente mudar o contrapeso do equilíbrio competitivo de forma que a espécie explorada seja substituída por outra espécie que o predador ou pastejador pode não estar preparado para usar. No mundo real, exemplos de tais mudanças

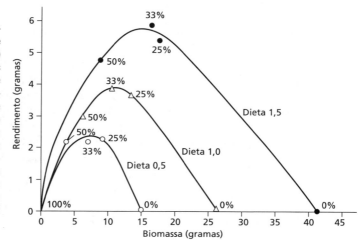

Figura 7.9 Biomassa e rendimento em populações-teste de lebistes (*Poecilia reticulata*) exploradas em diferentes taxas (mostrado como percentual de remoção por período reprodutivo) em três diferentes níveis de dieta. O rendimento mais alto foi obtido quando cerca de um terço da população foi pescada por período reprodutivo e a biomassa média foi reduzida para menos da metade daquela da população não explorada (curva de rendimento deslocada para a esquerda) (segundo Silliman, 1969).

vêm sendo documentados com frequência crescente, à medida que os seres humanos esforçam-se para se tornarem mais eficientes na pesca, caça e colheita de plantas. Essa situação apresenta tanto um desafio como um perigo: *os sistemas de colheita de uma espécie e sistemas de monocultura* (como agricultura de colheita única) *são inerentemente instáveis* porque, quando estressados, são vulneráveis a competição, doença, parasitismo, predação e outras interações negativas. Alguns exemplos desses princípios gerais são encontrados na indústria pesqueira.

Myers e Worm (2003) avaliaram os efeitos da indústria pesqueira sobre a biomassa e a composição da comunidade de grandes peixes predadores em quatro sistemas de plataformas continentais e nove oceânicos. Eles estimaram que a biomassa dos grandes peixes predadores é apenas 10% dos níveis pré-industriais. Concluíram que o declínio dos grandes predadores nas regiões costeiras estendeu-se por todo o oceano global, resultando em sérias consequências, como rendimento econômico relativamente baixo. Dessa forma, a redução da biomassa de peixes a níveis baixos pode comprometer a sustentabilidade da indústria pesqueira e exige uma abordagem de gestão global para lidar com as consequências.

O estresse da predação ou pesca com frequência afeta o tamanho dos indivíduos nas populações exploradas. Desse modo, a pesca no nível de rendimento sustentado máximo normalmente reduz o tamanho médio dos peixes, assim como a maximização do rendimento de madeira pelo volume das toras reduz o tamanho das árvores e a qualidade da madeira. Como reiterado diversas vezes neste livro, um sistema não pode maximizar a quantidade e a qualidade ao mesmo tempo. Em um estudo clássico, Brooks e Dodson (1965) descreveram como espécies grandes de zooplâncton foram substituídas por espécies pequenas quando os peixes que se alimentam de zooplâncton foram introduzidos em lagos que antes eram desprovidos desses predadores diretos. Nesse caso, no qual o ecossistema é relativamente pequeno, tanto o tamanho como a composição das espécies de todo o nível trófico podem ser controlados por uma ou algumas espécies de predadores. A comparação entre as teias alimentares acionadas por predadores e por recursos está detalhada no Capítulo 6.

O **amensalismo** ocorre onde uma espécie tem um efeito negativo evidente sobre a outra, mas não existe um efeito recíproco detectável (– 0). Lawton e Hassell (1981) referem-se a essa interação como *competição assimétrica*. O amensalismo é apenas uma etapa evolutiva para interações, como a alelopatia (– +).

Exemplos clássicos de alelopatia podem ser citados do trabalho de C. H. Muller, que estudou os inibidores produzidos pelos arbustos na vegetação do chaparral da Califórnia. Esses pesquisadores não só examinaram a natureza química e as ações fisiológicas das substâncias inibidoras como também mostraram que elas são importantes na regulação da composição e na dinâmica da comunidade (C. H. Muller et al., 1964, 1968; C. H. Muller, 1966, 1969). A Figura 7.10 mostra como terpenos voláteis produzidos por duas espécies de arbustos aromáticos inibem o crescimento de plantas herbáceas. As toxinas voláteis (principalmente o cineol e a cânfora) são produzidas nas folhas e acumuladas no solo em tal extensão durante a estação seca que, quando a estação de chuva se inicia, a germinação e o subsequente crescimento das plântulas são inibidos em grandes cinturões ao redor dos grupos de arbustos. Outros arbustos produzem antibióticos de diferentes naturezas químicas, solúveis em água (como fenóis e alcaloides), que também favorecem a dominância dos arbustos. Entretanto, fogos periódicos, que são uma parte integrante do ecossistema do chaparral, removem as fontes de toxina, desnaturando as acumuladas no solo e desencadeando a germinação das sementes adaptadas ao fogo. Consequentemente, o fogo é seguido na próxima estação chuvosa por uma evidente floração de plantas anuais, que continuam a aparecer a cada primavera

Figura 7.10 (A) Vista aérea dos arbustos aromáticos *Salvia leucophylla* e *Artemisia californica* invadindo um campo de plantas anuais e mostrando inibição bioquímica no Vale de Santa Inês, Califórnia. (B) Vista em detalhe mostrando o efeito de zonação das toxinas voláteis produzidas pelos arbustos de *Salvia* vistos no centro esquerdo de A. Entre A e B é uma zona de 2 metros de largura, destituída de todas as herbáceas, exceto algumas plântulas inibidas minúsculas. O sistema radicular dos arbustos que se estende sob parte dessa zona está, dessa forma, livre da competição com outras espécies. Entre B e C é a zona de campo inibida que consiste em plantas menores e em menos espécies do que nos campos vistos à direita de C.

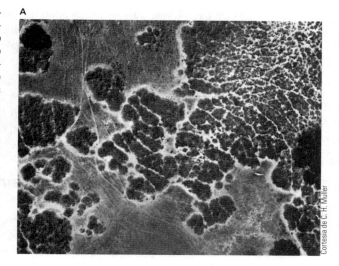

até que o arbusto volte a crescer e as toxinas se tornem novamente atuantes. Dessa forma, a interação entre o fogo e os antibióticos perpetua as mudanças cíclicas na composição que é a característica adaptativa desse tipo de ecossistema.

Os efeitos alelopáticos têm uma importante influência sobre taxas e sequência das espécies da sucessão vegetal, bem como sobre a composição das comunidades estáveis. As interações químicas afetam a diversidade de espécies de comunidades naturais em ambas as direções; uma forte dominância e um efeito alelopático intenso contribuem para a baixa diversidade de espécies em algumas comunidades, ao passo que uma variedade de acomodações químicas faz parte da base da alta diversidade de espécies de outras (como aspectos da diferenciação de nicho).

Tentativas têm sido feitas para generalizar a coevolução entre os herbívoros e táticas anti-herbívoras de plantas. Feeny (1975), por exemplo, argumentou que espécies de plantas raras ou efêmeras são difíceis de encontrar e, por conseguinte, estão protegidas no tempo e espaço. Além disso, afirmou que essas plantas *crípticas* têm desenvolvido uma diversidade de **defesas qualitativas**, como os venenos e as toxinas quimicamente baratas, que constituem barreiras eficientes evolutivas contra a herbivoria por herbívoros mais prováveis de encontrar as plantas crípticas. Em contraste, Feeny argumentou que as espécies de plantas abundantes ou persistentes (plantas *aparentes*) não podem impedir os herbívoros de encontrá-las em tempos

304 Fundamentos de Ecologia

ecológicos ou evolutivos. Tais espécies aparentes parecem ter desenvolvido **defesas quantitativas** mais dispendiosas, como as folhas com altos teores de tanino e defesas químicas anti-herbívoras, além de adaptações, por exemplo as folhas duras e os espinhos.

A Tabela 7.2 sumariza as diferenças coevolutivas entre plantas com níveis alto e baixo de evidência e defesas quantitativas *versus* qualitativas. Leituras sobre esse tópico incluem D. F. Rhoades e Cates (1976); Futuyma (1976); Futuyma e Slaktin (1983); Palo e Robbins (1991); Gershenzon (1994) e Hunter (2000).

6 Interações Positivas: Comensalismo, Cooperação e Mutualismo

Enunciado

Associações entre duas populações de espécies que resultam em efeitos positivos estão bastante difundidas e provavelmente são tão importantes quanto a competição, o parasitismo e outras interações negativas na determinação da função e da estrutura das populações e comunidades. As interações positivas podem ser consideradas em uma sequência evolutiva, como segue:

- *comensalismo* – apenas uma população se beneficia;

- *protocooperação* – ambas as populações se beneficiam; e

- *mutualismo* – ambas as populações se beneficiam e tornam-se completamente dependentes uma da outra.

Explicação

Várias décadas antes de Darwin, o príncipe russo Pëtr Alekseevich Kropotkin publicou um livro intitulado *Ajuda Mútua: Um Fator de Evolução* (Kropotkin, 1902). Kropotkin censurou Darwin por sua ênfase exagerada na seleção natural como uma luta sangrenta (metáfora de Tenyson: "unhas e dentes vermelhos"). Ele esboçou em detalhes consideráveis como a sobrevivência foi frequentemente aprimorada por – ou até dependente de – um indivíduo ajudando o outro ou uma espécie ajudando a outra para benefício mútuo.

Tabela 7.2

Comparação entre plantas aparentes e crípticas

Plantas aparentes	*Plantas crípticas*
Comuns	Raras
Perenes lenhosas	Herbáceas anuais
Crescimento lento (competitivas)	Crescimento rápido (efêmeras)
Estágios serais tardios	Estágios serais iniciais
Certamente encontradas pelos herbívoros	Protegidas dos herbívoros no tempo e espaço
Produzem defesas anti-herbívoros dispendiosas (como o tanino)	Produzem defesas químicas não-dispendiosas (como venenos ou toxinas)
Defesas quantitativas constituem barreiras ecológicas eficientes contra os herbívoros	Defesas qualitativas podem ser decompostas por mecanismos de detoxificação

Fonte: Segundo Pianka, 2000.

Os escritos de Kropotkin foram influenciados por sua filosofia pessoal de coexistência pacífica. Como Mahatma Gandhi e Martin Luther King Jr., que mais tarde deram a sua contribuição, ele era um firme adepto de soluções não violentas para os conflitos humanos. No tempo em que escreveu *Ajuda Mútua*, ele era um refugiado político vivendo na Inglaterra. Uma grande parte de seu livro é dedicada a documentar a importância da cooperação nas sociedades humanas primitivas, vilas rurais e associações sindicais de trabalhadores, assim como entre os animais (para mais informações sobre Kropotkin, ver S. J. Gould, 1988; Todes, 1989).

Lynn Margulis convenceu biólogos, após uma longa batalha, de que os eucariotos se originaram da fusão de uma arqueobactéria com alguma eubactéria. É aceito agora que a mitocôndria em todos os eucariotos e cloroplastos nas plantas já foram procariotos com vida independente. Eles são exemplos, como corais e liquens, de como simbiontes integrados evoluem em entidades mutualistas.

No livro *Acquiring Genomes*, Margulis e Sagan (2002) promoveram uma teoria de que a especiação não se deve a eventos aleatórios e processos neodarwinianos, como mutação e seleção natural agindo por meio da competição; mais propriamente, eles argumentaram que eventos de especiação são causados pelos simbiontes em interação, cooperação e reticulação dos genomas. Sua teoria questiona alguns dos princípios do darwinismo. Eles especularam que Darwin estava errado ao enfatizar a competição e a seleção natural como forças únicas que moldam a especiação e a evolução; ao contrário, postularam que a cooperação e o mutualismo conduzem a evolução. Essa teoria promete tornar-se uma área fértil de pesquisas durante o século XXI.

Até recentemente, interações positivas não eram submetidas a estudos quantitativos na mesma medida que as interações negativas. Pode-se supor de modo aceitável que relações positivas e negativas entre populações tendem, eventualmente, a se equilibrar de forma recíproca, e as duas são importantes para a evolução das espécies e a estabilização do ecossistema.

O **comensalismo** é um tipo simples de interação positiva e talvez represente o primeiro passo rumo ao desenvolvimento de relações benéficas (ver Tabela 7.1). É comum, por um lado, entre plantas e animais sésseis e, por outro lado, em organismos vágeis. Praticamente todas as galerias de vermes, moluscos e esponjas contêm vários organismos "hóspedes não convidados", que necessitam do abrigo dos hospedeiros, mas, em troca, nem danificam nem são úteis. As ostras, por exemplo, algumas vezes têm um pequeno e frágil caranguejo na cavidade do manto. Esses caranguejos são geralmente comensais, embora algumas vezes eles abusem do seu *status* de hóspede e compartilhem os tecidos de seus hospedeiros. Dales (1957), em sua revisão inicial sobre o comensalismo marinho, listou 13 espécies que vivem como hóspedes nas galerias de vermes marinhos grandes (*Erechis*) e camarões de galerias (*Callianassa* e *Upogebia*). Essa variedade de peixes, moluscos, vermes poliquetos e caranguejos comensais vivem apanhando alimentos excedentes ou rejeitados ou materiais residuais de seus hospedeiros. Vários comensais não são hospedeiros específicos, mas alguns, aparentemente, são encontrados associados a apenas uma espécie de hospedeiro.

Esse é mais um curto passo do comensalismo para uma situação em que ambos os organismos ganham por associação ou interação de algum tipo; essa relação é denominada **protocooperação**. W. C. Allee (1951) estudou e escreveu extensivamente sobre esse assunto. Enfatizou a importância da cooperação e da agregação entre as espécies – um princípio com frequência denominado *princípio de agregação de Allee* (discutido no Capítulo 6). Ele acreditava que a cooperação entre as espécies está para ser encontrada por toda a natureza. Retornando ao mar como exemplo, caranguejos e celenterados frequentemente se associam e usufruem de benefícios mútuos. Os celenterados crescem nas costas dos caranguejos (e algumas vezes são lá "plantados" pelos caranguejos), fornecendo camuflagem e proteção (os celenterados possuem células pungentes). Os celenterados, por sua vez, são transportados e obtêm partículas de alimentos quando os caranguejos capturam e comem outros animais.

No exemplo anterior, os caranguejos não dependem em absoluto dos celenterados nem vice-versa. A consequência de um passo adiante na cooperação acontece quando cada população se torna completamente dependente da outra. Tais casos foram denominados **mutualismo** ou **simbiose obrigatória**. Frequentemente, tipos de organismos bastante diversos são associados. Na realidade, exemplos de mutualismo têm mais probabilidade de se desenvolver entre organismos com amplas diferenças de necessidades (organismos com necessidades similares estão provavelmente mais envolvidos em competição). O exemplo mais importante de mutualismo desenvolve-se entre os autótrofos e heterótrofos, o que não surpreende, já que esses dois componentes do ecossistema precisam, no final das contas, atingir algum tipo de simbiose equilibrada. Exemplos que poderiam ser rotulados como mutualistas vão além da interdependência geral das comunidades a um nível que um tipo particular de heterótrofo se torna completamente dependente de um tipo particular de autótrofo como alimento, e o segundo torna-se dependente para proteção, ciclagem mineral ou outras funções vitais fornecidas pelo heterótrofo. Os diferentes tipos de parceria entre os microrganismos fixadores de nitrogênio e plantas superiores foram discutidos no Capítulo 4. O mutualismo é comum também entre microrganismos que podem digerir celulose (e outros resíduos de plantas resistentes) e animais que não têm o sistema de enzimas necessário para esse propósito. Como sugerido anteriormente, o mutualismo parece substituir o parasitismo conforme o ecossistema evolui em direção à maturidade, e isso parece ser importante quando algum aspecto do ambiente é limitante (como a água ou o solo infértil).

Exemplos

A simbiose obrigatória entre ungulados (como o gado) e bactérias do rume é um exemplo bem estudado do mutualismo. A natureza anaeróbica do sistema do rume é ineficiente para o crescimento das bactérias (apenas 10% da energia do capim ou feno ingerido pelas vacas é assimilada pelas bactérias), mas o caráter natural dessa ineficiência constitui a razão pela qual os ruminantes podem subsistir absolutamente um substrato como a celulose. A maior parte da energia residual da ação microbiana consiste em ácidos graxos que são convertidos das celuloses, mas não são mais degradados. Entretanto, esses produtos finais são diretamente disponibilizados para a assimilação pelo ruminante. A parceria é muito eficiente para os ruminantes, pois eles obtêm a maioria da energia da celulose, que não poderiam obter sem a ajuda das bactérias. Em troca, é claro, a bactéria obtém um meio de cultura com temperatura controlada.

O mutualismo entre microrganismos que digerem a celulose e o artrópodo é bastante comum e é fator importante na cadeia alimentar de detritos. A parceria entre o cupim e o flagelado intestinal é um caso clássico, primeiro estudado por Cleveland (1924, 1926). Sem os flagelados especializados, várias espécies de cupins não podem digerir a madeira que ingerem, como demonstrado pelo fato de que eles morrem de fome quando os flagelados são removidos experimentalmente. Os simbiontes são tão bem coordenados com seus hospedeiros que eles respondem aos hormônios da muda dos cupins encistando-se, garantindo, dessa forma, a transmissão e a reinfecção quando os cupins, ao sofrerem ecdise, ingerem a porção da exúvia do seu tubo digestivo.

Nos cupins, os simbiontes vivem dentro do corpo dos seus hospedeiros. No entanto, é possível que se desenvolva uma interdependência ainda mais íntima com os microrganismos parceiros que vivem fora dos corpos dos animais hospedeiros, e tais associações podem realmente representar um estágio mais avançado na evolução do mutualismo (menor chance de que esse relacionamento possa reverter para o parasitismo). Um exemplo são as formigas-cortadeiras-tropicais, que cultivam jardins de fungos sobre as folhas que elas colhem e armazenam em seus ninhos. As formigas fertilizam, cuidam da safra de fungos e as colhem de maneira similar ou até mais eficiente do que os fazendeiros fariam. O sistema formiga-fungo acelera a decomposição natural das folhas. Uma sucessão de microrganismos é normalmente necessária para decompor o folhedo, nesse caso, fungos basidiomicetos aparecem durante os estágios tardios da decomposição. Entretanto, quando as folhas são "fertilizadas" com excretas das formigas nos jardins de fungos, esse fungo pode crescer sobre folhas frescas como uma monocultura de rápido crescimento que fornece alimento para as formigas. Sem dúvida, é necessária muita energia das formigas para manter essa monocultura, assim como ocorre no cultivo intensivo de safras pelos humanos.

Cultivando organismos degradadores da celulose como alimento, as formigas ganham acesso às vastas reservas de celulose das florestas pluviais tropicais para uso indireto como alimento. O que os cupins realizam com sua associação *endossimbiótica* com os microrganismos degradadores da celulose, as formigas cortadeiras atingem com suas mais complexas associações *ectossimbióticas* com os fungos degradadores de celulose. Em termos bioquímicos, a contribuição dos fungos para as formigas é o aparato enzimático para a degradação da celulose. Por sua vez, o material fecal das formigas contém enzimas proteolíticas que faltam aos fungos, de forma que as formigas contribuem com seus aparatos enzimáticos para a degradação da proteína. A simbiose pode ser vista como uma aliança metabólica na qual os metabolismos do carbono e do nitrogênio dos dois organismos foram integrados.

A **coprofagia**, ou reingestão de fezes, que parece ser uma característica dos detritívoros, pode ser considerada como um caso de mutualismo muito menos elaborado, porém bem mais difundido do que o que liga o metabolismo de carbono e nitrogênio de microrganismos e animais – "um rume externo". Os coelhos, por exemplo, reingerem suas fezes, ilustrando o papel da coprofagia nas comunidades naturais.

Formigas e *Acacia* estão envolvidas em outra notável simbiose mutualista tropical, como primeiro descrito por Janzen (1966, 1967). A árvore abriga e alimenta as formigas, que fazem o ninho em cavidades especiais nos ramos. As formigas, por sua vez, protegem a árvore dos insetos herbívoros aspirantes. Quando os insetos são removidos experimentalmente (como por envenenamento por inseticida), a árvore é logo atacada e acaba sendo morta por insetos desfolhantes.

A ciclagem mineral, assim como a produção de alimentos, é aprimorada por relações mutualistas entre microrganismos e plantas. Exemplos primordiais são a **micorriza** ("raiz-fungo"), micélios de fungos que vivem em associação mutualista com as raízes vivas das plantas (não confundir com fungos parasitas, que matam as raízes). Como no caso das bactérias fixadoras de nitrogênio e leguminosas, os fungos interagem com tecido da raiz para formar "órgãos" compostos, que aumentam a capacidade da planta para extrair minerais do solo. Os fungos, por sua vez, são abastecidos com parte do fotossintato da planta. Tão importante é esse caminho de fluxo de energia através da micorriza que essa rota pode ser catalogada como uma cadeia alimentar importante.

Existem dois tipos principais de micorriza. Na **ectomicorriza**, os fungos formam uma *bainha* ou rede em volta das raízes em crescimento ativo, das quais crescem hifas para dentro do solo, frequentemente por longas distâncias. Essa micorriza se associa principalmente com árvores, em especial pinheiros e outras coníferas e árvores tropicais. A **micorriza vesicular-arbuscular** ou **VA** (antigamente chamada *endomicorriza*) penetra no tecido da raiz no qual formam estruturas características semelhantes a vesículas (de onde vem o nome). As hifas se entendem para dentro do solo, como na ectomicorriza. Essa micorriza coloniza todos gêneros de plantas com poucas exceções, incluindo herbáceas, arbustos e árvores em todas as regiões climáticas.

Em geral, as micorrizas não são hospedeiras específicas, isso significa que elas podem colonizar a raiz de qualquer planta que entre em contato com seus esporos. Algumas ectomicorrizas produzem grandes esporocarpos ou cogumelos acima do solo que facilitam a dispersão. Os tipos VA produzem esporos abaixo do solo, onde eles podem ser dispersos por animais residentes no solo. A micorriza pode ser encontrada em qualquer ecossistema terrestre, incluindo as florestas pluviais dos trópicos, as pradarias da zona temperada do norte e na tundra ártica. A relação de micorriza entre fungos e plantas é tanto onipresente como antiga. Cerca de 90% das espécies de plantas, incluindo a maioria das cultivadas, formam algumas espécies de associações benéficas com esses fungos (Picone, 2002). Esses benefícios incluem:

- Os fungos da micorriza aumentam a absorção de nutrientes, especialmente do nitrogênio e do fósforo. As hifas estendem-se das raízes colonizadas para o interior do solo. Em função de sua alta razão superfície/volume, as hifas são bastante competentes em absorver nutrientes do solo e transportá-los para a raiz. Nessa relação mutualista, os fungos recebem carboidratos das plantas, em especial açúcares.

- Os fungos da micorriza ajudam a suprimir certas ervas daninhas. Raízes colonizadas são mais capazes de resistir aos patógenos do solo, incluindo os nematoides e fungos patogênicos.

- As micorrizas desempenham um papel importante na melhoria da textura do solo e são consideradas o mais importante agente biológico para agregação da maioria dos tipos de solo. Essa agregação, denominada **estado de compactação do solo**, é o que leva a uma estrutura do solo mais saudável. Esse solo é solto, permite que as raízes penetrem, deixa a água infiltrar com facilidade e permite à biota, como as minhocas, escavar com facilidade.

Infelizmente, as práticas de agricultura convencional tendem a perturbar esse relacionamento benéfico entre o fungo da micorriza e a colonização das plantas – resultando que as propriedades do solo e os processos do ecossistema, como a ciclagem de nutrientes, sejam dificultados (Coleman e Crossley, 1996).

A Figura 7.11 representa como as práticas de agricultura convencional afetam o solo que abriga a comunidade de micorrizas (Picone, 2002). O Passo 1 representa como o preparo do solo tritura os seus agregados, destrói as redes do fungo da micorriza e reduz a abundância do fungo. Essa perturbação inibe a agregação do solo e a formação de terras cultiváveis (Passo 2). Com isso, o solo torna-se compactado e mal arejado, necessitando frequentemente de mais preparo (Passo 3).

O preparo do solo também promove a dependência de fertilizantes por causa do rompimento dos mecanismos de que o fungo participa na reciclagem de nutrientes (Passo 4); as práticas de agricultura moderna compensam por aplicação de fertilizantes sintéticos comerciais (Passo 5). Fertilizantes sintéticos, dife-

Figura 7.11 Modelo representando os efeitos de práticas de preparo da terra da agricultura convencional sobre a comunidade de micorriza do solo (ver texto para detalhes; com a permissão The Land Institute, Salina, Kansas).

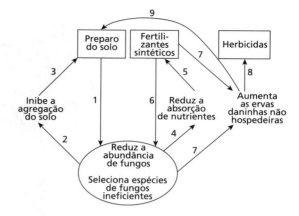

rente dos fertilizantes orgânicos, reduzem a abundância dos fungos de micorriza e selecionam fungos que são ineficientes na absorção de nutrientes (Passo 6). O solo com uma comunidade de micorriza empobrecida cria um ambiente ótimo para ervas daninhas não hospedeiras (Passo 7). Por conseguinte, são necessários mecanismos biológicos para controle de ervas daninhas (Passo 8) e até mesmo mais preparo de solo (Passo 9). Com isso, o preparo de solo agrícola ajuda a criar um ciclo industrial em lugar de ciclos ecológicos (bióticos) que evoluíram em sistemas naturais. A produtividade de fazendas decai como resultado dessas práticas agrícolas, até que a rede de fungos de micorriza torne-se restabelecida e os mecanismos de reciclagem de nutrientes baseados na saúde do solo sejam restaurados.

Várias árvores não crescem sem micorrizas. Árvores de florestas transplantadas para solos de pradaria em uma região diferente podem não crescer a não ser que sejam inoculadas com fungos simbiontes. Pinheiros com micorrizas saudáveis associadas crescem em solos tão pobres nos padrões agrícolas convencionais que milho ou trigo não poderiam sobreviver. Os fungos podem metabolizar fósforo e outros minerais "indisponíveis" por quelação ou por outros meios. Quando minerais marcados (como os fósforos radioativos traçadores) são adicionados ao solo, até 90% podem ser rapidamente apanhados pela massa de micorrizas e, então, liberados aos poucos para a planta. É uma sorte que o sistema de micorrizas dos pinheiros funcione tão bem nos milhões de acres no sul dos Estados Unidos, onde a camada superficial do solo foi devastada pela monocultura por lavoura em linhas e pelo sistema de proprietário anônimo que persistem há muito tempo; senão, vários desses acres erodidos seriam hoje desertos.

A Figura 7.12 descreve agregados de micorriza ao redor das raízes de abetos (*Picea pungens*). O papel da micorriza na reciclagem direta dos minerais, sua importância nos trópicos e a necessidade por cultivos com tais sistemas de reciclagem embutidos foram enfatizados no Capítulo 4. Para outras informações sobre mutualismos envolvendo micorriza, ver Mosse et al. (1981) e E. I. Newman (1988).

Ahmadjian (1995) observou que os liquens são provavelmente os organismos mais mal-entendidos e insuficientemente apreciados no mundo biológico. Os liquens formam uma parte importante da rede biológica que conecta todos ao mesmo tempo. Eles são uma combinação única de características, sendo primariamente fungos, mas também cianobactérias. Aproximadamente 8% da superfície terrestre tem liquens como a forma de vida mais dominante. Por exemplo, nas florestas boreais da América

Figura 7.12 Micorriza peritrófica formando agregados ou massas ao redor das raízes da plântula de abeto (*Picea pungens*).

do Norte, Europa e Rússia, vastas áreas de solo são cobertas com líquen das renas (denominado "musgo das renas"), especialmente as espécies do gênero *Cladina*. É provável que os liquens tenham um papel na regulação da composição gasosa da atmosfera da Terra, funcionando como um depósito de CO_2 (Ahmadjian, 1995).

Os **liquens** são associações específicas entre fungos e algas, tão íntimas em termos de interdependência funcional e tão integradas morfologicamente que forma um terceiro tipo de organismo, que não se parece com nenhum de seus componentes. Os liquens são geralmente classificados como única espécie, embora sejam compostos de duas ou mais espécies não relacionadas. Nos liquens, pode-se ver as evidências de uma evolução do parasitismo para o mutualismo. Por exemplo, em alguns dos liquens mais primitivos, o fungo de fato penetra nas células das algas e são, dessa forma, essencialmente parasitas das algas. Nas espécies mais avançadas, os micélios ou hifas dos fungos não penetram no interior das células das algas, mas os dois vivem em harmonia. Principal fixador de nitrogênio essencial entre os liquens epifíticos na comunidade do dossel da floresta é a *Lobaria oregana*. A *Lobaria* é uma associação mutualista de um fungo e uma alga verde, mas também contém populações de cianobactérias que fixam o nitrogênio a uma taxa significante.

O estilo de vida mutualista do líquen teve, no mínimo, cinco origens independentes em diferentes ramos das árvores genealógicas dos fungos; no mínimo 20% de todas as espécies de fungos são liquens (Gargas et al., 1995). Uma origem tão múltipla demonstra que o mutualismo pode ser quase tão importante quanto a competição na evolução, como Kropotkin (1902) sugeriu há mais de um século.

É evidente que o mutualismo tem um valor de sobrevivência especial quando os recursos se encontram na biomassa, como na floresta madura, ou quando o solo ou a água é pobre em nutrientes como em alguns recifes de corais ou florestas pluviais. Da mesma forma que os corais e outros complexos mutualistas heterótrofos-autótrofos muito organizados, os liquens são bem adaptados à escassez natural e ao estresse, mas são muito vulneráveis ao estresse por poluição, principalmente poluição do ar. Com respeito à restauração na paisagem em Sudbury, Ontário, que foi devastada pela poluição do ar (como mencionado no Capítulo 3), o retorno dos liquens é um sinal bem-vindo de que a restauração está funcionando.

Para revisões gerais sobre associações simbióticas, ver Boucher et al. (1982) e Keddy (1990). Recomendamos também o suplemento do *The American Naturalist*, 2003, volume 162, intitulado "Interacting Guilds: Moving Beyond The Pairwise Perspective on Mutualisms". A relação entre os humanos e as plantas cultivadas e animais domesticados, que pode ser considerada uma forma especial de mutualismo, é discutida no Capítulo 8. No Capítulo 2, as associações coral-alga foram discutidas como uma característica emergente que aumenta a reciclagem de nutrientes e a produtividade de todo ecossistema.

Os efeitos indiretos das espécies uma sobre a outra podem ser tão importantes como as suas interações diretas e podem contribuir para a *rede de mutualismo*. Quando as cadeias alimentares funcionam dentro de uma cadeia alimentar, os organismos em cada ponta de uma série trófica – por exemplo, o plâncton e o "bass" em uma lagoa – não interagem diretamente, mas se beneficiam de forma indireta entre si. O "bass" se benefica alimentando-se de peixes planctívoros, que são sustentados pelo plâncton, o plâncton, por sua vez, se benefica quando o "bass" reduz a população dos predadores de plâncton. Consequentemente, existem tanto interações negativas (predador-presa) como positivas (mutualista) em uma rede de uma teia alimentar (D. S. Wilson, 1986; Patten, 1991).

Por causa da retroalimentação por recompensa, como discutido no Capítulo 4, e da tendência da severidade das interações negativas em reduzir com o tempo (ver Seção 3), não é muito forçado considerar toda a cadeia alimentar como mutualista (E. P. Odum e Biever, 1984). Em um estudo sobre uma relação alga-herbívoro, Sterner (1986) descobriu que as algas cresceram melhor quando pastejadas em função do nitrogênio regenerado pelo pastejador.

A realidade é que todas as interações entre duas espécies, tanto as positivas como as negativas, operam em conjunto na teia alimentar nos níveis da comunidade e do ecossistema. A energética das cadeias alimentares (como detalhado no Capítulo 3), combinada com o que ficou conhecido como processos "de cima para baixo" e "de baixo para cima", faz da teia alimentar um sistema funcional que é mais do que apenas uma coleção de interação entre espécies. O *controle de cima para baixo*, que inclui retroalimentação por recompensa, refere-se ao papel de componentes a montante – por exemplo, o controle do herbívoro sobre as plantas e o controle do predador sobre os herbívoros. *O controle de baixo para cima* refere-se ao papel do nutriente e de outros fatores físicos na determinação da produção primária. Os ecólogos debatem qual o tipo de controle é mais importante em dada situação, mas a maioria concorda, hoje, que ambos estão envolvidos em graus variados em toda e qualquer situação natural (Hunter e Price, 1992; Polis, 1994; Ruiter et al., 1995; Krebs et al., 1995; Krebs, Boonstra, et al., 2001; Polis e Strong, 1996).

Até recentemente, os seres humanos vinham atuando como parasitas de energia sobre seu ambiente autotrófico, retirando o que queriam com pouca preocupação sobre o bem-estar do planeta. Por exemplo, as cidades grandes crescem e se tornam parasitas do campo, que precisa, de qualquer maneira, fornecer comida e água e degradar enormes quantidades de resíduos para essas cidades. Os seres humanos devem evoluir para o estágio do mutualismo na relação com a natureza. Se a humanidade não atingir essa condição, então, assim como o parasita "imprudente" ou "não adaptado", ela poderá destruir seus hospedeiros a ponto de destruir a si mesma.

7 Conceitos de Habitat, Nicho Ecológico e Guilda

Enunciado

O **habitat** de um organismo é o lugar onde ele vive ou o lugar aonde poderia ir para encontrá-lo. Entretanto, o **nicho ecológico** inclui não apenas o espaço físico ocupado por um organismo, mas também seu papel funcional na comunidade (sua posição trófica, por exemplo) e sua posição nos gradientes ambientais de temperatura, umidade, pH, solo e outras condições para a existência.

Esses três aspectos do nicho ecológico podem ser convenientemente designados como *nicho espacial* ou de *habitat, nicho trófico* e nicho *multidimensional* ou *hipervolumétrico*. Como consequência, o nicho ecológico de um organismo não apenas depende de onde ele vive, mas também inclui a soma total de suas exigências ambientais. O conceito de nicho é mais útil, e quantitativamente mais aplicável, em termos de *diferenças* entre as espécies (ou da mesma espécie em dois ou mais locais ou tempos) em uma ou algumas das principais características (operacionalmente significantes). As dimensões mais quantificadas são *amplitude do nicho* e *sobreposição do nicho* com os vizinhos. Grupos de espécies com papéis e dimensões de nichos comparáveis dentro da comunidade são denominados **guildas**. As espécies que ocupam o mesmo nicho em diferentes regiões geográficas (continentes e principais oceanos) são denominadas *equivalentes ecológicos*.

Explicação e Exemplos

O termo *habitat* é amplamente usado, não apenas em ecologia como também em outros contextos. Dessa forma, o habitat do percevejo remador *Notonecta* e do percevejo remador *Corixa* é o lugar raso, lotado de vegetação (*região litorânea*) de lagoas ou lagos; é possível ir a esses locais para coletar esses insetos aquáticos particulares. Entretanto, as duas espécies ocupam *nichos tróficos* muito diferentes, pois *Notonecta* é um predador ativo, ao passo que *Corixa* se alimenta principalmente de vegetações em decomposição. A literatura ecológica está repleta de exemplos de coexistência em espécies que usam diferentes fontes de energia.

Se o habitat é o "endereço" do organismo, o *nicho* é a sua "profissão", sua posição trófica na teia alimentar, como ele vive e interage com o ambiente físico e com os outros organismos em sua comunidade. O *habitat* também pode referir-se ao local ocupado por uma comunidade inteira. Por exemplo, o habitat da comunidade de campo com artemísia-da-areia é a série de cordilheiras de solo arenoso que ocorrem ao longo do lado norte dos rios nas Grandes Planícies, no sul dos Estados Unidos. O habitat, nesse caso, consiste principalmente em complexos físicos ou abióticos, ao passo que o habitat dos percevejos aquáticos, mencionado previamente, inclui objetos vivos e não vivos. Dessa forma, o habitat de um organismo, ou de um grupo de organismos (população), inclui outros organismos e o ambiente abiótico.

O conceito de nicho ecológico em geral não é tão bem entendido fora do campo da ecologia. Termos como nicho são difíceis de definir e de quantificar; a melhor abordagem é considerar historicamente os componentes dos conceitos. Joseph Grinnell (1917, 1928) usou a palavra *nicho* "para significar o conceito final de unidade de distribuição, dentro da qual cada espécie é mantida por suas limitações estruturais e instintivas (...) nenhum par de espécies no mesmo território geral pode ocupar por muito tempo o mesmo nicho ecológico". (A propósito, o último relato antecede a demonstração experimental de Gause do princípio da exclusão competitiva; veja a Figura 7.2). Dessa forma, a ideia de nicho de Grinnell era principalmente em termos de micro-habitat, ou o que é hoje chamado de **nicho espacial**. Charles Elton (1927) foi um dos primeiros a utilizar o termo *nicho* com o sentido de "*status* funcional de um organismo em sua comunidade". Em razão da grande influência de Elton no pensamento ecológico, foi aceito de modo geral que nicho não é, de modo algum, um sinônimo para habitat. Em função de Elton ter enfatizado a importância das relações energéticas, sua versão do conceito é denominada de **nicho trófico**.

G. E. Hutchinson (1957) sugeriu que o nicho poderia ser visualizado como um *espaço multidimensional* ou *hipervolume* dentro do qual o ambiente permite a um indivíduo ou espécie sobreviver indefinidamente. O nicho de Hutchinson, que pode ser designado **nicho multidimensional** ou **nicho hipervolumétrico**, pode ser medido e manipulado matematicamente. Por exemplo, o climadiagrama de duas dimensões, que representa os eixos x e y de uma espécie particular de ave e de mosca-das-frutas, poderia ser expandido como uma série de coordenadas (eixos x, y e z) para incluir outras dimensões ambientais. Hutchinson (1965) também distinguiu entre **nicho fundamental** – o "hipervolume abstratamente habitado" máximo quando a espécie não é restrita pela competição ou outra interação biótica limitante – e **nicho realizado** – o menor hipervolume ocupado sob restrições bióticas particulares. Os conceitos de amplitude do nicho e sobreposição do nicho estão ilustrados em duas dimensões nas Figuras 7.13A e 7.13B.

Talvez uma analogia simples dos afazeres diários humanos ajudará a esclarecer essa sobreposição que algumas vezes confunde o uso ecológico do termo *nicho*. Para se tornar conhecido de uma pessoa na comunidade humana, seria preciso saber, antes de tudo, seu endereço (onde ele/ela poderia ser encontrada). O "endereço" poderia representar o *habitat*. Para "conhecer" a pessoa, entretanto, seria importante saber alguma coisa sobre sua ocupação, seus interesses, suas associações e o seu papel na vida da comunidade. O conjunto dessas informações poderia ser uma analogia ao nicho da pessoa. Dessa forma, no estudo dos organismos, aprender sobre o habitat é apenas um começo. Para determinar o *status* do organismo dentro da comunidade natural, seria preciso saber algo sobre suas atividades, especialmente sua alimentação; suas fontes de energia e repartição dos recursos; atributos relevantes da população, como a taxa intrínseca de crescimento e a aptidão; e, finalmente, o efeito do organismo sobre outros organismos com os quais ele entra em contato e a extensão com que modifica ou pode modificar as operações importantes no ecossistema.

Em uma investigação clássica na história da ecologia, MacArthur (1958) comparou os nichos de quatro espécies de rouxinóis da América (*Parulidae*); todas se

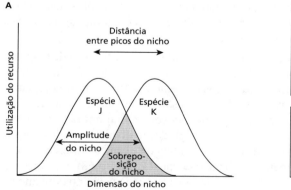
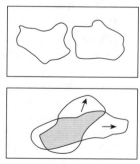

Figura 7.13 Representações esquemáticas do conceito de nicho. (A) Curvas de atividade de duas espécies juntas em uma dimensão de recurso único ilustra os conceitos de amplitude do nicho e sobreposição de nichos. (B) No diagrama superior, duas espécies ocupam nichos não sobrepostos; no diagrama inferior, os nichos se sobrepõem, tanto que a competição severa resulta em divergência, como indicado pelas setas.

314 Fundamentos de Ecologia

reproduzem no mesmo macro-habitat (uma floresta de abetos) e todas se alimentam de insetos, mas forrageiam e nidificam em diferentes partes das árvores de abetos. MacArthur construiu um modelo matemático que consistia em um grupo de equações de competição em uma matriz em que o coeficiente de competição foi calculado para a interação entre cada espécie e sua interação com qualquer uma das outras três. Dessa forma, nichos de espécies semelhantes associadas no mesmo habitat podem ser comparados com precisão quando apenas algumas medidas significantes do ponto de vista estão envolvidas. Duas espécies mostraram-se especialmente competitivas, de forma que se uma das duas estiver ausente, pode-se esperar que a outra se mude para o espaço de nicho vago. A tendência geral dos nichos de se estreitarem com a competição interespecífica já foi ilustrada na Figura 7.5.

O termo **guilda** é frequentemente usado para grupos ou agrupamentos de espécies, como os rouxinóis de MacArthur, que têm papéis semelhantes ou comparáveis na comunidade; Root (1967) foi o primeiro a sugerir essa definição. Vespas parasitando uma população herbívora, insetos que se alimentam de néctar, caramujos vivendo na serapilheira do solo da floresta e trepadeiras subindo no dossel da floresta tropical são todos exemplos de guilda. A guilda é uma unidade conveniente para estudos das interações entre as espécies, mas pode ser tratada como uma unidade funcional nas análises de comunidade tornando, assim, desnecessário considerar cada espécie como uma entidade separada.

O exame de guildas ou espécies que fracassam na coexistência pode ilustrar que aspectos de uso dos recursos contribuem com o princípio da exclusão competitiva. A repartição do nicho relaciona-se à repartição do recurso ou uso do recurso. MacArthur e Levins (1967) e Schoener (1983) observaram que enfocar os recursos consumíveis, ou fatores que servem como substitutos para esses recursos, tais como as diferenças em micro-habitats, talvez seja a melhor abordagem operacional para o estudo da competição e sobreposição de nicho. Winemiller e Pianka (1990) usaram essa abordagem para identificar padrões e agrupamentos não aleatórios relativos à maneira como essas espécies usam os recursos em uma guilda.

Medições das características morfológicas de plantas e animais maiores podem ser utilizadas como índices de comparação de nichos. Por exemplo, Van Valen (1965) descobriu que as variações no comprimento e na largura do bico de uma ave (é claro que o bico reflete o tipo de alimento consumido) fornecem um índice da amplitude do nicho; foi descoberto que o coeficiente de variação na largura do bico é maior nas populações de seis espécies de aves de ilhas do que nas populações do continente, correspondendo às amplitudes maiores dos nichos (variedade mais ampla de habitats ocupados e alimentos consumidos) nas ilhas, onde existem menos espécies em competição.

Grant (1986) foi capaz de separar nichos alimentares dos tentilhões de Galápagos medindo a morfologia dos bicos. Ele descobriu que as diferenças nos tamanhos dos bicos correlacionavam-se com as diferenças na dieta. Dentro da mesma espécie, a competição é muito reduzida quando diferentes estágios de sua história de vida ocupam diferentes nichos; por exemplo, o girino funciona como um herbívoro e o sapo adulto como carnívoro, na mesma lagoa. A segregação de nichos pode ocorrer até entre sexos. Nos pica-paus do gênero *Picoides*, machos e fêmeas diferem no tamanho dos bicos e no comportamento de forrageamento (Ligon, 1968). Em falcões, algumas doninhas e muitos insetos, os sexos diferem acentuadamente no tamanho e, por consequência, nas dimensões de seu nicho alimentar.

Pode-se esperar que tanto os nutrientes como as substâncias químicas tóxicas introduzidas no ecossistema natural alterem a relação do nicho da espécie mais gravemente afetada pela perturbação. Em um estudo experimental de longo prazo

(11 anos) sobre os efeitos da aplicação do fertilizante comercial N-P-K e esgoto municipal em vegetação de campos abandonados, W. P. Carson e Barret (1988) e Brewer et al. (1994) relataram que a amplitude do nicho foi significativamente aumentada nas plantas anuais de verão, em especial na *Ambrosia trifida*, na *A. artemisiifolia* e na *Setaria faberii*, que aumentaram sua cobertura à custa das plantas permanentes como *Solidago canadensis*.

As espécies **ecologicamente equivalentes**, que ocupam nichos similares em diferentes regiões geográficas, tendem a ter relação taxonômica íntima em regiões contíguas, mas sem essa relação em regiões não contíguas. A composição das espécies da comunidade difere bastante em regiões de distintas floras e faunas, mas todos os ecossistemas similares cujas condições físicas sejam semelhantes desenvolvem nichos funcionais equivalentes independentemente da localização geográfica. Os nichos funcionais equivalentes são ocupados por quaisquer grupos biológicos que se ajustem à flora e à fauna da região. Dessa forma, um ecossistema de campo se desenvolve em qualquer lugar onde exista um clima de campo, mas as espécies de capins e pastejadores podem ser totalmente diferentes, em especial quando as regiões são separadas por barreiras. Os grandes cangurus dos campos da Austrália são equivalentes ecológicos dos bisões e antilocapros da América do Norte (ambos agora substituídos em grande parte por pastejadores domesticados). Exemplos de aves equivalentes ecológicos em dois continentes estão listados na Tabela 7.3. Exemplos de equivalentes ecológicos em habitats aquáticos estão mostrados na Tabela 7.4.

8 Biodiversidade

Enunciado

No Capítulo 2, a diversidade no nível do ecossistema foi revista, incluindo dois componentes principais da diversidade – riqueza e repartição. Nesta seção, serão

Tabela 7.3

Aves dos campos do Kansas e do Chile ecologicamente equivalentes			
Pares de espécies ecologicamente equivalentes	Tamanho do corpo (mm)	Largura do bico (mm)	Razão entre o comprimento e a profundidade do bico
Pedro-celouro (*Sturnella magna*), Kansas	236	32,1	0,36
Milico (*Sturnella loyca*), Chile	264	33,3	0,40
Tico-tico-gafanhoto (*Ammodramus savannarum*), Kansas	118	6,5	0,60
Canário-da-terra (*Sicalis luteola*), Chile	125	7,1	0,73
Cotovia-cornuda (*Eremophila alpestris*), Kansas	157	11,2	0,50
Petinha-chilena (*Anthus correnderas*), Chile	153	13,0	0,42

Fonte: Segundo Cody, 1974.

Nota: em cada campo, as três espécies diferem em nichos alimentares, como mostrado pelas diferenças no tamanho do corpo e dimensões do bico, mas cada par de equivalentes é muito parecido morfologicamente, indicando nichos muito similares. As Sturnellas são, do ponto de vista taxonômico, parentes muito próximos, mas o segundo par é parente apenas no nível de família, e o terceiro par pertence a famílias diferentes.

Tabela 7.4

Equivalentes ecológicos em três principais nichos de quatro zonas costeiras da América do Norte e da América Central

Nicho	Tropical	Costa	Costa do Golfo Ocidental Superior	Costa Leste Superior
Pastejadores em costões do entremarés (litorinas)	*Littorina ziczac*	*L. danaxis, L. scutulata*	*L. irrorata*	*L. littorea*
Carnívoros bentônicos	Lagosta-co-mum (*Palinurus*)	Caranguejo-real (*Paralithodes*)	Caranguejo--guaiá (*Meni-ppe*)	Lagosta-americana (*Homarus*)
Peixes planctófagos	Anchova	Arenque-do pacífico, sardinha	Sável, barbudo--gigante	Arenque-do-atlân-tico, alosa

considerados aspectos adicionais desse importante assunto, especialmente os relativos ao nível de organização da comunidade. Do total do número de espécies em um componente trófico ou em uma comunidade, frequentemente uma porcentagem pequena é abundante ou **dominante** (representada por um grande número de indivíduos, grande biomassa, altas taxas de produtividade ou outras indicações de importância), e uma grande porcentagem é rara (tem valores menores de importância). No entanto, algumas vezes não existem espécies dominantes, mas muitas espécies de abundância intermediária. Como observado previamente, o conceito de *diversidade de espécies* tem dois componentes: (1) *riqueza*, baseada no número total de espécies presentes; e (2) *repartição*, baseada na abundância relativa (ou outra medida de importância) das espécies e no grau de dominância ou falta dela. A diversidade de espécies tende a aumentar com o tamanho da área e das latitudes altas para o equador. A diversidade tende a ser reduzida em comunidades bióticas estressadas, mas também pode ser reduzida por competição em comunidades antigas em ambientes físicos estáveis. Três outros tipos de diversidade são também importantes: (1) **diversidade de padrão**, que resulta da zonação, estratificação, periodicidade, heterogeneidade de manchas, teia alimentar e outras combinações; (2) **diversidade genética**, manutenção da heterozigosidade genotípica, polimorfismo ou outras variabilidades genéticas, o que é uma necessidade adaptativa para as populações naturais; e (3) **diversidade de habitat**, diversidade de habitats ou manchas de paisagem, que serve de base para a dinâmica da metapopulação (ver Capítulo 6) e a diversidade de espécies dentro de um tipo particular de habitat ou comunidade. Vários ecólogos estão começando a se preocupar com o fato de que a redução dos habitats, das espécies e da diversidade genética resultante das atividades humanas possa estar pondo em risco a adaptabilidade futura nos ecossistemas naturais, agroecossistemas e agropaisagens.

Explicação

O padrão de poucas espécies comuns ou dominantes, com grande número de indivíduos, associadas com várias espécies raras, com poucos indivíduos, é característico de estruturas de comunidade em latitudes altas e em trópicos sazonais (estações úmidas-secas), onde são encontradas várias espécies cuja abundância relativa é baixa. A tendência geral de aumento no número de espécies de latitudes altas para equatoriais está ilustrada na Figura 7.14. Outra tendência natural da lei

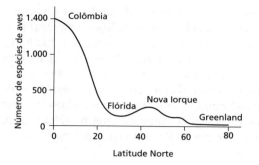 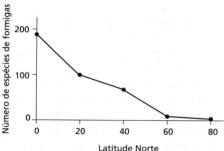

Figura 7.14 Gradiente latitudinal em número de espécies de (A) aves terrestres em reprodução e (B) formigas (redesenhado de Fischer, 1960).

da natureza é que o número de espécies aumenta com o tamanho da área e provavelmente também com o tempo evolutivo que ficou disponível para a colonização, a especialização do nicho e a especiação.

No Capítulo 2, foram delineadas duas abordagens gerais para medida e análise da diversidade de espécies: (1) *curva de dominância-diversidade* (*abundância relativa*); e (2) *índices de diversidade*, razões das relações de importância das espécies. Comparações de diversidade de florestas temperadas e tropicais foram utilizadas para ilustrar a abordagem gráfica, e os índices de Shannon-Weaver e Simpson foram usados para ilustrar os métodos de índice. A Figura 7.15 mostra um método gráfico adicional para descrever a diversidade de espécies.

Um componente importante da diversidade é a *repartição* (*uniformidade*), que indica como o número de indivíduos está distribuído (repartido) entre as espécies. Por exemplo, dois sistemas, cada um contendo dez espécies e cem indivíduos, têm o mesmo índice de riqueza S/N (S é igual ao número de espécies e N, ao número de indivíduos), mas eles poderiam diferir na repartição, dependendo da distribuição dos cem indivíduos entre as dez espécies – por exemplo, 91, 1, 1, 1, 1, 1, 1, 1, 1, e 1 em um extremo (uniformidade mínima e dominância máxima) ou, no outro extremo, dez indivíduos por espécie (perfeita uniformidade e nenhuma dominância). A uniformidade tende a ser alta e constante na população de aves (provavelmente em função do comportamento territorial). Ao contrário, as populações de plantas e fitoplâncton tendem a apresentar uniformidade mais baixa e uma variação considerável nos dois componentes.

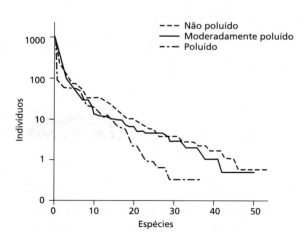

Figura 7.15 Perfis de dominância-diversidade de três córregos paralelos na mesma bacia hidrográfica que diferem em grau de poluição por esgoto doméstico urbano. Os valores dos índices de diversidade de Shannon-Weaver para os córregos são os seguintes: não poluído, 3,31; moderadamente poluído, 2,80; poluído, 2,45 (segundo E. P. Odum e Cooley, 1980).

Como o índice de Shannon-Weaver é derivado da teoria da informação e representa um tipo de formulação bastante usada na avaliação da complexidade e do conteúdo de informações de todos os tipos de sistemas, é um dos melhores índices para se usar comparações, caso não houver interesse de separar os dois componentes da diversidade. E uma vez calculado H, a uniformidade pode ser rapidamente separada, dividindo-o pelo logaritmo do número de espécies. O índice de Shannon-Weaver é razoavelmente independente do tamanho da amostra e tem distribuição normal, desde que todos os N sejam números inteiros (Hutcheson, 1970); assim, métodos estatísticos paramétricos podem ser utilizados para testar a significância das diferenças entre médias.

A Biodiversidade Afetada pela Poluição

O uso das curvas de diversidade e índices para avaliar os impactos dos efluentes de esgoto sobre os bentos de córrego (organismos que habitam o fundo) está representado na Figura 7.15, que ilustra como a diversidade diminui com o aumento da carga de esgoto doméstico. Em um estudo longitudinal de um córrego em Oklahoma que recebe esgoto municipal com tratamento inadequado, Wilhm (1967) descobriu que a diversidade bentônica foi reduzida por mais de 60 milhas (96 quilômetros) a jusante. Com base nesse e em vários outros estudos, fica evidente que a diversidade bentônica é um recurso eficiente para o monitoramento da poluição da água.

A Figura 7.16 ilustra como uma fonte pontual de poluição por esgoto municipal não tratado afeta a riqueza de espécies. Note que, enquanto as densidades populacionais (em especial bactérias coliformes e vermes de lodo) aumentam, ocorre um declínio concomitante na riqueza de espécies (em especial de insetos aquáticos e espécies de peixes de água doce desejáveis). Da perspectiva do ecossistema e da paisagem (incluindo a compreensão social humana), provavelmente a diversidade de funções (como a produção e respiração aeróbicas) é muito mais importante do que a diversidade de espécies, embora a diversidade de espécies forneça a estrutu-

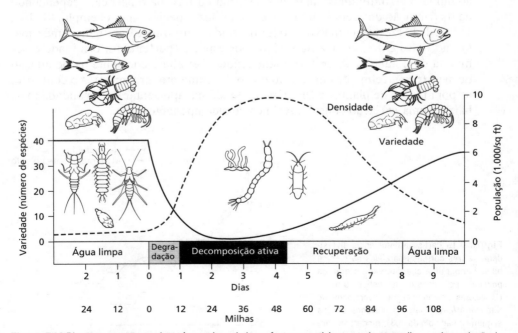

Figura 7.16 Diagrama representando o córrego degradado por fonte pontual de esgoto *in natura*, ilustrando a redução da diversidade de espécies e o aumento da densidade populacional (principalmente bactérias coliformes e vermes de lodo).

ra para esses processos funcionais. Lembre a Figura 2.12, que mostrou como esses processos metabólicos foram afetados por condições aeróbicas seguidas de descarga de poluição, ilustrando a importância da manutenção das condições aeróbicas (para evitar a poluição) por meio dos níveis de organização.

A Figura 7.17 mostra o efeito de um estresse agudo por inseticida sobre a diversidade de artrópodos em um campo de milho-miúdo (*Panicum ramosum*). Embora o índice de riqueza (*d* de Margalef) tenha sido muito reduzido pelo tratamento, a uniformidade (*e* de Pielou) aumentou e permaneceu elevada durante a maior parte da estação de crescimento. Quando o inseticida matou várias espécies dominantes, resultou uma uniformidade maior (*e*) na abundância das populações sobreviventes. O índice de Shannon-Weaver ($\bar{H}$), que expressa a interação entre a riqueza e a repartição, mostrou uma resposta intermediária. Embora o inseticida utilizado nesse experimento tenha permanecido tóxico por apenas dez dias, e a redução aguda tenha durado somente cerca de duas semanas, as explosões e oscilações nas razões da diversidade foram evidentes por várias semanas. Esse estudo ilustra diversos pontos de interesse: (1) é frequentemente desejável que se separe a riqueza de espécies e a abundância relativa ou repartição; (2) uma perturbação generalizada ou moderada pode aumentar ao invés de reduzir a diversidade quando originalmente existe uma dominância forte; e (3) quando pequenas áreas são perturbadas, a recuperação é rápida porque as reposições chegam rapidamente das áreas circundantes. Aplicar inseticidas em áreas grandes é um assunto bem diferente.

A Tabela 7.5 apresenta uma comparação de densidade e diversidade de populações de artrópodos em uma plantação de grãos e em uma comunidade herbácea natural, que substituiu a plantação um ano depois. Os valores mostrados são a média de dez amostras coletadas durante a estação de crescimento. Depois de apenas um ano sob "administração da natureza", as seguintes mudanças ocorreram:

- O número de insetos herbívoros (fitófagos) foi muito reduzido, assim como a densidade geral dos artrópodos.
- O componente de riqueza da diversidade e o índice de diversidade total aumentaram significativamente para cada guilda, assim como para a comunidade total de artrópodos.

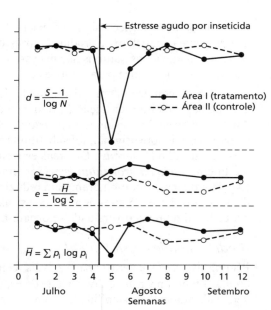

Figura 7.17 O efeito de uma única aplicação do inseticida Sevin (um organofosforado que permanece tóxico por apenas dez dias) sobre a população de artrópodos em um lote de 0,4 hectare de um campo de milho-miúdo (*Panicum ramosum*). Os dois componentes de diversidade (*d, e*) e o índice geral da diversidade total ($\bar{H}$) estão baseados em dez amostras de 0,25 m² coletadas das áreas de tratamento e controle em intervalos semanais ou quinzenais do início de julho até setembro. A escala monolog facilita uma comparação direta dos desvios relativos resultantes do estresse agudo pelo inseticida (segundo Barrett, 1968).

Tabela 7.5

Densidade e diversidade das populações de artrópodos em uma plantação de milho-miúdo não colhida comparada com uma comunidade sucessional natural que a substituiu um ano depois

Índices	Populações	Campo de cultivo de milho-miúdo	Comunidade sucessional natural
Densidade (número/m²)	Herbívoros	482	156*
	Predadores	82	117
	Parasitas	24	51*
	Total de artrópodos	624	355*
Riqueza ou índice de variedade (*d* de Margalef)	Herbívoros	7,2	10,6*
	Predadores	3,9	11,4*
	Parasitas	6,3	12,4*
	Total de artrópodos	15,6	30,9*
Índice de uniformidade (e de Pielou)	Herbívoros	0,65	0,79*
	Predadores	0,77	0,80
	Parasitas	0,89	0,90
	Total de artrópodos	0,68	0,84*
Índice de repartição total ($\overline{H}$)	Herbívoros	2,58	3,28*
	Predadores	2,37	3,32*
	Parasitas	2,91	3,69*
	Total de artrópodos	3,26	4,49*

Nota: a parcela do milho-miúdo (*Panicum*) foi o lote controle no experimento representado em gráfico na Figura 7.17. O fertilizante foi aplicado no momento do plantio segundo prescrição agronômica, porém nenhum inseticida ou outro tratamento químico foi aplicado e a safra não foi colhida. Todos os números são médias de amostras semanais coletadas durante a estação de crescimento (de julho a setembro).

*Diferenças significativas no nível de probabilidade de $p < 0,001$ entre as duas comunidades.

- A uniformidade aumentou.
- O número, a diversidade e a composição percentual dos predadores e parasitas aumentaram muito; os predadores e parasitas constituíam apenas 17% da densidade populacional na plantação de grãos, contra 47% nos campos naturais (onde eles realmente excedem os herbívoros em número).

Essa comparação fornece algumas pistas de por que comunidades artificiais frequentemente necessitam de produtos químicos ou outros controles de insetos herbívoros, enquanto áreas naturais não necessitam de tais controles se os seres humanos dão apenas uma chance para a natureza desenvolver sua própria autoproteção.

O que aconteceu com a diversidade de espécies de árvores quando a ferrugem da castanheira (ver Seção 5) removeu a principal dominante da floresta dos Apalaches do sul? A castanheira (*Castanea dentata*), que constituía de 30% a 40% de biomassa do lote original, foi substituída por diversas – não apenas uma – espécies de carvalho (*Quercus*). Diversas espécies subdominantes ou pioneiras (como o tulipeiro, *Liriodendron tulipifera*) cresceram como resposta à abertura do dossel. Essas mudanças se combinaram para reduzir a dominância e aumentar a diversidade geral. Em 1970, 25 anos depois que as castanheiras foram removidas do dossel, a área basal total e a diversidade retornaram ao nível pré-ferrugem.

Biodiversidade e Estabilidade

Pelo motivo de os ecossistemas estáveis, como as florestas úmidas e os recifes de corais, terem uma grande diversidade de espécies, é tentador concluir que a alta diversidade aumenta a estabilidade. Como Margalef (1968) manifestou, "o ecólogo vê em qualquer medida de diversidade uma expressão da possibilidade de construir sistemas de retroalimentação". Entretanto, análises e revisões críticas têm sugerido que a relação entre a diversidade de espécies e a estabilidade é complexa e uma relação positiva pode, às vezes, ser secundária e não causal, no sentido de que esses ecossistemas estáveis promovem alta diversidade, mas não necessariamente o contrário. Huston (1979) concluiu que o que chamou de ecossistema em "não-equilíbrio" (isto é, sistemas que são periodicamente perturbados) tendem a ter uma diversidade mais alta do que os ecossistemas em "equilíbrio", onde a dominância e a exclusão competitiva são mais intensas. Por outro lado, McNaughton (1978) concluiu de seus estudos de campos abandonados e campos no leste da África que à diversidade de espécies de fato se interpõe a estabilidade funcional nas comunidades no nível dos produtores primários. W. P. Carson e Barrett (1988) e Brewer et al. (1994) observaram que as comunidades de campos abandonados enriquecidos por nutrientes eram significativamente menos diversificadas e aparentemente menos estáveis do que as comunidades não enriquecidas de mesmo tamanho e idade.

O principal problema dos estudos de diversidade de espécies é que até agora eles lidaram apenas com partes da comunidade, um segmento taxonômico particular (como aves ou insetos) ou um único nível trófico. Estimar a diversidade de toda a comunidade exige que todos os diferentes tamanhos e papéis dos nichos sejam "ponderados" de alguma maneira por meio de algum denominador comum, como a energia. É provável que a estabilidade esteja mais intimamente relacionada à diversidade funcional do que à estrutural.

A diversidade em um habitat ou tipo de comunidade não pode ser confundida com a diversidade em uma paisagem ou região contendo uma mistura de habitats e manchas de paisagens. Whittaker (1960) sugeriu os seguintes termos: (1) *diversidade alpha*, para a diversidade dentro do habitat ou da comunidade; (2) *diversidade beta,* para a diversidade entre habitat; e (3) *diversidade gama*, para a diversidade de áreas em escala de paisagem.

Em zonas bem estudadas (como as populações bentônicas aquáticas) e outras *partes* das comunidades, a diversidade de espécies é muito influenciada pelas relações funcionais entre os níveis tróficos. Por exemplo, a quantidade de pastejo ou predação afeta em muito a diversidade das populações pastejadas ou de presas. A predação moderada frequentemente reduz a densidade da espécie dominante, permitindo, assim, às espécies menos competitivas, uma possibilidade de usar melhor o espaço e os recursos. J. L. Harper (1969) relatou que a diversidade das herbáceas nos solos de deposição calcária da Inglaterra declinou quando coelhos pastejadores foram excluídos por cercas. Por outro lado, pastejo ou predação severos atuam como estresse e reduzem o número de espécies para umas poucas impalatáveis. Em um estudo clássico, Paine (1966) descobriu que a diversidade de espécies de organismos sésseis em habitat de costão rochoso entre marés (onde, de modo geral, o espaço é mais limitante do que o alimento) era mais alta em ambas as regiões temperada e tropical quando os predadores de primeira e segunda ordem eram ativos. A remoção experimental dos predadores em tais situações reduziu a diversidade de espécies de todos os organismos sésseis, tendo sido predados diretamente ou não. Paine concluiu que "a diversidade de espécies local está diretamente relacionada à eficiência com que os predadores impedem o monopólio do principal requisito ambiental por uma espécie". Essa conclusão não é necessariamente válida para habitats onde a competição por espaço é menos severa. Embora as atividades humanas tendam a reduzir a diversidade e incentivar monoculturas, elas, de fato, aumentam a diversidade de habitats em paisagens gerais (clareiras abertas em florestas, árvores plantadas

Fundamentos de Ecologia

nos prados, ou novas espécies introduzidas). A diversidade de pequenos pássaros canoros e plantas, por exemplo, é muito maior em distritos residenciais antigos do que em muitas áreas naturais.

Diversidade dos Níveis Acima e Abaixo de Espécie

A espécie nem sempre é a melhor unidade ecológica para a medida da diversidade, já que os estágios da história natural dentro da espécie frequentemente ocupam diferentes habitats e nichos e, assim, contribuem para a variedade (riqueza) no ecossistema. Uma lagarta e uma borboleta da mesma espécie, ou um sapo no seu estágio de girino, são mais diferentes em seus papéis na comunidade do que duas espécies de borboletas ou sapos adultos.

Além disso, a variabilidade genética e a diversidade ficam ocultas quando as comunidades são descritas somente em termos de espécies existentes. Na ausência da variabilidade genética, uma espécie não será capaz de se adaptar a situações novas, portanto, provavelmente se extinguirá em um ambiente em mudança.

A variedade de espécies, estágios da história natural e tipos genéticos não são os únicos elementos envolvidos na diversidade das comunidades. A estrutura que resulta da distribuição dos organismos e suas interações com seu ambiente é denominada **diversidade de padrão**. Vários tipos diferentes de arranjos da biomassa dos organismos (isto é, arquitetura da natureza) contribuem para o que pode ser chamado de diversidade de padrão. Por exemplo:

* *Padrões de estratificação* (em camadas verticais, como em perfis de vegetação ou de solo);
* *Padrões de zonação* (segregação horizontal, como nas montanhas ou em zonas entremarés);
* *Padrões de atividade* (periodicidade);
* *Padrões de teia alimentar* (organização em rede na cadeia alimentar);
* *Padrões reprodutivos* (associações pais-prole ou clones em planta);
* *Padrões sociais* (bando de aves e rebanhos);
* *Padrões coercitivos* (resultantes da competição, antibiose ou do mutualismo); e
* *Padrões estocásticos* (resultantes de forças randômicas).

A diversidade também é aumentada por *efeitos de borda* – uniões entre manchas de tipos contrastantes de vegetação ou habitats físicos (ver Capítulo 9 para detalhes).

Biodiversidade e Produtividade

Em ambientes naturais com baixos teores de nutrientes, o aumento na biodiversidade parece elevar a produtividade, como indicado por Tilman (1988) em estudos experimentais com campos, mas em ambientes com altos teores de nutrientes ou enriquecidos, um aumento de produtividade aumenta a dominância e reduz a diversidade (W. P. Carson e Barrett, 1988). Em outras palavras, o aumento da biodiversidade pode aumentar a produtividade, mas o aumento da produtividade quase sempre reduz a diversidade. Além do mais, o enriquecimento por nutrientes (como a fertilização por nitrogênio e escoamento superficial) tende a trazer ervas daninhas nocivas, pragas exóticas e organismos de doenças perigosas, porque esses tipos de organismos estão adaptados e prosperam em ambientes com altos teores de nutrientes. Por exemplo, quando os recifes de corais são submetidos ao enriquecimento por nutrientes induzido pelo ser humano, observamos um aumento na dominância de algas filamentosas sufocantes e o aparecimento de doenças antes desconhecidas, além disso, cada uma delas pode destruir rapidamente esses ecossistemas diversificados adaptados a águas com baixos teores de nutrientes.

Arriscamos sugerir que os humanos, em seus esforços para aumentar a produtividade para sustentar o crescente número de pessoas e animais domésticos (que por sua vez excretam enormes quantidades de nutrientes no ambiente), estão causando uma eutrofização em escala mundial que é a maior ameaça à diversidade da ecosfera, à resiliência e à estabilidade – a síndrome de "excesso de coisa boa". O aquecimento global, que resulta do enriquecimento da atmosfera por CO_2, é só um aspecto dessa perturbação. O enfoque no enriquecimento global por nitrato dado ao primeiro volume da série Issues in Ecology, editado pela Ecological Society of America (ESA, 1997), foi apropriado.

Houve muita discussão sobre a relação entre a produtividade da comunidade e a diversidade biótica. Por exemplo, Tilman et al. (1996) demonstraram em um experimento de campo com muitas réplicas que a produtividade do ecossistema aumentou significativamente com o aumento da biodiversidade de plantas. Essa **hipótese da diversidade-produtividade** (McNaughton, 1993; Naeem et. al., 1994) está baseada na suposição de que as diferenças interespecíficas no uso de recursos pelas plantas permitem que as comunidades de plantas mais diversas utilizem mais completamente os recursos limitantes e, assim, alcancem produtividades líquidas primárias mais altas. Além disso, Tilman (1987) e Tilman e Downing (1994) demonstraram em um estudo de campo de longo prazo que a produtividade primária em comunidades vegetais mais diversificadas é mais resistente e se recupera mais completamente das principais perturbações como a seca. Essas descobertas apóiam a **hipótese da diversidade-estabilidade** (Mc Naughton, 1977; Pimm, 1984).

Numerosas pesquisas têm demonstrado que o aumento no enriquecimento por nutrientes resulta no aumento da produtividade primária (por exemplo, Bakelaar e Odum, 1978; Maly e Barrett, 1984; W. P. Carson e Barrett, 1988; S. D. Wilson e Tilman, 1993; Stevens e Carson, 1999). É possível deduzir que o aumento no enriquecimento por nutrientes poderia levar ao aumento da diversidade da comunidade vegetal, que, por sua vez, resultaria em uma maior estabilidade do ecossistema. Entretanto, várias pesquisas demonstraram que o enriquecimento por nutrientes no longo prazo (como a adição de fertilizantes ou lodo de tratamento de esgoto nas comunidades de campos abandonados) resulta na redução da diversidade da comunidade vegetal (W. P. Carson e Barrett, 1988; Brewer et al., 1994; Stevens e Carson, 1999).

Essas descobertas e hipóteses resultaram em uma boa dose de confusão sobre a relação entre a produtividade e a diversidade. E. P. Odum (1998b) tentou esclarecer essa relação afirmando que, em ambientes com baixo teor de nutrientes, o aumento na biodiversidade da comunidade parece melhorar a produtividade, ou ao menos está relacionada ao aumento dela, mas em ambientes com alto teor de nutrientes ou enriquecidos, o aumento na produtividade primária resulta em aumento na dominância de algumas espécies, resultando, por sua vez, em uma redução na diversidade de espécies ou na riqueza da comunidade. Essa última relação parece ser especialmente relevante em que subsídios em nutrientes, tais como fertilizantes ou lodo de esgoto, são adicionados, em quantidades significantes, às comunidades naturais.

O enriquecimento por nutrientes pode afetar outros aspectos da estrutura e função das comunidades de campos abandonados, como mudanças na composição de espécies (Bakelaar e Odum, 1978; Vitousek, 1983; Maly e Barrett, 1984; Tilman, 1987; W. P. Carson e Barrett, 1988; W. P. Carson e Pickett, 1990; McLendon e Redente, 1991; Tilman e Wedin, 1991; Cahill, 1999). As respostas da comunidade ao enriquecimento por nutrientes podem variar também com o estágio na sucessão secundária (Tilman, 1986), as espécies de planta presentes no momento do enriquecimento (Inouye e Tilman, 1988), a forma dos nutrientes aplicados ou disponíveis (W. P. Carson e Barrett, 1988; W. P. Carson e Pickett, 1990) e as interações entre as competições acima e abaixo do solo em espécies de campos abandonados (S. D. Wilson e Tilman, 1991; Cahill, 1999).

Preocupação com a Perda de Biodiversidade

A palavra *biodiversidade* tornou-se quase um sinônimo da preocupação com a perda de espécies. Como fica claro neste capítulo, essa preocupação deve ir para além do nível de espécie para incluir a perda de funções e nichos acima e abaixo na escala hierárquica da organização inteira. Nesse contexto, Wilcox (1984) definiu a diversidade como "a variedade de formas de vida, o papel ecológico que desempenham, e a diversidade genética que contêm". Podemos incluir agora o papel do habitat ou o da diversidade de paisagem.

É essencial manter a *redundância* em um ecossistema – isto é, ter mais do que uma espécie ou grupo de espécies capazes de executar as funções principais ou prover conexões na teia alimentar. Na avaliação dos efeitos da remoção ou adição de espécies, é importante saber se elas são espécies-chave. Chapin et al. (2002) definiram uma **espécie-chave** como um tipo funcional sem redundância. A perda de tais espécies ou grupos de espécies causará mudanças importantes na estrutura da comunidade e no funcionamento do ecossistema. Entretanto, como é frequentemente o caso, o excesso de alguma coisa pode ser prejudicial. Conforme discutido no Capítulo 2, uma espécie invasora exótica, adicionada a um ecossistema naturalmente diversificado, quase sempre se torna uma espécie-chave que reduz a diversidade.

A redução nas diversidades de espécies e genética produziu, em tempos históricos, benefícios de curto prazo na agricultura e silvicultura, como evidenciado pela propagação de variedades especializadas de alto rendimento, sobre grandes áreas de cultivo e florestas. A superdependência de um pequeno número de variedades, entretanto, encoraja futuras catástrofes, seja pelas mudanças climáticas, pela escassez de subsídios químicos e energia necessários para manter essas variedades, seja pelo ataque a uma variedade vulnerável por novas doenças e pragas. Agricultores estão profundamente preocupados com a perda da diversidade das culturas, como manifestado em seus esforços para estabelecer viveiros e bancos de sementes como repositório do maior número possível de variedade de plantas de cultivo. Para chamar a atenção para a ameaça global atribuída à perda de diversidade, algumas pessoas estão organizando programas de conservação de recursos genéticos. Segue o resumo do relatório de um desses programas (Gene Resource Conservation Program, Berkeley, Califórnia; David Kafton, diretor):

> A diversidade biológica dos animais, plantas e microrganismos é de fundamental importância para a sobrevivência humana. O termo "recursos genéticos" pode ser definido como diversidade genética que é crucial para atingir perpetuamente as necessidades sociais. Essa diversidade é expressa nas diferenças entre as espécies bem como nas variações dos indivíduos que compõem as espécies. Os recursos genéticos incluem espécies selvagens e domesticadas, entre elas várias que não possuem valor comercial direto, mas são essenciais para a sobrevivência daquelas que têm. A cada ano, os recursos genéticos são utilizados para fornecer montantes de bilhões de dólares de produtos novos e familiares (por exemplo alimentos, roupas, abrigo, fármacos, energia e centenas de produtos industriais). Uma ampla variedade de espécies e seus

produtos são necessários para pesquisas médicas e outras. Agricultura, silvicultura e indústrias relacionadas são dependentes da diversidade apropriada (por exemplo, resistências a doenças de plantas). É essa diversidade que impõe o limite de qual tipo de espécie, selvagem ou domesticada, pode se adaptar com sucesso às mudanças envolvendo: (1) o clima, insetos e doença; (2) tecnologia; (3) demanda; e (4) preferências humanas. A maioria da diversidade biológica é ainda encontrada em ecossistemas naturais cuja sobrevivência depende, em grande parte, da diversidade entre eles.

Rhoades e Nazarea (1999) salientaram que a agricultura pré-industrial, como ainda praticada em muitas partes do mundo, cria diversos "bancos de genes" por causa do grande número de variedades de cultura que são mantidas em cultivo. Por exemplo, 50 variedades e diversas espécies de batatas são cultivadas no Vale de Cuzco, nos Altos Andes do Peru.

Que os cidadãos dos Estados Unidos estão interessados, embora ainda não realmente preocupados, é evidente pelos esforços para salvar as espécies ameaçadas da extinção. Existe uma pressão por parte da opinião pública, como indicado por legislação promulgada pelo Congresso, a favor da preservação das espécies raras, especialmente se elas são tão interessantes e espetaculares como o grou branco da América (*Grus americana*) – mas não quando a preservação das espécies ou seus habitats entra em conflito com o desenvolvimento que promete benefícios econômicos imediatos. Como a abordagem por espécie individual está fadada a falhar na resolução dos conflitos, é tempo de enfatizar a preservação da diversidade do ecossistema ou da paisagem. Pode-se levantar uma causa mais convincente para a conservação nesse nível; uma maior diversidade de espécies e de estoques de genes poderia ser salva usando-se essa abordagem holística.

Em certa medida, um planejamento regional consistente pode compensar a redução da *diversidade alfa* ou local que tende a acompanhar a agricultura, a silvicultura e o desenvolvimento urbano intensivos. Se as monoculturas de colheita e de floresta, e condomínios (fileiras e fileiras de casas parecidas em pequenos lotes cobertos com gramado) forem entremeados com ecossistemas mais naturais ou seminaturais mais diversificados (preservados perpetuamente como, por exemplo, parques ou reservas ambientais) e se as planícies de inundação e outras áreas úmidas, juntamente com taludes e ravinas escarpados, forem deixadas sem desenvolvimento, não apenas existirá uma agradável paisagem cheia de possibilidades recreativas mas também será salvaguardado um alto nível de diversidade beta e gama.

A relação entre o capital natural e o capital econômico necessita ser gerenciada por uma abordagem integrativa. Um exemplo é o National Environmental Research Park (NERP) constituindo o Savannah River Site (SRS) de 278 mil acres (111.200 ha). Cerca de um terço da área antes cultivada foi convertida em uma plantação de pinheiros, portanto, a diversidade alfa de espécies de árvores nessa parte da área aproxima-se de zero (em geral, apenas uma espécie por plantação). Entretanto, como dois terços da área foi deixada mais ou menos intacta – por causa das planícies de inundação e outras zonas ripárias ao longo dos cursos de água, planaltos, florestas mistas de madeiras de lei, cercas vivas e outras vegetações originais –, a *diversidade gama* ou de habitat de toda a paisagem é razoavelmente alta (comparável à diversidade dos tipos de solo natural). O Serviço Florestal dos Estados Unidos, que administra a terra dessa reserva, ficou tentado, de início, a expandir a plantação de pinheiros à custa desse outro tipo de vegetação para aumentar a produção de polpa para papel e madeira. No entanto, essa conversão poderia reduzir drasticamente as diversidades beta e gama (prejudicando, dessa forma, a futura manutenção e estabilidade).

A Figura 7.18 mostra como as paisagens podem ser planejadas para preservar a diversidade e ainda acomodar o desenvolvimento urbano e agrícola (Barrett et al., 1999). Esse modelo ilustra a necessidade de integrar as paisagens urbanas e agrícolas – um padrão comum durante os séculos XIX e XX. Columbia, Maryland, é um exemplo de planejamento de sucesso desenvolvido dentro do setor privado, de livre mercado, com a aprovação dos governos do estado e federal, mas com mínima assistência financeira de ambos.

Vários conceitos ecológicos relativos à diversidade são controversos e precisam ser mais estudados (Blackmore, 1996; Grime, 1997; Kaiser, 2000), mas a maioria dos ecólogos concorda que a diversidade é necessária para a futura sobrevivência da natureza e do ser humano. No Capítulo 2, argumentamos que áreas naturais devem ser preservadas pelo seu papel essencial de suporte da vida. Agora podemos adicionar uma segunda razão convincente – para preservar e salvaguardar a diversidade necessária para futuras adaptações e sobrevivência (ver *The Future of Life* de E. O. Wilson, 2002, que fornece argumentos convincentes para a conservação da biodiversidade). A biodiversidade no nível da paisagem será discutida em mais detalhes no Capítulo 9.

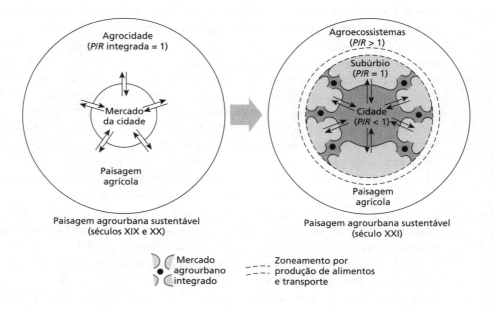

Figura 7.18 Desenvolvimento de uma paisagem agrourbana sustentável ($P/R = 1$). Historicamente, o mercado da cidade tem sido intimamente ligado à paisagem agrícola. A sustentabilidade na moderna paisagem agrourbana precisa cada vez mais ser baseada na administração das áreas suburbanas (ecótonos) como conexões naturais entre sistemas urbanos e agrícolas. (Reproduzido com a permissão de Barrett, G. W.; Barrett, T. L.; Peles, J. D., 1999. Managing agroecosystems as agrolandscapes: reconnecting agricultural and urban landscapes. In: Collins, W. W.; Qualset, C. O. (Eds.) 1999, p. 197–213. Copyright CRC Press, Boca Raton, Flórida. Reproduzido com permissão.)

9 Paleoecologia: Estrutura da Comunidade no Passado

Enunciado

Sabemos, por registro fóssil e por outras evidências, que os organismos eram diferentes em épocas passadas e evoluíram ao *status* atual. O conhecimento das comunidades e climas do passado contribui para nosso entendimento das comunidades atuais. Esse é o assunto da *paleoecologia*, um campo de interface entre a ecologia e a paleontologia. A **paleoecologia** é o estudo da relação entre a flora e a fauna antigas e o seu ambiente. As suposições básicas da paleoecologia são: (1) que as operações dos princípios ecológicos têm sido essencialmente as mesmas nos vários períodos geológicos; e (2) que a ecologia dos fósseis pode ser inferida pelo que se sabe sobre as espécies equivalentes ou aparentadas que existem hoje. Descobertas em "impressões digitais" dos DNAs tendem a confirmar essas suposições. O sequenciamento de DNA tornou-se uma ferramenta poderosa para a investigação da variabilidade genética dentro e entre as populações – uma ferramenta que tem ajudado a unir a biologia evolutiva com a ecologia de sistemas.

Explicação

Desde que Charles Darwin propôs a teoria da evolução por meio da seleção natural (Darwin, 1859), a reconstrução da vida no passado por meio do estudo de registro fóssil tem sido uma atraente busca científica. A história evolutiva de várias espécies, gêneros e grupos taxonômicos superiores está sendo reunida. Por exemplo, a história da evolução do esqueleto do cavalo, inicialmente um animal com quatro dedos e do tamanho de uma raposa, até seu atual formato é apresentada na maioria dos textos básicos de biologia elementar. Mas o que dizer sobre os animais aparentados ao cavalo em seus estágios de desenvolvimento? O que eles comiam e quais eram o seu habitat e a sua densidade? Quais eram seus predadores e competidores? Como era o clima naquele tempo? Como esses fatores ecológicos contribuíram com a seleção natural que configurou a evolução estrutural do cavalo? Algumas dessas questões, é claro, podem nunca ser respondidas completamente. Entretanto, os cientistas têm sido capazes de determinar algo sobre a natureza das comunidades e suas espécies dominantes no passado com base em estudos quantitativos de fósseis associados ao mesmo período e local. Além disso, tal evidência, conjuntamente com evidências de natureza puramente geológica, ajudou a determinar condições climáticas e outras condições físicas existentes naquela época. O desenvolvimento da datação radioativa e outras ferramentas geológicas aumentaram nossa capacidade de estabelecer o período preciso no qual um dado grupo de fósseis viveu.

Até recentemente, prestou-se pouca atenção às questões listadas no parágrafo anterior. Os paleontólogos estavam ocupados descrevendo e interpretando suas descobertas à luz da evolução no nível taxonômico. Entretanto, como as informações foram acumulando-se e tornando-se mais quantitativas, foi natural o desenvolvimento do interesse na evolução do grupo e, desse modo, nasceu a paleoecologia.

Em resumo, a *paleoecologia* procura determinar pelo registro fóssil como os organismos eram associados no passado, como eles interagiam com as condições físicas existentes e como as comunidades mudaram com o tempo. As suposições básicas da paleontologia são que as leis naturais atuais são as mesmas do passado e que os organismos com estruturas similares a de organismos hoje existentes têm padrões de comportamento e características ecológicas similares. Dessa forma, se a evidência fóssil indica que uma floresta de abetos existiu 10 mil anos atrás onde hoje há uma floresta de carvalhos-castanheiras, há todas as razões para pensar que o clima era mais frio 10 mil anos atrás porque as espécies modernas de abestos estão adaptadas para climas mais frios do que os carvalhos e as castanheiras.

Exemplos

O *pólen fóssil* fornece um excelente material para a reconstrução das comunidades terrestres que existiram desde o Pleistoceno. A última grande geleira, Laurentide, atingiu seu avanço máximo cerca de 20 mil a 18 mil anos atrás, durante a *era glacial de Wiscosin*, na América do Norte. A Figura 7.19 mostra como a natureza das comunidades pós-glaciais e climas podem ser reconstruídos determinando-se as árvores dominantes. Conforme as geleiras retraem, elas deixam depressões escavadas, que se tornam lagos. Os pólens das plantas que crescem em volta dos lagos afunda e se fossiliza no lodo do fundo. Tal lago pode se preencher e tornar-se um brejo. Retirando-se uma amostra cilíndrica de um brejo ou do fundo de um lago, obtém-se um registro cronológico com o qual é possível determinar a porcentagem de vários tipos de pólen. Dessa forma, na Figura 7.19, a mais antiga amostra de pólen inclui principalmente abeto-do-norte, abeto, lariço, bétula e pinheiro, indicando um clima frio. A mudança para carvalho, cicuta e faia indica um período quente e úmido milhares de anos depois, ao passo que o carvalho e a nogueira sugerem período quente e seco ainda mais tarde e um retorno para condições climáticas levemente mais frias na parte mais recente do perfil. Por fim, o "calendário" do pólen reflete claramente as influências humanas recentes. Por exemplo, o desmatamento de florestas é acompanhado de um aumento no pólen de herbáceas. De acordo com M. B. Davis (1969),

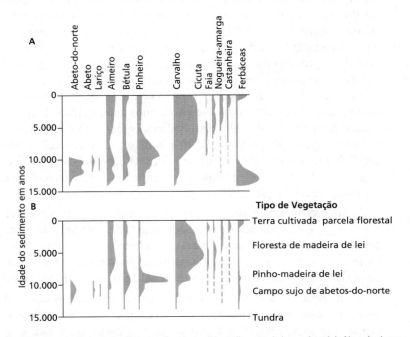

Figura 7.19 Perfis de pólens fósseis de camadas datadas de cilindros de sedimento de lagos do sul da Nova Inglaterra. Em (A), o número de grãos de pólen de cada grupo de espécies está lançado em gráfico como porcentagem do número total na amostra; em (B), a taxa estimada de deposição de pólen (10^3 grãos.cm^{-2}.ano^{-1}) está lançada para cada grupo de planta. O perfil da taxa fornece uma melhor indicação da natureza quantitativa da vegetação do pós-Pleistoceno do que o perfil percentual (reproduzido de M. B. Davis, 1969).

os perfis de pólen na Europa chegam a mostrar até os efeitos da peste negra, quando a agricultura declinou, resultando em uma redução de pólens de herbáceas nas camadas de sedimento datadas do mesmo período em que as mortes de seres humanos se alastraram. M. B. Davis (1983, 1989) demonstrou como as florestas no leste da América do Norte têm mudado com as alterações climáticas, ajudando, assim, a reconstruir a história do bioma das florestas decíduas do leste norte-americano.

A Figura 7.19 também ilustra como a quantificação aperfeiçoada pode mudar as interpretações dos registros fósseis. Quando a abundância do pólen é lançada em gráfico como uma porcentagem da quantidade total na amostra (Figura 7.19A), conclui-se que a Nova Inglaterra foi coberta por uma densa floresta de abetos-do--norte entre 10 mil e 12 mil anos atrás. No entanto, quando a datação de carbono tornou possível determinar a *taxa* de deposição de pólen em camadas datadas, como lançado em gráfico na Figura 7.19B, tornou-se evidente que *todos* os tipos de árvores escassearam há 10 mil anos e que as vegetações então existentes eram, na verdade, campos sujos de abetos-do-norte, provavelmente não diferentes dos atuais encontrados na borda sul da tundra. Os estatísticos alertam para o uso de análises percentuais porque podem ser enganosas; esse é um claro exemplo.

No oceano, conchas e ossos de animais fornecem o melhor registro. Depósitos de conchas são especialmente úteis para avaliar a diversidade no passado. Em eras passadas, quando não existia gelo nos pólos, havia muito mais espécies no fundo dos mares do Norte do que existem hoje. Contudo, hoje, em todo o gradiente do pólo para o equador, há – quando os pólos são cobertos de gelo – duas vezes mais espécies de moluscos bentônicos, presumivelmente porque o gradiente brusco aumenta a variedade de habitats e, consequentemente, de nichos.

As amostras em cilindro coletadas nos fundos dos lagos fornecem uma forma de interpretar a história recente das perturbações humanas sobre a bacia hidrográfica. Por exemplo, o estudo de diatomáceas, quironomídeos e zooplâncton fossilizados, incluindo a composição química das seções datadas das amostras, conduziu Brugam (1978) a identificar três estágios de impacto humano no leste dos Estados Unidos: (1) a *agricultura inicial* nos tardios anos 1700 e 1800 teve um pequeno efeito no lago; (2) a *agricultura intensiva* aproximadamente depois de 1915 resultou em um escoamento de produtos químicos agrícolas para dentro dos lagos e em um aumento de espécies eutróficas de diatomáceas e quironomídeos; e (3) a *suburbanização* da década de 1960 até o presente resultou em mais enriquecimento em nutrientes e em erosão de solo que trouxe grandes quantidades de minerais e metais (Fe e Cu) nos sedimentos. Essas entradas produziram mudanças importantes na composição da biota, especialmente no zooplâncton.

Espera-se que o estudo do passado das comunidades e eventos por meio de registro fóssil auxilie a humanidade na previsão das mudanças climáticas no futuro. Essa necessidade se tornou aguda porque os humanos parecem estar acelerando o processo de mudança climática.

10 Das Populações e Comunidades aos Ecossistemas e Paisagens

Enunciado

As duas abordagens para estudar, entender e, quando necessário, gerenciar os ecossistemas são a *abordagem holística* (baseada na teoria de que as entidades inteiras têm uma existência separada para além de uma simples soma de suas partes) e a *abordagem reducionista* (baseada na teoria de que cada sistema complexo pode ser explicado pela análise das suas partes mais simples e mais básicas).

Na abordagem holística, primeiro se delimita a área ou o sistema de interesse de forma conveniente, como um tipo de "caixa-preta". Então, a energia e outras entradas e saídas são examinadas (Figura 7.20) e são avaliados os principais processos funcionais no interior do sistema. Seguindo o princípio da parcimônia (menor esforço), examinam-se as populações e os fatores significantes do ponto de vista operacional, conforme determinados pela observação, pela modelagem ou pela perturbação do próprio ecossistema. Nessa abordagem geral, entra-se nos detalhes dos componentes das populações no interior da caixa apenas na medida da necessidade para entender ou gerenciar o sistema na sua completude.

Explicação e Exemplos

Existem muitas coisas instigantes para serem aprendidas sobre os indivíduos e as populações em interação conforme se avança dos níveis da população e da comunidade para os níveis da organização do ecossistema e da paisagem. É obviamente impraticável estudar cada população em detalhe. Como ilustrado neste capítulo, as populações podem comportar-se de forma muito diferente quando funcionam em comunidades do que quando são isoladas em laboratório ou quando dentro de cercados em estudos de campo. Uma vez que componentes individuais de populações e comunidades são estudados, de que forma remontá-los como ecossistema para considerar novas propriedades holísticas que podem emergir conforme as partes funcionam juntas em uma paisagem ou ecossistema intactos?

Um exemplo marcante de como desemaranhar a complexidade do ecossistema e da paisagem está ilustrado na Figura 7.21. Uma equipe de cientistas do Instituto de Estudos do Ecossistema, localizada em Millbrook, Nova York, investigou as complexas interações entre árvores de carvalhos, cervos, camundongos-de-patas-brancas, carrapatos, mariposas-ciganas e humanos, a respeito da doença de Lyme, caça, bosques e estética de floresta. Cada pesquisador trouxe uma especialidade particular para enfrentar os complexos problemas das paisagens/ecossistemas (Likens, 2001).

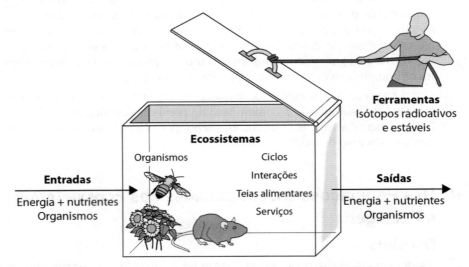

Figura 7.20 Na abordagem holística, as entradas na "caixa-preta" e saídas dela da ciência do ecossistema são examinadas primeiro e os componentes individuais do sistema são estudados da perspectiva de como eles se ajustam ao todo. (Ilustração: Marcelo A. Ventura)

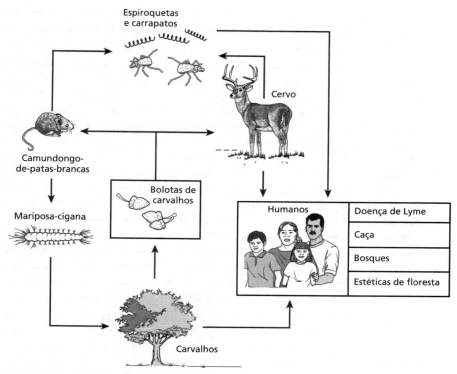

Figura 7.21 Diagrama mostrando as conexões entre árvores de carvalhos, cervos, camundongos-de-patas-brancas, carrapatos, mariposas-ciganas e humanos em florestas do nordeste dos Estados Unidos (baseado em Ostfeld et al., 1996; Jones et al., 1998; Ostefeld e Jones, 1999; reproduzido com permissão de R. S. Ostfeld e C. G. Jones).

Abundantes bolotas das árvores de carvalho (*Quercus*) atraem os cervos da Virgínia (*Odocoileus virginianus*) para as florestas no norte dos Estados Unidos. Abundantes produções de bolotas de carvalhos ocorrem a cada três ou quatro anos (anos de produção excepcional). Os cervos carregam adultos de carrapatos-de-patas-pretas (*Ixodes scapularis*), que se desprendem dos cervos e põem ovos no chão da floresta. A abundância de bolotas de carvalho também atrai os camundongos-de-patas-brancas (*Peromyscus leucopus*), que aumentam sua população rapidamente em resposta ao suprimento elevado de alimentos. No verão seguinte, os ovos dos carrapatos eclodem como larvas, que, durante o processo de se alimentar do sangue dos camundongos, adquirem a bactéria espiroqueta (*Borrelia burgdorferi*), que causa a doença de Lyme nos humanos.

As larvas de carrapato se transformam em ninfas em um ano ou mais e transmitem o espiroqueta quando eles se agarram nos humanos ou em outros mamíferos para picar e se alimentar de seu sangue. Em geral, o risco da doença de Lyme em florestas de carvalho é correlacionado com os anos de produção excepcional de bolotas de carvalhos com um atraso de dois anos (Ostfeld et al., 1996; Ostfeld, 1997; Jones et al., 1998; Ostfeld e Jones, 1999). Além disso, a predação da pupa das mariposas-ciganas (*Lymantria dispar*) por populações abundantes de pequenos mamíferos auxilia a prevenção à explosão das lagartas que, quando ocorre, pode resultar em desfolhamento e morte de árvores de carvalho – reduzindo, dessa forma, a produção de bolotas e, consequentemente, o risco da doença de Lyme (Figura 7.21). Essa interação ilustra como esses problemas e relações nos níveis populacional, de comunidade, do ecossistema e da paisagem precisam ser tratados de uma forma interativa para que os problemas de grande escala sejam resolvidos.

Uma investigação em mesocosmo aquático com réplica ajuda a ilustrar como interações complexas que ocorrem nos níveis de população e comunidade afetam as mudanças nos níveis de ecossistema e paisagem. Ecólogos da Miami University of Ohio investigaram os efeitos de peixes onívoros na estabilidade das teias alimentares aquáticas em tanques experimentais (Vanni et al., 1997; Vanni e Layne, 1997; Schaus e Vanni, 2000). O estudo enfocou se um peixe onívoro comum, o sável-de-papo (*Dorosoma cepedianum*), pode estabilizar um ecossistema aquático no que diz respeito a perturbações. O sável-de-papo é uma espécie de peixe dominante em vários lagos por toda a parte do sul e leste dos Estados Unidos e se alimenta de fitoplâncton, zooplâncton e sedimento (detritos). Ao consumir sedimento e excretar amônia e fosfato na coluna de água, como produtos não aproveitados, o sável-de-papo "bombeia" nutrientes para o fitoplâncton. Além disso, porque se alimentam de vários tipos diferentes de comida, esses peixes aumentam de número e tipos de interações na teia alimentar. Tanto o aumento no suprimento de nutrientes como na complexidade da teia alimentar vêm sendo teorizados como estabilizadores dos sistemas, que conduziram os pesquisadores a formular a hipótese de que o sável-de-papo poderia estabilizar teias alimentares por meio de um ou de ambos os mecanismos citados.

Para testar essa hipótese, seis tanques de água (cada um com 45 × 15 metros) foram divididos com cortinas para produzir 12 unidades experimentais (Figura 7.22). Foram então estabelecidas teias alimentares com densidades contrastantes de sável-de-papo (alta, moderada, baixa ou inexistente). Os tanques foram preenchidos de um tanque comum de abastecimento (o tanque grande escuro na Figura 7.22), e continham densidades semelhantes de fitoplâncton, zooplâncton e peixes plantívoros (brânquia-azul, *Lepomis macrochirus*). Foram estabelecidas três réplicas de cada um dos quatro tratamentos de densidade, adicionando-se em cada lagoa o número apropriado de sável-de-papo. As comunidades foram deixadas para equilibrar durante um período de seis semanas de pré-perturbação e, então, foi adicionado um grande pulso de nitrogênio e fósforo. Essa perturbação simulou um distúrbio comum sofrido por muitos lagos, que recebem grandes pulsos de nutrientes seguidos de epi-

Figura 7.22 Fotografia aérea dos tanques experimentais localizados na Miami University of Ohio Ecology Research Center, Oxford, Ohio. O tanque maior de abastecimento está localizado na parte central inferior. Os tanques sem sável-de-papo (*Dorosoma cepedianum*) são dominados por algas verdes.

sódios de tempestades na forma de enxurradas escoadas das bacias hidrográficas dos arredores.

Os resultados sustentaram parcialmente a hipótese de que o sável-de-papo onívoro estabiliza a teia alimentar. Como previsto, a biomassa do fitoplâncton mostrou aumento de resistência e resiliência aos pulsos de nutrientes em tanques com alta densidade de sável-de-papo. Entretanto, a composição da comunidade de fitoplâncton foi menos estável em tanques com o peixe onívoro. Os tanques com sável-de-papo foram dominados por cianobactérias depois do pulso, ao passo que aqueles sem sável-de-papo permaneceram dominados por algas verdes (tanques verdes brilhantes), condições existentes antes da perturbação. Esse experimento demonstrou que é necessário estudar variáveis de respostas múltiplas para quantificar a estabilidade das teias alimentares. Sem a condução de experimentos controlados e replicados, pode ser difícil prever, de forma precisa, como os sistemas irão responder às perturbações – uma importante preocupação dos ecólogos dada a prevalência de perturbações em vários sistemas naturais na escala da paisagem.

Um outro exemplo que compreende níveis de organização desde a população até a paisagem é a história natural da borboleta-monarca (*Danaus plexippus*). Para entender a dinâmica populacional da monarca, é preciso entender sua relação mutualista com a erva-de-rato (*Asclepias syriaca*). A erva-de-rato contém glicosídeo cardíaco, que, quando absorvido pela larva da borboleta-monarca, cuja fonte exclusiva de alimento é a folhagem da erva-de-rato, torna as larvas e as borboletas adultas tóxicas para aves e outros predadores. A cor laranja brilhante das monarcas serve como um alerta de perigo para os predadores e também como um modelo para as espécies imitadoras (Brower, 1969).

As monarcas desenvolveram um padrão extraordinário de migração de verão e outono, permitindo com isso usar o abundante suprimento alimentar de erva-de--rato por todo o continente norte-americano. Notadamente – e em contraste com a migração dos vertebrados –, a navegação das monarcas do alto meio-oeste dos Estados Unidos para seus locais de hibernação nas florestas de abetos da cordilheira de Sierra Transvolcanica, no México central (Figura 7.24A) foi executada por descendentes distantes três ou mais gerações de seus ascendentes migrantes; isto é, a migração no outono é completamente herdada, sem oportunidade para o aprendizado do comportamento (Brower, 1994). Os sobreviventes das colônias de hibernação começam a migrar para o norte em março para pôr seus ovos em ervas-de-rato em brotação (Figura 7.24B). Esses indivíduos adultos então morrem, mas sua prole,

Figura 7.23 Borboleta-monarca (*Danaus plexippus*) descansando sobre uma erva--de-rato (*Asclepias syriaca*).

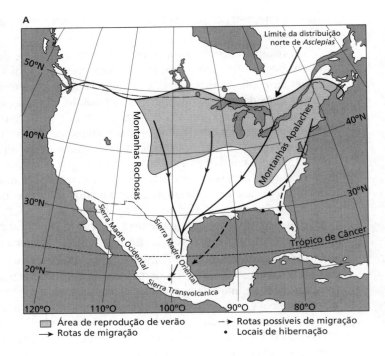
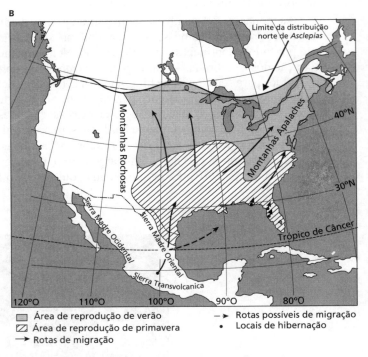

Figura 7.24 (A) A migração de outono das populações do leste de borboletas-monarcas (Danaus plexippus) na América do Norte. **(B)** Migração de primavera das populações do leste de borboletas-monarcas, incluindo a área de reprodução de primavera (segundo Brower e Malcolm, 1991; Brower, 1994).

produzida no final de abril e início de maio, continua a migração em direção ao norte para o Canadá (o limite norte de *Asclepias*). As escalas temporal e espacial dessa migração constituem um fenômeno ecológico único.

A relação entre as partes e o todo pode muito bem depender do nível de complexidade. Em um extremo, os ecossistemas sujeitados a severas limitações físicas (como na tundra ártica ou em fontes termais) têm relativamente poucos componentes bióticos. Tais sistemas de "pequenos-números" podem ser estudados e entendidos enfocando as partes, porque o todo é provavelmente muito próximo da soma das partes, com poucas, se houver, propriedades emergentes. Em contra-partida, os sistemas de "grandes-números" (como as paisagens e a ecosfera) têm muitos componentes que agem sinergicamente para produzir propriedades emer-gentes – o todo definitivamente não é apenas a soma das partes. Estudar todas as partes separadamente está fora de questão. Assim, é necessário enfocar as proprie-dades do todo. Em sua maioria, os ecossistemas, como delimitados na prática (por exemplo, um lago ou uma floresta), são sistemas de "números-intermediários" que podem ser mais bem estudados por abordagens em multinível ou de "caixas--pretas", como descrito anteriormente nesta seção. Para mais informações sobre a teoria dos níveis de complexidade, ver T. F. H. Allen e Starr (1982); O´Neill et al. (1986); T. F. Allen e Hoekstra (1992); e Ahl e Allen (1996).

A questão de como lidar com as partes *versus* o todo vem há muito tempo confundindo os filósofos e sociedades acossadas. Cientistas de todas as disciplinas estão divididos em relação à questão do reducionismo *versus* o holismo. A dificul-dade em lidar simultaneamente com a parte e o todo é talvez mais bem refletida no conflito entre o bem individual e o bem público. Numerosas abordagens eco-nômicas e políticas planejadas para lidar com esses conflitos foram sugeridas ou tentadas, mas até agora houve pouco sucesso. Nos Estados Unidos, governantes eleitos vão e voltam durante anos alternando entre uma forte atenção ao individual (postura "conservadora") e a ênfase ao bem-estar público (postura "liberal") – assim, as partes (indivíduo) e o todo (público) ganham atenção, mas não ao mesmo tempo. Talvez o estudo de como se desenvolve o ecossistema natural, que será tratado no Capítulo 8, possa ajudar a resolver esse problema.

8

Desenvolvimento do Ecossistema

1 Estratégia do Desenvolvimento do Ecossistema
2 Conceito de Clímax
3 Evolução da Biosfera
4 Comparação entre Microevolução e Macroevolução, Seleção Artificial e Engenharia Genética
5 Relevância do Desenvolvimento do Ecossistema para a Ecologia Humana

1 Estratégia do Desenvolvimento do Ecossistema

Enunciado

Ao longo do tempo, o **desenvolvimento do ecossistema**, mais conhecido como sucessão ecológica, envolve mudanças na repartição da energia, na estrutura das espécies e nos processos da comunidade. Quando não é interrompida por forças externas, a sucessão é razoavelmente direcional e, portanto, previsível. Ela resulta da modificação do ambiente físico pela comunidade e por interações de competição-coexistência no nível de população, o que significa que a sucessão é controlada pela comunidade, embora o ambiente físico determine o padrão e a taxa de mudança e, muitas vezes, limite a extensão do desenvolvimento. Se as mudanças sucessionais forem determinadas por interações internas, o processo será conhecido como **sucessão autogênica** ("autogerada"). Se forças externas no ambiente de entrada (como tempestades e incêndios) regularmente afetam ou controlam as mudanças, haverá uma **sucessão alogênica** ("gerada externamente").

Quando um novo território se abre ou se torna disponível para colonização (por exemplo, após o derramamento de lava vulcânica sobre uma área de cultivo abandonada ou sobre um novo represamento de água), a sucessão autogênica geralmente começa com um metabolismo da comunidade em desequilíbrio, em que a produção bruta, P, será maior ou menor do que a respiração da comunidade, R, e prossegue para uma condição mais equilibrada, em que $P = R$. A razão entre a biomassa e a produção (B/P) aumenta durante a sucessão até que seja atingido um ecossistema estabilizado, no qual um máximo de biomassa (ou alto conteúdo de informação) e função simbiótica entre os organismos sejam mantidos por unidade de fluxo de energia disponível.

A sequência completa das comunidades que se substituem mutuamente em uma determinada área é denominada **sere**; as comunidades transitórias durante a sucessão são denominadas **estágios serais** ou **estágios de desenvolvimento**. O estágio seral inicial é denominado **estágio pioneiro** e é caracterizado por *espécies* sucessionais iniciais de *plantas pioneiras* (tipicamente anuais), as quais apresentam altas taxas de crescimento, tamanho pequeno, tempo de vida curto e produção de um grande número de sementes de fácil dispersão. No estágio terminal ou de maturidade, o sistema que se estabelece é o **clímax**, o qual persiste, em teoria, até que seja afetado por grandes perturbações. A sucessão que começa com $P > R$ é a **sucessão autotrófica**, em contraste à **sucessão heterotrófica**, que começa com $P < R$. A sucessão sobre um substrato previamente desocupado (como um derramamento novo de lava) é chamado **sucessão primária**, ao passo que a sucessão que se inicia sobre um local previamente ocupado por outra comunidade (como uma área de floresta desmatada ou um campo de cultivo abandonado) é conhecida como **sucessão secundária**.

Deve-se enfatizar que o estágio maduro ou *estágio de clímax* é mais bem reconhecido por meio do estado do metabolismo da comunidade, $P = R$, em vez de pela composição específica, que varia muito com a topografia, o microclima e a perturbação. Como já salientado, mesmo que os ecossistemas não sejam "superorganismos", seu desenvolvimento apresenta muitos paralelos com a biologia do desenvolvimento de organismos individuais e com o desenvolvimento de sociedades humanas, no sentido de que progridem da "juventude" para a "maturidade".

Explicação e Exemplos

Estudos descritivos de sucessão em dunas de areia, campos, florestas, litorais marítimos ou outros lugares, bem como recentes considerações funcionais, levaram a um entendimento parcial do processo de desenvolvimento e geraram uma certa quantidade de teorias sobre a sua causa. H. T. Odum e Pinkerton (1955), baseando-se na lei de Lotka da energia máxima em sistemas biológicos (Lotka, 1925), foram os primeiros a indicar que a sucessão envolve uma mudança funcional nos fluxos de energia, com aumento de energia destinada à manutenção (respiração), à medida que se acumulam a biomassa e a matéria orgânica. Margalef (1963b, 1968) documentou essa base bioenergética para a sucessão e expandiu o conceito. O papel que as interações entre populações têm em dar forma ao curso da *substituição de espécies* – um traço característico da sucessão ecológica – foi discutido durante as décadas de 1970 e 1980 (para revisões, ver Connell e Slayter, 1977; McIntosh, 1980). Muito da controvérsia, considerando essas revisões, se reduz a se os estágios de desenvolvimento forem baseados em energética em vez de em composição específica, como observado no Enunciado.

As mudanças esperadas nas características estruturais e funcionais de desenvolvimento autogênico estão listadas na Tabela 8.1, na qual 24 atributos dos sistemas ecológicos estão agrupados em quatro tópicos, segundo a conveniência da discussão. As tendências contrastam a situação do desenvolvimento no início e mais avançado. A Figura 8.1A ilustra um ecossistema jovem (comunidade de campo abandonado) em estágio inicial de desenvolvimento e a Figura 8.1B mostra um ecossistema maturo (floresta de faia-bordo) em estágio avançado de desenvolvimento. O grau de mudança absoluta, a velocidade de mudança e o tempo necessário para atingir o *status* de maturidade podem variar não apenas em diferentes condições fisiográficas e climáticas, como também em relação aos diferentes atributos do ecossistema no mesmo ambiente físico. Quando há disponibilidade de bons dados, as curvas da velocidade de mudança são em geral convexas, com as mudanças ocorrendo mais rapidamente no início do desenvolvimento, contudo, também poderão ocorrer padrões bimodais ou cíclicos.

Figura 8.1 Fotos de (A) uma comunidade jovem em campo abandonado, localizada no município de Union, Indiana e (B) uma árvore de bordo-do-açúcar. O bordo encontra-se em uma floresta climáxica madura de faia-bordo, no Parque Estadual de Hueston Woods, perto de Oxford, Ohio. A seiva do bordo-do-açúcar (*Acer saccharum*), fervida e concentrada, é a fonte comercial do xarope e do açúcar do bordo.

Tabela 8.1

Modelo em tabela para a sucessão ecológica do tipo autogênico

Característica do ecossistema	Tendência no desenvolvimento ecológico Estágio inicial → Clímax Juventude → Maturidade Estágio de crescimento → Estado de equilíbrio estável em pulsação
Fluxo de energia (metabolismo da comunidade)	
Produção bruta (P)	Aumenta durante o estágio inicial da sucessão primária; pouco ou nenhum aumento durante a sucessão secundária
Produção líquida da comunidade (lucro)	Diminui
Respiração da comunidade (R)	Aumenta
Razão P/R	de $P > R$ a $P = R$
Razão P/B	Diminui
Razão B/P e B/R (biomassa sustentada por unidade de energia)	Aumenta
Cadeia alimentar	De cadeias alimentares lineares para redes alimentares complexas
Estrutura da comunidade	
Composição de espécies	No começo muda rapidamente; depois, gradualmente (revezamento florístico e faunístico)
Tamanho individual	Tende a aumentar
Diversidade de espécies	De início aumenta, depois, estabiliza ou declina em estágios mais velhos, à medida que o tamanho individual aumenta
Biomassa total (B)	Aumenta
Matéria orgânica não viva	Aumenta
Ciclos biogeoquímicos	
Ciclos minerais	Tornam-se mais fechados
Tempo de renovação e armazenamento de elementos essenciais	Aumenta
Ciclagem interna	Aumenta
Conservação de nutriente	Aumenta
Seleção natural e regulação	
Forma de crescimento	De seleção r (crescimento rápido) para seleção K (controle por retroalimentação)
Ciclos da vida	Especialização, extensão e complexidade crescentes
Simbiose (viver juntos)	Mutualismo aumenta
Entropia	Diminui
Informação	Aumenta
Eficiência no uso de energia e nutrientes	Aumenta
Resiliência	Diminui
Resistência	Aumenta

Fonte: Modelo em tabela segundo E. P. Odum, 1969, 1997.

As tendências listadas na Tabela 8.1 representam aquelas observadas quando predominam os processos internos autogênicos. O efeito das perturbações externas alogênicas podem reverter ou, se não, alterar essas tendências de desenvolvimento, como será discutido mais adiante.

Bioenergética do Desenvolvimento do Ecossistema

Os sete primeiros atributos da Tabela 8.1 referem-se à bioenergética do ecossistema. Nos estágios iniciais da sucessão autotrófica em um ambiente inorgânico, a taxa de produção primária ou fotossíntese total (bruta), P, excede a taxa de respiração da comunidade, R, de modo que a razão P/R é tipicamente maior que 1. A razão P/R é menor que 1 no caso especial de um ambiente orgânico (como um tanque de estabilização de esgoto), portanto, a sucessão nesses casos é denominada *heterotrófica*, uma vez que as bactérias e outros heterótrofos são os primeiros a colonizar o ambiente. Contudo, em ambos os casos, a teoria é que P/R se aproxima de 1 à medida que a sucessão prossegue. Em outras palavras, a energia fixada pela produção tende a ser equilibrada pelo custo energético da manutenção (respiração total da comunidade) no ecossistema maduro ou climáxico. Portanto, a razão P/R é um índice funcional da *maturidade relativa* do sistema.

Uma vez que P excede R, matéria orgânica e biomassa, B, vão acumular-se no sistema e o resultado é que as razões B/P, B/R e B/E (em que $E = P + R$) vão aumentar (ou, de modo inverso, a relação P/B vai diminuir). Lembre-se de que essas razões foram discutidas no Capítulo 3 em relação às leis da termodinâmica. Teoricamente, portanto, a quantidade de biomassa viva, sustentada pelo fluxo de energia disponível, E, evolui para o máximo no estágio maduro ou de clímax. Como consequência, a produção líquida da comunidade, ou *rendimento*, em um ciclo anual é grande nos estágios iniciais e pequena ou nula nos estágios maduros.

A Figura 8.2A apresenta um modelo de sistema simplificado (cibernético), no qual os processos autogênicos internos são considerados entradas que são modificadas pelas entradas alogênicas periódicas. A Figura 8.2B, um modelo de fluxo de

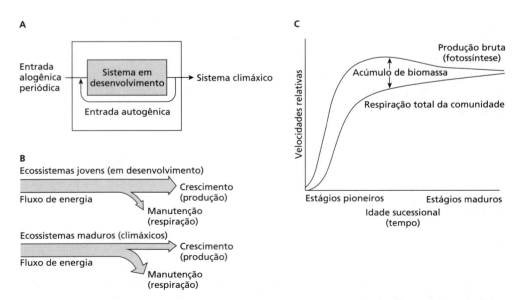

Figura 8.2 Modelos de desenvolvimento de ecossistemas. (A) Modelo de sistemas (cibernético); (B) modelo de fluxo de energia; e (C) modelo de manutenção de produção/respiração (P/R).

energia, mostra a mudança básica na repartição de energia entre P e R, mencionados anteriormente. À medida que a estrutura orgânica é construída, será necessária cada vez mais energia para manter essa estrutura e dissipar a desordem, consequentemente, haverá menos energia disponível para produção. Esse desvio no uso da energia tem paralelos no desenvolvimento das sociedades humanas e afeta muito as atitudes relativas ao tratamento dispensado ao meio ambiente, como veremos mais adiante neste capítulo. A Figura 8.2C é um sumário de como os três principais fatores – produção, respiração e biomassa – mudam com o passar do tempo.

Comparação da Sucessão em um Microcosmo de Laboratório e em uma Floresta

Podemos observar mudanças bioenergéticas iniciando a sucessão em microecossistemas experimentais em laboratórios do tipo derivado dos sistemas naturais, como descrito no Capítulo 2. Na Figura 8.3, o padrão comum de uma sucessão autotrófica de cem dias em um experimento típico de microcosmo em frasco, baseado em dados de Cooke (1967), é comparado com um modelo hipotético de uma sucessão florestal de cem anos, apresentada por Kira e Shidei (1967).

Durante os primeiros 40 a 60 dias do experimento no microcosmo, a produção líquida diurna, P, excede a respiração noturna, R, de modo que a biomassa, B, acumula no sistema. Após uma "floração" inicial em mais ou menos 30 dias, ambas as taxas declinam e tornam-se quase iguais entre o período de 60 a 80 dias. A razão B/P, em termos de gramas de carbono sustentados por grama da produção de carbono diária, aumenta de menos de 20 para mais de cem à medida que a estabilidade é alcançada. Não apenas os metabolismos autotrófico e heterotrófico são balanceados no estágio climáxico como também uma grande estrutura orgânica é sustentada por pequenas taxas diárias de produção e respiração. A abundância relativa das espécies também muda, de modo que diferentes tipos de bactérias, algas, protozoários e pequenos crustáceos dominam no fim e não no começo dos cem dias de sucessão (Gorden et al., 1969).

A projeção direta a partir de pequenos microcosmos de laboratório para os sistemas naturais não é possível, porque os primeiros são apenas organismos pequenos com histórias de vida simples e, necessariamente, têm diversidades de espécies e química reduzidas. Contudo, as mesmas tendências básicas vistas no microcosmo são características de sucessão no ambiente terrestre e em grandes corpos de água. A sucessão sazonal com frequência segue o mesmo padrão – uma

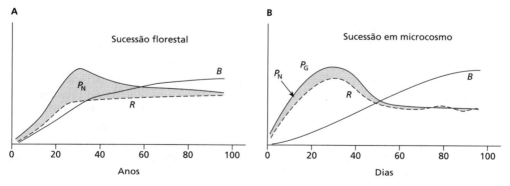

Figura 8.3 Comparação da energética do desenvolvimento do ecossistema em (A) florestas e (B) microcosmos. P_G = produção bruta; P_N = produção líquida (área sombreada); R = respiração; B = biomassa (segundo Cooke, 1967; Kira e Shidei, 1967).

floração no princípio da estação, caracterizada pelo rápido crescimento de poucas espécies dominantes, seguida, mais tarde, pelo desenvolvimento de razões B/P altas, de diversidade elevada e de uma relativa estabilidade, embora temporária, em termos de P e R. Os sistemas abertos podem não sofrer um declínio na produtividade total ou bruta na maturidade, como fazem os microcosmos em espaço limitado, mas o padrão geral de mudança da bioenergética em microcosmos parece imitar a natureza muito bem.

É interessante notar que o auge da produção primária líquida (P_N), que representa o máximo de produção possível, aparece em 30 dias no microcosmo e em 30 anos na floresta. A silvicultura de curta rotação tem por base a colheita no auge do P_N, que em muitos lugares aparece entre o 20º e o 40º anos.

Comparação entre Influências Alogênicas e Autogênicas

Materiais ou energia importados, forças geológicas, tempestades e perturbações antrópicas de fato alteram, interrompem ou revertem as tendências mostradas na Tabela 8.1. Por exemplo, a eutrofização de um lago, seja natural, seja cultural, ocorre quando nutrientes e solo entram no lago vindos de fora – quer dizer, da bacia hidrográfica. Isso equivale a adicionar nutrientes a um microecossistema de laboratório ou fertilizar um campo; o sistema vai "retroceder", em termos sucessionais, a estados mais jovens, de "floração". Brewer et al. (1994) observaram, por exemplo, que o enriquecimento por nutrientes em uma comunidade de campo abandonado por 11 anos resultou em um sistema que continuou a ser dominado por espécies de plantas anuais, em vez de por plantas perenes que dominaram lotes (controle) maduros. A *sucessão alogênica* desse tipo é, em muitos aspectos, o reverso da sucessão autogênica. Quando os efeitos dos processos alogênicos excedem de forma consistente os dos processos autogênicos, como no caso de muitas lagoas e pequenos lagos, o ecossistema não somente não poderá estabilizar como também poderá tornar-se "extinto" por ser assoreado completamente com matéria orgânica e sedimentos e tornar-se um pântano ou uma comunidade terrestre. Esse é o destino de lagos artificiais submetidos à erosão acelerada dentro da bacia hidrográfica.

Lagos podem progredir e progridem para uma condição mais *oligotrófica* (menos enriquecida) quando a entrada de nutrientes da bacia hidrográfica torna-se lenta ou cessa. Nesse caso, há esperança de reversão para a incômoda eutrofização cultural, que reduz a qualidade da água e encurta o tempo de vida dos corpos de água, se o influxo de nutrientes da bacia hidrográfica puder ser reduzido substancialmente. Um exemplo é a recuperação do lago Washington (Figura 8.4), localizado em Seattle, descrita por W. T. Edmondson (1968, 1970). Por 20 anos, o esgoto tratado e rico em nutrientes foi descartado nesse lago, o qual se tornou cada vez mais turvo e cheio de incômodas florações de algas. Como resultado de protesto público, o esgoto foi desviado do lago, que rapidamente voltou para uma condição mais oligotrófica (águas mais claras e sem florações).

A interação entre forças internas e externas pode ser sumarizada em um modelo geral de sistemas (Figura 8.2A), da forma apresentada no princípio, na Figura 1.5. As forças autogênicas são representadas como entradas internas ou retroalimentação, o que, teoricamente, tende a impulsionar o sistema em direção a algum tipo de estado de equilíbrio. As forças alogênicas são representadas como perturbações de entrada externa periódicas, que retrocedem ou, de outro modo, alteram a trajetória do desenvolvimento.

Em um lugar onde o desenvolvimento do ecossistema leva muito tempo para seguir seu curso – como em um desenvolvimento na floresta, iniciando com solo

Figura 8.4 Lago Washington, em Seattle, onde W. T. Edmondson conduziu sua clássica pesquisa no campo da ecologia da restauração.

Figura 8.5 Sucessão produzida em ondas em uma floresta de abeto balsâmico. Faixas de ondas com tonalidades diferentes representam ondas sucessivas de desenvolvimento (Sprugel e Bormann, 1981).

nu –, perturbações periódicas vão afetar o processo sucessional, especialmente em ambientes variáveis das zonas temperadas. Oliver e Stephens (1977) relataram em um estudo da história da vegetação de uma pequena área da floresta Harvard, localizada em Massachusetts, que 14 perturbações naturais e antrópicas de diversas magnitudes, em intervalos regulares, ocorreram entre 1803 e 1952. Havia também evidência de dois furacões e um incêndio anterior a 1803. Pequenas perturbações não trouxeram novas espécies de árvores, mas, muitas vezes, permitiram que as espécies que já estavam no sub-bosque, como bétula-negra (*Betula lenta*), bordo-vermelho (*Acer rubrum*) e cicuta (*Tsuga canadensis*), pudessem emergir ao dossel. Perturbações em grande escala (como um furacão ou um grande incêndio) criaram clareiras, que foram invadidas por espécies de início da sucessão (como a cerejeira, *Prunus pennsylvanica*), onde uma nova classe etária se desenvolveu a partir de sementes ou plântulas que já estavam presentes sobre o solo da floresta ou dentro dele (o carvalho-do-norte, *Quercus rubra*, foi uma espécie que muitas vezes preencheu tais clareiras e, após várias décadas, chegou à dominância no dossel). A substituição e a sucessão nas clareiras de floresta foram denominadas **fase de clareira da sucessão**. Oliver e Stephens concluíram em seu estudo que a composição da floresta nos anos de 1970 era mais o resultado de influências alogênicas do que de desenvolvimento autogênico. Em trabalho de revisão subsequente Oliver (1981) concluiu que a severidade e a frequência da perturbação eram os principais fatores que determinam a estrutura da floresta e a composição das espécies em muitas áreas da América do Norte. Mais recentemente, Dale et al. (2001) observaram que as mudanças climáticas podem afetar a estrutura e a função da floresta por alterarem frequência, intensidade, duração e época de incêndio, seca, introdução de espécies exóticas e explosão de patógenos ou insetos.

Se as perturbações forem rítmicas (aparecem em intervalos mais ou menos regulares), seja por causa de um ambiente de entrada cíclico, seja por causa de periodicidades no próprio desenvolvimento da comunidade, o ecossistema é submetido ao que pode ser denominado **sucessão cíclica**. O incêndio histórico no Parque Nacional de Yellowstone, em 1988, por exemplo, parece ser um fenômeno cíclico, que ocorre a cada 280 anos a 350 anos (Romme e Despain, 1989; para mais detalhes, ver a edição de novembro de 1989 da revista *BioScience* intitulada "Fire Impact on Yellowstone" ou "O impacto do incêndio sobre Yellowstone"). O ciclo produzido por fogo em uma vegetação de chaparral descrito anteriormente (Capítulo 5) é um exemplo de sucessão cíclica autogerada, por causa do acúmulo de detrito não decomposto que fornece combustível ao incêndio periódico na estação de seca.

Outro exemplo de sucessão cíclica é a *sucessão gerada em ondas* nas florestas de abeto balsâmico (*Abies balsamea*) em grandes altitudes no nordeste dos Estados Unidos (Sprugel e Bormann, 1981). Conforme as árvores atingem altura e densidade máximas em solos rasos, tornam-se vulneráveis a ventos fortes que as arrancam das raízes e matam as árvores antigas, iniciando uma sucessão secundária. Como mostrado na Figura 8.5, faixas de árvores jovens, maduras e mortas (as últimas aparecem em faixa de cor mais clara) cobrem a encosta da montanha. Em razão da contínua sucessão cíclica, as faixas se movem como "ondas" na paisagem, na direção dos ventos predominantes. A qualquer momento, todos os estágios sucessionais estão presentes, fornecendo uma variedade de habitat para animais e plantas menores. A encosta inteira constitui um *clímax cíclico* em equilíbrio com o ambiente circundante.

O padrão natural de faixas alternadas de parcelas jovens e maduras sugere que o desmatamento em faixa ou em mancha poderia ser um bom procedimento de colheita comercial em grandes áreas florestadas, porque a regeneração natural seria facilitada (evitando, assim, o dispendioso replantio das árvores) e as populações do solo e de animais seriam menos perturbadas, na comparação com as perturbações de desmatamento maciço de uma floresta inteira. Além disso, a mistura de diferentes estágios sucessionais fornece uma abundância de *bordas* (ver Capítulo 2) que beneficiam muitas formas de vida selvagem.

Mais um exemplo de sucessão cíclica é o ciclo do abeto e das lagartas processionárias (descrito no Capítulo 6). Nesse caso, a perturbação periódica não é uma força física, mas um herbívoro que desfolha e mata uma vegetação velha, provocando, assim, a sucessão de vegetação jovem.

O termo **dependente de perturbação** muitas vezes é usado para designar ecossistemas que são especialmente adaptados a perturbações recorrentes, em virtude da composição de processos e espécies de recuperação rápida (ver Vogl, 1980, para uma revisão). Ao prognosticar e gerenciar a recuperação após uma perturbação, tal como mineração em tira, deve-se saber com detalhes o padrão de sucessão e o potencial de recuperação do ecossistema em questão, de modo que os esforços feitos para recuperação ajudem e não atrapalhem o processo natural de recuperação (McIntosh, 1980). Uma hipótese-tentativa é que estágios sucessionais mais antigos, em geral, são mais resistentes ao estresse módico ou de curto prazo (como seca de um ano) que estágios mais jovens, porém os estágios mais jovens são mais resilientes (recuperam-se com mais rapidez) às pressões catastróficas, como grandes tempestades ou incêndio (ver Tabela 8.1).

Ciclagem de Nutrientes

Importantes tendências no desenvolvimento sucessional englobam aumento do tempo de renovação do nutriente, maior armazenamento de materiais e aumento da ciclagem biogeoquímica dos principais nutrientes, como nitrogênio, fósforo e cálcio (Tabela 8.1). Até que ponto a conservação de nutrientes, é uma tendência ou estratégia importante no desenvolvimento do ecossistema é uma questão controversa, em parte porque há diferentes maneiras de classificá-la. A Figura 8.6 ilustra o problema. Vitousek e Reiners (1975) observaram que os nutrientes, biogênicos provavelmente ficam armazenados dentro do sistema enquanto se acumula biomassa durante os primeiros estágios da sucessão. De acordo com a sua teoria, a razão entre a saída, O, e a entrada, I, cai para abaixo de 1 à medida que os nutrientes seguem para acumular na biomassa. A relação O/I sobe outra vez para 1 à medida que a saída equilibra a entrada na fase clímax (madura), quando não há mais crescimento líquido. Contudo, os nutrientes podem continuar a acumular no solo mesmo após as plantas não mais acumularem à sua biomassa viva. Assim, a razão entrada/saída não é a única – ou talvez não seja a melhor – maneira de avaliar o comportamento dos nutrientes. Como mostrado na Figura 8.6, o índice da ciclagem (CI – razão entre a entrada reciclada e a saída; ver Capítulo 4) aumenta constantemente à medida que o sistema amadurece; como consequência, os nutrientes são retidos por um longo período e reutilizados, reduzindo, assim, as necessidades de entrada, mesmo se as entradas e as saídas estiverem balanceadas; também, a razão entre a quantidade armazenada, S, e a quantidade perdida, O, é provavelmente baixa nos estágios iniciais e aumenta nos estágios posteriores. Resumindo, há razões teóricas e algumas evidências observacionais de que o armazenamento e a reciclagem de nutrientes aumentam durante o desenvolvimento do ecossistema, de modo que a necessidade de entrada de nutrientes por unidade de biomassa sustentada é reduzida. Tal conservação não seria esperada para elementos não essenciais ou tóxicos.

Durante a sucessão, poderá haver uma transferência de fonte de nitrogênio do nitrato para a amônia. Na teoria, as plantas pioneiras usam primariamente o nitrato, ao passo que em estágios posteriores, em particular nos estágios florestais, usam amônia como fonte de nitrogênio. Uma transferência de nitrato para amônia reduz a quantidade de energia necessária para reciclar o nitrogênio (ver discussão do ciclo de nitrogênio no Capítulo 4) e, assim, aumenta a eficiência no uso da energia. Contudo,

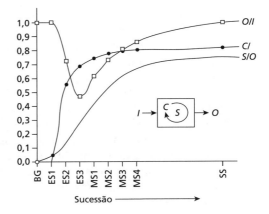

Figura 8.6 Tendências hipotéticas na razão entre entrada e saída (O/I), índice de ciclagem (CI) e razões armazenamento/saída (S/O) de nutrientes durante a sucessão; BG = solo nu, ES = estágios iniciais; MS = estágios intermediários; SS = estado de equilíbrio estável (de J. T. Finn, 1978).

Robertson e Vitousek (1981) não encontraram nenhuma evidência experimental da transferência de nitrato para amônia, portanto a questão permanece aberta.

O que também precisa de mais estudos quantitativos é a tendência para fixação do nitrogênio, simbiose por micorrizas e outros mutualismos que acentuam a eficiência da ciclagem de nutrientes aumentando-a durante o curso da sucessão (Tabela 8.1). Pode ser que mutualismos que conservam os nutrientes respondam mais à demanda (escassez de nutriente) que ao desenvolvimento do ecossistema.

Substituição de Espécies

A substituição de espécies mais ou menos contínua ao longo do tempo é característica da maioria dos seres sucessionais. A mudança na composição das espécies da vegetação foi denominada *revezamento florístico* por Egler (1954) e, logicamente, há também o *revezamento faunístico,* porque as espécies de animais também se substituem umas às outras no sere.

Se o desenvolvimento começa em uma área previamente desocupada por uma comunidade (como uma superfície recém-exposta de rocha ou areia ou um derramamento de lava), a *sucessão primária* que se segue pode ser lenta no começo e precisar de um longo tempo para atingir a maturidade de estado pulsante. Um exemplo clássico de sucessão ecológica primária ocorre em Indiana Dunes National Lakeshore, na parte sul do lago Michigan. No passado o lago foi muito maior do que é agora. Ao se retrair ao seu atual contorno, o lago deixou sucessivamente dunas de areia mais e mais jovens. Por causa do substrato arenoso, a sucessão é lenta e uma série de comunidades de várias idades está disponível para observação – estágios pioneiros na margem do lago e estágios serais cada vez mais velhos conforme se afasta a margem do lago. Nesse "laboratório natural de sucessão", H. C. Cowles (1899) desenvolveu estudos pioneiros sobre a sucessão de plantas e V. E. Shelford (1913) fez seu clássico estudo sobre a sucessão animal. Ambos os estudos mostraram que as espécies de plantas e animais mudavam conforme aumentava a idade das dunas; as espécies presentes no início eram substituídas por outras relativamente diferentes nas comunidades mais velhas. Olson (1958) estudou outra vez o desenvolvimento do ecossistema dessas dunas e forneceu informações adicionais sobre velocidades e processos. Por causa da invasão da indústria pesada, os conservacionistas estão pressionando muito no sentido de preservar a sucessão das dunas, felizmente, algumas partes das dunas de Indiana hoje estão protegidas graças ao Indiana Dunes National Lakeshore (ver Pavlovic e Bowles, 1996, para detalhes). Os cidadãos devem apoiar esse esforço de preservação, porque essas áreas, além de terem uma beleza natural impagável, que pode ser desfrutada pelos moradores urbanos, também constituem um laboratório natural de ensino, no qual a revelação visual da sucessão ecológica é dramática.

Nas dunas, os primeiros colonizadores são as gramas da praia (*Ammophila, Agropyron, Calammophila*), o chorão (*Salix*), a cereja-da-areia (*Prunus depressa*) e os choupos (*Populus deltoides*); e animais como o besouro-tigre-de-pernas-longas que voa sobre a areia, as aranhas-escavadeiras e os gafanhotos. Da comunidade pioneira seguem a floresta aberta e seca de pinheiro banksiano (*Pinus banksiana*), o carvalho-negro (*Quercus velutina*) e, finalmente, nas dunas mais velhas, florestas úmidas de carvalho e nogueira-amarga ou faia e bordo. Embora a comunidade se inicie em um tipo de habitat muito seco e estéril, no fim, o desenvolvimento eventualmente resulta em uma floresta de dossel fechado, úmida e fresca, em contraste com as dunas nuas. O solo profundo e enriquecido de húmus, com minhocas e caramujos, contrasta com a areia seca que ele substitui. Assim, o monte de areia original relativamente inóspito no final transforma-se pela ação de uma sucessão de comunidades.

A sucessão nas dunas nos estágios iniciais é, muitas vezes, interrompida quando o vento amontoa a areia sobre as plantas e a duna começa a se mover cobrindo completamente a vegetação no seu caminho. Esse é um exemplo de efeito de interrupção ou reversão de perturbações alogênicas já discutidas nesta seção. Eventualmente, contudo, conforme a duna se move em direção ao continente, ela se estabiliza e as árvores e gramíneas pioneiras novamente se estabelecem. Usando a datação por carbono, Olson (1958) estimou que são necessários aproximadamente mil anos para que uma floresta climáxica se instale nas dunas do lago Michigan – aproximadamente cinco vezes mais do que o necessário para o desenvolvimento de uma floresta madura, começando em um lugar mais favorável, como veremos no próximo exemplo.

Um exemplo de *sucessão secundária* é ilustrado na Figura 8.7, a qual mostra a sequência das comunidades de plantas e populações de aves que se desenvolvem nos campos agrícolas abandonados nos planaltos em Piedmont, sudeste dos Estados Unidos. As colonizadoras pioneiras são plantas anuais estrategistas *r*, como capim-colchão (*Digitaria*), buva (*Erigeron*) e cravorana (*Ambrosia*), que gastam grande parte de sua energia na dispersão e reprodução. Após dois ou três anos, entram as plantas perenes (áster e erva-lanceta), gramíneas (especialmente *Andropogon*) e os arbustos como amoreira (*Rubus*). Se houver uma boa fonte de sementes em lugar próximo, os pinheiros invadem a área e logo formam um dossel fechado, sombreando as pioneiras iniciais. Várias espécies de árvores decíduas de crescimento rápido, como as tulipeiras e o liquidambar, muitas vezes entram com os pinheiros. Em virtude de todas essas espécies possuírem vida longa, o estágio do pinheiro (com árvores de folhas largas espalhadas) persiste por um longo tempo, mas aos poucos um sub-bosque de carvalhos e nogueiras tolerantes ao sombreamento se desenvolve. Como os pinheiros não podem reproduzir-se sob seu próprio sombreamento, os carvalhos e as nogueiras erguem-se para o dossel, enquanto os pinheiros morrem por doença, velhice e tempestades.

Como mostrado na Figura 8.7, populações de aves mudam a cada estágio seral importante; as mudanças mais pronunciadas ocorrem à medida que a forma de vida das plantas dominantes muda (herbácea para arbustiva para pinheiro para madeira de lei). A seleção de habitat pelas aves é mais dirigida pela forma de vida vegetativa do que pelas espécies de plantas. Nenhuma espécie de planta ou ave pode desenvolver-se de uma extremidade do sere para outra. As espécies atingem seus máximos em diferentes pontos do gradiente temporal. Ostfeld et al. (1997) documentaram uma sucessão por revezamento semelhante de pequenos mamíferos e os efeitos que tiveram sobre a sobrevivência de sementes de árvores e plântulas na sucessão secundária em campo abandonado. Os animais não são apenas agentes passivos na mudança de comunidade. As aves e outros animais dispersam sementes necessárias para o estabelecimento dos estágios de arbusto e madeira de lei, e os herbívoros, parasitas e predadores frequentemente controlam a sequência de espécies.

Em habitats marinhos de águas rasas, os animais grandes, em vez de plantas, muitas vezes proporcionam a matriz estrutural. Glemarec (1979) descreveu uma sucessão secundária de animais bentônicos, ao largo da costa Brittany, na França. Um período de calmaria relativa se seguiu após as tempestades terem causado a redistribuição de sedimentos e a desagregação da fauna de fundo. Durante esse período, na ausência de interferência externa, uma sequência de populações, mais ou menos direcional e previsível, estabeleceu dominância. Primeiro vieram

Figura 8.7 Padrão geral de sucessão ecológica em terra de cultivo abandonada no sudeste dos Estados Unidos. O gráfico mostra as mudanças nas populações de pássaros canoros que acompanham as mudanças na vegetação (segundo Johnston e Odum, 1956; E. P. Odum, 1997).

os bivalvos filtradores de material em suspensão, depois os bivalvos comedores de material depositado e, finalmente, o bento tornou-se dominado pelos vermes poliquetos comedores de detritos, confirmando, dessa maneira, a teoria de que a sucessão ininterrupta converte um ambiente inorgânico em um mais orgânico.

A sucessão secundária vegetal é notável tanto nas regiões de campo como nas regiões de floresta, mesmo que envolva apenas plantas herbáceas. Shantz (1917) descreveu a sucessão em trilhas de carroças abandonadas, usadas por pioneiros que cruzavam os campos da parte central e oeste dos Estados Unidos (Figura 8.8) e virtualmente a mesma sequência foi descrita muitas vezes a partir de então. Embora as espécies variem conforme a geografia, o mesmo padrão se mantém em todo lugar. Esse padrão engloba quatro estágios serais sucessivos: (1) um estágio de *ervas-daninhas anuais* (2–5 anos); (2) um estágio de *gramíneas de vida curta* (5–10 anos); (3) um estágio *inicial de gramíneas perenes* (10–20 anos); e (4) um estágio *clímax de gramíneas* (atingido em 20–40 anos). Portanto, partindo de um solo nu ou arado, serão necessários de 20 anos a 40 anos para a natureza "construir" um campo na fase clímax – o tempo real depende de aspectos limitantes como umidade, pastejo e outros fatores. Uma série de anos de seca ou de sobrepastejo causará a reversão da sucessão em direção ao estágio de ervas daninhas anuais; o quanto será revertido vai depender da severidade dos efeitos. O crescente enriquecimento por nutrientes, seja com fertilizantes comerciais, seja com lodo de tratamento de esgoto, também vai interromper a sucessão secundária no estágio de desenvolvimento de ervas-daninhas anuais (W. P. Carson e Barrett, 1988; Brewer et al., 1994).

A sucessão é igualmente aparente tanto nos habitats aquáticos como nos terrestres. Contudo, como já enfatizado, o processo de desenvolvimento da comunidade em ecossistemas de águas rasas (lagoas e pequenos lagos) é complicado pela intensa entrada de materiais e energia vindos da bacia hidrográfica, que podem acelerar, interromper ou reverter a tendência normal do desenvolvimento da comunidade que ocorreria na ausência de tais influências alogênicas. A interação complexa entre a sucessão alogênica e a autogênica é ilustrada por rápidas mudanças em açudes artificiais e represas. Quando uma represa é criada pela inundação de solo rico ou de uma área com uma grande quantidade de matéria orgânica (quando uma área de floresta é inundada), o primeiro estágio no desenvolvimento é um estágio de floração altamente produtivo, caracterizado pela rápida decomposição, pela alta atividade microbiana, por abundância de nutrientes, por baixos níveis de oxigênio no fundo, porém, com frequência, por um rápido e vigoroso crescimento de peixes. As pessoas que pescam ficam muito satisfeitas com esse estágio. Con-

Figura 8.8 Ainda pode ser vista a trilha de Oregon perto de Scottsbluff, Nebraska, marcada pelas rodas das carroças que transportavam colonos entre 1840 e 1860 em migração para o Oeste, entre Missouri e Oregon.

tudo, quando os nutrientes armazenados são dispersados e o alimento acumulado é esgotado, a represa se estabiliza em um nível baixo de produtividade, com teor de oxigênio de fundo mais alto e menor produção pesqueira. As pessoas que pescam podem ficar insatisfeitas com esse estágio (Figura 8.9). Mas esse sistema e a produção pesqueira vão provavelmente permanecer estáveis por um longo período.

Se a bacia hidrográfica for bem protegida pela vegetação madura ou se os solos da bacia hidrográfica forem inférteis, o estágio estabilizado em corpos de água pode durar por algum tempo – um tipo de "clímax". Contudo, a erosão e as várias entradas de nutrientes aceleradas pelo homem normalmente produzem uma série contínua de estados transitórios até que a bacia assoreia por completo. Represamentos em bacias empobrecidas ou primárias, lugares estéreis, terão um padrão inverso de baixa produtividade no princípio. O não reconhecimento da natureza básica da sucessão ecológica e das relações entre a bacia hidrográfica e o represamento tem resultado em muitas falhas e frustrações nas tentativas humanas de manter tais ecossistemas artificiais.

Pelo fato de os oceanos estarem, de uma maneira geral, no estado maduro e por séculos terem sido química e biologicamente estabilizados, os oceanógrafos não estão preocupados com a sucessão ecológica. Entretanto, com a poluição ameaçando perturbar o equilíbrio no mar, a interação dos processos autogênicos e alogênicos está começando a receber mais atenção por parte dos cientistas. Mudanças sucessionais são evidentes em águas costeiras, como já observado no exemplo do desenvolvimento de comunidades bentônicas após fortes tempestades terem provocado perturbações no fundo do mar. As mudanças que ocorrem em tais gradientes de sucessão, na coluna de água costeira, podem ser sumarizadas como se segue:

- A abundância relativa de formas móveis entre o fitoplâncton aumenta;
- A produtividade desacelera;

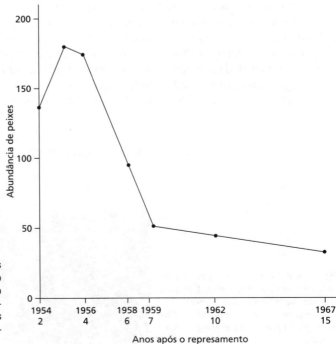

Figura 8.9 Abundância de peixes em uma represa no canal do alto rio Missouri, do segundo ao décimo quinto ano após a conclusão da barragem formadora do lago Francis Case, ao sul de Dakota (dados extraídos de Gasaway, 1970).

- A composição química do fitoplâncton, como exemplificado pelos pigmentos vegetais, muda;
- A composição do zooplâncton desloca de filtradores passivos para caçadores mais ativos e seletivos, em resposta a um deslocamento de numerosas e pequenas partículas alimentares suspensas para um alimento mais escasso, concentrado em unidades maiores e dispersos em um ambiente mais organizado (estratificado); e
- Em estágios tardios da sucessão, a transferência total de energia pode ser mais baixa, mas sua eficiência parece melhorar.

A sucessão de organismos sobre substratos artificiais em ambientes aquáticos tem recebido muita atenção, por causa da importância prática da ação de incrustação em cascos de navios e molhes por cracas e outros organismos marinhos sésseis. Pequenos substratos replicados, como lâminas de vidro ou quadrados de plástico, madeira ou outros materiais, são muito utilizados para avaliar o efeito dos poluentes sobre a biota nas águas doce e salgada (ver Patrick, 1954, sobre o uso desse método). Tais substratos formam uma espécie de microcosmo, sobre o qual se esperaria que ocorresse uma sucessão ecológica, mas como em qualquer modelo simplificado e restrito, deve-se ser prudente ao projetar hipóteses para um sistema aberto maior, com menos limitação por espaço e que apresente muitas espécies de substratos. Em geral, as primeiras espécies a colonizar esses substratos são aquelas que têm propágulas abundantes disponíveis na água, quando e onde as superfícies se tornam disponíveis para colonização. Algumas vezes, essas pioneiras mudam a natureza química ou física do substrato de modo que podem facilitar a invasão por outras espécies, mas também frequentemente as pioneiras resistem à invasão por outras espécies e permanecem até que sejam substituídas por um competidor melhor. Como já foi observado na discussão sobre as comunidades de entremarés em regiões costeiras rochosas (ver Capítulo 7), a interação negativa (competição e predação) desempenha papel mais importante do que a interação positiva (coexistência e mutualismo) na determinação da substituição de espécies em habitat confinado e com espaço limitante.

Sucessão Heterotrófica

Um experimento em laboratório com um microcosmo de infusão de feno nos fornece um exemplo de *sucessão heterotrófica* – e também um experimento de laboratório para uma aula de ecologia. Quando um meio de cultura, feito de feno fervido, é deixado por um tempo, desenvolve-se uma próspera cultura de bactérias. Se for adicionado um pouco de água de lagoa (contendo inóculo de um sortimento de protozoários), vai ocorrer uma sucessão definida de populações de protozoários com dominantes sucessivas, como mostrado na Figura 8.10. Uma sucessão similar de protozoários ocorre quando um solo sem vegetação é exposto para colonização (Bamforth, 1997). No experimento com infusão de feno, a energia e os nutrientes encontram-se no máximo no início e depois declinam. A menos que seja adicionado um novo meio, ou que um regime autotrófico se instale, o sistema eventualmente se enfraquece e todos os organismos ou morrem ou entram em estágios de dormência (esporos ou cistos) – muito diferente da sucessão autotrófica, na qual o fluxo de energia é mantido por tempo indefinido. O microcosmo de infusão de feno é um modelo para o tipo de sucessão que ocorre em troncos em degradação, carcaças de animais, pelotas fecais e nos estágios secundários do tratamento de esgoto. Também deve ser considerado um modelo para a sucessão em "decadência", que deve ser associada à sociedade dependente de combustíveis fósseis, que é lenta para desenvolver fontes de energia alternativa. Em todos esses exemplos,

Figura 8.10 Sucessão em uma cultura de infusão de feno, com sucessiva dominância das espécies. Este é um exemplo de sucessão heterotrófica (segundo Wood-ruff, 1912).

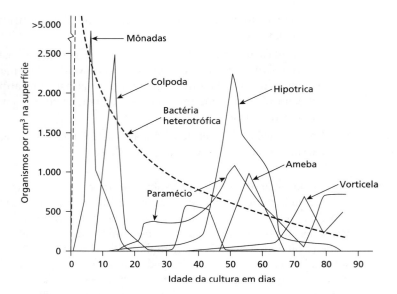

há uma série de estágios transitórios em um gradiente de energia em declínio, sem nenhuma possibilidade de atingir o estágio climáxico de maturidade.

As sucessões autotrófica e heterotrófica poderão ser combinadas em um modelo de microecossistema de laboratório se as amostras de um sistema derivado forem adicionadas ao meio de cultura, enriquecido com matéria orgânica. O sistema primeiro torna-se "turvo", à medida que ocorre floração das bactérias heterotróficas; depois torna-se verde brilhante, à medida que os nutrientes e as substâncias de crescimento (especialmente a vitamina tiamina) requeridos pelas algas são liberados pelas atividades das bactérias. Essa sucessão é um modelo de *eutrofização cultural* resultante da poluição orgânica, tal como o influxo do esgoto doméstico não tratado por completo.

Pressão Seletiva: Quantidade Comparada com Qualidade

Os estágios de colonização de ilhas, como descrito pela primeira vez por MacArthur e Wilson (1967), fornecem paralelos para os estágios de sucessão ecológica nos continentes. Nos estágios iniciais não apinhados da colonização de ilhas, bem como nos estágios iniciais da sucessão, a seleção *r* predomina, de modo que as espécies com altas taxas reprodutivas e de crescimento são mais passíveis de colonização. Em contrapartida, a pressão seletiva favorece as espécies estrategistas *K*, com potencial de crescimento mais baixo, mas com melhores competências para sobrevivência competitiva, sob a alta densidade de estágios posteriores, tanto da colonização de ilhas como da sucessão (Tabela 8.1).

Pode-se supor que as alterações genéticas envolvendo a biota total acompanham a mudança sucessional de quantidade de produção para qualidade de produção, como indicado pela tendência no aumento do tamanho do organismo individual (Tabela 8.1). Para plantas, a mudança em tamanho parece ser uma adaptação à transferência de nutrientes de inorgânicos para orgânicos. Em um ambiente mineral enriquecido com nutrientes, o tamanho pequeno tem vantagem seletiva, especialmente para os autótrofos, por causa da alta razão entre superfície e volume. Contudo, à medida que o ecossistema se desenvolve, nutrientes inorgânicos tendem a se tornar mais e mais incorporados à biomassa (quer dizer, tornam-se intrabióticos), de modo que a vantagem seletiva passa para os organismos maiores (indivíduos maiores da mesma espécie, espécies maiores ou ambos), os quais têm maior capacidade de armazenamento e história de vida mais complexa, sendo consequentemente adaptados a explorar liberações periódicas ou sazonais de nutrientes ou outros recursos.

Tendências da Diversidade

Embora ambos os componentes de diversidade (riqueza e repartição) na Tabela 8.1 quase sempre aumentem em estágios iniciais do desenvolvimento do ecossistema, o pico da diversidade parece ocorrer em algum lugar no meio do sere, em alguns casos, e próximo do fim, em outras situações. Nem todos os grupos tróficos ou taxonômicos exibem a mesma tendência de mudança na diversidade com a sucessão. Nicholson e Monk (1974) calcularam a riqueza e a uniformidade de espécies em plantas de quatro formas de vida – herbáceas, trepadeiras, arbustos e árvores – nos principais estágios serais em campos abandonados em sucessão, em Georgia Piedmont, já ilustrados (Figura 8.7). A riqueza aumentou rapidamente em cada estrato após seu estabelecimento e depois diminuiu no resto da sucessão. Por outro lado, a uniformidade aumentou de imediato quase para seus níveis máximos e, depois disso, mudou muito pouco. Curvas de diversidade de dominância para outra sucessão em campo abandonado (sul de Illinois) são mostradas na Figura 8.11. A diversidade de espécies de plantas geralmente aumentou com a sucessão, atingindo um máximo durante os estágios florestais iniciais. As curvas de distribuição das espécies são geométricas (aproximando-se da linha reta quando lançadas em escala semilog) durante os primeiros anos da sucessão secundária e depois passam gradualmente para log normal, conforme mais espécies são adicionadas. O processo resulta em um alto grau de uniformidade.

A diversidade de espécies pode continuar a aumentar ao longo da sucessão ou atingir um valor máximo em algum estágio intermediário dependendo se o aumento em nichos potenciais resultantes do aumento da biomassa da estratificação ou outras consequências da organização biológica for capaz de superar os contraefeitos produzidos pelo aumento no tamanho dos organismos e a exclusão competitiva provocada pelas espécies dominantes de vida longa e bem-adaptada, que, em geral, tendem a reduzir a riqueza de espécies. Ninguém ainda foi capaz de catalogar todas as espécies em qualquer área de tamanho considerável, muito menos acompanhar

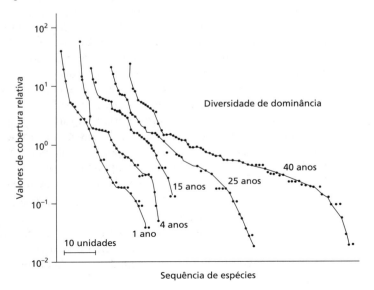

Figura 8.11 Curvas de diversidade de dominância em campos abandonados com cinco diferentes períodos de abandono no sul de Illinois (de Bazzaz, 1975).

a diversidade *total* de espécies em séries sucessionais. Estudos sobre diversidade e sucessão até agora trataram de segmentos de comunidades como árvores, aves e insetos. É possível ter como resultado padrões de mudança na composição de espécies variassem muito, de acordo com o grupo considerado e com a situação geográfica, o que determina que espécies estão disponíveis para a colonização.

Conforme discutido na seção sobre estabilidade (ver Capítulo 2), o consenso entre os ecólogos é que as mudanças na diversidade de espécies são mais uma consequência indireta do crescente desenvolvimento orgânico e complexidade do que um fator causal direto na sucessão. O nível de diversidade atingido pode depender da energética, visto que a manutenção da alta diversidade tem um custo energético e pode ser desestabilizadora (novamente a síndrome do "algo bom em demasia").

Apesar de pouco estudados, pela lógica é de se esperar que outros aspectos da diversidade biótica, além da variedade das espécies e abundância relativa, mostrem tendências crescentes durante o curso do desenvolvimento do ecossistema autogênico. Jeffries (1979), por exemplo, relatou que as comunidades marinhas maturam e tornam-se mais complexas assim como também as composições de ácidos graxos do plâncton e do bentos. Durante a sucessão vegetal no ambiente terrestre, a variedade de substâncias químicas anti-herbívoras requeridas para a sobrevivência das árvores de vida longa aumenta com a sucessão, opondo-se à tendência dos insetos de se tornarem resistentes a pesticidas, tanto naturais como artificiais. Esses são exemplos de aumento na diversidade bioquímica durante o desenvolvimento do ecossistema.

Revisão Histórica e Considerações Teóricas

No começo desta seção, foi afirmado que o desenvolvimento do ecossistema resulta (1) da modificação do ambiente físico pela comunidade agindo como um todo, e (2) da interação entre a competição e a coexistência entre as populações de componentes. Embora seja possível supor que ambos os processos, tanto em nível de ecossistema quanto em nível de população, contribuam para o prosseguimento multifacetado da sucessão, como descrito nesta seção, alguns ecólogos têm optado por estudar um nível ou outro, não os dois. Connell e Slayter (1977) compararam as três teorias: (1) o *modelo de facilitação*, no qual espécies serais iniciais mudam as condições para a existência e por isso preparam caminho para os invasores posteriores; (2) o *modelo de inibição*, no qual as espécies pioneiras resistem à invasão e permanecem até que sejam substituídas pela competição, predação ou perturbação; e (3) o *modelo de tolerância*, no qual as espécies invadem um novo habitat e se tornam estabelecidas independentemente da presença ou ausência de outras espécies. Connell e Slayter apoiaram firmemente o modelo de inibição, pelo menos para a sucessão secundária. Os proponentes das teorias causais dos níveis de população debatem que, se for observado que as tendências sucessionais podem ser explicadas pelas interações no nível das espécies, não há necessidade de invocar processos de nível superior. De modo inverso, outros teóricos argumentam que a sucessão de espécies é somente uma parte do processo de desenvolvimento de auto-organização, que é uma propriedade dos ecossistemas e, portanto, há menos necessidade de examinar a fundo a interação das populações componentes para explicar as tendências básicas. Nós apoiamos a teoria da auto-organização, como será explicado na próxima seção.

A ideia de que a sucessão ecológica é um fenômeno holístico remonta a Frederick E. Clements e sua monografia de 1916, "Plant Succession" ("Sucessão das Plantas") – (reimpressa em 1928 sob o título "Plant Succession and Indicators" – "Sucessão de Plantas e Indicadores"). Sua noção de que uma comunidade repete em seu desenvolvimento a sequência de estágios de desenvolvimento de um organismo individual e que todas as comunidades em uma determinada área climática se desenvolvem em direção a um clímax único (conceito *monoclimáxico* – ver na próxima seção) hoje é desincentivada ou modificada. A principal tese de Clements – que a *sucessão ecológica é um processo de desenvolvimento e não apenas uma sucessão de espécies cada uma agindo por si* – continua sendo uma das mais importantes teorias unificadoras em ecologia. Margalef (1963a, 1968) e E. P. Odum (1969) retrabalharam e estenderam a teoria básica de Clement para incluir atributos funcionais como o metabolismo da comunidade.

O conceito oponente – que a sucessão ecológica não tem uma estratégia organizacional, mas resulta das interações entre indivíduos e espécies à medida que lutam para ocupar um espaço – remete aos estudos de H. A. Gleason, especialmente ao clássico artigo "The Individualistic Concept of the Plant Association" ("O Conceito Individualista da Associação de Plantas") (Gleason, 1926). Os escritos de Gleason, revisados por McIntosh (1975), forneceram um ponto de partida para o desenvolvimento de teorias da sucessão no nível da população que consideram novas inspirações na biologia evolutiva e a importância do consumidor, tanto quanto do produtor. Revisões de Drury e Nisbet (1973) e Horn (1974, 1975, 1981) exploraram as teorias da sucessão baseadas nas propriedades de organismos em vez de nas propriedades emergentes do ecossistema. A premissa básica é que a estratégia evolutiva (seleção darwiniana e exclusão competitiva) e as características do ciclo de vida determinam a posição das espécies nos gradientes sucessionais que estão constantemente mudando, dependendo de perturbações e gradientes físicos. Uma vez que a teoria holística de Clements pode ser vista também como uma teoria evolutiva da população e do ecossistema, os ecólogos podem não estar tão separados como uma leitura de suas respectivas posições nos artigos podia indicar. Essa posição, em geral, é a tomada por Whittaker e Woodwell (1972), Whittaker (1975) e Glasser (1982). Eles notaram que, apesar de a fase de colonização inicial ser frequentemente estocástica (estabelecimento ao acaso de organismos oportunistas), estágios posteriores são muito mais organizacionais que direcionais.

Mais cedo ou mais tarde as teorias são testadas no mundo prático da ciência aplicada – por exemplo, no manejo de florestas. Os silvicultores, em geral, acham que a sucessão na floresta é dirigida e previsível. Para avaliar o potencial madeireiro futuro, muitas vezes desenvolvem modelos que combinam tendências sucessionais naturais com cenários de perturbação e manejo que modificam o desenvolvimento natural. Por exemplo, em Georgia Piedmont, a sucessão natural da floresta é de pinheiros para madeiras de lei. Em virtude de os pinheiros serem hoje mais valorizados comercialmente que as madeiras de lei, há um esforço para deter essa sucessão, de modo que os estágios dos pinheiros podem ser retidos e regenerados, especialmente em áreas sob o manejo de madeira comercial. Estima-se que os estágios de madeiras de lei continuarão a aumentar em área de cobertura, embora em um ritmo menos acelerado do que seria se somente a sucessão natural estivesse envolvida. A urbanização e a supressão de fogo, ambos favorecendo as madeiras de lei contra o pinheiro, são fatores importantes nas futuras projeções. Em virtude de a composição da floresta de Piedmont ser bastante influenciada pelo manejo humano, a composição prevista seguirá as tendências de sucessão natural. A interface entre a teoria e o manejo da floresta é discutida em detalhe por Shugart (1984) e Chapin et al. (2002).

Auto-Organização, Sinergística e Ascendência

A chave principal do desenvolvimento do ecossistema é o conceito da *auto-organização*, baseado na teoria de Prigogine do não equilibrio termodinâmico (Prigogine, 1962). A **auto-organização** pode ser definida como o processo pelo qual os sistemas complexos, que consistem em muitas partes, tendem a se organizar para atingir, na ausência de interferências externas, algum tipo de estado estável de pulsação. A formação espontânea da estrutura, do padrão e do comportamento bem organizados, a partir de condições iniciais desorganizadas ou aleatórias – em outras palavras, indo do caos para a ordem –, é difundida na natureza. Os ecossistemas auto-organizados podem ser mantidos somente por um constante fluxo de energia por meio deles; portanto, não estão em equilíbrio termodinâmico. O processo de muitas partes trabalhando juntas para atingir a ordem foi chamado de **sinergética** por Haken (1977). Ulanowicz (1980, 1997) usou o termo **ascendência** para a tendência de sistemas auto-organizados dissipativos desenvolverem a complexidade da biomassa e do fluxo em rede ao longo do tempo, como é observado no processo de sucessão ecológica. Tanto Holland (1998) como S. Johnson (2001) se referiram ao processo como **emergência**.

Vemos que desenvolvimento do ecossistema é mais do que apenas a sucessão de espécies e interações evolutivas, como competição e mutualismo: há uma base energética. Existe uma grande quantidade de literatura sobre auto-organização, que inclui artigos escritos por Eigen (1971), H. T. Odum (1988) e Müller (1997, 1998, 2000); e livros escritos por Kauffman (1993), Bak (1996) e Camazine et al. (2001) além dos mencionados anteriormente. Para uma discussão menos técnica sobre auto-organização, ver Li e Sprott (2000). Wesson (1991), em seu livro *Beyond Natural Selection* ou *Além da Seleção Natural,* argumentou que o que chamamos de *auto-ordenação* deve ser usado na seleção natural para explicar a evolução de sistemas complexos. Smolin (1997) estendeu a teoria da auto-organização à origem e à evolução do universo que começou com o Big Bang e uma massa de moléculas movendo-se de forma aleatória, que evoluiu para o sistema atual altamente organizado, inclusive a Terra.

2 Conceito de Clímax

Enunciado

A comunidade $P = R$ final em uma série em desenvolvimento (sere) é a **comunidade clímax**. Na teoria, a comunidade clímax se autoperpetua, porque está mais ou menos em equilíbrio consigo mesma e com o habitat físico. Para uma determinada região, é conveniente, apesar de um tanto arbitrário, reconhecer (1) um **clímax regional** ou **climático**, determinado pelo clima geral da região; e (2) um número variável de **clímaces locais** ou **edáficos**, determinados pela topografia e pelo microclima local (ver Figura 8.12), que não ocorreriam na ausência de perturbações. A sucessão termina em clímax edáfico quando a topografia, o solo, a água e perturbações regulares, como fogo, forem tais que o desenvolvimento do ecossistema não prossegue para o ponto final teórico.

Explicação e Exemplos

Em termos de composição de espécies, o conceito de **policlímax** (opção entre clímaces edáfico e climático) é ilustrado pelas comunidades florestais maduras, associadas às várias situações físicas, como as regiões montanhosas localizadas em Ontário, Canadá, e representado na Figura 8.12A. Em áreas planas ou moderadamente onduladas onde o solo é bem drenado, mas úmido, uma comunidade de bordo-faia *(Acer saccharum* e *Fagus grandifolia* como espécies dominantes) é considerada o

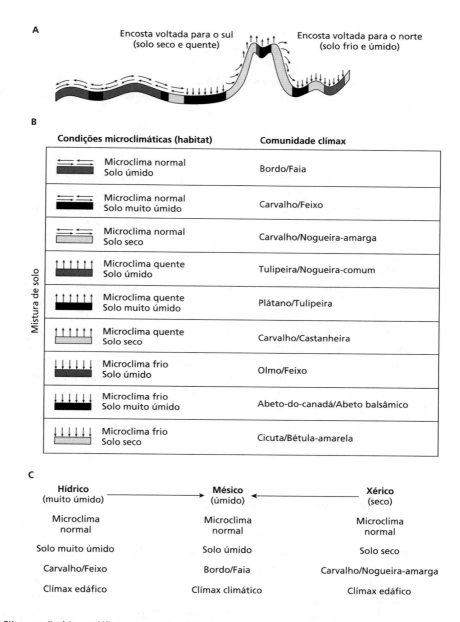

Figura 8.12 Clímaces climático e edáfico na parte sul de Ontário, Canadá. (A) Distribuição de comunidades climáxicas, dependendo das condições do local. (B) Visão geral de possíveis comunidades climáxicas. A comunidade de bordo/faia é o clímax climático, ocorrendo sempre que as condições forem moderadas. Mudanças nas condições do microclima levam a vários outros clímaces (edáficos). (C) Desenvolvimento teórico de clímaces edáficos em condições extremas de umidade (úmido ou seco) em direção ao clímax climático em condições intermediárias de umidade (simplificada de Hills, 1952).

estágio terminal da sucessão. Pelo fato de esse tipo de comunidade ser encontrado por todo lugar na região onde a configuração do solo e a drenagem forem moderadas, a comunidade de bordo-faia pode ser designada como o *clímax climático* da região. Onde o solo permanece mais úmido ou mais seco que o normal (a despeito da ação das comunidades), diferentes espécies são dominantes na comunidade-declímax. Desvios ainda maiores do clímax climático ocorrem nas encostas íngremes voltadas para o sul, onde o microclima é mais quente, ou em encostas voltadas para o norte e em ravinas profundas, onde o microclima é mais frio (Figura 8.12B). Esses clímaces de encostas íngremes frequentemente se assemelham aos clímaces climáticos encontrados mais distantes ao sul e ao norte, respectivamente. Portanto, se você mora no leste da América do Norte e deseja ver como uma floresta clímax mais distante ao norte, veja uma encosta ou ravina não perturbada voltada para o norte. De modo similar, uma encosta voltada para o sul vai provavelmente exibir o tipo de floresta clímax que pode ser encontrado mais afastado ao sul.

Em teoria, uma comunidade florestal sobre solo seco, após um tempo indefinido, gradualmente aumentaria o conteúdo orgânico do solo e elevaria suas propriedades de retenção de umidade. Como consequência, daria lugar a uma floresta mais úmida, tal como a comunidade de bordo/faia (Figura 8.12C). Igualmente, uma comunidade florestal sob condição de solo úmido, após um tempo indefinido, reduziria gradualmente a umidade do solo, uma vez que o conteúdo orgânico no solo está armazenado sob forma de biomassa da árvore (e saída, visto que a transpiração da planta aumentou), também resultando em comunidades de bordo/faia úmidas. Não se sabe se esses cenários iriam realmente ocorrer, uma vez que não foram vistas muitas evidências de tais mudanças e os registros das áreas não perturbadas, que provavelmente seriam necessários, não foram mantidos para as muitas gerações humanas. De qualquer maneira, a questão é acadêmica, porque muito antes que qualquer alteração autogênica pudesse ocorrer, alguma força climática, geológica ou antropogênica provavelmente iria intervir. A alternativa para reconhecer uma série de clímaces e seres associados a situações fisiográficas no caso de um mosaico de paisagem, como aquele descrito na Figura 8.12A, seria alguma forma de *análise de gradiente*. A sucessão ecológica é essencialmente um gradiente no tempo que interage com gradientes climáticos, topográficos e espaciais. Como enfatizado no começo deste capítulo, todos os clímaces mostrariam um equilíbrio de pulsação entre P e R.

A sucessão ecológica *autogênica* resulta das mudanças no meio ambiente produzidas pelos próprios organismos. Portanto, quanto mais extremo for o substrato físico, mais difícil se torna a modificação do ambiente, e mais provável que o desenvolvimento daquela comunidade pare de repente no clímax regional teórico. As regiões variam consideravelmente na proporção da área que pode sustentar comunidades em clímax climático. Nos solos profundos das Planícies Centrais dos Estados Unidos, os primeiros colonos encontraram uma grande fração de terra coberta com a mesma vegetação clímax. Em contraste, na planície costeira do sudeste dos Estados Unidos, mais baixa, geologicamente jovem e arenosa, o clímax climático teórico (uma floresta perene de folhas largas) era tão raro como é hoje. A maior parte da Planície Costeira é ocupada por pinheiros de clímax edáfico ou comunidades de áreas úmidas ou seus estágios serais. Os furacões frequentemente têm impacto devastador sobre esses ecossistemas costeiros, causando desfolhamento maciço e derrubadas de árvores, e alterando a ciclagem de nutrientes. O furacão Hugo, por exemplo, que varreu o Sul dos Estados Unidos e Porto Rico em 1989, destruiu muitas áreas de pinheiros antigos de *Pinus palustris* – habitat original do pica-pau-de-cocar-vermelho (*Picoides borealis*).

Em oposição, os oceanos, que ocupam bacias antigas no aspecto geológico, podem ser considerados em estado maduro no que diz respeito ao desenvolvimento da comunidade. Contudo, a sucessão sazonal e a sucessão posterior à perturbação ocorrem, especialmente em águas costeiras, do modo como já mencionado.

Um exemplo de contraste dramático entre clímaces edáfico e regional é mostrado na Figura 8.13. Em uma certa área costeira do norte da Califórnia, florestas de sequóias gigantes aparecem lado a lado com florestas anãs de árvores pequenas

Figura 8.13 Clímaces edáficos na costa oeste do norte da Califórnia. Florestas de altas sequóias e coníferas anãs crescem lado a lado em terraços marinhos adjacentes. A natureza atrofiada da floresta anã deve-se à presença de canga cimentada de ferro no horizonte B, acerca de 18 polegadas (0,5 m) abaixo da superfície. O solo acima do subsolo impenetrável é extremamente ácido (pH 2,8–3,9) e com baixos teores de Ca, K, P e outros nutrientes (segundo Jenny et al., 1969).

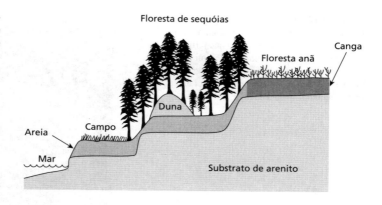

e atrofiadas. Como representado na Figura 8.13, o mesmo substrato de arenito é a base para ambas as florestas, mas a floresta anã ocorre onde uma canga laterítica impenetrável perto da superfície restringe muito o desenvolvimento radicular e o movimento de água e nutrientes. A vegetação que alcança a condição de clímax nessa situação especial é quase totalmente diferente em composição e estrutura de espécies daquelas das áreas adjacentes que não apresentam a canga.

Logicamente, os seres humanos têm muita influência sobre o progresso da sucessão e o sucesso dos clímaces. Quando uma comunidade biótica que não é clímax edáfico ou climático de um determinado lugar é mantida por pessoas ou animais domésticos, podemos chamá-la de **disclímax** (clímax de perturbação) ou **subclímax antropogênico** (gerado pelo ser humano). Por exemplo, o sobrepastejo pelo gado pode produzir uma comunidade desértica de arbusto creosoto, algarobeiras e cactos, em que o clima local realmente permitiria que o campo se mantivesse. A comunidade desértica seria o disclímax e o campo seria o clímax climático. Nesse caso, a comunidade desértica é uma evidência do mau manejo por parte dos seres humanos, ao passo que a mesma comunidade desértica em uma região com um verdadeiro clima desértico teria uma condição climáxica natural. Uma interessante combinação entre clímax edáfico e perturbação ocupa extensas áreas da região de campos da Califórnia, onde as espécies anuais introduzidas substituem quase que inteiramente as gramíneas dos prados nativos.

Os ecossistemas agrícolas (*agroecossistemas*), que têm permanecido estáveis por um longo período, podem ser considerados como clímaces (ou disclímaces) porque, em média anual, as importações mais a produção se equilibram com a respiração mais a exportação (colheita), e a agropaisagem permanece a mesma de ano para ano. A agricultura nos Países Baixos (Holanda e Bélgica) e as culturas de arroz antiquíssimas do Oriente são exemplos de estados climáxicos antropogênicos estáveis de longa duração. Infelizmente, os sistemas de produção agrícola industrializados, especialmente os atualmente manejados nos trópicos e nos desertos irrigados, não são, de modo algum, sustentáveis, visto que estão sujeitos a erosão, lixiviação, acúmulo de sal e irrupção de pragas. Para manter a produtividade alta em tais sistemas, será necessário um aumento de subsídios químicos e de energia, mas subsídios demasiados podem tornar-se um estresse. Para informações detalhadas sobre experiências de longa duração na agricultura e silvicultura, ver o livro editado por R. A. Leigh e A. E. Johnston (1994) intitulado *Long-Term Experiments in Agricultural and Ecological Sciences* (Experiências de Longa duração em Ciências Ecológicas e Agrícolas). A Figura 8.14 é uma fotografia de um projeto de fertilização de longa

Figura 8.14 Experimento no Parque de Rothamsted sobre fertilização de uma área de campo que começou em 1856. Parcelas não fertilizadas têm uma diversidade biótica alta; parcelas de monocultura são dominadas pelo *Holcus lanatus* em que nitrogênio, fósforo e potássio foram aplicados gerando um solo de pH 3,5.

duração (desde 1856), localizado no Parque de Rothamsted. Parcelas não fertilizadas são caracterizadas pela alta diversidade biótica, comparadas às parcelas de "monocultura" dominadas pelo *Holcus lanatus*.

Em resumo, a composição das espécies tem sido com frequência usada como um critério para determinar se uma dada comunidade é um clímax. Contudo, apenas esse critério, muitas vezes, não é suficiente, porque a composição das espécies não só varia muito como também muda consideravelmente, de acordo com as estações do ano e as flutuações meteorológicas em curto prazo, ainda que o ecossistema permaneça estável. Como já indicado, a razão *P/R* ou outros critérios funcionais fornecem índices precisos de comunidades clímax.

3 Evolução da Biosfera

Enunciado

Como no desenvolvimento do ecossistema de curto prazo, descrito na Seção 1 deste capítulo, a evolução da ecosfera em longo prazo é definida por (1) *forças alogênicas* (externas), como mudanças climáticas e geológicas; e (2) *forças autogênicas* (internas), como a *seleção natural* e outros processos de auto-organização resultantes das atividades de organismos no ecossistema. Os primeiros ecossistemas, 4 bilhões de anos atrás, foram povoados por minúsculos heterótrofos anaeróbicos que viviam de matéria orgânica sintetizada pelos processos abióticos. Em seguida, vieram a origem e a explosão populacional de bactérias verdes autótrofas, as quais, acredita-se, desempenharam um papel dominante em iniciar a conversão de uma atmosfera redutora dominada por CO_2 em oxigenada. A partir de então, os organismos têm evoluído através de longas eras geológicas para sistemas cada vez mais complexos e diversos que (1) atingiram o controle da atmosfera; e (2) são povoados por espécies pluricelulares maiores e mais organizadas. Acredita-se que a mudança evolutiva ocorre principalmente por meio da seleção natural no nível das espécies ou abaixo, mas a seleção natural acima desse nível também é importante, em especial (1) a **coevolução**, que é a seleção recíproca entre autótrofos e heterótrofos independentes sem trocas genéticas diretas; e (2) a **seleção de grupo** ou de **comunidade**, a qual conduz à manutenção de traços favoráveis ao grupo mesmo quando eles são desvantajosos aos que contêm os genes dentro do grupo.

Explicação

No Capítulo 2 já se esboçou resumidamente a história da vida na Terra em relação à discussão da hipótese Gaia. O padrão principal da evolução de organismos e da atmosfera oxigenada – dois fatores que fazem com que a biosfera da Terra seja única entre os planetas do nosso sistema solar – é esquematizado na Figura 8.15.

O relógio biológico (Figura 8.16) mostra a história completa da vida na Terra, começando pela origem do planeta há aproximadamente 5 bilhões de anos e o aparecimento da primeira vida microbiana há aproximadamente 4 bilhões de anos. Durante a longa era de 3,5 bilhões a 2 bilhões de anos atrás, a bactéria fotossintetizante, particularmente as cianobactérias, adicionou oxigênio na atmosfera, abrindo caminho para a origem e a evolução dos eucariotos macroscópicos aeróbicos. Dentro do que conhecemos como Eon Fanerozóico – os últimos 570 milhões de anos –, evoluíram animais, plantas atuais e, por último, os seres humanos. O Eon Fanerozóico é ainda dividido entre as eras Paleozóica (insetos e répteis primitivos), Mesozóica (primeiras aves e mamíferos) e Cenozóica (primeiros hominídeos e seres humanos) (ver Figura 8.16).

Os cientistas, de um modo geral, acreditam que, quando a vida começou na Terra, a atmosfera continha nitrogênio, amônia, hidrogênio, dióxido de carbono, metano e vapor de água, mas sem oxigênio livre. A atmosfera também continha cloro, sulfito de hidrogênio e outros gases que seriam tóxicos para muitos seres vivos atuais. A composição da atmosfera naquele tempo foi em grande parte determinada por gases vulcânicos, os quais eram muito mais ativos naquela época do que hoje. Por causa da ausência de oxigênio, não havia a camada de ozônio (a ação da radiação de ondas curtas sobre o O_2 produz O_3 ou *ozônio*, que absorve a radiação de ultravioleta) que protegesse a Terra da mortal radiação ultravioleta do Sol. Tal radiação mataria qualquer vida exposta, porém, por mais estranho que seja,

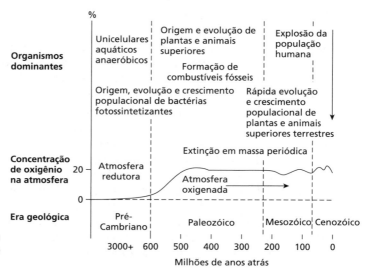

Figura 8.15 A evolução da biosfera e seus efeitos sobre a atmosfera (E. P. Odum, 1997).

Figura 8.16 Relógio biogeológico. A grande antiguidade da nossa ecosfera contrasta com a natureza relativamente jovem das plantas e dos animais. Por quase 2 bilhões de anos, os microrganismos constituíram a única forma de vida na Terra e continuam até hoje a dominar as funções básicas do ecossistema, como a ciclagem de material (De acordo com Des Marais, D. J. When did photosynthesis emerge on Earth? *Science* 289 [5485]: 1703-1795, 8 set. 2000).

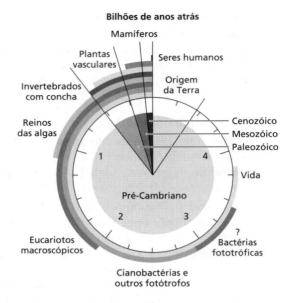

pensa-se que essa radiação engatilhou uma evolução química conduzindo a moléculas orgânicas complexas como os aminoácidos, os quais se tornaram os blocos de construção para a vida primitiva. A quantidade muito pequena de oxigênio não biológico produzido pela dissociação de vapor de água pela radiação ultravioleta pode ter fornecido ozônio suficiente para formar um fino escudo contra a radiação ultravioleta. Contudo, enquanto o oxigênio atmosférico e o ozônio permanecessem escassos, a vida poderia desenvolver-se apenas sob a cobertura de proteção da água. Portanto, os primeiros organismos vivos eram aquáticos, anaeróbicos semelhantes a leveduras, que obtiveram a energia necessária para respiração pelo processo de fermentação. Como a fermentação é muito menos eficiente que a respiração oxidativa, essa vida primitiva não poderia evoluir além do estágio unicelular procarioto (não nucleado). Tal vida primitiva teve também um suprimento alimentar muito limitado, pois dependia do lento afundamento de materiais orgânicos sintetizados pela radiação ultravioleta nas camadas superiores da água, onde micróbios famintos não poderiam aventurar-se! Assim, por milhões de anos, a vida deve ter existido em uma condição muito precária e limitada. Esse modelo de ecologia primitiva requer profundidades de água suficientes para absorver a mortal ultravioleta, mas não tão profunda que reduza demais a luz visível. A vida pode ter-se originado no fundo de poças ou em mares rasos e protegidos, alimentados, provavelmente, por fontes termais ricas em nutrientes químicos. Com a descoberta das comunidades de fontes termais de profundezas marinhas (ver Capítulo 2), alguns cientistas levantaram a hipótese de que a primeira vida poderia ter sido originada nesses locais.

A origem da fotossíntese é coberta de mistérios (para detalhes, ver o artigo escrito por Des Marais, 2000, intitulado "When Did Photosynthesis Emerge on Earth" – "Quando a Fotossíntese Surgiu na Terra?"). Talvez as pressões da seleção, exercidas pela escassez de alimento orgânico, tenham desempenhado um papel. O acúmulo gradual do oxigênio produzido por fotossíntese e sua difusão na atmosfera cerca de 2 bilhões de anos atrás (Figura 8.15) trouxeram mudanças extraordinárias para a geoquímica da Terra e tornaram possíveis a rápida expansão da vida e o desenvolvimento da célula eucariota (nucleada), a qual conduziu à evolução de organismos vivos maiores e mais complexos. Muitos minerais, como o ferro, precipitaram na água, produzindo formações geológicas características.

Como a quantidade de oxigênio aumentou na atmosfera, a camada de ozônio formada na atmosfera superior tornou-se espessa o suficiente para filtrar a entrada da radiação ultravioleta destrutiva ao DNA. A vida poderia então alcançar mais livremente a superfície do mar. Assim, seguiu-se o que Cloud (1978) chamou de "terra tornando-se verde". A respiração aeróbica tornou possível o desenvolvimento de organismos pluricelulares complexos. Acredita-se que as primeiras células nucleadas surgiram quando o oxigênio atingiu aproximadamente 3% a 4% de seu nível atual (ou aproximadamente 0,6 % da atmosfera, comparado com os atuais 20%), uma época agora datada em pelo menos 1 bilhão de anos atrás. Margulis (1981, 1982) fez uma forte defesa da teoria de que a célula eucariota se originou como micróbios independentes que se uniram por mutualismo, processo análogo à moderna evolução de liquens.

O primeiro animal pluricelular (Metazoário) surgiu quando o teor do oxigênio atmosférico alcançou aproximadamente 8%, mais ou menos 700 milhões de anos atrás (Figuras 8.15 e 8.16). O termo *Pré-cambriano* é usado para cobrir aquele vasto período de tempo quando somente existia a pequena vida unicelular procariota. Durante o período Cambriano (aproximadamente 500 milhões de anos atrás), houve uma explosão evolutiva de vida nova, tal como esponjas, corais, vermes, moluscos, algas marinhas e os ancestrais das plantas com sementes e dos vertebrados. Assim, o fato de que as minúsculas plantas verdes marinhas eram capazes de produzir excesso de oxigênio sobre a respiração ($P/R>1$) necessária para todos os organismos permitiu que toda a Terra fosse povoada, em um período de tempo comparativamente pequeno do ponto de vista geológico. Nos períodos seguintes à era Paleozóica, a expansão da biosfera estava completa em todo o planeta. A cobertura verde da vegetação terrestre em desenvolvimento forneceu mais oxigênio e alimento para a subsequente evolução de criaturas grandes, como dinossauros, aves, mamíferos e, finalmente, os seres humanos. Ao mesmo tempo foram acrescentadas, ao fitoplâncton oceânico com paredes orgânicas, primeiro as formas com parede calcária e depois silicosa.

Quando o uso do oxigênio finalmente alcançou a produção de oxigênio na era Paleozóica média (aproximadamente 400 milhões de anos atrás), a concentração de oxigênio na atmosfera atingiu seu atual nível de mais ou menos 20%. Assim, do ponto de vista ecológico, parece muito provável que a evolução da biosfera tenha sido uma sucessão heterotrófica seguida de um regime de clímax autotrófico, tal como poderia ser estabelecido em um microcosmo de laboratório, iniciado com um meio de cultura enriquecida de matéria orgânica. Durante a era Paleozóica tardia, parece ter havido redução do O_2 e aumento do CO_2, acompanhados de mudanças climáticas. O aumento do CO_2 pode ter disparado uma vasta floração autotrófica que produziu os combustíveis fósseis, dos quais a civilização humana industrial de hoje depende. Após um retorno gradual para uma atmosfera com teor alto de O_2 e teor baixo de CO_2, o saldo O_2/CO_2 permaneceu no que poderia ser chamado de *estado estável oscilante*. O CO_2 antropogênico, os aerossóis e a poluição por poeira podem estar contribuindo para esse equilíbrio precário ficar ainda mais instável (como discutido nos Capítulos 2 e 4).

A história da atmosfera, como rapidamente descrita aqui, deve ser compartilhada entre alunos e cidadãos, porque dramatiza a absoluta dependência que os seres humanos têm de outros organismos. De acordo com a hipótese Gaia (Capítulo 2), o controle homeorético, exercido em especial pelos microrganismos, desenvolveu-se muito cedo na história da ecosfera. Uma hipótese contrária é que a vida primitiva foi induzida pelas mudanças físicas e químicas e por processos geológicos envolvidos no resfriamento da Terra. Em outras palavras, a evolução inicial da vida foi mais autogênica do que alogênica ou vice-versa? Muito debatida também é a questão sobre

364 Fundamentos de Ecologia

se a evolução da vida ocorre gradualmente ou em pulsos intensos (curtos períodos de rápida mudança alternando com longos períodos com pequenas mudanças ou nenhuma mudança) como sugerido por registro fóssil. Essa questão será considerada na próxima seção.

O constante deslocamento dos continentes no decorrer dos tempos – um processo conhecido como **deriva continental** ou **tectônica de placas** – também contribui de forma importante na evolução da vida. Para mais discussões sobre esse processo, ver J. T. Wilson (1972) e Van Andel (1994). Para uma consideração sobre a evolução da vida, ver *Early Life* de Margulis (1982) e Margulis (2001).

4 Comparação entre Microevolução e Macroevolução, Seleção Artificial e Engenharia Genética

Enunciado

A *espécie* é uma unidade biológica natural mantida por compartilhar um estoque comum de genes. A evolução envolve a mudança na frequência de genes como resultado de (1) *pressão seletiva* do ambiente e interação entre espécies (2) *mutações recorrentes*, e (3) *deriva genética* (mudanças estocásticas ou ao acaso na estrutura do gene). **Especiação** – a formação de novas espécies e o desenvolvimento da diversidade de espécies – ocorre quando o fluxo gênico dentro do estoque comum é interrompido por um mecanismo de isolamento. Quando o isolamento ocorre pela separação geográfica de populações descendentes de um ancestral comum, pode resultar em uma **especiação alopátrica** (diferente área geográfica). Quando o isolamento ocorre por meios ecológicos ou genéticos na mesma área geográfica, a **especiação simpátrica** (área geográfica comum) torna-se uma possibilidade. Atualmente, não se tem certeza de até que ponto a especiação é um processo lento e gradual (**microevolução**) ou um processo de mudanças rápidas e periódicas (**macroevolução**). Parece agora que a especiação simpátrica e a macroevolução são mais comuns do que se pensava.

Explicação

Desde a época de Darwin, os biólogos aderiram à teoria de que a mudança evolutiva é um processo lento e gradual que envolve muitas pequenas mutações e seleção natural contínua daquelas mutações que fornecem vantagens competitivas no nível do indivíduo. Contudo, lacunas nos registros fósseis e frequentes falhas em encontrar formas de transição ("elos perdidos") levaram muitos paleontólogos a aceitar o que Gould e Eldredge (1977) chamaram de *teoria de equilíbrio pontuado*. De acordo com essa teoria, as espécies permanecem inalteradas em um tipo de equilíbrio evolutivo por longos períodos. Então, de vez em quando, o equilíbrio é "pontuado" quando uma pequena população divide-se da espécie parental e rapidamente evolui para uma nova espécie sem deixar formas de transição no registro fóssil. A nova espécie pode ser diferente o bastante para coexistir com a espécie parental em vez de substituí-la, ou ambas podem se extinguir. A teoria evolutiva pontuada não enfatiza a competição no nível do indivíduo como uma força propulsora, mas até agora não há consenso sobre a explicação do que poderia induzir uma população a fugir de súbito para formar uma unidade reprodutiva nova, geneticamente isolada. Para mais comparações entre macroevolução e microevolução, ver Gould e Eldredge (1977), Rensberger (1982) e Gould (2000, 2002).

As espécies que ocorrem em regiões geográficas diferentes ou que são separadas por uma barreira espacial são chamadas de *alopátricas*; as que ocorrem em regiões comuns são chamadas *simpátricas*. A especiação alopátrica tem sido considerada o principal mecanismo pelo qual as espécies se originam. De acordo com essa visão convencional, dois segmentos de uma população em intercruzamento livre tornaram-se espacialmente separados, como em uma ilha, ou por uma cadeia de montanhas. Com o tempo, acumula-se uma quantidade suficiente de diferenças genéticas em isolamento, de tal modo que os segmentos, quando se encontram de novo, não serão mais capazes de trocar genes entre si (intercruzamento), assim, coexistem como espécies distintas em nichos diferentes. Algumas vezes, essas diferenças são mais acentuadas pelo *deslocamento de caracteres*. Quando duas espécies próximas se sobrepõem em suas distribuições, por causa dos efeitos seletivos da competição, tendem a divergir em uma ou mais características morfológicas, fisiológicas ou comportamentais na área da sobreposição, e a convergir (para permanecerem ou se tornarem similares entre si) nas partes de sua distribuição onde cada espécie ocorre sozinha.

Aumentam as evidências de que não é necessária a separação geográfica estrita para a especiação e que a especiação simpátrica pode ser mais difundida do que se acreditava. As populações podem tornar-se geneticamente isoladas dentro da mesma área geográfica como resultado de padrões reprodutivos e comportamentais, como colonização, dispersão restrita de propágulos, reprodução assexuada, seleção e predação. Com o tempo, acumulam-se diferenças genéticas suficientes nos segmentos da população local a ponto de impedirem o intercruzamento.

Exemplos

Um exemplo clássico de especiação alopátrica (resultante do isolamento geográfico) com subsequente deslocamento de caracteres é o caso bem documentado dos tentilhões das Galápagos, primeiro descrito por Darwin, que visitou as ilhas Galápagos durante a sua famosa viagem a bordo do *Beagle*. A partir de um ancestral comum, um grupo inteiro de espécies evoluiu em isolamento nas diferentes ilhas, sofrendo radiação adaptativa de modo que uma variedade de potenciais nichos foi eventualmente explorada na reinvasão. Essas espécies de tentilhões hoje incluem insetívoros de bico delgado, comedores de sementes de bico grosso, alimentando-se sobre o solo e nas árvores, tentilhões grandes e pequenos e até um tentilhão semelhante a um pica-pau, que, embora dificilmente capaz de competir como um verdadeiro pica-pau, sobrevive na ausência de invasão por pica-pau. A Figura 8.17 mostra como o tamanho do bico varia em um dos tentilhões das Galápagos, dependendo de se a espécie está sozinha em uma ilha ou coexiste com duas outras espécies próximas em outra ilha maior. Na última situação (Figura 8.17B), os bicos estão "deslocados" para uma profundidade maior de modo a não se sobreporem com o tamanho do bico do seu competidor. Como resultado, a competição pelo alimento é reduzida, pois cada espécie está adaptada para se alimentar de sementes de tamanhos diferentes. Em adição ao clássico livro sob o título *Darwin's Finches*, de David Lack (1947a), esse processo evolutivo foi revisto por Grant (1986) e Grant e Grant (1992).

As marismas da Inglaterra fornecem um exemplo de especiação simpátrica, resultante de hibridação e poliploidia. Quando a espartina americana (*Spartina alterniflora*) foi introduzida nas ilhas britânicas, ela cruzou com a espécie nativa (*S. maritima*) para produzir uma nova espécie poliploide (*S. townsendii*), que hoje invade antigas planícies de maré não ocupadas pelas espécies nativas.

Figura 8.17 Tamanho do bico de *Geospiza fortis*, um dos tentilhões de Darwin, (A) quando sozinha na Ilha Galápagos e (B) quando em competição com *Geospiza fuliginosa* em outras ilhas. O tamanho do bico aumentou quando os competidores estavam presentes – um exemplo de deslocamento de caráter (modificado segundo Lack, 1947a; Grant, 1986).

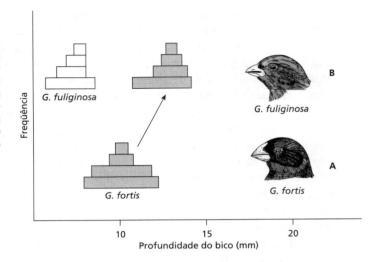

Durante décadas, achava-se que o que veio a ser conhecido como "melanismo industrial" era um exemplo de seleção natural rápida resultante da poluição industrial. A hipótese era de que as mariposas de pigmentação salpicada escura (*Biston betularia*) evoluíram em áreas industriais da Inglaterra onde as cascas das árvores tinham escurecido muito por causa da poluição industrial que mata os liquens que dão à casca normal uma aparência clara. Kettlewell (1956) forneceu a evidência de que as mariposas escuras sobreviviam melhor em bosques com troncos de árvores escuras (poluídas) e as mariposas claras em bosques rurais naturais, supostamente em consequência da predação pelos pássaros de indivíduos sem a coloração protetora. Os cientistas hoje admitem que a explicação real em relação às pressões seletivas sobre *B. betularia* é muito mais complicada do que muitos foram levados a acreditar. Recomendamos a leitura do livro *Of Moths and Men*[1] de Judith Hooper, para uma excelente visão geral sobre a controvérsia das mariposas salpicadas. Essa controvérsia nos leva naturalmente ao assunto da seleção direta ou intencional pelos seres humanos.

Seleção Artificial e Domesticação

A seleção feita para adaptar plantas e animais às necessidades humanas é conhecida como **seleção artificial**. A domesticação ou cultivo de plantas e animais envolve mais do que a modificação da genética de uma espécie, pois são necessárias adaptações recíprocas entre as espécies domesticadas e o domesticador. O termo *cultivo* para a seleção artificial das plantas é preferido por muitos. Aqui usaremos o termo **domesticação** no sentido geral tanto para plantas como para animais. Portanto, a domesticação nos leva a uma forma especial de mutualismo. Os humanos frequentemente caem na armadilha achando que domesticar outro organismo mediante seleção artificial significa simplesmente "dobrar" a natureza para servir às necessidades humanas. Na verdade, a domesticação produz mudanças (ecológicas, sociais e até genéticas) nas pessoas, bem como nos organismos domesticados. Por exemplo, as pessoas são tão dependentes do milho quanto o milho é dependente delas. A sociedade que depende do milho para alimentação desenvolve uma cul-

---

[1] "Sobre Mariposas e Homens", sem tradução no Brasil (N.E.).

tura muito diferente de uma que depende do gado. É realmente uma dúvida saber quem se torna mais dependente de quem!

A seleção artificial em plantas para colheita – uma importante base da Revolução Verde – é um exemplo de interdependência entre as espécies domesticadas e o domesticador humano. O aumento do rendimento é obtido selecionando para aumento da **razão de colheita**, que é a razão entre o grão (ou outra parte comestível) e os tecidos de suporte (folhas, raízes e troncos). Como foi observado no Capítulo 3, o aumento do rendimento deve sacrificar alguma parte da capacidade de autossustentação adaptativa da planta. Portanto, as plantas de linhagens altamente selecionadas requerem subsídios energéticos, de fertilizantes e de pesticidas maciços, que provocam profundas mudanças na estrutura social, econômica e política da sociedade humana (para detalhes, ver E. P. Odum e Barrett, 2004). Muitos países economicamente pobres estão considerando essas exigências socioeconômicas e de recursos como o maior obstáculo no uso de variedades de alto rendimento para aumentar seu suprimento alimentar. Entretanto, os países ricos estão percebendo que o escoamento de fertilizantes e pesticidas produz sérios problemas de poluição das águas (para detalhes, ver Vitousek, Aber et al., 1997).

Ao longo da história, sérios problemas ambientais foram causados pelas plantas e pelos animais domesticados que escaparam de volta para a natureza (tornaram-se ferais) e transformaram-se em pragas importantes. Um *organismo feral* difere de seu ancestral selvagem no sentido de ter passado por um período de seleção artificial, durante o qual pode ter obtido algumas novas características e perdido alguns dos traços originais "selvagens". Ao retornar para a natureza, a espécie feral novamente está sujeita à seleção natural, que favorece as características necessárias para a sobrevivência por sua própria conta. Por exemplo, uma pelagem manchada, de cor clara em um corpo de tamanho grande é desfavorecida pela seleção quando porcos domésticos voltam para a natureza e, assim, o porco feral se torna pequeno e com pelagem de cor escura. A combinação da seleção natural e artificial parece produzir plantas e animais que prosperam em habitats que foram parcialmente alterados ou perturbados (isto é, em áreas de fragmentação de habitat extensiva).

Engenharia Genética em Agroecossistemas

A **engenharia genética** implica a manipulação do DNA e a transferência do material genético entre espécies. Embora haja muitas aplicações potenciais dessa nova tecnologia, a primeira aplicação controversa e em uso em larga escala é na agricultura, envolvendo gerações de cultivares *transgênicos* ou geneticamente modificados que são resistentes a herbicida, doença ou inseto. Teoricamente, a introdução de tais cultivares deveria reduzir as perdas de colheitas por doença, ervas daninhas e pragas e reduzir o uso de pesticidas. Contudo, como sempre acontece com a tecnologia focada, tal teoria não leva em consideração a situação na sua totalidade, incluindo as implicações ecológicas, econômicas, sociais e políticas. O plantio maciço de monoculturas transgênicas leva à uniformidade genética, o que aumenta a dependência do agricultor individual em corporações multinacionais que controlam as inovações. A teoria e a pesquisa ecológicas em andamento mostram que as monoculturas transgênicas podem ter sérios impactos ambientais que podem ir do (1) aumento no fluxo de genes entre os cultivares e os parentes "daninhos", criando "superplantas daninhas"; (2) rápido desenvolvimento de resistência a inseto; ao (3) impacto sobre os organismos do solo e outros organismos que não são alvos. Para uma revisão sobre os impactos potenciais, ver Altieri (2000).

O relatório emitido pela Academia Nacional de Ciências (Estados Unidos) intitulado "Transgenic Plants and World Agriculture" (2000), compilado em colaboração

368 Fundamentos de Ecologia

com as academias de ciências de sete outros países, enfatiza a necessidade das plantas transgênicas para a melhoria das colheitas para alimentar a população faminta. Talvez a mais ambiciosa engenharia genética que contempla a agricultura envolva a tentativa de aumentar a eficiência da enzima da fotossíntese RuBis CO_2, que interage com o CO_2 para iniciar uma cadeia de reações bioquímicas que converte a luz solar em alimento. Uma possibilidade é transferir o mais eficiente RuBis CO_2 encontrado em algas vermelhas (que estão adaptadas a crescer em intensidades luminosas muito baixas no mar) para plantas de colheita, como o arroz. Outra possibilidade é transferir a fotossíntese C_4 para plantas C_3. Como observado no Capítulo 3, as plantas C_4 produzem melhor sob sol pleno, típico de climas secos e quentes. Ver Mann (1999) para revisão de possibilidades e dificuldades relativas à engenharia genética.

5 Relevância do Desenvolvimento do Ecossistema para a Ecologia Humana

Enunciado

Os princípios do desenvolvimento do ecossistema têm ligações profundas com as relações entre os seres humanos e a natureza, uma vez que as tendências de desenvolvimento, tanto em sistemas naturais como em sociedades humanas, envolvem, em longo prazo, do estágio de juventude (pioneiro) até o estágio maturo. Em curto prazo, os humanos ambicionam prolongar o estágio de crescimento. O propósito de desenvolver estrutura e complexidade crescentes por unidade de fluxo de energia (uma estratégia de proteção máxima) contrasta com a meta humana de produção máxima (tentar obter rendimento o mais alto possível). Reconhecer a base ecológica para esse conflito entre seres humanos e natureza é o primeiro passo para estabelecer políticas racionais de gestão do meio ambiente enquanto as sociedades amadurecem.

Explicação

As Figuras 8.2B e 8.3 representam um conflito básico entre as estratégias dos humanos e as da natureza. A repartição de energia exibida em um desenvolvimento inicial, como em um microcosmo de 30 dias ou em uma floresta de 30 anos, ilustra como os líderes econômicos e políticos pensam que a natureza deve ser conduzida. Por exemplo, a meta da agricultura industrial ou silvicultura intensiva, hoje generalizadas, é atingir altas taxas de produção para produtos que possam ser prontamente colhidos, com pouca biomassa deixada para acumular na paisagem – em outras palavras, uma alta relação *P/B*. Por outro lado, a estratégia da natureza, como foi visto no resultado do processo sucessional, é direcionada no sentido da eficiência inversa – uma razão *B/P* alta. Os seres humanos geralmente se preocupam em obter da natureza o máximo de produção possível desenvolvendo e mantendo *tipos sucessionais iniciais* de ecossistemas, frequentemente monoculturas. Mas, é claro, os seres humanos não vivem somente do alimento e da fibra; eles também precisam de uma atmosfera balanceada com baixo teor de CO_2 e alto de O_2, do amortecimento climático fornecido pelos oceanos e massas de vegetação e de água limpa (isto é, oligotrófica) para uso em cultivo e industrial. Vários recursos essenciais dos ciclos de vida, para não mencionar as necessidades de recreação, são mais bem fornecidos pelos ecossistemas e paisagens *menos produtivos*. Em outras palavras, a paisagem não é apenas um entreposto de suprimentos, mas também o *oikos* – a casa – no qual os humanos devem viver. Até recentemente, a maioria dos humanos tinha como certos a troca gasosa, a purificação da água, a ciclagem de nutrientes e outras funções protetoras (capital natural) dos ecossistemas em automanutenção – isto é, até que os números dos humanos e as manipulações do meio ambiente por eles tornaram-se grandes o suficiente para afetar os equilíbrios regionais e globais. Uma paisagem mais benéfica e certamente mais ampla para viver é aquela que contém diversidade de cultivos, florestas, lagos, córregos, margens de estrada, brejos, marismas, praias e "áreas naturais" – em outras palavras, *uma mistura de comunidades em diferentes estágios de desenvolvimento de ecossistema*. Como indivíduos, os humanos mais ou menos instintivamente selecionam ou cercam suas casas com proteções não comestíveis (árvores, arbustos e grama) e, ao mesmo tempo, ambicionam aliciar alqueires extras em suas áreas. Por exemplo, o milharal pode ser uma "coisa boa" logicamente, mas a maioria das pessoas não gostaria de morar no meio de um. Seria um suicídio cobrir toda a área terrestre da biosfera com plantações, porque não haveria o amortecedor dos suportes vitais não comestíveis, que são vitais para a estabilidade biosférica e estética – sem mencionar que isso atrairia doenças epidêmicas.

Uma vez que é impossível maximizar os usos conflitantes no mesmo sistema, duas possíveis sugestões para o dilema são autossugestionáveis. Ou os humanos podem continuamente assumir um *compromisso* entre a quantidade da produção e qualidade do espaço para viver ou podem deliberadamente *compartimentalizar* a paisagem para manter tanto os ecossistemas produtivos como os predominantemente protetores como unidades separadas, sujeitas a diferentes estratégias de gestão (indo da gestão de cultivo intensivo à gestão da natureza). A Figura 8.18 representa esse modelo de divisão em compartimentos. Se a teoria do desenvolvimento do ecossistema for válida e aplicável ao planejamento, então a estratégia de uso múltiplo, sobre a qual ouvimos tanto, vai funcionar somente mediante uma ou ambas dessas abordagens, pois, na maioria dos casos, os usos múltiplos pla-

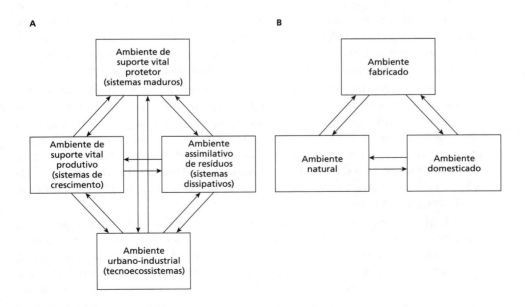

Figura 8.18 Modelos de compartimento para planejamento do uso da paisagem. (A) Repartição de acordo com a teoria do ecossistema. (B) De acordo com a visão de arquitetos e projetistas de paisagem.

nejados entram em conflito entre si. Por exemplo, as barragens de grandes rios normalmente aliciam uma grande variedade de benefícios, como geração de energia industrial, controle de enchentes, abastecimento de água, produção pesqueira e recreação. Mas esses usos entram em conflito entre si, pois, para o controle da enchente, a água deve ser drenada antes da estação das cheias – uma ação que reduz a geração de energia e interfere na recreação. Portanto, pode-se maximizar para um uso simples ou talvez vários usos rigorosamente acoplados enquanto se reduz outros usos, ou pode-se estabelecer alguns entre todos os usos (quer dizer, comprometer-se). É apropriado, então, examinar alguns exemplos de estratégias de divisão de compartimentos e de compromisso.

Estabilidade de Pulso

Uma perturbação física mais ou menos regular, mas aguda, vinda de fora, pode manter um ecossistema em algum ponto intermediário na sequência do desenvolvimento, resultando, por assim dizer, em um compromisso entre a juventude e a maturidade. Um exemplo é o que poderia ser denominado "ecossistemas com nível de água flutuante". Estuários e zonas entremarés são, em geral, mantidos em um estágio de desenvolvimento inicial, relativamente fértil pelas marés, que fornecem energia para a rápida ciclagem de nutrientes. Da mesma forma, os pântanos de água doce, como os everglades da Flórida, são mantidos em um estágio sucessional inicial pelas flutuações sazonais nos níveis de água. O abaixamento do nível da água no período de seca acelera a decomposição aeróbica de matéria orgânica acumulada, liberando nutrientes que, no próximo alagamento, sustentam uma floração de produtividade na estação de chuvas. A história natural de muitos organismos está intimamente acoplada a essa periodicidade (por exemplo, a sincronização da reprodução do jaburu, *Mycteria americana*). Estabilizar os níveis de água dos everglades por meio de diques, eclusas e represamentos vai destruí-lo em vez de preservá-lo, uma vez que nós sabemos muito bem como seria totalmente drenado. Sem os abaixamentos do nível da água e incêndios periódicos, as bacias rasas se preencheriam com matéria orgânica e a sucessão prosseguiria da presente condição de lagoas e prados para um matagal arbustivo ou uma floresta de pântano. Atualmente, o dinheiro dos contribuintes está sendo gasto na restauração dos everglades, recuperando o padrão original de fluxo da água pulsante.

É lamentável que os humanos não reconheçam o quanto antes a importância das mudanças recorrentes no nível da água em uma situação natural como os everglades, mesmo que pulsos similares sejam a base para alguns de nossos mais duradouros sistemas de cultivo de alimento. A alternância entre preenchimento e drenagem de tanques tem sido, há séculos, um procedimento padrão no cultivo de peixes na Europa e no Oriente. Os procedimentos de inundação, drenagem e aeração do solo na cultura do arroz são outro exemplo. O arrozal inundado é, portanto, o análogo cultivado do ecossistema da marisma ou entremarés natural.

O fogo é um outro fator cuja periodicidade tem sido de vital importância ao longo dos séculos. Como descrito no Capítulo 5, a biota total, como aquelas das savanas africanas e do chaparral da Califórnia, adaptou-se ao fogo periódico, produzindo o que os ecólogos frequentemente chamam de "piroclímax". Durante séculos, as pessoas usaram o fogo deliberadamente para manter tais clímaces ou retroceder a sucessão para algum ponto desejado. A floresta controlada pelo fogo rende menos madeira do que uma *silvicultura* (árvores jovens, mais ou menos da mesma idade, plantadas em fileiras e colhidas em curta rotação), mas fornece uma cobertura protetora muito maior para a paisagem, madeira de melhor qualidade e lar para aves de caça (como codorna e peru selvagem) que não poderiam sobreviver em uma silvicultura. O piroclímax é um exemplo de um compromisso entre produção e simplicidade de um lado e proteção e diversidade de outro.

A *estabilidade de pulso* funciona somente se uma comunidade completa (incluindo não somente plantas mas também animais e microrganismos) for adaptada à frequência e à intensidade particulares da perturbação. A *adaptação* (operação do processo de seleção) requer tempos mensuráveis na escala evolutiva. A maioria dos estresses físicos introduzidos pelos seres humanos é súbita, violenta ou arrítmica demais para que a adaptação possa ocorrer, portanto resulta em intensa oscilação em vez de estabilidade. Em muitos casos, pelo menos, parece preferível modificar os ecossistemas naturalmente adaptados para fins de cultivo a replanejá-lo por completo.

Quando a Sucessão Falha

O título desta seção é também o título de um ensaio de Woodwell (1992), que escreveu sucintamente e com grande urgência sobre as loucuras ambientais cometidas pela humanidade e a necessidade de se tomar uma ação agora para lidar com as ameaças globais, como a contaminação atmosférica e o aquecimento global. Normalmente, quando uma paisagem é devastada por tempestades, incêndios ou outras catástrofes periódicas, a sucessão ecológica é o processo curativo que restaura o ecossistema. Contudo, quando as paisagens são muito maltratadas por longos períodos (erosão, salinação, remoção de toda a vegetação, contaminação por resíduos tóxicos etc.), a terra ou a água tornam-se tão empobrecidas que a sucessão não pode ocorrer mesmo após cessados os maus-tratos. Esses lugares representam uma nova classe de ambiente que irá permanecer indefinidamente estéril, a menos que sejam feitos esforços efetivos para restaurá-lo.

Quando o desenvolvimento de um ecossistema falha, há que se recorrer a um redesenvolvimento do ecossistema. Talvez essa seja a razão de haver tantos livros, revistas científicas e artigos se ocupando do que chamamos de *ecologia da restauração*. **Ecologia da restauração** é a aplicação da teoria ecológica à restauração ecológica de locais, ecossistemas e paisagens perturbados. M. A. Davis e Slobodkin (2004) definiram a ecologia da restauração como o processo de restauração de um ou mais atributos valorizados de uma paisagem. Winterhalder et al. (2004) observaram que as metas da ecologia da restauração exigem uma base científica ecologicamente plausível e socialmente relevante no longo prazo. Higgs (1997) salientou que a restauração ecológica funciona melhor como uma ciência integrativa, combinando especialistas de várias disciplinas científicas e campos de estudos não científicos. A restauração ecológica requer uma abordagem transdisciplinar para maximizar as metas da restauração e fornecer oportunidade para aprender mais sobre a estrutura e a função do ecossistema enquanto se "reconstroem" os locais e paisagens perturbados (isto é, testar ideias e conceitos ecológicos durante o processo de restauração). O processo de restauração resulta na restauração da função do ecossistema em vez de na restauração da estrutura exata de antes da perturbação. O campo da ecologia da restauração abarca de pequenas reivindicações até grandes desafios e oportunidades relacionados à gestão da paisagem.

A ecologia da restauração envolve a aplicação de princípios, conceitos e mecanismos do desenvolvimento do ecossistema na gestão e restauração dos sistemas perturbados. Esse campo de ecologia aplicada vai assumir um significado maior à medida que a humanidade acelerar a recuperação das paisagens atingidas (para discussões adicionais, ver Cairns et al., 1977, W. R. Jordan et al., 1987; Higgs, 1994, 1997; Hobbs e Norton, 1996; Meffe e Carroll, 1997; W. R. Jordan, 2003).

Teoria da Complexidade em Rede

O deslocamento no uso da energia, do *crescimento* à *manutenção*, que citamos como possivelmente a mais importante tendência na sucessão ecológica, tem seu paralelo em cidades e países em crescimento. Pessoas e governos erram ao antecipar que, conforme a densidade populacional cresce e o desenvolvimento urbano--industrial se intensifica, mais e mais energia, dinheiro e esforço de manejo devem ser dedicados aos serviços (água, esgoto, transporte e proteção) que mantêm o que já está desenvolvido para "expulsar a desordem". Consequentemente, haverá menos energia para o novo crescimento, o que eventualmente poderá vir somente à custa do desenvolvimento que já existe. Shannon (1950), o "pai da teoria da informação", observou que a desordem crescente é uma propriedade de *todos* os sistemas complexos. O que se entende por **lei da rede** pode ser descrito como segue:

$$C = N \left(\frac{N-1}{2} \right)$$

ou aproximadamente $N^2/2$.

Em outras palavras, o custo, C, de sustentar uma rede, N, de serviços é uma função potência – grosseiramente, um quadrado – de N. Isto é, quando uma cidade ou desenvolvimento *duplica* em tamanho, o custo da manutenção pode quadruplicar. Para mais informações sobre ecologia complexa, ver Patten e Jørgensen (1995) e Jørgensen (1997).

Modelos de Compartimento para uso da Terra

Ao pensar sobre como os princípios do desenvolvimento do ecossistema relacionam--se à paisagem, considere os modelos de compartimentos mostrados na Figura 8.18. A Figura 8.18A representa três tipos de ambientes que constituem os sistemas de suporte vital para o quarto compartimento, os tecnoecossistemas urbano-industriais, que são, em muitas maneiras, parasitas no ambiente de suporte vital (Figura 8.19). O ambiente produtivo humano abrange ecossistemas do tipo em crescimento ou sucessionais iniciais, como áreas de cultivo, pastagens, plantações de árvores e florestas intensamente manejadas que proporcionam alimentos e fibras. Ecossistemas maduros, como florestas antigas, campos climáxicos e oceanos, são mais protetores que produtivos. Eles estabilizam substratos, amortecem ciclos de ar e de água e moderam os extremos na temperatura e outros fatores físicos e ao mesmo tempo fornecem produtos. A terceira categoria de ecossistemas naturais e seminaturais, que arca com a maior parte da assimilação da imensa quantidade de resíduos produzidos pelos sistemas agrícolas e urbano-industriais, consiste em cursos de água (no continente ou na zona costeira), áreas úmidas e outros ambientes intensamente estressados. Os ecossistemas nessas categorias conscientemente arbitrárias estão em sua maioria, em relação ao desenvolvimento, em estágios sucessionais intermediários, eutrofizado ou em retenção. Todos esses componentes interagem de forma contínua em termos de entrada e saída (como mostrado pelas setas na Figura 8.19).

Dividir a paisagem em três componentes ambientais – natural, domesticado e fabricado – como é tradicional entre arquitetos de paisagens (Figura 8.18B), proporciona um outro modo conveniente de considerar as necessidades e inter-relações entre essas partes necessárias na nossa casa. Embora o ambiente *fabricado* ou

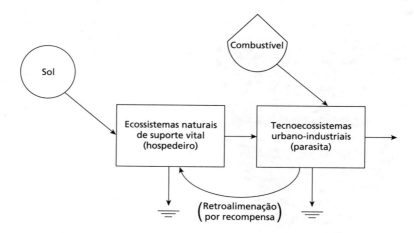

Figura 8.19 Modelo que ilustra a natureza parasita dos tecnoecossistemas urbano-industriais e a necessidade de conectar os ecossistemas de suporte vital com esses tecnoecossistemas, inclusive a alça de retroalimentação por recompensa (modificado de E. P. Odum, 1997; Barrett e Skelton, 2002).

urbanizado seja parasita do ambiente de suporte vital (natural e domesticado) para necessidades biológicas básicas (respirar, beber e comer), ele cria e exporta outros recursos, na maioria não bióticos, como fertilizantes, dinheiro, energia processada e bens que tanto beneficiam como estressam o ambiente de suporte vital. Muito mais pode ser feito para aumentar a saída de recurso enquanto se reduz o estresse e se usam os subsídios necessários para manter as saídas de "pontos quentes" de alta energia e densamente habitados. Contudo, nenhuma tecnologia praticável conhecida pode substituir em escala global os bens bióticos básicos de suporte vital e os serviços fornecidos pelo ecossistema natural.

Nos Capítulos 9, 10 e 11, vamos considerar as expectativas do planejamento no nível de paisagem e desenvolvimento orgânico para substituir os atuais procedimentos político-econômicos, fortuitos e quase sempre com orientação de curto prazo, que determinam o uso da terra e da água no século XXI.

9

Ecologia da Paisagem

1 Ecologia da Paisagem: Definição e Relação com o Conceito de Níveis de Organização
2 Elementos da Paisagem
3 Biodiversidade nos Níveis de Comunidade e Paisagem
4 Biogeografia de Ilhas
5 Teoria da Neutralidade
6 Escala Espaçotemporal
7 Geometria da Paisagem
8 Conceito de Sustentabilidade da Paisagem
9 Paisagens Domesticadas

1 Ecologia da Paisagem: Definição e Relação com o Conceito de Níveis de Organização

Enunciado

A **ecologia da paisagem** considera o desenvolvimento e a dinâmica da heterogeneidade espacial, as interações temporais e espaciais e trocas por meio de paisagens heterogêneas, as influências da heterogeneidade espacial nos processos bióticos e abióticos e o manejo da heterogeneidade espacial para o benefício e a sobrevivência da sociedade (Risser et al., 1984). A ecologia da paisagem é um campo integrativo de estudo que une a teoria ecológica com a aplicação prática; trata da troca de materiais bióticos e abióticos entre os ecossistemas; e investiga as ações humanas como respostas aos processos ecológicos e influências recíprocas no que diz respeito a eles.

A relação entre o padrão espacial e os processos ecológicos não se restringe a uma escala em particular. Por exemplo, os experimentos enfocados em uma escala espacial ou temporal vão provavelmente beneficiar-se de experimentos tanto em escalas mais amplas como em mais restritas, proporcionando, assim, um entendimento maior sobre como as plantas e os animais interagem com as mudanças nos padrões e nos processos da paisagem pelas escalas. Os princípios e conceitos de ecologia da paisagem ajudam a fornecer o fundamento teórico e empírico para uma variedade de ciências aplicadas (como ecologia do agrossistema, engenharia ecológica, saúde do ecossistema, arquitetura da paisagem, projeto da paisagem, planejamento regional, manejo de recursos e ecologia da restauração).

Explicação

A *hierarquia dos níveis de organização* foi introduzida no Capítulo 1 (Figura 1.3). Neste livro, temos enfatizado o ecossistema como unidade básica (um nível de organização) importante para um entendimento holístico da ecologia. No entanto, tem-se tornado crescente o reconhecimento de que, para se entender melhor a estrutura e a função dos ecossistemas, deve-se focar não somente nos níveis de organização abaixo daqueles do ecossistema (como organismos individuais, populações e comunidades), como também progressivamente, nos níveis acima dos do ecossistema (paisagem, ecorregião ou bioma e níveis globais). Os Capítulos 9, 10 e 11 vão tratar desses níveis mais altos na hierarquia. Este capítulo vai abordar em especial a ecologia da paisagem.

Wiens (1992) indagou: "O que é realmente a ecologia da paisagem?". O termo *paisagem*, na sua verdadeira definição, engloba pessoas e natureza (Calow, 1999). Por exemplo, o dicionário *Merriam-Webster* define paisagem como "as formas da terra de uma região no seu conjunto" (*Merriam-Webster's Collegiate Dictionary*, 10ª edição). A ecologia da paisagem parece ter suas origens no fim da década de 1930, quando Carl Troll (1939) observou que todos os métodos de ciência natural estão aprisionados na área da ciência da paisagem (Schreiber, 1990). Esse campo integrativo de estudo se tornou amplamente reconhecido na Europa central na década de 1960. Por exemplo, em reunião da Associação Internacional da Ciência da Vegetação realizada em 1963 (Troll, 1968), Troll definiu *ecologia da paisagem* de acordo com o conceito de ecossistema de Tansley (Tansley, 1935), como segue: "A ecologia da paisagem é o estudo do complexo inteiro da rede de causa-efeito entre as comunidades vivas e suas condições ambientais que predominam em um setor da paisagem" (Troll, 1968).

A ecologia da paisagem teve início na América do Norte durante a década de 1980, quando Gary W. Barrett, na época Diretor do Programa de Ecologia da Fundação Nacional da Ciência, recomendou fundos para um seminário realizado em Allerton Park, no município de Piatt, Illinois, em abril de 1983 (para mais detalhes, ver Risser et al., 1984). Essa reunião serviu como elemento catalisador para as reuniões anuais da Associação Internacional da Ecologia da Paisagem dos Estados Unidos (Iale); a primeira reunião da Iale foi realizada na Universidade de Geórgia em janeiro de 1986, e foi imediatamente seguida pelo primeiro volume da revista científica *Landscape Ecology*, publicada em 1987, tendo Frank B. Golley como editor-chefe. O livro, hoje clássico, *Landscape Ecology*, escrito por Richard T. T. Forman e Michael Godron, foi publicado em 1986. Por tudo isso, a década de 1980 provou ser o período em que a ecologia da paisagem criou raízes na América do Norte.

Vários livros na área da ecologia da paisagem são recomendados para leitura, incluindo de McHarg (1969), que delineia os benefícios de planejar a natureza; de Naveh e Lieberman (1984), que enfoca teoria e aplicação; de M. G. Turner (1987), que faz a revisão de heterogeneidade e perturbações na paisagem; de Hansen e di Castri (1992), que discute a relação entre os limites da paisagem e a diversidade biótica e fluxos ecológicos; de Forman (1997), que discute a ecologia das paisagens e regiões; o livro de Barrett e Peles (1999) faz a revisão das investigações em um modelo de grupo taxonômico, isto é, de pequenos mamíferos; Klopatek e Gardner (1999) delineiam a aplicação de metodologias da ecologia da paisagem nas questões de manejo; e M. G. Turner et al. (2001) integram a teoria da paisagem à prática e à aplicação.

O estudo das causas e consequências dos padrões espaciais na paisagem é a pedra angular da ciência emergente da ecologia da paisagem. A perspectiva da paisagem na ecologia não é recente (ver Troll, 1968); de fato, essa é uma perspectiva incorporada no *A Sand County Almanac: And Sketches Here and There*, escrito por Leopold (1949). Contudo, foi somente nas últimas duas décadas que os princípios, conceitos e mecanismos emergiram com base em rigorosas investigações que resultaram em uma base teórica sólida para o entendimento de padrões, processos e interações em nível de paisagem. Assim, essa ciência emergente também resultou no aparecimento de novas propriedades e no entendimento da escala de paisagem, como o papel da diversidade gama (número de espécies ou outros táxons que ocorrem em uma base regional); a quantificação da propagação da perturbação; a importância da dinâmica do sistema fonte-sumidouro; as respostas específicas de espécies de indivíduos aos elementos da paisagem, como corredores; e as taxas de trocas bióticas entre os tipos de ecossistema.

Para entender os *padrões* (como heterogeneidade em um mosaico de paisagem agrícola) e *processos* (como a eutrofização de uma bacia hidrográfica), a teoria e a aplicação devem ser integradas em pesquisa e manejo com abordagem holística. Os conceitos integrativos englobam teoria da hierarquia, sustentabilidade, energia líquida, conectividade de mancha e mecanismos cibernéticos reguladores, como discutido em capítulos anteriores (para mais detalhes, ver também Urban et al., 1987, e Barrett e Bohlen, 1991). A ecologia da paisagem hoje é aceita de forma ampla como um ramo da ecologia moderna que trata do inter-relacionamento entre os humanos e as paisagens, tanto naturais como tecnopaisagens construídas pelas pessoas. A ecologia da paisagem proporciona uma base científica para campos como projeto, planejamento, manejo, proteção, conservação e restauração, e fornece o alicerce para o manejo da terra natural e da dominada pelo homem em escala regional (Hersperger, 1994). As paisagens se alteram ao longo da história, não apenas por causa dos processos naturais em andamento (processos como desenvolvimento do ecossistema, discutidos no Capítulo 8) mas também em consequência de processos sociais, políticos e econômicos que ocorrem dentro desses sistemas. A ecologia da paisagem ressalta essas relações em mudança e enfatiza a paisagem como um sistema e como um nível de organização. Quanto mais bem forem compreendidos os processos e padrões no nível de paisagem, mais bem compreendidos serão também os processos e fenômenos que ocorrem nos níveis de organismo, população, comunidade e ecossistemas.

2 Elementos da Paisagem

Enunciado

O **mosaico da paisagem** é composto de três elementos principais: as matrizes, as manchas e os corredores da paisagem. **Matriz de paisagem** é uma área grande com tipos de ecossistema ou vegetação similares (como agrícola, pradaria, campo abandonado ou floresta), na qual estão embutidas as manchas e os corredores da paisagem. Uma **mancha da paisagem** é uma área relativamente homogênea que difere da matriz que a cerca (como uma mancha de floresta ou uma parcela de silvicultura embutida em uma matriz agrícola ou uma campina embutida em uma floresta subalpina). Uma mancha de paisagem difere da matriz circundante e pode ser referida como uma *mancha de baixa qualidade* ou de *alta qualidade*, dependendo de sua cobertura vegetal, qualidade da planta (conteúdo protéico, por exemplo) e composição específica.

Um **corredor da paisagem** é uma faixa do ambiente que difere da matriz em ambos os lados e com frequência conecta – tanto de forma natural como por planejamento – duas ou mais manchas de paisagem de habitat similar. Um córrego com sua vegetação ripária é um exemplo de corredor de paisagem natural. A vegetação dos corredores é frequentemente similar às manchas que conectam, mas difere da matriz da paisagem circundante na qual estão embutidas. Os corredores podem ser classificados em cinco tipos básicos, baseados em sua origem: *corredores de perturbação, corredores plantados, corredores regenerados, corredores de recurso (natural)* e *corredores remanescentes*. A função de um corredor depende, entre outros fatores, de sua estrutura (tanto natural como artificial), de seu tamanho, de sua forma, de seu tipo e da relação geográfica com os arredores.

Explicação

O **mosaico da paisagem** pode ser visto como uma área heterogênea composta de uma variedade de diferentes comunidades ou de um agrupamento de ecossistemas de tipos diferentes. A matriz em um mosaico de paisagem é composta de ecossistemas que são relativamente semelhantes no que diz respeito a suas funções e origens. Por exemplo, em um cinturão de trigo localizado no centro-oeste dos Estados Unidos, a matriz é com frequência mais agrícola ou de terra para cultivo. Nos Estados Unidos, a matriz da Planície Costeira em geral é composta de florestas de pinheiros na região sudeste, de florestas decíduas no nordeste e de campos nos altiplanos. Em um mosaico de paisagem, as manchas, semelhantes a uma colcha de retalhos que diferem da matriz, quase sempre estão embutidas. A Figura 9.1A ilustra pequenas manchas florestadas embutidas em uma matriz agrícola, a Figura 9.1B, por sua vez, mostra manchas maiores em uma matriz similar, mas ligadas por corredores de paisagem. As manchas podem resultar de fatores abióticos, como "ilhas de calor" ao longo da rodovia interestadual 85 na Geórgia, Carolina do Sul e Carolina do Norte, nos Estados Unidos (Figura 9.1C). Naturalmente, essas ilhas de

A B

Figura 9.1 (A) Exemplo de manchas de paisagem embutidas em uma matriz de paisagem agrícola. (B) Fotografia mostra como os corredores da paisagem (cercas-vivas) são mantidos para conectar as manchas de paisagem. (C) Diagrama mostra a "ilha de calor" ao longo da rodovia interestadual 85 de Atlanta, Geórgia, para Charlotte, Carolina do Norte (diagrama de *Athens Banner-Herald,* 23 mar. 2002).

calor influenciam os processos fisiológicos e ecológicos das plantas e dos animais que habitam nessas manchas de paisagem.

Ao longo da paisagem há inúmeras manchas, naturais e construídas pelos humanos (artificiais), tanto terrestres como aquáticas. Por exemplo, milhares de lagoas, represamentos e lagos salpicam a matriz da paisagem da zona de retração de geleiras. Áreas úmidas de água doce são também manchas extremamente importantes que pulsam. Do mesmo modo, há milhares de manchas de talhões florestais e campos abandonados por todo o centro-oeste dos Estados Unidos.

Barrett e Barrett (2001) descreveram as possíveis relações entre mancha e matriz naturais, N, e artificiais, A (Figura 9.2). Por exemplo, é possível ter uma mancha natural de bosque, N_p, como um cemitério ou uma floresta urbana, cercada por uma matriz urbana artificial, A_m; ou uma área artificial, construída pelo homem, A_p, como um *shopping center*, ou uma área para cultivo, cercada por uma matriz de floresta natural, N_m. Por exemplo, N_pA_m representa uma mancha natural de cemitério, em que predominam espécies nativas de plantas e animais, localizadas dentro de uma matriz urbana artificial em que predominam as estruturas construídas pelo homem; A_pN_m, por sua vez, pode representar uma mancha artificial de cemitério, em que predominam espécies nativas de plantas de horticultura e exóticas, localizadas dentro de uma matriz florestada natural.

As manchas, como as de cemitérios, também fornecem locais que propiciam a integração de processos evolutivos naturais e culturais e história natural humana.

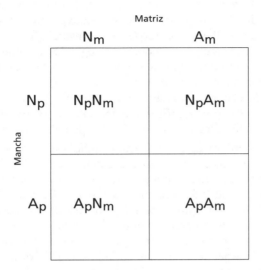

Figura 9.2 Possíveis configurações de ligações mancha-matriz natural, N, e artificial, A (segundo Barrett e Barrett, 2001).

Recentemente, biólogos de conservação, ecólogos de paisagem, gestores de recursos e ecólogos de restauração começaram a planejar investigações e projetos de manejo relacionados a essas questões integrativas (para mais detalhes, ver *Wildlife in Church and Churchyard*, 2ª edição, Cooper, 2001).

As manchas são usadas com frequência em investigações nos níveis de ecossistema e paisagem. Por exemplo, Kendeigh (1944) monitorou casais de aves em reprodução em Trelease Woods, uma mancha de 55 acres (22 ha) de floresta localizada perto de Urbana, Illinois, para determinar se esses indivíduos pertenciam originalmente à espécie de borda da mata ou do seu interior. Para avaliar a importância do tamanho da mancha para as populações de aves em reprodução, ele comparou os dados coletados de Trelease Woods com os dados observados em uma área extensa de floresta em Robert Allerton Park (Kendeigh, 1982), e descobriu que 75% da avifauna em Allerton Park preferiam o habitat de floresta fechada (interior), contra apenas 20% na mancha de habitat menor, mas similar, em Trelease Woods.

Um componente de distribuição espacial relativo à dispersão é o conceito de *granulação* (Pielou, 1974). Quanto à composição da paisagem ou do habitat, a **granulação** diz respeito à relação entre o tamanho da mancha de paisagem e a mobilidade de um animal. Um habitat ou uma mancha de paisagem é qualificada como tendo **granulação grosseira** para uma dada espécie de animal se sua **vagilidade** (capacidade de se locomover livremente) é baixa em relação aos tamanhos das manchas do habitat. Um habitat é qualificado como tendo **granulação fina** para uma espécie se esse organismo apresentar vagilidade alta em relação ao tamanho das manchas do habitat. Por exemplo, um predador que explora uma área grande, como o falcão-de-cauda-vermelha (*Buteo jamaicensis*), vai perceber um mosaico de manchas (talhões florestais) do agroecossistema como um habitat de granulação fina, ao passo que uma outra espécie, como o camundongo-de-patas-brancas (*Peromyscus leucopus*) vai provavelmente perceber uma paisagem agrícola como de granulação mais grosseira, gastando a maior parte de seu tempo em uma única mancha (talhão florestal).

As manchas de paisagem podem ser situadas em uma matriz de paisagem natural ou simuladas em um projeto de pesquisa experimental com réplicas. Em um projeto experimental, Peles e Barrett (1996), em adição às áreas de controle embutidas, estabeleceram parcelas com cobertura vegetal tanto reduzidas como aumentadas para quantificar a importância da cobertura vegetal na dinâmica da população do arganaz-dos-prados (*Microtus pennsylvanicus*) (Figura 9.3). Durante dois anos de investigação, eles descobriram, por exemplo, que a massa corpórea média de arganazes fêmeas era significativamente maior nos tratamentos com aumento de cobertura vegetal quando comparados aos de cobertura reduzida.

A fim de abordar os efeitos da fragmentação do habitat sobre a dinâmica e o comportamento social da população de arganazes-do-campo, R. J. Collins e Barrett (1997) planejaram um estudo replicado usando quatro manchas não fragmentadas de 160 m² e quatro manchas de tamanho igual, porém fragmentadas em quatro partes componentes de 40 m² (Figura 9.4A). Os dois tratamentos continham manchas de habitat de alta qualidade cercadas por uma matriz ceifada e de baixa qualidade, onde o capim-rabo-de-raposa-gigante (*Setaria faberii*; Figura 9.4B) era dominante. No tratamento fragmentado foram encontradas mais fêmeas do que machos de arganazes, em comparação ao tratamento não fragmentado. Collins e Barrett descobriram também uma relação entre a fragmentação da mancha e a estrutura social da população dos arganazes que pareceu funcionar como um mecanismo de regulação populacional.

Os corredores de paisagem são cada vez mais reconhecidos como importantes elementos da paisagem, pois fornecem um meio que possibilita a dispersão animal, reduzindo a erosão do solo e a erosão eólica, permitindo a transferência da informação genética entre as manchas, auxiliando no manejo integrado de pragas e fornecendo habitat para animais não caçáveis. Entretanto, os corredores podem ter efeitos tanto negativos como positivos (por exemplo, transmissão de doenças con-

Figura 9.3 Projeto de pesquisa representando 12 manchas de 0,04 hectare cada de campos experimentais. Quatro manchas contêm cobertura aumentada, quatro têm cobertura reduzida e quatro são controles inalterados (segundo Peles e Barrett, 1996).

Ecologia da Paisagem 381

A

B

Figura 9.4 (A) Fotografia aérea de local de estudo mostrando quatro manchas fragmentadas de 40 m² de alta qualidade e quatro não fragmentadas de 160 m². A matriz experimental consistia em um habitat ceifado de baixa qualidade, dominado por capim-rabo-de-raposa-gigante (*Setaria faberii*). (B) Detalhe das oito áreas, cada uma contendo manchas experimentais fragmentadas e não fragmentadas (segundo R. J. Collins e Barrett, 1997).

tagiosas, propagação de perturbações como fogo e exposição maior dos animais à predação; Simberloff e Cox, 1987).

Os corredores podem ser classificados em vários tipos básicos, como já observado no Enunciado. Os **corredores remanescentes** ocorrem quando a maior parte da vegetação original é removida de uma área, mas uma faixa de vegetação nativa é mantida sem corte. Os corredores remanescentes incluem a vegetação preservada ao longo dos córregos, declives e trilhos nas estradas de ferro ou nos limites de propriedades. As manchas e os corredores remanescentes também fornecem "ensino ao ar livre e laboratórios de aprendizado" para a comparação dos processos ecológicos nos sistemas jovens e maduros (Barrett e Bohlen, 1991). Por exemplo, os corredores remanescentes aumentam a diversidade de espécies na região, melhoram a ciclagem de nutrientes, protegem o capital natural e fornecem habitat para as espécies de borda K selecionadas, que incluem muitas espécies de caça (Figura 9.5A).

Uma perturbação linear na matriz da paisagem produz um **corredor de perturbação**. Os corredores de perturbação interrompem a paisagem natural mais homogênea, mas proporcionam importante habitat para as espécies nativas oportunistas de plantas e animais adaptadas à perturbação ou espécies comumente encontradas durante os estágios iniciais da sucessão secundária (ver Capítulo 8). Os corredores de linhas de transmissão que cortam uma paisagem florestal fornecem um exemplo de um corredor de perturbação (Figura 9.5B). As espécies do interior da floresta raramente usam tais corredores para nidificar ou reproduzir, contudo, espécies silvestres de borda da floresta podem prosperar neles. Os corredores de perturbação podem agir como barreiras para o movimento de algumas espécies, mas proporcionam rotas de dispersão para outras, como o camundongo-de-pata-branca (*Peromyscus leucopus*) e o esquilo tâmia (*Tamias striatus*; ver Henderson et al., 1985). Os corredores de perturbação também podem atuar como filtros para so-

Figura 9.5 Exemplos de corredores de paisagem. (A) Corredores remanescentes ligando manchas de floresta virgem após a exploração da madeira. Tais corredores são valiosos para o movimento dos recursos da floresta como vida silvestre – entre as manchas florestais. (B) Linha de transmissão atravessando um habitat florestal ilustra um corredor de perturbação. (C) Corredor de árvores plantadas estabelecido durante o Projeto Shelterbelt, na década de 1930, que fornece proteção contra vento, deslocamento de neve e erosão do solo. (D) Corredor campestre que divide as manchas de soja (*Glycine max*) representa um corredor *plantado*. (E) Curso de água em meandro através da zona rural ilustra um corredor de *recurso* (natural). (F) Uma cerca permitiu o desenvolvimento de vegetação natural ao longo do tempo, ilustrando um corredor *regenerado*.

Figura 9.5 (continuação)

mente algumas espécies. Esse **efeito filtro** pode ser minimizado proporcionando-se brechas ou cruzamentos da vegetação matriz no corredor, possibilitando travessia para certas espécies e restrição para outras.

Os **corredores plantados** são faixas de vegetação plantadas por humanos por várias razões econômicas e ecológicas. Por exemplo, milhares de milhas (quilômetros) de corredores de árvores plantadas foram estabelecidas nas Grandes Planícies, desprovidas de árvores, como parte do Projeto Shelterbelt na década de 1930 (Figura 9.5C) para reduzir a erosão eólica e fornecer madeira e habitat para animais selvagens (Projeto Shelterbelt, 1934). Os corredores plantados também fornecem excelente habitat para aves insetívoras e insetos predadores, e funcionam como rotas de dispersão para espécies de pequenos mamíferos.

Os corredores plantados foram usados em paisagens agrícolas para várias finalidades ecológicas. Kemp e Barrett (1989) estabeleceram corredores de gramíneas (Figura 9.5D) dentro dos agroecossistemas de soja para retardar o movimento dos cicadela-da-batateira adultos (*Empoasca fabae*). Além disso, o *Nomuraea rileyi*, um fungo patógeno, infectou uma proporção significativamente maior de larvas da mariposa *Plathypena scarba* (Noctuidae) em áreas divididas por corredores de gramíneas. Esse fungo é o principal agente de controle biótico natural dessa importante praga de lepidóptera larval da região centro-oeste dos Estados Unidos.

Há décadas, lavradores e administradores da indústria da caça plantam cercas vivas da árvore de laranja-de-osage (*Maclura pomifera*) e rosa multiflora (*Rosa multiflora*) para obter lenha, mourão, fornecer habitat para animais silvestres e para servir de barreiras para o movimento do gado (ver Forman e Baudry, 1984, para lista de funções econômicas e ecológicas das cercas-vivas na paisagem). Infelizmente, no

384 Fundamentos de Ecologia

intuito de aumentar a produção do trigo na região centro-oeste dos Estados Unidos, muitas cercas vivas foram derrubadas no fim do século XX.

Corredores de recurso são faixas estreitas de vegetação natural que se estendem por longas distâncias na paisagem (como uma mata em forma de galeria ao longo de um curso de água). A Figura 9.5E ilustra essa ocorrência em um curso de água, incluindo a vegetação ripária. Karr e Schlosser (1978) e Lowrance et al. (1984) descreveram como os corredores de curso de água com vegetação beneficiam a paisagem agrícola interceptando o escoamento de nutrientes e sedimentos das áreas de cultivo que, de outra maneira, acabariam nos cursos de água, contribuindo para o agravamento de problemas de eutrofização cultural. Essas faixas não somente melhoram a qualidade da água como também reduzem as flutuações dos níveis dos cursos de água e ajudam a conservar a diversidade biótica natural dentro do mosaico da paisagem agrícola.

Um **corredor regenerado** resulta do restabelecimento de uma faixa de vegetação em uma matriz de paisagem (Figura 9.5F). As cercas-vivas que se desenvolvem ao longo de cercas, por causa dos processos naturais da sucessão secundária, são um excelente exemplo de corredor regenerado. As aves são habitantes comuns desses locais; espécies de aves também ajudam no desenvolvimento e na composição específica das plantas de tais corredores fornecendo um mecanismo de dispersão de sementes. Embora alguns animais, especialmente os insetos-praga, causem prejuízo econômico ao se alimentarem nas áreas cultivadas adjacentes aos corredores, Price (1976) e Forman e Baudry (1984) descobriram que os corredores regenerados são, muitas vezes, fonte de inimigos naturais que colonizam áreas de cultivo adjacentes e ajudam no controle biótico da praga. As espécies de aves de borda da mata e as aves que forrageiam nas áreas de cultivo muitas vezes nidificam em corredores regenerados arbóreos. Essas espécies de aves também ajudam a controlar as espécies de insetos na agricultura. A raposa-vermelha (*Vulpes vulpes*), o cervo-de-cauda-branca (*Odocoileus virginianus*) e a marmota (*Marmota monax*) costumam utilizar os corredores regenerados. Observou-se que pequenos mamíferos sofrem extinção em manchas de habitat relativamente isoladas (como talhões florestais), mas usam corredores regenerados para restabelecer as populações e metapopulações (Middleton e Merriam, 1981; Henderson et al., 1985; G. Merriam e Lanoue, 1990; Fahrig e Merriam, 1994; Sanderson e Harris, 2000).

As Figuras 9.6A e 9.6B ilustram um arranjo de tamanhos das manchas experimentais, mostrando como manchas escolhidas podem ser conectadas pelos corredores de vegetação para se investigar parâmetros como modelos de padrões de movimento de pequenos mamíferos, respostas comportamentais à presença ou ausência de corredores, relação entre as densidades populacionais e o tamanho da mancha, e sobrevivência das espécies. A simulação dos elementos da paisagem em planejamentos experimentais replicados fornece uma abordagem de pesquisa apurada e produtiva ao campo da ecologia de paisagem.

Assim, os corredores como elemento da paisagem, dependendo da sua origem, proporcionam multiplicidade de funções dentro do mosaico da paisagem. G. Merriam (1991) observou que a avaliação da conectividade por meio dos corredores deve resultar de estudos empíricos espécie específicos. Mais recentemente, foi mostrado que, de fato, as espécies de pequenos mamíferos reagem aos corredores de uma maneira espécie específica (Mabry et al., 2003). Devem ser conduzidos numerosos estudos em paisagens diversas, investigando-se a diversidade de espécies de plantas e animais ao longo de um gradiente de escalas espaço-temporais para melhor entender o papel dos corredores dentro do mosaico de paisagem.

Figura 9.6 Áreas experimentais de vegetação projetadas para examinar (A) os efeitos do tamanho e a qualidade da mancha para estudos de movimento, comportamento e dinâmica populacional de roedores, e (B) efeitos de qualidade da mancha para estudos de incorporação de metais pesados e de dinâmica populacional de pequenos mamíferos.

3 Biodiversidade nos Níveis de Comunidade e Paisagem

Enunciado

As descrições de como as populações e comunidades estão organizadas dentro de uma determinada região geográfica no nível de paisagem proporcionam duas abordagens contrastantes: (1) *abordagem por zonas*, na qual comunidades discretas são reconhecidas, classificadas e listadas em um tipo de lista de verificações dos tipos de comunidades; e (2) *abordagem de análise de gradiente*, que envolve a organização das populações ao longo de um gradiente ambiental uni ou multidimensional ou *eixo* e o reconhecimento da comunidade baseado nas distribuições de frequência, coeficientes de similaridade ou outras comparações estatísticas. O termo **ordenação** é frequentemente utilizado para designar a ordenação das populações e comunidades ao longo de gradientes, e o termo **análise de contínuo**, ou **análise de gradiente**, é usado para designar o gradiente que contém as comunidades ou populações ordenadas. Em geral, quanto mais acentuado o gradiente ambiental, mais distintas ou descontínuas são as comunidades, não somente porque as mudanças abruptas são mais prováveis no ambiente físico mas também porque as fronteiras são aguçadas pelos processos competitivos e coevolutivos entre espécies em interação e interdependentes.

Uma área ou zona de transição entre duas ou mais comunidades diferentes (entre floresta e campo ou entre um substrato marinho mole e duro, por exemplo) é conhecida como **ecótono**. A comunidade de ecótono comumente abriga muitos dos organismos de cada uma das comunidades em sobreposição, em adição aos organismos característicos e restritos aos ecótonos (T. B. Smith et al., 1997; Enserink, 1997). Com frequência, tanto o número de espécies como a densidade populacional de algumas das espécies são maiores no ecótono do que nas comunidades que o ladeiam. A ruptura entre dois tipos de comunidades é uma demarcação nítida (por exemplo, onde uma área de cultivo é adjacente a uma floresta). Essa zona estreita de transição de habitat geralmente é denominada de **borda**. A tendência de aumento na densidade e na variedade das espécies no ponto de encontro entre comunidades é conhecida como **efeito de borda**. As espécies que usam a borda para fins reprodutivos ou de sobrevivência são denominadas **espécies borda**.

Explicação e Exemplos

Decidir onde traçar as fronteiras não é um problema muito grande na análise de ecossistema (ver Capítulo 2), contanto que os ambientes de entrada e saída sejam considerados parte do sistema, não importando como o sistema é delimitado, se por características naturais ou por traços arbitrários desenhados por conveniência. Strayer et al. (2003) classificaram os limites em quatro classes principais: (1) *origem e manutenção*; (2) *estrutura espacial* (como figura geométrica); (3) *função* (como transmissível ou permeável); e (4) *dinâmicas temporais* (como idade e história do limite). Contudo, quando se delineiam as comunidades bióticas pelas suas populações de espécies componentes, ocorre um problema (ver seção especial intitulada "Ecological Boundaries" na edição de agosto de 2003 da *BioScience* sobre a investigação e a teoria dos limites ecológicos).

Durante o século passado, os ecólogos discutiram se as comunidades de plantas terrestres deveriam ser consideradas unidades discretas, como sugerido por Clements (1905, 1916), Braun-Blanquet (1932, 1951) e Daubenmire (1966), ou se as populações respondem independentemente aos gradientes ambientais a tal ponto que as comunidades se sobreporiam em um contínuo, de modo que o reconhecimento das unidades discretas seria arbitrária, como considerado por Gleason (1926), Curtis e McIntosh (1951), Whittaker (1951), Goodall (1963) e outros. Whittaker (1967) ilustra esses pontos de vista contrastantes com os exemplos que seguem. Se, no auge da coloração das folhas no outono, no Parque Nacional das Montanhas Great Smoky, for escolhida uma posição estratégica ao longo da rodovia para se obter uma vista do gradiente partindo do fundo do vale até o topo da cordilheira, será possível observar cinco zonas de cor: (1) uma floresta de tonalidade múltipla em recessos; (2) uma floresta de pinheiros tsuga verde-escuros; (3) uma floresta de carvalhos vermelho-escuros; (4) uma vegetação de carvalhos e ericáceas marrom--avermelhados e (5) uma floresta de pinheiros verde-claros na crista. Essas cinco zonas poderiam ser vistas como tipos discretos de comunidades ou todas poderiam ser consideradas parte de um único contínuo, sujeito a uma análise de gradiente que realçaria a distribuição e a resposta das populações de espécies individuais às condições ambientais em modificação no gradiente. Tal situação está ilustrada na Figura 9.7, a qual mostra a distribuição de frequência (como curvas hipotéticas em forma de sino) de 15 espécies de árvores dominantes (de a até o) que se sobrepõem

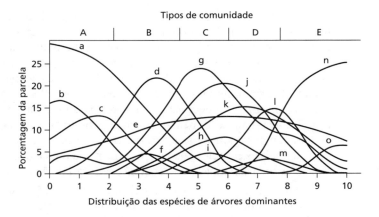

Figura 9.7 Distribuição da população de espécies de árvores dominantes ao longo de um gradiente hipotético (0-10), ilustrando o arranjo das populações componentes dentro de uma comunidade "contínua". Cada espécie (a-o) mostra uma distribuição em forma de sino com um pico de abundância relativa (porcentagem da parcela) em um ponto diferente no gradiente. A-E representam diferentes tipos de comunidade dentro da comunidade maior. As curvas foram padronizadas segundo Whittaker (1967).

ao longo do gradiente, além de apresentar a denominação um tanto arbitrária dos cinco tipos de comunidade, A-E, com base nos picos de uma ou mais dominantes. Muito pode ser dito para que a encosta inteira seja considerada uma comunidade principal, porque esses tipos de comunidade estão ligados por troca de nutrientes, energia e animais sob forma de um ecossistema de bacia hidrográfica. A *bacia hidrográfica* é a menor unidade de ecossistema acessível aos estudos funcionais e ao manejo humano total. Por outro lado, é conveniente, para o silvicultor e para o gestor de terras, reconhecer as zonas como comunidades separadas, por exemplo, porque cada tipo de comunidade difere em taxa de crescimento das árvores, qualidade da madeira, valor recreativo, vulnerabilidade ao fogo e à doença, e em outros aspectos.

As técnicas de ordenação geralmente requerem que os ecólogos comparem a similaridade (ou a dissimilaridade) de amostras sucessivas tomadas ao longo de um gradiente ambiental utilizando-se um índice com a seguinte fórmula geral:

$$\text{Índice de similaridade } (S) = \frac{2C}{A + B}$$

em que A = número de espécies na amostra A; B = número de espécies na amostra B; e C = número de espécies comuns em ambas as amostras.

As coações entre as populações podem contribuir para a separação de uma comunidade da outra, mediante, por exemplo, (1) *exclusão competitiva*; (2) *mutualismos* entre grupos de espécies que dependem uma da outra; e (3) *coevolução* de grupos de espécies. Da mesma forma, fatores como fogo e condições edáficas podem criar limites nítidos. Buell (1956) descreveu uma situação no Parque de Itasca, em Minnesota, onde, dentro de uma floresta de bordo – tília-americana – ilhas de abeto – abeto-do-norte – mantiveram limites bastante pronunciados sem associação com as mudanças na topografia. As comunidades bentônicas marinhas mostram, de modo semelhante, zonação bastante nítida em gradientes acentuados, como a vegetação na encosta da montanha.

388 Fundamentos de Ecologia

Onde ocorrem mudanças abruptas em um gradiente de paisagem ou onde dois habitats ou comunidades diferentes fazem fronteira entre si, o ecótono ou a zona de transição resultante frequentemente sustenta uma comunidade com características diferentes daquelas de comunidades contíguas porque muitas espécies exigem, como parte de seu habitat ou de história natural, duas ou mais comunidades adjacentes que diferem muito no que se refere à estrutura. Por exemplo, o tordo-americano (*Turdus migratorius*) necessita de árvores para nidificação e áreas abertas cobertas de gramíneas para se alimentar. Como as comunidades ecotonais bem desenvolvidas podem conter organismos característicos de cada uma das comunidades em sobreposição mais as espécies que vivem somente na região ecotonal, a variedade e a densidade de vida são maiores no ecótono. Essa condição representa o *efeito de borda*.

Em um estudo clássico pioneiro, Beecher (1942) descobriu que a densidade populacional de aves aumentou à medida que o número de metros de borda por unidade de área da comunidade se elevou. De modo geral, a maioria das pessoas tem observado que a densidade de aves canoras é maior em propriedades rurais, *campus* universitários, zonas residenciais e lugares semelhantes que têm habitats mistos (fragmentação de habitat) e, consequentemente, mais borda do que nas áreas grandes e não fragmentadas de floresta ou campo.

Os ecótonos também podem apresentar espécies características que não são encontradas nas comunidades formadoras do ecótono. Por exemplo, em um estudo sobre populações de aves ao longo de um gradiente de desenvolvimento da comunidade, foram selecionadas áreas de estudo para minimizar a influência das junções (bordas) com outras comunidades. Foram encontradas 30 espécies de aves com densidade de pelo menos cinco casais para cada cem acres em um desses estágios. Contudo, aproximadamente 20 espécies adicionais eram conhecidas como aves de procriação comuns na região; sete dessas aves foram encontradas em números pequenos, ao passo que de 13 espécies não havia sequer registro para as áreas de estudo selecionadas. Entre essas não registradas, estavam as espécies comuns como o tordo (*Turdus migratorius*), o pássaro-azul (*Sialia sialis*), o sabiá-poliglota (*Mimus polyglottos*), o azulão (*Passerina cyanea*), o pequeno pardal (*Spizella passerina*) e o papa-figo (*Icterus spurius*). Muitas dessas espécies necessitam de árvores para nidificação ou para servir de postos de observação, mesmo que se alimentem em solo campestre ou outra área aberta; portanto, as suas exigências de habitat encontram-se em ecótonos entre comunidades florestais e campestres ou arbustivas, mas não em áreas de apenas uma delas. Nesse caso, 40% (20 de 50) das espécies comuns conhecidas como reprodutoras na região podem ser consideradas primárias ou inteiramente ecotonais. T. B. Smith et al. (1997) investigaram 12 populações de aves passeriformes comuns em habitats de floresta tropical e floresta/savana. As populações da floresta e do ecótono floresta/savana eram morfologicamente divergentes, apesar do alto fluxo gênico que sugere que os habitats ecotonais possam ser uma fonte de inovação evolutiva, gerando diversidade biótica aumentada.

Hawkins (1940) mostrou em mapas como essa mudança ocorreu em Wisconsin durante o século após o aparecimento dos primeiros colonizadores europeus, em 1838. Se os humanos se estabelecem nas planícies, eles plantam e regam árvores, criando um padrão similar. Pode-se dizer que o habitat preferido do *Homo sapiens* é a borda da floresta, porque a espécie gosta do abrigo das árvores e arbustos, mas na maioria das vezes obtém seu alimento nas áreas de campo e cultivo. Alguns dos organismos originais das florestas e planícies podem sobreviver em bordas de florestas criadas pelos humanos, ao passo que os especialmente adaptados à borda da floresta, como muitas espécies de ervas-daninhas, aves, insetos e mamíferos, com frequência aumentam em número e expandem suas distribuições, pois os humanos criaram vastas áreas de novos habitats de borda de floresta.

Em geral, espécies de caça, como veados, coelhos, galinhas selvagens e faisões podem ser classificadas como espécies de borda, portanto, grande parte do manejo de animais de caças envolve a *criação de borda* com plantação de alimentos ou manchas de cobertura, desmatamento em mancha e queimada em mancha. Aldo Leopold, a quem geralmente se atribui a introdução do conceito de efeito de borda, em seu texto pioneiro sobre o manejo da caça (Leopold, 1933a), escreveu que "a vida silvestre é um fenômeno de bordas". Hansson (1979) comentou sobre a importância da heterogeneidade da paisagem para a sobrevivência dos animais de sangue quente do hemisfério norte que são ativos durante o ano todo. As áreas agrícolas e outras áreas perturbadas oferecem mais alimento no inverno do que as florestas maduras e não perturbadas, as quais, no entanto, oferecem mais alimentos na primavera e no verão.

Um aumento na densidade em ecótonos não é de nenhuma maneira um fenômeno universal. Muitos organismos, de fato, podem mostrar o contrário. Assim, a densidade e a diversidade de árvores são obviamente menores em um ecótono na borda de floresta do que no interior da floresta. Fragmentar a vasta extensão da floresta tropical úmida certamente irá reduzir a diversidade das espécies e causar a extinção de muitas espécies adaptadas a grandes áreas de habitats similares. Os ecótonos parecem assumir sua maior importância onde, por séculos, os humanos modificaram em ampla escala as comunidades naturais e domesticaram as paisagens, permitindo, assim, o tempo evolutivo para a adaptação. Na Europa, por exemplo, onde a maior parte das florestas foi reduzida à borda, os tordos e outras aves da floresta vivem em cidades e subúrbios em escala maior do que espécies aparentadas na América do Norte. É claro que muitas outras espécies europeias não se adaptam e se tornam raras ou extintas.

Como a maioria dos fenômenos positivos ou benéficos, a curva de desempenho subsídio-estresse (ver Figura 3.7) é relevante para as relações diversidade-borda. Embora o aumento da borda frequentemente aumente a diversidade, *o excesso de borda* (pequenos blocos de habitat) causa retornos decrescentes na diversidade. Em teoria, a diversidade de espécies beta máxima ocorre quando as manchas de habitat são grandes, ou razoavelmente grandes, e a quantidade total de borda na paisagem também o é. Essas contratendências devem ser consideradas no manejo da floresta e de animais silvestres e no planejamento da paisagem em geral. Fahrig (1997) discutiu os efeitos da perda de habitat e da fragmentação sobre a extinção da população.

A teoria da biogeografia de ilhas pode ajudar na determinação de quão grande as manchas deveriam ser (o tamanho mínimo crítico dos ecossistemas; Lovejoy et al., 1986). Ver o livro de Harris (1984) intitulado *The Fragmented Forest*, o qual se baseia na teoria da biogeografia de ilhas em relação ao manejo e à preservação da diversidade biótica.

4 Biogeografia de Ilhas

Enunciado

MacArthur e Wilson (1963, 1967) foram os primeiros a publicar a teoria da biogeografia de ilhas. Enunciada de forma simples, a **teoria da biogeografia de ilhas** considera que o número de espécies em uma ilha é determinado pelo equilíbrio entre a imigração de novas espécies e a extinção daquelas já presentes. Como as taxas de imigração e extinção dependem do tamanho das ilhas e sua distância do continente, um equilíbrio geral pode ser esquematizado como apresentado na Figura 9.8. Apresentam-se quatro pontos de equilíbrio, representando uma ilha pequena distante, onde se preveem poucas espécies, S_1; uma pequena ilha próxima ou uma maior distante, onde se prevê ser intermediária em termos de riqueza de espécies, S_2; e uma ilha grande próxima, que deveria sustentar muitas espécies, S_3. Esse modelo demonstra a ação conjunta de isolamento, seleção natural, dispersão, extinção e especiação, o que por mais de um século tem chamado a atenção dos ecólogos populacionais e biólogos evolutivos para a biogeografia de ilhas. Tal modelo é de fundamental importância na ecologia da paisagem e na biologia de conservação.

Explicação

As ilhas têm fascinado biólogos, geógrafos e ecólogos desde que Charles Darwin visitou as Ilhas Galápagos. Também ficou aparente que as manchas de paisagem no continente provavelmente funcionam como ilhas dentro do mosaico de paisagem. Por exemplo, a Cordilheira dos Andes, no Equador, incitou imaginação de Alexander von Humboldt (1769-1859), que lançou as bases da **geoecologia de montanhas**. Alguns argumentam que essas paisagens andinas – berço do trabalho de Humboldt – deveriam ser consideradas o local do nascimento da ecologia, especialmente a ecologia holística (Sachs, 1995; F. O. Sarmiento, 1995, 1997). O pico de tais montanhas, especialmente aqueles com altitudes próximas, funcionam como ilhas terrestres em relação aos tipos de comunidades vegetal e animal. J. H. Brown (1971, 1978) investigou a biografia insular dessas "ilhas" no que diz respeito à diversidade e à abundância de população de pequenos mamíferos e aves.

Essas manchas, que variam em tamanho – grande ou pequena – e em distância – próxima ou distante –, se ajustam na teoria da biogeografia de ilhas apresentada por McArthur e Wilson (1963). Por exemplo, uma mancha de floresta pode

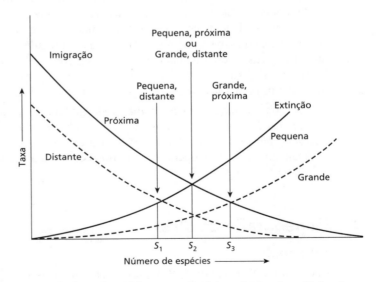

Figura 9.8 Teoria da biogeografia de ilhas. O número de espécies em uma ilha é determinado pelo equilíbrio entre as taxas de imigração e de extinção. Quatro pontos de equilíbrio são mostrados, representando diferentes combinações entre ilhas grandes e pequenas, próximas ou distantes das margens do continente (segundo MacArthur e Wilson, 1963, 1967).

estar localizada em um "mar" de áreas de cultivo agrícola (ver Figura 9.1A), isolada de outras manchas na paisagem. O efeito do tamanho e do isolamento da mancha parece ter influência pronunciada na natureza e na diversidade das espécies dentro dessas manchas de paisagem. Preston (1962) formalizou a relação entre a ilha e o número de espécies presentes, como se segue:

$$S = cA^z$$

em que S é o número de espécies, A é a área da ilha ou mancha, c é uma constante que avalia o número de espécies por área unitária e z é uma constante que avalia o grau de inclinação da linha que relaciona o log S ao log A (em outras palavras, z é uma medida de mudança da riqueza de espécies por área unitária).

Assim, a teoria da biogeografia de ilhas enuncia que o número de espécies de um dado táxon (insetos, aves ou mamíferos) presente em uma ilha ou em uma mancha representa um equilíbrio dinâmico entre a taxa de imigração de novas espécies colonizadoras daquele táxon e a taxa de extinção das espécies previamente estabelecidas (ver Figura 9.8).

Exemplos

Simberloff e Wilson (1969, 1970) eliminaram todos os artrópodos (por meio de tratamento com inseticida) das pequenas ilhas de manguezal em Flórida Keys e observaram a recolonização. Os padrões de recolonização das ilhas por populações de artrópodos tendiam a comprovar o modelo de equilíbrio dinâmico de MacArthur-Wilson baseado na teoria de biogeografia de ilhas. A partir de então foram feitos estudos semelhantes (por exemplo, J. H. Brown e Kodric-Brown, 1977; Gottfried, 1979; Strong e Rey, 1982; Williamson, 1981), que ajudam a explicar a distribuição de artrópodos, aves e pequenos mamíferos entre manchas de habitat e nas ilhas.

Outros sugeriram que a teoria da biogeografia de ilhas fornece uma base para o planejamento de reservas estabelecidas para preservar a diversidade natural, proteger espécies ameaçadas ou ambos. Portanto, é preferível uma grande reserva a um grupo de pequenas reservas com a mesma área total. Harris (1984), em seu livro premiado *The Fragmented Forest*, também se baseia na teoria da biogeografia de ilhas relacionando-a ao manejo de floresta e animais silvestres. A ideia de que os corredores deveriam ser mantidos entre reservas ou refúgios sempre que possível foi sugerida por E. O. Wilson e Willis (1975) com base na teoria do equilíbrio da biogeografia de ilhas.

Os princípios ecológicos baseados na teoria da biogeografia de ilhas ajudam os planejadores e gestores de recursos a planejar a preservação da natureza. Quando uma área de preservação deve ser talhada de uma matriz de paisagens homogêneas, os seguintes princípios de paisagem são frequentemente utilizados no projeto de preservação, a fim de maximizar a riqueza de espécies e minimizar o papel da perturbação e dos efeitos de borda sobre os processos ecológicos:

392 Fundamentos de Ecologia

- Uma mancha grande é melhor que várias manchas pequenas com o mesmo tamanho total;
- Os corredores que conectam manchas isoladas são preferíveis a uma ausência total de corredores; e
- Manchas circulares ou quadradas que maximizam a relação área-perímetro são preferíveis a manchas retangulares e prolongadas com muita borda.

Deve-se ter em mente que as reservas naturais devem ser planejadas e manejadas de acordo com a história natural das plantas e dos animais, exigências especiais (como locais de nidificação, fontes de sal e recursos alimentares) e necessidade de minimizar a invasão de espécies exóticas.

Simberloff e Cox (1987) forneceram um modelo que envolve taxas de imigração e extinção entre as manchas que eram tanto isoladas como ligadas por corredores (Figura 9.9). Harris (1984), entre outros, sugeriu que os corredores agem aumentando a taxa de imigração – assim, a extinção de uma população em declínio seria retardada ou evitada por meio do influxo de imigrantes (o **efeito resgate**; J. H. Brown e Kodric-Brown, 1977). Além disso, os indivíduos de algumas espécies, particularmente de grandes mamíferos, devem percorrer uma vasta extensão e manter também uma grande área de ação a fim de atingir as necessidades alimentares, e se o tamanho da população for pequeno demais, decorrerá a depressão endogâmica que levará à extinção – uma preocupação em relação à população pequena e isolada da pantera-da-flórida (*Felis concolor coryi*).

Em resumo, qualquer mancha de habitat que for isolada de habitat semelhante por um terreno ou matriz diferente e relativamente inóspito, percorrido com dificuldade pelos organismos da mancha do habitat, pode ser considerada uma *ilha*; tais manchas incluem picos de montanha, lagos pequenos, pântanos, áreas fragmentadas pelo uso da terra por humanos, talhões de mata ou manchas de áreas desmatadas na floresta para fins experimentais. Foi documentado por Bowne et al. (1999), Haddad e Baum (1999), Mabry e Barrett (2002) e Mabry et al. (2003) como essas manchas experimentais afetam a dinâmica populacional de espécies de mamíferos pequenos e borboletas.

5 Teoria da Neutralidade

Enunciado

Em ecologia, a **teoria da neutralidade** trata todas as espécies como se tivessem as mesmas taxas *per capita* de natalidade e de mortalidade, de dispersão e mesmo de especiação. Embora essa hipótese seja apenas uma primeira aproximação, em ecologia as teorias de neutralidade são úteis na formulação e testagem de *hipóteses de nulidade* a respeito de como as comunidades e os ecossistemas estão organizados nas paisagens. Recentemente, a teoria da neutralidade tem recebido atenção após a publicação do livro *The Unified Neutral Theory of Biodiversity and Biogeography* de Stephen P. Hubbell (2001). Hubbell foi além da visão da hipótese de nulidade ao sugerir que a teoria da neutralidade poderia, de fato, fornecer uma melhor explicação para muitos padrões ecológicos no nível de paisagem do que faz hoje a teoria ecológica.

Explicação

A teoria da neutralidade da biodiversidade e biogeografia (Hubbell, 2001) é uma generalização e uma extensão da teoria da biogeografia de ilhas (MacArthur e Wilson, 1967). É denominada *teoria da neutralidade* porque todas as espécies são tratadas como se tivessem taxas vitais idênticas em uma base *per capita* (mesma taxa de natalidade e de mortalidade, mesma taxa de dispersão e mesma taxa de especiação). A teoria da neutralidade se aplica às comunidades de organismos que se encontram no mesmo nível trófico e que competem pelos mesmos recursos – ou recursos semelhantes – limitantes. A teoria é derivada da suposição de que a dinâmica das comunidades é um "jogo de soma zero" para recursos limitantes – isto é, nenhuma espécie pode aumentar em abundância ou biomassa sem um decréscimo correspondente na abundância ou biomassa coletiva de todas as outras espécies em competição. A teoria da neutralidade supõe que as espécies são amplamente substituíveis em seu uso de recursos limitantes, de modo que, caso uma espécie se ausente de uma comunidade, outras espécies utilizarão os recursos liberados pela sua ausência. A teoria da neutralidade na biodiversidade e na biogeografia também amplia a teoria de MacArthur e Wilson por prever padrões de equilíbrio estável para o estado comum ou raro das espécies (abundância relativa das espécies em ilhas ou em comunidades locais) e por incorporar a especiação, um processo não incluído na teoria original da biogeografia de ilhas.

Existe muito interesse pela teoria da neutralidade porque ela parece se ajustar a muitos padrões de paisagem tão bem quanto – ou melhor do que – as teorias ecológicas atuais. A controvérsia está em por que ela funciona tão bem. O que a teoria da neutralidade prevê? Como já vimos, Hubbell construiu a sua teoria da neutralidade sobre os princípios da teoria da biogeografia de ilhas (MacArthur e Wilson, 1967), segundo a qual o número de espécies em ilhas ou manchas de habitat resulta de uma ação recíproca entre a taxa em que as espécies imigram do continente para a ilha – ou dispersam para uma mancha de habitat partindo da paisagem circundante – e a taxa em que as espécies residentes extinguem-se. A teoria de MacArthur e Wilson, no entanto, não explica os tamanhos do equilíbrio populacional das espécies da ilha. Hubbell (2001) generalizou essa teoria para prever o estado comum ou raro das espécies (abundância relativa de espécies) em ilhas ou em manchas de habitat. Tal generalização foi possível porque a teoria da biogeografia de ilhas é também uma teoria de neutralidade. É neutra porque se supõe que todas as espécies tenham a mesma probabilidade de imigrar para uma ilha ou de se extinguir nela. A teoria de Hubbell também adicionou um processo por meio do qual novas espécies poderiam originar-se (especiação), o que não fazia parte da primeira teoria. A teoria de Hubbell ajusta-se aos padrões de abundância relativa das espécies em algumas comunidades ecológicas, mas alguns dos melhores ajustes estão relacionados à abundância de espécies de árvores em alguns lotes grandes e permanentes de floresta tropical úmida.

A Figura 9.9 mostra a abundância relativa de espécies de árvores em uma floresta tropical (lote de 50 ha) localizada no sudoeste asiático. Os dados de abundância relativa estão apresentados sob forma de uma curva de dominância-diversidade. Uma curva de dominância-diversidade organiza as espécies no eixo x, na ordem de classificação de abundância, da espécie mais comum na mais baixa classificação (última à esquerda) até a espécie mais rara na posição mais alta da classificação (última à direita). O logaritmo da abundância relativa da espécie (geralmente lançado em gráfico na forma do log da porcentagem da espécie ou alguma outra medida de importância da espécie na comunidade) é lançado no eixo y. A teoria da neutralidade prevê que a redução na taxa de imigração tornará as espécies raras mais raras e em menor número nas comunidades de ilhas comparadas às comunidades correspondentes do continente. A linha diagonal que não se dobra no extremo das espécies raras é a *curva esperada* ajustada à área-fonte ("continente"). A curva observada da área de 50 ha de floresta tropical dobra-se, afastando-se da curva da área-fonte no extremo das espécies raras, como esperado, com base na teoria da neutralidade. Ajustando-se a teoria da neutralidade às curvas de dominância-diversidade, estima-se a taxa de imigração que pode explicar a rarefação adicional das espécies já raras em uma comunidade. A taxa de imigração (designada pelo parâmetro m), estimada para essa área de floresta úmida, é de 15%, o que significa que se calcula que 15% das árvores nessa área devem ter-se originado como imigrantes de florestas circundantes. A teoria da neutralidade calcula a curva de dominância-diversidade para a área-fonte, denominada **metacomunidade**, em teoria da neutralidade, baseada em um número chamado teta. Na teoria da neutralidade, *teta* (θ) é uma medida de biodiversidade fundamental da metacomunidade que caracteriza a diversidade de espécies no seu equilíbrio entre as taxas de especiação e extinção das espécies na metacomunidade. Teta é o produto de dois parâmetros, um especificando o tamanho da metacomunidade e o outro, a taxa de especiação. Embora a taxa de especiação e o tamanho da metacomunidade em geral não sejam conhecidos, extraordinariamente, seu produto (θ) pode ser estimado com base em dados de abundância relativa das espécies (Hubbell, 2001; Volkov et al., 2003).

Não é que a teoria da neutralidade passe sem desafios. Vários artigos e livros têm argumentado que as teorias da não neutralidade podem funcionar tão bem quanto a da neutralidade, ou até melhor. A teoria da neutralidade supõe que os padrões de paisagens grandes sejam o resultado de especiação e dispersão randômicas e derivam aleatoriamente do tamanho populacional de espécies individuais, o que é conhecido como *estocasticidade demográfica*. Sugihara et al. (2003) e Chase e Leibold (2003) argumentaram a favor da **teoria da montagem do nicho** – hipóte-

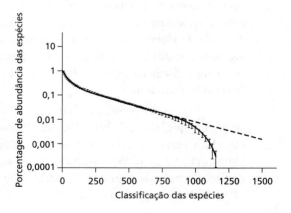

Figura 9.9 Curva de dominância-diversidade para uma amostra de 324.592 árvores e arbustos em 1.175 espécies em uma área de floresta de 50 hectares no Parque Nacional de Lambir Hills, Sarawak, Bornéu. A linha interrompida representa a curva esperada em uma área muito maior (metacomunidade), com um valor estimado de $\Theta = 310$. A linha contínua representa a curva de dominância-diversidade observada. A linha com barras de erro ($\pm$ 1 de desvio-padrão da média) é ajustada para uma taxa de imigração $m = 0,15$ por nascimento. As espécies raras são mais raras do que previsto pela curva de dominância-diversidade da metacomunidade, porque na área onde estão estabelecidas são mais propensas à extinção do que as espécies comuns e, uma vez extintas no próprio local, levam muito tempo para imigrar novamente.

se de que as comunidades ecológicas são montagens em equilíbrio de espécies em competição, coexistindo porque cada espécie é a competidora mais eficiente em seu próprio nicho. Contrária à de MacArthur e Wilson (1967) e Hubbell (2001), a teoria da montagem do nicho afirma que a dispersão não é muito importante na determinação de quais espécies estão presentes ou ausentes em uma comunidade ecológica específica.

Sugihara et al. (2003) e McGill (2003) eram a favor de se continuar a descrever os padrões de abundância relativa das espécies utilizando a *distribuição lognormal* amplamente aceita, primeiro aplicada por Preston (1948) para descrever padrões de abundância de espécies de aves. Sugihara et al. (2003) sugeriram que, se os nichos estiverem aninhados hierarquicamente e as comunidades em equilíbrio, pode-se obter um padrão lognormal de abundância relativa das espécies. McGill (2003) argumentou que a curva lognormal se ajusta melhor do que a teoria da neutralidade.

Volkov et al. (2003) argumentaram a favor da teoria da neutralidade e contra um retorno à distribuição lognormal, tanto na área biológica como na matemática. Na área biológica, argumentaram que todos os parâmetros da teoria da neutralidade têm interpretações biológicas diretas, como taxas de natalidade e de mortalidade, taxas de imigração, taxas de especiação e tamanho da comunidade. Em contraste, os parâmetros da distribuição lognormal são genéricos – uma média, uma variância e uma frequência da espécie modal – e não têm derivação biológica clara. No campo da matemática, Volkov et al. (2003) assinalaram que, embora a curva de lognormal possa ser ajustada a dados estáticos, nunca será a base para um teste de hipótese *dinâmico* bem-sucedido para comunidades ecológicas, porque a variância da distribuição lognormal aumenta indefinidamente através do tempo. Eles também refutaram a alegação de McGill mostrando que a teoria da neutralidade de fato se ajusta aos dados de abundância relativa tão bem quanto a curva lognormal, ou melhor, com base em soluções analíticas para a teoria da neutralidade.

Chave et al. (2002) argumentaram que outros fatores que não a organização por dispersão poderiam explicar os padrões de abundância relativa de espécies em comunidades. Uma possibilidade é a dependência por densidade e frequência, ou a *vantagem das espécies raras*. Se as populações de espécies raras crescerem mais rapidamente que as populações de espécies comuns, as espécies raras tenderão a ultrapassar o domínio da categoria de raras, resultando em menos espécies raras no equilíbrio. No entanto, Banavar et al. (2004) mostraram que a dependência por densidade e frequência não é inconsistente com a teoria da neutralidade, desde que todas as espécies com o mesmo grau de abundância recebam a mesma vantagem das espécies raras. Por essa razão, diz-se que as teorias de neutralidade também são *simétricas*. Contanto que cada espécie obedeça às mesmas regras ecológicas, as teorias de neutralidade podem incorporar processos ecológicos razoavelmente complexos e biologicamente interessantes. A teoria da neutralidade tem estimulado os ecólogos a questionar até que ponto as comunidades ecológicas podem ser tratadas como próximas da simetria e quando, como e sob que circunstâncias tal simetria é quebrada. A teoria da neutralidade tem destacado o valor, na ecologia, de começar com a mais simples das hipóteses e adicionar complexidade apenas quando os dados coletados forcem a fazê-lo, além disso, oferece um reexame das hipóteses ecológicas sobre como as paisagens são agrupadas.

A teoria da neutralidade também faz muitas previsões sobre a relação espécie-
-área e os padrões em filogenia e **filogeografia** – o estudo dos padrões de especiação embutidos nas paisagens biogeográficas. As suposições básicas de simetria e de
equivalência de espécies em taxas vitais *per capita* da teoria da neutralidade ainda
esperam por testes rigorosos e completos. Muitas questões fundamentais permanecem: Quando as espécies são similares o suficiente em seus papéis funcionais nos
ecossistemas e paisagens para serem ecologicamente substituíveis? Quando as diferenças do nicho ecológico importam para a montagem das comunidades ecológicas
naturais? Um reexame dessas questões em ecologia básica deve ajudar a elucidar
o porquê de a teoria da neutralidade funcionar tão bem, apesar de fazer somente
poucas suposições simples. Uma possibilidade é a de que, nas escalas grandes de paisagem, as comunidades e os ecossistemas exibem um tipo de comportamento médio
estatístico-mecânico emergente que pode ser descrito por teorias muito mais simples
do que seria esperado da diversidade de espécies e dos índices de complexidade.

6 Escala Espaçotemporal

Enunciado

Os processos ecológicos variam no que diz respeito a seus efeitos ou a sua importância em diferentes escalas espaciais e temporais. Por exemplo, os processos bioquímicos podem ser relativamente irrelevantes em determinar padrões locais, mas
podem ter efeitos importantes sobre padrões regionais e de paisagem. Nos níveis
de comunidade e população, os processos que levam ao declínio populacional ou à
biodiversidade reduzida podem produzir extinção na escala local, mas no nível de
paisagem, os mesmos processos podem aparecer apenas como redistribuições ou
alterações espaciais. O **conceito de escala** incentiva análises em diferentes níveis
de organização (níveis diferentes no sistema hierárquico). Por exemplo, uma paisagem pode parecer heterogênea em uma escala, mas bastante homogênea em outra.
Assim, quando os ecólogos selecionam uma escala de investigação, devem entender como uma mudança em escala temporal ou espacial pode afetar os padrões,
processos e propriedades emergentes por meio das escalas.

Explicação

Kenneth E. F. Watt, em seu livro-texto intitulado *Principles of Environmental Science*
(Watt, 1973), listou cinco categorias de variáveis ecológicas fundamentais que
devem ser entendidas para a compreensão dos processos espaçotemporais grandes,
incluindo as interações entre essas cinco categorias de recursos mundiais. Esses
recursos (variáveis) são *energia* (Capítulo 3), *matéria* (Capítulo 4), *diversidade*
(Capítulos 1, 7 e 9), *tempo* e *espaço* (ambos tratados neste capítulo). Desde 1973,
vários livros e publicações realçam a importância do tempo e do espaço como
recursos mundiais fundamentais – de fato, as relações espaçotemporais escoram
as disciplinas emergentes como biologia da conservação, saúde do ecossistema,
ecologia da paisagem e ecologia da restauração, entre outras.

A Figura 9.10 descreve como os processos e os padrões mudam em diferentes
escalas temporais ou espaciais (ver Urban et al., 1987, para detalhes). A Figura 9.10A
ilustra as perturbações de curto prazo que envolvem escala espacial crescente, mas
não temporal, abrangendo de queda de árvores até fogo e enchente em grande escala.
A Figura 9.10B ilustra os processos florestais que envolvem tanto escalas temporais
quanto espaciais crescentes, abrangendo da função dos bancos de sementes até a espe-

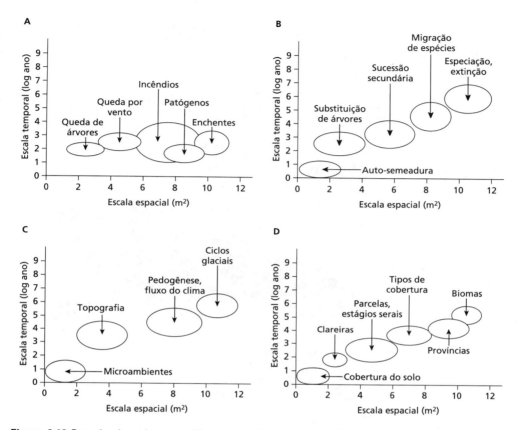

Figura 9.10 Exemplos de mudanças em diferentes escalas espaçotemporais em (A) regimes de perturbação; (B) processos florestais; (C) restrição ambiental; e (D) padrões de vegetação. (De Urban, D. L. R.; O'Neill, V.; Shugart Jr., H. H. Landscape ecology. *BioScience* 37: 119-127, 1987. Reprodução autorizada.)

ciação e a extinção. A Figura 9.10C descreve a restrição ambiental, indo da escala de micro-habitat até os ciclos glaciais; e a Figura 9.11D descreve as mudanças nos padrões de vegetação, da escala de cobertura do solo até os principais biomas (a ser discutido no próximo capítulo). Pode-se entender melhor cada uma dessas relações espaçotemporais quando visualizadas como mudanças em escalas temporais e espaciais.

Ambas as escalas, temporal e espacial, estão incluídas na hierarquia ecológica/econômica da agricultura. A Figura 9.11 descreve a natureza hierárquica dos sistemas agrícolas. O sucesso da colheita depende não somente das condições do campo (escala espaçotemporal pequena) mas também da sustentabilidade de toda a fazenda (capacidade de lucro), da água da bacia hidrográfica e de um mercado para a colheita (escala espaçotemporal grande). Problemas como controle de pragas, eutrofização de cursos de água e restrições econômicas mudam com a escala, abrangendo de problemas de pequena escala no nível de campo (e comumente de curto prazo) ou de monocultura, até desafios de grande escala (e com frequência de longo prazo) em níveis de paisagem ou nacionais. Por exemplo, um pesticida específico aplicado no nível de campo ou cultura pode controlar uma espécie de inseto em particular em um período crítico durante a época de crescimento, ao passo que somente a implementação de programas de controle de pragas em escala ampla, com base ecológica no nível de paisagem e em grande escala, poderá aperfeiçoar a resolução do problema em longo prazo (NAS, 2000; E. P. Odum e Barrett, 2000).

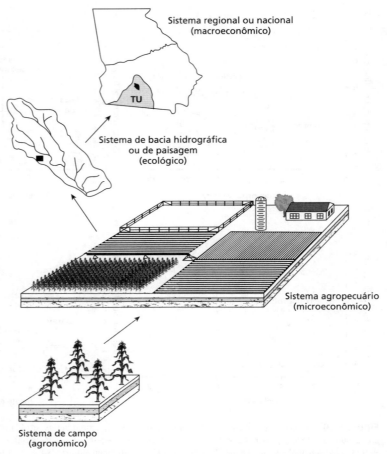

Figura 9.11 A natureza hierárquica dos sistemas agrícolas no Estado da Geórgia (Conforme Figura 1 em Lowrance, R.; Hendrix, P. F.; Odum, E. P. A hierarchical approach to sustainable agriculture. *Journal of Alternative Agriculture* 1: 169-173, 1986. Reprodução autorizada por Cabi Publishing.)

O impacto das perturbações naturais ou das causadas pelo homem sobre a dinâmica populacional e estruturas de comunidade é também uma questão de escala, que envolve uma avaliação do tamanho da área afetada e a duração e intensidade da perturbação. Connell (1979) sugeriu que a intensidade da perturbação é máxima em níveis intermediários de perturbação em relação ao número máximo de espécies em uma comunidade, ecossistema ou paisagem (Figura 9.12). Essa relação entre a riqueza de espécies e a intensidade da perturbação é denominada **hipótese da perturbação intermediária**.

Uma maneira de reduzir o uso excessivo de subsídios (energia, pesticidas e combustíveis fósseis) nos agroecossistemas é permitir que a natureza se "autocure", promovendo mais processos naturais de formação de solo (a química do solo e a diversidade biótica podem ser melhoradas mediante processos de desenvolvimento natural e coevolutivos). O tempo, avaliado como um recurso fundamental, geralmente é ignorado; como consequência, as sociedades continuam a subsidiar e manejar os ecossistemas e as paisagens em escalas espaçotemporais menores e

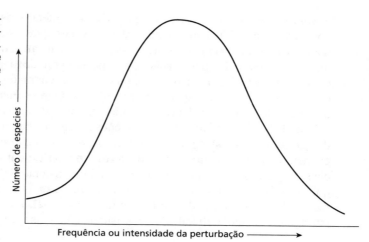

Figura 9.12 Diagrama representando a hipótese de perturbação intermediária (J. H. Connell, 1979). O número de espécies em uma comunidade tende ao máximo dos níveis intermediários de perturbação.

mais curtas (Barrett, 1994). Para informações sobre o papel da escala ecológica em planejamento e aplicação, ver Peterson e Parker (1998).

Um estudo de 50 anos, que investigou as mudanças na paisagem da Geórgia entre 1935 e 1985 (E. P. Odum e Turner, 1990), ilustra o papel da síntese de dados e do planejamento nas escalas de paisagem e regional. O estudo focalizou na topografia, no clima, em densidade populacional humana, economia e política do Estado da Geórgia e é considerado representativo de dez estados do sudoeste dos Estados Unidos. Ele documentou em detalhes o desenvolvimento da agricultura industrial com grandes fazendas mecanizadas substituindo pequenas fazendas de organização familiar; o reflorestamento de áreas de cultivo abandonadas, acompanhado de crescimento exponencial da população do cervo-de-cauda-branca (*Odocoileus virginianus*); e o rápido aumento da urbanização, do crescimento populacional humano, das necessidades de transporte e de industrialização.

O rendimento das culturas (algodão, milho, soja e amendoim) dobrou, mas a produção de hortaliças diminuiu quatro vezes, conforme foram importados mais alimentos de outras regiões e outros países. A poluição pontual de esgoto doméstico diminuiu, como indicado pela redução regular de bactérias coliformes nos rios, porém a poluição difusa aumentou, como indicado pelo aumento de nutrientes, pesticidas e resíduos industriais em todos os rios do estado. O estudo apontou a necessidade de um urgente planejamento do uso de terras que substitua o desenvolvimento aleatório atual na escala estadual e de paisagem. As recomendações incluíam a necessidade de mais áreas de cinturões verdes de amortecimento, desenvolvimento de agrupamentos, uma agricultura de hortaliças na zona urbana, redução de poluição da água e do ar na fonte e melhoria na educação de instrução ambiental em todos os níveis. O planejamento pode ser mais eficiente quando realizado em escalas de paisagem e regionais e necessita incluir a interação das áreas urbana e rural e culturas (Barrett et al., 1999).

7 Geometria da Paisagem

Enunciado

Assim como o tamanho e a qualidade das manchas de paisagem e dos corredores (quantidade de cobertura vegetal e qualidade do alimento, por exemplo) afetam os processos ecológicos e a abundância de animais e de plantas, a *geometria e a configuração dos elementos da paisagem* afetam os processos ecológicos nos níveis de população e comunidade. Atualmente está constatado que o tamanho e a forma das manchas de paisagem influenciam a diversidade biótica, o tamanho e formato da área de ação, o comportamento de dispersão animal e a abundância das espécies. Investigações recentes têm chamado a atenção para o papel que a geometria da paisagem desempenha na sobrevivência animal e vegetal, na dinâmica de fonte-sumidouro, nas taxas de invasão de espécies e na dinâmica de habitat de borda. As futuras investigações precisam chamar a atenção para o papel da **geometria da paisagem** (estudo das formas, dos padrões e configurações dos elementos da paisagem) e da **arquitetura da paisagem** (estratificação de manchas, bordas "soft" contra "hard" e uso tridimensional do espaço do habitat) para que os ecólogos entendam fenômenos, de forma mais completa como comportamento de dispersão, padrões de movimento animal, bioenergética em escala de paisagem e sustentabilidade do ecossistema e da paisagem.

Explicação

Os ecólogos hoje entendem mais claramente a relação do tamanho do ecossistema com a abundância da população e a diversidade biótica. Por exemplo, em *The Fragmented Forest*, Larry Harris (1984) discutiu como a preservação da diversidade biótica é dependente do tamanho da mancha afetando parâmetros como tamanho da área de ação, biogeografia de ilhas (ver Seção 4) e conectividade da mancha. A Figura 9.13A representa oito manchas experimentais de 1.600 m^2, de tamanho igual, porém de formas diferentes. S. J. Harper et al. (1993), usando dessas manchas, descobriram que os tamanhos das áreas de ação para espécies de pequenos mamíferos (*Microtus pennsylvanicus*) eram iguais, mas tinham formas diferentes, por causa dos formatos diferentes das manchas. Assim, a geometria das manchas de habitat pode afetar a dinâmica populacional, como consequência das diferenças nas razões borda/área em manchas de diferentes tamanhos e formas. Essa mudança na forma da área de ação, contudo, não afetou a sobrevivência ou a estrutura etária. S. J. Harper et al. (1993) concluíram que

Figura 9.13 (A) Fotografia aérea de oito manchas experimentais de 1.600 m^2 de formatos diferentes, $n = 4$ replicações por formato (segundo S. J. Harper et al., 1993). (B) Exemplo de irrigação por pivô central, que cria padrões de paisagem circular.

a plasticidade do comportamento (com adaptação a mudanças na forma da área de ação) parece ter evitado diferenças na densidade, sobrevivência e estrutura etária da população entre as diferentes formas de mancha. No entanto, a forma das manchas de habitat afetou uma quantidade de arganazes-dos-prados que dispersaram quando as densidades populacionais eram baixas, e não quando eram altas.

A Figura 9.14A sintetiza os três principais elementos de paisagem (manchas, corredores e matrizes) encontrados no mosaico de paisagem. A Figura 9.14B ilustra como as abundâncias de espécies do interior e de borda estão relacionadas à forma e ao tamanho da mancha e do corredor. Podemos citar como espécies de ave de borda, por exemplo, os azulões (*Passerina Cyanea*), o pássaro-azul (*Sialia sialis*) e o cardeal (*Cardinalis cardinalis*); como exemplos de espécies de aves de interior temos o tordo-dos-bosques (*Hylocichla mustelina*), o juruviara (*Vireo olivaceus*) e o pica-pau-plumoso (*Picoides pubescens*). Kendeigh (1944) observou que as manchas de florestas decíduas da região leste, maiores que 26 hectares (65 acres), garantiram considerar como válido o censo da avifauna das manchas para avaliar as espécies de ave do interior contra as de borda. Embora duas das manchas à esquerda na Figura 9.14B estejam ligadas por um corredor estreito, o corredor é estreito *demais* para permitir o movimento das espécies de interior entre as manchas. A Figura 9.15C ilustra uma península de floresta aluvial, criada por um rio ou córrego meândrico. As penínsulas podem ser grandes em extensão (como a península da Califórnia) ou pequenas (como uma tira de floresta prolongando-se em uma área cultivada). A Figura 9.14D ilustra várias manchas de tamanho igual, mas com formas diferentes. Uma mancha circular maximiza o habitat das espécies de interior (ver Figura 9.13B como exemplo), ao passo que a mancha longa, linear e estreita maximiza o habitat para as espécies de borda. De fato, é provável que o habitat de interior seja eliminado por completo dentro desses corredores lineares e estreitos, limitando ou

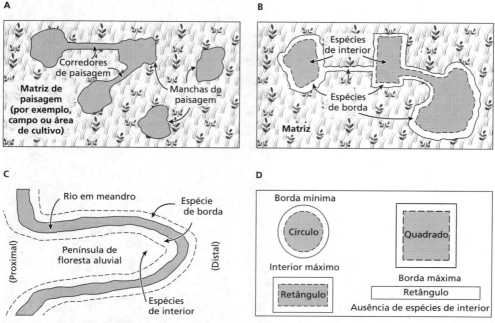

Figura 9.14 Diagrama mostrando (A) os três elementos principais da paisagem (mancha, corredor e matriz); (B) as abundâncias relativas de espécies de borda e de interior em manchas e corredores; (C) uma península de floresta aluvial, e (D) exemplos de formas de manchas contrastantes, de tamanho igual, mas com geometria diferente.

impedindo, de forma severa, as espécies de animais e plantas de interior de habitar uma mancha de paisagem com essa configuração.

Exemplos

Usando um experimento em pequena escala replicada em Ohio (Figura 9.15), LaPolla e Barrett (1993) descobriram que a **conectividade da mancha** (isto é, presença de corredor) era mais importante do que a largura do corredor para a dispersão de arganazes-do-prado entre as manchas. Rosenberg et al. (1997) discutiram a geometria, função e eficiência dos corredores biológicos e também a capacidade desses corredores de mitigar altas taxas locais de extinção. Eles também notaram que os corredores lineares podem funcionar como manchas lineares (isto é, manchas de habitat), dependendo do tamanho e das respostas das espécies específicas a tais configurações.

No "mundo real", manchas ou ecossistemas circulares são abundantes onde a irrigação por pivô central é utilizada (como no oeste dos Estados Unidos, onde a precipitação anual é limitante), ao passo que manchas quadradas ou retangulares são abundantes na paisagem agropecuária do centro-oeste dos Estados Unidos. Em alguns casos, há estradas quase que a cada milha quadrada (ou seja, as influências culturais resultaram no estabelecimento de divisões de terra e de manchas com base na configuração das estradas). A forma como essas configurações grandes na escala de paisagem afetaram a evolução (abundância e biodiversidade) das espécies de plantas e animais ainda espera ser investigada. Para mais informações sobre

Figura 9.15 Fotografia aérea mostrando o planejamento de pesquisa replicado utilizado para avaliar os efeitos da largura e da presença do corredor sobre a dinâmica populacional de arganaz-do-prado (*Microtus pennsylvanicus*) (segundo LaPolla e Barrett, 1993).

Figura 9.16 Diagrama representando a diferença entre perda de habitat (acima) e fragmentação de habitat (abaixo). A mesma área total de desmatamento pode resultar na perda de espécies que exigem grandes áreas de ação quando, por exemplo, um habitat é fragmentado.

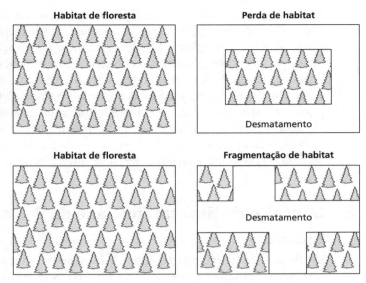

como a ecologia e sistemas de estradas estão relacionados com os processos ecológicos e a abundância de animais silvestres, ver Forman et al. (2003).

Uma vez que os *habitats de borda* mudam de acordo com a forma da mancha, é natural que os ecólogos de paisagem tenham investigado cada vez mais o papel do habitat de borda no mosaico de paisagem. Por causa da variedade e da diversidade de vida serem frequentemente maiores dentro e ao redor de bordas e ecótonos (fenômeno denominado *efeito de borda*), sucede que as mudanças na forma da mancha, resultando em aumento ou redução na quantidade de habitat de borda, também resultam em aumento ou redução de abundância de espécies e diversidade biótica.

Ostfeld et al. (1999) resumiram como as interações entre os arganazes-dos-prados (*Microtus pennsylvanicus*) e os camundongos-de-patas-brancas (*Peromyscus leucopus*) nas bordas entre a floresta e o campo abandonado afetaram a invasão de árvores em ecossistemas de campo abandonado. Os arganazes-dos-prados predam as plântulas de bordo-sacarino (*Acer saccharum*), de freixo-branco (*Fraxinus americana*), de árvore-do-céu (*Ailanthus altissima*), ao passo que os camundongos-de-patas-brancas preferem sementes de carvalho-vermelho (*Quercus rubra*) e de pinheiro-branco (*Pinus strobus*). Os arganazes produzem seus maiores efeitos sobre a mortalidade das plântulas em locais a mais de dez metros da borda da floresta, enquanto que a mais intensa predação de sementes pelos camundongos-de-patas-brancas ocorre na zona a menos de dez metros da borda da floresta. Assim, não apenas a quantidade de habitat de borda como também os tipos de ecossistema envolvidos e as espécies que vivem dentro desses habitats de borda causam efeitos de longo prazo sobre as taxas de sucessão secundária e composição da comunidade vegetal.

As seções anteriores tentaram mostrar como a fragmentação do habitat resultou em um mosaico de paisagem dominado por mudanças no tamanho, na forma e na frequência dos elementos da paisagem (manchas, corredores e matriz). Tais mudanças resultantes da fragmentação do habitat – causadas tanto por processos naturais como de ação humana – têm afetado a abundância e a diversidade das plantas e dos animais, o número de espécies de borda em relação ao número de espécies

404 Fundamentos de Ecologia

de interior e mudanças nos processos microevolutivos e macroevolutivos. A Figura 9.16 ilustra a diferença entre a perda de habitat e a fragmentação de habitat. Quantidades iguais de desmatamento podem resultar em mudanças não apenas na geometria da paisagem como também na diversidade de espécies, porque várias espécies de aves e mamíferos requerem grandes áreas de ação para o seu sucesso reprodutivo e sua sobrevivência. As mudanças na biodiversidade afetam os processos ecológicos em vários níveis de organização. Processos evolutivos de longo prazo nos níveis de organismo, população e comunidade têm resultado em uma série de tipos de ecossistemas, paisagens e biomas em escala global. No próximo capítulo serão descritas essas grandes unidades de paisagem regionais denominadas *biomas*.

8 Conceito de Sustentabilidade da Paisagem

Enunciado

Os dicionários definem *sustentabilidade* como "continuar existindo", "suportar", "endossar sem falhar ou ceder", "manter" ou "suprir as necessidades ou alimentação necessária para evitar uma queda abaixo de um dado limiar de saúde ou vitalidade" (como sumarizado por Barrett, 1989). Esse limiar poderia ser encarado como o conceito de *capacidade de suporte* (K) discutido no Capítulo 6. Talvez a definição de Goodlands (1995) de **sustentabilidade** como "mantendo o capital natural" e "manutenção de recursos" defina sustentabilidade de forma mais clara nos níveis mais altos da organização ecológica (níveis de ecossistema, paisagem e global).

Explicação

Houve várias tentativas para sumarizar e discutir os benefícios fornecidos para as sociedades humanas pelos ecossistemas naturais (ver Daily et al., 1997; Costanza, d'Arge, et al., 1997; Hawken et al., 1999 para uma discussão mais detalhada de capital natural). O **capital natural**, em contraste com o *capital econômico*, são aqueles benefícios fornecidos às sociedades humanas por ecossistemas e paisagens naturais (ver Tabela 1.1 para um sumário das diferenças perceptíveis observadas entre ecologia e economia). Em adição à criação de bens (como madeira, espécies de caça, frutas e nozes), os serviços do ecossistema e da paisagem mantêm a vida mediante funções como a purificação do ar e da água, a ciclagem de nutrientes, a polinização das culturas, a preservação e renovação da fertilidade do solo, a estabilização parcial do clima, a manutenção da biodiversidade, a condição da estética e o controle das pragas, entre outras. Esses serviços são tão fundamentais para a vida que, infelizmente, são tidos como certos. Assim, tais serviços – que sustentam o conceito de sustentabilidade da paisagem – são muito subestimados e mal entendidos pelas sociedades humanas. Como observado nos Capítulos 1 e 2, a energia seria uma moeda melhor para avaliar esses bens e serviços do que as moedas econômicas. Se a consciência e a compreensão não melhorarem e se continuarem as tendências atuais, a humanidade vai alterar dramaticamente os ecossistemas e as paisagens naturais da Terra, ao ponto de reduzir muito os serviços do capital natural.

9 Paisagens Domesticadas

A civilização parece alcançar seu desenvolvimento mais intenso onde era originalmente floresta ou campo, em especial nas regiões temperadas. Como consequência, em sua maioria, florestas e campos temperados foram muito modificados desde sua condição primitiva, mas a natureza básica desses ecossistemas não foi de forma alguma alterada. Os humanos, de fato, tendem a combinar as características tanto de campos como de florestas em habitats que poderiam ser chamados de *borda de floresta*. Uma **borda de floresta** pode ser definida como um ecótono entre a floresta e o campo ou comunidades arbustivas. Quando os humanos se estabeleceram em regiões campestres, plantaram árvores ao redor de suas casas, vilas e fazendas, de modo que as pequenas manchas de florestas tornaram-se dispersas onde seriam territórios sem árvores. Da mesma forma, quando os humanos se estabelecem em uma floresta, substituem-na por campos e áreas de cultivo (uma vez que de uma floresta se extrai pouca quantidade de alimento para os humanos), porém deixam manchas da floresta original nas fazendas e ao redor das áreas residenciais. Muitas das plantas e dos animais menores originalmente encontrados tanto na floresta como no campo são capazes de se adaptar e vicejar ao lado dos humanos, como espécies cultivadas ou domésticas. O tordo-americano (*Turdus migratorius*), por exemplo, outrora um pássaro da mata, tornou-se tão bem adaptado na borda da floresta feita pelo homem que não somente aumentou em número como também expandiu seu alcance geográfico. A maior parte das aves da mata (os tordos da Europa, por exemplo) mudaram-se da mata para os jardins, cidades e sebes – ou se extinguiram porque não há mais muitas regiões de florestas não fragmentadas. A maioria das espécies nativas que persistem nas regiões de densos assentamentos humanos se tornou membro útil da paisagem de borda de floresta, mas algumas se tornaram pragas.

Se considerarmos as áreas de cultivo e de pastagens como áreas de campos modificados do tipo do início da sucessão, podemos dizer que dependemos dessas áreas para o alimento, mas gostamos de viver e de nos divertir no abrigo da floresta, da qual também colhemos produtos úteis. Correndo o risco de simplificar demais a situação, podemos dizer que os humanos, assim como os outros heterótrofos, buscam produção e proteção da paisagem. Em muitos casos, o valor monetário da madeira, se colhida de uma vez, é menor do que o valor da floresta intacta, que fornece recreação, proteção à bacia hidrográfica e outros serviços de suporte à vida, como locais para moradia e colheita de madeira sustentável (ver Bergstrom e Cordell, 1991).

Agroecossistemas e Agropaisagens

Os **agroecossistemas** são ecossistemas domesticados que, de muitas maneiras, são intermediários entre os sistemas naturais, como campos e florestas, e os ecossistemas fabricados, como as cidades (E. P. Odum, 1997; Barrett et al., 1999). Como ecossistemas naturais, os agroecossistemas são acionados por energia solar, mas diferem dos sistemas naturais de diversas maneiras; combustíveis fósseis processados, juntamente com o trabalho humano e animal, fornecem aos agroecossistemas as fontes auxiliares de energia que elevam a produtividade, mas também aumentam a poluição; a diversidade é muito reduzida pelo manejo humano que visa maximizar a produção de alimentos ou outros produtos específicos; as plantas e os animais dominantes estão sob seleção artificial em vez de natural; e o controle é externo e orientado por metas, em vez de interno via retroalimentação do subsistema, como nos ecossistemas naturais.

Os modelos de gráficos simplificados na Figura 9.17 representam os estágios do desenvolvimento da agricultura, a saber, *pré-industrial* (semelhante ao ecossistema natural); *industrial*; e *preparo conservacionista de baixo insumo* (E. P. Odum e Barrett, 2004). A teia alimentar na agricultura pré-industrial – como ainda praticada nos países menos desenvolvidos – é muito semelhante àquela dos ecossistemas naturais, com animais domésticos substituindo animais silvestres na cadeia alimentar de pastejo. A agricultura pré-industrial é eficiente no aspecto energético e diversificada, com variedade de cultivos simultâneos, incluindo peixes alimentados com resíduos de plantas que alimentam vilas locais, mas não tem produção excedente suficiente para exportação ou para alimentar cidades. Em monoculturas de agricultura industrial, frequentemente denominadas *agriculturas convencionais* (Figura 9.17), a alça de reciclagem microbiana é quase eliminada e substituída por grandes subsídios de fertilizantes, pesticidas e água, que aumentam a produção, mas geram poluição de ampla difusão, erosão e perda de habitat e de qualidade do solo. A produção agrícola e de carne está dissociada do desenvolvimento do confinamento, portanto, o estrume torna-se fonte de poluição em vez de recurso para fertilização (Brummer, 1998). Como a agricultura industrial não é sustentável, está sendo reprojetada através das linhas de preparo conservacionista do solo, denominada *agricultura sustentável de baixo insumo*.

É importante rever a história da agricultura industrial a fim de obter uma perspectiva dos problemas atuais e necessidades de pesquisa. O desenvolvimento da agricultura convencional no centro-oeste dos Estados Unidos pode ser descrito em quatro estágios (ver Tabela 2.2 para detalhes).

De 1833 a 1934, por volta de 90% das pradarias, 75% das terras úmidas e a maioria das florestas em solos bons foram convertidos em áreas de cultivo, pastagens e silvicultura. A vegetação natural foi restrita a relevo acidentado e solos inférteis e pouco profundos. Contudo, as fazendas eram geralmente pequenas, os cultivos, diversificados, e o trabalho humano e animal, extensivo, de modo que o impacto da agricultura sobre a qualidade da água, do solo e do ar não era tão prejudicial. A agricultura no início dos anos de 1800 tinha pouco efeito sobre a dinâmica de bacias hidrográficas e lagos, mas a intensificação da agricultura após 1915 causou a eutrofização dos lagos, resultante do influxo de substâncias químicas da agricultura.

De 1935 até por volta de 1960, ocorreu uma intensificação da agricultura associada aos subsídios químicos e de combustíveis baratos, à mecanização e ao aumento na especialização de cultivos e monoculturas. A área total de cultivo decresceu e a cobertura florestal aumentou em 10%, à medida que mais alimento era colhido em menos área e por menos fazendeiros.

De 1961 a 1980, o subsídio energético, o tamanho das fazendas e a intensidade da agricultura nos melhores solos aumentaram em conjunto, com ênfase na monocultura contínua de grãos e cultura comercial de soja, grande parte destinada à exportação. Essas mudanças tiraram a pequena fazenda familiar dos negócios e originaram a poluição que em muitos casos se igualou com a pior poluição industrial em escala global. De 1980 até hoje, a rápida urbanização e o aumento da intensidade da agricultura resultaram em um aumento da *eutrofização cultural*, conforme os resíduos agroindustriais e a extensa erosão trouxeram grandes quantidades de solo, metais pesados e outras substâncias tóxicas para a bacia hidrográfica. Durante as décadas de 1980 e 1990, entretanto, as práticas agrícolas começaram a mudar, com crescente ênfase na **agricultura alternativa** (NRC, 1989) e na crescente biodiversidade em agroecossistemas (W. W. Collins e Qualset, 1999). Novas culturas importantes, como a do girassol (*Helianthus annuus*), têm ajudado a diversificar

Ecologia da Paisagem **407**

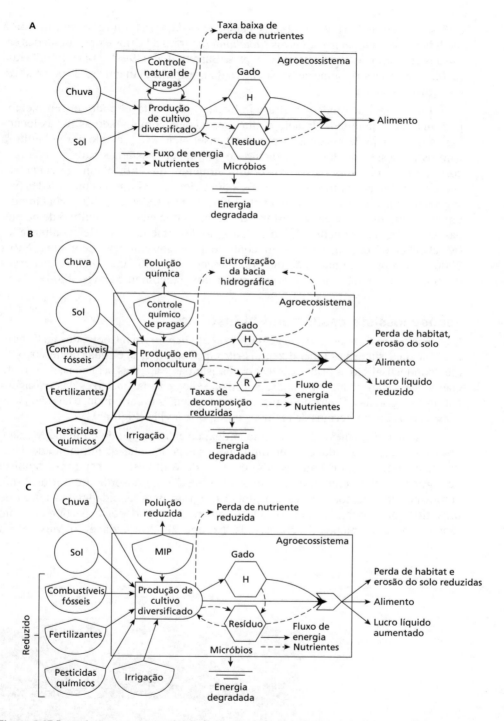

Figura 9.17 Fases do agroecossistema. (A) Agricultura pré-industrial. (B) Agricultura industrial. (C) Agricultura sustentável de baixo insumo. MIP = Manejo integrado de pragas.

a paisagem agrícola (Figura 9.18). A perspectiva da agricultura também mudou à medida que os fazendeiros e outros *stakeholders* viram desafios e oportunidades em escalas temporais e espaciais mais amplas; Barrett et al. (1999) e Barrett e Skelton (2002) deram a isso o nome de **perspectiva da agropaisagem** em vez de perspectiva do agroecossistema.

Em resumo, a atual agricultura industrial insustentável pode ser reprojetada para manter a qualidade do solo e altas produções, combinando as novas tecnologias de manejo de resíduos, o preparo conservacionista do solo e a policultura com os processos de desenvolvimento do solo de ecossistemas naturais e agroecossistemas pré-industriais. Existe um aumento da ênfase em gerenciar os agroecossistemas, como agropaisagens, com enfoque maior na reconexão das paisagens urbana e agrícola (Barrett et al., 1999; Barrett e Skelton, 2002). Há também um crescente interesse em **agrofloresta** – prática que envolve o cultivo de pequenas árvores de crescimento rápido e plantação de alimentos em fileiras alternadas (MacDicken e Vergara, 1990) –, em controle de pragas com base ecológica (NRC, 2000a) e em oportunidades de integrar o manejo do solo, da colheita e das ervas daninhas em sistemas agrícolas de baixo insumo (Liebman e Davis, 2000).

Tecnoecossistemas Urbano-Industriais

Os conceitos de *tecnoecossistema* e *pegada ecológica* foram introduzidos no Capítulo 2. Cidades, subúrbios (quer dizer, distritos metropolitanos) e zonas de desenvolvimento industrial são os principais tecnoecossistemas. São ilhas pequenas, mas muito energéticas, que produzem grandes pegadas ecológicas nas matrizes das paisagens naturais e agrícolas. De modo realista, esses ambientes urbano-industriais são parasitas da biosfera em termos de recursos de suporte à vida (Figura 9.19).

As cidades planejadas da Grécia antiga, as cidades-estado da Idade Média e os arranha-céus das cidades contemporâneas são conquistas da humanidade. Utopias tecnológicas, como aquelas dos desenhos de Walt Disney, inspiram a fantasia de alguns. Infelizmente, muitas cidades hoje estão em desordem e em declínio, conforme mais pessoas em escala global imigram para as cidades em busca de uma situação econômica melhor. O crescimento das cidades é particularmente rápido em países menos desenvolvidos. No ano 2000, a Cidade do México e a

Figura 9.18 Campo de girassóis (*Helianthus annuus*) na região agrícola do centro-oeste dos Estados Unidos.

Figura 9.19 Modelo ilustrando a necessidade de conectar os ecossistemas naturais de suporte à vida com os ecossistemas urbano-industriais, incluindo a alça de retroalimentação por recompensa necessária para assegurar uma paisagem sustentável (modificado de Odum, 2001; Barrett e Skelton, 2002).

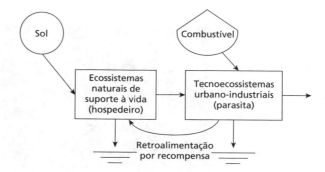

cidade de São Paulo, Brasil, já tinham uma população de mais de 25 milhões de pessoas cada uma – muito mais do que qualquer cidade no mundo industrializado, exceto possivelmente Tóquio, e próximo a duas vezes mais que a cidade de Nova York. Prevê-se que, no ano de 2010, entre 50% e 80% das pessoas em escala mundial estarão vivendo em ambientes urbanos (ver relatório das Nações Unidas, *Mega-City Growth and the Future*, editado por Fuchs et al., 1994).

Como foi documentado no Capítulo 6, qualquer coisa que cresça de forma rápida e desorganizada (sem plano ou controle) e sem considerar o suporte à vida vai sobrepujar a infraestrutura necessária para manter seu crescimento, produzindo, assim, ciclos de explosão e colapso. Os cidadãos devem engajar-se em planejamentos de urbanização sérios para corrigir essa rota. A maior parte da literatura que trata dos apuros das cidades destaca os problemas internos, como a deterioração da infraestrutura e a criminalidade, mas, como Lyle (1993) salientou, as cidades do futuro terão de "abraçar a ecologia da paisagem em vez de ficarem à parte". A Figura 9.20A representa um local de residência diferenciado, situado em uma península fluvial, cercado por uma diversidade de tipos de habitat e, consequentemente, oportunidades de recreação, de recursos e culturais. A Figura 9.20B é uma fotografia de desenvolvimento de agrupamento residencial. Esse desenvolvimento de arquitetura poderia ser visto como similar aos sistemas de monocultura da agricultura no Centro-Oeste dos Estados Unidos.

A Figura 9.21 representa o plano-mestre da servidão fundiária para a conservação da Reserva de Beech Creek, uma área de terra de 26,7 acres (10,8 ha), que inclui a residência de longa data de Martha H. e Eugene P. Odum, localizada em Athens, Geórgia. Vale destacar que mais de 50% dessa área urbana está em servidão fundiária de conservação permanente (N_pA_m), fornecendo habitat para vida silvestre, proteção à bacia hidrográfica, privacidade natural e beleza estética. Esse plano-modelo mostra como os capitais natural e econômico podem ser integrados nas áreas urbanas.

A regeneração urbana vai depender cada vez mais da reconexão entre a cidade e as áreas de suportes à vida e os corpos de água, porque, como salientamos anteriormente neste livro, um parasita prospera apenas se o seu hospedeiro permanecer em boas condições (ver também Haughton e Hunter, 1994). O que podemos aprender da ecologia sobre como lidar com essa situação será discutido no Capítulo 11.

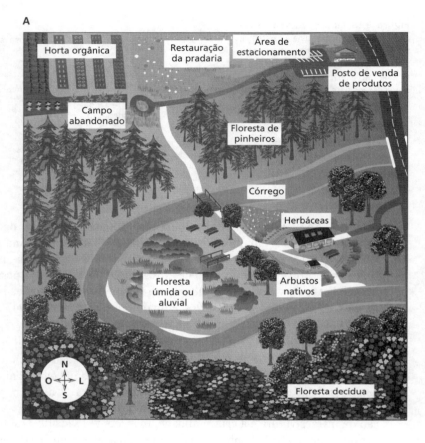

Figura 9.20 (A) Diagrama modelar representando uma residência em uma península fluvial, ilustrando a diversidade de habitats do ecossistema, paisagem e bioma aumentada. (B) Fotografia de condomínio residencial.

Ecologia da Paisagem **411**

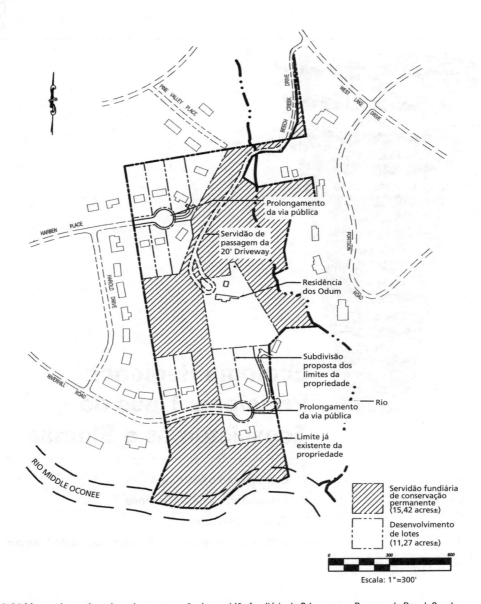

Figura 9.21 Mapa esboçando o plano de conservação da servidão fundiária de Odum para a Reserva de Beech Creek, localizada em Athens, Geórgia. Notar que mais acres (hectares) estão em proteção para conservação permanente do que os reservados para o desenvolvimento de lotes residenciais, fornecendo, assim, habitat para os animais silvestres e evitando a erosão fluvial (Robinson Fisher Associates, 2004).

10

Ecologia Regional: Principais Tipos de Ecossistemas e Biomas

1 Ecossistemas Marinhos
2 Ecossistemas de Água Doce
3 Biomas Terrestres
4 Sistemas Projetados e Gerenciados pelo Homem

Neste livro, a maior parte da abordagem à ecologia baseou-se na análise das unidades de paisagem como sistemas ecológicos. Foram enfatizados os princípios e denominadores comuns que se aplicam a toda e qualquer situação – aquática ou terrestre; natural ou feita pelo homem. Destacou-se a importância do ambiente natural como um módulo de suporte da vida para o planeta Terra e ressaltou-se o papel da energia como força diretiva. Nos Capítulos 5, 6 e 7, foi introduzida outra abordagem útil – a concentração de estudo em organismos, populações e comunidades –, que descreve os mecanismos para a mudança evolutiva. Igualmente útil é a abordagem *geográfica*, que envolve o estudo das formas, dos climas e das comunidades bióticas da Terra que formam a ecosfera. Neste capítulo, listamos e caracterizamos de forma breve as maiores formações ecológicas (*biomas*) ou os tipos de ecossistema facilmente reconhecidos (Tabela 10.1), com ênfase nas diferenças geográficas e biológicas subjacentes à extraordinária diversidade da vida em nosso planeta. Desse modo, esperamos estabelecer um panorama de referência para o Capítulo 11, que trata do desafio humano para resolver os problemas em grande escala.

Tabela 10.1

Principais biomas, tipos de ecossistema e tipos de habitat da biosfera

Ecossistema marinho	Oceanos abertos (pelágico)
	Águas da plataforma continental (águas costeiras)
	Regiões de ressurgência (áreas férteis com pesca produtiva)
	Fontes hidrotermais das profundezas marinhas (sistemas movidos geotermicamente)
	Estuários (baías marginais, canais, foz de rios, brejos salinos)
Sistemas de água doce	Lênticos (águas paradas): lagos e lagoas
	Lóticos (água corrente): rios e correntezas
	Áreas úmidas: brejos e florestas pantanosas
Biomas terrestres	Tundras (ártica e alpina)
	Calotas de gelo dos polos e dos picos de montanhas
	Florestas coníferas boreais
	Florestas decíduas temperadas
	Campos temperados
	Campos tropicais e savanas
	Chaparrais (regiões de chuva de inverno – seca de verão)
	Desertos (herbáceo e arbustivo)
	Florestas tropicais semidecíduas (estações úmidas e secas acentuadas)
	Florestas úmidas tropicais sempre-verdes
Tipos de habitat	Montanhas
	Cavernas
	Rochas
	Habitats marginais de florestas
	Habitats ribeirinhos

Na terra, as *plantas* são um elemento conspícuo que compõe a matriz da paisagem; assim, os tipos de ecossistemas podem ser identificados e classificados como regiões bióticas ou *biomas* com base na *vegetação madura dominante*. Em contraste, as plantas são muito pequenas e não conspícuas na maioria dos ambientes aquáticos – especialmente em grandes rios, lagos e oceanos – dessa forma, os *tipos de ecossistema* nesses ambientes são mais facilmente identificados pelos *atributos físicos*.

414 Fundamentos de Ecologia

É melhor começarmos nosso roteiro pelo oceano, o macroecossistema maior e mais estável. O oceano, presumivelmente, foi o primeiro ecossistema, pois se acredita que a vida foi originada no meio de água salgada.

1 Ecossistemas Marinhos

Enunciado

Os maiores oceanos (Antártico, Ártico, Atlântico, Índico e Pacífico) e seus conectores e suas extensões cobrem aproximadamente 70% da superfície da Terra. Os fatores físicos dominam a vida no oceano (Figura 10.1). Ondas, marés, correntes, salinidade, temperatura, pressão e intensidade da luz determinam o estado das comunidades biológicas, que, por sua vez, têm influência considerável na composição dos sedimentos e gases das profundezas, em solução e na atmosfera. Mais importante, os oceanos têm um papel destacado em moldar o tempo e o clima em todo planeta.

Explicações e Exemplos

O estudo de biologia, química, geologia e física do oceano está combinado em um tipo de "superciência" chamada **oceanografia**, a qual está se tornando uma necessidade como base de cooperação internacional. Apesar de a exploração do oceano não ser tão cara como a exploração do espaço exterior, são necessários fundos consideráveis para navios, laboratórios, equipamentos e especialistas. As maiores pesquisas além das orlas marítimas são, por necessidade, feitas por poucas grandes instituições com apoio de subsídios do governo, principalmente das nações desenvolvidas.

O Oceano

A cadeia alimentar do oceano começa com o menor autótrofo conhecido e termina com os maiores dos animais (peixes gigantes e baleias). Os minúsculos flagelados verdes, algas e bactérias – "*picoplâncton*" – muito pequenos para serem capturados por uma rede de plâncton são mais importantes como uma base da teia alimentar do oceano do que o maior "*plâncton de rede*" que se acreditava preencher esse nicho (Pomeroy, 1974b, 1984). Como uma grande porção da produção primária está na matéria orgânica dissolvida ou particulada (MOD ou MOP), as cadeias alimentares de matéria orgânica são importantes no oceano aberto. Uma diversidade de seres que se alimentam filtrando a água, de protozoários a moluscos pelágicos, que usam redes de muco para capturar micróbios e partículas de detritos, faz o elo entre os pequenos autótrofos e os grandes consumidores.

Para entender plenamente os problemas e as possibilidades envolvidos na interação dos homens com o oceano, é preciso conhecer o contorno do fundo do oceano, que também é usado na nomenclatura oceanográfica padrão para as zonas do oceano. Como devem existir fitoplânctons sob cada metro quadrado de água e como a vida em algumas formas se localizam nas maiores profundezas, os oceanos são os maiores ecossistemas tridimensionais. Eles são também biologicamente bastante diferentes, porque muitos dos principais grupos taxonômicos (*fila*) são encontrados somente no oceano.

A surpreendente diversidade e adaptação evolutiva da fauna do mar profundo foi observada por numerosos investigadores. Os peixes de mar profundo formam um conjunto curioso: alguns produzem sua própria luz (peixe-lanterna); outros têm um apêndice móvel luminoso que é usado como isca para atrair presas (peixe--pescador); e muitos têm bocas enormes e podem engolir presas maiores que eles mesmos (*viperfish, gulpers*). Há pouca comida nas profundezas mais escuras, mas os peixes adaptam-se para tirar o maior proveito de suas oportunidades. Por causa da falta de luz (sem produtividade primária líquida) nessa profundidade, os ecossistemas de mar profundo dependem dos detritos que caem das camadas superiores.

Plataforma Continental

A vida marinha se concentra perto do litoral, onde as condições de nutrientes são favoráveis. Nenhuma outra área tem uma variedade de vida como a plataforma continental – nem mesmo as florestas tropicais úmidas. O zooplâncton da costa é enriquecido com muito **meroplâncton** (organismos temporários ou sazonais que "crescem" a partir da fase planctônica), consistindo em larvas pelágicas de *organismos bentônicos* (como caranguejos, larvas marinhas e moluscos), em grande contraste com as águas doces e o oceano aberto, onde a maioria da vida flutuante é de **holoplânctons** (organismos cujo ciclo total de vida é planctônico). As larvas pelágicas mostraram uma habilidade extraordinária em localizar o tipo de profundeza mais adaptada à sobrevivência como adultos sedentários. Quando estão prontas para a metamorfose, as larvas não se acomodam ao acaso, mas em resposta a condições químicas particulares do substrato. Os bentos têm dois componentes verticais: (1) a **epifauna**, organismos que vivem na superfície, presos ou que se movem livremente; e (2) a **infauna**, organismos que escavam o substrato ou constroem tubos ou tocas. As agregações bentônicas no mundo todo ocorrem no que Thorson (1955) chamou de "comunidades de profundidade de nível paralelo" dominadas pelas espécies ecologicamente equivalentes, em geral do mesmo gênero.

As maiores pescas comerciais do mundo estão quase todas localizadas perto da ou na plataforma continental, especialmente em regiões de *ressurgência* de água fria (veja próxima seção e a Figura 10.2). A Figura 10.2 também mostra as principais correntes de oceano nos hemisférios norte e sul. Poucas espécies constituem a maioria dos peixes comerciais, incluindo anchova, arenque, bacalhau, cavala, merlusa, sardinha, peixes planos (linguado, halibut), salmão e atum. Sabe-se que a pesca mundial chegou a seu pico e que muitas áreas estão em condição de sobrepesca. A pesca, em especial quando envolve arrastão e rede a longa distância, gasta muita energia. O aumento da produção de alimento do mar pode depender da *maricultura* (alimento ou cultivo de peixe em baías ou estuários).

Um artigo recente sobre pesca marinha concluiu que impressionantes 90% dos maiores peixes predadores do mundo, incluindo o atum, o peixe-espada, o bacalhau, o halibut e o linguado, desapareceram nos últimos 50 anos. Esse estudo de dez anos feito por Myers e Worm (2003) na Universidade Dalhousie, no Canadá, atribuiu o declínio a uma demanda acentuada por frutos do mar aliada à expansão da frota global de barcos eficientes no aspecto tecnológico.

O que se pensava ser inesgotável – a pesca no mundo – está mostrando sua vulnerabilidade. A Organização das Nações Unidas para Agricultura e Alimentação (FAO) estima que três quartos da pesca oceânica mundial estão sendo realizados além de sua capacidade de sustentação. As inovações que nos possibilitaram tirar mais peixes dos oceanos – barcos maiores e mais poderosos (alguns com instalações de processamento no *deck*), melhores instrumentos de pesca e tecnologias avançadas de navegação e busca de peixes – podem minar a presumida resiliência dos oceanos.

Figura 10.1 O oceano. O movimento incessante das ondas visto na foto serve para enfatizar o domínio dos fatores físicos no oceano aberto.

Os dados mostram que, quando grandes barcos buscam pesca, eles podem exterminar populações em questão de anos. Em 15 anos, 80% dos grandes peixes foram extintos. Espécies similares podem aparecer inicialmente, mas, em geral, suas populações também irão sucumbir, seja por causa do fornecimento limitado de alimento, da superpopulação e da doença, seja por se tornarem alvos daqueles que estão "pescando toda a teia alimentar". O tamanho médio das principais pescas predatórias é agora somente um quinto da metade do que era no passado, em parte porque os peixes que sobraram para procriar são aqueles muito pequenos que escaparam das redes. Outro problema é que os peixes de baixa maturidade são geralmente pescados antes de alcançarem a idade de reprodução.

A deterioração da pesca oceânica pode ser revertida. Dar aos pescadores a propriedade de parcelas do estoque de peixes é um modo de ajudá-los a perceber que, quanto mais produtiva sua pesca, mais valiosas são suas ações. Por exemplo, os pescadores localizados na Islândia e na Nova Zelândia têm usado quotas de mercado, o que lhes tem permitido vender os direitos de pesca, desde o fim dos anos de 1980. Os resultados são pescas menores, porém mais lucrativas, e aumento nas populações de peixe. O clássico problema "tragédia dos comuns" (Kennedy, 2003) é, portanto, evitado.

Por causa da complexidade dos ecossistemas marinhos, alguns cientistas estão advogando o manejo de ecossistemas integrais, em vez do manejo de só uma espécie. Além disso, estudos têm demonstrado que reservas marinhas bem posicionadas

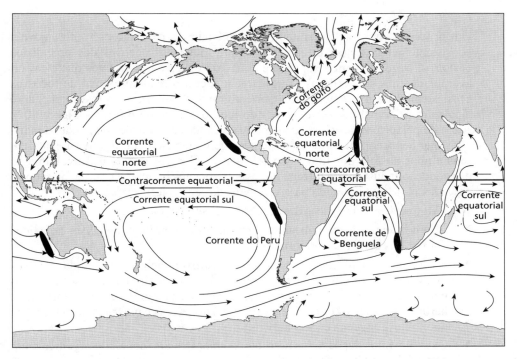

Figura 10.2 Principais ressurgências (áreas escuras) e correntes oceânicas levadas pelos ventos e provocadas pela rotação da Terra (segundo Duxbury, 1971).

e completamente protegidas, conhecidas como *pesqueiros*, podem recuperar áreas esgotadas pela sobrepesca. Ao proporcionar aos peixes um refúgio para procriar e amadurecer, as reservas podem aumentar o tamanho e o número total de peixes nesses locais e nas águas ao redor. Por exemplo, uma rede de reservas estabelecida perto de Saint Lucia em 1995 aumentou a pesca de pesqueiros adjacentes de pequena escala em mais de 90%. A preservação de habitats de criação, como os recifes de coral, florestas de algas e terras úmidas costeiras, é essencial na manutenção dos peixes no mar para as próximas gerações.

Por causa de sua acessibilidade e riqueza de vida, os litorais são a parte mais estudada da região da plataforma continental. Nenhum biólogo, para não mencionar os naturalistas amadores, considera sua educação completa sem estudar o litoral. Como nas montanhas, as comunidades na zona intermarés são dispostas em níveis distintos. Alguns aspectos desse zoneamento em dois tipos de litorais contrastantes, um de areia e um de rocha, são mostrados na Figura 10.3. Os ecólogos que estudam esses habitats fisicamente exigentes ficam impressionados com o papel da competição e da predação (ver Capítulo 7).

O nível de energia física das ondas que quebram, a arrebentação e as marés são fatores importantes aos quais os organismos precisam se adaptar. Uma costa de baixa energia com fluxo de água calmo será povoada por mais espécies diversificadas do que uma costa de alta energia sujeita a fortes ondas.

Regiões de Ressurgência

Um processo importante chamado **ressurgência** ocorre onde os ventos movem consistentemente a água da superfície para longe dos declives dos precipícios costeiros, trazendo para a superfície água fria e rica em nutrientes que estavam acumulados nas profundezas. A ressurgência cria o mais produtivo de todos os ecossistemas marinhos que dão suporte a grandes pescarias. As ressurgências se localizam principalmente nas costas do lado oeste, como mostra a Figura 10.2. Além de peixe, a ressurgência dá suporte a grandes populações de pássaros marinhos que depositam incontáveis toneladas de guano rico em nitrato e fosfato em seus ninhos no solo dos litorais costeiros e das ilhas. Antes do desenvolvimento da produção industrial de nitrogênio, esses depósitos de guano eram explorados e enviados para o mundo todo para serem usados como fertilizantes.

Algumas características das regiões de ressurgência são:

- Alta concentração de nutrientes e organismos; dominam os peixes pelágicos em vez dos demersais (de fundo).

- As imensas populações de peixes (e pássaros) podem ser atribuídas não somente à alta produtividade, mas também às cadeias alimentares curtas. Algumas espécies de crustáceos e peixes, carnívoros na região oceânica, tornam-se herbívoros nas regiões de ressurgência. Diatomáceas e peixes como a sardinha dominam a pequena cadeia alimentar.

- Os sedimentos depositados no fundo do mar têm alto conteúdo orgânico e um característico alto teor de fosfato.

- Em contraste com a riqueza do mar, a área de terra adjacente é, em geral, um deserto costeiro porque, para haver a ressurgência, os ventos precisam soprar da terra para o mar (carregando consigo a umidade da terra). A neblina frequente, no entanto, pode sustentar um pouco de vegetação.

A ressurgência de águas ricas em nutriente também ocorre acima das encostas das *montanhas marinhas* (montanhas vulcânicas que podem surgir a milhares de metros do fundo do mar, mas sem se projetar acima da superfície da água). Essas são áreas importantes de pesca abundante e diversificada (de Forges et al., 2000).

Fontes Hidrotermais das Profundezas Marinhas

De acordo com o que se aceita atualmente sobre *teoria de deriva continental*, algumas regiões – principalmente a África e a América do Sul como um par e a Europa e a América do Norte como outro – formavam uma só massa de terra, mas se separaram com o decorrer do tempo. As *cordilheiras mesoceânicas* (Figura 10.4) são, de acordo com essa teoria, linhas do antigo contato entre os continentes atualmente separados por milhares de milhas. Ao longo dessas cordilheiras e em outros lugares, as placas tectônicas espalhadas criam saídas, fontes de água sulfurosas quentes e infiltrações. Tais **fontes hidrotermais** sustentam comunidades únicas geotermicamente ativas, diferentes de qualquer coisa já descoberta no oceano, como descritas e ilustradas no Capítulo 2 (ver também Van Dover, 2002; Van Dover et al., 2002). Ao redor dessas fontes, a teia alimentar se inicia com *bactérias quimiossintetizantes* em vez de *organismos fotossintéticos*. Essas bactérias obtêm sua energia para fixar o carbono e produzir matéria orgânica por meio da oxidação do sulfato de hidrogênio (H_2S) e outros produtos químicos. Os animais que se alimentam por filtração e de material em suspensão consomem essas bactérias nas espumas da água quente; os caracóis e outros pastejadores se alimentam das camadas bacterianas nas estruturas das fontes; e os grandes vermes e moluscos desenvolveram um relacionamento mutualístico com as

Ecologia Regional: Principais Tipos de Ecossistemas e Biomas   419

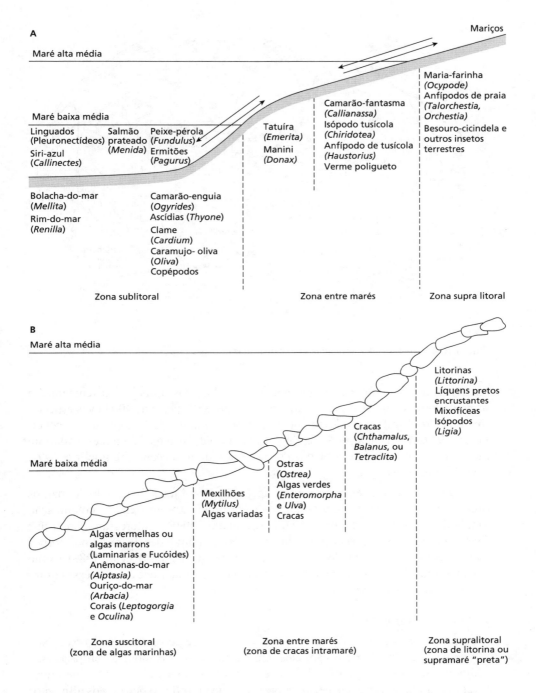

Figura 10.3 Corte de (A) litoral arenoso (baseado em dados de Pearse et al., 1942) e (B) litoral rochoso (baseado em dados de Stephenson e Stephenson, 1952) em Beaufort, Carolina do Norte, mostrando as zonas e as espécies características dominantes.

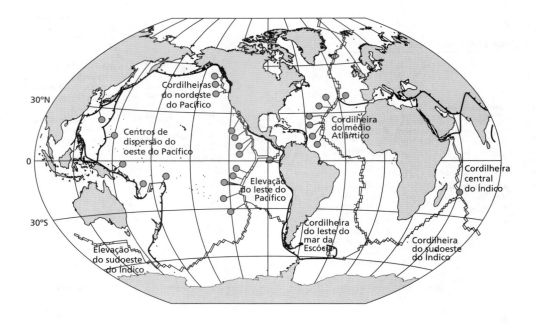

Figura 10.4 Mapa das fontes hidrotermais das profundezas marinhas.

bactérias quimiossintetizantes que habitam os tecidos dos animais. Existem também os predadores, como os peixes e caranguejos. Até 2002, perto de 400 novas espécies tinham sido identificadas desde que a primeira comunidade de fonte foi descoberta, em 1977, em Galápagos Spreading Center. Os ecossistemas de fontes evoluíram quase que completamente isolados do resto da vida do oceano (Tunnicliffe, 1992; Von Damm, 2001).

Quando os vulcões entram em erupção de uma fonte sob o fundo do mar, os organismos são arremessados ao longo da cordilheira, promovendo a colonização rápida de novos locais de fonte (Van Dover et al., 2002). É interessante notar que foi encontrada uma fauna bastante similar à das comunidades de fontes nos corpos de baleias mortas depositados no fundo do oceano (C. R. Smith et al., 1989). Como grandes toras decompostas nas florestas, tal habitat desaparece quando essas grandes carcaças são decompostas.

Estuários e Litorais

Entre os oceanos e os continentes existe uma faixa de ecossistemas diversos. Não são somente zonas de transição, eles têm características ecológicas próprias (são ecótonos verdadeiros). Apesar de fatores físicos, como salinidade e temperatura, serem muito mais variáveis perto da praia do que no próprio oceano, os alimentos são tantos que essas regiões estão cheias de vida. Ao longo do litoral vivem milhares de espécies adaptadas que não são encontradas no mar aberto ou em água doce. Dois tipos de ecossistemas marinhos costeiros – um litoral rochoso e um estuário de maré dominado por pântanos salgados – são mostrados na Figura 10.5.

A palavra **estuário** (do latim *aestus*, "maré") se refere a um corpo semifechado de água, como uma foz de rio ou baía costeira, em que a salinidade é intermediária entre água salgada e doce, e a ação da maré é um regulador físico importante e um subsídio de energia. Os estuários e as águas marinhas costeiras estão entre os ecossistemas mais férteis do mundo. A maior parte das formas de vida dos autótrofos está, muitas vezes, misturada em um estuário e preenche nichos variados, mantendo uma alta taxa de produção bruta: *fitoplâncton*; *microflora bentônica* (algas vivendo em sedimentos, areia, rochas e corpos ou conchas de animais); e *macroflora* (grandes plantas fixas, inclusive ervas marinhas, zosteras submersas, gramíneas emergentes de pântano e, nos trópicos, árvores de mangue). Os estuários fornecem as "bases de criadouros" (locais para que os estágios juvenis se desenvolvam rapidamente) para a

Figura 10.5 Dois tipos de ecossistemas costeiros. (A) Litoral rochoso na costa da Califórnia, caracterizado por camadas de vegetais marinhos imersos, piscinas de marés, contendo invertebrados coloridos, leões-marinhos e pássaros marinhos. (B) Vista aérea dos pântanos salgados da Geórgia mostrando como estão entremeados por pequenos canais de drenagem pelos quais a água flui para dentro e para fora com a maré. As ostras vivem nos recifes desses canais e os mexilhões ribeirinhos vivem nas cabeceiras dos riachos. Os caranguejos-azuis, peixes e mesmo os golfinhos nadam pelos canais maiores para forragear na maré alta.

maioria dos crustáceos e peixes criados não somente nos estuários, mas também em águas profundas. Apesar de os estuários e pântanos salgados não sustentarem uma grande variedade de espécies, sua produtividade primária líquida é muito alta. De fato, algumas das pescas mais produtivas ocorrem nesses tipos de ecossistema, e as espécies aquáticas e terrestres os selecionam como criadouros para seus filhotes. Os organismos desenvolveram muitas adaptações aos ciclos das marés, o que lhes permite explorar as muitas vantagens de viver em um estuário. Alguns animais, como o caranguejo, têm um relógio biológico interno que ajuda a marcar o tempo de suas atividades de alimentação com a parte do ciclo das marés mais favorável. Se esses animais forem removidos experimentalmente para um ambiente constante, continuarão a exibir atividades rítmicas sincronizadas com as marés.

Em geral, um estuário é uma armadilha eficiente de nutrientes, em parte por causa de características físicas (diferenças na salinidade retardam a mistura vertical, mas não a horizontal das massas de água) e em parte pelas propriedades biológicas. Essa propriedade aumenta a capacidade do estuário de absorver nutrientes nos dejetos, desde que a matéria orgânica tenha sido reduzida por tratamento secundário. Os estuários foram usados tradicionalmente como áreas de tratamento gratuito de esgoto de algumas cidades costeiras. Desde 1970 têm aumentado muito o conhecimento e as pesquisas sobre os valores dos estuários. A maioria dos estados vizinhos aos estuários nos Estados Unidos tem emitido legislação destinada a proteger tais valores de capitais naturais.

Manguezais e Recifes de Coral

Duas comunidades muito interessantes e distintas encontradas nos ecótonos terra-mar tropicais e subtropicais são os *manguezais* e os *recifes de coral*. Ambos são "formadores de terra" em potencial, que ajudam a formar ilhas e a aumentar o litoral.

Os mangues estão entre as poucas plantas lenhosas que toleram a salinidade do mar aberto. Uma sucessão de espécies geralmente forma uma zona de transição do mar aberto até a região das marés máximas (Figura 10.6A). Raízes aéreas extensas penetram fundo na lama anaeróbica, trazendo oxigênio para suas profundezas e fornecendo superfície para a fixação de moluscos, ostras, cracas e outros animais marinhos. Na América Central e no Sudoeste da Ásia (Vietnã, por exemplo), as florestas de manguezal podem ter uma biomassa igual à da floresta terrestre. A madeira é muito dura e comercialmente valiosa. Na maior parte dos trópicos, as florestas de mangue substituem os pântanos salgados (marismas) como terras úmidas entre as marés e tem muitos dos mesmos valores – por exemplo, servem como criadouro para peixes e camarões (W. E. Odum e McIvor, 1990).

Recifes de coral, como mostra a Figura 10.6B, são distribuídos de maneira ampla em águas quentes e rasas. Formam barreiras ao longo dos continentes (como a grande barreira de recifes da Austrália), ilhas marginais e atóis (cordilheiras em forma de ferradura que se formam no alto de vulcões submarinos extintos). Os recifes de coral estão entre as comunidades bióticas mais produtivas e diversificadas. Sugerimos que, pelo menos uma vez, todos coloquem uma máscara e um *snorkel* e explorem uma dessas "cidades naturais" coloridas e prósperas.

Os recifes de coral podem desenvolver-se em águas pobres em nutrientes por causa do fluxo de água e de um grande investimento em mutualismo. O coral é um *superorganismo* planta-animal, pois uma alga, chamada zooxantela, cresce dentro do tecido do pólipo dos animais. O componente animal consegue seus "alimentos vegetais" das algas que crescem em seu corpo e obtém sua "carne" estendendo

Ecologia Regional: Principais Tipos de Ecossistemas e Biomas **423**

Figura 10.6 (A) Mangue vermelho (*Rhizophora mangle*) é a principal espécie encontrada no ecótono de floresta de manguezal. Suas raízes aéreas fornecem um substrato para as ostras e outros numerosos organismos marinhos. (B) Fotografia de um recife de coral mostrando as estruturas ramificadas de coral que se desenvolvem onde as correntes são calmas.

seus tentáculos à noite para pescar o zooplâncton na água que corre perto da sua casa na pedra calcária. Essa estrutura foi construída pela colônia por meio do depósito de carbonato de cálcio, matéria-prima abundante no oceano. O componente vegetal dessa parceria consegue proteção e nitrogênio e outros nutrientes do componente animal.

    Como os humanos precisam aprender a prosperar em um mundo em declínio no que diz respeito a recursos, o ecossistema de coral é um exemplo de como reter, usar e reciclar recursos de forma eficiente (Muscatine e Porter, 1977). No entanto, como uma cidade complexa e energética, um recife de coral finamente modulado não é nem resistente nem se recupera fácil das perturbações, como poluição, ou de um aumento da temperatura da água. Em tempos recentes, os recifes de coral ao redor do mundo têm mostrado sinais de estresse que podem ser um aviso do aque-

424 Fundamentos de Ecologia

cimento global e da poluição do oceano. Um sinal de estresse é o *branqueamento* que ocorre quando a alga verde simbiótica deixa o animal coral. Se o mutualismo não é restaurado, o coral morre de fome lentamente. Uma teoria, ainda a ser constatada, é que o coral ejeta a alga, que pode sobreviver como um plâncton livre, de modo a colonizar um grupo diferente, mais bem adaptado ao ambiente modificado. Em outras palavras, o branqueamento é uma estratégia de sobrevivência (Salih et al., 2000; Baker, 2001).

2 Ecossistemas de Água Doce

Enunciado

Os habitats de água doce podem ser considerados em três grupos, a saber:

- Ecossistemas de águas paradas ou lênticos (de lenis, "calmo"): lagos e lagoas;
- Ecossistemas de água corrente ou lóticos (de lotus, "lavado"): fontes, riachos e rios; e
- Terras úmidas, onde os níveis de água flutuam para cima e para baixo, em geral sazonal e anualmente: brejos e pântanos.

Alguns exemplos de habitats lênticos e lóticos são mostrados na Figura 10.7.

A água de subsolo, apesar de ser um grande reservatório de água doce e um recurso essencial para os humanos, não é considerada um ecossistema porque contém pouca ou nenhuma vida (exceto, às vezes, algumas bactérias). A água do subsolo interconecta-se com os três grandes ecossistemas acima do solo, sendo, portanto, uma parte importante dos ambientes de entrada e saída dos ecossistemas lênticos, lóticos e de terras úmidas.

Explicações e Exemplos

Os habitats de água doce ocupam uma pequena parte da superfície da Terra comparados com os habitats marinhos e terrestres, mas sua importância para os humanos é maior do que sua área relativa pelas seguintes razões:

- São a fonte de água mais conveniente e barata para as necessidades domésticas e industriais (podemos, e provavelmente iremos, obter água do mar, mas a um custo maior no que diz respeito à energia necessária para dessalinizar e à poluição do sal criada com esse processo).
- Os componentes de água doce são o "gargalo" do ciclo hidrológico.
- Os ecossistemas de água doce, com os estuários, fornecem sistemas terciários de disposição de resíduos mais convenientes e econômicos. Quase sem exceção, as maiores cidades do mundo estão localizadas perto de rios, lagos ou estuários que funcionam como sistema gratuito de esgoto (em outras palavras, exploram capital natural em vez de capital econômico para fornecer serviços benéficos para as populações urbanas). Como esse recurso natural está sofrendo agressão, é necessário um esforço maior em curto prazo para reduzir tal estresse – ou a água pode tornar-se o fator limitante para a nossa espécie.

A água tem propriedades térmicas únicas que se combinam para minimizar as mudanças na temperatura; assim, a variação da temperatura é menor e as mudanças na temperatura ocorrem mais lentamente na água do que no ar. As mais importantes propriedades térmicas da água são:

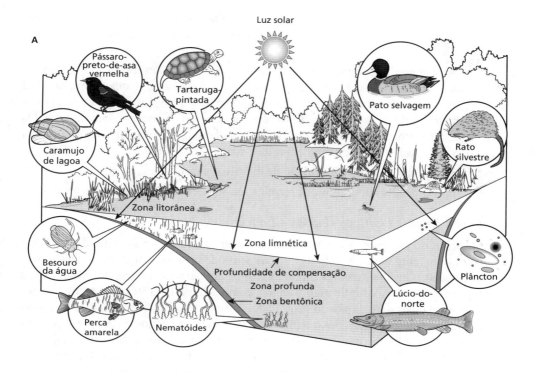

Figura 10.7 (A) Diagrama mostrando um ecossistema lêntico (lagoa). O sistema é composto por cinco zonas (litoral, limnética, profunda, profundidade de compensação e bentônica). (B) Lagoa representando a zona litoral dominada por taboa (*Typha*). (C) Regato (ecossistema lótico) localizado no condado de Butler, Ohio.

- Tem sua densidade máxima a 4 °C; ela se expande, portanto, torna-se mais leve, acima e abaixo dessa temperatura. Essa propriedade única evita que os lagos congelem.
- Tem um calor específico alto – ou seja, há uma quantidade relativamente grande de energia envolvida na mudança da temperatura da água. Por exemplo, é necessário um grama-caloria (gcal) de calor para aumentar a temperatura de um mililitro (ou um grama) de água por grau centígrado (entre 15 °C e 16 °C, por exemplo).

- Possui um alto calor latente de fusão – são necessárias 80 calorias para mudar um grama de gelo para água líquida sem mudança na temperatura (e vice--versa).

- Apresenta o mais alto calor latente de evaporação conhecido – 597 calorias por grama de água são absorvidas durante a evaporação, o que ocorre mais ou menos continuamente a partir da superfície da vegetação, da água e do gelo. A maior parte da radiação solar que entra é dissipada na evaporação da água dos ecossistemas mundiais. O fluxo de energia modera os climas e torna possível o desenvolvimento da vida em toda a sua diversidade.

- Possui uma imensa capacidade de dissolver substâncias.

- Tem uma alta condutividade térmica, ou seja, conduz rapidamente o calor.

Ecossistemas Lênticos (Lagos e Lagoas)

No sentido geológico, a maioria das bacias que agora contêm a água doce parada é relativamente nova. A vida das lagoas varia de poucas semanas ou meses, para as pequenas lagoas sazonais ou temporárias, até várias centenas de anos, para as lagoas maiores. Apesar de alguns lagos, como o Baikal, na Rússia, serem antigos, a maioria deles data da era do gelo. Pode-se esperar que os ecossistemas de águas paradas se modifiquem com o tempo em taxas mais ou menos inversas, proporcionais ao seu tamanho e a sua profundidade. Embora a descontinuidade geográfica da água doce favoreça a especiação, a falta de isolamento não o faz. De um modo geral, a diversidade de espécies é baixa nas comunidades de água doce comparadas com os tipos de ecossistema marinho ou tropical. Consideramos alguns detalhes de um lago no Capítulo 2 como exemplo de um ecossistema de tamanho conveniente (ou mesocosmo) para introduzir o estudo da ecologia.

A zonação e a estratificação distintas são características dos lagos e grandes lagoas, como está descrito e ilustrado no Capítulo 2. É possível distinguir uma **zona litoral** com vegetação enraizada ao longo da praia; uma **zona limnética** de águas abertas dominadas pelo plâncton, uma **zona profunda** de águas profundas contendo somente heterótrofos e uma **zona bentônica** dominada por organismos de habitat profundo. As zonas litorais e limnéticas têm uma produção de $P/R > 1$; a zona profunda, $P/R < 1$; e a **profundidade compensada**, $P/R = 1$. As formas de vida em uma lagoa incluem *plânctons* (organismos que flutuam livremente, como as diatomáceas), *néctons* (organismos que nadam livremente, como os peixes), *bentos* (organismos de habitat profundo, como os moluscos), *nêustons* (organismos da superfície, como as aranhas da água) e os *perifitons* (organismos que se anexam, como os pólipos).

Em regiões temperadas, é comum os lagos se tornarem *termicamente estratificados* durante o verão e de novo no inverno, de acordo com o resfriamento e o aquecimento. A parte superior e mais quente do lago, ou **epilímnio** (do grego *limnion*, "lago"), torna-se temporariamente isolada das águas mais frias e mais profundas, ou **hipolímnio**, por um **termóclino**, que age como uma barreira para a troca de materiais (Figuras 2.3C e 2.3D ilustram essa zonação e estratificação). Como consequência, o fornecimento de oxigênio no hipolímnio e de nutrientes no epilímnio pode diminuir. Durante a primavera e o outono, quando todo o corpo de água se aproxima da mesma temperatura, ocorre a mistura. Segue-se o aumento de fitoplânctons nessas viradas sazonais, pois os nutrientes do fundo se tornam disponíveis na zona fótica. A **zona fótica** é a parte iluminada do lago ou do oceano habitada por fitoplânctons. Em climas quentes, a mistura pode ocorrer somente uma vez ao ano (no inverno); em biomas temperados, ocorre geralmente duas vezes ao ano (*dimíctico*).

A produção primária nos ecossistemas de águas paradas depende da natureza química da bacia e da natureza das importações de correntes ou terras (ou seja, entradas da bacia hidrográfica) e, em geral, é inversamente relacionada com a profundidade. Da mesma forma, a produção pesqueira por unidade de água da área de superfície é maior em águas rasas do que em lagos profundos, mas os lagos profundos podem ter peixes maiores. Os lagos são classificados como **oligotróficos** (baixo nível de nutrientes) ou **eutróficos** (altos níveis de nutrientes) na base de produtividade. Existe um paradoxo, porque um lago biologicamente pobre é preferível a um fértil, do ponto de vista da qualidade de água para uso doméstico e de recreação. Em algumas partes da biosfera, os humanos estão aumentando essa fertilidade para se alimentarem, ao passo que em outros lugares a estão evitando (removendo nutrientes ou envenenando as plantas), e para manterem o que algumas sociedades tradicionalmente consideram como ambientes estéticos. Por exemplo, uma lagoa verde fértil que pode produzir muitos peixes nem sempre é considerada uma piscina desejável.

Com a construção de lagoas e lagos artificiais, chamados **reservatórios**, os humanos mudaram a paisagem em regiões que não tinham corpos naturais de água. Nos Estados Unidos, quase todas as fazendas têm pelo menos uma lagoa, e grandes represamentos foram construídos em praticamente todos os rios. Muito dessa atividade é benéfica, mas a estratégia de represamento, de cobrir a terra fértil com uma camada de água que não pode produzir muito alimento, pode não ser o melhor uso da terra no longo prazo. As águas paradas são, em geral, menos eficientes em oxidar o lixo do que as águas correntes. A menos que a bacia hidrográfica seja bastante vegetativa, a erosão pode acometer um reservatório em uma geração.

A troca de calor prevista dos reservatórios pode diferir muito daquela do lago natural, dependendo do projeto da represa. Se a água for liberada pelo fundo – como é o caso das represas projetadas para geração de força hidrelétrica –, a água fria, rica em nutriente, mas pobre em oxigênio, é exportada para a corrente, ao passo que a água quente é retida no lago. O represamento então se transforma em um *retentor de calor* e em um *exportador de nutriente*, em contraste com os lagos naturais, que descarregam da superfície e, portanto, funcionam como *retentores de nutrientes* e *exportadores de calor*. Do mesmo modo, o tipo de descarregamento afeta muito as condições das correntes.

Ecossistemas Lóticos (Córregos e Rios)

Em geral, as diferenças entre água parada e água corrente contemplam uma tríade de condições: (1) corrente é muito mais um fator controlador e limitante em córregos; (2) a troca terra-água é relativamente mais extensa em córregos, resultando em um ecossistema mais "aberto" e um tipo heterotrófico de metabolismo de comunidade quando o tamanho do córrego é pequeno; e (3) a tensão do oxigênio costuma ser alta e mais uniforme em córregos, e há pouca ou nenhuma estratificação térmica ou química, exceto em rios grandes e lentos.

O *conceito do rio contínuo* (Cummins, 1977; Vannote et al., 1980), que envolve mudanças longitudinais no metabolismo da comunidade, diversidade biótica e tamanho da partícula da cabeceira à foz (ver Capítulo 4; Figura 4.9), descreve como as comunidades bióticas se ajustam às condições de mudança. Em um certo trecho de córrego, duas zonas são geralmente aparentes:

1. Uma **zona de corredeira** tem corrente suficiente para manter o fundo livre de lama ou outro material solto, fornecendo, assim, um substrato firme. É ocupada

por organismos especializados que se fixam ou se agarram no substrato (como moscas e larvas de *Trichoptera*) ou, no caso de peixes, que podem nadar contra a corrente ou se agarrar no fundo (como as trutas ou os mergulhões).

2. Uma **zona de poças** com águas mais fundas, em que a velocidade da corrente é reduzida, e assim a areia e a lama podem assentar, formando um fundo macio favorável aos animais de tocas e nadadores, plantas com raízes e, em grandes poças, os plânctons. De fato, as comunidades de poças em grandes rios se assemelham às das lagoas.

Os rios em partes mais altas costumam ser erosivos; eles cortam o substrato, portanto, predomina um fundo duro. Quando os rios alcançam o nível de base em lugares mais baixos, depositam sedimentos e constroem planícies de alagadiços e deltas que, muitas vezes, são bastante férteis. Em termos da composição química da água, os sistemas lóticos podem ser divididos em dois tipos: (1) rios de *água dura* ou *carbonados*, com cem ppm ou mais de sólidos inorgânicos dissolvidos; e (2) rios de *águas suaves* ou *clorados*, com menos de 25 ppm de sólidos dissolvidos. A química da água dos rios carbonados é controlada por intemperismo de rochas, ao passo que as precipitações atmosféricas são fatores dominantes nos rios clorados. Os *regatos húmicos* ou *de águas negras*, com altas concentrações de material orgânico dissolvido, representam outra classe de regatos encontrados em terras baixas e quentes. Vários estudos e artigos sobre os energéticos da cadeia alimentar dos regatos, com ênfase em peixes, foram compilados, por exemplo, por Cummins (1974), Cummins e Klug (1979) e Leibold et al. (1997).

As *nascentes* têm uma posição importante como áreas de estudo em uma proporção que supera muito o seu tamanho e número. Por exemplo, alguns dos estudos clássicos do sistema integrado de nascentes são das nascentes de rocha calcária localizadas na Flórida (H. T. Odum, 1957), as pequenas nascentes de água fria localizadas na Nova Inglaterra (Teal, 1957) e as nascentes de água quente localizadas em Yellowstone (Brock e Brock, 1966; Brock, 1967).

Áreas Úmidas de Água Doce

Uma **área úmida** de água doce pode ser definida como uma área coberta por água doce rasa por, pelo menos, parte do ciclo anual; da mesma forma, os solos de áreas úmidas são saturados com água durante todo o ano ou durante parte dele. O fator principal que determina a produtividade e a composição das espécies da comunidade da área úmida é o **hidroperíodo**, ou seja, a periodicidade das flutuações do nível da água. As áreas úmidas de água doce podem, portanto, ser classificadas como "ecossistemas estabilizados pelos pulsos do nível de água flutuante", como os ecossistemas marinhos entre as marés e os estuários.

As áreas úmidas tendem a ser sistemas muito abertos e podem ser convenientemente classificadas de acordo com suas interconexões com águas profundas ou ecossistemas de terras altas, ou ambos, como segue:

• As águas úmidas ripárias são localizadas em depressões baixas (meandros) e planícies de alagadiços associadas com rios. Os solos das florestas de angiospermas nas planícies de grandes rios estão entre os ecossistemas naturais mais produtivos, como os pântanos de marés de água doce ao longo dos lugares mais baixos dos grandes rios nas planícies costeiras dos Estados Unidos.

• Os brejos lacustres (de lacus, "lago") são associados com lagos, lagoas e canais represados de rios. São periodicamente inundados quando esses corpos de água mais profundos transbordam.

- O pântano palustre (de palus, "brejo") inclui o que é chamado de brejo, brejo de turfeira, charco, prado úmido e lagoa temporária que ocorrem em depressões não diretamente conectadas com lagos ou rios (apesar de poderem estar em leitos de rios ou lagoas ou bacias de lagos). Os charcos são um pouco ácidos e são dominados por ciperáceas; os brejos de turfeira, por sua vez, são muito ácidos, caracterizados pelo acúmulo de turfa e dominados por musgos (Sphagnum). Essas áreas úmidas estão muito espalhadas pela paisagem, especialmente em antigas regiões glaciais. Em geral, elas têm vegetação e macrófitas aquáticas submersas, plantas de brejo emergentes e arbustos. Os brejos palustres, dominados por vegetação herbácea emergente, na maioria das vezes são um excelente habitat de alimentação para pássaros aquáticos e outros vertebrados aquáticos ou semiaquáticos. As áreas úmidas dominadas por vegetação lenhosa ou áreas úmidas florestadas são chamadas de pântanos nos Estados Unidos. Um pântano de águas profundas dominado por ciprestes (Taxodium distichum), tupelos (Nyssa sylvatica) e carvalho do pântano (Quercus bicolor) é um exemplo.

Apesar de as áreas úmidas ocuparem somente cerca de 2% da superfície da Terra, estima-se que contenham de 10% a 14% do carbono (Armentano, 1980). Os solos das áreas úmidas, como os histossolos, podem conter até 20% de carbono por peso e, claro, as turfas são ainda mais carboníferas. Drenar as áreas úmidas para convertê-las em agricultura libera grandes quantidades de CO_2 na atmosfera, contribuindo para o "problema do CO_2" (ver Capítulo 4). A estratificação aeróbica-anaeróbica dos sedimentos da área úmida (incluindo marismas) também é importante além da proporção da sua área, por causa do papel que tem no ciclo global do enxofre, nitrogênio e fósforo, e do carbono. A Figura 10.8 resume os aspectos principais da decomposição microbiana e da reciclagem em áreas úmidas e sedimentos marinhos rasos.

No decorrer da última parte do século XX, as ações públicas para com as áreas úmidas mudou dramaticamente, pois os estudos ecológicos e econômicos revelaram valores antes não reconhecidos. As áreas úmidas não são mais vistas como campos de dejetos a serem destruídos ou modificados. Apesar de ter havido algum progresso na preservação, em especial das áreas úmidas em litorais, ainda há muito a ser feito nas esferas legal e política.

É muito significativo que a cultura do arroz, um dos sistemas agrícolas mais produtivos e dependentes já percebidos pelo homem, seja atualmente um ecossistema de brejo de água doce. O alagamento, a drenagem e a cuidadosa reconstrução do campo de arroz a cada ano têm muita importância na manutenção da contínua fertilidade da alta produção da planta de arroz, que por si só é um tipo de grama de brejo cultivada. Esse processo de alagamento é similar ao hidroperíodo (duração, frequência e profundidade) das terras úmidas naturais. O hidroperíodo influencia a germinação da semente, a composição da planta e a produtividade dos ecossistemas de área úmida.

Áreas Úmidas Florestais

As florestas de pântanos e planícies alagadas ocorrem em fundos de rio, muitas vezes misturam-se com brejos, especialmente onde os grandes rios cruzam com as planícies litorais. São também encontradas em grandes depressões (ver pântano Okefenokee, Figura 10.9A), bacias de calcário e outras áreas baixas que são alagadas pelo menos algumas vezes. Como os brejos, a hidrologia tem um papel importante na determinação da composição e produtividade das espécies. Os ciprestes (*Taxodium distichum*) e o

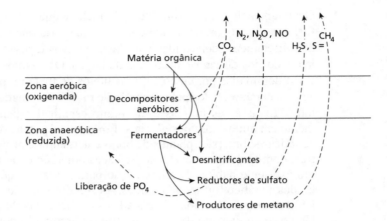

Figura 10.8 Decomposição microbiana e reciclagem em sedimentos da área úmida. Os quatro principais tipos de decompositores anaeróbicos gaseificam – portanto, reciclam para a atmosfera – carbono, nitrogênio e enxofre. O fosfato também é convertido das formas de sulfato insolúvel para formas solúveis que são mais facilmente disponibilizadas para os organismos (segundo E. P. Odum, 1979).

tupelo de água (*Nyssa aquatica*) são as árvores que melhor se adaptam aos alagamentos; as angiospermas das terras do fundo (espécies de solos baixos de carvalho, freixo, elmos e borracha) desenvolvem-se melhor onde os alagamentos são rítmicos, como nas planícies alagadas. Os "pneumatóforos" das árvores de ciprestes conduzem o ar da atmosfera para as raízes quando o pântano é alagado e os sedimentos ensopados contêm pouco ou nenhum oxigênio livre (Figura 10.9B). A maior produtividade ocorre onde a superfície do solo fica alagada no inverno ou na primavera e permanece relativamente seca durante a maior parte da estação de crescimento.

Brejos de Maré de Água Doce

Em planícies litorais baixas, as marés se estendem para dentro em grandes rios. Por exemplo, ocorrem marés de amplitude métrica no rio Potomac além de Washington DC; no rio James, alcançam a região de Richmond, Virginia, criando um habitat único de área úmida de água doce. A biota se beneficia dos pulsos da maré, mas não precisa lutar com o estresse do sal. É produzida uma vegetação carnosa, com poucas fibras, nos brejos de maré de água doce, no verão; depois se decompõe de volta no lodo, no inverno, em contraste com as marismas onde as gramas de brejo mais fibrosas permanecem de pé o ano todo (Figuras 10.10A e 10.10B). As populações anaeróbicas microbianas são dominadas pelos *redutores de sulfato* nas marismas e pelos *produtores de metano* nos brejos de água doce (Figura 10.10C). Em geral, a produção primária em marismas culmina em animais aquáticos, como peixes, camarões e moluscos. Em contraste, os animais em brejos de marés de água doce tendem a ser anfíbios semiaquáticos, répteis (jacarés), aves (patos, garças e outras aves pernaltas) e mamíferos. Para mais comparações entre esses dois tipos de brejo, ver W. E. Odum (1988).

3 Biomas Terrestres

Enunciado

F. E. Clements e V. E. Shelford (1939) introduziram o conceito de *bioma* como uma classificação dos padrões de vegetação do mundo. Consideraram o conceito de bioma incluindo as maiores formações vegetais e sua vida animal associada como

Figura 10.9 (A) Floresta de área úmida localizada no pântano Okefenokee, Geórgia. Brejo de água doce em primeiro plano, com a floresta de pântano no fundo. (B) Uma árvore de cipreste balança na base e desenvolve "pneumatóforos" em decorrência do frequente alagamento.

uma unidade ou um nível biótico de organização ecológica. **Bioma** é definido como uma comunidade ecológica regional importante de vegetais e animais. Definimos biomas como o nível de organização entre a paisagem e os níveis globais (ecosfera) de organização (ver Figura 1.3).

Antes de o conceito de bioma se tornar amplamente aceito pelos ecólogos, C. Hart Merriam desenvolveu uma classificação por *zona de vida*. Seu conceito de **zona de vida** (C. H. Merriam, 1894) baseou-se no relacionamento entre o clima e a vegetação, e foi mais bem aplicado a regiões montanhosas, onde as mudanças de temperatura acompanham as mudanças em altitude e vegetação.

Outros métodos de classificação incluem os *padrões das formações vegetais no mundo*, de Whittaker (1975), baseados no relacionamento da média anual de temperatura com a média anual de precipitação (Figura 10.11). Whittaker mapeou os limites dos principais tipos de vegetação com respeito à média de temperatura e precipitação em climas entre tipos de comunidade de floresta e deserto. Ele sugeriu que fatores como fogo, solo e sazonalidade climática determinam se um campo, arvoredo ou bosque se desenvolve como um tipo importante de comunidade.

Holdridge (1947, 1967) apresentou uma abordagem mais detalhada e sofisticada da relação da vegetação com o clima (Figura 10.12). O **sistema de zona de vida de Holdridge**, usado para classificar as formações dos vegetais, é determinado por um gradiente de biotemperaturas médias anuais com dimensões de latitude e altitude, a proporção da evapotranspiração potencial com a precipitação anual, e a precipitação total anual. Existem três níveis de classificação no sistema de Holdridge: *zonas de vida* climaticamente definidas; subdivisões das zonas de vida chamadas *associações*, baseadas em condições ambientais locais, e subdivisões locais baseadas no uso real da cobertura ou da terra. Holdridge definiu uma **associação** como um tipo de ecossistema único ou uma unidade natural de vegetação, em geral dominada por espécies particulares, gerando, assim, uma composição de espécies relativamente uniforme. A classificação de zona de vida de Holdridge difere das outras classificações ao definir um relacionamento entre as distribuições do clima e da vegetação (ecossistema).

Outra classificação para mapear o mundo biótico é o conceito da *ecorregião* desenvolvido por Bailey (1976, 1995, 1998). As ecorregiões são definidas como ecossistemas baseados em uma área geográfica contínua ou paisagem na qual as interações do clima, do solo e da topografia são suficientemente uniformes para

Figura 10.10 Brejos de maré de água doce e marismas. (A) Marisma do norte, localizada em Tuckerton, Nova Jersey, dominada por *Spartina alterniflora*. Áreas abertas de água parada são típicas em brejos altos. (B) Maré baixa em um riacho de maré em uma marisma na Geórgia. Os bancos de lama são cobertos por um "jardim secreto" de algas microscópicas – tão pequenas que são visíveis somente como uma película marrom sobre a lama cinza – base principal da cadeia alimentar estuarina, consistindo em microinvertebrados bentônicos, camarões e peixes. A grama alta, *Spartina alterniflora*, no brejo mais alto é pastada somente por alguns insetos, portanto morre no lugar e é a base de uma cadeia alimentar de detritos. (C) Brejo de maré de água doce com árvores de cipreste na borda no rio Altamaha, Geórgia. O solo de brejo denitrifica a maior parte do nitrogênio que entra na corrente do rio por meio de cidades e terras agrícolas.

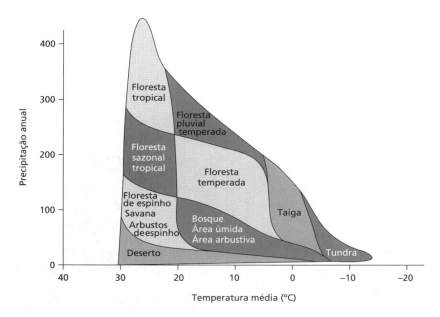

Figura 10.11 Os padrões de Whittaker (1975) das formações de vegetação no mundo, baseados na relação das médias anuais de precipitação (cm) com as médias anuais de temperatura (°C).

permitir o desenvolvimento de tipos similares de vegetação. As unidades de classificação incluem *domínio*, *divisões* e *províncias*. A vantagem do conceito de ecorregião é que envolve ambas, terrestres e oceânicas (ver Bailey, 1995, para uma descrição e hierarquia das ecorregiões da América do Norte). Como todos os sistemas operam dentro da hierarquia de sistemas maiores, o conhecimento dos sistemas maiores permite aos ecólogos entender melhor os menores. O entendimento dessa hierarquia lhes dá um maior grau de previsão no que diz respeito ao gerenciamento do uso da terra e ao desenvolvimento dos recursos naturais.

Dependendo de suas necessidades descritivas e de amostras, os estudantes de ecologia precisam estar familiarizados com uma série de sistemas de classificação de larga escala. Decidimos focar no conceito de bioma para ilustrar a vegetação de clímax climático. O conceito de bioma é especialmente importante porque engloba os maiores relacionamentos de plantas e animais em escalas maiores.

Explicações e Exemplos

A **forma de vida** (grama, arbusto, árvore decídua, árvore conífera etc.) da vegetação de clímax climático é a chave para delimitar e reconhecer os biomas terrestres. Assim, a vegetação clímax de um bioma de campo é a grama, apesar de as espécies variarem topograficamente em partes diferentes dos biomas e em continentes diferentes. A vegetação de clímax climático é a chave da classificação, mas clímaces edáficos e os estágios de desenvolvimento que podem ser dominados por outras formas de vida são uma parte integral do bioma. Por exemplo, as comunidades de campo podem ser estágios em desenvolvimento em um bioma de floresta e as matas ciliares podem ser parte do bioma de campo.

Os animais móveis ajudam a integrar os diferentes estratos e estágios de vegetação. Aves, mamíferos, répteis e muitos insetos se movem livremente entre os subsistemas e entre os estágios em desenvolvimento e maduros da vegetação, e

434 Fundamentos de Ecologia

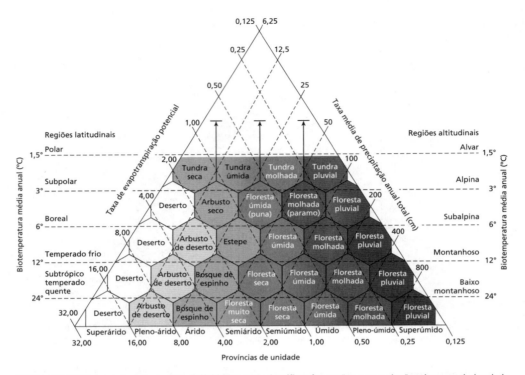

Figura 10.12 Sistema de zona de vida de Holdridge para classificar formações e associações de vegetais (copiado de um diagrama baseado em Holdridge, L. R. Determinação das formações vegetais no mundo com base em simples dados climáticos. *Science* 130: 572, 1967. Direitos autorais 1967 AAAS).

os pássaros migratórios se movem sazonalmente entre os biomas em diferentes continentes. Em muitos casos, as histórias de vida e o comportamento sazonal são organizados de modo que uma certa espécie animal ocupa vários tipos de vegetação – geralmente bem diferentes. Os grandes herbívoros mamíferos – veados, alces, caribus, antílopes, bisões e bovinos domésticos – são característicos dos biomas terrestres. Muitos desses herbívoros são *ruminantes*, que possuem um extraordinário microecossistema (microcosmo) regenerativo dos nutrientes: o *rúmen*, no qual os microrganismos anaeróbicos podem digerir e enriquecer a lignocelulose que constitui uma grande parte da biomassa dos vegetais terrestres. Da mesma forma, a cadeia alimentar de detritos, representada por fungos e animais do solo decompostos, é um trajeto importante do fluxo de energia, assim como o mutualismo entre as raízes das plantas e a micorriza, os fixadores de nitrogênio e outros microrganismos.

Os biomas mundiais são demonstrados na Figura 10.13A, e os maiores biomas da América do Norte, na Figura 10.13B. Os climadiagramas dos seis maiores biomas estão comparados na Figura 10.14.

Nos anos de 1970, e também nos anos de 1980, muitos dos principais biomas (campos, florestas decíduas temperadas, florestas coníferas do norte, tundra e deserto) foram submetidos a pesquisas por grupos interdisciplinares como parte da contribuição dos Estados Unidos ao Programa Biológico Internacional (PBI; para um artigo geral desse programa, ver Blair, 1977; Loucks, 1986). A pesquisa no nível de ecossistema e paisagem patrocinada pelo programa da Fundação Nacional de Ciência para Pesquisa Ecológica em Longo Prazo (PELP) continuou em vários sítios do PBI (ver Callahan, 1984; Hobbie, 2003, para detalhes a respeito dos sítios de pesquisa PELP).

No que diz respeito à flora e à fauna, os biogeógrafos dividiram o mundo em cinco ou seis regiões principais que correspondem, de certa forma, aos maiores continentes. A Austrália e a América do Sul são as regiões mais isoladas. Por causa disso, espécies ecologicamente equivalentes em biomas nesses continentes podem ser muito diferentes no aspecto taxonômico (ver Capítulo 7).

Tundra – Ártica e Alpina

Entre as florestas ao sul e a calota polar de gelo ao norte fica uma faixa circumpolar de cerca de 5 milhões de acres (> 2 milhões de ha) de terra sem árvores (Figura 10.15). Regiões menores, mas ecologicamente similares encontradas acima das altitudes de limitação das árvores em montanhas altas, mesmo nos trópicos, são chamadas de **tundra alpina**. Tanto na América do Norte como na Eurásia, o limite entre a tundra e a floresta está mais ao norte, a oeste, onde o clima é moderado por ventos quentes do oeste.

As baixas temperaturas e as estações de pouco crescimento são os principais fatores limitantes para a vida na tundra; a precipitação também pode ser baixa, mas não é limitante por causa da baixa taxa de evaporação. Tudo, menos poucos centímetros na parte superior do solo, permanece congelado durante o verão. O solo profundo permanentemente congelado é chamado de **permafrost**. A tundra é essencialmente um campo ártico molhado, cuja vegetação consiste em grama, ciperáceas e plantas lenhosas anãs e liquens ("musgo de rena") em lugares mais secos. A **tundra baixa** (como na planície costeira do Alasca) é caracterizada por um tapete

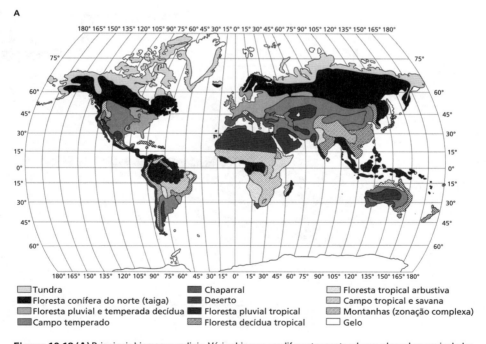

Figura 10.13 (A) Principais biomas mundiais. Vários biomas em diferentes partes do mundo podem ser isolados em diferentes regiões biogeográficas, portanto, pode-se esperar que tenham espécies ecologicamente equivalentes, mas, em geral, não relacionadas do ponto de vista taxonômico. (B) Mapa esquemático dos maiores biomas da América do Norte. *(continua)*

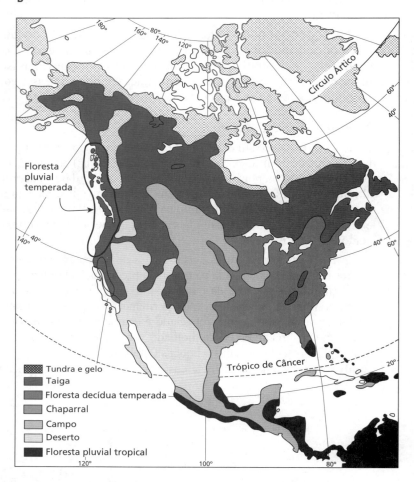

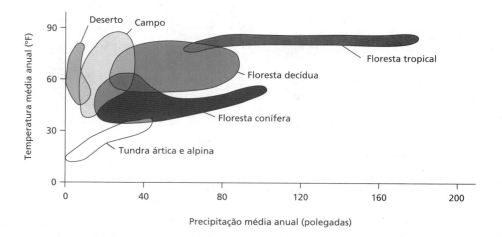

Figura 10.14 Distribuição dos seis maiores biomas em termos de temperatura média anual e precipitação média anual (Fundação Nacional de Ciências).

grosso e esponjoso de vegetação viva e vagarosamente decomposta, em geral saturada com água e pontilhada com lagoas nas quais numerosas espécies de pássaros marinhos migratórios e outros pássaros aquáticos crescem durante o curto verão. A **tundra alta**, em especial onde há considerável emissão, é coberta por um crescimento reduzido de liquens e de gramas. Apesar de a estação de crescimento ser curta, os longos fotoperíodos ensolarados permitem uma quantidade respeitável de

Figura 10.15 Duas visões da tundra em julho na planície costeira perto do Laboratório de Pesquisa do Ártico, em Point Barrow, Alasca. (A) Um grande charco na cabeceira de um córrego a cerca de três quilômetros da costa, dominado pela grama do Ártico (*Dupontia fischeri*) e caniços (*Carex aquatilis*) enraizados em uma camada de turfa de solo de semibrejo. Essa área é frequentemente vista como clímax em sítios de baixa tundra perto da costa. Observe os quadrados de amostra e uma área fechada (área cercada) para manter os lemingues afastados. (B) Um sítio, cerca de 16 quilômetros adentro, mostrando solo poligonal característico; cunhas de gelo sob os canais contribuem para a elevação dos polígonos. As frutas brancas vistas em primeiro plano são gramas de algodão (*Eriophorum scheuchzeri*).

438 Fundamentos de Ecologia

produção primária (até cinco gramas de matéria seca por dia) em sítios favoráveis como Point Barrow, no Alasca.

As produtividades aquática e terrestre combinadas sustentam não somente um grande número de aves migratórias e insetos durante a estação favorável, mas também residentes permanentes que se mantêm ativos durante o ano todo. Grandes animais, como o boi-almiscareiro, o caribu, a rena, os ursos-polares, lobos, as raposas e os pássaros predadores, como a coruja-da-neve, com os lemingues e outros pequenos animais que se escondem no manto de vegetação, são alguns dos habitantes permanentes. Muitos dos grandes animais são migratórios, ao passo que muitos dos pequenos "ciclam" em abundância, como descrito no Capítulo 6, porque não existe produção líquida suficiente em nenhuma área para sustentá-los durante o ano todo. Onde os humanos "cercam" os animais ou tipos seletos não migratórios para domesticação, como ocorre com as renas domésticas, o sobrepastejo é inevitável, a menos que se aplique a rotação de pastos em substituição ao comportamento migratório. A fragilidade especial da tundra deve ser reconhecida como aumento da exploração mineral e outros impactos humanos; o fino tapete vivo quebra-se com facilidade e sua recuperação é lenta. A construção da canalização no Alasca trouxe muitas lições nesse início do século XXI, continuam as pressões da indústria do petróleo para perfurar à procura de óleo nos 19,8 milhões de acres (7,9 milhões de ha) do Refúgio Selvagem Nacional do Ártico.

Calotas de Gelo Polar e das Altas Montanhas

As calotas de gelo são ambientes extremos, mas não são de todo sem vida. As *algas de gelo* verdes e a variedade de microrganismos heterotróficos vivem dentro e debaixo do gelo. A sobrevivência em tais condições requer uma série complexa de adaptações fisiológicas e metabólicas que sugerem a possibilidade de existir formas de vida similares em corpos extraterrestres cobertos de gelo (Thomas e Dieckmann, 2002). Sob a calota de gelo da Antártica, existem lagos não congelados nos quais se sabe que há microrganismos. Um desses locais, conhecido como lago Vostok, fica a 4 mil metros abaixo da calota de superfície de gelo e até 2002 ainda não havia sido explorado (Gavaghan, 2002).

Todas as maiores montanhas da Terra, mesmo nos trópicos (como o monte Kilimanjaro, localizado na África), têm calotas de gelo permanentes que contêm vida microbiana similar. As calotas de gelo do pico das montanhas possuem uma fonte adicional de energia na forma de detritos levados pelo vento da vegetação abaixo da calota. Swan (1992) sugeriu que essas calotas fossem chamadas de "biomas aeolianos" (de *aeolus*, "vento").

Pode-se conseguir um registro sobre os climas passados tomando como base os cilindros perfurados das regiões polares. A humanidade, por certo, tem um interesse vital nas calotas polares, pois se elas se dissolvessem, o nível do mar aumentaria, em detrimento de pelo menos metade da população humana.

Biomas de Floresta de Coníferas do Norte

Espalhadas como largos cinturões, tanto pela América do Norte como pela Eurásia, estão as vastas regiões de florestas perenes do norte. Esse bioma é frequentemente chamado de taiga ou **floresta boreal circumpolar do norte**. Extensões ocorrem nas montanhas, mesmo nos trópicos. As formas de vida que as identificam são as coníferas, espécies de árvores com folhas aciculadas, especialmente os abetos perenes (*Picea*), e os pinheiros *Abies* e *Pinus*, assim como as laricas decíduas coníferasras (*Larix*). Existe, portanto, uma densa sombra durante o ano todo, resultando em pouco desenvolvimento de camadas de arbustos e de ervas. No entanto, o manto contínuo de clorofila resulta em uma taxa de produção anual bem alta apesar das baixas temperaturas durante metade do ano. As florestas coníferas estão entre as regiões de grande produção de madeira do mundo. As acículas das coníferas se decompõem muito devagar, e o solo desenvolve um perfil altamente característico de solo podzólico. O solo pode conter uma população razoável de pequenos organismos, mas poucos maiores se comparados com as florestas decíduas ou solos de campos. Muitos dos principais vertebrados herbívoros, como o alce, a lebre-da-pata-branca e o tetraz dependem, pelo menos em parte, das comunidades desenvolvidas de angiospermas para obter alimento. As sementes das coníferas fornecem alimento essencial para muitos animais, como esquilos, pintassilgos e pardais.

Como na tundra, a periodicidade sazonal na taiga é pronunciada, e as populações tendem a pulsar ou ciclar. As florestas coníferas também estão sujeitas a explosões populacionais de "besouros de cascas" (escolitídeos) e insetos desfolhantes (como a mosca desfolhadora e os burgos), em especial onde há somente uma ou duas espécies dominantes. No entanto, como se notou no Capítulo 6, tais explosões são parte de um ciclo contínuo de desenvolvimento para o qual os ecossistemas de floresta de coníferas estão adaptados.

As florestas de coníferas de um tipo diferente ocorrem ao longo da costa oeste da América do Norte desde o centro da Califórnia até o Alasca, onde as temperaturas são mais elevadas, a variação sazonal é relativamente pequena e a umidade é muito alta (Figura 10.16). Apesar de dominada por coníferas, essas florestas são muito diferentes das florestas coníferas do norte no que diz respeito à flora. Da mesma forma, essas "florestas úmidas temperadas", como são muitas vezes conhecidas, podem muito bem ser consideradas um bioma à parte (ver Figura 10.13B).

O pinheiro-do-oeste (*Tsuga heterophylla*), o cedro-do-oeste (*Thuja plicata*), os grandes pinheiros (*Abies grandis*) e os pinheiros Douglas (*Pseudotsuga menziesii*) – o último em sítios mais secos ou em subclímax nos sítios molhados – são as quatro árvores de maior dominância na área Puget Sound, onde a floresta úmida temperada alcança seu maior desenvolvimento. Para o sul, encontram-se as magníficas sequóias costeiras (*Sequoia sempervirens*) e para o norte predomina o abeto sitka (*Picea sitchensis*). Diferentemente das florestas coníferas mais secas do norte, a vegetação do sub-bosque se desenvolve muito sempre que alguma luz consegue se infiltrar; são abundantes os musgos e outras plantas menos dependentes da umidade. Os musgos epifíticos são ecologicamente equivalentes às bromélias epifíticas das florestas pluviais tropicais. *Pesa biomassa* dos produtores são realmente impressionantes e, como se pode imaginar, a produção de madeira por área pode ser muito alta, se for possível manter a regeneração após a colheita e os ciclos dos nutrientes. Como em todos os ecossistemas nos quais tal porcentagem de nutrientes pode ser ligada à biomassa, a superexploração é capaz de reduzir a futura produtividade.

Outras subdivisões do bioma de floresta conífera do norte que podem ser consideradas biomas separados são os bosques de pinhão-zimbro, ou "coníferas pigmeias", e as florestas de pinheiro-ponderosa (*Pinus ponderosa*), que ocorrem em altitudes intermediárias entre o campo e as zonas de abeto localizadas no Colorado, em Utah, no Novo México e no Arizona. Esses locais são geralmente abertos e têm uma quantidade considerável de crescimento herbáceo, em especial onde incêndios fazem parte do ambiente.

Figura 10.16 Exemplo de floresta úmida de coníferas, muitas vezes chamada floresta úmida temperada. Observe a grande altura das árvores e a camada exuberante de samambaias no solo e outras plantas herbáceas.

Florestas Decíduas Temperadas

As comunidades de florestas decíduas (Figura 10.17) ocupam áreas com chuvas abundantes distribuídas igualmente – 30 a 60 polegadas (75 a 150 cm) – e temperaturas moderadas que têm um padrão sazonal distinto. As florestas decíduas temperadas originalmente cobriam o leste da América do Norte, grande parte da Europa e parte do Japão, Austrália e o alto da América do Sul. Os biomas de florestas decíduas são, portanto, mais isolados uns dos outros que a tundra e as florestas coníferas do norte, e as composições de suas espécies, claro, refletem esse grau de isolamento. O contraste entre o inverno e o verão é grande, porque as árvores e os arbustos ficam sem folhas durante uma parte do ano. As camadas de estratificação de ervas e arbustos tendem a ser bem desenvolvidas, assim como a biota do solo. Muitas plantas produzem frutas com polpa e nozes, como as belotas e castanhas. Os animais das florestas originais da América do Norte incluem veado, urso, esquilo cinza, raposa cinza e dourada, lince e peru selvagem. O víreo-de--olhos-vermelhos, o tordo-dos-bosques, o chapim, o joão-de-barro e várias outras espécies de pica-paus são pequenos pássaros característicos de estágios maduros. O desenvolvimento das florestas decíduas temperadas envolve longas sucessões ecológicas, como foi revisto no Capítulo 8. Campos transitórios ou vegetação de campos abandonados são característicos dos estágios serais iniciais, e os pinheiros são geralmente proeminentes nos estágios intermediários e edáficos, especialmente no sudeste dos Estados Unidos.

O bioma de floresta decídua é uma região biótica crucial do mundo, porque a civilização ocidental promoveu o desenvolvimento extensivo nessas áreas. Esse bioma é, portanto, muito modificado, e uma grande parte dele foi substituída por comunidades cultivadas e limítrofes da floresta.

O bioma de floresta decídua da América do Norte tem muitas subdivisões importantes, com diferentes tipos de floresta madura. Alguns desses são:

- Floresta de faia-bordo da região central norte.
- Floresta de bordo-tília de Wisconsin e Minnesota.
- Floresta de carvalho-nogueira das regiões oeste e sul.
- Floresta de carvalho-castanheira das montanhas Apalaches (atualmente uma floresta de carvalho, porque as castanheiras foram destruídas por doenças de fungos).
- Floresta mesofítica mista do platô dos Apalaches.
- Floresta edáfica de pinheiros da planície costeira do sudeste, mantida por incêndios e solos arenosos pobres em nutrientes onde as florestas sempre-verdes têm uma vantagem competitiva sobre as florestas decíduas.

Cada uma delas tem características diferentes, mas muitos organismos, em especial os animais maiores, podem mover-se entre duas ou mais subdivisões. As florestas decíduas da Europa ocidental têm relativamente poucas espécies (tipo mesofítica de diversidade pré-misturada, não glaciada), e as florestas comparáveis na Ásia oriental são as mais ricas florestas temperadas do mundo em espécies.

Exploração das Florestas

Figura 10.17 (A) Floresta temperada decídua virgem em Hueston Woods State Park, perto de Oxford, Ohio. Essa floresta de clímax de bordo de faia americano (*Fagus grandifolia-Acer saccharum*) parece bastante aberta por causa do dossel fechado: (B) Uma excelente parcela de florestas mistas (carvalho-nogueira-choupos) localizada em Anne Arundel County, Maryland. Observe a cobertura de estrato arbustivo. (C) Floresta virgem, remanescente de pinheiros de folhas longas (*Pinus palustris*), localizada perto de Thomasville, Geórgia. Incêndios frequentes e controlados mantiveram a condição de parque aberto e evitaram a invasão de árvores de angiospermas sensíveis ao fogo.

A produção de madeira e a prática de reflorestamento passam por duas fases. A primeira envolve a colheita da produção líquida que foi armazenada como madeira por muitos anos. Quando esse produto acumulado no passado tiver sido todo usado, precisamos ajustar práticas de reflorestamento para colher não mais do que a quantidade resultante do crescimento anual se quisermos ter produtos de madeira no futuro. Em grande parte do oeste dos Estados Unidos, a primeira fase ainda está em andamento, ou seja, a colheita anual de madeira excede o crescimento anual. Em contraste, a segunda fase já foi alcançada na maior parte do leste dos Estados Unidos. A maioria da madeira antiga já foi cortada; portanto, as práticas de reflorestamento são uma preocupação crescente em relação a florestas mais novas, onde a colheita agora está equilibrada ou é menor que o crescimento anual. No âmbito global, com exceção das florestas tropicais, a cobertura de floresta e o crescimento estão em elevação (veja o arquivo de Moffat, 1998b).

Apesar de a produção líquida anual em uma floresta nova ser geralmente maior que em uma floresta madura, a qualidade da madeira para uso não é tão boa, porque a madeira das árvores novas de crescimento rápido não é tão densa como aquela das árvores mais velhas de crescimento lento. Como em muitas outras situações, a dicotomia entre a quantidade e a qualidade tem de ser reconhecida; raramente podemos ter ambas. A forma como a madeira é cortada depende de como ela é taxada. Se o estoque de madeira for taxado em seu valor de mercado a cada ano, o proprietário (indivíduo ou madeireira) será encorajado a colher mais cedo de modo a reduzir os impostos. Se, por outro lado, a madeira não for taxada até que seja cortada (e o lucro tenha sido obtido), há um incentivo para deixar o pé crescer e se tornar madeira de melhor qualidade.

Ultimamente, tem se tornado intensa a controvérsia sobre o desmatamento maciço de florestas maduras no noroeste do Pacífico, em especial nas florestas nacionais. Jerry Franklin, da Universidade de Washington, é porta-voz de uma nova geração de engenheiros florestais que advogam o manejo da floresta não somente como um sistema de produção de madeira, mas também como um ecossistema complexo com múltiplos usos e valores, inclusive proteção de mananciais e suporte de vida. Alguns dos procedimentos sugeridos são: reduzir o distúrbio do solo, deixar detritos e folhas na floresta, deixar fragmentos de floresta sem cortar ao longo dos regatos, deixar árvores reprodutivas dentro das áreas de exploração e promover os cortes das árvores de modo a formar corredores biológicos para o uso dos animais. Todas essas ideias são alternativas à "escolha extrema entre as fazendas de árvores e a preservação total" (Franklin, 1989).

Pradarias Temperadas

As **pradarias temperadas** existem onde as quantidades de chuvas são intermediárias entre as que ocorrem nos desertos e nas áreas de floresta, ou seja, onde a precipitação anual está entre 10 e 30 polegadas (25 a 75 cm), dependendo da temperatura, distribuição sazonal da chuva e da capacidade do solo de reter a água. A umidade do solo é o fator-chave, especialmente porque limita a decomposição microbiana e a reciclagem dos nutrientes. Grandes áreas de campo ocupam o interior da América do Norte e da Eurásia, do sul da América do Sul (pampas argentinos) e da Austrália.

Na América do Norte, o bioma de campo é dividido entre zonas leste-oeste de campos altos, campos mistos, campos baixos e prados de grama comum. Essas zonas são determinadas pelo gradiente de chuva, que também é um gradiente de produtividade primária decrescente. Algumas das espécies perenes importantes, classificadas de acordo com a altura das partes aéreas, são:

- Campos altos (2 a 3 metros) – grandes capins-vassoura (*Andropogon gerardii*), branqueja (*Panicum virgatum*), capim-do-banhado (*Sorghastrum nutans*) e, nas terras mais baixas, capim-do-pântano (*Spartina pectinata*).

- Campos médios (1 a 2 metros) – pequenos capins-vassoura (*Andropogon scoparius*), capim-agulha (*Stipa spartea*); capim-mourão (*Sporobolus heterolepis*), grama-de-ponta (*Agropyron smithii*), capim-de-junho (*Koeleria cristata*) e capim-arroz (*Oryzopsis hymenoides*).

- Campos baixos (0,1 a 0,5 metro) – capim-de-búfalo (*Buchloe dactyloides*), grama-azul (*Bouteloua gracilis*), outras gramas (*Bouteloua spp.*), capim-do-campo (*Poa spp.*), e cevada (*Bromus spp.*).

As raízes da maioria das espécies penetram fundo no solo (até 2 metros) e a massa de raízes de perenes clímaces saudáveis podem ser muitas vezes maiores do que as partes aéreas. A forma de crescimento das raízes é importante. Algumas das espécies já mencionadas – por exemplo, os grandes capins-vassoura, capim--de-búfalo e grama-de-ponta – têm rizomas no subsolo e são, portanto, *formadores de camadas protetoras benéficas para o ecossistema*. Outras espécies – como o pequeno capim-vassoura, capim-de-junho e o capim-agulha – são *gramas de tufos*, que crescem em moitas. Essas duas formas de vida podem ser encontradas em todas as zonas, mas as gramas de tufos predominam em regiões mais secas, onde o campo se mescla com deserto.

As herbáceas não gramíneas (como as compostas e as leguminosas) geralmente constituem uma pequena parte da biomassa produtora em campos de clímax, mas estão consistentemente presentes. Certas espécies são de interesse especial como indicadores de estresse. O aumento de pastejo ou a seca, ou ambos, tendem a aumentar a porcentagem de herbáceas, que também são importantes em estágios serais iniciais. A sucessão secundária no bioma de campo e as mudanças rítmicas na vegetação durante os ciclos secos e úmidos estão descritas no Capítulo 8. O viajante de automóvel pelo centro dos Estados Unidos deve lembrar que as herbáceas anuais conspícuas ao longo das estradas, como os cardos-russos "bredos brancos" (*Salsola kali*) e os girassóis (*Helianthus spp.*) devem a sua beleza ao contínuo distúrbio do solo pelo maquinário de manutenção das rodovias.

Extensas áreas de campo, especialmente os prados de campo alto, foram substituídas por agricultura de grãos e pastos cultivados ou foram invadidas por vegetação lenhosa. Os prados de campo alto originais ou virgens são difíceis de encontrar e, quando preservados para estudo (como na Universidade de Wisconsin Arboretum e no sítio Konza Prairie LTER; Figura 10.18), precisam ser queimados para preservar sua característica de prado.

Uma comunidade de campo bem desenvolvida contém espécies com diferentes adaptações à temperatura – um grupo cresce no período mais frio da estação (primavera e outono) e o outro no período quente (verão). O campo todo "compensa" as flutuações da temperatura estendendo o período de produção primária. O papel dos tipos de fotossíntese de C_3 e C_4 nessa adaptação foi discutido no Capítulo 2.

A comunidade de campo constrói um tipo de solo inteiramente diferente do solo da floresta, mesmo quando ambos começam com o mesmo material mineral. Como a vegetação de grama é de vida curta comparada com as árvores, uma grande quantidade de material orgânico é adicionada ao solo. A primeira fase da degradação é rápida, resultando em pouca serapilheira, mas muito húmus – em outras palavras, a humificação é rápida, mas a mineralização é lenta. Consequentemente, os solos de campo podem conter de cinco a dez vezes mais húmus que os solos da floresta.

Os solos de campo escuros e ricos em húmus em Iowa, por exemplo, estão entre os melhores para o cultivo de milho, trigo e outros grãos, que, claro, são espécies de gramíneas cultivadas.

O fogo ajuda a manter a vegetação do campo competindo com a vegetação lenhosa em regiões quentes ou úmidas, como as savanas dos pinheiros-de-folhas-longas (*Pinus palustris*) e do capim-barba-de-bode (*Aristida stricta*) localizadas nas planícies costeiras do sudoeste dos Estados Unidos (Figura 10.19). Os grandes herbívoros são característicos dos campos. Os equivalentes ecológicos do bisão, como os antílopes e os cangurus, existem nos campos de regiões biogeográficas diferentes. Os mamíferos pastejadores surgem em duas "formas de vida" – os migradores, como aqueles supramencionados, e os de toca, como os esquilos da terra e os cães das pradarias.

Quando os campos naturais se tornam pastos, os pastejadores nativos são substituídos por espécies domésticas (gado, ovelhas e cabras). Como os campos são adaptados ao grande fluxo de energia na cadeia alimentar de pastejo, essa mudança ecológica é consolidada. No entanto, os humanos persistentemente sofrem com a "tragédia dos comuns", por permitir o sobrepastejo e o sobrecultivo. Muitos campos antigos, portanto, são agora desertos criados pelo homem, difíceis de serem restaurados como campos. Por exemplo, Morello (1970) relatou que o intenso pastejo de gado nos pampas argentinos reduziu a matéria combustível a tal ponto que os incêndios, que são necessários para manter a cobertura de grama, não podem mais ocorrer. Como resultado, arvoredos espinhosos, antes mantidos sob controle por incêndios periódicos, alastraram-se. O único modo de restaurar a produtividade do pasto é gastar energia combustível na remoção mecânica ou queimar a vegetação lenhosa. Esse é um exemplo de mudança antropogênica de vegetação reversível somente a um alto custo.

Campos Tropicais e Savanas

As **savanas tropicais** (campos com árvores espalhadas ou moitas de árvores) são encontradas em regiões quentes que recebem de 40 polegadas a 60 polegadas (100

Figura 10.18 Prado de Konza, campo alto nativo de 3.487 hectares, localizado em Flint Hills, região a noroeste de Kansas, dominada pelas gramas perenes da estação quente, como grandes e pequenos capins-vassoura, capim-do-banhado e branqueja, que costumam atingir 2,5 metros de altura.

Figura 10.19 Incêndio programado em savana de pinheiros-de-folha-larga (*Pinus palustris*) e capim-barba-de-bode (*Aristida stricta*) localizada no sudoeste da Geórgia. As espécies dominantes estão entre as mais tolerantes a incêndios na América do Norte. A queimada elimina as mudas de árvores decíduas invasoras, favorecendo as ricas espécies que cobrem o solo. Somente 3% desses bosques de pinheiro permanecem em uma paisagem atual fragmentada e necessitam de incêndios iniciados pelos humanos porque os relâmpagos não são frequentes e são muito imprevisíveis para conservar funcionalmente esse ecossistema.

cm a 150 cm) de chuva, mas com uma ou duas estações secas prolongadas, quando o fogo é uma parte importante do ambiente (Figura 10.20). A maior área desse tipo de bioma está na África central e do leste, mas também ocorrem grandes savanas ou campos tropicais na América do Sul e na Austrália. Como as árvores e as gramíneas precisam ser resistentes à seca e ao fogo, o número de espécies na vegetação não é muito grande, contrastando bastante com as florestas adjacentes. As gramíneas pertencentes a gêneros como *Panicum*, *Pennisetum*, *Andropogon* e *Imperata* fornecem a cobertura dominante, ao passo que as árvores espalhadas são de espécies completamente diferentes das de florestas tropicais. Na África, as *Acacias* espinhosas e pitorescas e outras árvores e arbustos de leguminosas, os baobás de grandes troncos (*Adansonia digitata*), as eufórbias arborescentes (equivalente ecológico dos cactos) e as palmeiras pontilham a paisagem. Geralmente, uma só espécie de grama e de árvore pode ser dominante em grandes áreas.

Em número e variedade, a população de mamíferos com cascos das savanas africanas supera aquela presente em qualquer lugar do mundo. O antílope (numerosas espécies, incluindo o gnu), a zebra e a girafa pastam e são caçados por leões e outros predadores em áreas onde o "grande jogo" ainda não foi conduzido pelos humanos e pelo gado. A Figura 10.21 mostra a migração dos gnus na savana africana. O mutualismo entre os pastejadores e a grama além do conceito de retroalimentação positiva foram discutidos em detalhes no Capítulo 3. Os insetos são mais abundantes durante a estação úmida, quando muitos pássaros nidificam; os répteis, por sua vez, são mais ativos durante a estação seca. Assim, as estações são reguladas por chuva, e não pela temperatura, como nos campos temperados.

Os traços mais antigos da existência humana foram encontrados no leste da África; no entanto, não é certo se essa região era mais seca ou mais úmida no "alvorecer dos humanos" do que é no presente.

Chaparral e Matas Esclerófilas

Em regiões amenas temperadas com muita chuva de inverno, mas com verões secos, a vegetação consiste em árvores, arbustos, ou ambos, com folhas duras, grossas e perenes (Figura 10.22). Sob esse título estão incluídas uma vegetação do chaparral costeiro, no qual dominam os arbustos, os grandes bosques esclerófilos dominados por árvores de pequeno a médio porte, como o pinho, o arbusto de carvalho (*Quercus dumosa*) e as rosáceas (*Adenostoma fasciculatum*). As comuni-

Figura 10.20 Vista da savana tropical do leste da África. Grama, árvores de formas pitorescas espalhadas, incêndios na estação seca e numerosas espécies de grandes mamíferos herbívoros (a espécie mostrada aqui é uma gazela Thomson, *Gazella thomsonii*) são características únicas desse bioma.

Figura 10.21 Migração de gnus (*Connochaetes taurinos*) por savana na África.

Figura 10.22 Vista das montanhas cobertas de chaparral do sul da Califórnia. O chaparral é um bioma de arbustos do tipo mediterrâneo muito suscetível a incêndios.

dades de chaparral são extensas na Califórnia e no México, ao longo das praias do mar Mediterrâneo, no Chile e ao longo da costa sul da Austrália. Muitas espécies de plantas podem ser dominantes, dependendo da região e das condições locais. Todas as espécies têm micorriza e algumas têm nódulos actinomicetos de fixação de nitrogênio. O mutualismo aumenta a sobrevivência sob condições difíceis. O fogo é um fator importante que tende a perpetuar a dominância dos arbustos em detrimento das árvores. O chaparral é um ecossistema adaptado ao fogo e foi estudado nos Capítulos 5, 7 e 8, como um exemplo de clímax cíclico.

Na Califórnia, cerca de 5 milhões a 6 milhões de acres (2–2,5 milhões de ha) de encostas e cânions são cobertos com chaparral. As rosáceas (*Adenostoma*) e a uva-de-urso (*Arctostaphylos*) são arbustos comuns que formam densos bosques, e vários carvalhos sempre-verdes são arbustos ou árvores característicos. A estação de chuva geralmente se estende de novembro a maio. Os veados e muitos pássaros habitam o chaparral durante esse período, depois migram para o norte ou para elevações maiores durante o verão quente e seco. Os vertebrados residentes são geralmente pequenos e de cor clara para se confundir com a vegetação baixa; os pequenos coelhos-do-mato (*Sylvilagus bachmani*), ratos-do-bosque, tâmias, lagartos, corruíras, pipilos-marrons são característicos. A densidade de população de pássaros e insetos é alta quando chega a estação de crescimento, diminuindo depois, quando a vegetação seca com o fim do verão. Nesta época, os incêndios frequentes varrem as encostas com incrível rapidez (e em direção às áreas suburbanas do sul da Califórnia). Após um incêndio, os arbustos do chaparral florescem vigorosamente com as primeiras chuvas e podem atingir seu tamanho máximo entre 15 e 20 anos.

Muito similar ao chaparral da costa oeste são os bosques esclerófilos das áreas de chuva de inverno da região mediterrânea, chamados localmente de *maquis*; a vegetação similar na Austrália, onde as árvores e os arbustos do gênero *Eucalyptus* são dominantes, é chamada de *mallee scrub*. Não é uma adaptação surpreendente que os "eucaliptos" da Austrália cresçam bem na Califórnia, onde foram amplamente introduzidos e substituem a vegetação lenhosa nativa nas áreas urbanas.

Desertos

Regiões que recebem menos de 10 polegadas (25 cm) de chuva – ou às vezes regiões com maior incidência de chuva, porém mal distribuída – são comumente classificadas como **desertos** (Figura 10.23). A escassez de chuva pode ser causada por: (1) alta pressão subtropical, como nos desertos de Saara e da Austrália; (2) posição geográfica em sombras de chuva, como nos desertos do oeste da América do Norte; ou (3) alta elevação, como nos desertos do Tibet, da Bolívia e de Gobi. A maioria dos desertos recebe alguma chuva durante o ano e tem, pelo menos, uma cobertura esparsa de vegetação, a menos que as condições edáficas do substrato sejam desfavoráveis (como no caso de dunas de areia). Aparentemente, os únicos lugares onde cai pouca ou nenhuma chuva localizam-se no centro do deserto de Saara e no norte do Chile. A Figura 10.23 mostra o clima desértico do Arizona.

Quando os desertos são irrigados, e a água não é mais um fator limitante, o tipo de solo se torna o principal fator a ser considerado. Quando a textura e o conteúdo de nutrientes do solo são favoráveis, os desertos irrigados podem ser extremamente produtivos por causa da grande quantidade de luz solar que recebem. No entanto, o valor por quilograma de alimento produzido pode ser caro em razão do alto custo de desenvolvimento e manutenção de sistemas de irrigação. Devem fluir grandes volumes de água através do sistema; de outra forma, os sais podem acumular-se no solo (como resultado do rápido índice de evaporação) e se tornarem limitantes. Com a maturação do ecossistema irrigado, o aumento da demanda de água pode provocar uma "espiral inflacionária", criando a necessidade de construir mais aquedutos, acarretando maior custo de produção e maior exploração do subsolo ou de fontes de água das montanhas. Os desertos do Velho Continente estão cheios de ruínas de sistemas de irrigação. Pelo menos, essas ruínas nos avisam que os desertos irrigados não continuarão a florescer indefinidamente sem a devida atenção às leis básicas da ecologia.

Figura 10.23 Dois tipos de deserto no oeste da América do Norte. (A) Deserto "quente" de baixa altitude perto de South Mercury, Nevada, dominado por moitas de *Larrea*. Observe a forma de crescimento característico dos arbustos do deserto (numerosos galhos ramificando desde o nível do solo) e o espaçamento bastante regular. (B) Deserto no Arizona em uma elevação maior, com diversos tipos de cactos e uma variedade de arbustos de deserto e pequenas árvores.

Três formas de vida de vegetação estão adaptadas aos desertos: (1) as *anuais*, que evitam a seca crescendo somente quando existe umidade adequada; (2) as *suculentas*, como os cactos, que possuem a fotossíntese MAC (metabolismo ácido das crassuláceas), especializada para a conservação de umidade (ver Capítulo 2), e também armazenam a água; e (3) os *arbustos de deserto* (Figura 10.23A), que têm várias ramificações brotando de um pequeno tronco basal com pequenas folhas grossas que caem nos períodos prolongados de seca. Os desertos de arbustos apresentam a mesma aparência em todo o mundo, apesar de as espécies pertencerem a diferentes categorias (outro exemplo claro da equivalência ecológica decorre da convergência ecológica).

Os desertos de arbustos têm uma distribuição espacial regular muito característica, na qual as plantas individuais estão bem espaçadas entre si, com grandes áreas vazias entre elas. Em alguns casos, as substâncias químicas secundárias agem como substâncias alelopáticas para manter as plantas espaçadas (ver Capítulo 7 para detalhes). De qualquer modo, o espaçamento reduz a competição por recursos escassos; de outro modo, a competição por água poderia resultar na morte ou no declínio de toda a vegetação.

Apesar de arbitrário, convém reconhecer dois tipos de deserto com base na temperatura: *desertos quentes* e *desertos frios* (Figura 10.23). Na América do Norte, os arbustos de *Larrea tridentata* são dominantes nos desertos quentes do sudoeste, e as sálvias (*Artemisia*) são a principal vegetação em grandes áreas dos desertos frios do norte em Great Basin. Os espinheiros (*Franseria*) também são abundantes nas áreas do sul; em maiores altitudes, onde existe um pouco mais de umidade, os cactos gigantes saguaros (*Carnegiea gigantea*) e o paloverde (*Parkinsonia*) são conspícuos. Mais para o leste, uma considerável quantidade de grama fica misturada com os arbustos do deserto formando um tipo de campo de deserto. Nos desertos frios – especialmente sobre solos alcalinos das regiões de drenagem interna –, arbustos da família *Chenopodiaceae*, como *Atriplex confertifolia*, *Grayia spinosa, Eurotia lanata* e *Sarcobatus vermiculatus*, ocupam extensas zonas. As formas de vida suculentas, incluindo os cactos e as iúcas e agaves arborescentes, alcançam seu maior desenvolvimento no deserto mexicano. Algumas espécies desse tipo se estendem para dentro do deserto de arvoredos do Arizona e da Califórnia, mas essa forma de vida não é importante nos desertos frios. Em todos os desertos, as herbáceas e as gramas podem proporcionar um belo espetáculo durante os breves períodos úmidos. O extenso "solo vazio" nos desertos não fica necessariamente sem vegetação. Musgos, algas e liquens podem estar presentes, e nas areias e em outros solos finos, podem formar uma crosta estabilizante. As cianobactérias (geralmente associadas com liquens) são também importantes como fixadores de nitrogênio (ver Evenari, 1985, para um artigo sobre os desertos do mundo).

Os animais e a vegetação do deserto estão adaptados de várias maneiras à falta de água. Os répteis e alguns insetos estão "pré-adaptados" por causa de seu tegumento relativamente impermeável e excreções secas (ácido úrico e guanina). Os insetos do deserto são "à prova d'água" por causa das substâncias que permanecem impermeáveis a altas temperaturas. Apesar de não ser possível eliminar a evaporação das superfícies respiratórias, nos insetos ela é reduzida a um mínimo por meio de um sistema de espiráculos internamente invaginado. Deve-se notar que a produção de água metabólica (da divisão de carboidratos) – geralmente a única água disponível – não é por si só uma adaptação; é a *conservação* dessa água que é adaptativa, como a capacidade de produzir mais água metabólica em baixos níveis de umidade, no caso de escaravelhos tenebrionídeos (um grupo característico do deserto). Os mamíferos, ao contrário, não se adaptam bem como um grupo (porque excretam ureia, que envolve a perda de muita água), apesar de algumas espécies terem desenvolvido adaptações secundárias importantes. Entre esses mamíferos do deserto estão os roedores das famílias *Heteromyidae* e *Dipodidae*, especialmente o rato-canguru (*Dipodomys*) e o rato-de-bolso (*Perognathus*) dos desertos do Novo Mundo, e a jerboa (*Dipus*) dos desertos do Velho Mundo. Esses animais podem viver indefinidamente de sementes secas e não necessitam de água para beber. Permanecem em tocas durante o dia e conservam água excretando urina concentrada e não usando água para regular a temperatura do corpo. Assim, a adaptação aos desertos por parte desses roedores é mais comportamental do que fisiológica. Outros roedores do deserto – ratos-da-madeira (*Neotoma*), por exemplo – não podem viver somente de alimentos secos, eles sobrevivem em partes do deserto consumindo os cactos suculentos ou outras plantas que armazenam água. Mesmo os camelos (*Camelus*) precisam beber água, mas podem ficar longos períodos sem ela porque seus tecidos corporais toleram uma elevação da temperatura do corpo e um grau de desidratação que seriam fatais para a maioria dos animais. Apesar da crença popular, os camelos não armazenam água em suas corcovas.

Florestas Tropicais Sazonais Semidecíduas

Florestas tropicais sazonais, incluindo as florestas de monções da Ásia tropical, ocorrem em climas tropicais úmidos com uma estação pronunciadamente seca, durante a qual algumas ou todas as árvores perdem suas folhas (dependendo da duração e da severidade da estação seca). O fator principal é o forte pulso sazonal de uma chuva anual intensa. Onde as estações secas e úmidas são aproximadamente do mesmo tamanho, a aparência sazonal é a mesma da floresta decídua temperada, com o "inverno" correspondendo à estação seca. Na floresta sazonal do Panamá, mostrada na Figura 10.24, as altas árvores emergentes perdem suas folhas durante a estação seca, mas as palmeiras e outras árvores mais baixas retêm as suas (daí o termo *semidecíduas*). As florestas tropicais sazonais têm uma riqueza de espécies que perde apenas para as florestas tropicais úmidas.

Florestas Pluviais Tropicais

A diversidade de vida talvez alcance seu ápice nas florestas pluviais tropicais de largas folhas sempre-verdes que ocupam as zonas de baixa altitude perto do equador. A chuva excede 80 a 90 polegadas (200 a 225 cm) anuais e é distribuída por todo o ano, geralmente com uma ou mais estações relativamente "secas" (cinco polegadas por mês ou menos). As florestas pluviais ocorrem em três áreas principais: (1) nas bacias do Amazonas e do Orinoco, na América do Sul (a maior área contínua) e no istmo da América Central; (2) nas bacias do Congo, Níger e Zambeze, no centro e no oeste da África e Madagascar, e (3) nas regiões indo-malaia, de Bornéu e da Nova Guiné. Essas áreas diferem umas das outras nas espécies presentes (porque ocupam regiões biogeograficamente diferentes), mas a estrutura e ecologia da floresta são similares em todas. A variação em temperatura entre o inverno e o verão é menor que aquela do dia para a noite. A *periodicidade sazonal* na reprodução e em outras atividades de plantas e animais é muito relacionada às variações de chuva ou é regulada por ritmos inerentes. Por exemplo, algumas árvores da família das *Winteraceae* aparentemente mostram crescimento contínuo, ao passo que outras espécies da mesma família mostram crescimento descontínuo, com formação de anéis nos troncos. Os pássaros da floresta pluvial também

Figura 10.24 Vista de uma floresta tropical sazonal de planície no Brasil. As árvores altas emergentes (com troncos brancos), que perdem suas folhas na estação seca, projetam-se acima do dossel das árvores de angiospermas de folhas largas e sempre-verdes e das palmeiras.

podem precisar de períodos de "descanso", pois sua reprodução, muitas vezes, mostra periodicidade não relacionada com as estações.

A floresta pluvial é altamente estratificada. Em geral, as árvores formam cinco camadas: (1) árvores *emergentes* muito altas e espalhadas que se projetam 50 a 60 metros acima do nível da (2) *camada do dossel*, que forma um tapete sempre-verde contínuo de 25 a 35 metros de altura; (3) estrato de árvores *mais baixas*, de 15 a 24 metros de altura, que se torna denso somente quando há uma quebra no dossel; (4) *arbustos pouco desenvolvidos e árvores jovens* em sombra profunda; e (5) *camada de herbáceas* composta de ervas e gramíneas altas. As árvores altas têm raízes rasas e bases espessadas ou suportes aéreos. Uma profusão de *vegetação de trepadeiras*, especialmente as lianas lenhosas e as epífitas, encobre a superfície das árvores. Vale a pena destacar os "figos estrangulados" e outras videiras arborescentes. O número de espécies de plantas é muito grande; em geral, existem mais espécies de árvores em alguns hectares do que em toda a flora da Europa ou da América do Norte. Por exemplo, Peter Ashton, da Arnold Arboretum, encontrou 700 espécies de árvores em dez parcelas de um hectare localizadas em Bornéu – o mesmo número de espécies existentes em toda a América do Norte (Wilson, 1988).

Uma proporção ainda maior de animais vive nas camadas superiores da vegetação nas florestas pluviais do que nas florestas temperadas, onde a maioria da vida ocorre perto do nível do solo. Por exemplo, mais de 50% dos mamíferos da Guiana britânica são arbóreos. Além dos mamíferos arbóreos, camaleões, iguanas, gecos, cobras arborícolas, sapos e pássaros são abundantes. As formigas, *Orthopteras* e *Lepidoteras* são ecologicamente importantes. A simbiose entre os animais e as epífitas é intensa. Da mesma forma que a flora, a fauna na floresta pluvial é incrivelmente rica em espécies. Por exemplo, em uma área de seis milhas quadradas em Barro Colorado, um pedaço muito estudado da floresta pluvial localizado na zona do canal do Panamá, existem 20 mil espécies de insetos, na comparação com somente algumas centenas em toda a França. E. O. Wilson recolheu 43 espécies de formigas pertencentes a 26 gêneros de uma só árvore leguminosa na reserva Tambopata, localizada no Peru – quase igual a toda a fauna que pode ser encontrada nas Ilhas Britânicas (E. O. Wilson, 1987). Numerosos tipos arcaicos de animais e plantas sobrevivem e enchem a multidão de nichos nesse ambiente imutável. Muitos cientistas acreditam que a taxa de mudança evolutiva e especiação é alta nas regiões de floresta tropical, que, portanto, têm sido uma fonte de várias espécies que posteriormente invadiram as comunidades mais ao norte. A necessidade de preservar grandes áreas de floresta tropical como um *recurso genético* é foco de preocupação crescente na comunidade científica.

Frutas e cupins são os principais alimentos na floresta pluvial tropical. Uma razão porque os pássaros são, muitas vezes, abundantes é que muitos deles, como os periquitos frugívoros, os tucanos, os calaus pretos, os contingas, os trogons e as aves-do-paraíso, são herbívoros. Como os "sótãos" da floresta estão superlotados, muitos ninhos de pássaros e casulos de insetos ficam dependurados, permitindo a seus habitantes escapar do exército de formigas e outros predadores. Apesar de alguns pássaros espetacularmente coloridos e insetos ocuparem as áreas mais abertas, em sua maioria os animais da floresta pluvial são inconspícuos e muitos são noturnos.

Nas áreas montanhosas dos trópicos, existe uma variante da floresta pluvial de terras baixas, **a floresta pluvial montana**, que tem algumas características distintas. A floresta se torna progressivamente menos alta com elevação crescente, e as epífitas formam uma proporção maior da biomassa autotrófica, culminando em uma **floresta de neblina** anã. Uma classificação funcional de florestas pluviais pode basear-se em *déficit de saturação*, porque isso determina a transpiração, que por sua vez determina a biomassa de raiz e a altura das árvores. Ainda outra variante da floresta pluvial ocorre ao longo das margens e dos leitos dos rios e é chamada de **floresta de galeria** ou, às vezes, de **mata ciliar**.

Um *ciclo nutriente direto* e eficiente por microrganismos mutualísticos é uma propriedade importante das florestas pluviais que permite serem exuberantes tanto em solos pobres quanto em sítios mais férteis. Em geral, no caso de solos pobres, a fertilidade está na biomassa, não no solo (como nas florestas temperadas e nos campos), portanto, quando uma floresta é removida, a terra transforma-se em pasto ou plantação pobre (Figura 10.25).

Quando uma floresta pluvial é removida, muitas vezes se forma uma floresta secundária que inclui árvores de madeira macia, como a *Musanga* (África), a *Cecropia* (América) e a *Macaranga* (Malásia). A floresta secundária parece exuberante, mas é bem diferente da floresta virgem tanto na ecologia quanto na flora. A floresta pluvial clímax é geralmente lenta em voltar ao estágio original, especialmente em sítios de areia ou outros pobres em nutrientes, porque a maioria dos nutrientes da

Figura 10.25 (A) Floresta pluvial tropical virgem. (B) Área da floresta pluvial tropical seguida de agricultura por sistema de corte e queima. Quando cortada, a terra, muitas vezes, torna-se pasto ou cultivo pobre, porque a fertilidade não estava no solo, mas na biomassa removida.

floresta original foi perdida com a remoção da biomassa e a interrupção das redes de reciclagem microbianas.

Como manejar as florestas pluviais para o uso humano continua a ser uma questão controversa e frustrante para aqueles que veem essas grandes florestas como uma das últimas fronteiras para colonização e uma fonte potencial de riqueza. O grande tamanho das árvores enganou os primeiros exploradores europeus na Amazônia, fazendo-os acreditar que o solo era rico. Seguiram-se muitas tentativas, sem sucesso, de converter a floresta pluvial em reflorestamento agrícola e comercial. Apesar desses erros, os desbravadores e governantes continuaram a tentar transferir a tecnologia agrícola e florestal da zona temperada para a região. Essas iniciativas definitivamente não foram – e não são – tecnologias apropriadas. No fim dos anos de 1960, por exemplo, o bilionário D. K. Ludwig adquiriu uma área da Amazônia no Pará quase do tamanho de Connecticut. Ele inundou um moinho de polpa e converteu florestas maduras em plantações de espécies exóticas. C. F. Jordan (1985; C. F. Jordan e Russel, 1989) comentou essa aventura cara, notando que a falha em estabelecer plantações produtivas decorreu do mau manuseio e não da falta de entendimento das limitações ecológicas impostas pelos solos inférteis da Amazônia. Jordan sugeriu que um modo mais efetivo de usar os recursos da floresta teria sido desenvolver um sistema de corte em faixas, de modo que a retenção dos nutrientes pela camada de raiz nas áreas cultivadas não sofresse muito distúrbio, e que as mudas das áreas adjacentes não cortadas pudessem se estabelecer com rapidez nas áreas cortadas. A horticultura deveria ser igualmente organizada.

Fica claro que os homens deveriam projetar considerando as adaptações naturais de ecossistemas regionais, não as ignorando.

Arbustos Tropicais ou Bosques de Espinho

Onde as condições de umidade nos trópicos são intermediárias entre o deserto e a savana de um lado e a floresta pluvial do outro, aparecem os arbustos tropicais ou as florestas de espinho, e cobrem grandes áreas no centro da América do Sul, sudoeste da África e partes do sudoeste da Ásia. O principal fator climático é a distribuição imperfeita e irregular da chuva total moderada. As florestas de espinho, muitas vezes chamadas de arbusto na África ou na Austrália e caatinga no Brasil, contêm pequenas árvores de madeira dura, grotescamente retorcidas e com espinhos; as folhas são pequenas e caem durante a estação seca. As árvores de espinhos podem aparecer em grupos densos ou em padrões espalhados e em moitas. Em alguns locais, não se sabe ao certo se esses bosques de espinho são naturais ou produtos de gerações de uso para pastoreio.

Montanhas

As montanhas ocupam cerca de 20% da área emersa da Terra, e 10% dos homens vivem nas montanhas. Onde foram construídos terraços em declives íngremes no Velho Mundo, o cultivo tem sido sustentado por muitas gerações (Figura 10.26). A zonação de 11 tipos de vegetação natural em cinco biomas no oeste da América do Norte está representada na Figura 2.3A. Existe um contato mais próximo (ecótonos estreitos) e mais trocas entre os biomas do que nas regiões não montanhosas. Por outro lado, as comunidades similares são mais isoladas. Em geral, muitas espécies características de um bioma em sua localidade não montanhosa são também encontradas em cinturões atitudinais das montanhas. Por causa do isolamento e das diferenças topográficas, muitas outras espécies e variedades são exclusivas das comunidades de montanha.

Figura 10.26 Exemplo de terraço de cultivo do Velho Mundo, nas montanhas no centro de Madagascar.

Cada um dos principais continentes tem uma ou mais cadeias de montanhas altas. Não importa onde se viva, as montanhas são importantes em termos de disponibilidade de suprimento de água de superfície, porque a maioria dos grandes rios se origina nas montanhas, onde a quantidade de chuva e de neve é geralmente maior que nas planícies abaixo.

Um lugar para se observar o padrão claro de florestas em relação ao clima e ao substrato é o Parque Nacional Great Smoky Mountains, localizado ao longo da fronteira do Tennessee com a Carolina do Norte. Ao nível do mar, teríamos de viajar centenas de milhas para observar a variedade de climas presente em uma pequena área geográfica nas Smokies Mountains. A Figura 10.27 mostra um diagrama da zonação complexa das comunidades nas Smokies Mountains para ajudar a ver a paisagem pelos olhos de um ecólogo. A mudança de altitude produz um gradiente de temperatura do norte ao sul, ao passo que a topografia do vale e da cadeia produz um gradiente de condições de umidade do solo a qualquer altitude. Os contrastes no padrão de vegetação ao longo do gradiente são profundos em maio e no começo de junho (quando as floradas são espetaculares), mas a maneira marcante como as florestas se adaptam à topografia e ao clima é evidente em qualquer época do ano.

Como mostra a Figura 10.27, as florestas nas Smokies Mountains variam de bosques de carvalho abertos e pinheiros do sul, encontrados em declives mais secos e mais quentes em baixas altitudes, até florestas coníferas de abeto do norte e pinheiro nos picos frios e úmidos. Os bosques de pinheiro do sul se estendem para cima ao longo das cadeias expostas e as florestas de pinheiros canadenses se estendem para baixo nas ravinas protegidas, onde a umidade e a temperatura locais são as mesmas daquelas de maiores altitudes. A diversidade máxima de espécies de árvores ocorre em locais abrigados (ou seja, úmido) a meio caminho do gradiente de temperatura. As Smokies Mountains têm uma grande diversidade de flores silvestres, pássaros e mamíferos. Pequenos mamíferos representativos incluem o rato-de-pé-branco (*Peromyscus leucopus*) e o rato-dourado (*Ochrotomys nuttalli;* Figura 10.28). Para mais informações sobre as montanhas, ver Messerli e Ives (1997).

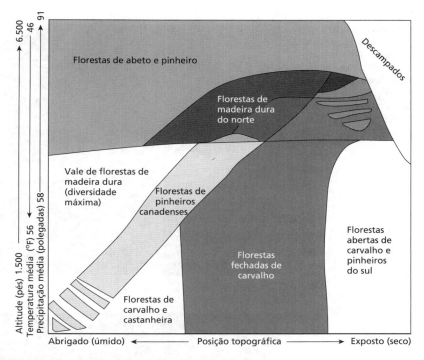

Figura 10.27 Padrão de distribuição da vegetação florestal no Parque Nacional Great Smoky Mountains relacionado a gradientes de temperatura e umidade (segundo Whittaker, 1952).

Cavernas

Existem numerosos tipos de habitat que, apesar de não serem biomas ou tipos importantes de ecossistemas, contêm flora e fauna únicas. Incluem cavernas, penhascos e bordas de floresta (discutidas anteriormente). Esses habitats dão oportunidade para investigações exploratórias e experiências de aprendizado. Por exemplo, nas cavernas são encontradas comunidades heterotróficas interessantes, numerosas em várias partes do mundo. Organismos, muitos deles endêmicos (ou seja, não encontrados em outras partes), vivem, na maioria, de matéria orgânica trazida pela água para dentro da caverna. Sarbu et al. (1996) exploraram uma caverna onde um ecossistema quemo-autotrófico geotérmico havia se desenvolvido. Esse sistema é similar aos de fontes submarinas em que o sulfato de hidrogênio, em vez da luz solar, fornece a energia.

4 Sistemas Projetados e Gerenciados pelo Homem

Agroecossistemas

Agroecossistemas são ecossistemas domesticados que são, de muitas maneiras, intermediários entre os ecossistemas naturais, como os campos e as florestas, e os ecossistemas fabricados, como as cidades. Têm energia solar, pois são ecossistemas naturais, mas diferem dos ecossistemas naturais de várias formas: (1) as fontes auxiliares de energia que aumentam a produtividade, mas também aumentam a poluição, são combustíveis fósseis processados, com o trabalho humano e dos animais; (2) a diversidade é muito reduzida pelo manuseio humano de modo a maximizar o rendimento de produtos específicos ou outros; (3) as plantas e os ani-

Figura 10.28 Pequenos mamíferos como (A) o rato-de-pé-branco (*Peromyscus leucopus*) e (B) o rato-dourado (*Ochrotomys nuttalli*) exibem uma superposição de nicho nas florestas do Parque Nacional de Smoky Mountains.

mais domésticos são selecionados de forma artificial, não natural; e (4) o controle é externo e orientado por objetivo, e não interno, via retorno de subsistema, como nos ecossistemas naturais.

Muitas práticas agrícolas tradicionais antigas de países menos desenvolvidos estão recebendo atenção maior porque são eficientes em matéria de energia, são ecologicamente sustentáveis e fornecem alimento adequado à população local. Essas práticas, no entanto, não produzem excesso de grãos ou outros produtos que podem alimentar grandes populações ou ser exportados como mercadorias em troca de moeda corrente. Portanto, muitos países pequenos estão tentando substituir seus agroecossistemas tradicionais por industriais, com pouca consideração por seu lado negativo – por exemplo, poluição e abandono do cultivo familiar independente.

A Tailândia é um exemplo de país desse tipo. No agroecossistema da cultura do arroz, a entrada de energia de alagamento está sendo substituída por entradas industriais de combustível fóssil, fertilizantes e pesticidas, resultando em maior produção por área, mas, por outro lado, em uma redução da eficiência de energia (razão da entrada de energia para a saída de grão; Gajaseni, 1995). Outro exemplo é Bali, onde sistemas de irrigação por gravidade de mil anos de idade estão sendo substituídos por sistemas de bombas de combustível, além do maior uso de produtos químicos sintéticos, buscando ganho em curto prazo na economia de mercado (Steven, 1994). Os engenheiros que projetam esses sistemas precisam reconhecer e entender que os sistemas naturais têm uma longa história evolutiva que reflete a eficiência da energia, a grande diversidade biótica e um relacionamento mutualístico com a cultura humana.

As plantações de florestas, como as terras cultivadas, são agroecossistemas – "silvicultura" projetada para aumentar a produção de madeira e fibra por área. Mais cedo ou mais tarde, os mesmos problemas de manejo que afetam outros cultivos – perda da qualidade do solo, controle de pragas ou fertilizantes artificiais para substituir os nutrientes removidos com a colheita – terão de ser enfrentados. Existe um interesse crescente em *agroflorestas*, prática que envolve o cultivo de árvores pequenas de crescimento rápido e produtos para alimentação em fileiras alternadas (MacDicken e Vergara, 1990).

Tecnoecossistemas Urbano-Industriais

O conceito de *tecnoecossistema* foi introduzido e discutido nos Capítulos 2 e 9. As cidades, os subúrbios e o desenvolvimento industrial são os principais tecnoecossistemas. Eles são ilhas energéticas com grandes pegadas ecológicas na matriz das paisagens naturais e agrícolas. Esses ambientes urbano-industriais são parasíticos por natureza, dependentes da biosfera em termos de recursos de suporte de vida (ver Figura 9.20).

Estamos preocupados com a possibilidade de esses tecnoecossistemas, que crescem rapidamente e ao acaso sem considerar o suporte de vida, superarem a infraestrutura necessária para manter seu crescimento. As sociedades precisam se engajar em algum planejamento urbano e de paisagem para manter a qualidade de tais sistemas. A maioria da volumosa literatura que trata do empenho das cidades foca problemas internos, como a deterioração da infraestrutura e o crime. Os planejadores urbanos precisam abraçar a ecologia da paisagem (por exemplo, as bacias hidrográficas regionais) em vez de se afastar dela. A regeneração dependerá cada vez mais de reconectar a cidade à terra para suporte de vida e aos corpos de água.

O manuseio e a restauração em longo prazo desses sistemas projetados pelo homem irão requerer um entendimento de *ecologia de conservação* e *restauração* – campos de estudo baseados nos princípios, conceitos e mecanismos da ecologia básica. Esses campos de ecologia aplicada proporcionam um desafio instigante no manuseio e desenvolvimento de sistemas sustentáveis.

Ecologia de Conservação

Qualquer discussão sobre os níveis mais altos de organização (ecossistemas, no Capítulo 8; paisagens, no Capítulo 9; biomas, neste capítulo) ilustra a riqueza biótica, o capital natural e a estética ecológica manifestados por esses sistemas de grande escala temporal-espacial. O campo da **biologia de conservação** ou **ecologia de conservação** fornece uma abordagem integrativa e um campo de estudo, com foco na proteção e no manuseio da biodiversidade baseados nos princípios aplicados e básicos da ecologia. Nas últimas décadas, as ciências sociais – especialmente a sociologia, a economia, a ética e a filosofia – tornaram-se componentes proeminentes desses processos de proteção e manuseio.

Para uma introdução no campo da biologia de conservação, indicamos os artigos de Soulé (1985, 1991) e Soulé e Simberloff (1986). Livros de C. F. Jordan (1995), Meffe e Carroll (1997) e Primack (2004) dão uma visão de princípios, ameaças à diversidade, estudos de caso e estratégias de manuseio no campo da biologia de conservação.

11

Ecologia Global

1 A Transição da Juventude para a Maturidade: Rumo às Civilizações Sustentáveis
2 Lacunas Socioecológicas
3 Sustentabilidade Global
4 Cenários
5 Transições de Longo Prazo

460 Fundamentos de Ecologia

1 A Transição da Juventude para a Maturidade: Rumo às Civilizações Sustentáveis

Enunciado

Prever o futuro é um jogo fascinante, especialmente popular em tempos de crise. Na realidade, não se pode antecipar o futuro com detalhe ou precisão – há muitos eventos desconhecidos, caleidoscópicos, inovações tecnológicas e outras variáveis que não podem ser previstas. Eventos, como as atividades terroristas responsáveis pela perda de vidas e destruição material no World Trade Center, na cidade de Nova York, em 11 de setembro de 2001, ou a falha na rede que causou o blecaute que afetou 50 milhões de pessoas que vivem na região Nordeste dos Estados Unidos nos dias 14 e 15 de agosto de 2003, são exemplos de eventos que alteram a vida, em virtude de falhas antropogênicas que efetivamente não foram previstas. O terremoto de 6,6 graus de magnitude, ocorrido em 26 de dezembro de 2003, que destruiu a antiga cidade de Bam, localizada ao longo da Estrada da Seda, no Irã, onde aproximadamente 25 mil vidas humanas e tesouros arquitetônicos históricos, como a cidadela de 2 mil anos, foram perdidos, é um exemplo de fenômeno natural que ainda escapa de uma previsão adequada. Contudo, é instrutivo considerar uma gama de possibilidades que poderiam ser colocadas em prática. Assim, teríamos capacidade de estimar as suas probabilidades dadas as condições, a compreensão e o conhecimento atuais. O que é mais importante: poderíamos ser capazes de agir agora para reduzir a probabilidade de futuros e perdas indesejáveis.

Explicação

Durante o século XXI, entre as certezas que temos, podemos dizer que a humanidade continuará a crescer em números; que algo terá de ser feito em relação à poluição de nossos sistemas de suporte à vida (especialmente a atmosfera e a água); que a humanidade terá de fazer uma importante transição no uso da energia, predominantemente de combustíveis fósseis para outras fontes, menos seguras e provavelmente menos lucrativas; e, por fim, como não há controles de ajuste (ver Figura 1.4), que a humanidade irá ultrapassar sua capacidade de suporte ótima, como já estamos fazendo com muitos recursos, levando a ciclos de explosão e colapso. Assim, o desafio no futuro não será como *evitar* a ultrapassagem, mas, sim, como *sobreviver* a ela reduzindo as dimensões do crescimento, do consumo de recursos e da poluição (Barrett e Odum, 2000).

Devemos começar por reduzir o extraordinário desperdício atual e nos tornarmos mais eficientes para realizar mais com menos energia de alta qualidade e diminuir a poluição que resulta da perda de energia e de recursos industriais. A maioria das pessoas concorda que a redução do consumo de energia *per capita* em países industrializados não apenas melhoraria a qualidade de vida local (H. T. Odum e E. C. Odum, 2001) como também ajudaria a melhorar a qualidade de vida global.

A maior parte dos estudiosos concorda que o crescimento rápido deveria ser evitado, por nenhuma outra razão a não ser que tende a criar problemas ambientais e sociais mais rapidamente do que se pode lidar com eles. O crescimento rápido da população e o desenvolvimento urbano-industrial se combinam para criar uma força muito difícil de controlar (para mais informações acerca das advertências iniciais, ver Academia Nacional de Ciências, 1971; Catton, 1980). É significativo o fato de que, em 1992, a prestigiada Academia Nacional de Ciências dos Estados Unidos e a Sociedade Real de Londres emitiram a seguinte declaração pública conjunta:

A população mundial está crescendo a uma taxa sem precedentes de quase 100 milhões por ano, e as atividades humanas estão produzindo mudanças importantes no meio ambiente global. Se as atuais previsões de crescimento populacional mostrarem-se precisas e as atividades humanas permanecerem inalteradas, é possível que a ciência e a tecnologia não sejam capazes de evitar tanto a degradação irreversível do meio ambiente como a pobreza constante em boa parte do mundo.

Não faltam estudos, relatórios de grupos de especialistas e livros populares avaliando a difícil situação da humanidade. Muitos deles retratam um quadro um tanto sombrio dos atuais problemas globais; outros são otimistas em relação ao futuro. A maneira como os acadêmicos e as pessoas em geral vislumbram o futuro varia da total confiança nos negócios – como de costume – e em novas tecnologias (a filosofia "mais da mesma coisa") à crença de que a sociedade deve reorganizar-se completamente, "desligar" e desenvolver novas políticas internacionais e procedimentos econômicos para poder lidar com um mundo de recursos finitos. O falecido Herman Kahn (*The Next 200 Years*, 1976) e o economista Julian Simon (*The Ultimate Resource*, 1981) são renomados porta-vozes da visão "*business as usual*" ou "negócios como de costume", Paul Ehrlich (*The Population Bomb*, 1968), E. F. Schumacher (*Small Is Beautiful*, 1973), Fritjof Capra (*The Turning Point*, 1982), os economistas Herman Daly e John Cobb (*For the Common Good*, 1989), Herman Daly e Kenneth Townsend (*Valuing the Earth*, 1993), Paul Hawken (*The Ecology of Commerce*, 1993), Edward Goldsmith (*The Way*, 1996) e E. O. Wilson (*Consilience*, 1998; *The Future of Life*, 2002) estão entre aqueles que defendem a necessidade de mudanças fundamentais – uma posição que está se tornando cada vez mais um consenso entre os líderes mundiais. Assim, existem tecnólogos cornucopianos, que são otimistas quanto ao fato de que a economia de hidrogênio eficiente e limpa (para substituir os combustíveis fósseis "sujos" à base de carbono), a agricultura de baixo insumo, a indústria sem resíduos e outras futuras tecnologias permitirão que 9 bilhões de pessoas ou mais possam coexistir com um meio ambiente natural o suficiente para proporcionar suporte à vida, preservação de espécies ameaçadas e desfrute da natureza (ver Ausubel, 1996).

Perspectivas Históricas

O antropólogo Brock Bernstein (1981) observou que em muitas culturas isoladas, que devem sobreviver apenas de recursos locais, as ações prejudiciais ao futuro são percebidas e evitadas. Essa retroalimentação local na tomada de decisões é perdida quando as culturas isoladas são incorporadas nas grandes e complexas sociedades industriais. Como disse Bernstein, "a economia deve desenvolver uma teoria coerente de comportamento de tomada de decisões que seja aplicável a todos os níveis de organização de grupo. Para isso, será necessário definir o autointeresse em termos de sobrevivência em vez de consumo. Tal mudança submeteria o comportamento econômico a algo parecido com a seleção natural, que tem funcionado tão bem para garantir a perpetuação da vida na Terra através dos tempos".

Um dos obstáculos para evitar o excesso no uso de recursos é o que Garrett Hardin (1968) denominou "a tragédia dos comuns". Por *comuns* entende-se a parte do ambiente aberta ao uso comum de todos, sem nenhuma pessoa responsável pelo seu bem-estar. Um exemplo disso seria uma pastagem aberta compartilhada por vários criadores de gado. Como é vantajoso para cada criador ter o máximo de animais possível pastando, haverá um excesso de uso do pasto em relação à sua capacidade, a menos que sejam tomadas medidas de restrição e que a comunidade seja obrigada a cumpri-las. Antes da Revolução Industrial, vários comuns foram protegidos por restrições impostas pela comunidade e pelos costumes. As sociedades pastorais resolveram o problema movendo regularmente seus animais de um lado para o outro, antes que o sobrepastejo ocorresse em um lugar determinado. Várias cidades europeias têm a longa tradição de preservar as áreas comuns na forma de grandes parques e cinturões verdes. A "tragédia" em tempos modernos é que as restrições locais, assim como poderiam ser incorporadas nos decretos de zoneamento, são muito fáceis de serem derrubadas pela influência do "poder do dinheiro" – quer dizer, o *capital econômico* disponível para um tipo de desenvolvimento que gera grandes lucros em curto prazo, frequentemente à custa do *capital natural*, afeta a qualidade de vida local.

Em outro livro, Hardin (1985) levantou uma questão muito intrigante: no princípio, a Revolução Industrial teria tirado o solo sem a exploração das pessoas e do meio ambiente? Lembre-se dos romances de Dickens nos quais são descritos o abuso do trabalho e a total falta de atenção em relação à poluição do ar e da água no século XIX. Certamente a exploração das pessoas (como na exploração industrial de operários) e a poluição irrestrita do meio ambiente aceleraram muito o acúmulo de capital em que a atual riqueza do mundo industrial está baseada. Contudo, a maioria das pessoas hoje percebe que estamos em um ponto crítico na história. Não podemos continuar a "tornar comum os custos e privatizar os lucros" (Hardin, 1985) e adiar os custos humanos e ambientais do rápido crescimento e desenvolvimento sem incorrer em prejuízos muito difundidos em nossos sistemas globais de suporte à vida. Donald Kennedy, em um edital da revista *Science* (12 de dezembro de 2003), observou que, no fim, a grande questão não é se a ciência pode ajudar a resolver os problemas em ampla escala (como o aquecimento global); ao contrário, é se a evidência científica pode superar com sucesso a resistência social, política e econômica. Essa era a grande dúvida de Hardin, há 35 anos, e agora é a nossa.

Nas últimas décadas do século XX, vários artigos e livros foram publicados sugerindo maneiras de tratar os "comuns", entre eles, o livro escrito por Hardin, intitulado *Living Within Limits* (1993); e um escrito por Hawken et al. (1999), *Natural Capitalism,* em que propõe uma base comum entre a economia, o meio ambiente e a sociedade para o século XXI.

Modelos Globais

Entre os relatórios futuristas mais completos estão os preparados pelo Clube de Roma e os modelos globais produzidos pelos Estados Unidos e outros governos e as Nações Unidas. O Clube de Roma era um grupo de cientistas, economistas, educadores, humanistas, industriais e servidores públicos reunidos pelo industrial italiano Arillio Peccei, que percebeu a urgência em se preparar uma série de livros sobre a difícil situação da humanidade no futuro. O primeiro e mais conhecido livro do Clube, *The Limits to Growth* (Meadows et al., 1972), previu, com base em modelos, que se os nossos métodos políticos e econômicos não forem alterados, ocorrerão sérios ciclos de explosão e colapso. Fundamentalmente, esse primeiro estudo do Clube de Roma usou uma abordagem moderna de sistemas sobre as clássicas "advertências à humanidade" mais velhas, como o *Man and Nature*, de George Perkins Marsh (1864, reeditado em 1965), *Deserts on the March*, de Paul Sears (1935), *Road to Survival*, de William Vogt (1948), *Our Plundered Planet*, de Fairfield Osborn (1948) e *Silent Spring*, de Rachel Carson (1962). O relatório denunciava a obsessão da sociedade pelo crescimento no qual, a cada nível (individual, familiar, corporativo e nacional), a meta era ficar mais rico, maior e mais poderoso, havendo pouca consideração para com os valores humanos básicos, o custo final do consumo irrestrito e não planejado de recursos e a pressão sobre os bens e serviços ambientais de suporte à vida.

Após *Limits to Grow*, seguiu-se uma série de relatórios adicionais que procuraram não somente descrever as possíveis tendências futuras mais detalhadamente como também sugerir ações que deveriam ser tomadas para evitar a última explosão e colapso do juízo final. Esses estudos foram publicados na forma de livros com títulos como *Mankind at the Turning Point*; *Reshaping the International Order*; *Goals for Mankind*; *Wealth and Welfare* e *No Limits to Learning*: *Bridging the Human Gap* (todos publicados pela Editora Pergamon, em Nova York). Vários estudiosos ilustres, como economistas, educadores, engenheiros, historiadores e filósofos, contribuíram para esses esforços. Laszlo (1977) avaliou o impacto geral desses relatórios como segue:

> Em grande parte, graças aos esforços do Clube de Roma, a consciência internacional sobre a problemática mundial cresceu rapidamente. O Clube desbravou o caminho (usando uma analogia médica) do diagnóstico à prescrição, mas muito pouco foi realizado em termos de terapia. Usando outra metáfora, o Clube ajudou a indicar o caminho, mas pouco fez para gerar a vontade de colocá-lo em prática.

Entre 1971 e 1981, outros modelos globais foram desenvolvidos. Eles eram simulações matemáticas computadorizadas de sistemas físicos e socioeconômicos mundiais e faziam projeções para o futuro, que eram consequências lógicas de dados e suposições que entravam no modelo. Deve-se enfatizar que cada modelo permanece único com respeito às suposições que o motivaram. Esses modelos foram revisados e comparados como um grupo em um relatório emitido pelo Escritório do Congresso de Avaliação da Tecnologia (OTA, 1982) e em um livro escrito por Meadows et al. (1982). Apesar das diferentes suposições e vieses, os modeladores concordaram em alguns pontos, a saber:

- O progresso tecnológico é esperado e é vital, porém serão necessárias mudanças sociais, econômicas e políticas.
- As populações e os recursos não podem crescer para sempre em um planeta finito, que não está aumentando em tamanho.
- Uma acentuada redução nas taxas de crescimento populacional e do desenvolvimento urbano-industrial reduzirá muito a gravidade dos excessos ou os principais colapsos nos sistemas de suporte à vida.
- Continuar os "negócios como de costume" não levará a um futuro desejável; ao contrário, vai resultar na ampliação adicional de lacunas indesejáveis (como entre ricos e pobres).
- Abordagens cooperativas de longo alcance serão mais benéficas para todas as partes do que políticas competitivas em curto prazo.
- Uma vez que a interdependência entre os povos, as nações e o meio ambiente é muito maior do que comumente se admite, as decisões deveriam ser tomadas em um contexto holístico (de sistemas). As ações para alterar as atuais tendências indesejáveis (como intoxicação da atmosfera), se executadas logo (dentro das próximas duas décadas), serão mais efetivas e menos dispendiosas do que se forem executadas mais tarde. Isso requer forte consciência cívica das necessidades que irão obrigar a ações políticas e mudanças na educação, porque, quando o problema for óbvio para todos, poderá ser tarde demais.

Na década de 1990, Donella Meadows e colaboradores publicaram uma sequência de *Limits to Growth*, intitulado *Beyond the Limits* (1992). Eles concluíram que as condições globais eram piores do que havia sido previsto em 1972; contudo, ainda vislumbravam um futuro sustentável, se os seis pontos supraesboçados fossem levados a sério e executados. Eles comentaram que o mundo precisa é do bom "amor" à moda antiga, o que possibilitará que as pessoas trabalhem juntas por causas comuns. No Capítulo 8, discutimos uma tendência paralela ao desenvolvimento do ecossistema, em que o mutualismo aumenta quando os recursos são escassos.

Os modelos são bons para integrar dados e tendências, mas não são capazes de medir a determinação e a ingenuidade humanas (ou a falta delas). Em seguida, vamos explorar diversas abordagens para entender a nossa situação e o que podemos aprender do estudo de ecologia que nos ajudará a enfocar os problemas atuais, além daqueles que provavelmente serão levantados no futuro.

Avaliação Ecológica

A sabedoria de muitos que contribuíram para relatórios, modelos e avaliações globais mencionados obedece razoavelmente bem à teoria básica do ecossistema, especialmente em três de seus paradigmas: (1) a abordagem *holística* é necessária quando se trata de sistemas complexos; (2) a *cooperação* tem valor de sobrevivência maior que a competição quando os limites (recursos ou outros) são abordados; e (3) o desenvolvimento ordenado e de alta qualidade das comunidades humanas, assim como aquele das comunidades bióticas, requer mecanismos de *retroalimentação* tanto *negativos* como *positivos*. Deve-se notar que essas conclusões de estudiosos também estão de acordo com a antiquíssima sabedoria humana encontrada em provérbios de bom senso como "pense antes de agir", "não ponha todos os ovos na mesma cesta", "a pressa é inimiga da perfeição", "é melhor prevenir do que remediar", "o poder corrompe".

Uma civilização é um sistema, não um organismo, o contrário do que Arnold Toynbee (1961) disse em *A Study of History*. As civilizações não necessariamente têm de crescer, amadurecer, envelhecer e morrer, como os organismos – embora esse processo tenha acontecido no passado (como na ascensão e na queda do Império Romano). De acordo com o geógrafo Karl Butzer (1980), as civilizações se tornam instáveis e entram em colapso quando o alto custo da manutenção resulta em uma burocracia que gera demandas excessivas sobre o setor produtivo. Essa visão coincide com as teorias ecológicas das razões *P/R* (ver Capítulo 3), reciclagem de recurso (ver Capítulo 4), capacidade de suporte (ver Capítulo 6), complexidade (ver Capítulo 8) e fragmentação de habitat (ver Capítulo 9). Continuamos a enfatizar que o estudo da ecologia pode nos ajudar a lidar com os problemas humanos.

Círculo Completo Futuro

As sociedades humanas vão do *status* pioneiro até o maduro de certa maneira paralela ao modo como as comunidades naturais passam pelo desenvolvimento do ecossistema. Como já notamos, existem vários comportamentos e estratégias que são apropriados e necessários para a sobrevivência durante a juventude ou o estágio pioneiro, mas que se tornam inadequados e prejudiciais na maturidade. Continuando a agir na base de curto prazo, de uma solução para um problema, à medida que a sociedade cresce e fica mais complexa, a situação tende a se encaminhar para o que o economista A. E. Kahn (1966) chamou de "a tirania das pequenas decisões". Aumentar a altura das chaminés – uma solução rápida para a poluição local – é um exemplo de que muitas "pequenas decisões" levam a um problema maior de aumento de poluição de ar regional. W. E. Odum (1982) deu outro exemplo: entre 1950 e 1970, ninguém planejou propositadamente destruir 50% das áreas úmidas ao longo da região costeira do nordeste dos Estados Unidos, mas isso aconteceu como resultado de centenas de decisões para o desenvolvimento de pequenas áreas pantanosas. Finalmente, os legislativos estaduais despertaram para o fato de que o precioso ambiente de suporte à vida estava sendo destruído e, um a um, cada legislativo aprovou decretos de proteção às áreas úmidas, em um esforço para salvar áreas úmidas pantanosas remanescentes. Faz parte da natureza humana evitar ações de longo prazo ou em escala ampla até que haja uma ameaça que seja percebida pela maioria da população.

O que tudo isso significa para o futuro é que o tempo de transição para as comunidades humanas chegou – ou chegará logo –, de modo que será necessário o "círculo completo futuro" ou "fazer uma meia-volta" em vários conceitos e procedimentos antes aceitos.

Nas próximas seções, vamos apresentar o tema crescimento-maturidade de pontos de vista diferentes, mas inter-relacionados, com sugestões para solucionar os dilemas levantados. Concluiremos com uma tabela que sumariza os pré-requisitos para se atingir a maturidade.

2 Lacunas Socioecológicas

Enunciado

Uma boa maneira de avaliar a difícil situação da humanidade é considerar as *desigualdades* que devem ser estreitadas se os humanos e o ambiente (bem como as nações) tiverem de ser levados a relações mais harmoniosas. Dentre essas lacunas, podemos destacar:

- A desigualdade de renda entre os ricos e os pobres, tanto dentro de nações como entre as nações industrializadas (30% da população mundial) e as não industrializadas (70% da população mundial).
- A desigualdade de alimentos entre os bem alimentados e os mal alimentados.
- A desigualdade de valores entre os bens e serviços de mercado e os que não são de mercado.
- A desigualdade em educação entre os alfabetizados e os analfabetos, os proficientes e os não proficientes.
- A desigualdade de gestão de recursos entre o desenvolvimento e o manejo.

Nenhuma dessas desigualdades estreitou muito durante as várias décadas passadas: de fato, as desigualdades de renda e valor têm piorado. Seligson (1984) observou que a desigualdade da renda *per capita* entre nações ricas e pobres aumentou de US$ 3.617 para US$ 9.648 entre 1950 e 1980; essa desigualdade continuou a crescer. Em 2000, o produto interno bruto (PIB) *per capita* alcançou US$ 35 mil nos países ocidentais, comparado com US$ 1 mil em muitos outros países – uma desigualdade de US$ 34 mil (estatística das Nações Unidas; ver Zewail, 2001). No que diz respeito a consumo de recursos *per capita*, o consumo de papel em 1999, por exemplo, era 135 quilos por ano nos Estados Unidos e 4 quilos por ano na Índia (Abramovitz e Mattoon, 1999).

Explicação e Exemplos

As iniciativas bem intencionadas por parte das nações ricas para ajudar as pobres têm falhado quase sempre por causa da não antecipação dos impactos nocivos ambientais e culturais. Por exemplo, a construção de uma represa em um vale fértil pode inicialmente proporcionar benefícios, mas também pode forçar os fazendeiros a mover a montante, para uma terra menos adequada, resultando em severa erosão e desmatamento da bacia hidrográfica e subsequente assoreamento da represa. Morehouse e Sigurdson (1977) salientaram, há mais de duas décadas, que a transferência da tecnologia industrial, de nações industrializadas para nações em desenvolvimento, muito frequentemente beneficia o pequeno setor moderno, mas não as massas de pobres rurais na sociedade tradicional. A riqueza não "filtra" (o efeito filtração é uma teoria econômica tradicional, segundo a qual a acumulação de riqueza no topo beneficia paulatinamente os de baixo) quando há profundas diferenças culturais, educacionais e de recursos em uma população que não mudou nos últimos 25 anos. Como observado (ver Capítulo 3), não se pode transferir uma tecnologia industrial ou agrícola de alta energia para um país menos desenvolvido sem também fornecer a energia de alta qualidade necessária para sustentá-la. Provavelmente, é melhor intensificar as operações atuais de "baixa tecnologia" (isto é, uso de tecnologias "apropriadas") até que a nação possa ir para a "alta tecnologia" com as próprias pernas. Como na natureza, atinge-se o estado de maturidade somente depois que o caminho é preparado por estágios de desenvolvimento mais jovens.

Armadilhas Sociais

Uma situação na qual um ganho em curto prazo é seguido, no longo prazo, por uma situação prejudicial ou dispendiosa que não visa aos melhores interesses do indivíduo ou da sociedade foi denominada **armadilha social** (Cross e Guyer, 1980). A analogia é feita com uma armadilha que atrai um animal com uma isca sedutora; o animal cai na armadilha na esperança de uma refeição fácil, mas aí vê que é difícil ou impossível escapar. O abuso de substâncias é um exemplo de armadilha social *comportamental*, enquanto o descarte de substâncias prejudiciais, a destruição das áreas úmidas (ou outros ambientes de suporte à vida), a proliferação de armas de destruição em massa são exemplos de armadilhas sociais *ambientais*. Edney e Harper (1978) sugeriram usar um jogo simples, que utiliza fichas de pôquer, para ilustrar a relação das armadilhas sociais com a tragédia dos comuns. Um estoque de fichas de pôquer é definido e cada jogador tem a opção de retirar de uma a três fichas. O estoque de fichas é renovado após cada rodada na proporção do número de fichas remanescentes. Se os jogadores pensarem apenas em relação a seus ganhos imediatos em curto prazo e retirarem o máximo de três fichas, o recurso renovável do estoque comum de fichas vai se tornar menor e, em última instância, o estoque de recursos acaba. A retirada de apenas uma ficha a cada rodada sustenta o recurso renovável.

Domínio versus Manejo

Na Bíblia, há um paralelo interessante sobre o tema juventude-maturidade. No princípio, nos textos bíblicos, aos fiéis era dito "crescei e multiplicai" e dominai sobre a Terra (Gênesis 1: 28). Uma interpretação dessa mensagem é que deveria ser aplicada para todos os seres vivos, não somente os humanos (Bratton, 1992). Em outras passagens da Bíblia (por exemplo, Lucas 12: 42), os leitores são aconselhados a se tornarem "mordomos" (manejadores da casa) e a tomarem conta da Terra. Uma interpretação racional é que essas mensagens não são contraditórias, nem é uma questão de certo ou errado, mas constituem uma *sequência* ao longo do tempo (em outras palavras, há tempos e lugares para cada coisa).

No início do desenvolvimento das civilizações, o domínio do meio ambiente, a exploração de recursos (como desmatar áreas para a agricultura e minar a Terra para obter materiais e energia) e as altas taxas de nascimento eram necessários para a sobrevivência humana. No entanto, conforme as sociedades se tornaram mais populosas, exigentes de recursos e tecnologicamente complexas, foram atingidas várias limitações que deveriam encorajar os humanos a manejar a nossa "casa" de suporte à vida.

Stephen R. Covey, em seu *best-seller The 7 Habits of Highly Effective People* (Covey, 1989), observou que tanto os sistemas ecológicos como os sociais passam por três estágios de crescimento e desenvolvimento. Ele se referiu ao estágio jovem como *dependente*, ao estágio seguinte como *independente* e, finalmente, ao estágio maduro como *interdependente*. Dessa maneira, assim como o crescimento e o desenvolvimento do ecossistema levam ao aumento das relações mutualistas entre as espécies, ao aumento da diversidade biótica e à regulação do sistema, o crescimento e o desenvolvimento do sistema social levam a relações de interdependência entre os membros de uma sociedade, ao aumento de oportunidades educacionais e culturais e à estabilidade dentro de gerações e entre elas.

Ética e Estética Ambiental

A manutenção e a melhoria da qualidade ambiental requerem embasamento ético. O abuso de sistemas de suporte à vida deveria ser não apenas ilegal, mas também considerado *antiético*. Um dos ensaios mais lidos e citados sobre o tema da ética ambiental é o de Aldo Leopold, "The Land Ethic", publicado pela primeira vez em 1933 e incluído em seu clássico livro *A Sand County Almanac: And Sketches Here and There* (1949). Leopold passou sua juventude como engenheiro florestal em uma parte do oeste dos Estados Unidos onde só se podia chegar a cavalo e onde ainda se ouvia o uivo dos lobos. Mais tarde, foi pioneiro em atividades de manejo de caça e tornou-se professor na Universidade de Wisconsin. Ele e sua família passaram o máximo de tempo possível em uma cabana ("o barraco", que se tornou um lugar histórico visitado pelos conservacionistas) localizada em uma fazenda velha e decrepta que eles compraram e transformaram em um lugar de beleza natural no distrito de Sand, Wisconsin. Aldo Leopold será mais bem lembrado pelo que escreveu nesse lugar – escritos sobre o belo e o selvagem, remanescente do trabalho de Henry David Thoreau (para mais informações sobre o legado de Aldo Leopold e o paradigma da ética da terra, ver A. Carl Leopold, 2004).

Os direitos humanos vêm recebendo uma crescente atenção ética, assim como legal e política. Mas e os direitos dos outros organismos e do ambiente? Leopold define **ética** do ponto de vista ecológico como "uma limitação sobre a liberdade de ação na luta pela existência" e filosófico como "a discriminação entre a conduta social e a anti-social". Ele sugeriu que a extensão de ética sobre o tempo é uma sequência como segue: primeiro, há o desenvolvimento da religião como uma ética de humano para humano. Depois, vem a democracia, como uma ética humana para a sociedade. Finalmente, há um relacionamento ético entre os seres humanos e seu ambiente *ainda a ser desenvolvido*; usando as palavras de Leopold, "a relação terra-humanos ainda é estritamente econômica, implicando privilégios, mas não obrigações".

Como temos tentado documentar neste livro, há fortes razões científicas e técnicas para a proposta de que uma expansão da ética deveria incluir o ambiente de suporte à vida necessário para a sobrevivência humana. Existem vários mecanismos legais, como a **servidão ambiental** (por exemplo, RPPN), disponíveis para incentivar os proprietários a negociar suas opções para desenvolver a propriedade por meio de benefício fiscal ou outras considerações econômicas favoráveis. É também animador ver que, nas duas décadas passadas, houve grande aumento no número de artigos, livros, cursos de nível superior e revistas científicas que tratam da ética ambiental (Callicott, 1987; Potter, 1988; Hargrove, 1989; Ferré e Hartel, 1994; Dybas, 2003; Ehrlich, 2003; A. C. Leopold, 2004).

468 Fundamentos de Ecologia

3 Sustentabilidade Global

Enunciado

Em 1987, a Comissão Mundial sobre o Ambiente e Desenvolvimento publicou um relatório intitulado *Nosso Futuro Comum*, que ficou conhecido como "Relatório Brundtland", por causa do nome do primeiro-ministro na Noruega na época, Brundtland, que era presidente da comissão. O relatório concluiu que as atuais tendências no desenvolvimento econômico e da degradação ambiental concomitante são insustentáveis. Os danos irrevogáveis aos ecossistemas estão desvalorizando o *status* econômico de boa parte da população mundial. A sobrevivência depende de *mudanças já*. O primeiro passo para tais mudanças é buscar formas de aumentar a cooperação entre as nações para que, em conjunto, possam trabalhar rumo à sustentabilidade global. O relatório é importante não tanto pelo seu conteúdo, mas pelo fato de que um grupo de 23 líderes políticos e cientistas, tanto de países desenvolvidos como de menos desenvolvidos, puderam concordar que a saúde do ambiente global é essencial para o futuro de todos.

Explicação e Exemplos

Em 1991, a Unesco publicou um relatório intitulado "Environmentally Sustainable Economic Development: Building on Brundtland" (Goodland et al., 1991), o qual faz uma distinção entre o *crescimento* econômico, que implica ficar maior (crescimento quantitativo) e *desenvolvimento* econômico, que implica ficar melhor (crescimento qualitativo), sem aumentar o consumo total de energia e materiais além de um nível que seja razoavelmente sustentável. O relatório concluiu que "uma expansão de cinco a dez vezes de qualquer coisa que lembre de longe a economia atual (o que alguns economistas dizem ser necessário para reduzir a pobreza mundial) aceleraria nosso percurso atual de insustentabilidade de longo prazo para o iminente colapso". Portanto, o crescimento econômico exigido para a redução da pobreza (em especial nos países menos desenvolvidos) "deve ser balanceado pelo crescimento negativo do rendimento específico dos ricos".

Em 1992, líderes mundiais convocaram a *Cúpula da Terra*, no Rio de Janeiro (RIO-92), em busca de acordos internacionais que pudessem ajudar a salvar o mundo da poluição, da pobreza e do desperdício de recursos. O confronto entre o "Norte" rico e o "Sul" pobre não permitiu que acordos significativos fossem alcançados. Contudo, o conceito de desenvolvimento sustentável emergiu com um meio de combinar necessidades econômicas e ecológicas. Muitos que lá estavam saíram com a sensação de que um caminho tinha sido aberto para futuras cooperações entre as nações.

Outra cúpula da Terra foi convocada, de 26 de agosto a 4 de setembro de 2002, em Johannesburgo, África do Sul. Negociadores de 191 países concordaram em fazer um plano de ação para mitigar a pobreza e conservar os recursos naturais da Terra. Para uma visão geral de décadas de esgotamento dos recursos e sugestões de como as coisas poderiam mudar no futuro, indicamos quatro edições consecutivas da revista *Science*, começando com "State of the Planet" ou "Situação do Planeta" (14 de novembro de 2003). No entanto, os representantes da Cúpula concordaram em desistir das metas e dos cronogramas para a instalação da energia renovável – uma perda para a União Europeia, que vinha reivindicando a meta de 15% da energia global vinda de fontes renováveis até o ano 2015. Acordos positivos incluíram o Brasil e o Banco Mundial, que concordaram em proteger 50 milhões de hectares das florestas tropicais; os Estados Unidos, que anunciaram um acordo de parceria de US$ 10 bilhões em caução para diminuir a pobreza e promover assistência médica e educação; e a Costa Rica, que anunciou moratória para a exploração de petróleo em alto-mar. Os representantes da Cúpula também concordaram em reafirmar os "Princípios do Rio", incluindo o **princípio precatório**, que pede às pessoas que tomem medidas de ação antes que os efeitos apareçam, como no caso da depleção de ozônio na atmosfera superior.

A índole humana, sendo como é – ou seja, a maioria das pessoas espera até que o problema *realmente* piore antes de tomar uma ação –, precisa de uma crise ou de um desastre para fazer um planejamento ambiental e iniciar as transições que estivemos discutindo. O exemplo a seguir descreve como um desastre local foi seguido por um desenvolvimento econômico sem aumento do tamanho da cidade (Flanagan, 1988):

> Em 1972, Rapid City, ao sul de Dakota, sofreu uma cheia repentina devastadora do rio Rapid Creek que causou um prejuízo de US$ 160 milhões a propriedades, destruiu 1.200 edifícios e matou 238 pessoas. Por meio da liderança do prefeito, Don Barnett, a comunidade instituiu um programa nacional de aquisição de planícies de inundação, removeu dessas áreas as casas danificadas e criou no centro da cidade um corredor verde, de seis milhas em extensão e um quarto de milha em largura. Hoje, o corredor abriga parques, trilhas de recreação e campos de golfe. O rio Rapid Creek recebeu empeixamento para pesca esportiva e se tornou o curso de água de pesca recreativa mais popular no estado inteiro. O Rapid Creek figura como um exemplo criativo da liderança esclarecida, que transformou um desastre em uma aquisição de uso múltiplo para a comunidade, que beneficia todos os aspectos da cidade, incluindo o comércio e a indústria do turismo.

Capitalismo Dual

Um tema recorrente neste livro é a asserção de que as políticas e teorias econômicas excessivamente restritas que dominam as políticas e os mercados mundiais são os principais obstáculos para se atingir um equilíbrio razoável, de bom senso, entre as nossas necessidades de bens e serviços de mercado e de não mercado. Por volta da virada do século XX, um grupo de estudiosos que se autodenominou *economistas holistas* formou uma escola crítica dos modelos econômicos da época (Gruchy, 1967). Contudo, os esforços para estabelecer uma economia holista afogaram-se, por assim dizer, na inundação do petróleo, que produziu um rápido crescimento de riquezas monetárias e materiais. A teoria clássica do crescimento funcionou bem enquanto o estoque de petróleo excedia a demanda. Como esse estoque atingiu o seu ponto máximo e a poluição global e os excessos são ferozes, parece que chegou a hora de redesenvolver algum tipo de holoeconomia que inclua valores ambientais e culturais bem como valores monetários – em outras palavras, uma economia que considere igualmente o capital de mercado e o capital natural.

Seria possível, com medidas adequadas de incentivo e regulatórias, desenvolver um *capitalismo dual* gradualmente, por um período de tempo (E. P. Odum, 1997). Seguindo esse **capitalismo dual**, um negócio ou uma indústria não iriam somente considerar as possibilidades de mercado para um novo produto ou serviço, mas também planejariam como produzir o produto ou serviço com o uso eficiente dos recursos, o máximo de reciclagem e o mínimo de poluição possível. Considerariam também como incorporar a redução de fontes e os custos do manejo do resíduo de modo que o consumidor, em vez do contribuinte, pagasse pelo manejo do resíduo.

470 Fundamentos de Ecologia

É encorajador ver que, começando com a primeira conferência internacional sobre a integração da economia e ecologia em 1982 (Jansson, 1984), a interface economia-ecologia tem recebido cada vez mais atenção. Para revisões, ver Costanza (1991), Daly e Townsend (1993), Costanza, Cumberland et al. (1997), Hawken et al. (1999) e H. T. Odum e E. C. Odum (2001); ver também o fascículo especial da revista *BioScience* (abril de 2000), intitulado "Integrating Ecology and Economics", organizado por Barrett e Farina (2000).

Paradoxo no Desenvolvimento Tecnológico

Quase todo e qualquer avanço tecnológico que pretende melhorar o bem-estar e a prosperidade tem seu lado ruim e seu lado bom. Como Paul Gray, engenheiro e ex-presidente do Instituto de Tecnologia de Massachusetts, afirmou em 1992, "Um paradoxo do nosso tempo é a bênção mista de quase todo desenvolvimento tecnológico". Descrevemos vários exemplos desse paradoxo em capítulos anteriores, incluindo a bênção mista das tecnologias de controle das pragas e a tecnologia da Revolução Verde. O lado bom dessas tecnologias tem sido o aumento da produção de alimento com menos mão de obra. O lado ruim é o uso intensivo de fertilizantes, pesticidas e maquinários, o que resulta na poluição do ar, da água e do solo; no desenvolvimento de linhagens de pragas resistentes; e em sério nível de desemprego rural. Outro exemplo são as usinas termelétricas à base de carvão, que fornecem eletricidade para a maior parte dos Estados Unidos, mas também contribuem de forma importante para a chuva ácida.

Nossa insistência aqui é que, à medida que buscamos novas tecnologias, devemos ter ciência de que elas *terão* o seu lado ruim, o qual não só deve ser antecipado, mas também enfrentado com base em sólida teoria e pesquisa ecológica. Frequentemente, o que se precisa é de uma *contratecnologia* que pelo menos melhore os efeitos negativos. Na agricultura, por exemplo, o preparo conservacionista ou a agricultura alternativa é uma *contratecnologia* que está sendo amplamente adotada. No caso das usinas elétricas, está disponível a tecnologia do "carvão limpo", que eliminaria as emissões ácidas.

Gestão de Entradas

"A solução para a poluição tem sido a diluição" (encontre um lugar para despejá-la). "Agora a solução deve ser a redução da fonte" (E. P. Odum, 1989, 1998a, 1998c). A estratégia de gerenciar as entradas em vez de gerenciar as saídas foi mencionada no Capítulo 1 como uma "meia-volta" necessária para reduzir a poluição. A *gestão de entradas* dos sistemas de produção (como agricultura, usinas elétricas e manufatura) é uma abordagem prática e economicamente viável para melhorar e sustentar a qualidade dos sistemas de suporte à vida. Esse conceito está ilustrado na Figura 11.1. Como a Figura 11.1A mostra, no passado a atenção estava focada no aumento nas *saídas* – quer dizer, produções –, despejando-se recursos (como fertilizantes e combustíveis fósseis) sem muita consideração para com a eficiência ou para com a quantidade de saídas indesejáveis (como a poluição difusa).

A gestão de entradas envolve uma meia-volta, como mostrado na Figura 11.1B, cuja meta é reduzir as *entradas* para somente aquelas que podem ser eficientemente convertidas no produto desejado. A gestão de entradas também pode ser chamada de gestão *de cima para baixo*, pois envolve avaliar as entradas no sistema inteiro (como as funções de força externas) *primeiro* e *depois* a dinâmica

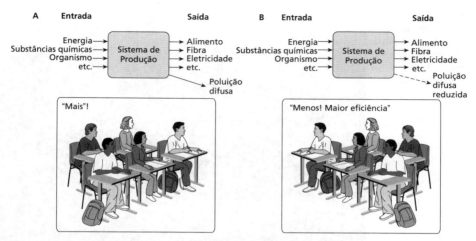

Figura 11.1. A meia-volta necessária na gestão dos sistemas de produção. (A) Foco na saída (produção) com consequências como aumento da poluição de fonte difusa. (B) Desvio (meia-volta) para a gestão da entrada, com foco na eficiência e redução de entradas onerosas e prejudiciais em termos de ambiente, para reduzir a poluição de fonte difusa (segundo Odum, 1989).

interna e as saídas. Aplicar esse conceito aos resíduos significa que a *redução do resíduo* precede o *descarte do resíduo*.

Luo Shi Ming, professor titular da Universidade de Agricultura da Região Sul da China, sugeriu que o caminho adequado para os países menos desenvolvidos na busca do desenvolvimento de sua agricultura é passar por cima do estágio de altas entradas e ir diretamente da agricultura tradicional para novas práticas de entradas reduzidas, como mostrado no modelo representado pela Figura 9.18C. Por que não usar a mesma estratégia para o desenvolvimento industrial? Para reduzir e eliminar resíduos tóxicos na fonte será necessária uma combinação de regulamentos e incentivos para estabelecer uma sociedade sustentável (Barrett, 1989).

Ecologia da Restauração Revisitada

Em razão de grande parte do ambiente ter sido danificado além da capacidade da natureza de reparar, a restauração dos ecossistemas danificados se tornou um grande negócio. A **ecologia da restauração** concentra-se em restaurar a heterogeneidade e os padrões da paisagem alterados pela perturbação humana. A Figura 11.2 ilustra o Dust Bowl – ou "Caldeirão de Poeira" – da década de 1930, causado pela perturbação humana. Um melhor entendimento da ecologia do solo, práticas adequadas de agricultura e a ética de conservação renovada têm restaurado muito essas paisagens danificadas. Esse foco também aumenta o valor da conservação de paisagens fragmentadas e desenvolve um estreito relacionamento com a área de ecologia da paisagem. As maneiras e os meios de restaurar as áreas úmidas que foram drenadas ou destruídas antes que o seu valor como amortecedor do suporte à vida fosse reconhecido são áreas de pesquisas especialmente ativas. O pioneiro no desenvolvimento do novo campo de ecologia da restauração foi John Cairns Jr. Desde 1971, ele tem escrito e editado vários livros substanciais sobre o assunto. Ele apresentou alguns estudos de casos em um relatório que organizou para a Academia Nacional de Ciências (NAS, 1992). Ao rever tais projetos de engenharia

Figura 11.2. Exemplo extremo de erosão do solo pelo vento, ocorrida durante o Caldeirão de Poeira, na década de 1930.

ambiental, está evidente que eles têm mais sucesso quando quatro grupos-chave trabalham juntos de modo coordenado, a saber: (1) interesses cívicos; (2) agências governamentais (municipais, regionais e federais); (3) ciência e tecnologia; e (4) interesses comerciais. Quando algum desses grupos não está intensamente envolvido, os projetos de engenharia ambiental e a restauração tendem a falhar no cumprimento de seus objetivos no longo prazo. Existem três revistas científicas no campo da engenharia ambiental: *Environmental Engineering, Ecological Engineering* e *Restoration Ecology*.

Paradigma da Pulsação Revisitado

Ao enfatizar o desenvolvimento da juventude-maturidade, necessitamos destacar novamente que tudo *pulsa* no ambiente e na sociedade. O tempo e o clima flutuam quase sempre de maneira rítmica. A densidade populacional de todos os animais flutua com o tempo. Qualquer coisa próxima de um estado estável em longo prazo parece ser rara. Portanto, perguntamos, o estado maduro pulsa dentro de si mesmo, ou envelhece como fazem os indivíduos e é eventualmente substituído? A *panarquia* ou o *conceito de hierarquia cíclica* de C. S. Holling (Holling e Gunderson, 2002) sugere que, após r desenvolver para K (e a sucessão ecológica estar completa), K, ou organização madura, torna-se menos resiliente e adaptativo e entra em colapso, para seguir um novo desenvolvimento de r para K. A **panarquia** é uma teoria planejada para transcender os limites de escala e disciplina e ser capaz de organizar o entendimento dos sistemas econômicos, ecológicos e institucionais (em outras palavras, ela deve explicar situações nas quais os três sistemas interagem). Seu foco é racionalizar a ação recíproca entre mudança e persistência. Esse modelo cíclico ou numérico parece ocorrer em florestas e em algumas civilizações ou cidades do passado, mas pode ser menos aplicável quando se trata de oceanos ou países grandes. A escala aparenta ter importância nesse aspecto.

4 Cenários

Enunciado

Cenário é o esboço de uma sequência de cenas ou eventos que, como usamos aqui, refere-se a futuras possíveis sequências que determinarão a qualidade da sobrevivência da humanidade. Como exemplos, apresentamos vários cenários que contrastam futuros otimistas e pessimistas. Nós realmente temos escolhas.

Exemplos

Selecionamos os seguintes livros e artigos como exemplos de cenários sobre possíveis relações futuras entre a humanidade e a natureza.

Bioética Global: Erigida sobre o Legado de Leopold, *V. R. Potter (1988)*

Na Figura 11.3, a sequência à esquerda começa com a suposição de que vamos continuar a ter uma visão de curto prazo, com leis e ética restritas para proteger e promover o bem-estar do indivíduo (com pouca consideração quanto ao bem-estar público, supondo que o que é bom para o indivíduo é sempre bom para a sociedade e para o mundo). As consequências lógicas de dar valor somente ao indivíduo são expansões rápidas e constantes da população mundial e ecossistemas de suporte à vida estressados e degradados. Juntos, esses problemas levarão a uma vida menos que satisfatória para todos, exceto, talvez, para algumas poucas pessoas muito ricas, uma vez que o ar, o alimento e a água terão qualidade cada vez menor e haverá pouco suprimento de alimento e água.

O cenário alternativo (a sequência da direita na Figura 11.3) está baseado na suposição de que a visão dos humanos vai se tornar cada vez mais de longo prazo, dando valor à sobrevivência das espécies e mantendo ecossistemas saudáveis em todo o mundo. As consequências lógicas de ampliar a ética e as leis para os níveis de espécie, de ecossistema e de paisagem são a redução no crescimento populacional (com estabilização e redução do tamanho neste século) e sistemas de suporte à vida saudáveis, levando à sobrevivência favorável para todas as pessoas e para toda forma de vida.

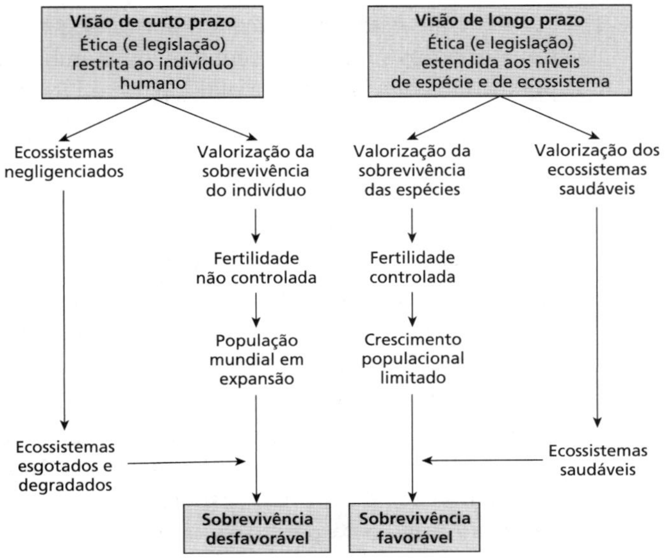

Figura 11.3. Modelo de sobrevivência de dois cenários contrastantes, uma visão de curto prazo, focada no indivíduo, e uma visão de longo prazo, incluindo níveis de espécie e de ecossistema (segundo Potter, 1988).

474 Fundamentos de Ecologia

"Gerenciando o Planeta Terra", W. C. Clark (1989)

Uma vez que a situação dos humanos difere dramaticamente nas várias regiões do mundo, as prioridades para a busca de soluções devem, como consequência, ser também diferentes. No que se refere a condições econômicas e densidades populacionais, W. C. Clark (1989) dividiu o mundo em quatro regiões:

- Baixa renda, regiões de alta densidade (como Índia e México);
- Baixa renda, regiões de baixa densidade (como Amazônia e Malásia/Bornéu);
- Alta renda, regiões de baixa densidade (como Estados Unidos, Canadá e as áreas de deserto ricas em petróleo);
- Alta renda, regiões de alta densidade (como Japão e noroeste da Europa).

Nos países de baixa renda, a prioridade é a redução da pobreza, o que significa promover o crescimento econômico sustentável. Nos países de alta densidade, a prioridade seria reduzir as taxas de natalidade mediante planejamento familiar ou outros meios. Reduzir o desperdício e o excesso de consumo de recursos deve ser a prioridade nos países de alta renda, o que significa mudar de crescimento quantitativo para qualitativo (verdadeiro desenvolvimento econômico). A maioria dos países de alta renda já está bem encaminhada na transição demográfica (redução de suas taxas de crescimento populacional).

O ensaio "Sustainability Science" (Ciência da Sustentabilidade), de Kates et al. (2001), reduziu essas quatro regiões em duas – o "Norte" rico e o "Sul" pobre. Aproximá-las vai ser difícil e levará tempo.

"Visões, Valores, Avaliação e a Necessidade de uma Economia Economia Ecológica", R. Constanza (2001)

Em um artigo intitulado "Visions, Values, Valuation, and the Need for an Ecological Economics" ("Visões, Valores, Avaliação e a Necessidade de uma Economia Ecológica"), Costanza (2001) esboça quatro visões alternativas de futuro. Essas quatro visões estão baseadas na hipótese de os recursos serem ilimitados ou limitados e em duas visões de mundo – o otimismo tecnológico e o ceticismo tecnológico. As quatro visões são as seguintes:

1. *Jornada nas Estrelas.* A energia por fusão se torna uma solução prática para a maioria dos problemas econômicos e ambientais. O tempo livre aumenta porque os robôs vão fazer a maior parte do trabalho e os humanos vão colonizar o sistema solar, de modo que as populações humanas poderão continuar a crescer.

2. *Mad Max.* Nenhuma fonte de energia alternativa acessível emerge enquanto a produção de combustível fóssil declina. O mundo está controlado por corporações transnacionais cujos empregados vivem em encraves cautelosos.

3. *Big Government (Grande Governo).* O governo sanciona as empresas que falham em perseguir os interesses públicos. O planejamento familiar estabiliza a população e os impostos progressivos equilibram as rendas.

4. *Ecotopia.* As reformas tributárias ecológicas favorecem as indústrias e tecnologias benéficas do ponto de vista ecológico e penalizam os poluidores e esgotadores de recursos. Os padrões de habitação e o aumento do capital social reduzem a necessidade de transporte e energia. Uma mudança gradual do consumismo reduz o desperdício.

"Um Descenso Próspero: Princípios e Políticas", H. T. e E. C. Odum (2001)

Tendo de enfrentar crescentes faltas de energia de alta qualidade, a economia mundial logo precisará parar de crescer e descer para um nível de consumo de recursos e energia mais baixo e que seja sustentável. Os autores explicam como o nosso mundo pode crescer e prosperar no futuro, quando os humanos viverem com menos. Eles mapearam uma maneira de a civilização moderna diminuir sem enfrentar um colapso, fazendo recomendações para uma sociedade mundial mais equitativa e cooperativa. Sugestões específicas foram baseadas em avaliações das tendências das populações globais, distribuição de riqueza, fontes de energia, desenvolvimento urbano, capitalismo e comércio internacional, tecnologia da informação e educação.

"Fechando o Ciclo Ecológico: A Emergência da Ciência Integradora", G. W. Barrett (2001)

Como mostra a Figura 11.4, a ecologia teve suas raízes principalmente nas ciências biológicas, acompanhada de um entendimento da física, química e matemática. Durante as duas décadas passadas, a proliferação de campos de estudos emergentes evoluiu (um aumento da "fragmentação acadêmica"), o que pode ser atribuído aos avanços nas ciências médicas e ecológicas, ao aumento das necessidades de implementar políticas com enfoque na gestão de recursos, aos desafios em relação à alfabetização ambiental e ao contínuo desenvolvimento de abordagens inovadoras ao planejamento global e regional. Infelizmente, a maioria das instituições de ensino superior não é bem equipada para administrar e fornecer recursos de modo a garantir o sucesso desses desafios e oportunidades. Durante o século XXI, as instituições de ensino superior, com uma infraestrutura baseada fundamentalmente em educação disciplinar, irão cada vez mais precisar adotar e estabelecer programas integradores e transdisciplinares – denominados *ciência integradora* – essenciais para garantir um futuro sustentável. Como essa fragmentação acadêmica será conduzida nas faculdades e universidades aumentando os benefícios acadêmicos, incluindo um sistema justo de recompensa para os seus participantes? Serão os recursos disponibilizados provenientes de uma superabundância de organizações governamentais e privadas, especialmente durante um período de crescente analfabetismo ambiental para endereçar tais questões e para vencer esses desafios?

As faculdades e as universidades que evoluíram com base na pedra fundamental das disciplinas (Figura 11.4) agora se deparam com o desafio de administrar os programas emergentes integradores de maneira custo-efetivo e intelectualmente desafiadora. Muito interessante, a ecologia – o estudo da "casa" ou do "ambiente total" – surge mais bem equipada para guiar o ensino superior (ensino, pesquisa e serviço) em um mundo que exige uma abordagem holista para a resolução de problemas, planejamento global, alfabetização ecológica e gestão de recursos. A ecologia proporcionará, no futuro, uma base para a ciência integradora transdisciplinar e integradora? Um futuro sustentável provavelmente dependerá de enfrentar esse desafio.

"Futuro da Vida", E. O. Wilson (2002)

Edward O. Wilson, em seu livro *The Future of Life* (Wilson, 2002), observou dois obstáculos que devem ser enfrentados nas próximas décadas – o aumento populacional humano e a taxa de consumo dos recursos naturais. Ele observou que a humanidade, indiretamente, tratou de conduzir a dizimação do ambiente natural e o esgotamento dos recursos não renováveis do planeta Terra. Wilson sugeriu que

476 Fundamentos de Ecologia

o desafio do século XXI é descobrir a melhor maneira de mudar para uma *cultura de permanência*, tanto para nós mesmos como para a ecosfera que nos sustenta. Wilson, entre outros, observou que entramos no "Século do Meio Ambiente".

Como a taxa anual de crescimento populacional humana é mais ou menos 1,4%, a cada dia, temos 200 mil seres humanos a mais na população humana ou o equivalente à população de uma grande cidade a cada semana. Durante o século XX, mais pessoas vieram ao planeta do que em toda a história anterior da humanidade. Quando o *Homo sapiens* ultrapassou a marca de 6 bilhões no dia 12 de outubro de 1999, nós, como espécie, já tínhamos excedido aproximadamente cem vezes a biomassa de qualquer outra espécie de animal grande que já existiu na Terra. Não teremos mais recursos para um outro século como esse.

As limitações da biosfera estão fixas; assim, o obstáculo do consumo ou a capacidade da Terra para sustentar a nossa espécie é real. Por exemplo, a humanidade já se apropria de 40% da matéria orgânica do planeta produzida pelas plantas verdes. Wilson considerou a República Popular da China como o epicentro da mudança ambiental. A sua população humana era de 1,2 bilhão no ano 2000 (um quinto da população total do mundo). O povo da China tem mostrado soluções altamente inteligentes e inovadoras para a sobrevivência. Hoje por exemplo, a China e os Estados Unidos são os dois maiores produtores de grãos do mundo. Contudo, a enorme população da China está à beira de consumir mais do que pode produzir. O Conselho Nacional de Inteligência dos Estados Unidos (NIC) prevê que, a partir de 2025, esse país asiático vai precisar importar 175 milhões de toneladas de grãos anualmente. Restrições como água para irrigação estão sendo encaminhadas pelo governo chinês pela construção da represa de Xiaolangdi, que só perderá em tamanho para a represa de Three Gorges, no Rio Yangtze. Os especialistas em recursos concordam que o problema (obstáculo) não pode ser resolvido completamente pela engenharia hidrológica. As mudanças devem incluir substituições nas práticas agrícolas, medidas rigorosas de conservação da água e encaminhamento dos problemas relacionados à poluição da água.

Wilson enfatizou que o *ambientalismo* – sua definição dos princípios de orientação daqueles que são dedicados à saúde do planeta – precisa tornar-se uma visão global. Ele sugeriu que a indiferença em relação ao ambiente vem do fundo da natureza humana e observou que o cérebro humano evoluiu para se comprometer emocionalmente apenas com um pequeno espaço geográfico, um bando limitado por parentesco e somente duas ou três gerações futuras. O grande dilema do raciocínio ambiental emana do conflito entre os valores de curto prazo e de longo prazo. Combinar as duas visões para criar uma *ética ambiental universal* é muito difícil. Uma ética ambiental universal pode ser um guia por meio do qual toda vida pode ser conduzida com segurança sem a interrupção do obstáculo em que os humanos tropeçaram.

5 Transições de Longo Prazo

Um sumário dos paralelos entre a juventude e a maturidade nos sistemas humanos e ecológicos e dos pré-requisitos de longo prazo para alcançar a maturidade está na Tabela 11.1. Se a sociedade humana pode fazer essas transições, então, podemos ser otimistas quanto ao futuro da humanidade. Para isso, devemos fundir o "estudo da unidade domiciliar" (*ecologia*) e o "manejo da unidade domiciliar" *(economia)*, e a *ética* deve incluir valores ambientais aliados a valores humanos. Consequentemente, juntos, os três "Es" de ecologia, economia e ética criam um holismo coextensivo ao grande desafio para o futuro. A falecida Donella Meadows sumarizou o futuro da humanidade sob o título "Just So Much and No More".

> O primeiro mandamento da economia é: crescer. Crescer para sempre. As empresas devem ficar maiores. A economia nacional precisa inchar uma certa porcentagem a cada ano. As pessoas devem querer mais, fazer mais, ganhar mais, gastar mais – sempre mais.

Tabela 11.1

Paralelos entre juventude e maturidade em indivíduo, comunidade biótica e sociedade; pré-requisitos para alcançar a maturidade

Paralelos entre juventude e maturidade	*Pré-requisitos para a maturidade (sustentabilidade)*	*A medida final*
Indivíduo: A transição é chamada *adolescência*.	Capitalismo de mercado → capitalismo dual	*Ecossistema*: $P = R$ (quando R excede P, o sistema não pode ser sustentado.)
Comunidade biótica: A transição é chamada *sucessão ecológica*		
Desvio no fluxo de energia: No início do desenvolvimento, o principal fluxo de energia deve ser direcionado ao *crescimento*. No desenvolvimento avançado, uma crescente proporção de energia disponível deve ser dirigida à *manutenção* e ao controle da desordem.	Crescimento quantitativo → crescimento qualitativo	*População*: Natalidade = mortalidade
Competição *versus* cooperação: Na natureza e na sociedade, a cooperação compensa quando os sistemas se tornam complexos e os recursos são limitados.	Desenvolvimento ao acaso → Planejamento do uso da terra no nível regional ou de paisagem	*Comunidade biótica*: Produção = respiração
"Lei" da Rede: O custo de manutenção (C) aumenta em função potência – aproximadamente como um quadrado do número de serviços de rede (N). Por exemplo, conforme uma cidade dobra o seu tamanho, o custo da manutenção é maior do que o dobro.	Competição → mutualismo (confronto → cooperação)	*Sociedade*: Produção = manutenção

> O primeiro mandamento da Terra é: ser suficiente. Apenas o necessário e não mais. Apenas o necessário de solo. De água. De luz solar. Tudo que nasce da Terra cresce até seu tamanho apropriado e então pára. O planeta não tem de ficar maior, e sim melhor. Suas criaturas aprendem, amadurecem, diversificam, evoluem, criam extraordinária beleza, inovação e complexidade, mas vivem dentro de limites absolutos (Meadows, 1996).

Para realizar a necessária mudança e a fusão dos três Es, precisamos adicionar os dois "Cs" – *consenso* e *coalizão*. Por fim, se pudermos "dualizar" o atual capitalismo combinando os bens e serviços produzidos por humanos com os bens e serviços de suporte à vida (em outras palavras, combinando o capital humano com o capital natural), poderemos realmente ser otimistas com o futuro. Para uma visão geral dos limites de progresso da ecologia e sugestões para fortalecer a ciência da ecologia, recomendamos aos estudantes Thompson et al. (2001) e Belovsky et al. (2004), respectivamente.

12

Raciocínio Estatístico para Estudantes de Ecologia
R. Cary Tuckfield

1. Ecossistemas e Escala
2. Teoria, Conhecimento e Planejamento de Pesquisa
3. A Unidade de Estudo Ecológico
4. Métodos de Inferência e Confiabilidade
5. Método Experimental *versus* Observacional em Ecologia
6. Raciocínio Estatístico em Ecologia
7. A Natureza da Evidência
8. Evidência e Teste de Hipótese
9. Formulando o Problema Certo
10. Publicar ou "Perecer"?
11. A Alternativa Orientada pela Evidência
12. Os Dois Caminhos da Descoberta
13. O Paradigma do Peso da Evidência

480 Fundamentos de Ecologia

Este capítulo se destina a desafiar os estudantes com relação ao raciocínio estatístico e vai demonstrar o valor das observações e da estatística como ferramentas para reunir as evidências na ciência do ecossistema, podendo também ser aplicado à ecologia em um contexto mais amplo. A intenção não é discorrer sobre vários métodos estatísticos fundamentais, pois já existem muitos livros que fazem isso, entre os quais podemos citar, como referência exemplar, o de Steel e Torrie (1980). Os estudantes de ecologia devem estar familiarizados com o conteúdo passado e atual de algumas publicações estatísticas, como *American Statistician* ou *Biometrics*, mas param de ler se a investigação não apresenta uma perspectiva excitante. A paixão pela descoberta é cultivada pela vontade de ser temporariamente ignorante.

1 Ecossistemas e Escala

Enunciado

A ecologia é uma matéria de escala. Por exemplo, as autotrofias, as teias alimentares e a rede hidrográfica são características do ecossistema em escala sistêmica, enquanto as fitotoxinas alelopáticas e os microparasitas são características do ecossistema em outra extremidade da escala. Entretanto, o que pensamos que sabemos sobre a natureza em qualquer escala deve ser sustentado por dados – os desafios estatísticos são às vezes desanimadores, mesmo quando usamos respeitados métodos de **planejamento experimental** (quer dizer, planejamento estatístico para conduzir uma experiência; ver Scheiner, 1993). Esses métodos são raramente realizados ou, na verdade, podem ser aplicados em toda a escala do ecossistema. Assim, os *métodos*-padrão de estatística (elementos principais da ciência na universidade) nem sempre podem ser aplicados, mas os *princípios* do raciocínio estatístico podem. Essa é a premissa básica deste capítulo.

Explicação

Entender o nosso meio em grandes escalas requer raciocínio sobre a natureza dentro do contexto de um sistema – a mensagem da primeira edição de *Fundamentals of Ecology* (E. P. Odum, 1953). No prefácio da segunda edição, E. P. Odum (1959) definiu a *ciência do ecossistema,* de forma invejavelmente concisa , como "problemas de populações na natureza e... uso da energia solar". A capacidade de avaliar o comportamento de populações, comunidades e ecossistemas ou as paisagens e o fluxo de energia solar por esses níveis de organização nos dá a base para a esperada mitigação dos impactos humanos sobre o regulamento desses sistemas (ver Capítulos 2 e 3). Medidas são a moeda intelectual para sustentar aquela causa que nos compele e devem ser tangíveis, interpretáveis e livres de equívocos, antes que os avanços no entendimento ecológico encontrem valores na economia humana.

Considere, por exemplo, as atuais controvérsias em torno do aquecimento global da Terra. Walther et al. (2002) sugeriram que há "grande evidência" de impactos nos ecossistemas em consequência das recentes mudanças climáticas globais. Contudo, não são todos os cientistas que concordam com a evidência dessa tendência em grande escala. Michaels e Balling (2000) sustentam que as recomendações publicadas sobre o que fazer com o aquecimento global não verificam as tendências das observações em longo prazo. Podem ocorrer variações. Afinal, tudo que sobe desce, e Michaels e Balling acreditam que os "gases de efeito estufa" planetários fazem isso há milênios. Para eles, a **evidência** (quer dizer, a síntese interpretada das observações) de um interesse justificável sobre o aquecimento global em razão da atividade antropogênica é, na melhor das hipóteses, ambígua e, se houver, sustenta o ponto de vista de que o aquecimento global resultou em consequência ambiental *positiva*. Michaels e Balling (2000) mencionaram, por exemplo, o aumento na produção da agricultura e a redução na mortalidade humana em anos recentes. A principal preocupação deles era que as políticas de financiamento do governo para pesquisa científica fossem desvirtuadas pela pressa para estar do "lado" do meio ambiente. Agir sem ter conhecimento é muito perigoso. Grandes somas de dinheiro poderiam ser gastas com alguma atitude antes de se saber a coisa mais adequada a fazer, e se a ciência é para servir de guia, as observações e a política deveriam andar no mesmo passo, pelo menos, em termos de decisão. O que é sempre imperativo é sumarizar a preponderância da evidência. Basta dizer que há cientistas bem conceituados em ambos os lados de quase toda questão de larga escala.

Os métodos para se obter **resultados inequívocos** (quer dizer, confiáveis, com dados interpretados de forma consistente) são, algumas vezes, controversos e frequentemente limitados pela escala na qual as observações são feitas. Estudos em escalas microbianas sem dúvida produzirão muita informação sobre os micróbios, mas muito menos sobre os ecossistemas, a não ser que estudemos os processos de ecossistemas (como as taxas de decomposição) e os padrões entre os micróbios em uma estrutura geográfica de referência. Novamente, é uma questão de escala, seja de tempo, seja de espaço. Um hectare inteiro de floresta tropical em Porto Rico (H. T. Odum, 1970), por exemplo, foi usado para medir as propriedades, as taxas e os processos de produção do ecossistema. Certamente, trabalho em equipe envolvendo colegas (ver, por exemplo, Likens et al., 1977) é fundamental para planejamentos de pesquisa com essa dimensão. No entanto, considere a logística ou mesmo a exequibilidade de um objetivo para comparar, por meio do planejamento experimental, as taxas de evapotranspiração entre os hectares cúbicos individuais da floresta tropical em ilhas tropicais e no interior da floresta amazônica. Esse é o problema em usar métodos estatísticos desenvolvidos em uma escala que não podem ser usados em outra. Mais adiante daremos um breve relato dos métodos estatísticos modernos.

Os conceitos fundamentais de planejamentos experimentais incluem **tratamento** (quer dizer, ação para produzir um efeito), **controle** (nenhuma ação para confirmar nenhum efeito), **unidade experimental** (a unidade experimental relacionada com a ação) e **randomização** (associação aleatória entre as unidades experimentais e os tratamentos e controles, para evitar ações tendenciosas por parte do pesquisador). Deve-se considerar se os planejamentos experimentais controlados se aplicam a todas as escalas de observação, se microcosmo ou macrocosmo, organismo ou paisagem, subatômico ou cosmológico. Se o conceito de tratamento *versus* controle é essencial para planejar uma experiência, podemos randomicamente determinar ecossistemas inteiros para um tratamento e outros para o controle? Se associar um ecossistema inteiro (*a unidade experimental*), para não dizer uma galáxia inteira, ao controle está fora de questão, pode o empenho para o entendimento desses sistemas ainda assim ser chamado de ciência? *Sim*, desde que haja observações confiáveis. Os métodos para estudar as galáxias e as áreas antigas podem ser diferentes e são certamente dependentes de escala, mas é compreensível chamarmos tais investigações de ciência, uma vez que coletamos com cuidado as observações para as quais nossas hipóteses nos levam.

Horgan (1996) fez um relato intrigante de sua entrevista com Roger Penrose, cosmólogo bem conceituado, e de seu subsequente comparecimento a um simpósio de filosofia na Faculdade Gustavus Adolfus, Minnesota. O princípio fundamental dos dois fóruns de discussão foi a inquietante perspectiva de que estamos nos aproximando rapidamente do "fim da ciência" (como a conhecemos, é claro)! Astrofísi-

482 Fundamentos de Ecologia

cos, cosmólogos e outros grandes pensadores universais na comunidade científica – aqueles cuja busca é pesquisar as profundezas da realidade física – estão perigosamente próximos de se perderem em suas hipóteses especulativas, hipóteses que geram poucas previsões testáveis – se é que geram alguma. Horgan chamou essa situação de "ciência irônica". Tanto faz se na ciência física ou na natural, a base da credibilidade é a mesma – observações. Se as suposições sobre a estrutura da natureza não recomendam nenhuma quantidade mensurável para pesquisa, não importa quão empolgante são as perspectivas evocadas pelas suposições ou quão maravilhosas as previsões da natureza que elas promovem; provavelmente elas serão apenas uma boa ficção científica. Em outras palavras, se a explicação real não se tornar evidente, não poderemos entendê-la. As explicações, em nível de ecossistema, sobre como a Terra funciona requerem observações que possam ser obtidas e interpretadas para que essas explicações sejam acreditáveis ou úteis.

2 Teoria, Conhecimento e Planejamento de Pesquisa

Enunciado

A medição e a observação são atividades cruciais para se obter conhecimento, mas não são suficientes para coletar e organizar observações cuja finalidade é a descrição. Observações isoladas não levam ao conhecimento – um ponto de vista mantido pelo estatístico de renome mundial W. Edwards Deming (1993). As observações "brutas" ou mesmo sumarizadas são simples informações, como os pontos feitos no jogo de ontem da NBA. O conhecimento vem da teoria que incentiva a coletar as observações. Sem uma visão prévia, sem uma perspectiva analisada para o que deve ser encontrado na ecosfera, não podemos ter a pretensão de conhecer muito sobre a questão.

Explicação

Uma coisa é informar a pontuação do jogo da NBA, outra é ter previsto essa pontuação. Essa última atitude demonstra conhecimento de maneira convincente e as chaves para esse conhecimento são teoria, expectativa e hipóteses – as explicações criativas que tentam elucidar o motivo pelo qual a natureza é como é e tende a permanecer assim. As observações, portanto, tornam-se a perspectiva emocionante para demonstrar que nós sabemos o que pensamos que sabemos. Isso nos leva a um princípio fundamental da coleta de observações ao qual me refiro como a **máxima de Tuckfield** – isto é, *as observações coletadas para alguma finalidade geral ou não específica podem responder a bem poucas questões específicas.* Temos liberdade para gerar tantas explicações quantas quisermos, mas somente as observações específicas podem indicar quais, se houver, explicações podem estar certas. Não estamos falando aqui de um pequeno desafio para os estudantes da ecologia do ecossistema – ou seja, determinar as observações que *devem* ser obtidas e então interpretar as observações *realmente* obtidas para ver se corroboram nossas previsões.

Certa vez, Henry Eyring, ilustre químico da Universidade de Utah, visitou o Battelle Memorial Institution (Ralph Thomas, comunicação pessoal). Os químicos da instituição estavam reunidos e fizeram uma pequena apresentação do trabalho que realizaram. Eyring perguntou a um jovem o que ele esperava encontrar naquela experiência, e o jovem lhe respondeu que não sabia; essa era a razão pela qual estava fazendo a experiência. Eyring então perguntou ao aspirante a químico como poderia aprender alguma coisa do resultado da sua experiência se não tinha nenhuma expectativa sobre o que *poderia* encontrar – assim, é o que nós achamos que vamos aprender que forma a base do que vamos aprender, independentemente do resultado. Eyring, Deming e outros diziam que não há conhecimento sem teoria.

A teoria nos leva ao **estudo**, ou **planejamento de pesquisa**, que também depende de escala. Não se pode interpretar as observações obtidas sem um planejamento prévio de pesquisa e sem a correspondente expectativa de resultado. O complicado é que essa pesquisa de larga escala, muitas vezes, limita as características do planejamento, tais como o **tamanho da amostra** (número de unidades experimentais observadas). O tamanho da amostra é uma característica essencial do planejamento de pesquisa, como o **poder** (probabilidade de detectar um efeito significativo do tratamento quando realmente houver um) dos testes estatísticos subsequentes provenientes do planejamento. Dados um específico *tamanho amostral*, um **tamanho do efeito** (magnitude do efeito do tratamento) e um **critério de aceitação de erro** (risco que se aceita correr de apresentar uma conclusão equivocada), pode-se calcular o poder estatístico do planejamento de estudo. A maioria dos livros de métodos de estatística aplicada (ver Steel e Torrie, 1980) ilustra esse princípio. O pesquisador cuidadoso, contudo, não vai focar exclusivamente no tamanho da amostra – deficiência bastante comum de muitos ecologistas de campo.

Hurlbert (1984) abordou um erro frequente verificado em planejamentos de pesquisa denominado **pseudo-replicação**. A forma mais comum de pseudo-replicação ocorre quando os pesquisadores tentam aumentar o tamanho da amostra medindo a mesma unidade experimental em pequenos e sucessivos intervalos de tempo e tratando todas as observações como **independentes** (não correlacionadas), **distribuídas de forma idêntica** (de acordo com a mesma função de probabilidade matemática), e de **variáveis aleatórias** (quantidades cujos valores variam apenas ao acaso ou por efeitos do tratamento). Tais medidas não são **réplicas verdadeiras**, significando diferentes unidades experimentais com respostas de tratamentos completamente diversas. A medida de uma unidade experimental no tempo $t + 1$ será mais ou menos correlacionada com a medida da mesma unidade experimental no tempo t, dependendo da extensão do intervalo de tempo. A consequência da pseudo-replicação é subestimar a **variação aleatória** (estimativa da variabilidade das medidas em torno do valor mais provável de uma variável aleatória) entre as unidades experimentais tratadas da mesma maneira, resultando em declarar um efeito de tratamento como sendo estatisticamente significativo com mais frequência do que deveríamos.

Autores recentes (Heffner et al., 1996; Cilek e Mulrennan, 1997; J. Riley e Edwards, 1998; Garcia-Berthou e Hurlbert, 1999; Morrison e Morris, 2000; Ramirez et al., 2000; Kroodsma et al., 2001) ampliaram a ideia de se *evitar* a *pseudo-replicação* em diferentes áreas da ciência. Outros (Oksanen, 2001, Schank, 2001; Van Mantgem et al., 2001), contudo, questionaram a sua importância como um conceito norteador em planejamento de pesquisa, em especial com relação à pesquisa ecológica de larga escala. Os pesquisadores frequentemente dão muita atenção para a verificação da suposição de **normalidade** da estatística paramétrica (observações conformando a curva em forma de sino da distribuição normal de probabilidade) quando o interesse vital é garantir a *independência* estatística entre as medidas amostrais, evitando a pseudo-replicação. Um plano de amostragem cuidadoso fornece uma estimativa confiável da variabilidade entre unidades experimentais diferentes e completamente independentes. Sem essa estimativa confiável, as subsequentes **inferências estatísticas** (conclusões com base em sínteses matemáticas das observações) não têm sentido. Desvios da normalidade podem ser corrigidos após a amostragem estar completa; desvios da independência estatística, não. Explicaremos

484 Fundamentos de Ecologia

mais adiante por que a pseudo-replicação na escala do ecossistema é uma questão comparativamente menor.

3 A Unidade de Estudo Ecológico

Enunciado

O tamanho físico da UEE (**unidade de estudo ecológico**) requer atenção especial *antes* do início do estudo. Aplicar os princípios tradicionais do planejamento estatístico quando a UEE é grande pode não trazer resultados esperados ou confiáveis. Esse é um problema comum no planejamento de pesquisa que quase sempre resulta de se consultar um estatístico somente após o término do estudo. Representa uma resposta latente à investigação científica – latente porque estamos descobrindo as características que poderiam ter sido incluídas na experiência.

Explicação

Uma vez que as experiências são empreendimentos caros, é compreensível que os estudantes e pesquisadores queiram um resultado definitivo pelos seus esforços. Coletar algumas observações para ver o que elas representam é uma prática que deveria evocar ceticismo. Isso é simplesmente tentativa e erro, não planejamento. Um planejamento de pesquisa é um processo de "pré-alimentação". É a fase inicial de cada experiência e deve impulsionar o esforço da coleta de observações subsequente – sempre. A maneira como alguém vai analisar as observações depois também faz parte do planejamento e evita o típico dilema de decisão *post hoc* sobre escolher um método que produzirá significância estatística.

Para construir testes de hipóteses sobre por que algumas formigas são vermelhas e outras pretas, por exemplo (G. E. P. Box et al., 1978), o planejamento experimental controlado é um método útil. Encontrar uma quantidade suficiente de UEEs não deve ser problema. No entanto, podemos esperar que planejamentos efetivos em uma escala possam ser aplicados em todas as escalas? Por exemplo, podemos esperar que um planejamento usado para descobrir por que o maçarico-das-rochas do planalto (*Bartramia longicauda*) não dá cria durante o inverno na Argentina (essa é a estação reprodutiva para as aves nativas) seja igualmente efetivo no teste de hipóteses sobre uma maior fixação de carbono nos ecossistemas da floresta tropical em comparação aos da floresta temperada? Ainda que o mesmo planejamento experimental pudesse ser aplicado, seria cada vez mais improvável, com a escala crescente, obter um número suficiente de UEEs que possibilitasse inferências estatísticas confiáveis. Não é que os ecologistas de ecossistemas tenham falta de determinação, nem poderiam ser acusados de pensar pequeno. É característico da natureza que os padrões e efeitos emergentes de larga escala sejam difíceis de identificar com base em investigações de pequena escala. Coletar dados suficientes para fazer uma inferência forte na escala de pesquisa pretendida é um problema para os métodos modernos de estatística. De forma mais simplificada, as formigas são mais numerosas que os maçaricos, os maçaricos são mais numerosos que as florestas tropicais e as florestas tropicais são mais numerosas que... bem, os planetas – pelo menos para finalidade de tratamento. A cada incremento nas escalas, torna-se mais difícil atender os requisitos estatísticos dos planejamentos experimentais padrão. A implementação do planejamento é sempre carregada de dificuldades práticas que só podem ser administradas no momento da necessidade e que se multiplicam com a escala da UEE. A menos que possamos contar com métodos de análise que sejam independentes da escala – que geram resultados confiáveis, qualquer que seja o tamanho da amostra –, os planejamentos de pesquisa são provavelmente únicos na escala de pesquisa e ao mesmo tempo comuns na disciplina científica. As escalas da formiga e do maçarico permitem o uso de controles experimentais, mas não podemos dizer o mesmo em relação a florestas tropicais e planetas.

Os ecologistas são cientes desse problema. E. P. Odum (1984) defendeu o uso de *mesocosmo* de escala regional como uma extensão do *microcosmo* de escala de bancada para melhor entender como os *macrocosmos* se comportam (ver Capítulo 2). A intenção é fazer uma ponte na lacuna que há entre os sistemas experimentais fechados, de laboratório, e os grandes e complexos sistemas abertos de seres vivos, fundamentados na energia solar e modificados pela geologia da região. Esse conceito certamente é um avanço em escala de pesquisa e nos dá a oportunidade de observar, quantificar e elucidar os padrões de funcionalidade que de outro modo seriam inobserváveis. A sugestão é óbvia: a próxima missão é criar **metacosmos** (mundos entre a escala média e a escala macro) para pesquisa do ecossistema. Seria outro avanço em escala – que identificaria os padrões e princípios da função do ecossistema, exigindo menores doses de extrapolação para explicar o que acontece na ecosfera. O problema – óbvio – é que, quanto maior for a escala, maior será a complexidade da amostragem e em menor número serão as observações que podemos obter de forma exequível. Por causa desse último aspecto, os métodos estatísticos, louváveis e confiáveis, desenvolvidos para pesquisas experimentais de pequena escala, vão ficando cada vez mais difíceis de se aplicar em investigações de grande escala.

Além disso, quanto maior o tamanho das diversas UEEs, mais similar cada uma delas individualmente será de outra (J. Vaun McArthur, comunicação pessoal). Isso vai resultar no tratamento de seres desiguais como semelhantes, seja biótico, seja abiótico – a verdadeira antítese do princípio de *planejamento experimental*. Quanto mais semelhantes forem as UEEs na experiência, obteremos mais precisão de medição em detectar os *efeitos do tratamento*. Isso pode ser claramente ilustrado nos mais simples planejamentos experimentais, os quais têm somente um **efeito principal** (tratamento) com múltiplos **níveis de tratamento** (quantidades graduadas ou tipos de tratamento), o chamado "planejamento em uma via". Tipicamente, quanto *menos* similaridade houver entre as UEEs, *mais* variação de respostas haverá ao tratamento. É difícil controlar a variação entre os tratamentos, e o efeito do tratamento, portanto – se houver algum –, não será detectável. O único recurso é aumentar o *tamanho da amostra* (n_j) para todos os *níveis de tratamento* ($j = 1$, ..., k), porque a estimativa não enviezada (σ^2) da variação de resposta verdadeira ($\hat{\sigma}^2$) para todas as UEEs na população é calculada como a "média" dos desvios das observações em relação à resposta **média** ao quadrado, ou

$$\hat{\sigma}^2 = \sum_{j=1}^{k} \hat{\sigma}_j^2 \tag{1}$$

e

$$\hat{\sigma}_j^2 = \frac{\sum_{i=1}^{n} (X_{ij} - \bar{X}_j)^2}{n_j - 1} \tag{2}$$

em que

($\hat{\sigma}_j$) é a variação amostral da resposta para o *j*-ésimo tratamento e uma estimativa da correspondente variação populacional da resposta (σ_j),

X_{ij} é a *j*-ésima medida de resposta para o *j*-ésimo tratamento,

$\overline{X}_j$ é a medida média amostral de resposta e é uma estimativa de μj, a média populacional para o j-ésimo tratamento.

e

n_j é o número de unidades experimentais (isto é, réplicas) medidas para o j-ésimo tratamento.

Note que, à medida que nj aumenta, o resultado da equação (2) diminui. O pior caso é quando as unidades experimentais ou UEEs são tão diferentes que é impossível distinguir as diferenças das respostas devidas aos tratamentos das diferenças de resposta entre UEEs dentro dos tratamentos. Esse resultado indesejável é chamado de **confusão** e é isso que os planejamentos experimentais tentam evitar.

Para ilustrar, vamos comparar hipoteticamente um método de tratamento para reverter os efeitos de eutrofização de um lago de água doce com um controle. Lagos de água doce são sistemas bem estudados e distintos. A nossa UEE é um lago. Suponha que queiramos restringir nosso **escopo de inferência** (população-alvo e o quanto a conclusão pode ser generalizada) para lagos eutróficos na região sudeste dos Estados Unidos para reduzir custos de viagens e fontes de variabilidade desconhecidas, em razão dos diferentes climas e das diversas características químicas da bacia hidrográfica. Seremos cuidadosos ao designar randomicamente cada lago eutrófico selecionado para estudo na condição de tratamento ou de controle. O estudo vai começar no outono e avaliaremos o sucesso desse método de tratamento medindo a concentração de fósforo em 12 amostras de água do epilímnio, coletadas durante a primavera (ver Capítulo 2 sobre dinâmicas de lagos). Doze medidas amostrais por tratamento parecem ser suficientes. O problema é que queremos dizer alguma coisa sobre respostas ao tratamento lago a lago, não amostra a amostra. Precisaremos de mais lagos (mais *réplicas*) em cada categoria de tratamento e menos medições repetidas nos lagos. Com exceção da logística e da técnica, o fato é que os lagos com áreas de superfície e medições volumétricas muito similares podem ser muito diferentes biologicamente, como se reflete na riqueza das espécies e medidas de biodiversidade em uma variedade de níveis de organização (ver Capítulo 2). Mesmo se pudermos mostrar um efeito de tratamento, a confiabilidade da resposta prevista para lagos, que não sejam aqueles tratados no estudo, será questionável. Essa é uma consequência indesejável para o ecologista, que quer dizer alguma coisa mais geral sobre os lagos eutróficos e chama isso de conhecimento.

4 Métodos de Inferência e Confiabilidade

Enunciado

O axioma da natureza revelado na seção anterior pode ser denominado de **compromisso da confiabilidade da inferência** e está ilustrado na Figura 12.1. O *escopo da inferência* é inversamente proporcional à escala das UEEs. Um tratamento experimental pode ser aplicado em UEE de grande escala ($> 10^6$ m^2 ou $> 10^5$ m^3), contanto que sejam suficientes os fundos de pesquisa, mas qualquer inferência com relação à medida típica de resposta de outra UEE na mesma escala será questionável. Conclusões amplas podem advir somente da menor diferença entre as próprias UEEs.

Explicação

O axioma mencionado significa simplesmente que vamos demonstrar um efeito de tratamento significativo do ponto de vista estatístico em **níveis de significância,**

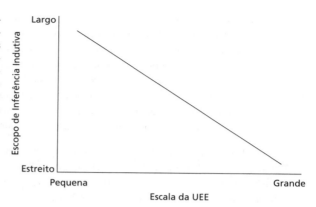

Figura 12.1 Ilustração do axioma ecológico chamado compromisso da confiabilidade da inferência, segundo o qual as generalizações sobre a resposta ao tratamento de outras unidades de estudo ecológico (UEEs), baseadas nos resultados de um planejamento experimental controlado, são cada vez mais diminuídas em escopo à medida que o tamanho da UEE aumenta.

selecionados tradicionalmente (probabilidade máxima aceitável de se obter uma conclusão equivocada) quando o nível de probabilidade p está em $p < 0,05$ entre as UEEs de grande escala tratadas de forma semelhante. Se deixarmos p representar a probabilidade de se obter as observações que nós produzimos quando de fato o tratamento não tem efeito, usamos o valor de p para representar a probabilidade de estar errado – de concluir que os efeitos de tratamento são reais quando não o são. Por exemplo, $p < 0,05$ significa que esperaríamos obter dados como aqueles que coletamos em somente 5% das vezes, se a nossa hipótese nula for verdadeira. Esse é o raciocínio fundamental na disciplina de estatística.

A inferência estatística moderna e os métodos de análise de observações foram amplamente desenvolvidos no século XX (Salsburg, 2001) para testar hipóteses sobre fenômenos observáveis de escala relativamente pequena. Muitas investigações foram feitas na Grã-Bretanha e nos Estados Unidos para descobrir variedades de produção, taxas de aplicação de fertilizantes ou condições de crescimento mais efetivas, cuja *unidade experimental* era uma área do solo ou mesmo uma planta individual. **Unidades experimentais**, como as UEEs, são as unidades medidas quanto à resposta ao tratamento experimental. Na ciência da agricultura, contudo, as unidades experimentais são relativamente pequenas e muito semelhantes. De fato, quanto mais semelhantes elas forem, menos variação de resposta haverá para o mesmo tratamento, o que significa que a variação de tratamento para tratamento na resposta deve dominar – se o tratamento for efetivo. Tratar coisas afins como semelhantes, conforme discutido anteriormente, é a chave para o sucesso da experiência, pelo menos nas escalas bem abaixo de entidades como ecossistemas ou paisagens, e talvez mesmo as manchas de paisagem (ver Capítulo 9).

Salsburg (2001) descreveu o impacto de um estatístico, R. A. Fisher, sobre o desenvolvimento da estatística como uma disciplina científica moderna, retratando a situação desses temas entre os cientistas no fim do século XIX e começo do século XX como uma "confusão e uma grande quantidade de descobertas de dados não publicados e inúteis". Isso foi particularmente verdade na pesquisa de agricultura. Salsburg (2001) disse que

> a Estação Experimental de Agricultura de Rothamsted, onde Fisher trabalhava, foi submetida à experiência com diferentes compostos fertilizantes (chamados "adubos artificiais")... por quase 90 anos antes de sua chegada. Em uma experiência típica, os trabalhadores espalhariam uma mistura de fosfato e sais de nitrogênio na área inteira, plantariam grãos e avaliariam o volume da colheita, junto com a quantidade de chuvas daquele verão... Fisher então examinou as observações das chuvas e da produção ... e mostrou que os efeitos das diferentes estações do ano para ano eram muito maiores do

que qualquer efeito de fertilizantes diferentes. Para utilizar uma palavra que Fisher usou mais tarde em sua teoria de planejamento experimental, as diferenças de ano a ano com relação ao clima e as diferenças ano a ano em relação a adubos artificiais seriam uma "confusão". Isso significa que não havia como separá-las usando as observações dessas experiências. Noventa anos de experiências e 20 anos de discussões tinham sido um esforço quase inútil! Os cientistas da agricultura reconheceram o grande valor do trabalho de Fisher sobre planejamento experimental, e os métodos (dele) logo se tornaram escolas dominantes na agricultura na maior parte do mundo de língua inglesa.

O planejamento experimental, como método estatístico para obter conhecimento, foi adotado por muitos ramos da ciência natural. O benefício dessa metodologia para a ciência é a estrutura que ela fornece para a produção de **inferências indutivas** (raciocínio desde conclusões específicas até gerais) confiáveis. Contudo, não existe um método de comparação estatístico para separar o "ruído" do "sinal" no sistema, ciclo ou na escala global, principalmente porque as unidades experimentais são diferentes, difíceis de definir e bem poucas em número para produzir uma inferência estatística suficientemente poderosa.

No entanto, a ecologia do ecossistema é como a cosmologia, outra ciência holística. Não é mais viável aplicar os métodos experimentais concebidos por R. A. Fisher ao estudo do sistema solar do que é aplicá-los ao estudo de ecossistemas de grande escala ou paisagens. A *ciência holística*, incidentalmente, é considerada pela maioria dos estatísticos quase como um oxímoro, dada a profundidade das raízes históricas da tradição baconiana e a cultura *reducionista* na civilização ocidental. A ecologia de ecossistema tenta abranger tudo o que acontece na natureza biótica e abiótica, mas se alguém reduz ou aumenta em escala a pesquisa para saber o que acontece, haverá sempre um compromisso.

A Figura 12.2 ilustra a relação entre a escala da inferência e a exequibilidade do estudo. Vamos definir **exequibilidade** como o grau de segurança em que um planejamento de estudo em particular é logisticamente viável, com variação de valor entre 0 e 1. Vamos distinguir entre os conceitos de *exequibilidade experimental* e *observacional* – a primeira baseada nos princípios de *planejamento experimental controlado*; a última baseada nos princípios de **método de inferência hipotético-dedutivo** (raciocínio de conclusões gerais a específicas) (Popper, 1959), um

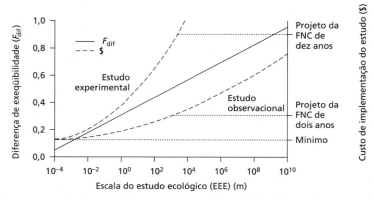

Figura 12.2 Ilustração da relação entre a diferença da exequibilidade (F_{dif}) entre os estudos experimentais e observacionais e a escala (tamanho) das unidades de estudo ecológico (UEEs) correspondentes. F_{dif} é positivo porque é calculado como exequibilidade observacional menos experimental. Note os aumentos muito mais rápidos nos custos de implementação de estudo esperados para os estudos experimentais de uma determinada escala de UEE e a disparidade do custo desproporcional previsto entre estudos em curto e longo prazos (Projetos da Fundação Nacional de Ciência de dois anos contra dez anos).

método de verificar hipóteses por observações dirigidas. A capacidade humana de observar a natureza é maior que a capacidade humana de controlá-la. Na verdade, sem os avanços tecnológicos aparentemente inacreditáveis (os quais muitos continuam buscando), o controle experimental tratável de uma área somente pode ser manifestado sobre UEEs de escala relativamente pequena. *Quanto maior a escala, menos controle experimental haverá.* A exequibilidade experimental é muito mais dependente de escala do que a exequibilidade observacional. A última, em virtude de nossa capacidade de observar, é sempre próxima a 1 – comparativamente falando. Portanto, a simples diferença entre a exequibilidade observacional e a experimental (F_{dif}) é quase 0 em pequenas escalas e quase 1 em grandes escalas. É também provável que os custos de implementação do estudo subam ainda mais rapidamente com a escala de estudo aumentada, como demonstrado pela prontidão do governo federal dos Estados Unidos em alocar bilhões de dólares para a Administração Nacional Aeronáutica e Espacial para a administração de um programa espacial (US$ 7,02 bilhões para a Nasa no ano fiscal de 2003) na comparação com o fundo de US$ 1 milhão para a Fundação Nacional de Ciências para o estudo de ecossistemas (US$ 0,09 bilhão para a FNC no ano fiscal de 2003).

A Figura 12.2 também ilustra a sempre crescente lacuna entre o custo de um estudo experimental e estudos observacionais como uma função de escala. Pode-se dizer que, independentemente do custo, há uma preferência pelos estudos experimentais em detrimento dos observacionais porque os estudos experimentais podem eliminar resultados equivocados. Contudo, a incerteza e a variação prevalecem em todo esforço humano. Normalmente, os resultados de um estudo experimental não batem com um outro, como é o caso de estudos médicos relativos ao consumo de álcool e a doenças do coração.

5 Método Experimental *versus* Observacional em Ecologia

Enunciado

Uma alternativa para experimentos ecológicos controlados, os quais são quase inexequíveis em larga escala, é a busca diligente de resultados previstos mediante observações confirmáveis. Há poder na observação – o poder de se obter, pela análise, o que podemos discernir. Além disso, não há muita escolha. A alternativa é não haver observações – um resultado inaceitável se é para as pesquisas permanecerem no campo da ciência.

Explicação

A observação pode identificar padrões não descobertos e gerar ideias sobre o que devemos esperar encontrar. Robert H. MacArthur, talentoso ecologista de população e competente matemático, sustentou esse ponto de vista. Em seu livro *Geo--graphical Ecology*, MacArthur (1972) disse que "fazer ciência é procurar padrões, não simplesmente acumular fatos". Ele tentou ir contra uma concepção errônea sobre o aparente frio e calculado caráter da ciência que supostamente roubou da natureza a qualidade estética:

> Fazer ciência não é uma barreira ao sentimento ou uma influência desumanizadora, como muitas vezes se pensa, e não tira a beleza da natureza. As únicas regras do método científico são observações honestas e lógica precisa. Para ser uma grande ciência, ela deve também ser orientada pelo discernimento, quase um instinto, do que vale a pena estudar.

490   Fundamentos de Ecologia

Sentimento, beleza, discernimento? O ponto de MacArthur era que o esforço humano chamado ciência é, na sua essência, a observação impulsionada pela paixão para uma compreensão clara da natureza de uma coisa.

Considere o poder de uma simples observação feita em 1919 que confirmou uma previsão intrigante – uma medição que tirou para sempre a física de Newton de seu pedestal. Arthur S. Eddington, astrônomo notável, foi um dos poucos cientistas que compreendeu os fundamentos da teoria da relatividade de Einstein. Ele propôs testar uma predição da teoria – que a luz poderia ser desviada pela força gravitacional de objetos celestiais massivos como o Sol. Ele organizou uma expedição para a Ilha Príncipe, localizada próximo à costa ocidental da África, em maio de 1919, para observar um eclipse solar. Sabendo das posições de certas estrelas em relação à Terra que giram em torno do Sol, um astrônomo newtoniano pode calcular o tempo exato da aparição de uma estrela específica, quando o seu brilho emerge tangencialmente detrás do disco solar obscurecido. Se essa estrela fosse aparecer em uma fotografia antes de seu tempo calculado de aparição (pelo fato de sua luz ter sido curvada pela gravidade do Sol), seria consistente com a previsão de Einstein. As chapas fotográficas de Eddington capturaram realmente essas luzes estelares (McCrea, 1991) e forneceram evidência em favor da teoria de Einstein. Não foi uma experiência controlada, foi uma *experiência observacional* – aquela que é repetível por qualquer um de posse da mesma tecnologia de medição. Em resumo, o poder dessa observação foi tornar verificável algo aparentemente intestável.

6   Raciocínio Estatístico em Ecologia

Enunciado

Adquirir conhecimentos sobre os ecossistemas e paisagens e sobre inter-relacionamentos de larga escala entre os fenômenos bióticos e abióticos está mais ligado ao raciocínio estatístico do que aos testes estatísticos e mais à incerteza amostral do que ao tamanho da amostra. O **raciocínio estatístico** é um conceito emprestado de Snee (1990). É oferecido como um paradigma prático (exemplo, padrão ou arquétipo) para a busca de conhecimento ecológico, fundado em somente três princípios:

- Todos os processos naturais ocorrem dentro do contexto de um sistema.
- Medição de processo é repleta de variação e incerteza.
- O *peso da evidência* com base em observações múltiplas e coleções de medidas diferentes, efetiva e visualmente retratadas, é crucial para o julgamento do mérito de qualquer explicação ou hipótese sobre os processos naturais para os quais as observações são coletadas.

Sem essa abordagem, nem estudantes, nem colegas, nem o público serão convencidos de que se conhece alguma coisa sobre ecossistemas, aquecimento global ou capacidade de suporte continental (ver Capítulos 2, 4 e 6), e a influência da ecologia na administração do ambiente vai diminuir.

Explicação

Vamos rapidamente rever o que o conhecimento de estatística proporciona como parte da educação da ciência. A intenção é simplesmente acessar o que é pertinente em métodos estatísticos para aumentar o nosso entendimento sobre ecossistemas.

Primeiro, a estatística se tornou tão essencial para uma educação equilibrada na ecologia quanto a biologia evolucionária ou genética – muito por causa da influência de Karl Pearson, que fundou a ciência da biométrica (Salsburg, 2001), e do impacto de R. A. Fisher sobre múltiplas disciplinas científicas. O trabalho de Fisher (1935) sobre o planejamento de experimentos, seus métodos para análise da variância (ANOVA), a noção da significância estatística e o princípio de escolher aleatoriamente as unidades experimentais para tratamentos se tornaram os elementos principais de uma pesquisa cuidadosa em ciências naturais, tanto como na sala de aula, no laboratório ou no campo. De igual importância para o futuro da ecologia foi o trabalho de Fisher, *The Genetical Theory of Natural Selection* (Fisher, 1930). Mais do que qualquer outro trabalho daquela época, esse livro foi responsável pela síntese da genética mendeliana e da teoria evolucionária de Darwin por argumentos irrefutáveis, baseados na estatística e na matemática. Provine (1971) afirmou que

> a suposição de Darwin de hereditariedade por mistura era que "a variação hereditária é aproximadamente metade de cada geração". Assim, a teoria de Darwin necessitava do aparecimento de uma quantidade enorme de novas variações em cada geração. Fisher mostrou que a hereditariedade mendeliana oferecia uma solução a esse problema na teoria de Darwin porque conservava a variação (estatística) na população.

Fisher fez com que os métodos estatísticos ficassem bem conhecidos entre os estudantes de ecologia. Foi uma época boa também para outras disciplinas científicas emergentes no começo do século XX (Barrett, 2001).

O conceito fundamental que forma a base dos métodos estatísticos modernos é o de *população*. A **população** refere-se ao conjunto de todas as UEEs e é normalmente o "ideal" incontável da nossa pesquisa científica (ver Capítulo 6). Como na conhecida afirmação de Platão, no livro *A República* (Livro VII), a população é a entidade imensurável – a verdade ponderada que, pela nossa capacidade presciente, não podemos conhecer com exatidão e que somente pode ser vislumbrada pela sua sombra. Em resumo, é o ideal incompreensível de realidade que chamamos de natureza. As "sombras", incidentalmente, são denominadas *amostras* (pequenos subconjuntos da população), a partir das quais temos uma ideia da população que de fato está lá. O preceito estatístico fundamental de Fischer (1930) era que grandes populações teriam maior variação genética que as pequenas em resposta ao ambiente; em consequência, a variação genética tende a preservar as grandes populações e ameaçar as pequenas. A dúvida é que raramente podemos medir todos os membros da população. Podemos redefinir a população para manter viáveis as contagens, mas com isso tornamos trivial a nossa planejada inferência no processo. Aí estão a magnificência e a limitação dos métodos estatísticos. Uma vez que é muito dispendioso e muitas vezes impraticável contar ou avaliar todos os membros da população, devemos dar-nos por satisfeitos em ter uma **amostra** – um número de indivíduos (ou UEEs) pequeno, representativo, por meio do qual podemos prever e inferir a qualidade e a dinâmica da população. Nós trocamos a pesquisa tola para a certeza por um resultado mais sábio com **incerteza** (uma quantidade de variação mensurável).

Como afirmado anteriormente, os métodos estatísticos nem sempre podem ser aplicados, mas o raciocínio estatístico podem. O incontroverso constructo desse truísmo é que a *variação acontece*. A variação é uma propriedade da natureza como é o ponto de ebulição da água ao nível do mar (100 °C). Simplesmente, não podemos medir qualquer coisa sem erro ou *incerteza*. Por um lado, *firmamos* o que nós pensamos que deve ser a verdade sobre a natureza – aquele verdadeiro, porém incompreensível ideal de realidade. Essas são, muitas vezes, afirmações arrojadas que derivam de raciocínio inovador e são suportadas pelo rigor matemático. Por

492   Fundamentos de Ecologia

outro lado, procuramos *testar* essas afirmações sobre a natureza avaliando o que for possível da natureza – coletando e analisando observações. O ponto de vista de Einstein tendia para o ideal teórico. A incerteza não era uma propriedade de interesse no mundo da física que ele estudou, porque ele procurava o ideal platônico – o que deve ser verdade e ao final descritível – pela frugal linguagem da matemática. Einstein tinha convicção de que todas as coisas devem derivar de propriedades fixas e constantes cósmicas, independentemente de como vamos medi-las. Entretanto, quando se trata de corroborar o conhecimento sobre o mundo natural, é indispensável combinar explicação com métrica e expectativa com medição.

Podem acontecer variações, seja entre as unidades experimentais tratadas de forma semelhante, seja nas medições observacionais de "gases estufa" na atmosfera. Há uma gama de causas de variação, em sua maioria desconhecidas e, talvez, incompreensíveis. Estas nós colocamos na categoria de *variação aleatória*. São causas que não podem ser administradas ou manipuladas – a força do acaso, uma função do processo de amostragem, como uma urna que contém bolinhas pretas e brancas e se conta o número de bolinhas pretas aos punhados. O número de bolinhas vai variar em cada punhado, mas alguns valores serão mais frequentes que outros. A *variação sistemática* ocorre, por exemplo, quando um pesquisador usa um padrão da NIST (Instituto Nacional de Normas e Tecnologias) de um balde de 1 litro para adicionar água a uma experiência de mesocosmo. Quando esse técnico de campo sai de férias, a pessoa que o substitui, não sendo treinada, usa um balde diferente e continua adicionando água. No final, o número registrado de litros de água adicionada difere do número real pela quantidade de cada balde adicionado durante as férias e será sistematicamente perpetuado após o retorno do técnico. *Distinguir a diferença entre o aleatório e a variação sistemática é indispensável para a aplicação do raciocínio estatístico.*

7   A Natureza da Evidência

Enunciado

As teorias científicas são, muitas vezes, mostradas como **deterministas** (isto é, sem contexto na probabilidade ou incerteza na medição), por exemplo, a teoria da proporcionalidade da massa e da energia ou a teoria da eficiência ecológica. Contudo, a corroboração ou refutação da teoria repousa em resultados empíricos – as observações – e o papel da estatística na ciência ecológica é garantir que o planejamento da pesquisa proporcione informações pertinentes com incerteza mensurável e, portanto, evidência o suficiente para testar a teoria (Tuckfield, 2004).

Explicação

Observe a palavra **corroboração** usada no enunciado. Significa "sustentar com evidência adicional". Essa é uma característica daquilo que o filósofo Thomas Kuhn chamou de ciência "normal" (Kuhn, 1970). A evidência empírica é acumulada durante os períodos da história humana em que todos reforçam e corroboram a visão do mundo normal. Karl Popper, outro conhecido filósofo da ciência, viu o conceito da corroboração (Popper, 1959) como colocar estacas no lamaçal. Você não tem de levá-las até muito fundo para bater na base rochosa, mas fundo o suficiente para suportar a superestrutura – a teoria, o modelo, a explicação atual por que as coisas são como são. Certeza, contudo, está fora de questão. A ausência de sucesso em repetidas tentativas para falsificar uma hipótese somente leva as estacas para mais fundo e retrata o entendimento da natureza como incerto. Sob a fragilidade da evidência insuficiente, a superestrutura pode cair.

Essa abordagem por *falsificação* para fazer ciência (Popper, 1979) é como tirar as folhas de uma alcachofra, descartar o que é falso e expor, por sucessivas refutações, o coração e centro verdadeiro do que *deve* ser verdadeiro. Outros sustentam que evidências confirmáveis se acumulam até que tenhamos evidências suficientes para garantir a crença na teoria. A maioria dos cientistas tem mais satisfação em comprovar as hipóteses do que em falseá-las. De fato, bem poucos artigos publicados na revista científica *Ecology* informam falsificação das hipóteses nos resultados de testes estatísticos. O que está descrito como confirmável não é descrito sem crítica. O que queremos aceitar como conhecimento está baseado no grau dos resultados confirmados – o **peso da evidência**.

Exemplos

Vamos examinar o reconhecido e fundamental princípio da *teoria da eficiência ecológica*, que afirma que somente 10% da energia em um nível trófico é transferido para o próximo nível trófico (Phillipson, 1966; Kormondy, 1969; Pianka, 1978; Slobodkin, 1980). Slobodkin (1980) definiu a eficiência ecológica do "nível trófico x, o qual é alimento do nível trófico x + 1, [como] o consumo de alimento do nível trófico x + 1 dividido pelo consumo de alimento do nível trófico x". Ele citou um estudo anterior de Patten (1959), no qual dez estimativas de campos diferentes da eficiência ecológica iam de 5,5% a 13,3%. Kormondy (1969) citou Slobodkin (evidentemente, de comunicação pessoal) como acreditando que a eficiência ecológica bruta "é da ordem de 10%". Pianka (1978) reportou que, "após a padronização por unidade de área e por unidade de tempo", a maioria dos ecologistas estimaria a eficiência ecológica entre 10% e 20%. A crença de Slobodkin e a contenção de Pianka são simplesmente afirmações sobre uma propriedade da natureza com características pouco definidas e variabilidade não quantificada. Mas as observações são as que fornecem a *evidência* para a apreciação do mérito da teoria. A primeira tabela no artigo de Patten (1959) sumariza a energia (gcal $\cdot$ cm^{-2} $\cdot$ ano^{-1}) que entra em cada um dos quatro níveis tróficos (produtor, P; herbívoro, H; carnívoro, C; e carnívoro de topo; CT) para cada um de quatro ecossistemas aquáticos – lago Mendota, Wisconsin (Juday, 1940); lago Cedar Bog, Minnesota (Lindeman, 1942); Root Spring, Maine (Teal, 1957); e Silver Springs, Flórida (H. T. Odum, 1957). Apesar de o tamanho da amostra ser pequeno, a média estimada da eficiência ecológica entre essas quatro UEEs foi de 90,5 para a comparação H-P; 11,7% para a comparação C-H; e 4,6% para a comparação TC-C. Obviamente, a eficiência ecológica não é 10% a 20%, independentemente dos níveis tróficos envolvidos. Se essa teoria é importante para a administração do ecossistema, então mais estimativas confiáveis são necessárias, as quais irão provavelmente depender da latitude bem como do nível trófico.

Analisemos alguma evidência das experiências de lagos reais. Schindler (1990) forneceu um excelente sumário de achados para a manipulação experimental de ecossistemas lacustres na Área de Lago Experimental (ALE) do escudo canadense. Embora o planejamento tenha começado em 1968 para testar hipóteses sobre a prática de gerenciamento da eutrofização de lagos, ameaças de óleo, produção de energia hidrelétrica e acidificação por intermédio da indústria mantiveram o projeto em bom andamento até os anos 1980. Essa pesquisa também forneceu a oportunidade de encaminhar as previsões de uma teoria mais geral da resposta do ecossistema ao estresse desenvolvido por E. P. Odum (1985). Das 18 previsões tabuladas no artigo de Odum (1985), as observações dos estudos de ALE sobre um período de 20 anos foram usadas para avaliar cada previsão, exceto três. Schindler (1990) forneceu uma tabela dessas mesmas previsões em uma coluna, igualando os resultados da pesquisa ALE pertinentes a cada previsão correspondente em duas outras colunas – uma para experimentos de acidificação de lagos e uma para experimentos de eutrofização de lagos. Vamos especificar um valor de avaliação de 1 para esses resultados quando eles confirmam a predição, –1 se eles rejeitarem a predição e 0 se os resultados forem duvidosos. A soma total desses valores foi 1 para experimentos de acidificação e 6 para experimentos de eutrofização. Os valores máximos e mínimos possíveis para ambos são 15 e –15, respectivamente. O índice do teste de predição, R_{pt}, indicando o *peso da evidência* em favor da teoria geral de Odum (1985) de resposta ao estresse do ecossistema, pode ser calculado como a soma do valor da avaliação dividido pelo número de predições, o qual vai sempre variar entre –1 e 1. O R_{pt} era 0,07 para as observações do lago ALE acidificado e 0,40 para as observações de investigação do lago ALE eutrófico.

Conclusões? A evidência que suporta essa teoria geral de ecossistemas em estresse é quase duvidosa (0,07) em substanciar o comportamento previsto para ecossistemas de lagos acidificados, e fraca (0,40) em substanciar o comportamento previsto de ecossistemas de lagos eutróficos. Isso nos leva a algumas questões interessantes: Por que esses ecossistemas aquáticos respondem de formas diferentes a cada tipo de estresse? Se os estresses antropogênicos precisam ser categorizados, a teoria é realmente uma teoria "geral"? Uma teoria geral de ecossistemas deveria se centralizar somente em perturbações? A teoria geral seria mais geral se fosse focada no mecanismo da resiliência do ecossistema ou recuperação (homeorrese; ver Capítulo 1)? As perguntas anteriores pedem a questão máxima: O que é exatamente a teoria de ecossistemas? Esta questão é intrigante e certamente incendeia a imaginação, mas está além do escopo deste capítulo. Contudo, vale notar que essa última questão surgiu como uma consequência do peso da evidência nas observações sem a ajuda do teste de significância estatística.

8 Evidência e Teste de Hipótese

Enunciado

A evidência obtida durante qualquer investigação ecológica – seja experimental, seja observacional – refere-se à *hipótese científica*. Quase sem exceção, os métodos estatísticos padrão requerem converter a hipótese *científica* em uma hipótese *estatística* equivalente, a qual pode não parecer com aquela que pensamos que seria testada. Isso é necessário para um pensamento claro e para que prevaleçam resultados lógicos. As observações falam por si só, contudo, a tarefa para o estudante de ecologia é apresentá-las de maneira a remeter diretamente à hipótese científica.

Explicação

A mesma instrução-padrão de faculdade na estatística vai apresentar o conceito da hipótese nula (H_0). A **hipótese nula** é uma suposição inicial de que uma amostra de tamanho N indivíduos tomada de uma população na natureza terá vindo de uma população com característica ou parâmetro conhecidos, tal como a média (μ) ou o valor médio. Quando somente uma amostra de tamanho N é tirada, a hipótese nula é H_0: $M = \mu_0$. Isto é, a média populacional é igual a algum valor hipotético específico μ_0. Uma **hipótese alternativa** pode ser H_1: $\mu > \mu_0$. Essas são hipóteses estatísticas ao *estilo de Neyman-Pearson* (Royall, 1997). Nós poderíamos querer saber, por exemplo, se os pardais-de-garganta-negra (*Amphispiza bilineata*), na região sul do Novo México, diferem em peso corporal (g) dos da área central de Nevada, onde são simpátricos do pardal-sábio (*A. belli*), seus congêneres maiores (Tuckfield, 1985).

Será uma hipótese científica se afirmarmos que o pardal-de-garganta-negra é maior em Nevada do que no Novo México. Para testar essa hipótese científica com métodos estatísticos, devemos traduzi-la para algo como H0: $\mu_0 - \mu_2 = 0$ (com μ_1 sendo a média de massa corporal em Nevada e μ_2 a média de massa corporal no Novo México, por exemplo), o que seria uma *hipótese nula de duas amostras*. Isso significa que, a menos que haja suficiente evidência ao contrário, vamos aceitar a conclusão experimental de que aqueles pardais-de-garganta-negra não são diferentes em peso corporal entre essas duas localidades.

Poderíamos estar equivocados nas nossas conclusões mesmo com a mais cuidadosa interpretação das observações. Podemos erroneamente concluir que as duas populações são diferentes quando de fato não são – quer dizer, um **erro Tipo I** (conclusões falsamente positivas) – ou que elas não são diferentes quando de fato são – isto é, um **erro Tipo II** (conclusões falsamente negativas). A incerteza é inerente às conclusões. Idealmente, gostaríamos de reduzir a probabilidade de chegar a essas conclusões errôneas, mas, dependendo da situação, tal empreendimento pode ser muito caro. Podemos, por exemplo, tolerar o risco de cometer um erro falsamente positivo em 5% do tempo ou menos, mas podemos não possuir fundos ou recursos humanos suficientes para coletar todas as amostras necessárias para minimizar os dois tipos de erros. O mérito do estilo de Neyman-Pearson de teste de hipóteses é a aparente objetividade. Os resultados são pretos ou brancos, ou H_0: $\mu_1 - \mu_2$ é igual a 0 ou H_1: $\mu_1 - \mu_2$ é diferente de 0. A última é uma *hipótese alternativa de duas amostras*.

A experiência sugere que a simples exposição de observações ecológicas frequentemente fornece mais evidências interpretáveis do que esses resultados de testes do tipo isso ou aquilo. Ainda assim, os métodos formais de inferência estatística têm levado a tratamentos práticos e vitais na pesquisa médica e farmacêutica. Nessas disciplinas, mesmo pequenas melhorias relativas a regimes de tratamento-padrão, se forem estatisticamente significativas, podem beneficiar um grande número de pessoas. A escala das medidas e a unidade experimental são pequenas em relação a um ecossistema e condizentes com o estilo de Neyman-Pearson de testar hipóteses estatísticas.

A dura influência desse estilo, contudo, é o retrato da ciência como procedimento inexorável e *objetivo* rumo à verdade sob as mãos habilidosas do profissional erudito de inferência estatística, independentemente da disciplina científica. Isso é ilógico. *Se não há crítica, não há conhecimento*, e as observações disponíveis como evidência permitem uma interpretação flexível e crítica com relação à hipótese científica. O conhecimento científico é, em grande parte, um modelo da verdade amplamente respeitado e efetivo – entretanto, é um modelo, nada mais. Ele permanece pelo consenso de profissionais especializados e possui incertezas razoa-velmente quantificáveis (excluindo a física determinista, é claro). Afinal, o que é o conhecimento para um paleontólogo se não uma dura crítica perante a incerteza *absoluta*? É esse *processo subjetivo* de pesar a evidência que determina o quanto se sabe sobre o que realmente ocorre na natureza – e pesar significa julgar.

Em um tributo ao recém-falecido Robert H. MacArthur, Stephen Fretwell (1975) afirmou, com efeito, que a *verdade é o que é. O conhecimento é o que achamos que sabemos sobre a verdade e a sabedoria está em saber a diferença*. A sabedoria é provavelmente mais do que isso, mas é sábio saber a diferença.

9 Formulando o Problema Certo

Enunciado

Assim como um respeitável currículo em ecologia está incompleto sem o conhecimento de estatística, também os estudantes de ecologia terão conhecimentos insuficientes se não souberem como desempenhar uma ANOVA (ver qualquer texto de estatística). Os estudantes frequentemente se preocupam em obter uma ampla gama de habilidades para analisar as observações – e devem fazê-lo. Entretanto, mais importante do que o desenvolvimento de uma grande "caixa de ferramentas" estatísticas é a formulação da questão ou do problema corretos que vai acelerar o entendimento.

Explicação

Essa perspectiva tem a ver com fazer *perguntas que possam ser respondidas* e descobrir o problema a ser resolvido. A identificação e a formulação do problema são precursores da seleção do método, e não o contrário. Fazer diferente é correr o risco de cometer **erros Tipo III** – isto é, produzir uma elegante solução para o problema errado (Kimball, 1957). O último erro provavelmente é mais um risco para os estudantes de estatística que estão desenvolvendo habilidades em consultoria do que para os estudantes de ecologia, porque os ecologistas têm muito orgulho e iniciativa em analisar as observações *eles mesmos*. Contudo, se o foco é o método, o que acontece se não existir um método adequado? Bem, nesse ponto vamos confiar no estatístico do local, mas isso não significa que o estudante de ecologia encontrou um obstáculo. O que se tem a fazer é sumarizar as observações de modo que forneça evidência sobre a hipótese científica. Aqui está a força da simples exposição de observações para visualizar resultados. Assim, voltamos à questão fundamental deste capítulo – usar observações e raciocínio estatístico, não somente métodos estatísticos, para obter mais conhecimento sobre ecossistemas e ecologia.

10 Publicar ou "Perecer"?

Enunciado

O termo "publicar ou perecer" é bem conhecido entre os estudantes que almejam seguir carreira na ciência da ecologia. Refere-se a uma decisão de boa-fé do jovem Charles Darwin, que tinha de escolher entre perseguir seus interesses na ciência ou na teologia (Irvine, 1955). Essa decisão de carreira é um desafio que a maioria dos estudantes enfrenta – para garantir uma posição em suas profissões. A exequibilidade é aconselhável e muitas vezes inevitável, mas a busca passional do entendimento está na raiz da maioria das aspirações ecológicas.

Explicação

A descoberta é um resultado muito gratificante e vale a pena perseguir. Como com todas as vocações científicas, a profissão relacionada à ecologia é um meio de perpetuar o estímulo de aprender e, mais especificamente, aprender sobre o que a natureza guarda dentro de si mesma e pode ser descoberto.

Publicar as descobertas de alguém é essencial para a profissão dos estudiosos. A predileção juvenil de Darwin pela caça e coleção de besouros, pássaros e percevejos era uma atividade naturalista típica, mas do ponto de vista do pai dele, era um meio de vida arriscado (Himmelfarb, 1962). Contudo, era provavelmente considerado vocação para pároco – um meio de vida respeitável naquele contexto. Qualquer que fosse a aptidão de Darwin, ele transformou suas predileções e talentos em caneta e papel e, desde aquela época, seus escritos influenciam a ciência ecológica e biológica. No contexto atual, tornou-se aparentemente imperativo alcançar o valor de p de 0,05 para que a publicação seja aceita. Geralmente, é considerada uma evidência razoável para a *hipótese alternativa* se o valor de p for 0,05 ou menos – isto é, quando a frequência da ocorrência aleatória da observação obtida for aproximadamente 1 em 20 ou menor. Se $p < 0,05$ é considerado uma evidência razoável, $p < 0,01$ será considerado uma evidência mais forte e $p < 0,001$ mais forte ainda.

A Figura 12.3 mostra os resultados de uma investigação relativa a valores de p publicados na revista científica *Ecology* em intervalos de dez anos, de 1975 a 1995. Como havia 47 artigos publicados no volume de 1975, para fins de comparação, os primeiros 47 artigos foram também examinados nos volumes de 1985 e 1995. O número de ocorrências de um valor de p específico foi registrado em cada volume. Notar que, em 1975, a frequência dos valores de p alcançou um máximo na categoria $< 0,05$. Três artigos reportaram valores de $p > 0,05$, uma tolerância não usual segundo os padrões de hoje. O interessante é que 13 artigos foram publicados contendo dados sem análise estatística; aos olhos dos revisores desses artigos, o *peso da evidência* deve ter sido mais do que rejeitado. Em 1985, a distribuição da frequência tinha mudado para valores de p menores, alcançando um máximo na categoria $< 0,001$. Finalmente, em 1995, a distribuição estava totalmente **inclinada** (não simétrica) para a direita e obtinha um máximo na categoria de $\ll 0,001$. A conclusão é que, em 2005, incerteza pode ter se tornado coisa do passado!

Os ecologistas correm perigo ao confiar no *valor de p*. Nos dias de hoje, com a ajuda dos computadores, somos mais capazes de desempenhar testes de inferências estatísticas em sequências menores, mas a incorporação de versões sucessivamente melhores dos mesmos métodos estatísticos provavelmente não é uma explicação para essa tendência de reportar valores de p cada vez menores. Como, então, podemos responder por isso? Pode ser que os ecologistas de hoje estejam reportando seus reais e frequentemente baixos valores de p, ao passo que seus colegas de décadas passadas reportavam $< 0,05$. Se for verdade, deve haver outra perigosa tendência

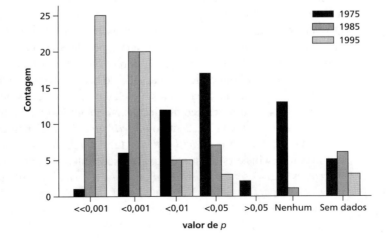

Figura 12.3. Distribuição de frequência das categorias dos valores de p relatadas em artigos publicados em três volumes da revista científica *Ecology,* em 1975, 1985 e 1995. Note a gradual tendência a valores de p mais baixos ao longo do tempo.

498 Fundamentos de Ecologia

na natureza da crença humana – quer dizer, *se menos é bom, muito menos é melhor ainda*. Esse raciocínio fomenta os conceitos errôneos, não estatísticos, de *certeza assintótica* e de incerteza que desaparece, *igualmente sem valor*.

11 A Alternativa Orientada pela Evidência

Enunciado

Uma das lições de mais ênfase ensinava que formar estudantes de estatística é evitar o uso imediato dos poderosos procedimentos da inferência estatística. A *descrição das observações* (como tabelas, diagramas ou gráficos) é sempre o primeiro passo na análise de dados. A maioria dos estudantes reage com um tipo de reconhecida isenção, sabendo muito bem que os exames finais ou de qualificação vão exigir quase nada dessa admoestação simplista. Depois, como consultores estatísticos, é essencial começar com métodos simples de exposição de dados.

Explicação

A exposição das observações fornece uma representação pictórica da evidência, sumarizada para convencer o exame visual. Não há substituto. Como testemunha desse fato, o trabalho pioneiro de John Tukey sobre análise exploratória de observações tem assegurado um sólido ponto de apoio em programas atuais de computação estatística. As invenções de mais sucesso de Tukey com relação à exposição de observações foram *os gráficos do tipo box-and-whisker* e *stem-and-leaf*. Eles são muito usados e são ilustrações apropriadas para a síntese das observações. É a comparação de tais gráficos que produz a evidência. A interpretação subjetiva torna-se agora um critério para inferência – uma confirmação, pelo menos, da aparentemente objetiva conclusão matemática.

Exemplos

Considere a análise de observações retratada na Figura 12.4. As medidas do césio-137 (pCi/g) foram coletadas do tecido muscular de veados-da-cauda-branca (*Odocoileus virginianus*) de várias localidades dentro e fora do Departamento de Energia Americano de Savannah River Site (SRS), localizado na Carolina do Sul e na Geórgia (Wein et al., 2001). O césio-137 é um radionuclídeo comum em partículas radiativas no mundo inteiro por causa dos testes de armas nucleares realizados no passado. O ponto de interesse era encontrar outras localidades que tivessem condições de "fundo" para comparação com as observações de SRS. Para isso, foi necessário encontrar localidades similares a SRS, porém localidades de estudo sem as atividades de produção de radionuclídeo do passado de SRS. As observações que foram utilizadas eram de seis outras localidades onde 20 ou mais veados poderiam ser avaliados. A Figura 12.4A é um **gráfico do tipo *box-and-whisker***. A extremidade superior (ou direita) da caixa (box) representa o *quartil superior* (75° percentil) – e a inferior (ou esquerda) representa o *quartil inferior* (25º percentil) das medidas amostrais; isto é, as barras (whiskers) acima e abaixo excedentes à caixa nos quartis superiores e inferiores mais 1,5 vez a *distância entre os quartis* (quartil superior menos quartil inferior), respectivamente. Note que nessa escala de medidas (Figura 12.4A), pouca compreensão é obtida pela comparação das localidades. Contudo, quando o logaritmo comum de cada medição é representado graficamente (Figura 12.4B), torna-se

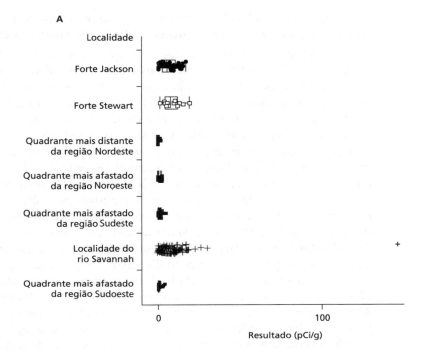

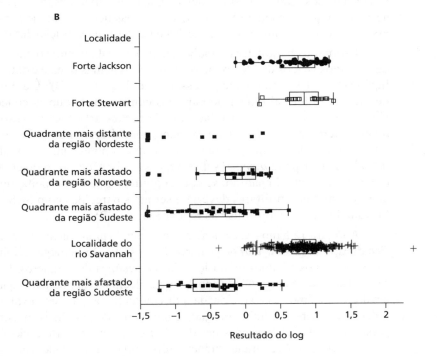

Figura 12.4. Caixa-de-bigodes de medições de ^{137}Cs em tecido de músculos de veados de sete diferentes localidades: Savannah River Site (SRS), duas bases militares (uma na Carolina do Sul e outra na Geórgia) e quatro outras localidades próximas de SRS. As observações apresentadas na escala original (A) mostraram que muito pouco será útil para uma comparação população a população, mas as observações apresentadas em escala logarítmica comum (B) revelam a similaridade das duas instalações militares em relação a SRS. As observações mostram que ambos os gráficos estão "tremulando" para ilustrar a densidade das medições em uma região em particular da escala de medição (por exemplo, o agrupamento de dados no limite mais baixo de detecção na população mais distante do quadrante da região Nordeste).

claro que ambas localidades, a do Forte Jackson, na Carolina do Sul e a do Forte Stewart, na Geórgia, são mais similares a SRS do que a outras localidades.

Transformar as observações de uma escala para outra é prática estatística comum. Ela reduz a influência dos **valores marginais** (valores extremos suspeitos, além das barras), estabiliza a variância entre os níveis de tratamento e, muitas vezes, preserva a suposição de normalidade. Outras características de gráficos do tipo *box--and-whisker*, que são orientados para a evidência, são a cor e o "espalhamento". A *cor* pode ser usada para ajudar a nossa avaliação visual do gráfico e promover uma comparação convincente. O *espalhamento* é a representação dos pontos deslocados para os lados da linha do eixo central de cada caixa. Esse método permite uma ilustração mais óbvia do tamanho da amostra correspondente a cada caixa. A Figura 12.4B mostra também dois valores marginais para SRS – um grande e um pequeno – que não parecem consistentes com o restante das observações e que irão desordenadamente influenciar *estatísticas sintéticas*, como a média. Há mais medidas **robustas** (menos influenciadas) da tendência central de uma população, como a **mediana** ($50°$ percentil), que possibilita mais comparações úteis entre tratamentos. Como ilustração, compare a linha do centro horizontal de cada caixa da Figura 12.4B. As linhas do centro são as *medianas* correspondentes das medições do ^{137}Cs. As duas bases militares protegeram o ambiente em SRS, ao passo que os quadrantes dos arredores de SRS são ambientes grandes rurais e de agricultura. Assim, a questão levantada pela exposição das observações é: por que as medições de ^{137}Cs nos tecidos dos veados são substancialmente mais baixas nas localidades rurais e de agricultura que circundam SRS do que em áreas que não são de agricultura? Mas essa é uma nova pergunta – a que deriva da criteriosa exposição das observações.

Estimar os parâmetros populacionais para a distribuição das concentrações de ^{137}Cs nos veados de SRS pode ser informativo, mas o teste estatístico de nossa hipótese original é realmente necessário (ver Figura 12.4B)? É um procedimento de inferência formal requerido para nos convencer de que as concentrações de ^{137}Cs entre os veados de Forte Jackson, Forte Stewart e SRS não são substancialmente diferentes? De fato, esse exercício foi até certo ponto de natureza exploratória. Em tais exemplos, raramente há uma hipótese nula formal. Quando se tem alguma suspeita *a priori* sobre o que se vai encontrar, o objetivo principal é o reconhecimento do padrão, se houver algum. A nossa suspeita, nesse caso, era que as duas bases militares deveriam ser mais parecidas com SRS que as outras localidades de estudo rurais nas redondezas de SRS.

A Figura 12.5 mostra evidência confirmando uma conclusão similar. É o **gráfico do tipo *stem-and-leaf*** dos valores das observações, em que a linha separadora (*stem*) separa os décimos da posição dos centésimos dos números decimais (logaritmo das medidas de ^{137}Cs). A posição dos décimos está para a esquerda da linha e a dos centésimos está adicionada à direita da linha, para cada valor medido, em ordem ascendente. A linha tracejada é uma linha de referência, mostrando a comparabilidade das observações de SRS, Forte Stewart e Forte Jackson em relação às observações do quadrante sudoeste, dissimilar. A utilidade desse gráfico é que contém os valores reais das medidas, em oposição a representar símbolos no gráfico, mas a conclusão é a mesma e não é essencial um teste de estatística formal.

Alguns princípios da ciência gráfica (Tufte, 1997) também são pertinentes. Um deles é para incorporar espaço e tempo na exposição de dados para retratos mais convincentes da evidência proveniente das observações. A Figura 12.6 conta

Forte Jackson

Talo-e-Folha	Resultado
13	
12	0115	4
11	245599	6
10	023788	6
9	12335689	8
8	389	3
7	01225677	8
6	2379	4
5	2347	4
4	14	2
3	
2	49	2
1	114	3
0	224	3
−0	0	1

−0 | 0 representa 0,00

Forte Stewart

Talo-e-Folha	Resultado
13	0	1
12	01	2
11	3	1
10	033479	6
9	
8	1	1
7	2467	4
6	457	3
5	
4	
3	
2	48	2

2 | 4 representa 0,24

Localidade do Rio Savannah

Talo-e-Folha	Resultado
15	
14	3	1
13	38	2
12	1125	4
11	01133445666889	14
10	00011122333455566679	20
9	000011122223333344455666667788888999999	39
8	00000001111222223333444445555566666677778888888999	50
7	00000000111112222223334445555555566666677777888889999	53
6	00000001111222333333444445556666788888899	41
5	0111224555667789	16
4	01222335566667888899999	23
3	2444557	7
2	037889	6
1	015	3
0	334444669	8
−0	0	1
−1	
−2	
−3	4	1

−3 | 4 representa −0,34

Quadrante Sudoeste

Talo-e-Folha	Resultado
6	
5	5	1
4	5	1
3	7	1
2	26	2
1	
0	
−0	7	1
−1	8732	4
−2	9841	4
−3	30	2
−4	740	3
−5	4	1
−6	0	1
−7	22	2
−8	20	2
−9	62	2
−10	
−11	00	2
−12	2	1

−12 | 2 representa −1,22

Figura 12.5 Série de caixas de talo-e-folha que ilustra a similaridade das medições de ^{137}Cs entre os veados de duas bases militares (Forte Jackson, Carolina do Sul e Forte Stewart, Geórgia) comparada à localidade do Rio Savannah (SRS) e ao quadrante mais afastado da região Sudoeste a SRS. Todas as medições eram de amostras de tecidos de músculos e estão representadas como os logaritmos comuns das medições originais (pCi/g).

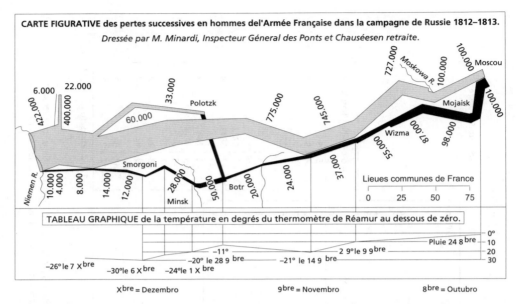

Figura 12.6 Representação gráfica no tempo e no espaço por Charles Joseph Minard (1781-1879) das perdas devastadoras suportadas pelo exército de Napoleão durante sua marcha para Moscou no inverno de 1812-1813. O gráfico francês do século XIX retrata observações de seis variáveis: tamanho da tropa, localização geográfica, dimensão espacial, dimensão temporal, movimento direcional das tropas e temperatura (1 grau Réaumur = 1,25 °C) em datas específicas durante a marcha de retorno do exército (cortesia da Graphics Press).

a história da marcha fatídica de Napoleão rumo a Moscou durante a campanha de 1812-1813 (de Minard, 1869). É fácil ver a perda progressiva da vida entre as tropas à medida que marchavam para Moscou. A largura da faixa marcando a rota geográfica do exército indica o número de soldados ainda vivos naquele momento durante a marcha. É possível ver de imediato o impressionante declínio tanto espacial como temporal da força inicial de uma tropa de 422 mil para o trágico final de aproximadamente 10 mil.

No ciclo de vida do besouro japonês *Popillia japonica* (de Newman, 1965) há mudança na profundidade do solo à medida que o estágio larval desse organismo amadurece da pupação ao estágio adulto de alimentação de plantas, com adultos emergindo do começo de junho a meados de setembro. Aqui, tanto espaço como tempo progridem no gráfico de dados, o primeiro da base para o alto e o segundo da esquerda para a direita.

Outros exemplos de *peso de evidência* em relação ao estudo científico podem ser encontrados em edições da revista científica *Landscape Ecology*. Vinte edições dessa revista, as quais contêm 143 artigos publicados (de janeiro de 1999 a agosto de 2001), foram revisadas. Os títulos de cada artigo eram pesquisados segundo palavras-chave indicando se o artigo era uma tentativa para um avanço do conhecimento, apelando ou não para teste de hipótese. Algumas palavras-chave eram informativas, como *padrão*, *efeitos*, *influência* e *impacto*. Outras eram aparentemente carregadas de conhecimento, como *predição*, *evidência*, *teste* e *hipótese*. Entre esses artigos, 18 tinham a palavra *padrão* em seu título, dez tinham a palavra *efeito*, oito tinham a palavra *predição*, dois tinham a palavra *teste,* dois tinham a palavra *evidência* e um tinha a palavra *hipótese*. Dois artigos eram baseados em evidências que sugeriam estudo adicional.

Palmer et al. (2000) apresentaram evidência de que os invertebrados de córregos respondem ao tipo e à organização de manchas espaciais na paisagem do fundo do rio. Sua primeira hipótese era que a fauna de córregos deve responder pelas diferenças entre as manchas que variam estruturalmente em abundância microbial (alimento potencial). Eles consideraram a hipótese nula de que uma espécie em particular deveria ocorrer em um determinado tipo de mancha (como amontoados de areia ou folha) em proporção à relativa abundância daquele tipo de mancha. Eles observaram quironomídeos e copépodos entre as várias seções de um córrego na região norte da Virgínia. A Figura 12.7 mostra as observações apresentadas em seu ensaio e é oferecida como um teste de sua primeira hipótese. A linha sólida nessa figura representa a "expectativa nula" e tem um grau de inclinação de 1,0. À medida que a proporção dos leitos de córregos cobertos por folhas aumenta, a proporção de animais nessas manchas (o oposto das manchas de areia) deveria aumentar com a correspondência um a um (se a hipótese nula for verdadeira). Ao contrário, o que se vê é um número de animais coletados nas manchas de folhas desproporcionalmente maior em relação às manchas de areia. Em resumo, quironomídeos e copépodos preferem as manchas de folhas. Palmer et al. (2000) reportam que "testes de sinais (...) mostraram que a proporção de ambos os táxons nas folhas era maior do que aquela com base na expectativa nula". Os testes de sinais eram realmente necessários? A evidência retratada no gráfico é por si só substancialmente convincente. É um retrato das observações recomendável para mostrar a diferença entre dois possíveis resultados, permitindo que se faça uma escolha. Os testes estatísticos subsequentes nesse caso podem não ser necessários, mas certamente são comprobatórios.

Delattre et al. (1999) apresentaram evidência de um estudo de seis anos sobre a deflagração de arganazes silvestres (*Microtus arvalis*) entre as paisagens das montanhas Jura na região leste da França. A intenção do estudo era testar várias hipóteses com base na paisagem em relação à deflagração de ratos silvestres desenvolvida por Lidicker (1995). Uma hipótese era que os habitats de arganazes de campinas, que eram rodeados por habitats de refúgio de predadores, em geral deveriam mostrar somente variações moderadas na densidade

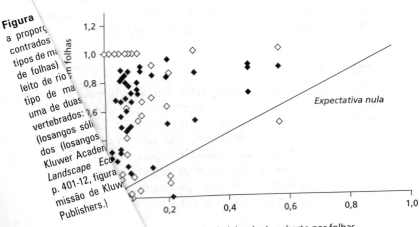

Figura ... a proporção ... contrados ... tipos de m... de folhas) ... leito de rio ... tipo de ma... uma de duas ... vertebrados: ... (losangos sól... dos (losangos ... Kluwer Acade... *Landscape Eco*... p. 401-12, figura ... missão de Kluw... Publishers.)

Proporção do leito de rio coberto por folhas

504 Fundamentos de Ecologia

populacional ao longo do tempo (Figura 12.8). Ciclos multianuais são bastante conhecidos para essa espécie e foram demonstrados durante o período de estudo (ver Capítulo 6 com relação aos ciclos populacionais). O índice de abundância foi estimado como a porcentagem de faixas amostrais (transecções) em que *M. arvalis* estava presente. Picos do índice de abundância alcançaram quase 80% por duas vezes durante os seis anos de estudo. Nessa figura inserem-se um gráfico retratando o tipo de paisagem, outro gráfico que descreve o comportamento da população previsto e um gráfico em função do tempo dos índices de abundância correspondentes. Em cada quadro (Figuras 12.8 A-C), flutuações anuais na população de *M. arvalis* são consistentes com os efeitos de amortecimento dos refúgios dos predadores, como previsto. Nenhum valor de *p* foi reportado ou necessário.

As ilustrações das evidências empíricas nas Figuras 12.4, 12.5, 12.7 e 12.8 são gráficos de observações em nível populacional. As revistas científicas como *Ecosystems, Ecosystem Health* e *Restoration Ecology* fornecem poucos exemplos de gráficos de observações no nível de ecossistema. Há uma razão válida, contudo, para a carência de gráficos no nível de ecossistema e seus resultados experimentais, e esse é um ponto importante deste capítulo. Pesquisas de ecossistemas e paisagem de larga escala não geram uma abundância de observações para demonstração nessas escalas. Não é um empreendimento prático para estudantes que ainda não se formaram – e uma tarefa desanimadora para os já formados – conduzir pesquisas integrativas nessas escalas. É a pesquisa que precisa ser feita e certamente requer abordagens conduzid~~a~~ por equipes multidisciplinares (Barrett, 1985). Mas os resultados de esl~~do~~ cuidadosamente planejados requerem exposição convincente das observaçõ porque os métodos de pequena escala da estatística do século XX prova~~m~~ mente não são efetivos ou aplicáveis.

12 Os Dois Caminhos da Descoberta

Enunciado

Ainda não descrevemos como usar o raciocínio estatístico em pesquis~~a~~ de larga escala. O raciocínio estatístico na ecologia de ecossistema te~~m~~ abordagens holísticas para o estudo da natureza – colocando resultad~~o~~ e observações no contexto sistêmico e medindo o que puder ser med~~ir~~ o fato com a estimativa de incerteza mais confiável.

Explicação

C. S. Holling, conhecido ecologista da Universidade da Flórida, ~~p~~ tão como parte de uma perspectiva em ecologia – uma disciplin~~a~~ denominou *ecologia da conservação*. A intenção dessa discipli~~na~~ cimentos sobre ecossistemas e paisagens que vão alimentar a e~~l~~ para a proteção dos recursos planetários para as próximas ge~~r~~ mostrou "duas maneiras diferentes de ver o mundo". Uma e~~ls~~ ducionista e certa", a outra como "integrativa e incerta". E~~e~~ maneiras com duas culturas diferentes ou "correntes" e~~m~~

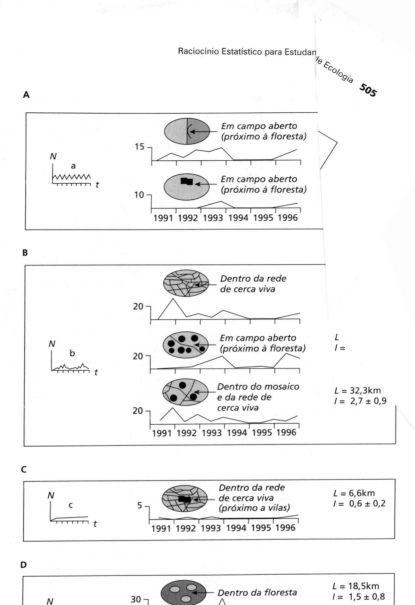

Figura 12.8 Dinâmica da população de *Microtus arvalis* medida no habitat de refúgio do predador (A, B, C) ou próximo dele, ou em uma mancha rodeada por uma barreira (D). Diagramas à esquerda (a, b, c, d) mostram abundâncias populacionais previstas (N); diagramas à direita mostram abundâncias populacionais medidas ao longo do tempo. L = comprimento total do habitat amostrado durante o período de seis anos de estudo. l = comprimento médio de habitat amostrado por período de amostragem (segundo Delattre et al., 1999; de Kluwer Academic Publishers, *Landscape Ecology*, v. 14, p. 401-12, figura 4. Com autorização da Kluwer Academic Publishers).

analítica e é a ciência das partes. Ela promove a pesquisa em pequenas escalas, isto é, o estudo das características relativamente finas do ecossistema. A segunda é integrativa e é a ciência do todo. Ela promove a pesquisa em larga escala – o estudo de grandes componentes, como paisagens, biomas ou o ecossistema na sua totalidade. Mais uma vez, o raciocínio estatístico ecológico de larga escala tem a ver com essa cultura integrativa e com o reconhecimento antecipado da incerteza.

Holling (1998) tabulou os atributos dessas duas maneiras, analítica e integrada, para enriquecer o entendimento pela comparação (Tabela 12.1). Dois desses atributos, objetivos de estatística e avaliação, fornecem critérios pertinentes. Para o atributo da *estatística*, a maneira analítica está voltada para estatística padrão, abordagens experimentais, e está relacionada com erros Tipo I. Holling admitiu que a estatística "padrão" (experimental), com raízes sólidas na clássica tradição fisheriana, não se aplica a largas escalas. Mas o que são as estatísticas não padrão? Tecnicamente, os erros Tipo I e Tipo II, como descrito anteriormente, são conceitos vitais de estatística padrão e se aplicam diretamente àquela tradição. O que provavelmente significa a estatística não padrão é que a medida da variabilidade entre as UEEs em largas escalas é tão potencialmente esmagadora que devemos encontrar novas maneiras de observar a verdade no seu cerne para que a conclusão não seja que não há cerne (erro Tipo II). Essa interpretação é confirmada pela descrição de Holling do segundo atributo, isto é, o *objetivo de avaliação*. Na sua visão, o objetivo analítico é frequentemente visto como "avaliação comparativa para se chegar a um *entendimento unânime* final", e o objetivo de integração como "avaliação comparativa por julgamento para alcançar um *consenso parcial*". Se a avaliação comparativa fosse unânime – um resultado não provável –, o princípio seria convencionalmente considerado como certo. Se, ao contrário, fosse alcançado somente um consenso parcial, seria considerado como... bem, incerto, e necessitando de mais estudos. Holling afirmou que

> em princípio, portanto, há uma inerente incompreensibilidade, e também imprevisibilidade, no que se refere aos ecossistemas e às sociedades com as quais eles estão associados.

Há, portanto, uma inerente incompreensibilidade e imprevisibilidade para sustentar as bases para os sistemas de funcionamento de pessoas e da natureza.

Tabela 12.1

Comparação entre duas culturas da ecologia biológica		
Atributo	*Analítica*	*Integrativa*
Filosofia	Restrita e objetivada	Ampla e exploradora
	Contestação por uma experimentação	Linhas múltiplas de evidência convergente
Organização percebida	Parcimônia é a regra	Simplicidade é o objetivo
	Interações bióticas	Interações biofísicas
	Ambiente fixo	Auto-organização
	Escala simples	Múltiplas escalas com interações entre escalas
Causa	Única e isolada	Múltipla e parcialmente separada
Estatística da incerteza	Elimina incerteza	Incerteza incorporada
	Estatística padrão	Estatística não padrão
	Experimental	Observacional
	Preocupação com Erro Tipo I	Preocupação com Erro Tipo II
Objetivo da avaliação	Avaliação comparativa para se chegar a um consenso unânime	Avaliação comparativa: julgamento para se chegar a um consenso parcial
O perigo	Exatamente a resposta certa para a pergunta errada	Exatamente a pergunta certa, mas a resposta é inútil

Fonte: Adaptado de Holling, 1998.

Como consequência desse tipo de incerteza, informações e decisõe[s] serem manipuladas por interesses poderosos. Enquanto cientistas [nã]síveis de tornar políticos, eles têm de ser sensíveis para as realidades políticas e[s]tam se reconhecer como as teorias, os diferentes modos de pesquisa e as di[ferentes] evidência podem facilitar, dificultar ou destruir o desenvolvimento [e]vem construtivas. As recomendações têm de estar baseadas em julgamento[s] de responsáveis das *cargas de evidências*.

Esse último conceito é similar, se não equivalente, ao *peso da evidê*[ncia dis]cutido na próxima seção.

As ideias de Holling (1998) sugerem que a inferência baseada em [pe]quena escala é indutiva, ao passo que a inferência das UEEs de larga [escala é dedu]tiva. A inferência *indutiva* tenta generalizar com base em um resultad[o, enquanto] a *dedutiva* tenta predizer um resultado específico com base em uma h[ipótese.] A primeira é amplamente experimental; a segunda é observacional e c[omparativa. Os] conceitos de erro Tipo I e Tipo II ainda se aplicam ao raciocínio estatíst[ico] de larga escala, mas são referidos em fenômenos previsíveis provenientes [da "bor]des quadros" teóricos. É importante para o cientista integrativo que as obse[rvações] do resultado previsto sejam usadas diretamente para testar a hipótese – o qu[e] traz de volta o poder dos gráficos e os métodos não usados de Tukey (1977) p[ara] convencer colegas e professores a respeito dos achados. Os astrônomos são *a priori* cientistas integrativos orientados; e também o são os cientistas de ecossistemas. Os estudantes da ciência de ecossistemas se beneficiarão reconhecendo essa diferença.

13 O Paradigma do Peso da Evidência

Enunciado

O que este capítulo defende não é uma nova disciplina, mas uma perspectiva diferente – que coloque mais valor sobre aquele aspecto bem conhecido, mas não muito usado, da estatística descritiva chamado de *exposição de observações*. As exposições de observações são frequentemente entendidas como parte de esforços preliminares que antecedem a análise real de observações e teste da hipótese. As exposições de observações são, de fato, cruciais para o teste de hipótese, e o reconhecimento desse ponto pode ser chamado de **paradigma do peso da evidência**.

Explicação

A Figura 12.9 ilustra as características desse conceito de ordem. Note que os testes formais de inferência estatística são uma parte desse paradigma, por causa do valor dos métodos estatísticos paramétricos e não paramétricos quando eles se aplicam à escala de pesquisa selecionada. Contudo, estamos adaptando as hipóteses que queremos testar para uma que possamos testar estatisticamente – com mais objetividade talvez, mas que requeira uma ligação com a abstração matemática. As outras habilidades empíricas, além de testes de inferência (Figura 12.9), são: (1) determinar quais observações são necessárias e como coletá-las com segurança; (2) livremente explorar as relações entre as observações e (3) retratar as observações criteriosamente para convencer colegas e críticos. Essas três habilidades constituem os métodos aplicados de raciocínio estatístico. Todas são importantes para dar sentido às observações – quer dizer, para testar diretamente a hipótese científica de interesse, não

HABILIDADES EMPÍRICAS	HABILIDADES DE AVALIAÇÃO DAS EVIDÊNCIAS	REALIDADE INCERTA
Planejamento de observações e coleta		
Análise exploradora de observações	Profissional e científico	• Explicações
Exposição criteriosa de observações	• Experiência • Análise • Interpretação	• Modelos • Teorias confirmadas
Testes de inferência		

...ilustra-
...gma do
...ência em
...endimento
. Note que
a testes for-
...ferência esta-
...uando a escala
...quisa permitir),
, outras habilida-
...mpíricas que cole-
...ente constituem
...ciocínio estatístico
...igualmente impor-
...ntes nesse processo.

uma estatística equivalente a isso. O paradigma do peso da evidência é uma proposta para desatar a estrutura da busca científica na ecologia e permitir mais liberdade ao processo de obter conhecimento, que é o requinte da natureza humana.

A seguir, algumas recomendações aos estudantes de ecologia e cientistas de ecossistemas.

Para estudantes que ainda não se formaram:

- Reduzir o uso de tabelas.

- Descobrir as ideias da ciência gráfica (Tufte, 1997, 2001). Não confiar estritamente na safra atual dos programas de computação estatísticos; novas ideias virão do raciocínio sobre novas maneiras de expor as observações.

- Redescobrir as ideias originais de John Tukey (1977). Aprender mais sobre o raciocínio por trás dos métodos de análise exploratória de observações.

- Desistir da fixação em relatar médias amostrais; a mediana é uma estatística mais robusta e poderia ser considerada uma medida mais útil de tendência central.

Para os cientistas de ecossistemas:

- Reconhecer o valor dos estudos replicados para confirmação e adição ao peso da evidência.

- Aumentar a ênfase sobre a exposição das observações e minimizar a confiança no valor de p. Frequentemente, $p < 0,10$ pode fornecer tanta compreensão nos processos e dinâmicas de ecossistemas quanto confiar em $p < 0,05$.

- Incorporar o raciocínio estatístico, ele sempre leva ao planejamento de pesquisa.

- Reconhecer que a pesquisa de larga escala significa inferência hipotética-dedutiva, via resultados observacionais previsíveis.

- Defender a orientação por *peso da evidência* para os estudantes e para as questões ecológicas vitais para a administração da natureza.

Em resumo, uma abordagem prática em estatística deve ser mais "observação-fílica" do que "parâmetro-fílica", mais orientada para as evidências do que para a confiança, mais intuitiva do que informação e mais multiescalar do que dependente da escala. Como estudantes de ecologia, não devemos perder a visão do objetivo para o qual as ferramentas estatísticas foram desenvolvidas, para evitar que fiquemos muito focados nas próprias ferramentas. A evidência é mais do que dispositivos utilizados para obtê-las.

Se entender a natureza é o objetivo da ciência ecológica (Scheiner, 1993), então o processo de entendimento é acelerado pelo *raciocínio estatístico*, mais do que pelos métodos estatísticos tradicionais, especialmente quando a escala da pesquisa ecológica vai além do objetivo da prática de estatística comum.

A mensagem ao estudante ansioso e ao ecologista experiente é a mesma. Não existe certeza em estatística e é sábio considerar as ideias de alguém mais ou menos corroboradas, com base, primeiro na apresentação de observações, e nos resultados do teste de inferência, quando necessário. A verdade é o que nós procuramos; explicações testadas são o que obtemos e a única certeza é saber que ambas nunca serão uma e a mesma. É o *peso da evidência* que conta.

Glossário

A

Abiótico: componentes não vivos de um ecossistema, como água, ar, luz e nutrientes.

Abissal: relativo a águas profundas dos oceanos.

Aeróbica: refere-se à vida na presença de oxigênio livre, como gás na atmosfera ou dissolvido em água.

Aleatorização: designação aleatorizada de itens ou unidades para tratamento a fim de reduzir o viés do pesquisador.

Alelopatia: inibição direta de uma espécie de planta sobre outra usando compostos prejudiciais ou tóxicos.

Alóctone: (do grego *chthonos*, "da Terra", e *allos*, "outra") refere-se a materiais orgânicos não gerados dentro da comunidade ou do ecossistema.

Altruísmo: sacrifício da aptidão de um indivíduo em benefício de outro.

Ambientalismo: princípio diretor dos devotos à saúde e à sustentabilidade do planeta Terra.

Amensalismo: interação entre duas espécies na qual uma população é inibida e a outra não é afetada.

Amostra: subconjunto de todas as observações ou indivíduos N em uma população ou universo de amostragem.

Amplitude do nicho: dimensão de um nicho ocupado por uma população ou espécie.

Anaeróbico: refere-se à vida ou a processos que ocorrem na ausência de oxigênio livre.

Análise de gradiente: gráfico que apresenta a resposta vegetal a um gradiente (umidade, temperatura, elevação).

Antrosolo: tipo de solo urbano criado pelo homem contendo abundância de concreto pulverizado, restos e entulho.

Aptidão inclusiva: um sucesso reprodutivo próprio do indivíduo mais a aptidão melhorada de seus parentes, ponderada de acordo com o seu grau de parentesco.

Aptidão: contribuição genética de descendentes de um indivíduo para futuras gerações; uma medida do sucesso reprodutivo esperado.

Aquífero: estrato subterrâneo poroso (calcário, areia ou cascalho) confinado por rocha ou argila impermeável, contendo quantidades significativas de água.

Área de ação: local onde um indivíduo vive durante o ano; determinação empírica da área de ação geralmente envolve o monitoramento do movimento de um indivíduo mapeando-o, unindo posteriormente os pontos limítrofes para formar um polígono convexo mínimo.

Áreas úmidas: habitats constante ou periodicamente alagados.

Arquitetura da paisagem: estudo da estrutura e uso tridimensional do espaço de habitat no campo da ecologia de paisagem.

Ascendência: tendência de sistemas auto-organizados e dissipativos de desenvolver fluxos de redes ao longo do tempo.

Associação: unidade natural de vegetação, geralmente dominada por uma espécie em particular, proporcionando uma composição vegetal relativamente uniforme.

Atol: grupo de ilhas circulares ou semicirculares ao redor de uma lagoa, formada por recifes de coral que crescem em um declive ou montanha submersa.

Aufwuchs: plantas ou animais aderidos ou movendo-se em superfícies submersas; também muitas vezes chamados de perifíton.

Autóctone: refere-se a fotossíntese ou material orgânico produzido dentro da comunidade ou do ecossistema.

Autodesbaste: forma de mortalidade de planta dependente de densidade em uma comunidade de monocultura de plantas da mesma idade.

Autotrófico: que produz seu próprio alimento (como plantas fotossintetizantes); a produção (P) é maior que a respiração (R).

B

Bacia hidrográfica: bacia de captação ou drenagem de um rio; a área total acima de um dado ponto em um curso de água ou rio que contribui com água para o fluxo daquele ponto.

Balanço energético: taxa na qual um organismo ou população consome energia em relação à taxa de gasto de um organismo ou população.

Bentos: organismos que habitam o fundo de rios, lagos e mares.

Bienal: planta que leva dois anos para completar seu ciclo de crescimento reprodutivo e vegetativo.

Biocenose: termo usado nas literaturas europeia e russa para referir a comunidades bióticas que habitam um espaço definido ao mesmo tempo; o componente biótico de um ecossistema.

Biodiversidade: diversidade de formas de vida, os papéis ecológicos que desempenham e a diversidade genética que contêm; termo usado para descrever todos os aspectos da diversidade biológica (genética, espécies, habitat e paisagem).

Biogeocenose: termo usado nas literaturas europeia e russa equivalente ao termo *ecossistema*, ou equivale a biocenose e seus componentes abióticos.

Biogeografia de ilhas: teoria na qual o número de espécies de uma ilha é determinado pelo equilíbrio entre a imigração de novas espécies e a extinção das espécies já presentes.

Biogeoquímica: o ramo da ciência que enfoca o movimento dos elementos ou nutrientes através dos organismos e seus ambientes; o estudo dos ciclos naturais dos elementos e seus movimentos pelos compartimentos biológico e geológico.

Biologia da conservação: campo da ciência preocupado com a proteção e a gestão da biodiversidade, baseado nos princípios da ecologia básica e aplicada.

Bioma: sistema regional ou subcontinental grande, caracterizado por um tipo de vegetação principal particular (como uma floresta temperada decídua); os biomas são diferenciados pelas plantas predominantes associadas a um clima particular (especialmente temperatura e precipitação).

Biomagnificação: aumento da concentração de uma substância ou elemento quimicamente estável (como pesticidas, materiais radioativos ou metais pesados) conforme se avança em uma cadeia alimentar.

Biomassa em "produto em pé": peso de materiais biológicos vivos em uma área em particular e em um tempo específico.

Biomassa: peso do material vivo geralmente expresso como peso seco por unidade de área ou de volume.

Biosfera: a parte do ambiente da Terra onde são encontrados os organismos vivos.

Biótico: refere-se aos componentes vivos de um ecossistema.

Borda: local onde duas ou mais comunidades ou ecossistemas estruturalmente diferentes se encontram (como a margem de uma lagoa ou lago).

Bosque: terra coberta por árvores, incluindo o habitat de plantas e animais associados.

Brejo: ecossistema úmido com solo mineral que recebe parte de seus nutrientes através de um fluxo de água subterrâneo; terra alagada ligeiramente ácida, dominada por tabôas e junquinhos (Ciperáceas).

C

Cadeia alimentar de detritos: cadeia alimentar na qual os produtores primários não são consumidos por herbívoros pastejadores; em vez disso, são as partes de plantas mortas e em decomposição que formam a serapilheira (detritos) onde os decompositores (bactérias e fungos) e detritívoros se alimentam, com a transferência subsequente de energia pela cadeia alimentar de detritos.

Cadeia alimentar de néctar: cadeia alimentar originada a partir do néctar das plantas em flor, frequentemente dependente de insetos e outros animais para polinização.

Cadeia alimentar de pastejo: cadeia alimentar na qual as plantas verdes (produtores primários) são ingeridas por herbívoros pastejadores (consumidores primários), com a subsequente transferência ascendente de energia na cadeia alimentar até os carnívoros (consumidores secundários e terciários).

Cadeia alimentar granívora: cadeia alimentar iniciando com a alimentação com sementes.

Caloria: quantidade de calor necessária para aumentar a temperatura de 1 grama de água em 1 °C, geralmente de 15 a 16 °C.

Caminhos de fluxo: movimento da matéria ou energia de um compartimento para outro.

Canibalismo: predação intraespecífica.

Capacidade de suporte máxima (K_m): densidade máxima que os recursos de um habitat particular pode sustentar.

Capacidade de suporte ótima (K_o): um nível mais baixo de densidade populacional sob condições de capacidade de suporte menor que a capacidade de suporte máxima (K_m), que pode ser sustentada em um habitat particular sem "viver na margem", no que se refere a recursos como alimento e espaço.

Capacidade de suporte: a população máxima de uma espécie que um ambiente ou ecossistema específico pode sustentar; o valor K de uma curva de crescimento sigmoide em forma de S.

Capital econômico: bens e serviços prestados pela humanidade, ou por força de trabalho humano, geralmente expresso como Produto Interno Bruto (PIB).

Capital natural: benefícios e serviços prestados às sociedades humanas pelos ecossistemas naturais.

Chaparral: tipo de bioma dominado por arbustos de folha larga e bosques esclerófilos localizados em regiões de clima mediterrâneo; um ecossistema dependente do fogo que tende a perpetuar a dominância dos arbustos à custa das árvores.

Chuva ácida: emissões antropogênicas de sulfeto de hidrogênio e óxidos de nitrogênio a partir da queima de combustíveis fósseis, que interagem com o vapor de água, produzindo ácidos nítricos e sulfúricos diluídos, causando acidificação de nuvem e água de chuva de ampla extensão.

Cianobactéria: grupo de bactérias que possuem clorofila a e que realizam fotossíntese; consideradas os primeiros organismos produtores de oxigênio responsáveis pela geração de oxigênio na atmosfera e que, portanto, influenciaram profundamente o curso da evolução da biosfera.

Cibernética: (do grego *kybernetes*, "piloto" ou "governador") a ciência que trata dos sistemas de comunicação e controle de sistemas; em ecologia e nas ciências biológicas, o estudo dos controles por retroalimentação em homeostase.

Ciclo de nutrientes: caminho biogeoquímico no qual um elemento ou nutriente move-se pelo ecossistema, da assimilação por organismos, até a liberação pelos decompositores (bactérias e fungos), para ser assimilado por produtores e reciclados novamente através dos níveis tróficos.

Ciclo do carbono: movimento de carbono C entre a atmosfera, a hidrosfera e a biosfera, e as transformações (como fotossíntese e respiração) em suas diversas formas químicas.

Ciclo do enxofre: movimento do enxofre, S, entre a litosfera (o reservatório dominante) e a atmosfera, a hidrosfera e a biosfera, e as transformações entre as formas químicas diferentes.

Ciclo do fósforo: movimento do fósforo P entre a litosfera (reservatório dominante), a hidrosfera e a biosfera, inclusive as transformações entre suas diversas formas químicas.

Ciclo do nitrogênio: descrição ou modelo mostrando o movimento dos compostos nitrogenados conforme circulam entre a atmosfera, o solo e a matéria viva; movimento do nitrogênio N entre a atmosfera, a biosfera e a hidrosfera, inclusive as transformações entre as diferentes formas químicas.

Ciclo hidrológico: fluxo e circulação de água pelos seus vários estados e reservatórios através dos ambientes terrestre, aquático e atmosférico.

Ciclo sedimentológico: qualquer ciclo global em que os processos geológicos, como intemperismo de uma rocha, erosão e sedimentação dominam ou originam o ciclo; cálcio e potássio exemplificam esse tipo de ciclo.

Climadiagrama: gráfico no qual um fator climático importante é lançado contra outro.

Clímax: termo introduzido por F. E. Clements em 1916, representando o estágio final da sucessão ecológica; um estágio da vegetação onde $P = R$, que se autoperpetua na ausência de perturbação significativa.

Clímax climático: estágio seral estável em equilíbrio determinado pelo clima geral da região.

Clímax edáfico: comunidade vegetal estável em equilíbrio, dependente das condições do solo, topografia e microclimáticas locais (em oposição ao clima geral).

Coevolução: um tipo de evolução da comunidade na qual as interações evolutivas ocorrem entre organismos em que a troca de informação genética entre as diferentes populações é mínima ou ausente; a evolução conjunta de uma espécie em uma interação não reprodutiva com outra espécie, parcialmente dependente da evolução desta outra por pressões seletivas recíprocas.

Coexistência: duas ou mais espécies vivendo juntas no mesmo habitat.

Comensalismo: interação entre duas espécies, na qual uma população é beneficiada mas a outra não é afetada.

Compensação de fator: a capacidade dos organismos de se adaptar e modificar o ambiente físico para reduzir fatores limitantes, estresse ou outras condições físicas de existência.

Competição exploratória: interação entre duas espécies na qual uma população explora um recurso comum, como alimento, espaço ou presa, até o ponto de afetar adversamente a outra população (em oposição à competição por interferência).

Competição: interação entre duas espécies mutuamente prejudiciais a ambas populações.

Competição interespecífica: competição entre indivíduos de diferentes espécies.

Competição intraespecífica: competição entre indivíduos da mesma espécie.

Competição por interferência: competição entre duas espécies na qual ambas populações inibem ativamente a outra; competição na qual o acesso a um recurso é diretamente limitado pela presença de outra espécie (em oposição à *competição exploratória*).

Competição por uso de recurso: competição entre duas espécies na qual cada população afeta adversamente a outra de forma indireta na luta por recursos na falta de suprimentos.

Comportamento altruísta: comportamento social que aparentemente melhora a aptidão de outros indivíduos da população às custas do indivíduo que desempenha o comportamento.

Comportamento de residencialidade: capacidade de um indivíduo de navegar longas distâncias de modo a encontrar o caminho de volta para a sua área de vida.

Compostos secundários: compostos químicos não usados para o metabolismo, mas principalmente para propósitos de defesa; compostos que interferem nos passos metabólicos específicos, processos fisiológicos, resposta de paladar ou sucesso reprodutivo dos herbívoros.

Comunidade: inclui todas as populações que habitam uma área específica ao mesmo tempo.

Conceito de continuidade fluvial: modelo que descreve a continuidade de mudanças na estrutura física, os organismos dominantes e os processos de ecossistema ao longo da extensão de um rio.

Conceito de policlímax: teoria pela qual o estágio seral final da sucessão é controlado por uma ou diversas forças ou condições ambientais locais, como solo, fogo e clima.

Conceito de pulso de enchente: descrição de mudanças em um rio, lateral e longitudinalmente (tanto do rio como de suas planícies de inundação ripárias adjacentes), em especial durante chuva intensa ou condições de enchente (pulsos).

Conceito individualista: conceito de desenvolvimento da comunidade, proposto primeiramente por H. A. Gleason em 1926, afirmando que espécies de plantas estão distribuídas individualmente no que diz respeito a fatores bióticos e abióticos, portanto as associações resultam somente a partir de exigências similares.

Constante solar: taxa pela qual a luz solar atinge a atmosfera da Terra, igual a 1,94 gcal. $cm^{-2}.min^{-1}$.

Consumidores primários: consumidores de primeira ordem (herbívoros) que se alimentam diretamente de plantas vivas ou de partes das plantas.

Contínuo: gradiente de condições ambientais que refletem as mudanças na composição da comunidade.

Controle: condição experimental onde não se submete a nenhuma ação; delineado para confirmar o não feito.

Coorte: grupo de indivíduos da mesma classe de idade.

Coprofagia: alimentar-se de fezes.

Cordilheira mesoatlântica: áreas submarinas nas quais as placas tectônicas em expansão criam chaminés, por onde verte água sulfurosa quente.

Corredor de paisagem: faixa de vegetação que difere da matriz e frequentemente conecta dois ou mais blocos de habitat semelhantes.

Corredor de perturbação: uma perturbação linear pela matriz da paisagem.

Corredor de recurso: uma faixa de vegetação natural que se estende pela paisagem (como uma floresta galeria ao longo de um curso d'água).

Corredor plantado: uma faixa de vegetação plantada por humanos com propósitos econômicos ou ecológicos (como uma faixa de árvores plantadas como quebra--vento).

Corredor regenerado: redesenvolvimento de uma faixa de vegetação natural (como uma cerca viva que se desenvolve ao longo das cercas devido aos processos naturais de sucessão secundária).

Corredor remanescente: uma faixa de vegetação nativa deixada sem corte após a vegetação ao redor ter sido removida.

Corredor: conexão entre duas manchas de habitat da paisagem.

Corroboração: dar suporte com evidência adicional.

Crescimento logístico: padrão de crescimento da população que produz uma curva sigmoidal (em forma de S) que se estabiliza na capacidade de suporte.

Critério de aceitação de erro: risco que se assume sobre a possibilidade de se chegar a uma conclusão incorreta.

Curie: a quantidade de material no qual $3,7 \times 10^{10}$ átomos se desintegram a cada segundo.

Curva de crescimento em forma de J: padrão em forma de J do crescimento populacional que ocorre quando a densidade da população aumenta de forma exponencial.

Curva de crescimento sigmoide: padrão de crescimento de população em forma de S, com o tamanho da população estabilizado na capacidade de suporte deste habitat particular.

Curva de dominância-diversidade: número ou porcentagem de cada espécie de um habitat definido lançado em gráfico na sequência decrescente de abundância; uma expressão ou gráfico da diversidade específica baseada na importância das espécies.

Curva de sobrevivência: descrição gráfica do padrão de sobrevivência dos indivíduos em uma população, do nascimento à idade máxima atingida por eles.

D

Decomposição: degradação de materiais orgânicos complexos em produtos mais simples.

Decompositores: organismos, geralmente bactérias e fungos, que obtêm energia da degradação da matéria orgânica morta.

Dedutivo: argumentação a partir de conclusões gerais para específicas.

Defesas químicas qualitativas: venenos e toxinas de baixo custo químico em plantas que constituem barreiras eficazes contra herbívoros.

Defesas químicas quantitativas: venenos e toxinas de alto custo químico em plantas, como os taninos, que constituem barreiras aos herbívoros, reduzindo a qualidade e a palatabilidade da planta.

Demanda bioquímica de oxigênio (DBO): indicador de poluição causado por um efluente e referente ao consumo de oxigênio dissolvido por microrganismos que decompõem a matéria orgânica presente nesse efluente.

Denitrificação: redução dos nitratos para nitrogênio atmosférico por microrganismos.

Densidade bruta: número de indivíduos por área unitária.

Densidade ecológica: número de indivíduos por espaço de habitat (ou seja, a área do habitat que pode ser efetivamente colonizada por esta população).

Densidade populacional: número de indivíduos de uma população dentro de uma unidade de espaço definida.

Dependência de densidade: regulação do tamanho ou crescimento da população por mecanismos cuja eficiência aumenta na proporção em que aumenta o tamanho da população; efeito sobre o tamanho da população como uma função de densidade.

Depressão de endocruzamento: efeitos prejudiciais do endocruzamento, resultando em um conjunto inadequado de genes.

Deriva genética: mudanças ao longo dos tempos nas frequências dos alelos devidas às variações aleatórias ou flutuações ao acaso nas frequências dos alelos em uma população.

Deserto: bioma cuja precipitação pluviométrica anual é menor que 25 cm, dominado por caulinares suculentas, como cactos e arbustos de deserto, que frequentemente têm distribuição com espaçamento regular.

Deslocamento de caráter: mudança nas características físicas de espécies similares que apresentam distribuições sobrepostas, resultando na redução da competição interespecífica; divergência das características de duas espécies que apresentam distribuições sobrepostas.

Determinístico: sem incluir noção de probabilidade ou medidas de incerteza.

Detritívoros: organismos que se alimentam de matéria orgânica morta ou em degradação (como as minhocas).

Detritos: material de origem vegetal ou animal morto ou parcialmente decomposto; matéria orgânica não viva.

Dimítico: refere-se à mistura ou circulação da água de um lago duas vezes por ano em região temperada.

Dinâmica de populações: estudo dos fatores e mecanismos que causam mudanças no número e na densidade das populações no tempo e no espaço.

Dinâmica trófica: transferência de energia de um nível trófico ou parte de um ecossistema para outro.

Disclímax: estágio seral de sucessão mantido por perturbações antropogênicas (produzidas pelo homem).

Dispersão agregada: distribuição dos indivíduos em um padrão agrupado ou agregado de dispersão (como rebanhos, ninhadas ou cardumes).

Dispersão de reprodução: movimento de indivíduos para fora da população, antes do início da época de reprodução.

Dispersão de saturação: movimento de indivíduos para fora de uma população que atingiu ou excedeu a capacidade de suporte.

Dispersão: padrão de distribuição dos indivíduos da população em uma área.

Dispersar: abandonar uma área de nascimento por outra área; movimento de indivíduos ou seus propágulos (sementes, larvas, esporos) para dentro ou para fora de uma população ou de uma área.

Distribuição etária: porcentagem de cada grupo de idade da população (pré-reprodutiva, reprodutiva, pós-reprodutiva).

Distribuição livre ideal: distribuição dos indivíduos através de manchas de recursos de qualidade intrínseca diferente que iguala a taxa líquida de ganho quando se leva em consideração a competição.

Distribuição randômica: distribuição dos indivíduos em um padrão aleatório independente de todos os outros indivíduos.

Distribuição regular: distribuição dos indivíduos em um padrão mais uniformemente espaçado do que se esperaria de uma distribuição aleatória; espaçamento ou dispersão uniforme.

Distrófico: refere-se a um corpo de água, como um lago raso de água doce, com alta concentração de material húmico, e com esgotamento de oxigênio nas águas mais profundas.

Diversidade de habitat: diversidade de manchas de habitat em uma paisagem, que serve como base para a dinâmica de metapopulações.

Diversidade de padrão: diversidade biótica baseada em zonação, estratificação, periodicidade, estrutura em manchas ou outros critérios.

Diversidade genética: diversidade ou manutenção de heterozigose genotípica, polimorfismo e outras variabilidades genéticas em uma população natural.

Glossário **519**

Divisão de recurso: uso diferenciado dos tipos de recurso por uma espécie ou categoria de organismos.

Domesticação: (do latim *domus*, "casa") mudanças evolutivas em plantas e animais produzidas por meio da seleção artificial feita pelo homem.

Dominância relativa: área basal de uma espécie em particular dividida pela área basal total de todas as espécies; um valor geralmente usado para descrever a dominância de espécies de árvores em uma comunidade florestal.

E

Ecofisiologia: ramo da ecologia preocupado com as respostas dos organismos individuais aos fatores abióticos como temperatura, umidade, gases atmosféricos e outros fatores do ambiente.

Ecologia: (do grego *oikos*, "casa", e *logos*, "estudo de") ramo da ciência que trata das interações e relações entre organismos e seu ambiente; o estudo dos bens e serviços prestados pelos ecossistemas naturais, inclusive a integração desses serviços não comerciais com o mercado econômico.

Ecologia aplicada: aplicação da teoria, dos princípios e dos conceitos da ecologia na gestão de recursos.

Ecologia comportamental: o ramo da ecologia que enfoca o comportamento dos organismos em seu habitat natural.

Ecologia da paisagem: o ramo da ecologia que enfoca o desenvolvimento e a dinâmica da heterogeneidade espacial, bem como as influências da heterogeneidade espacial sobre os processos bióticos e abióticos entre os ecossistemas, e o gerenciamento da heterogeneidade espacial na escala de paisagem.

Ecologia da restauração: o ramo da ecologia que trata da restauração de um local onde havia uma comunidade ou ecossistema que foi perturbado, para condições existentes antes da perturbação; o ramo da ecologia que enfoca a aplicação da teoria ecológica na restauração de locais, ecossistemas e paisagens altamente perturbados.

Ecologia de populações: estudo da interação de uma população ou espécie em particular com seu ambiente.

Ecologia de sistemas: o ramo da ecologia com foco na teoria de sistemas gerais e sua aplicação.

Ecologia evolutiva: o ramo da ecologia que trata da seleção natural e das mudanças nas frequências gênicas em uma população ao longo do tempo.

Ecologia fisiológica: o ramo da ecologia que trata das funções fisiológicas dos organismos em interação com o seu ambiente.

Ecologia humana: estudo do impacto da humanidade sobre os sistemas naturais e a sua integração com esses sistemas.

Economia: (do grego *oikos*, "casa", e *nomics*, "gerenciamento"; traduzido como "gerenciamento da casa") ramo da ciência que trata dos bens e serviços prestados pela humanidade, englobando a integração dos serviços de mercado com os serviços não comerciais prestados pelos ecossistemas naturais.

Economia ecológica: campo de estudo que procura integrar o capital econômico (bens e serviços prestados pela humanidade, ou pela força de trabalho humano) ao capital natural (bens e serviços prestados pela natureza).

Ecorregião: classificação dos principais tipos de vegetação ou ecossistemas desenvolvido por R. W. Bailey em 1976, baseada em uma área de terra contínua na qual a interação de clima, solo e topografia permite o desenvolvimento de tipos similares de vegetação.

Ecosfera: todos os seres vivos da Terra interagindo com o ambiente físico como um todo.

Ecossistema: uma comunidade biótica e seu ambiente abiótico funcionando como um sistema (usado pela primeira vez por A. G. Tansley em 1935); uma unidade discreta que consiste de partes vivas e não vivas interagindo para formar um sistema ecológico.

Ecotipos: subespécies ou populações locais adaptadas a um grupo particular de condições ambientais.

Ecótono: zona de transição de um tipo de comunidade ou ecossistema para outro (transição de uma floresta para um campo, por exemplo).

Ectomicorriza: interação entre um fungo e as raízes da planta na qual esse fungo forma uma estrutura em rede em torno das células da raiz.

Efeito de borda: resposta de plantas e animais ao local onde duas ou mais comunidades ou ecossistemas se encontram (geralmente causando um aumento na diversidade biótica ao longo da borda).

Efeito do fundador: população fundada por um pequeno número de colonizadores, em geral resultando em variação genética marcadamente diferente da população parental.

Efeito estufa: absorção da radiação infravermelha, reirradiada da superfície da Terra, por gases do efeito estufa na atmosfera, especialmente CO_2.

Efeito filtro: influência de falhas nos corredores da paisagem que permite que certos organismos cruzem, mas restringe o movimento de outros.

Efeito resgate: o conceito em que a extinção é evitada por um influxo de imigrantes.

Efêmeras: plantas anuais que persistem como semente durante os períodos de seca, mas brotam e produzem sementes rapidamente quando a umidade é favorável; termo que significa de vida curta ou de curta duração.

Eficiência de transpiração: razão entre a produção primária líquida e a água transpirada.

Emergia: quantidade de um tipo de energia exigida para desenvolver a mesma quantidade de outro tipo; quantidade de energia já usada direta ou indiretamente para criar um serviço ou produto.

Emigração: movimento unidirecional de indivíduos para fora de uma população.

Endêmica: refere-se a espécies restritas a um habitat especial e não encontradas em outros locais.

Endocruzamento: cruzamento entre parentes próximos.

Energia cinética: energia associada ao movimento.

Energia de manutenção: taxa de repouso ou de metabolismo basal mais a energia necessária para manter as mínimas atividades sob condições de campo.

Energia líquida: energia remanescente após perdas metabólicas que estão disponíveis para crescimento e produção; produção além do custo energético para sustentar o sistema de conversão.

Energia potencial: energia disponível para desenvolver trabalho por causa da posição ou das ligações químicas.

Engenharia genética: manipulação do DNA, inclusive a transferência de material genético entre espécies.

Entropia: índice de desordem associado à degradação de energia; transformação da energia para um estado mais aleatório e desorganizado.

Epífita: planta que cresce sobre outra planta mas não é parasita (como uma orquídea vivendo sobre uma árvore).

Epilímnio: parte superior de um lago mais quente e mais rica em oxigênio quando estratificada termicamente durante o verão.

Equações de Lotka-Volterra: modelo baseado na equação logística desenvolvido em 1920 por Alfred Lotka, matemático norte-americano, e Vito Volterra, matemático italiano, expressando a competição interespecífica (assim como a interação predador-presa).

Equivalente ecológico: espécies que ocupam o mesmo nicho ecológico em regiões geograficamente diferentes.

Equivalente populacional: quantidade de energia consumida por animais domésticos que equivale à quantidade de energia consumida por um ser humano médio.

Erosão do solo: remoção de partículas do solo pela água e pelo vento, frequentemente acelerada pelos distúrbios causados pelo homem.

Esclerófilo: refere-se a plantas lenhosas com folhas coriáceas e sempre-verdes que evitam a perda de água.

Escopo de inferência: população-alvo e amplitude da conclusão.

Especiação alopátrica: especiação (de um ancestral comum em espécies diferentes) resultante da separação geográfica das populações.

Especiação pontuada: teoria da evolução na qual uma espécie evolui em pequenas explosões de mudanças rápidas no início, mas mais lentamente em seguida; salticionismo.

Especiação simpátrica: especiação que ocorre na ausência de isolamento geográfico.

Espécies-chave: grupo funcional ou população sem redundância; uma espécie (como um predador) que tem influência dominante na estrutura e no funcionamento de uma comunidade ou ecossistema.

Espécies de borda: espécies que habitam a margem ou habitats limítrofes; espécies que usam o limite para propósitos reprodutivos ou de sobrevivência.

Espécies de rebrota: espécies de plantas dependentes do fogo que investem mais energia nos órgãos de armazenamento subterrâneo e menos na estrutura reprodutiva.

Espécies nucleares: indivíduos, principalmente aves e mamíferos, que habitam o interior de um ecossistema florestal ou campos em vez de suas bordas.

Espiral de curso de água: movimento e ciclagem dos elementos essenciais (como carbono, nitrogênio e fósforo) entre os organismos e as poças disponíveis, ao longo do movimento a jusante.

Espiral de nutrientes: modelo de dinâmica de nutriente em cursos de água ou rios que, por causa do deslocamento para a jusante dos organismos e materiais, é mais bem representada por uma espiral.

Estabilidade da resistência: capacidade de um sistema de resistir a perturbações e manter sua estrutura e função intactas.

Estabilidade de pulso: propriedade de sistemas adaptados a uma intensidade e frequência de perturbação particular; populações que oscilam próximas à capacidade de suporte de um conjunto específico de condições ambientais.

Estabilidade de resiliência: capacidade de um sistema de se recuperar de uma perturbação quando o sistema é perturbado.

Estágio pioneiro: estágio seral inicial de um sere caracterizado pelas espécies de plantas sucessionais iniciais (geralmente anuais).

Estágio seral: um dos estágios sucessionais em um sere.

Estatística não paramétricas: testes estatísticos que não requerem um padrão normal ou aleatório de distribuição, mas que podem ser feitos baseados em informação qualitativa ou ordenadas.

Estatísticas paramétricas: testes estatísticos que requerem dados quantitativos ou observações baseadas em um padrão de distribuição normal ou aleatório.

Esteno: prefixo que significa "estreito", derivado do grego *stenos*.

Estivação: dormência em animais durante os períodos de seca.

Estocástico: refere-se a padrões originários de fatores ou efeitos aleatórios.

Estratégia de forrageamento: modo pelo qual os indivíduos procuram alimento e partilham seu tempo e energia para obtê-lo.

Estuário: (do latim *aestus*, "maré") corpo de água parcialmente fechado, como a foz de um rio ou de uma enseada costeira, onde as águas doce e salgada (do mar) se encontram e onde a ação da maré é um importante regulador físico e subsídio de energia.

Ética de conservação do solo: prática usada por agricultores para evitar a perda do solo ou a redução da sua qualidade.

Euri: prefixo que significa "amplo", derivado do grego *eurus*.

Eusocialidade: caracterizada pelo cuidado cooperativo com os jovens, divisão de trabalho e uma sobreposição de pelo menos duas gerações de estágios de vida funcionando para contribuir com o sucesso do grupo.

Eutrófico: refere-se a um corpo de água rico em nutrientes e alta produtividade.

Eutrofização cultural: superfertilização do ecossistema de água doce por nutrientes, principalmente nitrogênio e fósforo, provenientes de fontes antropogênicas.

Eutrofização: processo de enriquecimento por nutrientes (geralmente fosfatos e nitratos) em ecossistemas aquáticos, resultando no aumento da produtividade primária.

Evapotranspiração: total de perda de água de um ecossistema por evaporação, inclusive perda de água da superfície das plantas, principalmente através do estômato.

Evidência: resumo dos dados interpretados.

F

Fagotróficos: organismos heterotróficos que ingerem outros organismos ou matéria orgânica particulada; macroconsumidores.

Fator limitante: recurso que limita a abundância, o crescimento e a distribuição de um organismo ou espécie.

Fatores extrínsecos: fatores como temperatura e chuva que estão fora da esfera das interações da população.

Fatores intrínsecos: flutuações de população controladas principalmente por mecanismos regulatórios internos à população (genéticos, endócrinos, comportamentais, doenças e assim por diante).

Fecundidade: número de propágulos (ovos ou sementes) produzidos por um organismo.

Fenologia: estudo das mudanças sazonais na vida de plantas e animais, bem como da interação dessas mudanças com as condições meteorológicas e o clima.

Feromônio: composto ou substância química secretada por organismos individuais para se comunicar com outros membros de suas espécies.

Ficosfera: halo das bactérias que circundam a célula viva das algas no ambiente marinho.

Filogeografia: o estudo dos padrões de especiação inseridos na paisagem biogeográfica.

Fitoplâncton: pequenas plantas flutuantes do sistema aquático.

Floresta decídua: floresta composta por árvores que perdem as folhas durante as condições desfavoráveis do inverno; florestas decíduas temperadas formam o principal tipo de bioma no leste da América do Norte.

Fluxo de energia: troca e dissipação de energia através dos níveis tróficos da cadeia alimentar de um ecossistema.

Fontes hidrotermais: locais no fundo dos oceanos, geralmente perto de uma cordilheira mesoceânica, que libera água aquecida geotermicamente, rica em sulfetos dissolvidos, que são oxidados por bactérias quimiossintetizantes, fornecendo compostos orgânicos que sustentam comunidades animais.

Forrageamento ótimo: retorno máximo possível de energia sob um dado conjunto de condições de forrageamento e habitat; tendência dos indivíduos de selecionar tamanhos e manchas de alimento que resulta na ingestão máxima de alimento por energia despendida.

Fotoperíodo: período diurno ou sinal pelo qual os organismos regulam suas atividades sazonais.

Fragmentação do habitat: análise que determina como uma paisagem foi alterada por humanos, afetando tamanho, forma e frequência dos elementos da paisagem (manchas, corredores e matrizes).

Fragmentador: invertebrados de água corrente, geralmente inseto aquático, que se alimenta de matéria orgânica particulada grossa (MOPG).

Frequência de alelo: a frequência de um alelo na população.

Frequência de ocorrência: porcentual de áreas de amostragem ocupadas por uma espécie em particular.

Frequência genotípica: frequência de diferentes genótipos em uma população.

Frugívoro: organismo que se alimenta de frutos.

Função de interação: variáveis independentes ou extrínsecas que fazem que o sistema responda mas não são afetadas pelo sistema.

G

Genética de populações: estudo das mudanças nas frequências dos genes e genótipos dentro de uma população.

524 Fundamentos de Ecologia

Geometria da paisagem: estudo de formas, padrões e configurações na escala de paisagem.

Gestão da vida silvestre: o ramo da ecologia que trata do gerenciamento e da conservação da vida silvestre nativa.

Gestão de entrada: estratégia de gerenciar entrada de sistemas em vez de saídas; abordagem de redução de fonte para reduzir a poluição.

Grade de pontos: aparelho usado para obter uma estimativa quantitativa da cobertura vegetal.

Gradiente subsídio-estresse: gradiente da resposta de um sistema a uma perturbação, tanto positiva (produtividade aumentada) como negativa (retardo do crescimento ou da reprodução), ao longo do tempo.

Granulação: a interação entre o tamanho das manchas da paisagem e a vagilidade do animal.

Granulação fina: refere-se a um habitat ou mancha da paisagem no qual a vagilidade de uma certa espécie animal é alta em relação ao tamanho da mancha.

Granulação grosseira: refere-se a um habitat ou mancha da paisagem no qual a vagilidade de uma certa espécie animal é baixa em relação ao tamanho da mancha.

Guilda: grupo de espécies que vivem da exploração da mesma classe de recursos de um modo similar.

H

Habitat: local onde um organismo vive.

Habitat fonte: um habitat onde o sucesso reprodutivo de uma população permite fornecer indivíduos para o habitat sumidouro.

Habitat sumidouro: habitat onde a mortalidade local excede o sucesso reprodutivo.

Herbívoro: organismo que se alimenta de material vegetal.

Heterogeneidade: composição genética ou ambiental mista.

Heterotrófico: dependente de outros organismos para se alimentar ou nutrir; sistema no qual a respiração (R) supera a produção (P).

Heterótrofo: indivíduo incapaz de fabricar seu próprio alimento a partir da matéria inorgânica e que, portanto, consome outros organismos como fonte de energia.

Hidrologia: estudo quantitativo e qualitativo da água, conforme se move pelo ciclo hidrológico.

Hidroperíodo: periodicidade das flutuações dos níveis de água.

Hierarquia: arranjo dentro de uma série graduada, como níveis de organização biológica.

Hipolímnio: fundo frio e pobre em oxigênio de um lago quando estratificado termicamente durante o verão; zona de um lago abaixo da termoclina.

Hipótese da diversidade-estabilidade: hipótese baseada no pressuposto de que a produtividade primária líquida em comunidades vegetais mais diversificadas é mais resistente e se recupera mais completamente de perturbações importantes como a seca.

Hipótese da diversidade-produtividade: hipótese baseada no pressuposto de que as diferenças interespecíficas no uso dos recursos pelas plantas permitem que comunidades vegetais mais diversificadas, que utilizam os recursos limitantes mais completamente, atinjam, assim, uma produtividade primária líquida maior.

Hipótese de nulidade: hipótese pela qual uma amostra de indivíduos retirada de uma população na natureza viria da população com uma característica ou parâmetro conhecido.

Hipótese Gaia: (do grego *Gaia*, "a deusa Terra") hipótese formulada por James Lovelock em 1968, que afirma que organismos, especialmente microrganismos, evoluíram com o ambiente físico para proporcionar controle (autorregulação) e manter condições favoráveis à vida na Terra.

Hipótese: ideia ou conceito que pode ser testado por experimento.

Holismo: (do grego *holos*, "todo") teoria na qual sistemas totais não podem ser completamente entendidos investigando-se as partes ou propriedades individuais; teoria na qual as entidades totais têm uma existência, em vez de serem uma mera soma de suas partes.

Holológico: refere-se a estudos que investigam o ecossistema como um todo, em vez de examinar cada parte componente.

Homeorese: (do grego "mantendo o fluxo") tendência de um sistema de manter-se em um estado pulsante de equilíbrio.

Homeostase: tendência de um sistema de resistir à mudança e se manter em estado de equilíbrio estável.

Homeotermo: organismo que usa energia metabólica para manter uma temperatura corporal relativamente constante.

Homozigoto: contendo dois alelos idênticos no mesmo locus de um par de cromossomos.

Horizonte A: superfície do solo, caracterizado pelos acúmulos máximos de material orgânico e atividade biológica.

Horizonte B: estrato de solo caracterizado por minerais, onde a matéria orgânica do horizonte A foi convertida por decompositores em compostos inorgânicos, como sílica e argila.

Horizonte C: estrato de solo abaixo dos horizontes A e B que não é muito modificado pela atividade biológica ou pelo processo de formação do solo (o estrato da rocha-mãe).

Horizonte R: rocha-mãe sob o horizonte C do solo.

Húmus: matéria orgânica derivada de degradação parcial de material vegetal ou animal.

I

Imigração: movimento de novos indivíduos para dentro de uma população ou habitat.

Independência de densidade: regulação do crescimento populacional não vinculado ou relacionado à densidade da população; mudança nos números da população é independente do tamanho desta.

Índice de Lincoln: método de marcação e recaptura usado para estimar a densidade populacional total; índice criado em 1930 pelo ornitólogo norte-americano Frederick C. Lincoln para estimar a densidade da população.

Índice de Shannon-Weaver: medida de partilha de espécies em uma comunidade baseada na teoria da informação, publicada em 1949 por Claude E. Shannon e Warren Weaver.

Índice de uniformidade: índice que expressa equitatividade na distribuição dos indivíduos entre um grupo de espécies; medida da extensão pela qual as espécies estão igualmente representadas em uma comunidade.

Indivíduos marginais: indivíduos de uma população que não possuem territórios e não se acasalam, mas estão disponíveis para ocupar um território aberto pela morte de seu ocupante (território vago).

Indutivo: raciocinar do específico para conclusões gerais.

Inferência estatística: conclusão baseada em uma sumarização matemática dos dados.

Insetívoro: organismo heterotrófico que se alimenta principalmente de insetos.

Intemperismo: degradação física ou química de uma rocha e seus componentes minerais na interface com o solo.

Interdisciplinar: propostas que resultam em cooperação entre os membros de diferentes disciplinas científicas ao se endereçar um conceito, problema ou questão de nível mais elevado.

L

Lei da potência ¾: a taxa metabólica de um animal individual tende a crescer de acordo com potência ¾ de seu peso corpóreo.

Lei da tolerância de Shelford: lei proposta por V. E. Shelford em 1911, que afirma que a presença e o sucesso de um organismo ou espécie depende tanto do máximo como do mínimo de recurso ou do conjunto de condições.

Lei de autodesbaste: (também chamada *lei do* – *3/2*) lei que afirma que ao traçar em gráfico o peso médio de plantas individuais contra a densidade, frequentemente produz-se uma reta com inclinação aproximada de – 3/2.

Lei do equilíbrio de Hardy-Weinberg: lei, descoberta independentemente por G. H. Hardy e W. Weinber em 1908, que afirma que em uma população, acasalando--se ao acaso na ausência de forças evolutivas, a frequência de alelos permanecerá constante.

Lei do mínimo de Liebig: conceito, primeiramente estabelecido pelo barão J. von Liebig em 1840, pelo qual o material ou recurso essencial que mais se aproxima da necessidade mínima tende a ser o limitante.

Lei dos retornos reduzidos: conforme um ecossistema se torna maior e mais complexo, a proporção da produtividade bruta que deve ser respirada para sustentar o crescimento aumenta (em outras palavras, a proporção da produtividade que pode ser usada para o crescimento declina).

Lêntico: (do latim *lenis*, "calmo") refere-se aos ecossistemas de água parada, como lagos e lagoas.

Limites de tolerância: limites máximos e mínimos das amplitudes de fatores ambientais particulares (como luz ou temperatura) dentro dos quais um organismo ou espécie pode sobreviver.

Limnologia: estudo de ecossistemas de água doce, como os lagos.

Líquen: organismo que consiste em um fungo (*micobionte*) e uma alga ou cianobactéria (*ficobionte*), vivendo em uma associação mutualista; o líquen pode ser do tipo crustoso, folioso ou fruticoso, de acordo com a espécie.

Longevidade fisiológica: período máximo de vida de um indivíduo em uma população em condições ambientais ótimas.

Lótico: (do latim *lotus*, "lavado") ecossistema de água corrente, como riachos e rios.

M

Macrocosmo: (do grego *makros*, "grande") um ecossistema natural ou experimental de grande dimensão.

Macroevolução: evolução com mudanças fenotípicas importantes, rápidas, resultando em linhagens de descendentes modificadas em táxons novos e distintos.

Macrófitas: plantas grandes enraizadas ou flutuantes (como aguapés).

Macronutrientes: elementos necessários aos organismos vivos em quantidades substanciais (como nitrogênio e fósforo).

Manchas de paisagem: área relativamente homogênea que difere da matriz do entorno (como uma área de silvicultura embutida em uma matriz de agricultura).

Manejo Integrado de Pragas (MIP): programa ou estratégia de gerenciamento projetada para direcionar ou controlar um problema com uma praga em particular por meio da aplicação mínima de pesticida; uso de diferentes métodos e estratégias agrícolas (química, biológica, física ou cultural) para suprimir populações de pragas abaixo de suas margens econômicas.

Mangue: plantas lenhosas emergentes que toleram a salinidade do mar aberto; árvores que dominam as florestas intermareais tropicais.

Maricultura: criação de peixe ou outro alimento em confinamento (mesocosmos) em enseadas e estuários.

Mata galeria: floresta tropical que ocorre ao longo de margens e planícies de inundação de rios; mata ciliar.

Matriz da paisagem: grande área com ecossistema ou tipo de vegetação similar (agrícola ou florestal, por exemplo) na qual as manchas de paisagem estão inseridas.

Máxima de Tuckfield: dados coletados para um propósito geral ou não específico podem responder a poucas questões específicas.

Mediana: o quinto porcentil ou o valor central em uma distribuição.

Merológico: (do grego *meros*, "parte") refere-se a estudos que investigam primeiro as partes componentes para depois tentar entender o sistema como um todo.

Mésico: descreve as condições de um habitat úmido.

Mesocosmo: (do grego *mesos*, "meio") ecossistema experimental de tamanho médio.

Metabolismo Ácido das Crassuláceas (CAM): método de fixação de CO_2 que conserva a água em certas plantas de deserto, mantendo-as suculentas e resistentes à seca.

Metacomunidade: a curva de dominância-diversidade na teoria de neutralidade que caracteriza a diversidade no equilíbrio entre taxas de especiação e extinção de espécies da metacomunidade.

Metapopulação: grupo de subpopulações de uma população vivendo em locais separados, mas com troca ativa de indivíduos entre si.

Método de colheita: técnica para medir a produtividade primária líquida da vegetação herbácea terrestre (como cultivos abandonados ou campos); as colheitas são feitas periodicamente cortando-se a vegetação no nível do solo de áreas amostrais aleatorizadas, separando por espécie e depois secando para obter o peso seco.

Método do número mínimo de indivíduos: método de marcação e recaptura usado para estimar o porcentual da população total que se sabe estar viva em uma data em particular; conhecido como *método do calendário-de-capturas*, baseado na história da captura de uma espécie em particular.

Micorriza arbuscular-vesicular (MAV): interação entre micélios fungais e as raízes das plantas, na qual o fungo entra e cresce no interior das células da raiz do hospedeiro e se estende no solo circundante.

Micorriza: associação mutualista entre fungos e raízes das plantas.

Microcosmo: (do grego *mikros*, "pequeno") ecossistema experimental pequeno, simplificado.

Microevolução: evolução a partir de pequenas mudanças dentro de uma população que ocorre por seleção natural através do tempo.

Micronutrientes: elementos necessários para os organismos vivos apenas em quantidades pequenas.

Migração: partida e retorno periódico dos mesmos indivíduos em uma população.

Mimetismo batesiano: espécie benigna que imita espécies perniciosas ou perigosas.

Mimetismo Mulleriano: semelhança física entre vários membros de um grupo de espécies prejudiciais ou perigosas (compare com *mimetismo Batesiano*).

Mimetismo: semelhança de uma espécie com a outra como um mecanismo que evoluiu para enganar predadores.

Moda: valor ou item que ocorre com maior frequência em uma série de observações ou dados estatísticos.

Modelo de facilitação: modelo de sucessão no qual estágios serais anteriores preparam ou facilitam o caminho para o próximo estágio seral no desenvolvimento da comunidade.

Modelo de inibição: modelo de sucessão que propõe que as espécies de plantas dominantes que ocupam um local impedem a colonização daquele local por outras espécies de plantas.

Modelo de tolerância: modelo de sucessão que propõe que a sucessão leva a uma comunidade composta de espécies de plantas que seriam mais eficientes na exploração dos recursos.

Modelo: formulação que imita um fenômeno do mundo real; uma representação simplificada do mundo real que facilita a compreensão.

Montês: relativo a montanhas.

Mortalidade: morte de indivíduos em uma população.

Mosaico da paisagem: manchas semelhantes a uma colcha de retalhos composta de diferentes tipos de cobertura vegetal ao longo da paisagem; agregado de ecossistemas de tipos diferentes.

Mudança climática global: modificação do clima global resultante do aumento da proporção dos gases do efeito estufa, especialmente o CO_2, emitido como subproduto de atividades humanas.

Mutualismo: interação entre duas espécies, na qual o crescimento e a sobrevivência de ambas populações são beneficiadas.

N

Natalidade: capacidade de uma população crescer por meio da reprodução; produção de novos indivíduos em uma população.

Natalidade fisiológica: número máximo de jovens que uma fêmea é capaz de produzir fisiologicamente durante sua vida.

Nécton: organismos livre-natantes, como os peixes.

Nerítica: refere-se a regiões em ambientes marinhos onde massas de terra se estendem como plataformas continentais.

Neutralismo: interação entre duas espécies na qual nenhuma das populações é afetada pela associação com a outra.

Nicho: papel funcional de uma espécie em uma comunidade biótica ou ecossistema.

Nicho espacial: status funcional de uma espécie em seu habitat expresso como uma dimensão espacial.

Nicho fundamental: nicho determinado na ausência de competidores ou outras interações bióticas como predação; amplitude total das condições ambientais sob as quais uma espécie pode sobreviver.

Nicho hipervolumétrico: conceito de espaço multidimensional proposto por G. E. Hutchinson em 1957, no qual o nicho de uma espécie é representado como um ponto ou volume em um hiperespaço cujos eixos correspondem aos atributos dessa espécie.

Nicho realizado: nicho determinado na presença de competidores e outras interações bióticas, como predação.

Nicho trófico: status funcional de uma espécie baseado no nível trófico ou nas relações energéticas.

Níveis de organização: um arranjo hierárquico ordenado, desde a ecosfera (ou além) até as células (ou além), ilustrando como cada nível manifesta propriedades emergentes que são mais bem explicadas nesse nível particular de organização.

Nível de saturação luminosa: o valor da radiação fotossinteticamente ativa (RFA) além do qual nenhum aumento resulta em aumento da fotossíntese.

Nível trófico: posição em uma cadeia alimentar determinada pelo número de etapas da transferência de energia até aquele nível (do produtor primário para o consumidor secundário, por exemplo); classificação funcional dos organismos em um ecossistema de acordo com a relação alimentar.

Noosfera: (do grego *noös*, "mente") sistema dominado ou gerenciado pela mente humana, conforme proposto pelo cientista russo V. I. Vernadskij em 1945.

Normalidade: dados que se ajustam à curva em forma de sino da distribuição normal de probabilidades.

Nutriente: substância requerida por um organismo para seu crescimento, saúde e vitalidade normais.

O

Oceanografia: ramo da ecologia que trata da biologia, da química, da geologia e da física do oceano.

530 Fundamentos de Ecologia

*Oikos***:** termo grego que significa "casa" ou "lugar para viver".

Oligotrófico: refere-se a um corpo de água que contém baixos teores de nutrientes e baixa produtividade.

Onívoro: organismo que consome tanto matéria animal quanto vegetal.

Ordem de rio: classificação numérica da drenagem de cursos de água baseada na sua estrutura e funções, a partir da nascente até a foz.

Ordenação: ordenar populações de espécies e comunidades de espécies ao longo de um gradiente; processo no qual as comunidades são posicionadas graficamente em ordem, de modo que as distâncias entre espécies refletem a composição da comunidade.

P

Paisagem: área heterogênea composta por um grupo de ecossistemas em interação que se repetem de modo similar por toda a área; formas de terra de uma região em sua totalidade; um nível regional de organização entre o ecossistema e o bioma.

Paleoecologia: estudo das interações da flora e da fauna antigas com seu ambiente por meio de registros fósseis.

Parasitismo: interação entre duas espécies em que uma população (o *parasita*) se beneficia, e outra (o *hospedeiro*) é prejudicada (mas geralmente não morre).

Parasitoide: larva de inseto que mata seu hospedeiro, geralmente um outro inseto, consumindo o tecido mole do hospedeiro antes de sua metamorfose para fase adulta.

Parasitologia: ramo da ciência que trata de pequenos organismos (*parasitas*) que vivem sobre ou dentro de outros organismos (*hospedeiros*), independente do efeito do parasita no hospedeiro ser negativo, positivo ou neutro.

Pecilotérmico: organismo cuja temperatura do corpo varia diretamente conforme a temperatura do seu ambiente.

Pedologia: estudo do solo em todos os seus aspectos.

Pegada ecológica: a área de ecossistemas produtivos fora de uma cidade que é necessária para sustentar a vida na cidade.

Pelágico: refere-se ao mar aberto.

Perene: planta que vive durante alguns anos.

Perfil do solo: camadas ou estratos distintos dos horizontes do solo.

Perifíton: organismos aderidos aos substratos naturais, como ramos de plantas, nas zonas litorâneas ou bentônicas de lagos (ver também *aufwuchs*).

Permafrost: solo permanentemente congelado, característico do bioma tundra.

Pirâmide de biomassa: modelo ou diagrama que mostra as taxas de fluxo de energia através dos diversos níveis tróficos em um ecossistema.

Pirâmide de números: modelo ou diagrama que mostra o número de organismos presentes em cada nível trófico de um ecossistema frequentemente chamado de *pirâmide Eltoniana*, atribuída a Charles Elton, um ecólogo britânico.

Planejamento experimental: planejamento estatístico para a condução de um experimento, a fim de garantir que as causas associadas aos efeitos possam ser avaliadas por meio de cuidadoso controle de todas as variáveis apropriadas.

Planta C3: planta que produz um composto de três carbonos (ácido fosfoglicérico) como o primeiro passo na fotossíntese; etapa da fixação de carbono comum em plantas adaptadas a baixas temperaturas, condições de luz média e suprimento hídrico adequado.

Planta C4: planta que produz um composto de quatro carbonos (ácido málico ou aspártico) como o primeiro passo na fotossíntese; etapa da fixação de carbono comum em plantas adaptadas a altas temperaturas, condições de luz intensa e baixo suprimento hídrico.

Poça vernal: lagoa ou poça rasa temporária, cheia na primavera.

Poluição: frequentemente definida como *recursos mal dispostos*.

Ponto de inflexão: ponto onde a taxa de crescimento é máxima em uma curva de crescimento sigmoide (em forma de S).

População: grupo de indivíduos da mesma espécie vivendo em uma dada área ou habitat em um dado tempo.

Potência: probabilidade de detectar um efeito significativo do tratamento quando este de fato existir.

Potencial biótico: o potencial reprodutivo máximo de um organismo.

Potencial hídrológico: capacidade da água de produzir um trabalho, determinada por seu conteúdo de energia livre.

Pradarias temperadas: biomas dominados por gramíneas, como *Andropogon*, *Panicum* e *Bouteloua*, cuja precipitação é entre 25 e 75 centímetros por ano.

Predação: interação entre duas espécies em que uma população serve como fonte de alimento para outra; a interação pela qual o predador mata sua presa (depende da presa como sua fonte de alimento).

Primeira lei da termodinâmica: embora a energia possa ser transformada de uma forma para outra, nunca pode ser criada ou destruída (em outras palavras, não ocorre ganho ou perda de energia).

Princípio da exclusão competitiva: princípio que determina que duas espécies não podem ocupar permanentemente o mesmo nicho ecológico.

Princípio de Allee de agregação: um tipo especial de dependência de densidade, identificado inicialmente por W. C. Allee em 1931, no qual o grau de agregação resulta em crescimento e sobrevivência populacionais ótimos.

Princípio de Gause: princípio (demonstrado primeiramente por G. F. Gause, biologista russo, em 1932) que afirma que duas espécies com as mesmas exigências ecológicas não podem coexistir (ver *Princípio da exclusão competitiva*).

Princípio precatório: encoraja a humanidade a agir antes de aparecerem os efeitos.

Processo Haber: processo catalítico industrial para a síntese da amônia a partir do nitrogênio e do hidrogênio; descoberto por Fritz Haber, químico alemão.

Produção máxima sustentada: o ponto na curva de crescimento da população onde a biomassa colhida seria mais rapidamente reposta; a taxa máxima na qual os indivíduos em uma população podem ser colhidos sem redução de seu tamanho.

Produção ótima sustentada: nível ou quantidade de colheita que pode ser removida de uma população que resultará na maior produção que pode ser mantida indefinidamente.

Produção primária: produção de materiais biológicos (biomassa) por autótrofos fotossintetizantes ou quimiossintetizantes.

532 Fundamentos de Ecologia

Produtividade líquida da comunidade: taxa de armazenamento de matéria orgânica em um ecossistema que não é usada por heterótrofos durante o período de medição (geralmente uma estação de crescimento ou um ano).

Produtividade primária bruta (PPB): taxa pela qual a energia radiante é fixada pela fotossíntese de organismos produtores; a soma da produtividade primária líquida e da respiração dos autótrofos ($PPB = PPL + R$).

Produtividade primária líquida (PPL): taxa de armazenamento de matéria orgânica nos tecidos da planta que excedem o uso respiratório durante o período de medição ($PPL = PPB - R$).

Produtividade primária: taxa de produção de biomassa pelos produtores.

Produtividade secundária: taxa de armazenamento de matéria orgânica pelos heterótrofos; taxa pela qual os heterótrofos (consumidores primários ou secundários) acumulam biomassa com a produção de novos tecidos somáticos ou reprodutivos.

Produtores: organismo autotrófico (como as plantas verdes, que podem fabricar alimentos por meio da fotossíntese).

Produtores primários: organismos que produzem alimento a partir de substâncias inorgânicas simples (ou seja, plantas fotossintetizantes).

Profundidade de compensação: profundidade de um lago onde a penetração da luz é tão reduzida que a produção de oxigênio pela fotossíntese compensa o consumo de oxigênio pela respiração (ou seja, a profundidade de um lago onde $P/R = 1$).

Propriedade emergente: refere-se às propriedades em vários níveis de organização que não podem ser derivadas a partir de sistemas em níveis inferiores estudados isoladamente.

Propriedades coletivas: somatório das propriedades das partes (por exemplo, taxa de natalidade, que é a soma dos nascimentos individuais dentro de um período de tempo estabelecido).

Propriedades não redutíveis: propriedades de um todo que não podem ser reduzidas à soma das propriedades das partes.

Protocooperação: interação entre duas espécies na qual ambas populações se beneficiam da interação, mas a associação não é obrigatória; frequentemente chamada de *cooperação facultativa*.

Pseudo-replicação: ocorre quando os pesquisadores tentam aumentar o tamanho amostral por meio de um aumento no número de amostras ou medidas da mesma unidade de tratamento experimental ou mesocosmo, em vez de replicar o número de unidades de tratamento ou mesocosmos; três tipos comuns de pseudoreplicação são espacial, temporal e de sacrifício.

Q

Quadrat: uma unidade de amostragem básica, em geral 1 m^2, usado para amostrar comunidades vegetais de campos e áreas agrícolas abandonadas.

Queimada: incêndio intenso que destrói a maior parte da vegetação e uma parte da matéria orgânica do solo.

Queimada prescrita: fogo gerenciado pelo ser humano que favorece certos organismos e ecossistemas, como savanas e cerrados.

Quelação: (do grego *chele*, "garra") formação de um complexo de matéria orgânica com íons metálicos (por exemplo, a clorofila é um composto quelado em que o íon metálico é o magnésio).

R

Rad: unidade de radiação definida como uma dose de 100 ergs de energia absorvida por grama de tecido.

Radiação ultravioleta (UV): radiação eletromagnética de comprimento de onda entre 100 e 400 nanômetros, que vem logo depois das de alta energia (violeta) na faixa de luz visível do espectro solar.

Radioecologia: ramo da ecologia que se ocupa dos efeitos dos materiais radioativos em sistemas vivos e com os caminhos pelos quais estes materiais são dispersos dentro dos ecossistemas.

Radionuclídeos: isótopos de elementos que emitem radiações ionizantes.

Razão de colheita: a razão entre os grãos (ou outras partes comestíveis) e o tecido que dá suporte à planta.

Recessivo: descreve um alelo ou fenótipo expresso apenas em seu estado homozigoto.

Recife de coral: grupos de cnidários coloniais que secretam um esqueleto externo de carbonato de cálcio, geralmente em interação mutualística com algas; os três tipos de recife de coral são: atol, recife de barreira e recife de franjas.

Recuperação: capacidade de um sistema de voltar ao seu estado ou condição original após uma perturbação.

Reducionismo: teoria pela qual os sistemas complexos podem ser explicados analisando-se as partes simples ou básicas desses sistemas.

Refúgio: local onde indivíduos de uma população explorada encontram proteção contra predadores e parasitas; área isolada onde plantas e animais encontram refúgio de condições ambientais desfavoráveis; local onde a flora e a fauna antes amplamente distribuídas, mas hoje consideravelmente reduzidas, permanecem presentes.

Regra de Rosenzweig: determina que o logaritmo da produtividade primária líquida está relacionado linearmente ao logaritmo da evapotranspiração.

Regulação de baixo para cima: regulação da estrutura trófica de uma comunidade ou ecossistema relacionada com a produtividade aumentada do nível trófico de produtor; influência dos produtores sobre os níveis tróficos acima deles na teia alimentar.

Regulação de cima para baixo: regulação da estrutura trófica de uma comunidade ou ecossistema pelo aumento da predação; influência dos consumidores secundários nos tamanhos dos níveis tróficos abaixo deles na teia alimentar.

Regulação de populações: mecanismos ou fatores internos a uma população que causam decréscimo de sua densidade quando esta é alta (acima de sua capacidade de suporte), e aumento quando a densidade desta é baixa (abaixo de sua capacidade de suporte).

Relógio biológico: mecanismo endógeno fisiológico que mantém o tempo independente de eventos externos, permitindo aos organismos responder às periodicidades diárias, lunares, sazonais ou outras.

534 Fundamentos de Ecologia

Rendimento: produção ou retorno, geralmente expresso em energia ou massa, de recursos naturais (como peixe, madeira ou caça) de um ecossistema aquático ou terrestre.

Reotrófico: descreve regiões alagadas (como brejos) que obtêm muito da entrada de seus nutrientes através da água subterrânea.

Reservas Particulares do Patrimônio Natural (RPPN): mecanismo legal para designar propriedade particular para fins de benefício ecológico e de conservação; uma unidade de conservação em área privada, gravada em caráter de perpetuidade, com o objetivo de conservar a diversidade biológica, regida pela Lei nº 9.985/2000 (SNUC). A criação de uma RPPN é um ato voluntário do proprietário, que decide construir sua propriedade, ou parte dela, em uma RPPN, sem que isso ocasione perda do direito de propriedade.

Resistência ambiental: a soma total dos fatores limitantes ambientais, bióticos e abióticos, que impedem a realização do potencial biótico de uma população ($r$max).

Resistência: capacidade de um sistema de manter sua estrutura e função durante a perturbação.

Resposta funcional: aumento na taxa de alimentação de um predador que ocorre em resposta a um aumento na disponibilidade de presas.

Resposta numérica: mudança no tamanho da população de predadores em resposta a uma mudança na densidade de presas.

Ressurgência: movimento das águas oceânicas profundas em direção à superfície à zona eufótica; ocorre mais comumente ao longo da costa oeste dos continentes (por exemplo, a corrente do Peru ao longo da costa da América do Sul).

Retroalimentação negativa: informação que inibe o processo de crescimento ou saída de um sistema.

Retroalimentação por recompensa: retroalimentação positiva (aumento de crescimento ou sobrevivência) de um organismo ou nível trófico que encoraja a sobrevivência de seus recursos alimentares.

Retroalimentação positiva: informação que gera processos de crescimento dentro de um sistema.

Ripário: ao longo das margens dos rios e cursos de água.

Riqueza de espécie: número de diferentes espécies em uma área definida.

Ritmo circadiano: capacidade de um organismo de marcar e repetir funções em intervalos de aproximadamente 24 horas, mesmo na ausência de estímulos ambientais evidentes, como a luz do dia.

Rizosfera: região de atividade do solo que circunda as raízes.

S

Saprotrófico: organismo que se alimenta de matéria orgânica morta; organismo que absorve nutrientes orgânicos de material vegetal ou animal morto.

Savana: campo tropical onde as árvores ou arbustos de lenhosos estão amplamente espaçados.

Segunda lei da termodinâmica: quando a energia é transformada de uma forma para outra, ocorre uma degradação dessa energia de uma forma concentrada para uma outra dispersa (em outras palavras, nenhuma transformação de energia em energia potencial é 100% eficiente).

Seleção de grupo: seleção natural entre os grupos ou assembléias de organismos que não são intimamente conectados por associações mutualísticas; eliminação de um grupo de indivíduos por outro grupo de organismos que possuem traços genéticos superiores.

Seleção de grupo: seleção por meio da qual os indivíduos aumentam sua aptidão inclusiva, ajudando a aumentar o sucesso de sobrevivência e reprodutivo de parentes (grupo) que não sejam seus filhos.

Seleção K: seleção sob a condição de capacidade de suporte K com alto nível de competição; as espécies caracterizadas pela seleção K tendem a dominar em estágios maduros de sucessão ecológica.

Seleção natural: processo evolutivo envolvendo diferenças individuais nas taxas de sobrevivência ou reprodução, resultando em alguns tipos de indivíduos representados mais frequentemente que outros na próxima geração.

Seleção r: seleção que ocorre na taxa de crescimento intrínseca r, ou próxima dela, caracterizada pelas altas taxas de reprodução sob condições de baixa competitividade; a seleção r tende a dominar nos estágios iniciais da sucessão ecológica.

Sere: série de estágios sucessionais de um determinado local conduzindo a uma comunidade clímax madura.

Simbiose: duas espécies diferentes vivendo juntas em associação próxima.

Sinergismo: resultado de fatores combinados, cada qual influenciando um processo na mesma direção; porém, quando combinados, resultam em um efeito maior do que agindo separadamente.

Sistema: conjunto de componentes interdependentes funcionando dentro de um limite definido.

Sistema de posicionamento global (GPS): sistema que determina localizações na superfície da Terra, incluindo longitude, latitude e altitude, usando sinais de rádio dos satélites.

***Smog* fotoquímico:** do inglês *smoke* (fumaça) + *fog* (neblina); reação dos hidrocarbonetos com moléculas de óxido de nitrogênio na presença da radiação ultravioleta da luz solar, produzindo moléculas orgânicas complexas de peroxiacetilnitratos (PAN), resultando em um nevoeiro atmosférico com fumaça.

Sobreposição de nicho: sobreposição ou compartilhamento do espaço de um nicho por duas ou mais espécies.

Sombra de chuva: área seca do lado abrigado das montanhas.

Sub-bosque: camada de vegetação abaixo da copa da floresta.

Subsídios de energia: subsídios externos ao sistema (como fertilizantes, pesticidas, combustíveis fósseis ou irrigação) que aumentam o crescimento ou taxas de reprodução dentro do sistema.

Sucessão: substituição de uma comunidade ou estágio seral por outro.

Sucessão alogênica: modificações na sucessão resultantes principalmente de forças ou perturbações externas, como fogo ou inundação.

Sucessão autogênica: mudanças na sucessão determinadas principalmente por interações internas (autogeradas).

Sucessão autotrófica: sucessão que se inicia com a razão $P/R > 1$.

536 Fundamentos de Ecologia

Sucessão cíclica: sucessão causada por perturbações periódicas e rítmicas, nas quais a sequência dos estágios serais se repete, impedindo o desenvolvimento de um clímax ou de uma comunidade vegetal estável.

Sucessão dependente de perturbação: sucessão dependente de perturbações alogênicas recorrentes, como fogo ou tempestades.

Sucessão ecológica: processo de mudança e desenvolvimento no qual estágios serais prévios são substituídos por estágios serais subsequentes, até que se estabeleça uma comunidade madura (clímax).

Sucessão em clareira: desenvolvimento sucessional em um local perturbado dentro de uma comunidade vegetal estável; substituição ou sucessão em uma clareira de uma floresta causada por uma perturbação, como vento ou doença.

Sucessão em ondas: sucessão secundária iniciada nas comunidades vegetais vulneráveis a ventos fortes, quando árvores ou vegetação são arrancadas em ondas.

Sucessão heterotrófica: sucessão iniciando com $P/R < 1$; processo sucessional sobre matéria orgânica morta.

Sucessão primária: sucessão ecológica iniciando em um substrato nu previamente desocupado (como derramamento de lava).

Sucessão secundária: sucessão que ocorre em um local que previamente sustentou a vida (como um campo de cultivo abandonado).

Sustentabilidade: capacidade de suprir as necessidades da atual geração sem comprometer a capacidade de suprir as necessidades das gerações futuras; manutenção do capital e dos recursos naturais para suprir as necessidades ou a alimentação, a fim de evitar a queda abaixo de um dado limite de saúde e vitalidade.

T

Tabela da vida: tabulação da interação entre mortalidade e sobrevivência de uma população baseada em uma coorte inicial.

Taiga: bioma florestal boreal circumpolar norte.

Tamanho efetivo da população: tamanho efetivo de uma população como uma medida de quantos indivíduos geneticamente distintos participam realmente da próxima geração; o tamanho mínimo da população, abaixo do qual uma dada espécie pode perder seu potencial evolutivo.

Taxa intrínseca de crescimento natural: a taxa máxima *per capita* de crescimento da população (*rmax*) baseada em uma distribuição etária estável e livre de competição e limitação de recursos.

Tecnoecossistema: sistema construído pelo ser humano como urbano, suburbano e desenvolvimento industrial.

Tecnologia solar: refere-se ao sistema mantido e gerenciado pela energia solar.

Teia alimentar: resumo ou modelo de relações alimentares dentro de uma comunidade ecológica; uma representação de fluxo de energia através das populações em uma comunidade.

Tempo de renovação: tempo necessário para repor a quantidade de uma substância ou um recurso igual ao volume daquele componente presente no sistema.

Teoria da emergência: teoria de que o todo possui propriedades que os componentes individuais não possuem.

Teoria da montagem do nicho: hipótese em que as comunidades ecológicas são montagens equilibradas de espécies em competição, coexistindo porque cada espécie é a competidora mais eficiente em seu próprio nicho.

Teoria da neutralidade: extensão da teoria da biogeografia de ilhas, proposta por Stephen P. Hubbell em 2001, na qual as espécies são tratadas como se possuíssem a mesma taxa *per capita* de nascimento, morte, dispersão e especiação.

Termoclina: camada de água em um lago com estratificação térmica, em que o perfil de temperatura muda rapidamente em relação ao corpo da água como um todo; zona de água entre o epilímnio e o hipolímnio em um lago estratificado termicamente.

Terra cultivável: agregação de micorrizas com partículas de solo que constitui uma estrutura de solo saudável.

Territorialidade: defesa do espaço de habitat por um indivíduo ou um grupo social.

Território: área dentro de um habitat defendida por um indivíduo.

Textura do solo: proporções relativas de partículas de areia, silte e argila no solo.

Transdisciplinares: refere-se a abordagens envolvendo cooperação de vários níveis em ampla escala com foco em sistemas educacionais inteiros ou inovadores.

Tratamento: ação experimental planejada para produzir um efeito.

Tundra alpina: condições semelhantes à tundra encontradas acima da linha das árvores, em montanhas altas.

Tundra: bioma caracterizado por musgo, líquen, junco e herbáceas não gramíneas, porém com ausência de árvores; área de solo permanentemente congelada dominada por vegetação sem árvores.

Turfeira: ecossistema de zona úmida caracterizado por condições ácidas e acúmulo de turfa, dominado pelo musgo *Sphagnum*.

U

Umidade relativa: porcentagem de vapor de água presente comparada com a saturação sob condições existentes de temperatura e pressão.

Unidade de estudo ecológico (UEE): dimensão física da área de estudo experimental, mesocosmo ou mancha necessários para obter uma replicação apropriada.

Uniformidade de espécies: proporção de uma espécie em uma área definida comparada com a proporção (números, biomassa) de uma outra espécie na mesma área.

V

Vagilidade: capacidade inerente de se mover livremente.

Valor calórico: conteúdo de energia dos materiais biológicos expresso em calorias ou quilocalorias por grama de peso seco.

Valor de importância: soma da densidade, da dominância e da frequência relativas de uma espécie em uma comunidade numa escala de 0 a 300; quanto maior o valor da importância, mais dominante é a espécie naquela comunidade.

Variação aleatória: estimativa da medida de dispersão em torno da variável aleatória mais provável.

538 Fundamentos de Ecologia

Variáveis de estado: conjunto de números usados para representar o estado ou a condição de um sistema em um determinado tempo.

Vetor: organismo que transmite o patógeno de um organismo para outro.

Virulência: o aspecto dos parasitas que mede o dano causado ao hospedeiro.

X

Xérico: caracterizado por condições secas.

Xerófita: planta com adaptações especiais (como estômatos em cripta) para sobrevivência em períodos prolongados de seca.

Xerosere: termo usado para descrever a sucessão em terra seca ou superfície rochosa.

Z

Zona bentônica: a região mais profunda ou o fundo de um lago de água doce ou de ecossistema aquático.

Zona limnética: a água aberta de um lago para além da zona do litoral, onde $P/R > 1$.

Zona litoral: zona contendo plantas enraizadas, flutuantes e emergentes ao longo da margem de um lago ou lagoa, onde $P/R > 1$.

Zona profunda: área de águas profundas de um lago que está abaixo da profundidade de penetração de luz efetiva, onde $P/R < 1$.

Zonação: distribuição da vegetação ao longo do gradiente ambiental, como zonas latitudinais, altitudinais, ou horizontais dentro de uma paisagem.

Zonas de vida: classificação inicial dos principais tipos de vegetação proposta por C. H. Merriam em 1894, baseada na interação entre o clima e a vegetação.

Zoogeografia: estudo da abundância e da distribuição de animais.

Zooplâncton: animais flutuantes ou com baixo poder de natação pertencentes a ecossistemas marinhos ou de água doce.

Referências

A

Abrahamson, W. G., and M. Gadgil. 1973. Growth form and reproductive effort in goldenrods (*Solidago*, Compositae). *American Naturalist* 107:651–661.

Abramovitz, J. N., and A. T. Mattoon. 1999. *Paper cuts: Recovering the paper landscape.* Worldwatch Paper 149. Washington, D.C.: Worldwatch Institute.

Adkisson, P. L., G. A. Niles, J. K. Walker, L. S. Bird, and H. B. Scott. 1982. Controlling cotton's insect pests: A new system. *Science* 216:19–22.

Ahl, V., and T. F. H. Allen. 1996. *Hierarchy theory: A vision, vocabulary, and epistemology.* New York: Columbia University Press.

Ahmadjian, V. 1995. Lichens are more important than you think. *BioScience* 45:124.

Allee, W. C. 1931. *Animal aggregations: A study in general sociology.* Chicago: University of Chicago Press.

———. 1951. *Cooperation among animals: Social life of animals.* New York: Schuman.

Allee, W. C., A. E. Emerson, O. Park, T. Park, and K. P. Schmidt. 1949. *Principles of animal ecology.* Philadelphia: W. B. Saunders.

Allen, J. 1991. *Biosphere 2: The human experiment.* New York: Penguin Books.

Allen, T. F. H., and T. W. Hoekstra. 1992. *Toward a unified ecology. Complexity in ecological systems.* New York: Columbia University Press.

Allen, T. F. H., and T. B. Starr. 1982. *Hierarchy: Perspectives for ecological complexity.* Chicago: University of Chicago Press.

Altieri, M. A. 2000. The ecological impacts of transgenic crops on agroecosystem health. *Ecosystem Health* 6:13–23.

American Institute of Biological Sciences (AIBS). 1989. Fire impact on Yellowstone. Special Issue. *BioScience* 39:667–722.

Andreae, M. O. 1996. Raising dust in the greenhouse. *Nature* 380:389–390.

Andrewartha, H. G., and L. C. Birch. 1954. *The distribution and abundance of animals.* Chicago: University of Chicago Press.

Ardrey, R. 1967. *The territorial imperative.* New York: Atheneum.

Armentano, T. V. 1980. Drainage of organic soils as a factor in the world carbon cycle. *BioScience* 30:825–830.

Ausubel, J. H. 1996. Can technology spare the earth? *American Scientist* 84:166–178.

Avery, W. H., and C. Wu. 1994. *Renewable energy from the ocean: A guide to OTEC.* Oxford: Oxford University Press.

540 Fundamentos de Ecologia

Axelrod, R., and W. D. Hamilton. 1981. The evolution of cooperation. *Science* 211:1390–1396.

Ayala, F. J. 1969. Experimental invalidation of the principle of competitive exclusion. *Nature* 224:1076.

———. 1972. Competition between species. *American Scientist* 60:348–357.

Azam, F. 1998. Microbial control of oceanic carbon flux: The plot thickens. *Science* 280:694–696.

Azam, F., T. Fenchel, J. G. Field, J. S. Gray, L. A. Meyer-Reil, and F. Thingstad. 1983. The ecological role of water-column microbes in the sea. *Marine Ecology Progress Series* 10:257–263.

B

Bailey, R. G. 1976. *Ecoregions of the United States*. Washington, D.C.: Forest Service, Fish and Wildlife Service, United States Department of Agriculture. Reprint, 1978, *Description of the ecoregions of the United States*. Ogden, Utah: Forest Service Intermountain Region, United States Department of Agriculture.

———. 1995. *Descriptions of ecoregions of the United States*, 2nd ed. Washington, D.C.: Forest Service, United States Department of Agriculture.

———. 1998. *Ecoregions: The ecosystem geography of the oceans and continents*. New York: Springer Verlag.

Bak, P. 1996. *How nature works: The science of self-organized criticality*. New York: Springer Verlag.

Bakelaar, R. G., and E. P. Odum. 1978. Community and population level responses to fertilization in an old-field ecosystem. *Ecology* 59:660–665.

Baker, A. C. 2001. Reef corals bleach to survive change. *Nature* 411:765–766.

Bamforth, S. S. 1997. Evolutionary implications of soil protozoan succession. *Revista de la Sociedad Mexicana de Historia Natural* 47:93–97.

Banavar, J. R., S. P. Hubbell, and A. Meritan. 2004. Symmetric neutral theory with Janzen-Connell density dependence explains patterns of beta diversity in tropical tree communities. *Science*, in review.

Barbour, D. A. 1985. Patterns of population fluctuation in the pine looper moth *Bupalus piniaria L.* in Britain. In *Site characteristics and population dynamics of Lepidopteran and Hymenopteran forest pests*, D. Bevan and J. T. Stoakley, Eds. Edinburgh: Forestry Commission Research and Development Paper 135:8–20.

Barrett, G. W. 1968. The effects of an acute insecticide stress on a semi-enclosed grassland ecosystem. *Ecology* 49:1019–1035.

———. 1985. A problem-solving approach to resource management. *BioScience* 35:423–427.

———. 1988. Effects of Sevin on small mammal populations in agricultural and old-field ecosystems. *Journal of Mammalogy* 69:731–739.

———. 1989. Viewpoint: A sustainable society. *BioScience* 39:754.

———. 1990. Nature's model. *Earth•Watch* 9:24–25.

———. 1992. Landscape ecology: Designing sustainable agricultural landscapes. *Journal of Sustainable Agriculture* 2:83–103.

———. 1994. Restoration ecology: Lessons yet to be learned. In *Beyond preservation: Restoring and inventing landscapes*, D. Baldwin, J. de Luce, and C. Pletsch, Eds. Minneapolis: University of Minnesota Press, pp. 113–126.

———. 2001. Closing the ecological cycle: The emergence of integrative science. *Ecosystem Health* 7:79–84.

Barrett, G. W., and T. L. Barrett. 2001. Cemeteries as repositories of natural and cultural diversity. *Conservation Biology* 15:1820–1824.

Barrett, G. W., and P. J. Bohlen. 1991. Landscape ecology. In *Landscape linkages and biodiversity*, W. E. Hudson, Ed. Washington, D.C.: Island Press, pp. 149–161.

Barrett, G. W., and A. Farina. 2000. Integrating ecology and economics. *BioScience* 50:311–312.

Barrett, G. W., and G. E. Likens. 2002. Eugene P. Odum: Pioneer of ecosystem ecology. *BioScience* 52:1047–1048.

Barrett, G. W., and K. E. Mabry. 2002. Twentieth-century classic books and benchmark publications in biology. *BioScience* 52:282–285.

Barrett, G. W., and C. V. Mackey. 1975. Prey selection and caloric ingestion rate of captive American kestrels. *The Wilson Bulletin* 87:514–519.

Barrett, G. W., and E. P. Odum. 2000. The twenty-first century: The world at carrying capacity. *BioScience* 50:363–368.

Barrett, G. W., and J. D. Peles, Eds. 1999. *Landscape ecology of small mammals*. New York: Springer Verlag.

Barrett, G. W., and R. Rosenberg, Eds. 1981. *Stress effects on natural ecosystems*. New York: John Wiley.

Barrett, G. W., and L. E. Skelton. 2002. Agrolandscape ecology in the twenty-first century. In *Landscape ecology in agroecosystems management*, L. Ryszkowski, Ed. Boca Raton, Fla.: CRC Press, pp. 331–339.

Barrett, G. W., T. L. Barrett, and J. D. Peles. 1999. Managing agroecosystems as agrolandscapes: Reconnecting agricultural and urban landscapes. In *Biodiversity in agroecosystems*, W. W. Collins and C. O. Qualset, Eds. Boca Raton, Fla.: CRC Press, pp. 197–213.

Barrett, G. W., J. D. Peles, and S. J. Harper. 1995. Reflections on the use of experimental landscapes in mammalian ecology. In *Landscape approaches in mammalian ecology and conservation*, W. Z. Lidicker, Jr., Ed. Minneapolis: University of Minnesota Press, pp. 157–174.

Barrett, G. W., J. D. Peles, and E. P. Odum. 1997. Transcending processes and the levels of organization concept. *BioScience* 47:531–535.

Barrett, G. W., N. Rodenhouse, and P. J. Bohlen. 1990. Role of sustainable agriculture in rural landscapes. In *Sustainable agricultural systems*, C. A. Edwards, R. Lai, P. Madden, R. H. Miller, and G. House, Eds. Ankeny, Iowa: Soil and Water Conservation Society, pp. 624–636.

Baskin, Y. 1999. Yellowstone fires: A decade later—ecological lessons in the wake of the conflagration. *BioScience* 49:93–97.

Bazzaz, F. A. 1975. Plant species diversity in old-field successional ecosystems in southern Illinois. *Ecology* 56:485–488.

Beecher, W. J. 1942. *Nesting birds and the vegetation substrate*. Chicago: Chicago Ornithological Society.

Bell, W., and R. Mitchell. 1972. Chemotactic and growth responses of marine bacteria to algal extracellular products. *Biological Bulletin* 143:265–277.

Belovsky, G. E., D. B. Botkin, T. A. Crowl, K. W. Cummins, J. F. Franklin, M. L. Hunter Jr., A. Joern, D. B. Lindenmayer, J. A. MacMahon, C. R. Margules, and J. M. Scott. 2004. Ten suggestions to strengthen the science of ecology. *BioScience* 54:345–351.

Belt, C. B., Jr. 1975. The 1973 flood and man's constriction of the Mississippi River. *Science* 189:681–684.

Benner, R., A. E. Maccubbin, and R. E. Hodson. 1984. Anaerobic biodegradation of the lignin and polysaccharide components of lignocellulose and synthetic lignin by sediment microflora. *Applied and Environmental Microbiology* 47:998–1004.

542 Fundamentos de Ecologia

Berger, P. J., N. C. Negus, E. H. Sanders, and P. D. Gardner. 1981. Chemical triggering of reproduction in Microtus montanus. *Science* 214:69–70.

Bergstrom, J. C., and H. K. Cordell. 1991. An analysis of the demand for and value of outdoor recreation in the United States. *Journal of Leisure Research* 23:67–86.

Bernstein, B. B. 1981. Ecology and economics: Complex systems in changing environments. *Annual Review of Ecology and Systematics* 12:309–330.

Bertalanffy, L. 1950. An outline of general systems theory. *British Journal of Philosophy of Science* 1:139–164.

———. 1968. *General systems theory: Foundations, development, application.* Rev. ed., 1975, New York: G. Braziller.

Beyers, R. J. 1964. The microcosm approach to ecosystem biology. *American Biology Teacher* 26:491–498.

Beyers, R. J., and H. T. Odum. 1995. *Ecological microcosms.* New York: Springer Verlag.

Birch, L. C. 1948. The intrinsic rate of natural increase of an insect population. *Journal of Animal Ecology* 17:15–26.

Blackmore, S. 1996. Knowing the Earth's biodiversity: Challenges for the infrastructure of systematic biology. *Science* 274:63–64.

Blair, W. F. 1977. *Big biology: The US/IBP.* Stroudsburg, Pa.: Dowden, Hutchinson, and Ross.

Bock, C. E., J. H. Bock, and M. C. Grant. 1992. Effect of bird predation on grasshopper densities in an Arizona grassland. *Ecology* 73:1706–1717.

Bolen, E. G. 1998. *Ecology of North America.* New York: John Wiley.

Bolliger, J., J. C. Sprott, and D. J. Mladenoff. 2003. Self-organization and complexity in historical landscape patterns. *Oikos* 100:541–553.

Bongaarts, J. 1998. Demographic consequences of declining fertility. *Science* 282:419–420.

Bormann, F. H., and G. E. Likens. 1967. Nutrient cycling. *Science* 155:424–429.

———. 1979. *Pattern and process in a forested ecosystem.* New York: Springer Verlag.

Bormann, F. H., D. Balmori, and G. T. Geballe. 2001. *Redesigning the American lawn: A search for environmental harmony.* New Haven, Conn.: Yale University Press.

Bormann, F. H., G. E. Likens, and J. M. Melillo. 1977. Nitrogen budget for an aggrading northern hardwood ecosystem. *Science* 196:981–983.

Boucher, D. H., S. James, and K. H. Keeler. 1982. The ecology of mutualism. *Annual Review of Ecology and Systematics* 13:315–347.

Boulding, K. 1962. *A reconstruction of economics.* New York: Science Editions.

———. 1966. The economics of the coming spaceship Earth. In *Environmental quality in a growing economy*, H. Jarrett, Ed. Baltimore, Md.: Johns Hopkins Press for Resources for the Future, pp. 3–14.

———. 1978. *Ecodynamics: A new theory of societal evolution.* Beverly Hills, Calif.: Sage.

Bowne, D. R., J. D. Peles, and G. W. Barrett. 1999. Effects of landscape spatial structure on movement patterns of the hispod cotton rat, Sigmodon hispidus. *Landscape Ecology* 14:53–65.

Box, E. 1978. Geographical dimensions of terrestrial net and gross productivity. *Radiation and Environmental Biophysics* 15:305–322.

Box, G. E. P., W. G. Hunter, and J. S. Hunter, Jr. 1978. *Statistics for experimenters.* New York: John Wiley.

Boyle, T. P., and J. F. Fairchild. 1997. The role of mesocosm studies in ecological risk analysis. *Ecological Applications* 7:1099–1102.

Bratton, S. 1992. *Six billion and more: Human population regulation and Christian ethics.* Louisville, Ky.: Westminster/John Knox Press.

Braun-Blanquet, J. 1932. *Plant sociology: The study of plant communities*, G. D. Fuller and H. S. Conard, Trans., Rev., and Eds. New York: McGraw-Hill.

————. 1951. *Pflanzensoziologie: Grundzüge der vegetationskunde*. Vienna: Springer Verlag.

Bray, J. R., and E. Gorham. 1964. Litter production in forests of the world. *Advances in Ecological Research* 2:101–157.

Brewer, S. R., and G. W. Barrett. 1995. Heavy metal concentrations in earthworms following long-term nutrient enrichment. *Bulletin of Environmental Contamination and Toxicology* 54:120–127.

Brewer, S. R., M. Benninger-Truax, and G. W. Barrett. 1994. Mechanisms of ecosystem recovery following eleven years of nutrient enrichment in an old-field community. In *Toxic metals in soil-plant systems*, S. M. Ross, Ed. New York: John Wiley, pp. 275–301.

Brewer, S. R., M. F. Lucas, J. A. Mugnano, J. D. Peles, and G. W. Barrett. 1993. Inheritance of albinism in the meadow vole, Microtus pennsylvanicus. *American Midland Naturalist* 130:393–396.

Brian, M. W. 1956. Exploitation and interference in interspecies competition. *Journal of Animal Ecology* 25:335–347.

Brillouin, L. 1949. Life, thermodynamics, and cybernetics. *American Scientist* 37:354–368.

Brock, T. D. 1967. Relationship between primary productivity and standing crop along a hot spring thermal gradient. *Ecology* 48:566–571.

Brock, T. D., and M. L. Brock. 1966. Temperature options for algal development in Yellowstone and Iceland hot springs. *Nature* 209:733–734.

Brooks, J. L., and S. I. Dodson. 1965. Predation, body size, and composition of plankton. *Science* 150:28–35.

Brower, L. P. 1969. Ecological chemistry. *Scientific American* 220:22–29.

————. 1994. A new paradigm in conservation of biodiversity: Endangered biological phenomena. In *Principles of conservation biology*, G. K. Meffe and C. R. Carroll, Eds. Sunderland, Mass.: Sinauer, pp. 104–109.

Brower, L. P., and J. Brower. 1964. Birds, butterflies, and plant poisons: A study in ecological chemistry. *Zoologica* 49:137–159.

Brower, L. P., and S. B. Malcolm. 1991. Animal migrations: Endangered phenomena. *American Zoologist* 31:265–276.

Brown, H. S. 1978. *The human future revisited: The world predicament and possible solutions*. New York: W. W. Norton.

Brown, J. H. 1971. Mammals on mountaintops: Nonequilibrium insular biogeography. *American Naturalist* 105:467–478.

————. 1978. The theory of insular biogeography and the distribution of boreal birds and mammals. *Great Basin Naturalist Memoirs* 2:209–227.

Brown, J. H., and A. Kodric-Brown. 1977. Turnover rates in insular biogeography: Effect of immigration on extinction. *Ecology* 58:445–449.

Brown, J. L. 1964. The evolution of diversity in avian territorial systems. *The Wilson Bulletin* 76:160–169.

————. 1969. Territorial behavior and population regulation in birds, a review and reevaluation. *The Wilson Bulletin* 81:293–329.

Brown, L. R. 1980. *Food or fuel: New competition for the world croplands*. Worldwatch Paper 35. Washington, D.C.: Worldwatch Institute.

Brown, L.R. 2001. *Eco-economy: Building an economy for the Earth*. New York: W. W. Norton.

Brown, V. K. 1985. Insect herbivores and plant succession. *Oikos* 44:17–22.

544 Fundamentos de Ecologia

Brugam, R. B. 1978. Human disturbance and the historical development of Linsley Pond. *Ecology* 59:19–36.

Brummer, E. C. 1998. Diversity, stability, and sustainable American agriculture. *Agronomy Journal* 90:1–2.

Brundtland, G. H. 1987. *Our common future. World Commission on Environment and Development*. New York: Oxford University Press.

Buell, M. F. 1956. Spruce-fir and maple-basswood competition in Itasca Park, Minnesota. *Ecology* 37:606.

Bullock, T. H. 1955. Compensation for temperature in the metabolism and activity of poikilotherms. *Biological Reviews* 30:311–342.

Butcher, S. S., R. J. Charlson, G. H. Orians, and G. V. Wolfe, Eds. 1992. *Global biogeochemical cycles*. London: Academic Press.

Butzer, K. W. 1980. Civilizations: Organisms or systems? *American Scientist* 68:517–523.

C

Cahill, J. F., Jr. 1999. Fertilization effects on interactions between above- and belowground competition in an old field. *Ecology* 80:466–480.

Cairns, J. 1992. *Restoration of aquatic ecosystems: Science, technology, and public policy*. Washington, D.C.: National Academy Press.

———. 1997. Global coevolution of natural systems and human society. *Revista de la Sociedad Mexicana de Historia Natural* 47:217–228.

Cairns, J., K. L. Dickson, and E. E. Herrick, Eds. 1977. *Recovery and restoration of damaged ecosystems*. Charlottesville: University of Virginia Press.

Callahan, J. T. 1984. Long-term ecological research. *BioScience* 34:363–367.

Callicott, J. B., Ed. 1987. *Companion to a Sand County Almanac*. Madison: University of Wisconsin Press.

Callicott, J. B., and Freyfogle, E. T., Eds. 1999. *For the health of the land: Previously unpublished essays and other writings/Aldo Leopold*. Washington, D.C.: Island Press.

Calow, P., Ed. 1999. *Blackwell's concise encyclopedia of ecology*. Oxford: Blackwell.

Camazine, S., J. L. Deneubourg, N. R. Franks, J. Sneyd, G. Theraulaz, and E. Bonabeau. 2001. *Self-organization in biological systems*. Princeton, N.J.: Princeton University Press.

Cannon, W. B. 1932. *The wisdom of the body*. 2nd ed., 1939, New York: W. W. Norton.

Capra, F. 1982. *The turning point: Science, society, and the rising culture*. New York: Simon and Schuster.

Carpenter, J. R. 1940. Insect outbreaks in Europe. *Journal of Animal Ecology* 9:108–147.

Carpenter, S. R., and J. F. Kitchell. 1988. Consumer control of lake productivity. *BioScience* 38:764–769.

———. 1993. *The trophic cascade in lakes*. Cambridge, U.K.: Cambridge University Press.

Carpenter, S. R., J. F. Kitchell, and J. R. Hodgson. 1985. Cascading trophic interactions and lake productivity. *BioScience* 35:634–639.

Carroll, S. B. 2001. Macroevolution: The big picture. *Nature* 409:669.

Carson, R. 1962. *Silent spring*. New York: Houghton Mifflin.

Carson, W. P., and G. W. Barrett. 1988. Succession in old-field plant communities: Effects of contrasting types of nutrient enrichment. *Ecology* 69:984–994.

Carson, W. P., and S. T. A. Pickett. 1990. The role of resources and disturbance in the organization of an old-field plant community. *Ecology* 71:226–238.

Carson, W. P., and R. B. Root. 1999. Top-down effects of insect herbivores during early succession: Influence on biomass and plant dominance. *Oecologia* 121:260–272.

———. 2000. Herbivory and plant species coexistence: Community regulation by an outbreaking phytophagous insect. *Ecological Monographs* 70:73–99.

Caswell, H., F. Reed, S. N. Stephenson, and P. A. Werner. 1973. Photosynthetic pathways and selected herbivory: A hypothesis. *American Naturalist* 107:465–480.

Catton, W. R., Jr. 1980. *Overshoot: Ecological basis of revolutionary change*. Urbana: Illinois University Press.

———. 1987. The world's most polymorphic species. *BioScience* 37:413–419.

Caughley, G. 1970. Eruption of ungulate populations, with emphasis on Himalayan thar in New Zealand. *Ecology* 51:53–72.

Chapin, F. S., III, P. A. Matson, and H. A. Mooney. 2002. *Principles of terrestrial ecosystem ecology*. New York: Springer Verlag.

Chapin, F. S., E. D. Schulze, and H. A. Mooney. 1992. Biodiversity and ecosystem processes. *Trends in Ecology and Evolution* 7:107–108.

Chapman, R. N. 1928. The quantitative analysis of environmental factors. *Ecology* 9:111–122.

Chase, J. M., and M. A. Leibold. 2003. *Ecological niches*. Chicago: University of Chicago Press.

Chave, J., H. Muller-Landau, and S. A. Levin. 2002. Comparing classical community models: Theoretical consequences for patterns of species diversity. *American Naturalist* 159:1–23.

Chepko-Sade, B. D., and Z. T. Halpin, 1987. *Mammalian dispersal patterns: The effects of social structure on population genetics*. Chicago: University of Chicago Press.

Chitty, D. 1960. Population processes in the vole and their relevance to general theory. *Canadian Journal of Zoology* 38:99–113.

———. 1967. The natural selection of self-regulatory behavior in animal populations. *Proceedings of the Ecological Society of Australia* 2:51–78.

Christian, J. J. 1950. The adreno-pituitary system and population cycles in mammals. *Journal of Mammalogy* 31:247–259.

———. 1963. Endocrine adaptive mechanisms and the physiologic regulation of population growth. In *Physiological mammalogy*, W. V. Mayer and R. G. van Gelder, Eds. New York: Academic Press, pp. 189–353.

Christian, J. J., and D. E. Davis. 1964. Endocrines, behavior, and populations. *Science* 146:1550–1560.

Cilek, J. E., and J. A. Mulrennan. 1997. Pseudo-replication: What does it mean, and how does it relate to biological experiments? *Journal of the American Mosquito Control Association* 13:102–103.

Clark, E. H., J. A. Haverkamp, and W. Chapman. 1985. *Eroding soils: The off-farm impacts*. Washington, D.C.: The Conservation Foundation.

Clark, W. C. 1989. Managing planet Earth. *Scientific American* 261:47–54.

Clausen, J. C., D. D. Keck, and W. M. Hiesey. 1948. Experimental studies on the nature of species. Volume 3. Environmental responses to climatic races of *Achillea*. *Carnegie Institution of Washington Publication* 581:1–129.

Clean Air Act 1970. *42 United States Code Annotated* Sections 7401–7671, 1990 Amendment.

Clements, F. E. 1905. *Research methods in ecology*. Lincoln, Nebr.: University Publishing Company.

546 Fundamentos de Ecologia

_____. 1916. *Plant succession: Analysis of the development of vegetation.* Washington, D.C.: Publications of the Carnegie Institute 242:1512. Reprint, 1928, Plant succession and indicators. New York: Wilson.

Clements, F. E., and V. E. Shelford. 1939. *Bio-ecology.* New York: John Wiley.

Cleveland, L. R. 1924. The physiological and symbiotic relationships between the intestinal protozoa of termites and their host with special reference to Reticulitermes fluipes Kollar. *Biology Bulletin* 46:177–225.

_____. 1926. Symbiosis among animals with special reference to termites and their intestinal flagellates. *Quarterly Review of Biology* 1:51–60.

Cloud, P. E., Jr., Ed. 1978. *Cosmos, Earth, and man: A short history of the universe.* New Haven, Conn.: Yale University Press.

Cockburn, A. 1988. *Social behaviour in fluctuating populations.* New York: Croom Helm.

Cody, M. L. 1966. A general theory of clutch size. *Evolution* 20:174–184.

_____. 1974. Optimization in ecology. *Science* 183:1156–1164.

Cohen, M. N., R. S. Malpass, and H. G. Klein. 1980. *Biosocial mechanisms of population regulation.* New Haven, Conn.: Yale University Press.

Cole, L. C. 1951. Population cycles and random oscillations. *Journal of Wildlife Management* 15:233–251.

_____. 1954. The population consequences of life history phenomena. *Quarterly Review of Biology* 29:103–107.

_____. 1966. Protect the friendly microbes. In *The fragile breath of life*, Tenth Anniversary Issue, Science and Humanity Supplement. *Saturday Review*, 7 May 1966, pp. 46–47.

Coleman, D. C. 1995. Energetics of detritivory and microbiology in soil in theory and practice. In *Food webs: Integration of patterns and dynamics*, G. A. Polis and K. O. Winemiller, Eds. New York: Chapman and Hall, pp. 39–50.

Coleman, D. C., and D. A. Crossley, Jr. 1996. *Fundamentals of soil ecology.* San Diego, Calif.: Academic Press.

Coleman, D. C., P. F. Hendrix, and E. P. Odum. 1998. Ecosystem health: An overview. In *Soil chemistry and ecosystem health*, P. H. Wang, Ed. Madison, Wisc.: *Soil Science Society of America Special Publication* 52:1–20.

Collins, R. J., and G. W. Barrett. 1997. Effects of habitat fragmentation on meadow vole, Microtus pennsylvanicus population dynamics in experimental landscape patches. *Landscape Ecology* 12:63–76.

Collins, S. L., A. Knapp, J. M. Briggs, J. M. Blair, and E. M. Steinauer. 1998. Modulation of diversity by grazing in native tallgrass prairie. *Science* 280:745–747.

Collins, W. W., and C. O. Qualset, Eds. 1999. *Biodiversity in agroecosystems.* Boca Raton, Fla.: CRC Press.

Colwell, R. K. 1973. Competition and coexistence in a simple tropical community. *American Naturalist* 107:737–760.

Connell, J. H. 1961. The influence of interspecific competition and other factors on the distribution of the barnacle, Chthamalus stellatus. *Ecology* 42:133–146.

_____. 1972. Community interactions on marine rocky intertidal shores. *Annual Review of Ecology and Systematics* 3:169–192.

_____. 1975. Some mechanisms producing structure in natural communities: A model and evidence from field experiments. In *Ecology and evolution of communities*, M. L. Cody and J. Diamond, Eds. Cambridge, Mass.: Harvard University Press, pp. 460–490.

_____. 1978. Diversity in tropical rain forests and coral reefs. *Science* 199:1302–1310.

_____. 1979. Tropical rainforests and coral reefs as open nonequilibrium systems. In *Population dynamics*, R. M. Anderson, B. D. Turner, and L. R. Taylor, Eds. Oxford: Blackwell, pp. 141–163.

Connell, J. H., and R. O. Slayter. 1977. Mechanism of succession in natural communities and their role in community stability and organization. *American Naturalist* 111:1119–1144.

Cooke, G. D. 1967. The pattern of autotrophic succession in laboratory microecosystems. *BioScience* 17:717–721.

Cooper, N. 2001. *Wildlife in church and churchyard*, 2nd ed. London: Church House.

Costanza, R., Ed. 1991. *Ecological economics: The science and management of sustainability.* New York: Columbia University Press.

_____. 2001. Visions, values, valuation, and the need for an ecological economics. *BioScience* 51:459–468.

Costanza, R., J. Cumberland, H. Daly, R. Goodland, and R. Norgaard. 1997. *An introduction to ecological economics.* Boca Raton, Fla.: St. Lucie Press.

Costanza, R., R. d'Arge, R. de Groot, S. Farber, M. Grasso, B. Hannon, K. Limburg, S. Naeem, R. V. O'Neill, J. Paruelo, R. G. Raskin, P. Sutton, and M. van den Belt. 1997. The value of the world's ecosystem services and natural capital. *Nature* 387:253–260.

Council on Environmental Quality (CEQ). 1981a. *Environmental quality.* 12th Annual Report. Washington, D.C.: United States Government Printing Office.

_____. 1981b. *Global future—time to act*, G. Speth, Ed. Washington, D.C.: United States Government Printing Office.

Covey, S. R. 1989. *The seven habits of highly effective people: Restoring the character ethic.* New York: Simon and Schuster.

Cowles, H. C. 1899. The ecological relations of the vegetation of the sand dunes of Lake Michigan. *Botanical Gazette* 27:95–117; 167–202; 281–308; 361–391.

Crawley, M. J. 1989. Insect herbivores and plant population dynamics. *Annual Review of Entomology* 34:531–564.

_____. 1997. Plant-herbivore dynamics. In *Plant ecology*, M. Crawley, Ed. Cambridge, Mass.: Blackwell, pp. 401–474.

Cross, J. G., and M. J. Guyer. 1980. *Social traps.* Ann Arbor: University of Michigan Press.

Crowner, A. W., and G. W. Barrett. 1979. Effects of fire on the small mammal component of an experimental grassland community. *Journal of Mammalogy* 60:803–813.

Cummins, K. W. 1967. Biogeography. *Canadian Geographic* 11:312–326.

_____. 1974. Structure and function of stream ecosystems. *BioScience* 24:631–641.

_____. 1977. From headwater streams to rivers. *The American Biology Teacher* 39:305–312.

Cummins, K. W., and M. J. Klug. 1979. Feeding ecology of stream invertebrates. *Annual Review of Ecology and Systematics* 10:147–172.

Currie, R. I. 1958. Some observations on organic production in the northeast Atlantic. *Rapports et Procès-Verbaux des Réunions. Conseil International pour l'Exploration de la Mer* 144:96–102.

Curtis, J. T., and R. P. McIntosh. 1951. An upland forest continuum in the prairie forest border region of Wisconsin. *Ecology* 32:476–496.

D

Daily, G. C. 1997. *Nature's services: Societal dependence on natural ecosystems.* Washington, D.C.: Island Press.

548 Fundamentos de Ecologia

Daily, G. C., S. Alexander, P. R. Ehrlich, L. Goulder, J. Lubchenco, P. A. Matson, H. A. Mooney, S. Postel, S. H. Schneider, D. Tilman, and G. M. Woodwell. 1997. Ecosystem services: Benefits supplied to human societies by natural ecosystems. *Ecological Society of America Issues in Ecology* 2:2–15.

Dale, V. H., L. A. Joyce, S. McNulty, R. P. Neilson, M. P. Ayres, M. D. Flannigan, P. J. Hanson, L. C. Irland, A. E. Lugo, C. J. Peterson, D. Simberloff, F. J. Swanson, B. J. Stocks, and B. M. Wotton. 2001. Climate change and forest disturbances. *BioScience* 51:723–734.

Dales, R. P. 1957. Commensalism. In *Treatise on marine ecology and paleoecology*, J. W. Hedgpeth, Ed. Volume 1. Boulder, Colo.: Geological Society of America, pp. 391–412.

Daly, H. E., and J. B. Cobb. 1989. *For the common good: Redirecting the economy towards community, the environment, and a sustainable future.* Boston: Beacon Press.

Daly, H. E., and K. N. Townsend, Eds. 1993. *Valuing the Earth: Economics, ecology, ethics.* Cambridge: Massachusetts Institute of Technology Press.

Darwin, C. 1859. *The origin of species by means of natural selection.* Reprint, 1998, New York: Modern Library.

Daubenmire, R. 1966. Vegetation: Identification of typal communities. *Science* 151:291–298.

―――――. 1974. *Plants and environment: A textbook of plant autecology,* 3rd ed. New York: John Wiley.

Davidson, J. 1938. On growth of the sheep population in Tasmania. *Transactions of the Royal Society of South Australia* 62:342–346.

Davis, M. A. 2003. Biotic globalization: Does competition from introduced species threaten biodiversity? *BioScience* 53:481–489.

Davis, M. A., and L. B. Slobodkin. 2004. The science and values of restoration ecology. *Restoration Ecology* 12:1–3.

Davis, M. B. 1969. Palynology and environmental history during the Quaternary period. *American Scientist* 57:317–332.

―――――. 1983. Quaternary history of deciduous forests of eastern North America and Europe. *Annals of the Missouri Botanical Garden* 70:550–563.

―――――. 1989. Retrospective studies. In *Long-term studies in ecology: Approaches and alternatives.* G. E. Likens, Ed. New York: Springer Verlag, pp. 71–89.

Day, F. P., Jr., and D. T. McGinty. 1975. Mineral cycling strategies of two deciduous and two evergreen tree species on a southern Appalachian watershed. In *Mineral cycling in southeastern ecosystems,* F. C. Howell, J. B. Gentry, and M. H. Smith, Eds. United States Department of Commerce. Washington, D.C.: National Technical Information Service, pp. 736–743.

Day, J. W., G. P. Shaffer, L. D. Britsch, D. J. Reed, S. R. Hawes, and D. Cahoon. 2000. Pattern and process of land loss in the Mississippi Delta: A spatial and temporal analysis of wetland habitat change. *Estuaries* 23:425–438.

Dayton, R. K. 1971. Competition, disturbance, and community organization: The provision and subsequent utilization of space in a rocky intertidal community. *Ecological Monographs* 41:351–389.

―――――. 1975. Experimental evaluation of ecological dominance in a rocky intertidal algal community. *Ecological Monographs* 45:137–389.

Deevey, E. S., Jr. 1947. Life tables for natural populations of animals. *Quarterly Review of Biology* 22:283–314.

―――――. 1950. The probability of death. *Scientific American* 182:58–60.

de Forges, B. R., J. A. Koslow, and G. C. B. Poore. 2000. Diversity and endemism of the benthic seamount fauna in the southwest Pacific. *Nature* 405:944–947.

Delattre, P., B. De Sousa, E. Fichet-Calvet, J. P. Quere, and P. Giraudoux. 1999. Vole outbreaks in a landscape context: Evidence from a six year study of Microtus arvalis. *Landscape Ecology* 14:401–412.

Deming, W. E. 1993. *The new economics*. Cambridge: Massachusetts Institute of Technology Press.

de Ruiter, P. C., A. M. Neutel, and J. C. Moore. 1995. Energetics, patterns of interactive strengths and stability in real ecosystems. *Science* 269:1257–1260.

Des Marais, D. J. 2000. When did photosynthesis emerge on Earth? *Science* 289:1703–1705.

Dial, R., and J. Roughgarden. 1995. Experimental removal of insectivores from rainforest canopy: Direct and indirect effects. *Ecology* 76:1821–1834.

Drury, W. H., and I. C. T. Nisbet. 1973. Succession. *Journal of the Arnold Arboretum* 54:331–368.

Dublin, L. I., and A. J. Lotka. 1925. On the true rate of natural increase as exemplified by the population of the United States, 1920. *Journal of the American Statistical Association* 20: 305–339.

Dunlap, J. C. 1998. Common threads in eukaryotic circadian systems. *Current Opinion in Genetics and Development* 8:400–406.

Duxbury, A. C. 1971. *The Earth and its oceans*. Reading, Mass.: Addison-Wesley.

Dwyer, E., J. M. Gregoire, and J. P. Malingrean. 1998. A global analysis of vegetation fires using satellite images: Spatial and temporal dynamics. *Ambio* 27:175–181.

Dybas, C. L. 2003. Bioethics in a changing world: Report from AIBS's 54th annual meeting. *BioScience* 53:798–802.

Dyer, M. I., A. M. Moon, M. R. Brown, and D. A. Crossley, Jr. 1995. Grasshopper crop and midgut extract effect on plants: An example of reward feedback. *Proceedings of the National Academy of Sciences* 92:5475–5478.

Dyer, M. I., C. L. Turner, and T. R. Seastedt. 1993. Herbivory and its consequences. *Ecological Applications* 3:10–16.

E

Earn, D. J. D., S. A. Levin, and P. Rohani. 2000. Coherence and conservation. *Science* 290:1360–1364.

Edmondson, W. T. 1968. Water-quality management and lake eutrophication: The Lake Washington case. In *Water resource management and public policy*, T. H. Campbell and R. O. Sylvester, Eds. Seattle: University of Washington Press, pp. 139–178.

———. 1970. Phosphorus, nitrogen, and algae in Lake Washington after diversion of sewage. *Science* 169:690–691.

Edney, J. J., and C. Harper. 1978. The effect of information in resource management: A social trap. *Human Ecology* 6:387–395.

Edwards, C. A., R. Lal, P. Madden, R. H. Miller, and G. House, Eds. 1979. Lake Washington and the predictability of limnological events. *Archiv für Hydrobiologie. Beiheft: Ergebnisse der Limnologie* 13:234–241.

———. 1990. *Sustainable agricultural systems*. Ankeny, Iowa: Soil and Water Conservation Society.

Effland, W. R., and R. V. Pouyat. 1997. The genesis, classification, and mapping of soils in urban areas. *Urban Ecosystems* 1:217–228.

Egler, F. E. 1954. Vegetation science concepts. Volume 1. Initial floristic composition—a factor in old-field vegetation development. *Vegetatio* 4:412–417.

Ehrlich, P. R. 1968. *The population bomb*. New York: Ballantine Books.

———. 2003. Bioethics: Are our priorities right? *BioScience* 53:1207–1216.

550 Fundamentos de Ecologia

Ehrlich, P. R., and P. H. Raven. 1964. Butterflies and plants: A study of coevolution. *Evolution* 18:586–608.

Eigen, M. 1971. Self-organization of matter and the evolution of biological macromolecules. *Naturwissenschaften* 58:465.

Einarsen, A. S. 1945. Some factors affecting ring-necked pheasant population density. *Murrelet* 26:39–44.

Ekbom, B., M. E. Irwin, and Y. Robert, Eds. 2000. *Interchanges of insects between agricultural and surrounding landscapes*. Dordrecht: Kluwer.

Elton, C. S. 1927. *Animal ecology*. London: Sidgwick and Jackson.

———. 1942. *Voles, mice, and lemmings: Problems in population dynamics*. Oxford: Clarendon Press.

———. 1966. *The pattern of animal communities*. London: Methuen.

Engelberg, J., and L. L. Boyarsky. 1979. The noncybernetic nature of ecosystems. *American Naturalist* 114:317–324.

Enserink, M. 1997. Life on the edge: Rainforest margins may spawn species. *Science* 276:1791–1792.

Errington, P. L. 1945. Some contributions of a fifteen-year local study of the northern bobwhite to a knowledge of population phenomena. *Ecological Monographs* 15:1–34.

———. 1963. *Muskrat populations*. Ames: Iowa State University Press.

Esch, G. W., and McFarlane, R. W., Eds. 1975. *Thermal ecology II. Energy Research and Development Administration*. Springfield, Va.: National Technical Information Center.

Evans, E. C. 1956. Ecosystem as the basic unit in ecology. *Science* 123:1127–1128.

Evans, F. C., and S. A. Cain. 1952. Preliminary studies on the vegetation of an old-field community in southeastern Michigan. *Contributions from the Laboratory of Vertebrate Biology of the University of Michigan* 51:1–17.

Evenari, M. 1985. The desert environment. In *Hot deserts and arid shrublands*, M. Evenari, I. Noy-Meir, and D. W. Goodall, Eds. Ecosystems of the World, Volume 12A. Amsterdam: Elsevier, pp. 1–22.

F

Fahrig, L. 1997. Relative effects of habitat loss and fragmentation on population extinction. *Journal of Wildlife Management* 61:603–610.

Fahrig, L., and G. Merriam. 1994. Conservation of fragmented populations. *Conservation Biology* 8:50–59.

Farner, D. S. 1964a. The photoperiodic control of reproductive cycles in birds. *American Scientist* 52:137–156.

———. 1964b. Time measurement in vertebrate photoperiodism. *American Naturalist* 98:375–386.

Feener, D. H. 1981. Competition between ant species: Outcome controlled by parasitic flies. *Science* 214:815–817.

Feeny, P. P. 1975. Biochemical coevolution between plants and their insect herbivores. In *Coevolution of animals and plants*, L. E. Gilbert and P. H. Raven, Eds. Austin: University of Texas Press, pp. 3–19.

Ferré, F., and P. Hartel, Eds. 1994. *Ethics and environmental policy: Theory meets practice*. Athens: University of Georgia Press.

Field, C. B., J. G. Osborn, L. L. Hoffmann, J. F. Polsenberg, D. D. Ackerly, J. A. Berry, O. Bjorkman, Z. Held, P. A. Matson, and H. A. Mooney. 1998. Mangrove biodiversity and ecosystem function. *Global Ecology and Biogeography Letters* 7:3–14.

Finn, J. T. 1978. Cycling index: A general definition for cycling in compartment models. In *Environmental chemistry and cycling processes*, D. C. Adriano and I. L. Brisbin, Eds. United States Department of Energy Symposium Number 45. Springfield, Va.: National Technical Information Center, pp. 138–164.

Fischer, A. G. 1960. Latitudinal variations in organic diversity. *Evolution* 14:64–81.

Fisher, R. A. 1930. *The genetical theory of natural selection*. Oxford: Oxford University Press.

————. 1935. *The design of experiments*. Edinburgh: Oliver and Boyd.

Flader, S. L., and Callicott, J. B., Eds. 1991. *The river of the Mother of God and other essays by Aldo Leopold*. Madison: University of Wisconsin Press.

Flanagan, R. D. 1988. Planning for multi-purpose use of greenway corridors. *National Wetlands Newsletter* 10:7–8.

Folke, C., A. Jansson, J. Larsson, and R. Costanza. 1997. Ecosystem appropriation by cities. *Ambio* 26:167–172.

Food and Agricultural Organization (FAO). 1997. *Production Yearbook*. Rome: FAO.

Forbes, S. A. 1887. The lake as a microcosm. *Bulletin Scientifique*. Reprint, 1925, Peoria, Ill.: *Natural History Survey Bulletin* 15:537–550.

Force, J. E., and G. E. Machlis. 1997. The human ecosystem, Part 2. *Society and Natural Resources* 10:369–382.

Forman, R. T. T. 1997. *Land mosaics: The ecology of landscapes and regions*. Cambridge, U.K.: Cambridge University Press.

Forman, R. T. T., and L. E. Alexander. 1998. Roads and their major ecological effects. *Annual Review of Ecology and Systematics* 29:207–231.

Forman, R. T. T., and J. Baudry. 1984. Hedgerows and hedgerow networks in landscape ecology. *Environmental Management* 8:495–510.

Forman, R. T. T., and M. Godron. 1986. *Landscape ecology*. New York: John Wiley.

Forman, R. T. T., D. Sperling, J. A. Bissonette, A. P. Clevenger, C. D. Cutshall, V. H. Dale, L. Fahrig, R. France, C. R. Goldman, K. Heanue, J. A. Jones, F. J. Swanson, T. Turrentine, and T. C. Winter. 2003. *Road ecology: Science and solutions*. Washington, D.C.: Island Press.

Fortescue, J. A. C. 1980. *Environmental geochemistry: A holistic approach*. Ecology Series 35. New York: Springer Verlag.

Franklin, J. 1989. Towards a new forestry. *American Forests* November/December, pp. 37–44.

French, N. R. 1965. Radiation and animal population: Problems, progress, and projections. *Health Physics* 11:1557–1568.

Fretwell, S. D. 1975. The impact of Robert MacArthur on ecology. *Annual Review of Ecology and Systematics* 6:1–13.

Fuchs, R. L., E. Prennon, J. Chamie, F. C. Lo, and J. L. Vito. 1994. *Mega-city growth and the future*. New York: United Nations University Press.

Futuyma, D. J. 1976. Food plant specialization and environmental predictability in Lepidoptera. *American Naturalist* 110:285–292.

Futuyma, D. J., and M. Slatkin, Eds. 1983. *Coevolution*. Sunderland, Mass.: Sinauer.

G

Gadgil, M., and W. H. Bossert. 1970. Life historical consequences of natural selection. *American Naturalist* 104:1–24.

Gajaseni, J. 1995. Energy analysis of wetland rice systems in Thailand. *Agriculture, Ecosystems, and Environment* 52:173–178.

552 Fundamentos de Ecologia

Garcia-Berthou, E., and S. H. Hurlbert. 1999. Pseudo-replication in hermit crab shell selection experiments: Comment. *Bulletin of Marine Science* 65:893–895.

Gargas, A., P. T. DePriest, M. Grube, and A. Tehler. 1995. Multiple origins of lichen symbiosis in fungi suggested by SSUrDNA phylogeny. *Science* 268: 1492–1495.

Gasaway, C. R. 1970. *Changes in the fish population of Lake Francis Case in South Dakota in the first sixteen years of impoundment.* Technical Paper 56. Washington, D.C.: Bureau of Sport Fisheries and Wildlife.

Gates, D. M. 1965. Radiant energy, its receipt and disposal. *Meteorological Monographs* 6:1–26.

Gause, G. F. 1932. Ecology of populations. *Quarterly Review of Biology* 7:27–46.

———. 1934. *The struggle for existence.* New York: Hafner. Reprint, 1964, Baltimore, Md.: Williams and Wilkins.

———. 1935. Experimental demonstration of Volterra's periodic oscillations in the numbers of animals. *Journal of Experimental Biology* 12:44-48.

Gavaghan, H. 2002. Life in the deep freeze. *Nature* 415:828–830.

Gershenzon, J. 1994. Metabolic costs of terpenoid accumulation in higher plants. *Journal of Chemical Ecology* 20:1281–1328.

Gessner, F. 1949. Der chlorophyllgehalt in see und seine photosynthetische valenz als geophysikalisches problem. *Schweizerische Zeitschrift für Hydrologie* 11:378–410.

Gibbons, J. W., and R. R. Sharitz. 1974. Thermal alteration of aquatic ecosystems. *American Scientist* 62:660–670.

———, Eds. 1981. *Thermal ecology.* United States Atomic Energy Commission. Springfield, Va.: National Technical Information Center.

Giesy, J. P., Ed. 1980. *Microcosms in ecological research.* United States Department of Energy Symposium Number 52. Springfield, Va.: National Technical Information Center.

Gilpin, M. E. 1975. *Group selection in predator-prey communities.* Princeton, N.J.: Princeton University Press.

Glasser, J. W. 1982. On the causes of temporal change in communities: Modification of the biotic environment. *American Naturalist* 119:375–390.

Gleason, H. A. 1926. The individualistic concept of the plant association. *Bulletin of the Torrey Botanical Club* 53:7–26.

Gleick, P. H. 2000. *The world's water 2000–2001. The Biennial Report on Freshwater Resources.* Washington, D.C.: Island Press.

Glemarec, M. 1979. Problèmes d'écologie dynamique et de succession en Baie de Concerneau. *Vie Milou*, Volume 28–29, Fasc. 1, Ser. AB, pp. 1–20.

Gliessman, S. R. 2001. *Agroecosystem sustainability: Developing practical strategies.* Boca Raton, Fla.: CRC Press.

Goldman, C. R. 1960. Molybdenum as a factor limiting primary productivity in Castle Lake, California. *Science* 132:1016–1017.

Goldsmith, E. 1996. *The way: An ecological world-view.* Totnes, U.K.: Themis Books.

Golley, F. B. 1993. *A history of the ecosystem concept in ecology: More than the sum of the parts.* New Haven, Conn.: Yale University Press.

Gonzalez, A., J. H. Lawton, F. S. Gilbert, T. M. Blackburn, and I. Evans-Freke. 1998. Metapopulation dynamics, abundance, and distribution in a microecosystem. *Science* 281:2045–2047.

Goodall, D. W. 1963. The continuum and the individualistic association. *Vegetatio* 11:297–316.

Goodland, R. 1995. The concept of environmental sustainability. *Annual Review of Ecology and Systematics* 26:1–24.

Goodland, R., H. Daly, S. E. Serafy, and B. von Droste, Eds. 1991. *Environmentally sustainable economic development: Building on Brundtland.* Paris: United Nations Education, Scientific, and Cultural Organization (UNESCO).

Gopal, B., and U. Goel. 1993. Competition and allelopathy in aquatic plant communities. *Botanical Review* 59:155–210.

Gorden, R. W., R. J. Beyers, E. P. Odum, and E. G. Eagon. 1969. Studies of a simple laboratory microecosystem: Bacterial activities in a heterotrophic succession. *Ecology* 50:86–100.

Gore, J. A., and E. D. Shields, Jr. 1995. Can large rivers be restored? *BioScience* 45:142–152.

Gornitz, V., S. Lebedeff, and J. Hansen. 1982. Global sea level trend in the past century. *Science* 125:1611–1614.

Gosselink, J. G., E. P. Odum, and R. M. Pope. 1974. *The value of the tidal marsh.* LSU-SG-74-03, Louisiana State University. Baton Rouge: Center for Wetland Resources.

Gotelli, N. J., and D. Simberloff. 1987. The distribution and abundance of tallgrass prairie plants: A test of the core-satellite hypothesis. *American Naturalist* 130:18–35.

Gottfried, B. M. 1979. Small mammal populations in woodlot islands. *American Midland Naturalist* 102:105–112.

Gould, J. L., and C. G. Gould. 1989. *Life at the edge.* New York: W. H. Freeman.

Gould, S. J. 1988. Kropotkin was no crackpot. *Natural History* 97:12–21.

————. 2000. Beyond competition. *Paleobiology* 26:1–6.

————. 2002. *The structure of evolutionary theory.* Cambridge, Mass.: Harvard University Press.

Gould, S. J., and N. Eldredge. 1977. Punctuated equilibria: The tempo and mode of evolution reconsidered. *Paleobiology* 3:115–151.

Graedel, T. E., and P. J. Crutzen. 1995. *Atmosphere, climate, and change.* New York: Scientific American Library.

Grant, P. R. 1986. *Ecology and evolution of Darwin's finches.* Princeton, N.J.: Princeton University Press.

Grant, P. R., and B. R. Grant. 1992. Demography and the genetically effective sizes of two populations of Darwin's finches. *Ecology* 73:766–784.

Graves, W., Ed. 1993. Water: *The power, promise, and turmoil of North America's fresh water.* National Geographic Special Edition, Volume 184. Washington, D.C.: National Geographic Society.

Gray, P. E. 1992. The paradox of technological development. In *Technology and environment*, Washington, D.C.: National Academy Press, pp. 192–205.

Grime, J. P. 1977. Evidence for the existence of three primary strategies in plants and its relevance to ecological and evolutionary theory. *American Naturalist* 111:1169–1194.

————. 1979. *Plant strategies and vegetation processes.* New York: John Wiley.

————. 1997. Biodiversity and ecosystem function: The debate deepens. *Science* 277:1260–1261.

Grinnell, J. 1917. Field test of theories concerning distributional control. *American Naturalist* 51:115–128.

Grinnell, J. 1928. Presence and absence of animals. *University of California Chronicles* 30:429–450.

Gross, A. O. 1947. Cyclic invasion of the snowy owl and the migration of 1945–1946. *Auk* 64:584–601.

554 Fundamentos de Ecologia

Gruchy, A. G. 1967. *Modern economic thought: The American contribution*. New York: A. M. Kelley.

Gunderson, L. H. 2000. Ecological resilience—in theory and application. *Annual Review of Ecology and Systematics* 31:425–439.

Gunderson, L. H., and C. L. Holling. 2002. *Panarchy: Understanding transformations in human and natural systems*. Washington, D.C.: Island Press.

Gunn, J. M., Ed. 1995. *Restoration and recovery of an industrial region: Progress in restoring the smelter-damaged landscape near Sudbury, Canada*. New York: Springer Verlag.

H

Haberi, H. 1997. Human appropriation of net primary production as an environmental indicator: Implications for sustainable development. *Ambio* 26:143–146.

Haddad, N. M., and K. A. Baum. 1999. An experimental test of corridor effects on butterfly densities. *Ecological Applications* 9:623–633.

Haeckel, E. 1869. Über entwickelungsgang und aufgabe der zoologie. *Jenaische Zeitschrift für Medizin und Naturwissenschaft* 5:353–370.

Hagen, J. B. 1992. *An entangled bank: The origins of ecosystem ecology*. New Brunswick, N.J.: Rutgers University Press.

Haines, E. B., and R. B. Hanson. 1979. Experimental degradation of detritus made from salt marsh plants Spartina alterniflora, Salicornus virginia, and Juncus roemerianus. *Journal of Experimental Marine Biology and Ecology* 40:27–40.

Haines, E. B., and C. L. Montague. 1979. Food sources of estuarine invertebrates analyzed using 13C/12C ratios. *Ecology* 60:48–56.

Hairston, N. G. 1980. The experimental test of an analysis of field distributions: Competition in terrestrial salamanders. *Ecology* 61:817–826.

Hairston, N. G., F. K. Smith, and L. B. Slobodkin. 1960. Community structure, population control, and competition. *American Naturalist* 94:421–425.

Haken, H., Ed. 1977. *Synergetics: A workshop*. Proceedings of the International Workshop on Synergetics at Schloss Elmau, Bavaria, 2–7 May 1977. Berlin: Springer Verlag.

Hall, A. T., P. E. Woods, and G. W. Barrett. 1991. Population dynamics of the meadow vole, Microtus pennsylvanicus, in nutrient-enriched old-field communities. *Journal of Mammalogy* 72:332–342.

Hamilton, W. D. 1964. The genetical evolution of social behavior, I and II. *Journal of Theoretical Biology* 7:1–52.

Hamilton, W. J., III, and K. E. F. Watt. 1970. Refuging. *Annual Review of Ecology and Systematics* 1:263–286.

Hansen, A. J., and F. di Castri. 1992. *Landscape boundaries: Consequences for biotic diversity and ecological flows*. New York: Springer Verlag.

Hanski, I. A. 1982. Dynamics of regional distribution: The core and satellite species hypothesis. *Oikos* 38:210–221.

———. 1989. Metapopulation dynamics: Does it help to have more of the same? *Trends in Ecology and Evolution* 4:113–114.

Hanski, I. A., and M. E. Gilpin, Eds. 1997. *Metapopulation biology: Ecology, genetics, and evolution*. San Diego, Calif.: Academic Press.

Hansson, L. 1979. On the importance of landscape heterogeneity in northern regions for breeding population density of homeotherms: A general hypothesis. *Oikos* 33:182–189.

Harborne, J. B. 1982. *Introduction to ecological biochemistry*, 2nd ed. London: Academic Press.

Hardin, G. J. 1960. The competitive exclusion principle. *Science* 131:1292–1297.

———. 1968. The tragedy of the commons. *Science* 162:1243–1248.

———. 1985. *Filters against folly: How to survive despite economists, ecologists, and the merely eloquent.* New York: Viking Press.

———. 1993. *Living within limits: Ecology, economics, and population taboos.* New York: Oxford University Press.

Hargrove, E. C. 1989. *Foundations of environmental ethics.* Englewood Cliffs, N.J.: Prentice Hall.

Harper, J. L. 1961. Approaches to the study of plant competition. In *Mechanisms in biological competition.* Symposium of the Society for Experimental Biology, Number 15, pp. 1–268.

———. 1969. The role of predation in vegetational diversity. In *Diversity and stability in ecological systems,* G. M. Woodwell and H. H. Smith, Eds. Brookhaven Symposium on Biology, Number 22. Upton, N.Y.: Brookhaven National Laboratory, pp. 48–62.

———. 1977. *Population biology of plants.* New York: Academic Press.

Harper, J. L., and J. N. Clatworthy. 1963. The comparative biology of closely related species. Volume VI. Analysis of the growth of Trifolium repens and T. fragiferum in pure and mixed populations. *Journal of Experimental Botany* 14:172–190.

Harper, S. J., E. K. Bollinger, and G. W. Barrett. 1993. Effects of habitat patch shape on meadow vole, Microtus pennsylvanicus population dynamics. *Journal of Mammalogy* 74: 1045–1055.

Harris, L. D. 1984. *The fragmented forest: Island biogeography theory and the preservation of biotic diversity.* Chicago: University of Chicago Press.

Harrison, S., and N. Cappuccino. 1995. Using density-manipulation experiments to study population regulation. In *Population dynamics: New approaches and synthesis,* N. Cappuccino and P. W. Price, Eds. San Diego, Calif.: Academic Press, pp. 131–147.

Hartley, S. E., and C. G. Jones. 1997. Plant chemistry and herbivory, or why the world is green. In *Plant ecology,* M. Crawley, Ed. Cambridge, Mass.: Blackwell, pp. 284–324.

Harvey, H. W. 1950. On the production of living matter in the sea off Plymouth. *Journal of the Marine Biology Association of the United Kingdom* 29:97–137.

Haughton, G., and C. Hunter. 1994. *Sustainable cities.* London: Jessica Kingsley.

Hawken, P. 1993. *The ecology of commerce: A declaration of sustainability.* New York: HarperBusiness.

Hawken, P., Lovins, A., and L. H. Lovins. 1999. *Natural capitalism: Creating the next industrial revolution.* Boston: Little, Brown.

Hawkins, A. S. 1940. A wildlife history of Faville Grove, Wisconsin. *Transactions of the Wisconsin Academy of Sciences, Arts, and Letters* 32:39–65.

Hazard, T. P., and R. E. Eddy. 1950. Modification of the sexual cycle in the brook trout, Salvelinus fontinalis by control of light. *Transactions of the American Fisheries Society* 80:158–162.

Heezen, B. C., C. M. Tharp, and M. Ewing. 1959. *The floors of the ocean.* Volume 1. North Atlantic. New York: Geological Society of America Special Paper 65.

Heffner, R. A., M. J. Butler, IV, and C. K. Reilly. 1996. Pseudo-replication revisited. *Ecology* 77:2558–2562.

Heinrich, B. 1979. *Bumblebee economics.* Cambridge, Mass.: Harvard University Press.

———. 1980. The role of energetics in bumblebee-flower interrelationships. In *Coevolution of animals and plants,* L. E. Gilbert and P. H. Raven, Eds. Austin: University of Texas Press, pp. 141–158.

Henderson, M. T., G. Merriam, and J. F. Wegner. 1985. Patchy environments and species survival: Chipmunks in an agricultural mosaic. *Biological Conservation* 31:95–105.

Hendrix, P. F., R. W. Parmelee, D. A. Crossley, Jr., D. C. Coleman, E. P. Odum, and P. Groffman. 1986. Detritus food webs in conventional and no-tillage agroecosystems. *BioScience* 36:374–380.

Hersperger, A. M. 1994. Landscape ecology and its potential application to planning. *Journal of Planning Literature* 9:14–29.

Hickey, J. J., and D. W. Anderson. 1968. Chlorinated hydrocarbons and egg shell changes in raptorial and fish-eating birds. *Science* 162:271–272.

Higgs, E. S. 1994. Expanding the scope of restoration ecology. *Restoration Ecology* 2:137–146.

———. 1997. What is good ecological restoration? *Conservation Biology* 11:338–348.

Hills, G. A. 1952. The classification and evaluation of site for forestry. *Ontario Department of Lands and Forests Research Report* 24.

Himmelfarb, G. 1962. *Darwin and the Darwinian revolution*. New York: W. W. Norton.

Hjort, J. 1926. Fluctuations in the year classes of important food fishes. *Journal du Conseil Permanent International pour l'Exploration de la Mer* 1:1–38.

Hobbie, J. E. 2003. Scientific accomplishments of the Long-Term Ecological Research program: An introduction. *BioScience* 53:17–20.

Hobbs, R. J., and D. A. Norton. 1996. Toward a conceptual framework for restoration ecology. *Restoration Ecology* 4:93–110.

Holdridge, L. R. 1947. Determination of wild plant formations from simple climatic data. *Science* 105:367–368.

———. 1967. Determination of world plant formations from simple climatic data. *Science* 130:572.

Holland, J. H. 1998. *Emergence: From chaos to order*. Reading, Mass.: Addison-Wesley.

Holling, C. S. 1965. The functional response of predators to prey density and its role in mimicry and population regulation. *Memoirs of the Entomological Society of Canada* 45.

———. 1966. The functional response of invertebrate predators to prey density. *Memoirs of the Entomological Society of Canada* 48.

———. 1973. Resilience and stability of ecological systems. *Annual Review of Ecology and Systematics* 4:1–23.

———. 1980. Forest insects, forest fires, and resilience. In *Fire regimes and ecosystem properties*, H. Mooney, J. M. Bonnicksen, N. L. Christensen, J. E. Lotan, and W. E. Reiners, Eds. United States Department of Agriculture, Forest Service General Technical Report WO-26.

———. 1998. Two cultures of ecology. *Conservation Ecology* [online] 2:1–4. URL: http://www.consecol.org/vol2/iss2/art4.

Holling, C. S., and L. H. Gunderson. 2002. Resilience and adaptive cycles. In *Panarchy: Understanding transformations in human and natural systems*, L. H. Gunderson and C. S. Holling, Eds. Washington, D.C.: Island Press, pp. 25–62.

Hooper, J. 2002. *An evolutionary tale of moths and men: The untold story of science and the peppered moth*. New York: W. W. Norton.

Hopkinson, C. S., and J. W. Day. 1980. Net energy analysis of alcohol production from sugarcane. *Science* 207:302–304.

Horgan, J. 1996. *The end of science*. Reading, Mass.: Addison-Wesley.

Horn, H. S. 1974. The ecology of secondary succession. *Annual Review of Ecology and Systematics* 5:25–37.

———. 1975. Forest succession. *Scientific American* 232:90–98.

Horn, H. S. 1981. Succession. In *Theoretical ecology*, 2nd ed., R. M. May, Ed. Sunderland, Mass.: Sinauer, pp. 253–271.

Howard, H. E. 1948. *Territory in bird life*. London: London Collins.

Hubbell, S. P. 1979. Tree dispersion abundance and diversity in a tropical dry forest. *Science* 203:1299–1309.

————. 2001. *The unified neutral theory of biodiversity and biogeography*. Princeton, N.J.: Princeton University Press.

Hulbert, M. K. 1971. The energy resources of the earth. *Scientific American* 224:60–70.

Humphreys, W. F. 1978. Ecological energetics of Geolycosa godeffroyi (Araneae: Lycosidae) with an appraisal of production efficiency of ectothermic animals. *Journal of Animal Ecology* 47:627–652.

Hunter, M. D. 2000. Mixed signals and cross-talk: Interactions between plants, insect herbivores and plant pathogens. *Agricultural and Forest Entomology* 2:155–160.

Hunter, M. D., and P. W. Price. 1992. Playing chutes and ladders: Heterogeneity and the relative roles of bottom-up and top-down forces in natural communities. *Ecology* 73:724–732.

Hurd, L. E., and L. L. Wolf. 1974. Stability in relation to nutrient enrichment in arthropod consumers of old-field successional ecosystems. *Ecological Monographs* 44:465–482.

Hurlbert, S. H. 1984. Pseudo-replication and the design of ecological field experiments. *Ecological Monographs* 54:187–211.

Huston, M. 1979. A general hypothesis of species diversity. *American Naturalist* 113:81–101.

Hutcheson, K. 1970. A test for comparing diversities based on the Shannon formula. *Journal of Theoretical Biology* 29:151–154.

Hutchinson, G. E. 1944. Nitrogen and biogeochemistry of the atmosphere. *American Scientist* 32:178–195.

————. 1948. On living in the biosphere. *Scientific Monthly* 67:393–398.

————. 1950. Survey of contemporary knowledge of biogeochemistry. Volume 3. The biogeochemistry of vertebrate excretion. *Bulletin of the American Museum of Natural History* 95:554.

————. 1957. *A treatise on limnology*. Volume 1. Geography, physics, and chemistry. New York: John Wiley.

————. 1964. The lacustrine microcosm reconsidered. *American Scientist* 52:331–341.

————. 1965. The niche: An abstractly inhabited hyper-volume. In *The ecological theatre and the evolutionary play*. New Haven, Conn.: Yale University Press, pp. 26–78.

Huxley, J. 1935. Chemical regulation and the hormone concept. *Biological Reviews* 10:427.

Huxley, T. H. 1894. *Evidence of man's place in nature, man's place in nature, and other anthropological essays*. New York: D. Appleton. Reprint, 1959, Ann Arbor: University of Michigan Press.

I

Inouye, R. S., and G. D. Tilman. 1988. Convergence and divergence in vegetation along experimentally created gradients of resource availability. *Ecology* 69:12–26.

Irvine, W. 1955. *Apes, angels, and Victorians*. New York: McGraw-Hill.

J

Jackson, D. L., and L. L. Jackson, Eds. 2002. *The farm as natural habitat: Reconnecting food systems with ecosystems*. Washington, D.C.: Island Press.

Jahnke, R. A. 1992. The phosphorus cycle. In *Global biogeochemical cycles*, S. S. Butcher, R. J. Charlson, G. H. Orians, and G. V. Wolfe, Eds. London: Academic Press, pp. 301–315.

558 Fundamentos de Ecologia

Jansson, A. M., Ed. 1984. *Integration of economy and ecology: An outlook for the eighties.* Proceedings of the Wallenberg Symposia, Stockholm.

Jansson, A., C. Folke, J. Rockström, and L. Gordon. 1999. Linking freshwater flows and ecosystem services appropriated by people: The case of the Baltic Sea drainage basin. *Ecosystems* 2:351–366.

Jantsch, E. 1972. *Technological planning and social futures.* New York: John Wiley.

————. 1980. *The self-organizing universe.* Oxford: Pergamon Press.

Janzen, D. H. 1966. Coevolution of mutualism between ants and acacias in Central America. *Evolution* 20:249–275.

————. 1967. Interaction of the bull's horn acacia, *Acacia cornigera L.* with an ant inhabitant, *Pseudomyrmex ferruginea F.* (Smith) in eastern Mexico. *University of Kansas Science Bulletin* 57:315–558.

————. 1987. Habitat sharpening. *Oikos* 48:3–4.

Jeffries, H. P. 1979. Biochemical correlates of a seasonal change in marine communities. *American Naturalist* 113:643–658.

Jenkins, J. H., and T. T. Fendley. 1968. The extent of contamination, detention, and health significance of high accumulation of radioactivity in southeastern game populations. *Proceedings of the Annual Conference of Southeastern Association Game and Fish Commissioners* 22:89–95.

Jenny, H., R. J. Arkley, and A. M. Schultz. 1969. The pygmy forest-podsol ecosystem and its dune associates of the Mendocino coast. *Madrono* 20:60–75.

Johnson, B. L., W. B. Richardson, and T. J. Naimo. 1995. Past, present, and future concepts in large river ecology. *BioScience* 45:134–152.

Johnson, S. 2001. *Emergence: The connected lives of ants, brains, cities, and software.* New York: Scribner.

Johnston, D. W., and E. P. Odum. 1956. Breeding bird populations in relation to plant succession on the Piedmont in Georgia. *Ecology* 37:50–62.

Jones, C. G., R. S. Ostfeld, M. P. Richard, E. M. Schauber, and J. O. Wolff. 1998. Chain reactions linking acorns, gypsy moth outbreaks, and Lyme-disease risk. *Science* 279:1023–1026.

Jordan, C. F. 1985. Jari: A development project for pulp in the Brazilian Amazon. *The Environmental Professional* 7:135–142.

————. 1995. *Conservation.* New York: John Wiley.

Jordan, C. F., and R. Herrera. 1981. Tropical rain forests: Are nutrients really critical? *American Naturalist* 117:167–180.

Jordan, C. F., and C. E. Russell. 1989. Jari: A pulp plantation in the Brazilian Amazon. *Geo-Journal* 19:429–435.

Jordan, W. R., III. 2003. *The sunflower forest: Ecological restoration and the new communion with nature.* Berkeley: University of California Press.

Jordan, W. R., III, M. E. Gilpin, and J. D. Aber, Eds. 1987. *Restoration ecology: A synthetic approach to ecological research.* Cambridge, U.K.: Cambridge University Press.

Jørgensen, S. E. 1997. *Integration of ecosystem theories: A pattern.* Dordrecht: Kluwer.

Juday, C. 1940. The annual energy budget of an inland lake. *Ecology* 21:438–450.

————. 1942. The summer standing crop of plants and animals in four Wisconsin lakes. *Transactions of the Wisconsin Academy of Sciences, Arts, and Letters* 34:103–135.

Junk, W. J., P. B. Bayley, and R. E. Sparks. 1989. The flood pulse concept in river-floodplain systems. *Canadian Special Publication of Fisheries and Aquatic Sciences* 106:110–127.

K

Kahn, A. E. 1966. The tyranny of small decisions: Market failures, imperfections, and the limits of economies. *Kyklos* 19:23–47.

Kahn, H., W. Brown, and L. Martel. 1976. *The next 200 years: A scenario for America and the world.* New York: William Morrow.

Kaiser, J. 2000. Rift over biodiversity divides ecologists. *Science* 289:1282–1283.

————. 2001. How rain pulses drive biome growth. *Science* 291:413–414.

Kale, H. W. 1965. *Ecology and bioenergetics of the long-billed marsh wren, Telmatodytes palustris griseus (Brewster) in Georgia salt marshes.* Publication Number 5. Cambridge, Mass.: Nuttall Ornithological Club.

Karlen, D. L., M. J. Mausbach, J. W. Doran, R. G. Cline, R. F. Harris, and G. E. Schuman. 1997. Soil quality: A concept, definition, and framework for evaluation. *Soil Science Society of America Journal* 61:4–10.

Karr, J. R., and I. J. Schlosser. 1978. Water resources and the land-water interface. *Science* 201:229–234.

Kates, R. W., W. C. Clark, R. Corell, J. M. Hall, C. C. Jaeger, I. Lowe, J. J. McCarthy, H. J. Schellnhuber, B. Bolin, N. M. Dickson, S. Faucheux, G. C. Gallopin, A. Grübler, B. Huntley, J. Jäger, N. S. Jodha, R. E. Kasperson, A. Mabogunje, P. Matson, H. Mooney, B. Moore III, T. O'Riordan, and U. Svedin. 2001. Sustainability science. *Science* 292:641–642.

Kauffman, S. A. 1993. *The origins of order: Self organizing and selection in evolution.* New York: Oxford University Press.

Keddy, P. 1990. Is mutualism really irrelevant to ecology? *Bulletin of the Ecological Society of America* 71:101–102.

Keith, L. B. 1963. *Wildlife's ten-year cycle.* Madison: University of Wisconsin Press.

————. 1990. Dynamics of snowshoe hare populations. *Current Mammalogy* 4:119–195.

Keith, L. B., and L. A. Windberg. 1978. A demographic analysis of the snowshoe hare cycle. *Wildlife Monographs* 58.

Keith, L. B., J. R. Cary, O. J. Rongstad, and M. C. Brittingham. 1984. Demography and ecology of declining snowshoe hare population. *Journal of Wildlife Management* 90:1–43.

Kelner, K., and L. Helmuth, Eds. 2003. Obesity. Special Section. *Science* 299:845–860.

Kemp, J. C., and G. W. Barrett. 1989. Spatial patterning: Impact of uncultivated corridors on arthropod populations within soybean agroecosystems. *Ecology* 70:114–128.

Kendeigh, S. C. 1944. Measurement of bird populations. *Ecological Monographs* 14:67–106.

————. 1982. *Bird populations in east central Illinois: Fluctuations, variations and development over half a century.* Champaign: University of Illinois Press.

Kennedy, D. 2003. Sustainability and the commons. *Science* 302:1861.

Kettlewell, H. B. D. 1956. Further selection experiments on industrial melanism in the Lepidoptera. *Heredity* 10:287–301.

Killham, K. 1994. *Soil ecology.* New York: Cambridge University Press.

Kimball, A. 1957. Errors of the third kind in statistical consulting. *Journal of the American Statisticians Association* 52:133–142.

Kira, T., and T. Shidei. 1967. Primary production and turnover of organic matter in different forest ecosystems of the western Pacific. *Japanese Journal of Ecology* 17:70–87.

Klopatek, J. M., and R. H. Gardner, Eds. 1999. *Landscape ecological analysis: Issues and applications.* New York: Springer Verlag.

Knapp, A. K., J. M. Briggs, D. C. Hartnett, and S. L. Collins. 1998. *Grassland dynamics: Long-term ecological research in tallgrass prairie.* New York: Oxford University Press.

560 Fundamentos de Ecologia

Koestler, A. 1969. Beyond atomism and holism: The concept of holon. In *Beyond reductionism. The Alpbach Symposium, 1968*. London: Hutchinson, pp. 192–232.

Kormondy, E. J. 1969. *Concepts of ecology*. Englewood Cliffs, N.J.: Prentice Hall.

Kozlowski, T. T., and C. E. Ahlgren, Eds. 1974. *Fire and ecosystems*. New York: Academic Press.

Krebs, C. J. 1978. A review of the Chitty hypothesis of population regulation. *Canadian Journal of Zoology* 56:2463–2480.

Krebs, C. J., R. Boonstra, S. Boutin, and A. R. E. Sinclair. 2001. What drives the 10-year cycle of snowshoe hares? *BioScience* 51:25–35.

Krebs, C. J., S. Boutin, and R. Boonstra, Eds. 2001. *Ecosystem dynamics of the boreal forest: The Kluane project*. New York: Oxford University Press.

Krebs, C. J., S. Boutin, R. Boonstra, A. R. E. Sinclair, J. N. M. Smith, M. R. T. Dale, K. Martin, and R. Turkington. 1995. Impact of food and predation on the snowshoe hare cycle. *Science* 269:1112–1115.

Krebs, C. J., and K. T. DeLong. 1965. A Microtus population with supplemental food. *Journal of Mammalogy* 46:566–573.

Krebs, C. J., M. S. Gaines, B. L. Keller, J. H. Myers, and R. H. Tamarin. 1973. Population cycles in small rodents. *Science* 179:35–41.

Krebs, C. J., and J. H. Meyers. 1974. Population cycles in small mammals. *Advances in Ecological Research* 8:267–349.

Kroodsma, D. E., B. E. Byers, E. Goodale, S. Johnson, and W. C. Liu. 2001. Pseudo-replication in playback experiments, revisited a decade later. *Animal Behavior* 61:1029–1033.

Kropotkin, P. A. 1902. *Mutual aid: A factor of evolution*. New York: McClure and Phillips. Reprint, 1937, Harmondsworth, U.K.: Penguin Books.

Kuenzler, E. J. 1958. Niche relations of three species of Lycosid spiders. *Ecology* 39:494–500.

———. 1961a. Phosphorus budget of a mussel population. *Limnology and Oceanography* 6:400–415.

———. 1961b. Structure and energy flow of a mussel population. *Limnology and Oceanography* 6:191–204.

Kuhn, T. S. 1970. *The structure of scientific revolutions*. Chicago: University of Chicago Press.

L

Lack, D. L. 1947a. *Darwin's finches*. New York: Cambridge University Press.

———. 1947b. The significance of clutch size. *Ibus* 89:302–352.

———. 1966. *Population studies of birds*. Oxford: Clarendon Press.

———. 1969. Tit niches in two worlds or homage to Evelyn Hutchinson. *American Naturalist* 103:43–49.

Lal, R. 1991. Current research on crop water balance and implication for the future. In *Proceedings of the International Workshop on Soil Water Balance in the Sudano-Sahelian Zone, Niamey*. Wallingford, U.K.: IAHS Press, pp. 34–44.

Langdale, G. W., A. P. Barnett, L. Leonard, and W. G. Fleming. 1979. Reduction of soil erosion by the no-till system in the southern Piedmont. *Journal of Soil and Water Conservation* 34:226–228.

LaPolla, V. N., and G. W. Barrett. 1993. Effects of corridor width and presence on the population dynamics of the meadow vole, *Microtus pennsylvanicus*. *Landscape Ecology* 8:25–37.

Laszlo, E., Ed. 1977. *Goals for mankind: A report to the Club of Rome on the new horizons of global community*. New York: Dutton.

Laszlo, E., and H. Margenau. 1972. The emergence of integrating concepts in contemporary science. *Philosophy of Science* 39:252–259.

Lawton, J. H. 1981. Moose, wolves, daphnia, and hydra: On the ecological efficiency of endotherms and ectotherms. *American Naturalist* 117:782–783.

Lawton, J. H., and M. P. Hassell. 1981. Asymmetrical competition in insects. *Nature* 289:793–795.

Lawton, J. H., and S. McNeil. 1979. Between the devil and the deep blue sea: On the problem of being a herbivore. In *Population dynamics*, B. D. Turner and L. R. Taylor, Eds. London: Blackwell, pp. 223–244.

Leffler, J. W. 1978. Ecosystem responses to stress in aquatic microcosms. In *Energy and environmental stress in aquatic systems*, J. H. Thorp and J. W. Gibbons, Eds. United States Department of Energy. Springfield, Va.: National Technical Information Center, pp. 102–119.

Leibold, M. A., J. M. Chase, J. B. Shurin, and A. L. Downing. 1997. Species turnover and the regulation of trophic structure. *Annual Review of Ecology and Systematics* 28:467–494.

Leigh, R. A., and A. E. Johnston, Eds. 1994. *Long-term experiments in agricultural and ecological sciences*. Proceedings of the 150th Anniversary of Rothamsted Experimental Station, Rothamsted 14–17 July 1993. Oxford: CAB International.

Leopold, A. 1933a. *Game management*. New York: Scribner.

———. 1933b. The conservation ethic. *Journal of Forestry* 31:634–643.

———. 1943. Deer irruptions. *Wisconsin Conservation Bulletin*. Reprint, August 1943, *Wisconsin Conservation Department Publication Technical Bulletin* 321:3–11.

———. 1949. The land ethic. In *A Sand County almanac: And sketches here and there*, A. Leopold. New York: Oxford University Press, pp. 201–226.

Leopold, A. C. 2004. Living with the land ethic. *BioScience* 54:149–154.

Leslie, P. H., and T. Park. 1949. The intrinsic rate of natural increase of Tribolium castaneum Herbst. *Ecology* 30:469–477.

Leslie, P. H., and R. M. Ranson. 1940. The mortality, fertility, and rate of natural increase of the vole (*Microtus agrestis*) as observed in the laboratory. *Journal of Animal Ecology* 9:27–52.

Levine, M. B., A. T. Hall, G. W. Barrett, and D. H. Taylor. 1989. Heavy metal concentrations during ten years of sludge treatment to an old-field community. *Journal of Environmental Quality* 18:411–418.

Levins, R. 1966. The strategy of model building in population biology. *American Scientist* 54: 421–431.

———. 1968. *Evolution in changing environments*. Princeton, N.J.: Princeton University Press.

———. 1969. Some demographic and genetic consequences of environmental heterogeneity for biological control. *Bulletin of the Entomology Society of America* 15:237–240.

Li, B. L., and P. Sprott. 2000. Landscape ecology: Much more than the sum of parts. *The LTER Network News* 13:12–15.

Lidicker, W. Z., Jr. 1988. Solving the enigma of microtine "cycles." *Journal of Mammalogy* 69:225–235.

Lidicker, W. Z., Jr. 1995. The landscape concept: Something old, something new. In *Landscape approaches in mammalian ecology and conservation*, W. Z. Lidicker, Jr., Ed. Minneapolis: University of Minnesota Press, pp. 3–19.

562 Fundamentos de Ecologia

Liebig, J., Baron von. 1840. *Organic chemistry in its application to agriculture and physiology*. Reprint, 1847, *Chemistry in its application to agriculture and physiology*, L. Playfair, Ed. Philadelphia: T. B. Peterson.

Liebman, M., and A. S. Davis. 2000. Integration of soil, crop and weed management in low--external-input farming systems. *Weed Research* 40:27–47.

Lieth, H., and R. H. Whittaker, Eds. 1975. *Primary productivity of the biosphere*. New York: Springer Verlag.

Ligon, J. D. 1968. Sexual differences in foraging behavior in two species of Dendrocopus woodpeckers. *Auk* 85:203–215.

Likens, G. E. 1998. Limitations to intellectual progress in ecosystem science. In *Successes, limitations, and frontiers in ecosystem science*, M. L. Pace and P. M. Groffman, Eds. New York: Springer Verlag, pp. 247–271.

————. 2001a. Ecosystems: Energetics and biogeochemistry. In *A new century of biology*, W. J. Kress and G. W. Barrett, Eds. Washington, D.C.: Smithsonian Institution Press, pp. 53–88.

————. 2001b. Eugene P. Odum, the ecosystem approach, and the future. In *Holistic science: The evolution of the Georgia Institute of Ecology 1940–2000*, G. W. Barrett and T. L. Barrett, Eds. New York: Taylor and Francis, pp. 309–328.

Likens, G. E., and F. H. Bormann. 1974a. Acid rain: A serious regional environmental problem. *Science* 184:1176–1179.

————. 1974b. Linkages between terrestrial and aquatic ecosystems. *BioScience* 24:447–456.

————. 1995. *Biogeochemistry of a forested ecosystem*, 2nd ed. New York: Springer Verlag.

Likens, G. E., F. H. Bormann, R. S. Pierce, J. S. Eaton, and N. M. Johnson. 1977. *Biogeochemistry of a forested ecosystem*. New York: Springer Verlag.

Likens, G. E., C. T. Driscoll, and D. C. Busco. 1996. Long-term effects of acid rain: Response and recovery of a forest ecosystem. *Science* 272:244–246.

Lindeman, R. L. 1942. The trophic-dynamic aspect of ecology. *Ecology* 23:399–418.

Lodge, T. E. 1994. *The Everglades handbook: Understanding the ecosystem*. Delray Beach, Fla.: St. Lucie Press.

Loomis, L. R., Ed. 1942. *Five great dialogues*. Roslyn, N.Y.: Walter J. Black.

Lotka, A. J. 1925. *Elements of physical biology*. Reprint, 1956, *Elements of mathematical biology*. New York: Dover.

Loucks, O. L. 1986. The United States IBP: An ecosystems perspective after 15 years. In *Ecosystem theory and application*, N. Polunin, Ed. New York: John Wiley, pp. 390–405.

Lovejoy, T. E., R. O. Bierregaard, Jr., A. B. Rylands, J. R. Malcolm, C. E. Quintela, L. H. Harper, K. S. Brown, Jr., A. H. Powell, G. V. N. Powell, H. O. R. Shubart, and M. B. Hays. 1986. Edge and other effects of isolation on Amazon forest fragments. In *Conservation biology: The science of scarcity and diversity*, M. E. Soule, Ed. Sunderland, Mass.: Sinauer, pp. 257–285.

Lovelock, J. E. 1979. *Gaia: A new look at life on Earth*. New York: Oxford University Press.

————. 1988. *The ages of Gaia: A biography of our living Earth*. New York: W. W. Norton.

Lovelock, J. E., and S. R. Epton. 1975. The quest for Gaia. *New Scientist* 65:304–306.

Lovelock, J. E., and L. Margulis. 1973. Atmospheric homeostasis by and for the biosphere: The Gaia hypothesis. *Tellus* 26:1–10.

Lowrance, R., P. F. Hendrix, and E. P. Odum. 1986. A hierarchical approach to sustainable agriculture. *American Journal of Alternative Agriculture* 1: 169–173.

Lowrance, R., R. Todd, J. Fail, Jr., O. Hendrickson, Jr., R. Leonard, and L. Asmussen. 1984. Riparian forests as nutrient filters in agricultural watersheds. *BioScience* 34:374–377.

Luck, M. A., G. D. Jenerette, J. Wu, and N. B. Grimm. 2001. The urban funnel model and the spatially heterogeneous ecological footprint. *Ecosystems* 4:782–796.

Ludwig, D., D. D. Jones, and C. S. Holling. 1978. Qualitative analysis of insect outbreak systems: The spruce budworm and forest. *Journal of Animal Ecology* 47:315–332.

Lugo, A. E., E. G. Farnworth, D. Pool, P. Jerez, and G. Kaufman. 1973. The impact of the leaf cutter ant Atta columbica on the energy flow of a tropical wet forest. *Ecology* 54: 1292–1301.

Luo, Y., S. Wan, D. Hui, and L. L. Wallace. 2001. Acclimatization of soil respiration to warming in a tall grass prairie. *Nature* 413:622–625.

Lutz, W., W. Sanderson, and S. Scherbov. 2001. The end of world population growth. *Nature* 412:543–545.

Lyle, J. T. 1993. Urban ecosystems. *Context* 35:43–45.

M

Mabry, K. E., and G. W. Barrett. 2002. Effects of corridors on home range sizes and interpatch movements of three small-mammal species. *Landscape Ecology* 17:629–636.

Mabry, K. E., E. A. Dreelin, and G. W. Barrett. 2003. Influence of landscape elements on population densities and habitat use of three small-mammal species. *Journal of Mammalogy* 84:20–25.

MacArthur, R. H. 1958. Population ecology of some warblers of northeastern coniferous forest. *Ecology* 39:599–619.

————. 1972. *Geographical ecology: Patterns in the distribution of species*. New York: Harper and Row.

MacArthur, R. H., and R. Levins. 1967. The limiting similarity, convergence, and divergence of coexisting species. *American Naturalist* 101:377–385.

MacArthur, R. H., and E. O. Wilson. 1963. An equilibrium theory of insular zoogeography. *Evolution* 17:373–387.

————. 1967. *The theory of island biogeography*. Princeton, N.J.: Princeton University Press.

MacDicken, K. G., and N. T. Vergara. 1990. *Agroforestry: Classification and management*. New York: John Wiley.

MacElroy, R. D., and M. M. Averner. 1978. *Space ecosynthesis: An approach to the design of closed ecosystems for use in space*. NASA Tech. Memo. 78491. National Aeronautics and Space Administration. Moffet Field, Calif.: Ames Research Center.

Machlis, G. E., J. E. Force, and W. R. Burch. 1997. The human ecosystem, Part 1. The human ecosystem as an organizing concept in ecosystem management. *Society and Natural Resources* 10:347–367.

MacLulich, D. A. 1937. Fluctuations in the numbers of the varying hare, *Lepus americanus*. *University of Toronto Studies, Biology Series* 43.

Maly, M. S., and G. W. Barrett. 1984. Effects of two types of nutrient enrichment on the structure and function of contrasting old-field communities. *American Midland Naturalist* 111:342–357.

Mann, C. C. 1999. Genetic engineers aim to soup up crop photosynthesis. *Science* 283:314–316.

Margalef, R. 1958. Temporal succession and spatial heterogeneity in phytoplankton. In *Perspectives in marine biology*, Buzzati-Traverso, Ed. Berkeley: University of California Press, pp. 323–347.

Margalef, R. 1963a. On certain unifying principles in ecology. *American Naturalist* 97:357–374.

564 Fundamentos de Ecologia

_____. 1963b. Successions of populations. New Delhi: Institute of Advanced Science and Culture. *Advance Frontiers of Plant Science* 2:137–188.

_____. 1968. *Perspectives in ecological theory*. Chicago: University of Chicago Press.

Margulis, L. 1981. *Symbiosis in cell evolution: Life and its environment on the early Earth*. San Francisco: W. H. Freeman.

_____. 1982. *Early life*. Boston: Science Books International.

_____. 2001. Bacteria in the origins of species: Demise of the Neo-Darwinian paradigm. In *A new century of biology*, W. J. Kress and G. W. Barrett, Eds. Washington, D.C.: Smithsonian Institution Press, pp. 9–27.

Margulis, L., and J. E. Lovelock. 1974. Biological modulation of the earth's atmosphere. *Icarus* 21:471–489.

Margulis, L., and L. Olendzenski. 1992. *Environmental evolution: Effects of the origin and evolution of life on planet Earth*. Cambridge: Massachusetts Institute of Technology Press.

Margulis, L., and C. Sagan. 1997. *Slanted truths: Essays on Gaia, symbiosis, and evolution*. New York: Copernicus.

_____. 2002. *Acquiring genomes: A theory of the origins of species*. New York: Basic Books.

Marks, P. L. 1974. The role of the pin cherry, Prunus pennsylvanica in the maintenance of stability in northern hardwood ecosystems. *Ecological Monographs* 44:73–88.

Marquet, P. A. 2000. Invariants, scaling laws, and ecological complexity. *Science* 289:1487–1488.

Marquis, R. J., and C. J. Whelan. 1994. Insectivorous birds increase growth of white oak through consumption of leaf-chewing insects. *Ecology* 75:2007–2014.

Marsh, G. P. 1864. *Man and nature: or physical geography as modified by human action*. New York: Scribner.

Martin, J. H., R. M. Gordon, and S. E. Fitzwater. 1991. The case for iron. *Limnology and Oceanography* 36:1793–1802.

Max-Neef, M. 1995. Economic growth and quality of life: A threshold hypothesis. *Ecological Economics* 15:115–118.

Maynard Smith, J. 1976. A comment on the Red Queen. *American Naturalist* 110:325–330.

McCormick, F. J. 1969. Effects of ionizing radiation on a pine forest. In *Proceedings of the second national symposium on radioecology*, D. Nelson and F. Evans, Eds. United States Department of Commerce. Springfield, Va.: Clearinghouse of the Federal Science Technical Information Center, pp. 78–87.

McCormick, F. J., and F. B. Golley. 1966. Irradiation of natural vegetation: An experimental facility, procedures, and dosimetry. *Health Physics* 12:1467–1474.

McCrea, W. 1991. Arthur Stanley Eddington. *Scientific American* 264:66–71.

McCullough, D. R. 1979. *The George Reserve deer herd: Population ecology of a K-selected species*. Ann Arbor: University of Michigan Press.

_____. 1996. *Metapopulations and wildlife conservation*. Washington, D.C.: Island Press.

McGill, B. 2003. A test of the unified neutral theory of biodiversity. *Nature* 422:881–885.

McGowan, K. J., and G. E. Woolfenden. 1989. A sentinel system in the Florida scrub jay. *Animal Behaviour* 37:1000–1006.

McHarg, I. L. 1969. *Design with nature*. Garden City, N.Y.: Natural History Press.

McIntosh, R. P. 1975. H. A. Gleason—individualistic ecologist, 1882–1975. *Bulletin of the Torrey Botanical Club* 102:253–273.

McIntosh, R. P. 1980. The relationship between succession and the recovery process in ecosystems. In *The recovery process in damaged ecosystems*, J. Cairns, Ed. Ann Arbor, Mich.: Ann Arbor Sciences, pp. 11–62.

McLendon, T., and E. F. Redente. 1991. Nitrogen and phosphorus effects on secondary succession dynamics on a semi-arid sagebrush site. *Ecology* 72:2016–2024.

McMillan, C. 1956. Nature of the plant community. Volume 1. Uniform garden and light period studies of five grass taxa in Nebraska. *Ecology* 37:330–340.

McNaughton, S. J. 1976. Serengeti migratory wildebeest: Facilitation of energy flow by grazing. *Science* 191:92–94.

————. 1977. Diversity and stability of ecological communities: A comment on the role of empiricism in ecology. *American Naturalist* 111:515–525.

————. 1978. Stability and diversity in grassland communities. *Nature* 279:351–352.

————. 1985. Ecology of a grazing ecosystem: The Serengeti. *Ecological Monographs* 55:259–294.

————. 1993. Grasses and grazers, science and management. *Ecological Applications* 3:17–20.

McNaughton, S. J., F. F. Banyikwa, and M. M. McNaughton. 1997. Promotion of the cycling of diet-enhancing nutrients by African grazers. *Science* 278:1798–1800.

McPhee, J. 1999. The control of nature: Farewell to the nineteenth century—the breaching of the Edwards Dam. *The New Yorker* 75:44–53.

McShea, W. J., and W. M. Healy, Eds. 2002. *Oak forest ecosystems: Ecology and management for wildlife*. Baltimore, Md.: Johns Hopkins University Press.

Meadows, D. H. 1982. Whole earth models and systems. *CoEvolution Quarterly*, Summer 1982, pp. 98–108.

————. 1996. The laws of the earth and the laws of economics. White River Junction, Vt.: *The Valley News*, "The Global Citizen," syndicated biweekly column, 14 December 1996.

Meadows, D. H., D. L. Meadows, and J. Randers. 1992. *Beyond the limits: Confronting global collapse, envisioning a sustainable future*. Post Mills, Vt.: Chelsea Green.

Meadows, D. H., D. L. Meadows, J. Randers, and W. W. Behrens. 1972. *The limits to growth: A report for the Club of Rome's project on the predicament of mankind*. New York: Universe Books.

Meadows, D. H., J. Richardson, and G. Bruckmann. 1982. *Groping in the dark: The first decade of global modelling*. New York: John Wiley.

Meentemeyer, V. 1978. Macroclimate and lignin control of litter decomposition rates. *Ecology* 59:465–472.

Meffe, G. K., and C. R. Carroll, Eds. 1994. *Principles of conservation biology*. Sunderland, Mass.: Sinauer.

————, Eds. 1997. *Principles of conservation biology*. Sunderland, Mass.: Sinauer.

Menzel, D. W., and J. H. Ryther. 1961. Nutrients limiting the production of phytoplankton in the Sargasso Sea with special reference to iron. *Deep Sea Research* 7:276–281.

Merriam, C. H. 1894. Laws of temperature control of the geographic distribution of terrestrial animals and plants. *National Geographic Magazine* 6:229–238.

Merriam, G. 1991. Corridors and connectivity: Animal populations in heterogeneous environments. In *Nature conservation: The role of corridors*, D. Saunders and R. Hobbs, Eds., Chipping Norton, Australia: Surrey Beatty and Sons, pp. 133–142.

Merriam, G., and A. Lanoue. 1990. Corridor use by small mammals: Field measurements for three experimental types of Peromyscus leucopus. *Landscape Ecology* 4:123–131.

566 Fundamentos de Ecologia

Merriam-Webster's collegiate dictionary, 10th ed. 1996. Springfield, Mass.: Merriam-Webster.

Mertz, W. 1981. The essential trace elements. *Science* 213:1332–1338.

Mervis, J. 2003. Bye, bye, Biosphere 2. *Science* 302:2053.

Messerli, B., and J. D. Ives, Eds. 1997. *Mountains of the world: A global priority*. New York: Parthenon.

Michaels, P. J., and R. C. Balling. 2000. *The satanic gases*. Washington, D.C.: Cato Institute.

Middleton, J., and G. Merriam. 1981. Woodland mice in a farmland mosaic. *Journal of Applied Ecology* 18:703–710.

Mills, R. S., G. W. Barrett, and M. P. Farrell. 1975. Population dynamics of the big brown bat, Eptesicus fucus in southwestern Ohio. *Journal of Mammalogy* 56:591–604.

Minard, C. J. 1869. Carte figurative. Reprinted in *The visual display of quantitative information*, E. Tufte (1983). Cheshire, Conn.: Graphics Press, p. 41.

Mitchell, R. 1979. *The analysis of Indian agroecosystems*. New Delhi: Interprint.

Moffat, A. S. 1998a. Global nitrogen overload problem grows critical. *Science* 279:988–989.

————. 1998b. Ecology—Temperate forests gain ground. *Science* 282:1253.

Montague, C. L. 1980. A natural history of temperate western Atlantic fiddler crabs, genus Uca with reference to their impact on the salt marsh. *Contributions in Marine Science* 23: 25–55.

Mooney, H. A., and P. R. Ehrlich. 1997. Ecosystem services: A fragmentary history. In *Nature's services: Societal dependence on natural ecosystems*, G. C. Daily, Washington, D.C.: Island Press, pp. 11–19.

Morehouse, W., and J. Sigurdson. 1977. Science, technology, and poverty. *Bulletin of Atomic Science* 33:21–28.

Morello, J. 1970. Modelo de relaciones entra pastizales y lenosas colonzodores en el Chaco Argentino. *Idia* 276:31–51.

Morrison, D. A., and E. C. Morris. 2000. Pseudo-replication in experimental designs for manipulation of seed germination treatments. *Australian Ecology* 25:292–296.

Mosse, B., D. P. Stribley, and F. Letacon. 1981. Ecology of mycorrhizae and mycorrhizal fungi. *Advances in Microbial Ecology* 5:137–210.

Mulholland, P. J., J. D. Newbold, J. W. Elwod, L. A. Ferren, and J. R. Webster. 1985. Phosphorus spiraling in a woodland stream. *Ecology* 66:1012–1023.

Muller, C. H. 1966. The role of chemical inhibition (allelopathy) in vegetational composition. *Bulletin of the Torrey Botanical Club* 93:332–351.

————. 1969. Allelopathy as a factor in ecological process. *Vegetatio* 18:348–357.

Muller, C. H., R. B. Hanawalt, and J. K. McPherson. 1968. Allelopathic control of herb growth in the fire cycle of California chaparral. *Bulletin of the Torrey Botanical Club* 95:225–231.

Muller, C. H., W. H. Muller, and B. L. Haines. 1964. Volatile growth inhibitors produced by aromatic shrubs. *Science* 143:471–473.

Müller, F. 1997. State-of-the-art in ecosystem theory. *Ecological Modelling* 100:135–161.

————. 1998. Gradients in ecological systems. *Ecological Modelling* 108:3–21.

————. 2000. Indicating ecosystem integrity—theoretical concepts and environmental requirements. *Ecological Modelling* 130:13–23.

Mullineaux, C. W. 1999. The plankton and the planet. *Science* 283:801–802.

Mumford, L. 1967. Quality in the control of quantity. In *Natural resources, quality and quantity*, Ciriacy-Wantrup and Parsons, Eds. Berkeley: University of California Press, pp. 7–18.

Munn, N. L., and J. L. Meyer. 1990. Habitat-specific solute retention in streams. *Ecology* 71: 2069–2032.

Murie, A. 1944. Dall sheep. In *Wolves of Mount McKinley*. Fauna Series 5. Washington, D.C.: National Park Service.

Muscatine, L. C., and J. Porter. 1977. Reef corals: Mutualistic symbioses adapted to nutrient--poor environments. *BioScience* 27:454–456.

Myers, R. A., and B. Worm. 2003. Rapid worldwide depletion of predatory fish communities. *Nature* 423:280–283.

N

Naeem, S., K. Hakansson, J. H. Lawton, M. J. Crawley, and L. J. Thompson. 1996. Biodiversity and plant productivity in a model assemblage of plant species. *Oikos* 76:259–264.

Naeem, S., L. J. Thompson, S. P. Lawler, J. H. Lawton, and R. M. Woodfin. 1994. Declining biodiversity can alter the performance of ecosystems. *Nature* 368:734–737.

Naiman, R. J., and H. Décamps, Eds. 1990. *The ecology and management of aquatic-terrestrial ecotones*. Park Ridge, N.J.: Parthenon.

National Academy of Sciences (NAS). 1971. *Rapid population growth: Consequences and policy implications*, R. Revelle, Ed. Baltimore, Md.: Johns Hopkins University Press.

_____. 2000. *Transgenic plants and world agriculture*. Washington, D.C.: National Academy Press.

National Academy of Sciences/The Royal Society of London. 1992. *Population growth, resource consumption, and a sustainable world*. Joint statement.

National Research Council (NRC). 1989. *Alternative agriculture*. Washington, D.C.: National Academy Press.

_____. 1993. *Soil and water quality: An agenda for agriculture*. Washington, D.C.: National Academy Press.

_____. 1996a. *Ecologically based pest management: New solutions for a new century*. Washington, D.C.: National Academy Press.

_____. 1996b. *Use of reclaimed water and sludge in food crop production*. Washington, D.C.: National Academy Press.

_____. 2000a. *Professional societies and ecologically based pest management*. Washington, D.C.: National Academy Press.

_____. 2000b. *The future role of pesticides in U. S. agriculture*. Washington, D.C.: National Academy Press.

Naveh, Z. 1982. Landscape ecology as an emerging branch of human ecosystem science. In *Advances in ecological research*. Volume 12. New York: Academic Press, pp. 189–209.

_____. 2000. The total human ecosystem: Integrating ecology and economics. *BioScience* 50: 357–361.

Naveh, Z., and A. S. Lieberman. 1984. *Landscape ecology: Theory and application*. New York: Springer Verlag.

Nee, S., A. F. Read, J. J. D. Greenwood, and P. H. Harvey. 1991. The relationship between abundance and body size in British birds. *Nature* 351:312–313.

Negus, N. C., and P. J. Berger. 1977. Experimental triggering of reproduction in a natural population of Microtus montanus. *Science* 196:1230–1231.

Newell, S. J., and E. J. Tramer. 1978. Reproductive strategies in herbaceous plant communities in succession. *Ecology* 59:228–234.

Newman, E. I. 1988. Mycorrhizal links between plants: Their functioning and significance. *Advances in Ecological Research* 18:243–270.

568 Fundamentos de Ecologia

Newman, L. H. 1965. Man and insects. Reprinted in *The visual display of quantitative information*, E. Tufte (1983). Cheshire, Conn.: Graphics Press, pp. 104–105.

Nicholson, S. A., and C. D. Monk. 1974. Plant species diversity in old-field succession on the Georgia piedmont. *Ecology* 55:1075–1085.

Nicolis, G., and I. Prigogine. 1977. *Self-organization in non-equilibrium systems: From dissipative structures to order through fluctuations*. New York: John Wiley.

Nixon, S. W. 1969. A synthetic microcosm. *Limnology and Oceanography* 14:142–145.

Novikoff, A. B. 1945. The concept of integrative levels of biology. *Science* 101:209–215.

O

Odum, E. P. 1953. *Fundamentals of ecology*. Philadelphia: W. B. Saunders.

————. 1957. The ecosystem approach in the teaching of ecology illustrated with sample class data. *Ecology* 38:531–535.

————. 1959. *Fundamentals of ecology*, 2nd ed. Philadelphia: W. B. Saunders.

————. 1963. *Primary and secondary energy flow in relation to ecosystem structure*. Washington, D.C.: Proceedings of the Sixteenth International Congress of Zoology, pp. 336–338.

————. 1968. Energy flow in ecosystems: A historical review. *American Zoologist* 8:11–18.

————. 1969. The strategy of ecosystem development. *Science* 164:262–270.

————. 1977. The emergence of ecology as a new integrative discipline. *Science* 195:1289–1293.

————. 1979. The value of wetlands: A hierarchical approach. In *Wetland functions and values: The state of our understanding*, P. E. Greeson, J. R. Clark, and J. E. Clark, Eds. Minneapolis, Minn.: American Water Resources Association, pp. 16–25.

————. 1983. *Basic ecology*, 3rd ed. Philadelphia: W. B. Saunders.

————. 1984. The mesocosm. *BioScience* 34:558–562.

————. 1985. Trends expected in stressed ecosystems. *BioScience* 35:419–422.

————. 1989. Input management of production systems. *Science* 243:177–182.

————. 1992. Great ideas in ecology for the 1990s. *BioScience* 42:542–545.

————. 1997. *Ecology: A bridge between science and society*. Sunderland, Mass.: Sinauer.

————. 1998a. *Ecological vignettes: Ecological approaches to dealing with human predicaments*. Amsterdam: Harwood.

————. 1998b. Productivity and biodiversity: A two-way relationship. *Bulletin of the Ecological Society of America* 79:125.

————. 1998c. Source reduction, input management, and dual capitalism. In *Ecological vignettes: Ecological approaches to dealing with human predicaments*, E. P. Odum. Amsterdam: Harwood, pp. 235–236.

————. 2001. The technoecosystem. *Bulletin of the Ecological Society of America* 82:137–138.

Odum, E. P., and G. W. Barrett. 2000. Pest management: An overview. In *Professional societies and ecologically based pest management*. National Research Council Report. Washington, D.C.: National Academy Press, pp. 1–5.

Odum, E. P., and G. W. Barrett. 2004. Redesigning industrial agroecosystems: Incorporating more ecological processes and reducing pollution. *Journal of Crop Improvements*, in press.

Odum, E. P., and L. J. Biever. 1984. Resource quality, mutualism, and energy partitioning in food chains. *American Naturalist* 124:360–376.

Odum, E. P., and J. L. Cooley. 1980. Ecosystem profile analysis and performance curves as tools for assessing environmental impacts. In *Biological evaluation of environmental impacts*. Washington, D.C.: Council on Environmental Quality and Fish and Wildlife Service, pp. 94–102.

Odum, E. P., and M. G. Turner. 1990. The Georgia landscape: A changing resource. In *Changing landscapes: An ecological perspective*, I. S. Zonneveld and R. T. T. Forman, Eds. New York: Springer Verlag, pp. 137–164.

Odum, H. T. 1957. Trophic structure and productivity of Silver Springs, Florida. *Ecological Monographs* 27:55–112.

———. 1970. Summary: An emerging view of the ecological system at El Verde. In *A tropical rainforest*, H. T. Odum and R. F. Pigeon, Eds. Oak Ridge, Tenn.: USAEC, Division of Technical Information, pp. I-191–J-281.

———. 1971. *Environment, power, and society*. New York: John Wiley.

———. 1983. *Systems ecology*. New York: John Wiley.

———. 1988. Self-organization, transformity, and information. *Science* 242:1132–1139.

———. 1996. *Environmental accounting: EMergy and environmental decision making*. New York: John Wiley.

Odum, H. T., and E. C. Odum. 1982. *Energy basis for man and nature*, 2nd ed. New York: McGraw-Hill.

———. 2000. *Modeling for all scales*. San Diego, Calif.: Academic Press.

———. 2001. *A prosperous way down: Principles and policies*. Boulder: University Press of Colorado.

Odum, H. T., and E. P. Odum. 1955. Trophic structure and productivity of a windward coral reef community on Eniwetok Atoll. *Ecological Monographs* 25:291–320.

———. 2000. The energetic basis for valuation of ecosystem services. *Ecosystems* 3:21–23.

Odum, H. T., and R. F. Pigeon, Eds. 1970. *A tropical rain forest: A study of irradiation and ecology at El Verde, Puerto Rico*. Springfield, Va.: National Technical Information Service.

Odum, H. T., and R. C. Pinkerton. 1955. Times speed regulator, the optimum efficiency for maximum output in physical and biological systems. *American Scientist* 43:331–343.

Odum, H. W. 1936. *Southern regions of the United States*. Chapel Hill: University of North Carolina Press.

Odum, H. W., and H. E. Moore. 1938. *American regionalism*. New York: Henry Holt.

Odum, W. E. 1982. Environmental degradation and the tyranny of small decisions. *BioScience* 32:728–729.

———. 1988. Comparative ecology of tidal freshwater and salt marshes. *Annual Review of Ecology and Systematics* 19:137–176.

Odum, W. E., and E. J. Heald. 1972. Trophic analysis of an estuarine mangrove community. *Bulletin of Marine Science* 22:671–738.

———. 1975. The detritus-based food web of an estuarine mangrove community. In *Estuarine research*, G. E. Cronin, Ed. Volume 1. New York: Academic Press, pp. 265–286.

Odum, W. E., and C. C. McIvor. 1990. Mangroves. In *Ecosystems of Florida*, R. J. Myers and J. J. Ewel, Eds. Orlando: University of Central Florida Press, pp. 517–548.

Odum, W. E., E. P. Odum, and H. T. Odum. 1995. Nature's pulsing paradigm. *Estuaries* 18:547–555.

Office of Technology Assessment, United States Congress. 1982. Global models, world futures, and public policy: A critique. Washington, D.C.: United States Government Printing Office.

Oksanen, L. 1990. Predation herbivory, and plant strategies along gradients of primary productivity. In *Perspectives on plant competition*, J. B. Grace and D. Tilman, Eds. New York: Academic Press, pp. 445–474.

570 Fundamentos de Ecologia

Oksanen, L. 2001. Logic of experiments in ecology: Is pseudo-replication a pseudo-issue? *Oikos* 94:27–38.

Oliver, C. D. 1981. Forest development in North America following major disturbances. *Forest Ecology and Management* 3:153–168.

Oliver, C. D., and E. P. Stephens. 1977. Reconstruction of a mixed-species forest in central New England. *Ecology* 58:562–572.

Olson, J. S. 1958. Rates of succession and soil changes on southern Lake Michigan sand dunes. *Botanical Gazette* 119:125–170.

O'Neill, R. V., D. L. Deangelis, J. B. Waide, and T. F. H. Allen. 1986. *A hierarchical concept of ecosystems*. Princeton, N.J.: Princeton University Press.

Ophel, I. L. 1963. The fate of radiostrontium in a freshwater community. In *Radioecology*, V. Schultz and W. Klement, Eds. New York: Reinhold, pp. 213–216.

Opie, J. 1993. *Ogallala water for a dry land*. Lincoln: University of Nebraska Press.

Osborn, F. 1948. *Our plundered planet*. Boston: Little, Brown.

Ostfeld, R. S. 1997. The ecology of Lyme-disease risk. *American Scientist* 85:338–346.

Ostfeld, R. S., and C. G. Jones. 1999. Peril in the understory. *Audubon*, July–August, pp. 74–82.

Ostfeld, R. S., C. G. Jones, and J. O. Wolff. 1996. Of mice and mast: Ecological connections in eastern deciduous forests. *BioScience* 46:323–330.

Ostfeld, R. S., R. H. Manson, and C. D. Canham. 1997. Effects of rodents on survival of tree seeds and seedlings invading old fields. *Ecology* 78:1531–1542.

————. 1999. Interactions between meadow voles and white-footed mice at forest-old-field edges: Competition and net effects on tree invasion of old fields. In *Landscape ecology of small mammals*, G. W. Barrett and J. D. Peles, Eds. New York: Springer Verlag, pp. 229–247.

P

Pacala, S. W., and M. J. Crawley. 1992. Herbivores and plant diversity. *American Naturalist* 140: 243–260.

Paine. R. T. 1966. Food web diversity and species diversity. *American Naturalist* 100:65–75.

————. 1974. Intertidal community structure: Experimental studies on the relationship between a dominant competitor and its principal predator. *Oecologia* 15:93–120.

————. 1976. Size-limited predation: An observational and experimental approach with the Mytilus-Pisaster interaction. *Ecology* 57:858–873.

————. 1984. Ecological determinism in the competition for space. *Ecology* 65:1339–1348.

Palmer, M. A., C. M. Swan, K. Nelson, P. Silver, and R. Alvestad. 2000. Streambed landscapes: Evidence that stream invertebrates respond to the type and spatial arrangement of patches. *Landscape Ecology* 15:563–576.

Palmgren, P. 1949. Some remarks on the short-term fluctuations in the numbers of northern birds and mammals. *Oikos* 1:114–121.

Palo, R. T., and C. T. Robbins. 1991. *Plant defenses against mammalian herbivory*. Boca Raton, Fla.: CRC Press.

Park, T. 1934. Studies in population physiology: Effect of conditioned flour upon the productivity and population decline of Tribolium confusum. *Journal of Experimental Zoology* 68:167–182.

————. 1954. Experimental studies of interspecific competition. Volume 2. Temperature, humidity and competition in two species of Tribolium. *Physiological Zoology* 27:177–238.

Patrick, R. 1954. Diatoms as an indication of river change. Proceedings of the Ninth Industrial Waste Conference. *Purdue University Engineering Extension Series* 87:325–330.

Patten, B. C. 1959. An introduction to the cybernetics of the ecosystem trophic-dynamic aspect. *Ecology* 40:221–231.

————. 1966. Systems ecology: A course sequence in mathematical ecology. *BioScience* 16:593–598.

————, Ed. 1971. *Systems analysis and simulation in ecology*. Volume 1. New York: Academic Press.

————. 1978. Systems approach to the concept of environment. *Ohio Journal of Science* 78:206–222.

————. 1991. Network ecology: Indirect determination of the life-environment relationship in ecosystems. In *Theoretical studies in ecosystems: The network perspective*, M. Higashi and T. P. Burns, Eds. Cambridge, U.K.: Cambridge University Press, pp. 288–351.

Patten, B. C., and G. T. Auble. 1981. System theory and the ecological niche. *American Naturalist* 117:893–922.

Patten, B. C., and S. E. Jørgensen. 1995. *Complex ecology: The part-whole relation in ecosystems*. Englewood Cliffs, N.J.: Prentice Hall.

Patten, B. C., and E. P. Odum. 1981. The cybernetic nature of ecosystems. *American Naturalist* 118:886–895.

Paul, E. A., and F. E. Clark. 1989. *Soil microbiology and biochemistry*. San Diego, Calif.: Academic Press.

Pavlovic, N. B., and M. L. Bowles. 1996. Rare plant monitoring at Indiana Dunes National Lakeshore. In *Science and ecosystem management in the national parks*, W. L. Halvorson and G. E. Davis, Eds. Tucson: University of Arizona Press, pp. 253–280.

Peakall, D. B. 1967. Pesticide-induced enzyme breakdown of steroids in birds. *Nature* 216:505–506.

Peakall, D. B., and P. N. Witt. 1976. The energy budget of an orb web-building spider. *Comparative Biochemistry and Physiology* 54A:187–190.

Pearl, R., and S. L. Parker. 1921. Experimental studies on the duration of life: Introductory discussion of the duration of life in Drosophila. *American Naturalist* 55:481–509.

Pearl, R., and L. J. Reed. 1930. On the rate of growth of the population of the United States since 1790 and its mathematical representation. *Proceedings of the National Academy of Sciences* 6:275–288.

Pearse, A. S., H. J. Humm, and G. W. Wharton. 1942. Ecology of sand beaches at Beaufort, North Carolina. *Ecological Monographs* 12:136–190.

Pearson, O. P. 1963. History of two local outbreaks of feral house mice. *Ecology* 44:540–549.

Peles, J. D., and G. W. Barrett. 1996. Effects of vegetative cover on the population dynamics of meadow voles. *Journal of Mammalogy* 77:857–869.

Peles, J. D., S. R. Brewer, and G. W. Barrett. 1998. Heavy metal accumulation by old-field plant species during recovery of sludge-treated ecosystems. *American Midland Naturalist* 140:245–251.

Peles, J. D., M. F. Lucas, and G. W. Barrett. 1995. Population dynamics of agouti and albino meadow voles in high-quality grassland habitats. *Journal of Mammalogy* 76:1013–1019.

Perry, J., and J. G. Perry. 1994. *The nature of Florida*. Gainesville, Fla.: Sandhill Crane Press. Reprint, 1998, Athens: University of Georgia Press.

Peterman, R. M. 1978. The ecological role of mountain pine beetle in lodgepole pine forests, and the insect as a management tool. In *Theory and practice of mountain pine beetle management in lodgepole pine forests*, Berryman, Stark, and Amman, Eds. Moscow: University of Idaho Press.

Peterson, D. L., and V. T. Parker, Eds. 1998. *Ecological scale: Theory and applications*. New York: Columbia University Press.

572 Fundamentos de Ecologia

Petrusewicz, K., and R. Andrzejewski. 1962. Natural history of a free-living population of house mice, *Mus musculus Linnaeus*, with particular references to groupings within the population. *Ecology and Politics*—Series A 10:85–122.

Phillipson, J. 1966. *Ecological energetics*. London: Edward Arnold.

Pianka, E. R. 1970. On r- and K-selection. *American Naturalist* 104:592–597.

———. 1978. *Evolutionary ecology*, 2nd ed. New York: Harper and Row.

———. 1988. *Evolutionary biology*, 4th ed. New York: Harper and Row.

———. 2000. *Evolutionary biology*, 6th ed. San Francisco: Benjamin/Cummings.

Picone, C. 2002. Natural systems of soil fertility: The webs beneath our feet. In *The Land Report 73*. Salina, Kans.: The Land Institute, pp. 3–7.

Pielou, E. C. 1966. The measurement of diversity in different types of biological collections. *Journal of Theoretical Biology* 13:131–144.

———. 1974. *Population and community ecology: Principles and methods*. New York: Gordon and Breach.

Pierzynski, G. M., J. T. Sims, and G. F. Vance. 2000. *Soils and environmental quality*, 2nd ed. Boca Raton, Fla.: CRC Press.

Pimentel, D., L. E. Hurd, A. C. Bellotti, M. J. Forster, I. N. Oka, O. D. Sholes, and R. J. Whitman. 1973. Food production and the energy crisis. *Science* 182:443–449.

Pimentel, D., and F. A. Stone. 1968. Evolution and population ecology of parasite-host systems. *Canadian Entomologist* 100:655–662.

Pimm, S. L. 1984. The complexity and stability of ecosystems. *Nature* 307:321–326.

———. 1997. Agriculture—In search of perennial solutions. *Nature* 389:126–127.

Pippenger, N. 1978. Complexity theory. *Scientific American* 238:114–124.

Pitelka, F. A. 1964. The nutrient recovery hypothesis for Arctic microtine cycles. In *Grazing in terrestrial and marine environments*, D. J. Crisp, Ed. Oxford: Blackwell, pp. 55–56.

———. 1973. Cyclic patterns in lemming populations near Barrow, Alaska. In *Alaska Arctic tundra*, M. E. Britton, Ed. Technical Paper 25. Washington, D.C.: Arctic Institute of North America, pp. 119–215.

Platt, R. B. 1965. Ionizing radiation and homeostasis of ecosystems. In *Ecological effects of nuclear war*, Number 917, G. M. Woodwell, Ed. Upton, N.Y.: Brookhaven National Laboratory, pp. 39–60.

Polis, G. A. 1994. Food webs, trophic cascades and community structure. *Australian Journal of Ecology* 19:121–136.

Polis, G. A., and D. R. Strong. 1996. Food web complexity and community dynamics. *American Naturalist* 147:813–846.

Pollard, H. P., and S. Gorenstein. 1980. Agrarian potential, population, and the Tarascan state. *Science* 209:274–277.

Polynov, B. B. 1937. *The cycle of weathering*, A. Muir, Trans. London: T. Murby.

Pomeroy, L. R. 1959. Algal productivity in Georgia salt marshes. *Limnology and Oceanography* 4:386–397.

———. 1960. Residence time of dissolved phosphate in natural waters. *Science* 131:1731–1732.

Pomeroy, L. R., Ed. 1974a. *Cycles of essential elements. Benchmark Papers in Ecology*. Stroudsburg, Pa.: Dowden, Hutchinson and Ross; New York: Academic Press.

———. 1974b. The ocean's food web, a changing paradigm. *BioScience* 24:299–304.

———. 1984. Significance of microorganisms in carbon and energy flow in aquatic ecosystems. In *Current perspectives in microbial ecology*, M. J. Lug and C. A. Reddy, Eds. Washington, D.C.: American Society of Microbiologists, pp. 405–411.

Pomeroy, L. R., H. M. Mathews, and H. S. Min. 1963. Excretion of phosphate and soluble organic phosphorus compounds by zooplankton. *Limnology and Oceanography* 8:50–55.

Popper, K. 1959. *The logic of scientific discovery.* New York: Harper and Row.

————. 1979. *Objective knowledge: An evolutionary approach.* New York: Clarendon Press.

Porcella, D. B., J. W. Huckabee, and B. Wheatley, Eds. 1995. *Mercury as a global pollutant: Proceedings of the third international conference*, Whistler, *British Columbia*, July 10–14, 1994. Dordrecht; Boston: Kluwer.

Postel, S. L. 1989. *Water for agriculture: Facing the limits.* Worldwatch Paper 93. Washington, D.C.: Worldwatch Institute.

————. 1992. *Last oasis: Facing water scarcity.* New York: W. W. Norton.

————. 1993. The politics of water. *World•Watch* 6:10–18.

————. 1998. Water for food production: Will there be enough in 2025? *BioScience* 48:629–637.

————. 1999. When the world's wells run dry. *World•Watch* 12:30–38.

Postel, S. L., G. C. Daily, and P. R. Ehrlich. 1996. Human appropriation of renewable freshwater. *Science* 271:785–788.

Potter, V. R. 1988. *Global bioethics: Building on the Leopold legacy.* East Lansing: Michigan State University Press.

Power, M. E. 1992. Habitat heterogeneity and the functional significance of fish in river food webs. *Ecology* 73:1675–1688.

Preston, F. W. 1948. The commonness and rarity of species. *Ecology* 29:254–283.

————. 1962. The canonical distribution of commonness and rarity: Parts 1 and 2. *Ecology* 43:185–215; 410–432.

Price, P. W. 1976. Colonization of crops by arthropods: Nonequilibrium communities in soybean fields. *Environmental Entomology* 5:605–611.

————. 1997. *Insect ecology.* New York: John Wiley.

————. 2003. *Macroevolutionary theory on macroecological patterns.* Cambridge, U.K.: Cambridge University Press.

Prigogine, I. 1962. *Introduction to nonequilibrium statistical mechanics.* New York: Interscience.

Primack, R. B. 2004. *A primer of conservation biology*, 3rd ed. Sunderland, Mass.: Sinauer.

Provine, W. B. 1971. *The origins of theoretical population genetics.* Chicago: University of Chicago Press.

Prugh, T., R. Costanza, J. H. Cumberland, H. Daly, R. Goodland, and R. B. Norgaard. 1995. *Natural capital and human economic survival.* Solomons, Md.: International Society for Ecological Economics Press.

Pulliam, H. R. 1988. Sources, sinks, and population regulation. *American Naturalist* 132:652–661.

Pyke, G. H., H. R. Pulliam, and E. L. Charnov. 1977. Optimal foraging: A selective review of theory and tests. *Quarterly Review of Biology* 52:137–154.

R

Ramirez, C. C., E. Fuentes-Contreras, L. C. Rodreiguez, and H. M. Niemeyer. 2000. Pseudo-replication and its frequency in olfactometric laboratory studies. *Journal of Chemistry and Ecology* 26:1423–1431.

574 Fundamentos de Ecologia

Randolph, P. A., J. C. Randolph, and C. A. Barlow. 1975. Age-specific energetics of the pea aphid. *Ecology* 56:359–369.

Randolph, P. A., J. C. Randolph, K. Mattingly, and M. M. Foster. 1977. Energy costs of reproduction in the cotton rat, Sigmodon hispidus. *Ecology* 58:31–45.

Rappaport, R. A. 1968. *Pigs for the ancestors: Ritual in the ecology of a New Guinea people*. New Haven, Conn.: Yale University Press.

Rapport, D. J., R. Costanza, and A. J. McMichael. 1998. Assessing ecosystem health. *Trends in Ecology and Evolution* 13:397–402.

Rasmussen, D. I. 1941. Biotic communities of Kaibab Plateau, Arizona. *Ecological Monographs* 11:229–275.

Redfield, A. C. 1958. The biological control of chemical factors in the environment. *American Scientist* 46:205–221.

Redman, C. L., J. M. Grove, and L. H. Kuby. 2004. Integrating social science into the Long-Term Ecological Research (LTER) network: Social dimensions of ecological change and ecological dimensions of social change. *Ecosystems* 7:161–171.

Rees, W., and M. Wackernagel. 1994. Ecological footprints and appropriated carrying capacity: Measuring the natural capital requirements of the human economy. In *Investing in natural capital: The ecological economics approach to sustainibility*, A. M. Jansson, M. Hammer, C. Folke, and R. Costanza, Eds. Washington, D.C.: Island Press.

Reifsnyder, W. E., and H. W. Lull. 1965. *Radiant energy in relation to forests*. Technical Bulletin Number 1344. Washington, D.C.: United States Department of Agriculture, and Forest Service.

Rensberger, B. 1982. Evolution since Darwin. *Science* 82:41–45.

Rhoades, D. F., and R. G. Cates. 1976. Toward a general theory of plant antiherbivore chemistry. In *Biochemical interactions between plants and insects*, J. Wallace and R. Mansell, Eds. Recent Advances in Phytochemistry, Volume 10. New York: Plenum Press, pp. 168–213.

Rhoades, R. E., and V. D. Nazarea. 1999. Local management of biodiversity in traditional agroecosystems. In *Biodiversity in agroecosystems*, W. W. Collins and C. O. Qualset, Eds. Boca Raton, Fla.: CRC Press, pp. 215–236.

Rice, E. L. 1952. Phytosociological analysis of a tallgrass prairie in Marshall County, Oklahoma. *Ecology* 33:112–116.

———. 1974. *Allelopathy*. New York: Academic Press.

Rich, P. H. 1978. Reviewing bioenergetics. *BioScience* 28:80.

Richards, B. N. 1974. *Introduction to the soil ecosystem*. New York: Longman.

Riechert, S. E. 1981. The consequences of being territorial: Spiders, a case study. *American Naturalist* 117:871–892.

Riedel, G. F., S. A. Williams, G. S. Riedel, C. C. Gilmour, and J. G. Sanders. 2000. Temporal and spatial patterns of trace elements in the Patuxent River: A whole watershed approach. *Estuaries* 23:521–535.

Riley, G. A. 1944. The carbon metabolism and photosynthetic efficiency of the Earth. *American Scientist* 32:132–134.

Riley, J., and P. Edwards. 1998. Statistical aspects of aquaculture research: Pond variability and pseudo-replication. *Aquaculture Research* 29:281–288.

Risser, P. G., J. R. Karr, and R. T. T. Forman. 1984. *Landscape ecology: Directions and approaches*. Champaign, Ill.: Natural History Survey, Number 2.

Robertson, G. P., and P. M. Vitousek. 1981. Nitrification potential in primary and secondary succession. *Ecology* 62:376–386.

Rodenhouse, N. L., P. J. Bohlen, and G. W. Barrett. 1997. Effects of habitat shape on the spatial distribution and density of 17-year periodical cicadas, Homoptera Cicadidae. *American Midland Naturalist* 137:124–135.

Roe, E. 1998. *Taking complexity seriously: Policy analysis and triangulation and sustainable development*. Boston: Kluwer.

Romme, W. H., and D. G. Despain. 1989. Historical perspective on the Yellowstone fires of 1988. *BioScience* 39:695–699.

Root, R. B. 1967. The niche exploitation pattern of the blue-gray gnatcatcher. *Ecological Monographs* 37:317–350.

————. 1969. The behavior and reproductive success of the blue-gray gnatcatcher. *Condor* 71:16–31.

————. 1996. Herbivore pressure on goldenrods, Solidago altissima: Its variation and cumulative effects. *Ecology* 77:1074–1087.

Rosenberg, D. K., B. R. Noon, and E. C. Meslow. 1997. Biological corridors: Form, function, and efficacy. *BioScience* 47:677–687.

Rosenzweig, M. L. 1968. Net primary production of terrestrial communities: Prediction from climatological data. *American Naturalist* 102:67–74.

Rossell, I. M., C. R. Rossell, K. J. Hining, and R. L. Anderson. 2001. Impacts of dogwood anthracnose, *Discula destructiva* Redlin, on the fruits of flowering dogwood, *Cornus florida* L.: Implications for wildlife. *American Midland Naturalist* 146:379–387.

Royall, R. 1997. *Statistical evidence*. London: Chapman and Hall.

Ryszkowski, L. 2002. *Landscape ecology in agroecosystems management*. Boca Raton, Fla.: CRC Press.

S

Sachs, A. 1995. Humboldt's legacy and the restoration of science. *World•Watch* 8: 29–38.

Salih, A., A. Larkum, G. Cox, M. Kuhl, and O. Hoegh-Guldberg. 2000. Fluorescent pigments in corals are photoprotective. *Nature* 408:850–853.

Salsburg, D. 2001. *The lady tasting tea*. New York: W. H. Freeman.

Salt, G. 1979. A comment on the use of the term emergent properties. *American Midland Naturalist* 113:145–148.

Sanderson, J., and Harris, L. D. 2000. *Landscape ecology: A top-down approach*. Boca Raton, Fla.: Lewis.

Santos, P. F., J. Phillips, and W. G. Whitford. 1981. The role of mites and nematodes in early stages of buried litter decomposition in a desert. *Ecology* 62:664–669.

Sarbu, S. M., T. C. Kane, and B. K. Kinkle. 1996. A chemoautotrophically based cave ecosystem. *Science* 272:1953–1955.

Sarmiento, F. O. 1995. The birthplace of ecology: Tropandean landscapes. *Bulletin of the Ecological Society of America* 76:104–105.

————. 1997. The mountains of Ecuador as a birthplace of ecology and endangered landscape. *Environmental Conservation* 24:3–4.

Sarmiento, J. L., and N. Gruber. 2002. Sinks for anthropogenic carbon. *Physics Today* 55:30–36.

Schank, J. 2001. Is pseudo-replication a pseudo-problem? *American Zoologist* 41:1577.

Schaus, M. H., and M. J. Vanni. 2000. Effects of gizzard shad on phytoplankton and nutrient dynamics: Role of sediment feeding and fish size. *Ecology* 81:1701–1719.

Scheiner, S. M. 1993. Introduction: Theories, hypotheses, and statistics. In *Design and analysis of ecological experiments*, S. M. Scheiner and J. Gurevitch, Eds. New York: Chapman and Hall, pp. 1–13.

576 Fundamentos de Ecologia

Schimel, D. S. 1995. Terrestrial ecosystems and the carbon cycle. *Global Change Biology* 1:77–91.

Schimel, D. S., I. G. Enting, M. Heimann, T. M. L. Wigley, D. Raynaud, D. Alves, and U. Siegenthaler. 1995. CO2 and the carbon cycle. In *Climate change* 1994, J. T. Houghton, L. G. Meira Filho, J. Bruce, H. Lee, B. A. Callander, E. Haites, N. Harris, and K. Maskell, Eds. Cambridge, U.K.: Cambridge University Press, pp. 35–71.

Schindler, D. W. 1977. Evolution of phosphorus limitation in lakes. *Science* 195:260–262.

_____. 1990. Experimental perturbations of whole lakes as tests of hypotheses concerning ecosystem structure and function. *Oikos* 57:25–41.

Schlesinger, W. H. 1997. *Biogeochemistry: An analysis of global change*. San Diego, Calif.: Academic Press.

Schoener, T. W. 1971. Theory of feeding strategies. *Annual Review of Ecology and Systematics* 2:369–404.

_____. 1983. Field experiments on interspecific competition. *American Naturalist* 122:240–285.

Schreiber, K. F. 1990. The history of landscape ecology in Europe. In *Changing landscapes: An ecological perspective*, I. S. Zonneveld and R. T. T. Forman, Eds. New York: Springer Verlag, pp. 21–33.

Schultz, A. M. 1964. The nutrient recovery hypothesis for Arctic microtine cycles. Volume 2. Ecosystem variables in relation to Arctic microtine cycles. In *Grazing in terrestrial and marine environments*, D. J. Crisp, Ed. Oxford: Blackwell, pp. 57–68.

_____. 1969. A study of an ecosystem: The Arctic tundra. In *The ecosystem concept in natural resource management*, G. Van Dyne, Ed. New York: Academic Press, pp. 77–93.

Schumacher, E. F. 1973. *Small is beautiful: A study of economics as if people mattered*. New York: Harper and Row.

Sears, P. B. 1935. *Deserts on the march*. 2nd ed., 1947, Norman: University of Oklahoma Press.

Seigler, D. S. 1996. Chemistry and mechanisms of allelopathic interactions. *Agronomy Journal* 88:876–885.

Seligson, M. A. 1984. The gap between rich and poor: Contending perspectives on political economy and development. Boulder, Colo.: Westview Press.

Selye, Hans. 1955. Stress and disease. *Science* 122:625–631.

Severinghaus, J. P., W. S. Broecher, W. F. Dempster, T. MacCallum, and M. Wahlin. 1994. Oxygen loss in Biosphere-2. *Transactions of the American Geophysical Union* 75(33):25–37.

Shannon, C. 1950. Memory requirements in a telephone exchange. *Bell System Technical Journal* 29:343–347.

Shannon, C. E., and W. Weaver. 1949. *The mathematical theory of communication*. Urbana: University of Illinois Press.

Shantz, H. L. 1917. Plant succession on abandoned roads in eastern Colorado. *Journal of Ecology* 5:19–42.

Shelford, V. E. 1913. *Animal communities in temperate America*. Chicago: University of Chicago Press. Reprint, 1977, New York: Arno Press.

Shelford, V. E. 1929. *Laboratory and field ecology: The responses of animals as indicators of correct working methods*. Baltimore, Md.: Williams and Wilkins.

_____. 1943. The abundance of the collared lemming in the Churchill area, 1929–1940. *Ecology* 24:472–484.

Shelterbelt Project. 1934. Published statements by numerous separate authors. *Journal of Forestry* 32:952–991.

Shiva, V. 1991. The green revolution in the Punjab. *Ecology* 21:57–60.

Shugart, H. H. 1984. *A theory of forest dynamics: The ecological implications of forest succession models*. New York: Springer Verlag.

Silliman, R. P. 1969. Population models and test populations as research tools. *BioScience* 19:524–528.

Simberloff, D. S. 2003. How much information on population biology is needed to manage introduced species? *Conservation Biology* 17:83–92.

Simberloff, D. S., and J. Cox. 1987. Consequences and costs of conservation corridors. *Conservation Biology* 1:63–71.

Simberloff, D. S., and E. O. Wilson. 1969. Experimental zoogeography of islands: The colonization of empty islands. *Ecology* 50:278–296.

————. 1970. Experimental zoogeography of islands: A two-year record of colonization. *Ecology* 51:934–937.

Simon, H. A. 1973. The organization of complex systems. In *Hierarchy theory: The challenge of complex systems*, H. H. Pattee, Ed. New York: G. Braziller, pp. 3–27.

Simon, J. L. 1981. *The ultimate resource*. Princeton, N.J.: Princeton University Press.

Simpson, E. H. 1949. Measurement of diversity. *Nature* 163:688.

Slobodkin, L. B. 1954. Population dynamics in *Daphnia obtusa* Kurz. *Ecological Monographs* 24:69–88.

————. 1960. Ecological energy relationships at the population level. *American Naturalist* 95:213–236.

————. 1964. Experimental populations of hydrida. *Journal of Animal Ecology* 33:1–244.

————. 1968. How to be a predator. *American Zoologist* 8:43–51.

————. 1980. *Growth and regulation of animal populations*, 2nd ed. New York: Dover.

Smith, B. D. 1998. *The emergence of agriculture*. New York: W. H. Freeman.

Smith, C. R., H. Kukert, R. A. Wheatcroft, P. A. Jumars, and J. W. Deming. 1989. Vent fauna on whale remains. *Nature* 341:27–28.

Smith, F. E. 1969. Today the environment, tomorrow the world. *BioScience* 19:317–320.

————. 1970. Ecological demand and environmental response. *Journal of Forestry* 68:752–755.

Smith, J. M.. 1964. Group selection and kin selection. *Nature* 201:1145–1147.

Smith, T. B., R. K. Wayne, D. J. Girman, and M. W. Bruford. 1997. A role for ecotones in generating rainforest biodiversity. *Science* 276:1855–1857.

Smolin, L. 1997. The life of the cosmos. New York: Oxford University Press.

Snee, R. D. 1990. Statistical thinking and its contribution to total quality. *The American Statistician* 44:116–121.

Snow, C. P. 1963. *The two cultures: A second look*. New York: Cambridge University Press.

Soil Science Society of America (SSSA). 1994. *Defining and assessing soil quality*. Madison, Wisc.: Soil Science Society of America Special Publication 35.

Solbrig, O. T. 1971. The population biology of dandelions. *American Scientist* 59:686–694.

Solomon, M. E. 1949. The natural control of animal populations. *Journal of Animal Ecology* 18:1–32.

————. 1953. Insect population balance and chemical control of pests. Pest outbreaks induced by spraying. *Chemical Industries* 43:1143–1147.

Soon, Y. K., T. E. Bates, and J. R. Moyer. 1980. Land application of chemically treated sewage sludge. Volume 3. Effects on soil and plant heavy metal content. *Journal of Environmental Quality* 9:497–504.

Soule, J. D., and J. K. Piper. 1992. *Farming in nature's image: An ecological approach to agriculture*. Washington, D.C.: Island Press.

578 Fundamentos de Ecologia

Soulé, M. E. 1985. What is conservation biology? A new synthetic discipline addresses the dynamics and problems of perturbed species, communities, and ecosystems. *BioScience* 35:727–734.

————. 1991. Conservation: Tactics for a constant crisis. *Science* 253:744–750.

Soulé, M. E., and D. Simberloff. 1986. What do genetics and ecology tell us about the design of nature reserves? *Biological Conservation* 35:19–40.

Sowls, L. K. 1960. Results of a banding study of Gambel's quail in southern Arizona. *Journal of Wildlife Management* 24:185–190.

Sparks, R. E., J. C. Nelson, and Y. Yin. 1998. Naturalization of the flood regime in regulated rivers. *BioScience* 48:706–720.

Spiller, D. A., and T. W. Schoener. 1990. A terrestrial field experiment showing the impact of eliminating top predators on foliage damage. *Nature* 347:469–472.

Sprugel, D. G., and F. H. Bormann. 1981. Natural disturbance and the steady state in high altitude balsam fir forests. *Science* 211:390–393.

Spurlock, J. M., and M. Modell. 1978. *Technology requirements and planning criteria for closed life support systems for manned space missions.* Washington, D.C.: Office of the Life Sciences, National Aeronautics and Space Administration.

Stanton, M. L. 2003. Interacting guilds: Moving beyond the pairwise perspective on mutualisms. *American Society of Naturalists Supplement to The American Naturalist.* Chicago: University of Chicago Press.

Stearns, S. C. 1976. Life-history tactics: A review of ideas. *Quarterly Review of Biology* 51:3–47.

Steel, R. G. D., and J. H. Torrie. 1980. *Principles and procedures of statistics.* New York: McGraw-Hill.

Steinhart, J. S., and C. E. Steinhart. 1974. Energy use in the U. S. food system. *Science* 184:307–316.

Stenseth, N. C., and W. Z. Lidicker, Jr., Eds. 1992. *Animal dispersal: Small mammals as a model.* London: Chapman and Hall.

Stephens, D. W., and J. R. Krebs. 1986. *Foraging theory.* Princeton, N.J.: Princeton University Press.

Stephenson, T. A., and A. Stephenson. 1952. Life between tide-marks in North America: Northern Florida and the Carolinas. *Journal of Ecology* 40:1–49.

Sterner, R. W. 1986. Herbivores' direct and indirect effects on algal populations. *Science* 231:605–607.

Steven, J. E. 1994. Science and religion at work. *BioScience* 44:60–64.

Stevens, M. H. H., and W. P. Carson. 1999. Plant density determines species richness along an experimental productivity gradient. *Ecology* 80:455–465.

Stewart, P. A. 1952. Dispersal, breeding, behavior, and longevity of banded barn owls in North America. *Auk* 69:277–285.

Stickel, L. F. 1950. Populations and home range relationships of the box turtle, *Terrapene c. carolina* Linnaeus. *Ecological Monographs* 20:351–378.

Stiles, E. W. 1980. Patterns of fruit presentation and seed dispersal in bird-disseminated woody plants in the eastern deciduous forest. *American Naturalist* 116:670–688.

Stoddard, D. R. 1965. Geography and the ecological approach. The ecosystem as a geographical principle and method. *Geography* 50:242–251.

Stoddard, H. L. 1936. Relation of burning to timber and wildlife. *Proceedings of the National Association of Wildlife Conference* 1:1–4.

————. 1950. *The bobwhite quail: Its habits, preservation and increase.* New York: Scribner.

Stone, R. 1998. Ecology—Yellowstone rising again from the ashes of devastating fires. *Science* 280:1527–1528.

Strayer, D. L., M. E. Power, W. F. Fagan, S. T. A. Pickett, and J. Belnap. 2003. A classification of ecological boundaries. *BioScience* 53:723–729.

Strong, D. R., Jr., and J. R. Rey. 1982. Testing for MacArthur-Wilson equilibrium with the arthropods of the miniature Spartina archipelago at Oyster Bay, Florida. *American Zoologist* 22:355–360.

Strong, D. R., J. H. Lawton, and T. R. E. Southwood. 1984. *Insects on plants: Community patterns and mechanisms*. Cambridge, Mass.: Harvard University Press.

Strong, D. R., D. Simberloff, L. G. Abele, and A. B. Thistle, Eds. 1984. *Ecological communities: Conceptual issues and the evidence*. Princeton, N.J.: Princeton University Press.

Stueck, K. L., and G. W. Barrett. 1978. Effects of resource partitioning on the population dynamics and energy utilization strategies of feral house mice, *Mus musculus* populations under experimental field conditions. *Ecology* 59:539–551.

Sugihara, G., L. Beaver, T. R. E. Southwood, S. Pimm, and R. M. May. 2003. Predicted correspondence between species abundances and dendrograms of niche similarities. *Proceedings of the National Academy of Sciences* 100:4246–4251.

Sukachev, V. N. 1944. On principles of genetic classification in biocenology. *Zurnal Obshcheij Biologij* 5:213–227. F. Raney and R. Daubenmire, Trans. *Ecology* 39:364–376.

Swan, L. W. 1992. The Aeolian biome: Ecosystems of the earth's extremes. *BioScience* 42:262–270.

Swank, W. T., and D. A. Crossley, Jr., Eds. 1988. *Forest hydrology and ecology at Coweeta*. Ecological Studies, Volume 66. New York: Springer Verlag.

Swank, W. T., J. L. Meyer, and D. A. Crossley, Jr. 2001. Long-term ecological research: Coweeta history and perspectives. In *Holistic science: The evolution of the Georgia Institute of Ecology*, 1940–2000, G. W. Barrett and T. L. Barrett, Eds. Boca Raton, Fla.: CRC Press, pp. 143–163.

T

Taber, R. D., and R. Dasmann. 1957. The dynamics of three natural populations of the deer, *Odocoileus hemionus columbianus*. *Ecology* 38:233–246.

Tangley, L. 1990. Debugging agriculture: Can farming imitate nature and still make a profit? *Earthwatch* 9:20–23.

Tansley, A. G., Sir. 1935. The use and abuse of vegetational concepts and terms. *Ecology* 16:284–307.

Taub, F. B. 1989. Standardized aquatic microcosm development and testing. In *Aquatic ecotoxicology: Fundamental concepts and methodologies*, Volume 2, A. Boudou and F. Ribeyre, Eds. Boca Raton, Fla.: CRC Press, pp. 47–92.

Taub, F. B. 1993. Standardizing an aquatic microcosm test. In *Progress in standardization of aquatic toxicity tests*, A. M. V. M. Soares and P. Calow, Eds. Boca Raton, Fla.: Lewis, pp. 159–188.

———. 1997. Unique information contributed by multispecies systems: Examples from the standardized aquatic microcosm. *Ecological Applications* 7:1103–1110.

Taub, F. B., A. Howell-Kübler, M. Nelson, and J. Carrasquero. 1998. An ecological life support system for fish for 100-day experiments. *Life Support Biosphere Science* 5:107–116.

Teal, J. M. 1957. Community metabolism in a temperate cold spring. *Ecological Monographs* 27:283–302.

———. 1958. Distribution of fiddler crabs in Georgia salt marshes. *Ecology* 39:185–193.

580 Fundamentos de Ecologia

Tegen, I., A. A. Lacis, and I. Fung. 1996. The influence on climate forcing of mineral aerosols from disturbed soils. *Nature* 380:419–422.

Teubner, V. A., and G. W. Barrett. 1983. Bioenergetics of captive raccoons. *Journal of Wildlife Management* 47:272–274.

Thienemann, A. 1939. Grundzüge einer allgemeinen Oekologie. *Archiv für Hydrobiologie* 35:267–285.

Thomas, D. J., J. C. Zachas, T. J. Bralower, E. Thomas, and S. Boharty. 2002. Warming the fuel for the fire: Evidence for the thermal dissociation of methane hydrate during the Paleocene-Eocene thermal maximum. *Geology* 30:1067–1070.

Thomas, D. N., and G. S. Dieckmann. 2002. Ocean science—Antarctic Sea ice—a habitat for extremophites. *Science* 295:641–644.

Thompson, J. N., O. J. Reichman, P. J. Morin, G. A. Polis, M. E. Power, R. W. Sterner, C. A. Couch, L. Gough, R. Holt, D. U. Hooper, F. Keesing, C. R. Lovell, B. T. Milne, M. C. Molles, D. W. Roberts, and S. Y. Strauss. 2001. Frontiers of ecology. *BioScience* 51:15–24.

Thorson, G. 1955. Modern aspects of marine level-bottom animal communities. *Journal of Marine Research* 14:387–397.

Tilman, D. 1986. Nitrogen-limited growth in plants from different successional stages. *Ecology* 67:555–563.

_____. 1987. Secondary succession and the pattern of plant dominance along experimental nitrogen gradients. *Ecological Monographs* 57:189–214.

_____. 1988. *Plant strategies and the dynamics and structure of plant communities*. Princeton, N.J.: Princeton University Press.

_____. 1999. Diversity by default. *Science* 283:495–496.

Tilman, D., and J. A. Downing. 1994. Biodiversity and stability in grasslands. *Nature* 367:363–365.

Tilman, D., S. Naeem, J. Knops, P. Reich, E. Siemann, D. Wedin, M. Ritchie, and J. Lawton. 1997. Biodiversity and ecosystem properties. *Science* 278:1866–1867.

Tilman, D., and D. Wedin. 1991. Dynamics of nitrogen competition between successional grasses. *Ecology* 72:1038–1049.

Tilman, D., D. Wedin, and J. Knop
s. 1996. Productivity and sustainability influenced by biodiversity in grassland ecosystems. *Nature* 379:718–720.

Todes, D. P. 1989. Kropotkin's theory of mutual aid. In *Darwin without Malthus: The struggle for existence in Russian evolutionary thought*. New York: Oxford University Press, pp. 123–142.

Toynbee, A. 1961. *A study of history*. New York: Oxford University Press.

Transeau, E. N. 1926. The accumulation of energy by plants. *Ohio Journal of Science* 26:1–10.

Treguer, P., and P. Pondaven. 2000. Global change—silica control of carbon dioxide. *Nature* 406:358–359.

Troll, C. 1939. *Luftbildplan und ökologische bodenforschung*. Berlin: Zeitschrift der Gesellschaft für Erdkunde, pp. 241–298.

_____. 1968. Landschaftsökologie. In *Pflanzensoziologie und landschaftsökologie*, R. Tüxen, Ed. The Hague: Berichte des Internalen Symposiums der Internationalen Vereinigung für Vegetationskunde, Stolzenau, Weser, 1963, pp. 1–21.

Tuckfield, R. C. 1985. *Geographic variation of song patterns in two desert sparrows*. Ph.D. Dissertation. Bloomington: Indiana University.

Referências **581**

————. 2004. Purveying ecological science: Comments on Lele (2002). In *The nature of scientific evidence*, M. Taper and S. Lele, Eds. Chicago: University of Chicago Press, in press.

Tufte, E. R. 1997. *Visual explanations: Images and quantities, evidence and narrative.* Cheshire, Conn.: Graphics Press.

————. 2001. *The visual display of quantitative information*, 2nd ed. Cheshire, Conn.: Graphics Press.

Tukey, J. W. 1977. *Exploratory data analysis.* Reading, Mass.: Addison-Wesley.

Tunnicliffe, V. 1992. Hydrothermal vent communities of the deep sea. *American Scientist* 80:336–349.

Turchin, P., L. Oksanen, P. Ekerholm, T. Oksanen, and H. Henttonen. 2000. Are lemmings prey or predators? *Nature* 405:562–565.

Turner, B. L., III, Ed. 1990. *The Earth as transformed by human action.* New York: Cambridge University Press with Clark University.

Turner, M. G., Ed. 1987. *Landscape heterogeneity and disturbance.* New York: Springer Verlag.

————. 1989. Landscape ecology: The effects of pattern on process. *Annual Review of Ecology and Systematics* 20:171–197.

Turner, M. G., R. H. Gardner, and R. V. O'Neill. 2001. *Landscape ecology in theory and practice: Pattern and process.* New York: Springer Verlag.

U

Ulanowicz, R. E. 1980. A hypothesis on the development of natural communities. *Journal of Theoretical Biology* 85:223–245.

————. 1997. *Ecology, the ascendent perspective.* New York: Columbia University Press.

United Nations Environmental Program (UNEP). 1995. *Global biodiversity assessment*, V. H. Heywood, Ed. New York: Cambridge University Press.

Urban, D. L., R. V. O'Neill, and H. H. Shugart, Jr. 1987. Landscape ecology. *BioScience* 37:119–127.

V

Van Andel, T. H. 1985. *New views of an old planet: Continental drift and the history of the Earth.* New York: Cambridge University Press.

————. 1994. *New views of an old planet: A history of global change*, 2nd ed. New York: Cambridge University Press.

Van Dover, C. L. 2002. Community structure of mussel beds at deep-sea hydrothermal vents. *Marine Ecology Progress Series* 230:137–158.

Van Dover, C. L., C. R. German, K. G. Speer, L. M. Parson, and R. C. Vrijenhoek. 2002. Evolution and biogeography of deep-sea vent and seep invertebrates. *Science* 295:1253–1257.

Van Dyne, G. M., Ed. 1969. *The ecosystem concept in natural resource management.* New York: Academic Press.

Van Mantgem, P., M. Schwartz, and M. B. Keifer. 2001. Monitoring fire effects for managed burns and wildfires: Coming to terms with pseudo-replication. *Natural Areas Journal* 21:266–273.

Vanni, M. J., and C. D. Layne. 1997. Nutrient recycling and herbivory as mechanisms in the "top-down" effect of fish on algae in lakes. *Ecology* 78:21–40.

582 Fundamentos de Ecologia

Vanni, M. J., C. D. Layne, and S. E. Arnott. 1997. "Top-down" trophic interactions in lakes: Effects of fish on nutrient dynamics. *Ecology* 78:1–20.

Vannote, R. L., G. W. Minshall, K. W. Cummins, J. R. Sedell, and C. E. Cushing. 1980. The river continuum concept. *Canadian Journal of Fisheries and Aquatic Science* 37:130–137.

Van Valen, L. 1965. Morphological variation and width of ecological niche. *American Naturalist* 99:377–390.

Varley, G. C. 1970. The concept of energy flow applied to a woodland community. In *Quality and quantity of food. Symposium of the British Ecological Society.* Oxford: Blackwell, pp. 389–405.

Verboom, J., A. Schotman, P. Opdam, and A. J. Metz. 1991. European nuthatch metapopulations in a fragmented agricultural landscape. *Oikos* 61:149–161.

Verhulst, P. F. 1838. Notice sur la loi que la population suit dans son accroissement. *Correspondence of Mathematics and Physics* 10:113–121.

Vernadskij, V. I. 1945. The biosphere and the noösphere. *American Scientist* 33:1–12.

_____. 1998. *The biosphere*, rev. ed. A. S. McMenamin and D. B. Langmuir, Trans. New York: Copernicus Books.

Verner, T. 1977. On the adaptive significance of territoriality. *American Naturalist* 111:769–775.

Vicsek, T. 2002. Complexity: The bigger picture. *Nature* 418:131.

Vitousek, P. 1983. Nitrogen turnover in a ragweed-dominated old-field in southern Indiana. *American Midland Naturalist* 110:46–53.

Vitousek, P. M., J. Aber, R. W. Howarth, G. E. Likens, P. A. Matson, D. W. Schindler, W. H. Schlesinger, and G. D. Tilman. 1997. Human alteration of the global nitrogen cycle: Causes and consequences. *Issues in Ecology* 1:1–15.

Vitousek, P. M., P. R. Ehrlich, A. H. Ehrlich, and P. A. Matson. 1986. Human appropriation of the products of photosynthesis. *BioScience* 36:368–373.

Vitousek, P. M., H. A. Mooney, J. Lubchenco, and J. M. Melillo. 1997. Human domination of Earth's ecosystems. *Science* 277:494–499.

Vitousek, P. M., and W. A. Reiners. 1975. Ecosystem succession and nutrient retention: A hypothesis. *BioScience* 25:376–381.

Vogl, R. J. 1980. The ecological factors that produce perturbation dependent ecosystems. In *The recovery process in damaged ecosystems*, J. Cairns, Jr., Ed. Ann Arbor, Mich.: Ann Arbor Science, pp. 63–69.

Vogt, W. 1948. *Road to survival*. New York: W. Sloane.

Vogtsberger, L. M., and G. W. Barrett. 1973. Bioenergetics of captive red foxes. *Journal of Wildlife Management* 37:495–500.

Volkov, I., J. R. Banavar, S. P. Hubbell, and A. Maritan. 2003. Neutral theory and relative species abundance in ecology. *Nature* 424:1035–1037.

Volterra, V. 1926. Variations and fluctuations of the number of individuals in animal species living together. In *Animal ecology*, R. N. Chapman, Ed. New York: McGraw-Hill, pp. 409–448.

Von Damm, K. L. 2001. Lost city found. *Nature* 412:127–128.

W

Wackernagel, M., and W. Rees. 1996. *Our ecological footprint: Reducing human impact on the Earth*. Gabriola Island, B. C.: New Society.

Waddington, C. H. 1975. A catastrophe theory of evolution. In *The evolution of an evolutionist*. Ithaca, New York: Cornell University Press, pp. 253–266.

Walsh, J. J., and K. A. Steidinger. 2001. Saharan dust and Florida red tides: The cyanophyte connection. *Journal of Geophysical Research—Oceans* 106:11,597–11,612.

Walther, G., E. Post, P. Convey, A. Menzel, C. Parmesan, T. J. C. Beebee, J. Fromentin, O. Hoegh-Guldberg, and F. Bairlein. 2002. Ecological responses to recent climate change. *Nature* 416:389–395.

Warington, R. 1851. Notice of observation on the adjustment of the relations between animal and vegetable kingdoms, by which the vital functions of both are permanently maintained. *Chemical Society Journal* (U.K.) 3:52–54.

Watt, K. E. F. 1963. How closely does the model mimic reality? *Memoirs of the Entomological Society of Canada* 31:109–111.

————. 1966. *Systems analysis in ecology*. New York: Academic Press.

————. 1973. *Principles of environmental science*. New York: McGraw-Hill.

Weaver, J. E., and F. E. Clements. 1929. *Plant ecology*. 2nd ed., 1938, New York: McGraw-Hill.

Wedin, D. A., and D. Tilman. 1996. Influence of nitrogen loading and species composition on the carbon balance of grasslands. *Science* 274:1720–1723.

Wein, G., S. Dyer, R. C. Tuckfield, and P. Fledderman. 2001. *Cesium-137 in deer on the Savannah River site. Technical Report WSRC-RP-2001-4211*. Aiken, S. C.: Westinghouse Savannah River Company.

Welch, H. 1967. *Energy flow through the major macroscopic components of an aquatic ecosystem*. Ph.D. Dissertation. Athens: University of Georgia.

Wellington, W. G. 1957. Individual differences as a factor in population dynamics: The development of a problem. *Canadian Journal of Zoology* 35:293–323.

————. 1960. Qualitative changes in natural populations during changes in abundance. *Canadian Journal of Zoology* 38:289–314.

Werner, E. E., and D. J. Hall. 1974. Optimal foraging and size selection of prey by bluegill sunfish. *Ecology* 55:1042–1052.

Wesson, R. G. 1991. *Beyond natural selection*. Cambridge: Massachusetts Institute of Technology Press.

West, G. B., J. H. Brown, and B. J. Enquist. 1999. The fourth dimension of life: Fractal geometry and allometric scaling of organisms. *Science* 284:1677–1679.

Whelan, R. W. 1995. *The ecology of fire. Cambridge Studies in Ecology*. Melbourne: Cambridge University Press.

White, L. 1980. The ecology of our science. *Science* 80:72–76.

White, R. V. 2002. Earth's biggest "whodunnit": Unravelling the clues in the case of the end-Permian mass extinction. *Philosophical Transactions of the Royal Society of London* A 360(1801): 2963–2985.

Whitehead, F. H. 1957. Productivity in alpine vegetation. *Journal of Animal Ecology* 26:241.

Whittaker, R. H. 1951. A criticism of the plant association and climatic climax concepts. *Northwest Science* 25:17–31.

————. 1952. Vegetation of the Great Smoky Mountains. *Ecological Monographs* 26:1–80.

————. 1960. Vegetation of the Siskiyou Mountains, Oregon and California. *Ecological Monographs* 30:279–338.

Whittaker, R. H.,1967. Gradient analysis of vegetation. *Biological Review* 42:207–264.

————. 1975. *Communities and ecosystems*, 2nd ed. New York: Macmillan.

Whittaker, R. H., and P. P. Feeny. 1971. Allelechemics: Chemical interaction between species. *Science* 171:757–770.

Whittaker, R. H., and G. E. Likens, Eds. 1973. The primary production of the biosphere. *Human Ecology* 1:301–369.

584 Fundamentos de Ecologia

Whittaker, R. H., and G. M. Woodwell. 1969. Structure, production, and diversity of the oak--pine forest at Brookhaven, New York. *Journal of Ecology* 57:155–174.

_____. 1972. Evolution of natural communities. In *Ecosystem structure and function*, J. A. Wiens, Ed. Corvallis: Oregon State University Press, pp. 137–156.

Wiegert, R. G. 1974. Competition: A theory based on realistic, general equations of population growth. *Science* 185:539–542.

Wiener, N. 1948. *Cybernetics: Or control and communication in the animal and the machine.* New York: The Technology Press, John Wiley.

Wiens, J. A. 1992. What is landscape ecology, really? *Landscape Ecology* 7:149–150.

Wilcox, B. A. 1984. In situ conservation of genetic resources: Determinants of minimum area requirements. In *National parks: Conservation and development*, J. A. Neeley and K. R. Miller, Eds. Washington, D.C.: Smithsonian Institution Press, pp. 639–647.

Wilhm, J. L. 1967. Comparison of some diversity indices applied to populations of benthic macroinvertebrates in a stream receiving organic wastes. *Journal of Water Pollution Control Federation* 39:1673–1683.

Williams, C. M. 1967. Third-generation pesticides. *Scientific American* 217:13–17.

Williamson, M. H. 1981. *Island populations*. Oxford: Oxford University Press.

Wilson, C. L. 1979. Nuclear energy: What went wrong? *Bulletin of Atomic Science* 35: 13–17.

Wilson, D. S. 1975. Evolution on the level of communities. *Science* 192:1358–1360.

_____. 1977. Structured genes and the evolution of group-advantageous traits. *American Naturalist* 111:157–185.

_____. 1980. *The natural selection of populations and communities*. Menlo Park, Calif., and Reading, Mass.: Benjamin/Cummings.

_____. 1986. Adaptive indirect effects. In *Community ecology*, J. Diamond and T. J. Case, Eds. New York: Harper and Row, pp. 437–444.

Wilson, E. O. 1973. Group selection and its significance for ecology. *BioScience* 23:631–638.

_____. 1980. Caste and division of labor in leaf-cutter ants, Hymenoptera: Formicidae: *Atta*, I: The overall pattern in *A. sexdens*. *Behavioral Ecology and Sociobiology* 7:143–156.

_____. 1987. The arboreal ant fauna of Peruvian Amazon forests: A first assessment. *Biotropica* 2:245–251.

_____. 1988. The current state of biological diversity. In *Biodiversity*, E. O. Wilson, Ed. Washington, D.C.: National Academy Press, pp. 3–18.

_____. 1998. *Consilience: The unity of knowledge*. New York: Vintage Books.

_____. 1999. *The diversity of life*. New York: W. W. Norton.

_____. 2002. *The future of life*. New York: Vintage Books.

Wilson, E. O., and E. O. Willis. 1975. Applied biogeography. In *Ecology and evolution of communities*, M. L. Cody and J. M. Diamond, Eds. Cambridge, Mass.: Harvard University Press, pp. 522–534.

Wilson, J. T., Ed. 1972. *Continents adrift: Readings from Scientific American*. San Francisco: W. H. Freeman.

Wilson, S. D., and D. Tilman. 1991. Components of plant competition along an experimental gradient of nitrogen availability. *Ecology* 72: 1050–1065.

_____. 1993. Plant competition and resource availability in response to disturbance and fertilization. *Ecology* 74:599–611.

Winemiller, K. O., and E. R. Pianka. 1990. Organization in natural assemblages of desert lizards and tropical fishes. *Ecological Monographs* 60:27–55.

Winterhalder, K., A. F. Clewell, and J. Aronson. 2004. Values and science in ecological restoration—A response to Davis and Slobodkin. *Restoration Ecology* 12:4–7.

Witherspoon, J. P. 1965. Radiation damage to forest surrounding an unshielded fast reactor. *Health Physics* 11:1637–1642.

_____. 1969. Radiosensitivity of forest tree species to acute fast neutron radiation. In *Proceedings of the second national symposium on radioecology*, D. J. Nelson and F. C. Evans, Eds. Springfield, Va.: Clearinghouse of the Federal Science Technical Information Center, pp. 120–126.

Wolfanger, L. A. 1930. *The major soil divisions of the United States: A pedologic-geographic survey*. New York: John Wiley.

Wolff, J. O. 1986. The effects of food on midsummer demography of white-footed mice, Peromyscus leucopus. *Canadian Journal of Zoology* 64:855–858.

Wolfgang, L., W. Sanderson, and S. Scherbov. 2001. The end of world population growth. *Nature* 412:543–545.

Woodruff, L. L. 1912. Observations on the origin and sequence of the protozoan fauna of hay infusions. *Journal of Experimental Zoology* 12:205–264.

Woodwell, G. M. 1962. Effects of ionizing radiation on terrestrial ecosystems. *Science* 138:572–577.

_____, Ed. 1965. *Ecological effects of nuclear war*, Number 917. Upton, N.Y.: Brookhaven National Laboratory.

_____. 1967. Toxic substances and ecological cycles. *Scientific American* 216:24–31.

_____. 1977. Recycling sewage through plant communities. *American Scientist* 65:556–562.

_____. 1992. *When succession fails. In Ecosystem rehabilitation: Preamble to sustainable development*, Volume 1, M. K. Wali, Ed. The Hague: SPB, pp. 27–35.

Woodwell, G. M., and R. H. Whittaker. 1968. Primary production in terrestrial communities. *American Zoologist* 8:19–30.

Woodwell, G. M., C. F. Wurster, and P. A. Isaacson. 1967. DDT residues in an East Coast estuary: A case of biological concentration of a persistent insecticide. *Science* 156:821–824.

Wynne-Edwards, V. C. 1962. *Animal dispersion in relation to social behavior*. New York: Hafner.

_____. 1965. Self-regulating systems in populations of animals. *Science* 147:1543–1548.

Z

Zewail, A. H. 2001. Science for the have-nots: Developed and developing nations can build better partnerships. *Nature* 410:741.

Índice Remissivo

A

Abordagem
  análise de gradiente, 385
  avaliação ecológica, 464
  geográfica, 413
  holística, 329-330, *330*
  hololigica, 40
  interativa, 330-331, *331*
  merológica, 41
  por falsificação, 493
  por zonas, 385
Abordagens
  interdisciplinares, 16
  disciplinares, 15
  multidisciplinares, 15
  transdisciplinares, 16
Abordagens reducionistas, 8, 330
  estatística, 487-488
  reducionismo disciplinar, 15-16, *15*
Abundância relativa, 226-227
Acíclico, 142
Adaptação
  seleção natural, 276
  tempo necessário, 370
Agregação, 261
Agregação, princípio de Allee de, 261-262, *262*
Agregado, 258-259, *259*
Agricultura

capacidade de suporte, 129-131
industrializada, como
  tecnoecossistema, 74
itinerante, 35, 170-171
natureza hierárquica dos sistemas, 397, *398*
países em desenvolvimento, 471
Ver também Agroecossistemas
Agricultura alternativa, 34, *35*, 37, 406,*407*
Agricultura convencional
  preparo do solo, 308-309, *309*
  remoção de floresta comparada, 170
  Ver também Agricultura industrial
Agricultura industrial, 33, *34*, *35*, 36-37
  como paisagem domesticada, 405, *406*, 407
  erosão do solo, 191-192
  estudo da Geórgia, 398-399
  história da, 405-406
  história nos EUA, *36*
Agricultura pré-industrial, 33, *34*, 36
  como paisagem domesticada, 405, *407*
Agricultura sustentável de
  baixa entrada, 37, *407*, 406
Agricultura tropical, 169-172
Agroecossistemas, 33
  agricultura em terraços, 453, *454*
  como clímaces, 359
  como ecossistemas domesticados, 405

588 Fundamentos de Ecologia

desertos irrigados, 447-448

ecossistemas naturais comparados, 456-457

engenharia genética, 367-368

experiências de longa duração, 359, *360*

fases, 405-408, *407*

práticas tradicionais, 457

Agrofloresta, 408, 457

Agregados regulares, 258, *259*

Água

ciclo. *Ver* Ciclo hidrológico

fatores principais, 206-209

mudanças na temperatura, 424, 426

plantas e animais do deserto, 449

Água subterrânea, 209-210

contaminação, 210, 220

distribuição nos EUA, *209*

ecossistema de água doce, 424

exaustão, 210

Albinismo, 276

Alças de retroalimentação, 11-12,*12*

mecanismo de controle, 12

Alelopatia, 58, 296

exemplos, 302-303

Alelos, 276

Alga de gelo, 438

Aliança metabólica, 307

Alocação de energia. *Ver* Divisão de energia

Altruísmo, 289

Ambientalismo, 477

Ambiente de energia, 82

Ambientes de entrada, 18, 21

Ambientes de saída, 19, 21

Ambientes fabricados, *369*, 372

Amensalismo, 283, *284*, *285*, 302

América do Norte, *436*

Amostra, 491

Amostragem em quadrat ou transecção, 228

Amostragem por remoção, 228

Amplitude do nicho, 314

Anaeróbias, 29

Anaeróbias facultativas, 48

Anaeróbias obrigatórias, 47

Análise de contínuo, 385, *387*

Análise de gradiente, 386, *387*

Antrossolo, 191

gráfico do tipo *stem-and-leaf*, 498, *500*, 500

Aptidão, 279

Aptidão inclusiva, 278-279

Aquecimento global

evidência, 480-481

mudança climática global, 174-176, *176*

Aquífero de Ogallala, 157, 210

Ver também Aquíferos

Aquíferos, 157

depósito de água subterrânea, 209-210

saque a descoberto, 210

Arbustos tropicais, 453

Área de ação, 264

Áreas úmidas, 424, 428-430, 464

Áreas úmidas florestais, 429-430, *431*

Áreas úmidas ripárias, 428

Armadilhas sociais, 466

Arquitetura da paisagem, 400

Arroz inundado, 36, 147

Ascendência, 355-356

Associação aleatória, 481

Associação ectossimbiótica, 307

Associação endossimbiótica, 307

Associações, 432

Atmosfera

atol de coral no Pacífico Sul, 43, *43*

comparação Terra e Marte/Vênus, 43-44, *44*

evolução da Biosfera, 361-363, *361*

Atributos biológicos, 225

Atributos de grupo, 225

Autodesbaste, 257-258, 258

Auto-organização, 355-356
Avaliação comparativa, 506, 506
Avaliação ecológica, 464

B

Bacia hidrográfica
    biogeoquímica, 163
    conceito, 6, 31
    registro fóssil, 327, 329
    sucessão ecológica, 337, 339, 348, 354-355, 358
    tipos de comunidade, 385-387, 387
Bacias de drenagem, 163
Bactéria
Barrett, G. W., 375, 475
    fotossintetizante, 47-48
    metanogênica, 52
    quimiossintetizante, 50, 418
Bentos, 28, 415, 426
Beyond the Limits (Meadows et al., 1992), 463
Biodiversidade
    afetada pela poluição, 318
    estabilidade, 320
    níveis de paisagem e de comunidade, 163, 385, 397
    preocupação com a perda, 324
    produtividade, 101, 322-323
    Ver também Diversidade
Biodiversidade afetada, *318*, 318
    homogeneidade, 318, *320*
    riqueza, 318, *319*
Bioenergética, desenvolvimento do ecossistema, 340
Bioética, *473*, 473
Biofixação, 142, 147-148
Biogeoquímica, 141, 163
Biologia de conservação, 457
Bioma de campo, 433
    campos temperados, 445

campos tropicais e savanas, 445-446, *446*
Biomas, 5
    florestas de coníferas do norte, 439-440
    terrestres, 430
Biomas do mundo, *435*
    arbustos tropicais ou bosques de espinho, 453
    calotas de gelo polar e das altas montanhas, 438
    cavernas, 455
    chaparral e matas esclerófilas, 445
    conceito, 431
    definição, 431
    desertos, 447, 448
    florestas decíduas temperadas, 440
    florestas pluviais tropicais, 450, 450
    florestas tropicais sazonais semidecíduas, 450, *450*
    listados, *413*
    montanhas, 453, 454
    pradarias temperadas, 442
    tundra (ártica ou alpina), 435-437, 437
    Ver também Biomas terrestres
Biomassa, produtividade *versus*, 88
Biosfera, evolução da, 360
Biosfera-2, 60, 64-65, *66*
Biossistemas, 4, *4*
Borboleta-monarca, 287-288, *333*
Borda, definição, 386
Borda de floresta, 405
Bosque de espinhos, 454
Branqueamento, 424
Brejos
    lacustres, 428
    maré de água doce, 430, *431*
    palustres, 429
    turfeira, 429
BTU. *Ver* Unidade térmica britânica

590 Fundamentos de Ecologia

Brejos palustres, 429

C

Cadeia alimentar, 108, 112
    caminho anaeróbico, 112, *112*
    caminho dos detritos, *111*
    comprimento, 118
    diagrama do fluxo de energia, *118*
    lagoa de pesca esportiva, 113-114, 114
    marcadores isotópicos como auxílio, 121
    modelo de cadeia ramificada, *112*
    teia alimentar de detritos, 115, *115*
Cadeia alimentar de detritos, 107
Cadeia alimentar de granívoros, 112
Cadeia alimentar de néctar, 112
Cadeia alimentar de pastejo, 108
Cádmio (Cd), magnificação biológica, 217
Caixa preta, 20, 330, 330
Cálculo, 237
Caloria, *81*
Calotas de gelo, 438
Calotas de gelo do pico das montanhas, 438
MAC. *Ver* Metabolismo ácido das crassuláceas
Câmaras de ambientes, 212
Caminho do detrito, 173
Caminhos da reciclagem, 172
Caminhos do fluxo, 11
Campo alto, 443, *444*
Camundongos-de-patas-brancas, 330, 33*1*
Capacidade de suporte, 128-131, 240
    conceito, 128-131
Capacidade de suporte econômico, 131
Capacidade de suporte máxima, 128, 241, 243, *244*
Capacidade de suporte ótima, 128, 132, 243-244
Capital econômico

definição, 10
    tragédia dos comuns, 461
Capital natural, 134, 404
    definição, 10
    tragédia dos comuns, 462
Capitalismo dual, 469
Características estruturais, ecossistemas, 75
Carnívoros, 28
Cavalo-vapor (CV), 81
Cavernas, 455
Cenários, 473, 473
    definição, 473
Certeza assintótica, 498
Césio-137, 169, 205, 206
    impacto, 169
CETO. *Ver* Conversão de energia térmica oceânica
Chaminé, oceano profundo, *51*
Chaparral, 445-447
Charcos, 429
China, 477
    características e estratégias da história natural, 280-281
    definição, 225
    densidade, biomassa e relações tróficas, 226-227
    distribuição etária na população, 233-236, *235*
    endocruzamento, 277
    explosão de humanos, 460-461
    flutuações anuais, 246
    flutuações e oscilações cíclicas, 246-255
    índices de densidade, 225-226
    metapopulações, 267-268, *268*
    métodos estatísticos, 490-491
    métodos para estimar densidades, 227-229
    mortalidade, 229-233
    mudanças sazonais, 246

natalidade, 229

padrões de dispersão, 258-261

propriedades, 225-236

repartição e otimização de energia, 268-275, *270, 273*

tamanho efetivo da população, 277

uso do termo, 5

Chumbo (Pb), magnificação biológica, 217, *218*

Chuva, 206

Chuva ácida

dióxido de enxofre, 152-153

impacto, 153

Cianobactéria, 47

Cibernética, 9, 67

ciência da, 68

princípios elementares, 67

Cibernética do ecossistema, 67

Ciclagem de nutrientes, 169, 345

nos trópicos, 169

Ciclagem dos elementos não essenciais, 168

ciclo hidrológico, 156

mudança climática global, 174

tempos de renovação e de retenção, 162

tipos básicos, 141

Ciclo de ácido dicarboxílico C4, 48

Ciclo de Calvin, 48

Ciclo de fosfato pentose C3, 48

Ciclo do cálcio, 164, *165*

modelo quantitativo, 164

Ciclo do carbono, 143, 154

ciclo global do carbono, *156*

tamanhos de reservatório e tempo de renovação, *144*

Ciclo do detrito, 173

Ciclo do enxofre, 143, 151, *152*

tamanhos de reservatório e tempo de renovação, *144*

Ciclo do fósforo, 143, 149, 151

modelo de diagrama, *151*

tamanhos de reservatório e tempo de renovação, *144*

Ciclo do nitrogênio, 143

complexidades, *145*

efeitos prejudiciais do excesso de nitrogênio, 148

tamanhos de reservatório e tempo de renovação, *144*

Ciclo hidrológico, 156, 158

energética do, *158*

tamanhos de reservatório e tempos de renovação, *159*

Ciclos biogeoquímicos, 141

biogeoquímica da bacia hidrográfica, 163

caminhos da reciclagem, 172

ciclagem de nutrientes nos trópicos, 169

ciclo do carbono, 154

ciclo do enxofre, 151

ciclo do fósforo, 149

ciclo do nitrogênio, 143

Ciclos biogeoquímicos gasosos, 141

Ciclos biogeoquímicos sedimentares, 141

Ciclos das processionárias, 250

Ciclos do gafanhoto, 251

Ciclos dos lemingues, 249, *250*

Cidades

como parasitas, 73

crescimento da população, 245

lei da rede, 372

pegada ecológica, 73-74

princípio de Allee de agregação e refúgio, 261

tecnoecossistema urbano-industriais, 408

Ciência do ecossistema, 480

Ciência gráfica, 500, *501, 502*, 508

Ciência holística, 488

592 Fundamentos de Ecologia

Ciência integrativa, 16

Civilizações, 464

Clark, William C., 474

Classe etária dominante, 235, *236*

Clímaces edáficos, 356, *357*, 358, *359*

Clímaces locais, 356, *357*

Climadiagrama, 212

Climas continentais, 211

Climas marítimos, 211

Clímax, 337
    conceito, 356
    metabolismo da comunidade, 337

Clímax cíclico, 344

Clímax climático, *357*
    vegetação, 431-433, *433*

Clímax regional, 356, *357*, 358

Clorofila, 101

Clube de Roma, 462-463

Cobre, magnificação biológica, *218*

Coeficiente instantâneo de crescimento populacional, 238

Coevolução, 286, 387

Coexistência pacífica, 305

Colonização de ilha, 352

Combustíveis fósseis
    era dos, 136

Comensalismo, 283, *284*, 304
    como um primeiro passo, 305

Compensação de fator, 183

Competição, 283, 284
    interação entre duas espécies, 283, *284*
    interespecífica e coexistência, 289
    por exploração, 290, 293
    por interferência direta, 283, *284*
    por uso de recurso, 283, *284*
    seleção de habitat, 295-296, *295*
    taxa de crescimento, 284-285
    uso do termo, 283, 284

Competição assimétrica, 302

Comportamento de grupo, 257

Comportamentos altruístas, 278

Compostos orgânicos, 22

Compostos secundários de vegetais, 253
    desencorajar os herbívoros, 287

Comprimento de onda, 200

Comprimento do dia, 185, 186, *186*

Compromisso da confiabilidade da inferência, 486, *487*

Comunidade
    coevolução, 286
    relação entre duas espécies, 283
    uso do termo, 5

Comunidade biótica, 18
    definição, 225

Comunidade clímax, 356, *357*

Conceito de descontinuidade fluvial, 162

Conceito de energética da fonte-sumidouro, 94

Conceito de hierarquia cíclica, 472

Conceito de pulso de inundação, 161

Conceito do contínuo fluvial, 159

Condição limitante, 178

Condição oligotrófica, 342

Conectividade da mancha, *402*, 402

Conferência internacional, 470

Confiabilidade, 486

Confiança no valor p, 508

Confusão, 486

Conhecimento, 495

Constante solar, 83

Consumidores
    densidade e biomassa comparadas, 30
    lagoa, 27-29

Consumidores primários, 28
    relações entre tamanho-metabolismo, 126

Consumidores secundários, 28
    relações entre tamanho-metabolismo, 126

Consumidores terciários, 28

Contagens totais, 228

Contratecnologia, 470

Controle, 481

Controle do fluxo de cima para baixo, 119, *120*, 121

Controle do fluxo de energia de baixo para cima, 119, 120, 121

Conversão de energia térmica oceânica (CETO), 136

Cooperação
avaliação ecológica, 464
seleção de grupo, 288

Coprofagia, 115, 307
detritívoros, 57

Cordilheiras mesoceânicas, 418, *420*

Cornus florida, 165, *166*

Corredor da paisagem, 377
definição, 377
geometria de paisagem, 399-400
taxa de imigração, 391-392, *392*
tipos básicos, 377

Corredores
de perturbação, 381, *382*
de recurso, *383*, 384
plantados, *383*, 383
regenerados, 383, 384
remanescentes, 381, *382*

Corroboração, 492

Costanza, Robert, 474

Covey, Stephen R., 467

Crescimento econômico, 468

Crescimento em forma de J, 240, *241*
fatores extrínsecos ou independentes de densidade, 256

Crescimento sigmoide de população, 128, 129

Critério de aceitação de erro, 483

Cultivares transgênicos, 367

Cultivo, 366

Cultivo de algodão, 223

Cultura de permanência, 475-476

Culturas gnotobióticas, *61*, 61

Curso de água. *Ver* Ecossistemas lóticos

Curva de autodesbaste, 258

Curva de sobrevivência, *231*, 231-*232*

Curva de taxa de crescimento, *238*

Curvas de crescimento, 240, *241*

Curvas de dominância-diversidade, 38
desenvolvimento de ecossistema, 369
metacomunidade, 394, *394*

Custo da energia, 132

CV. *Ver* Cavalo-vapor

D

Darwin, Charles, 276
especiação alopátrica, 364
genética mendeliana, 491
publicar ou "perecer", 496

DBO. *Ver* Demanda bioquímica/ biológica do oxigênio

DDT, 91
balanço global de produção-decomposição, 59
controla diversas funções, 59

Decomposição, 22-23, 28
impacto das atividades humanas, 60
magnificação biológica, 216, 218
marisma na Geórgia, *55*, 55
matéria nitrogenada e carbonada, *53*
novos métodos moleculares para o estudo, 59
quatro estágios, 56
tipos de, 51
visão geral, 54

Defensabilidade econômica, hipótese de, 266

Defesas qualitativas, 303, 304

Defesas quantitativas, 304, 304

Déficit da pressão de vapor, 207

Definição de um bom modelo, 13

Demanda biológica de oxigênio (DBO), 54

Demanda bioquímica do oxigênio (DBO), 29

Densidade
bruta, 225
da população, 227
de potência, 133
ecológica, 226
humana, 100
ótima, 128
relativa, 228

Dependente de densidade, 256

Dependente de perturbação, 344

Depósito aluvial, 188-189

Depósito coluvial, 188

Depósito eólico, 189

Depósito glacial, 189

Deriva continental, 364, 418

Deriva genética, 277

Descrição das observações, 498

Deseconomia de escala, 127

Desenvolvimento de agrupamento residencial, *409, 410*

Desenvolvimento do ecossistema, 337
bioenergética, 340
ciclagem de nutrientes, 345, 345
definição, 337
modelo de fluxo de energia, 340-341, 340
modelo de manutenção de produção/respiração (P/R), 340, *340*
modelo de sistema simplificado (cibernético), 340, *340*
pressão seletiva, 352
relevância para a ecologia humana, 368
revisão histórica e considerações teóricas, 354
substituição de espécies, 346
sucessão heterotrófica, 351, *352*
tendências da diversidade, 353

Desenvolvimento econômico, 468

Desertos, 447
plantas anuais, 186-187

Desertos frios, 448, 449

Desertos irrigados, 447-448

Desertos quentes, 448-449, *448*

Deslocamento de caráter, 295
especiação, 364

Desulfovíbrio, 52

Deterministas, 492

Detritívoros, 57

Detrito, 22

Detritos orgânicos, 22

Dia da Terra, 4

Dinâmica de populações, 236

Dióxido de carbono, sistemas aquáticos, 213

Disciplinas, 475, *476*
publicação, 497

Disclímax, 359

Dispersão da população, 246
padrões de dispersão, 258

Dispersão regular ou uniforme, 258, 259

Distribuição aleatória, *258*, 259

Distribuição etária, 233, 235

Distribuição etária da população, 233

Distribuição log-normal, 353

Distribuição, 38
diversidade de espécies, 316

Diversidade
desenvolvimento do ecossistema, 353
habitat e nichos, 322
nichos acima e abaixo na escala, 324
paisagem agrourbana, *326*, 326
Ver também Biodiversidade

Diversidade alfa, 325

Diversidade beta, 321

Diversidade de espécies
componentes, 316

desenvolvimento do ecossistema, 353-354

método gráfico adicional, *317*

Diversidade de habitat, 316

Diversidade de padrão, 316

Diversidade do ecossistema, 37

definição, 37

Diversidade gama, 321

Diversidade genética, 316

Doenças de deficiência, 214

Domesticação, 366

Dominância relativa, espécie, 228

Domínio *versus* manejo, 466

Dose de radiação, *203*-204, 204

"Dust bowl" (bacia de poeira) da década de 1930, 191, *471*, 472

E

Ecologia

como profissão, 496-497

conceito, 2

definição, 3

economia comparada com, 2

história inicial, 2-3

raízes, 475, 476

tendências, 497

Ecologia da conservação, 505

duas culturas comparadas, 506

intenção de, 505

Ecologia da paisagem

definição, 375-377

história, 376

Ecologia da perturbação, 42

Ecologia da restauração, *343, 371*

biologia da conservação, 457

da restauração revisitada, 471-472

grupos-chave, 471

prevenção *versus cura*, 45

quando a sucessão falha, 371

Ecologia de ecossistemas, 19

Ecologia do estresse, 42

Ecologia do fogo, 194

Ecologia humana, 142

relacionada ao desenvolvimento do ecossistema, 368-373

Economia

capitalismo dual, 469

conceito, 2

ecologia comparada com, 2

economistas holístas, 469

holoeconomia, 469

natureza como valor, 2

Economia ecológica, 2, 138

Economias de escala, 126-127

Ecorregião, 18

definição, 432-433

Ecosfera, 3, 6

Ecossistema de água doce, 424

brejos de maré de água doce, 430, *431*

ecossistemas lênticos, 424, 426

ecossistemas lóticos, 424, 427

pântanos de água doce, 424, 428-429

pântanos florestais, 429-430, 431

Ecossistema humano total, 71

Ecossistemas

agroecossistemas, 33, 359

balanço geral de energia, 56

cibernética, 67-71

classificação baseada em energia, 133-135

classificação, 75-76

como sistemas funcionalmente abertos, 18

conceito de bacia hidrográfica, 32

definição, 18

diagrama funcional, *20*

diversidade, 37

estrutura trófica, 21

estudo de, 40

exemplos, 26-37

596 Fundamentos de Ecologia

explicação, 18-21

fonte e nível de energia, *134*

gradientes e ecótonos, 24-26

hipótese Gaia, 42-45

lagoa e cultivo abandonado, 26

microcosmos, mesocosmos e macrocosmos, 60-67

modelo gráfico, *18*, 19

pegada ecológica, 74-75

principais tipos, *75*

tecnoecossistemas, 71-74

tipos (listados), *413*

uso do termo, 5

Ecossistema em "não equilíbrio", 321

Ecossistemas movidos a combustível, 133, 136

Ecossistemas com mudanças recorrentes no nível da água, 370

Ecossistemas dependentes do fogo, 54

Ecossistemas heterotróficos, 73

Ecossistema humano, 19

Ecossistemas marinhos, 414-424

fontes hidrotermais das profundezas marinhas, 418

oceano, 414-415

plataforma continental, 415-417, *417*

regiões de ressurgência, 418

Ver também Ecossistemas de água doce

Ecossistemas movidos a luz solar subsidiados naturalmente, 133-134

Ecossistemas movidos a energia solar com subsídio humano, *133*, 134,134-135

Ecossistemas não subsidiados movidos a luz solar, 134, *134*

Ecossistemas terrestres

solo, 187-194

tipos, 76

Ecotipos, 183, 184

Ecótonos, 24-26

aumento na densidade, 389

definição, 386

Ecotopia, 474

Ectomicorriza, 308

Efeito estufa, 154

Efeito filtro, 383

Efeito principal, 485

Efeito resgate, 392

Efeitos da poluição

Efeitos de borda, 322, 386

definição, 386

diversidade, 323

ecótonos, 24

Efeitos do tratamento, 485

Eficiência da produção, 118, 119

Eficiência da transpiração, 208

Eficiências de utilização, 109,*110*

Eficiências de assimilação, 110, *110*

Eficiências ecológicas, 118-119

taxas, 120

teoria da eficiência ecológica, 493

Elementos da paisagem, 377-385

Elementos essenciais, 141

Elementos não essenciais, 141

ciclagem dos, 168-169

Elementos traço, 214

Emergência, 356

eMergia, 121-124

origem do conceito, 122

unidade solar *versus* combustíveis fósseis, *123*

Emigração, 246

Enchente periódica, 161

Enchente, 215-216

Endêmico, 50

Endocruzamento, 277

Energia, 19

classificação funcional, 75

definição, 78

degradação da, 78

descenso próspero, 475

e dinheiro, 137-139

história da civilização, 136

Energia cinética, 79

Energia e dinheiro, 138

Energética da fonte-sumidouro, 94

Energética de escala, 126-128

Energia de manutenção, 107, 269

Energia incorporada, 122

Energia líquida, 132, *132,* 269

Energia para existência, 269

Energia potencial, 79

unidades, 81, *81*

Energia térmica, 79

Engenharia genética em agroecossistemas, 367-368

Enriquecimento por nutriente

produtividade e biodiversidade, 101

Ver também Eutrofização

Entradas alóctones, 46

Entropia, 78

Enunciado, uso do termo, 14

Enxofre, ciclagem do, 151, *152*

Éon fanerozóico, 361

Epifauna, 415

Epilímnio, 426

Equação de crescimento, 284-285

Equações de Lotka-Volterra, 291

Equilíbrios pulsantes, 9

Equivalentes ecológicos, 312-315, *315*

Equivalentes populacionais, 37

Era da energia atômica, 136

Erosão, solo, 191-193

Erro tipo I, 495, 506

Erro tipo II, 495, 506

Erro tipo III, 496

Escala

conceito, 396

ecossistemas, 480-482

espaçotemporal, 396-399

Escopo da inferência, 486

Espaçonave, 60

como um ecossistema, 64

Especiação, 364

Especiação alopátrica, 364

Especiação simpátrica, 364

Especialista, forrageamento, 271

Espécie

densidade da população, *226*, 226-227

tipos de interação entre duas espécies, 283-286

Espécie-chave, 324

Espécie dominante, 38, 316

Espécie matura-e-morre, 198

Espécies nucleares, 38

Espécie satélite, 38

Espécies cíclicas, 246

Espécies de borda, 24

definição, 386

Espécies de plantas pioneiras, 337

Espécies de rebrota, 198

Espiral fluvial, 162

Esquema funcional, ecossistemas, 75

Estabilidade

conceito, 69-70

diversidade de padrão, 322

hipótese da diversidade-estabilidade, 323

Estabilidade de pulso, 370-371

Estabilidade de resiliência, 70, *70*

Estabilidade de resistência, *70*, 70

Estado estável oscilante, 363

Estágio pioneiro, 337

Estágios de desenvolvimento, 337

Estágios serais, 337

Estatísticas não paramétricas, 259

Esteno-, uso do, 180

Estenotérmico, 180-181, 181

Estética, 467

Estocasticidade demográfica, 395

Estoque lábil ou de ciclagem, 141

598 Fundamentos de Ecologia

Estoque reservatório, 141

Estratégia do banco de sementes, 220

Estratégia de uso múltiplo, 369

Estrato autotrófico, 21, 85

Estrato heterotrófico, 21

Estresse agudo, 219

Estresse antropogênico, 219

Estresse crônico, 219

Estrôncio, 169, *205*, 205

Estrutura trófica, 21-24

Estuários e litorais, 420-422, *421*

Estufas, para pesquisa, 212

Ética, 467

Ética ambiental universal, 477

Euri-, uso do, 180

Euritérmico, 180, *181*

Eussocialidade, 278

Eutrofização, 118

Eutrofização cultural, 31, 406

Evapotranspiração, 207

Everglades, 32, 173

Evidência, 492-494

    definição, 480

    teste de hipótese, 494-495

    Ver também Peso da evidência

Evidência e teste de hipótese e, 494-495

Evolução

    biosfera, 360-364

    definição, 276

    efeitos sobre a atmosfera, *361*, 361-364

    mundo anaeróbico, 54

Excesso de borda, 389

Expansão urbana, 192

Exportação, 94

Exposição de observações, 507

F

Fagótrofos, 22

Fase de resistência ambiental, 245

Fase de atraso, 245

Fator de concentração, substâncias radioativas, 205, *205*

Fator tempo, 87

Fatores extrínsecos, em flutuações de população, 247

Fatores hidrológicos

    fatores principais, 206-208

    temperatura e umidade, ação conjunta de, 211-212

Fatores intrínsecos, em flutuações de população, 247

Fatores limitantes

    água, 206-209

    água subterrânea, 209-211

    conceito, 178

    ecofisiologia, 199

    gases atmosféricos, 212-213

    luz, 200-201

    macronutrientes e micronutrientes, 213-215

    radiações ionizantes, 201-205

    temperatura, 199-200

    vento e enchente, 214-216

Fatores regulatórios, condições de existência, 185-187

Fermentação, 52

Ferrugem da castanheira, 299, *299*, 320

Ficosfera, 117

Filogeografia, 396

Fitoplâncton, 27, 421

Fitotrons, 212

Fixação de nitrogênio, 146-148

Fixação genética, 183-184

Floresta de galeria, 452

Floresta de neblina anã, 451

Floresta pluvial montana, 451

Florestas

    agrofloresta, 408, 457

arbustos tropicais ou bosques de espinhos, 453

biomas de floresta de coníferas do norte, 438-440

colheita, 442

ecologia do fogo, 194-199

exploração, 442

floresta madura, 442

florestas decíduas temperadas, 440-441

florestas tropicais sazonais, 450, 450

lenha como combustível, 99-100

queda de folhedo, *189*

solos, *189*, 190, 190

tropical, 170-172

Florestas tropicais úmidas, 450

Florestas decíduas temperadas, 440-441

Florestas pluviais, 450-454

árvores, camadas, 451

ecossistemas, 170-172

temperadas, *441*

tropicais, 450-453

Florestas tropicais sazonais semidecíduas, 450, *450*

Flutuação da população, 246-255

visão geral do ciclo, *255*, 255

Flutuações do lince e da lebre, *248*, 248

Fluxo de energia

ciclos biogeoquímicos, 141, *142*

como um índice mais adequado, 102

definição, 81

diagrama em forma de Y, 110, *111*

exemplo da folha do carvalho, *79*

fluxos de dinheiro, 139, *139*

modelo universal, 105-108

raposa vermelha, 106-107, *107*

sistema de suporte de energia para humanos, 138, *139*

Fluxo de energia auxiliar, 91

Fluxo total, 173

Fontes hidrotermais das profundezas marinhas, 418, *420*, 420

Fontes hidrotermais, 418

Forças alogênicas, 360

Forças autogênicas, 360

Forma de crescimento em S, *241*, 241-242, *244*

Ver também Forma sigmoide de crescimento

Forma de vida, 433

Forma sigmoide de crescimento, *241*, 241-242, *244*

dependente de densidade, 256

Formas de crescimento populacional, 240

Forrageamento ótimo, 270

modelos de otimização custo-benefício, *271*

Fotoperíodo, 185-186, *186*

Fotossíntese

origem, 362-363

produção e decomposição globais, 45-60

sistemas naturais, 21

tipos de, organismos produtores, 47-51

Fotossíntese adiada, 50

Frequência de ocorrência, 226

Frequência relativa, 228

Frequências genotípicas, 276-277

Função de força, 11

Funções de interação, 11

Funções transcendentes, 9

G

Gases atmosféricos, 212-213

Gases de efeito estufa, 154

mudança climática global, 174-176

Gcal. *Ver* Grama-caloria

Generalistas, forrageamento, 271

Genes, 276

Genética. *Ver* Genética de populações

600 Fundamentos de Ecologia

Genética de populações, 275-280
   definição, 275
Genótipos, 276
Geoecologia de montanhas, 390
Geometria da paisagem, 399-404
Geoquímica da paisagem, 141
Geoquímica, 141
Gestão de cima para baixo, 470, 471
Gestão de entrada, 470, *471*
Gestão de ecossistemas, 18
Girassol, 406
Governada por densidade, 248
Gráficos de observações em nível
   populacional, 504
Gráfico do tipo *box-and-whisker* (barra),
   498
Gradiente de subsídio-estresse, *93*-94, 94
Gradientes, 24-26
Grama-caloria (gcal), *81*
Grande governo, 474
Granulação, 379
Guildas, 312, 314

H

Habitat, 312-313
   tipos de, *413*
Habitat de borda, 403
Habitat de granulação fina, 379
Habitat de granulação grosseira, 379
Herbáceas não gramíneas, 443
Herbicidas, 166
Herbivoria, 296
   herbivoria por inseto, 299-301, *300*
Herbívoros, 28
   mamíferos, 434
Hidrogênio, ambientes aquáticos, 213
Hidroperíodo, 428
Hierarquia, 4
Hierarquia dos níveis de organização, 4-7,
   5, 375

relativa à ecologia da paisagem,
   375-377
Hierarquia social, 262-263
Hierarquias aninhadas, 7
Hierarquias não aninhadas, 7
Hipolímnio, 426
Hipótese alternativa, 494
Hipótese alternativa de duas amostras,
   495
Hipótese científica, 494
Hipótese da cascata trófica, *120*, 120-121
Hipótese da diversidade-estabilidade, 323
Hipótese da diversidade-produtividade,
   323
Hipótese da perturbação intermediária,
   399, *399*
Hipótese da qualidade nutricional, *253*-
   254, 254
Hipótese da retroalimentação adreno-
   pituitária, 254
Hipótese de baixo para cima, 120
Hipótese de cima para baixo, 120
Hipótese de espécies núclear-satélite, 38
Hipótese de limitação da população, 266
Hipótese de nulidade, 393, 494
Hipótese de retroalimentação genética
   de Chitty-Krebs, *253*, 253-254
Hipótese Gaia, 42-45
História natural, traços e táticas, 280-281
Holismo transdisciplinar, *15*, 15-16
Holoplâncton, 415
Homeorese, *6*, 9, 68
Homeostase, *6*, 9, 68
Homozigosidade, 277
Horizonte A (solo superficial), 188
Horizonte B, 188
Horizonte C, 189
Horizontes do solo, 188
Humificação, 188
Húmus (ou substâncias húmicas), 56
   estrutura química, 56

I

ISBBE. *Ver* Índice de sustentabilidade do bem-estar econômico

Ilha, definição, 392

Imigração, 246

    corredores, 391-392, *392*

Incêndios de copa, 194-*195*, 195

Incêndios de superfície, 194-*195*, 195

Incêndios no Parque Nacional de Yellowstone, 197

Incerteza

    avaliação comparativa, 506, 506

    desaparecimento da, 498

    inferências estatísticas, 483

    paradigma do peso da evidência, 507-508

    peso da evidência, 494, 509

Independente de densidade, 256-258

Índice de área foliar, 126

Índice de ciclagem, 173-174

Índice de Lincoln, 227

Índice de Shannon, 38-41, *40-41*

Índice de Shannon-Weaver

    descrito, 318

    perfis de dominância-diversidade, *317*

Índice de Simpson, 39-40, *40*

Índice de sustentabilidade do bem-estar econômico (ISBEES), 131, *131*

Índices de estrutura das espécies, 39, *39*

Indivíduos marginais, 267, *267*

Indústria pesqueira, 302

Infauna, 415

Inferência dedutiva, 507

Inferência indutiva, 488, 507

Inferências estatísticas, 483

Inseticidas, magnificação biológica, 216

Inseto-enrolador-de-folha-de-pinheiro, *250*, *251*

Insetos parasitas ou parasitoides, 299

Interação de fator, 178

Interação parasita-hospedeiro, 296-298, *298*

Interface de estudo, 10

Irrigação por inundação, 36

Irrigação por pivô central, *400*, 402

Irrupções, pressão do predador, 297

Isolamento, 264

J

Jornada nas Estrelas, 474

Joule, *81*

K

Kcal. *Ver* Quilocaloria

KWh. *Ver* Quilowatt-hora

L

Lacunas socioecológicas, 465-467

Lagoas. *Ver* Ecossistemas lênticos

Lagos de pesca, cadeias alimentares, *113*-114, 114

Lagos. *Ver* Ecossistemas lênticos

Largura do corredor de paisagem, *402*

Lavoura, 309

Lei da entropia, 78

Lei da potência ¾, 124-126

Lei da rede, 372

Lei de equilíbrio de Hardy-Weinberg, 277

Lei dos retornos decrescentes, 126-128

Lei de tolerância de Shelford, 179

Lei do mínimo de Liebig, 178-183

Leopold, Aldo, 467

Ligações mancha-matriz, 378-379, *379*

Lignina, 55, 55-*56*

Limiar do bem-estar econômico, 131

Limites de tolerância, 179-180

Limites do Crescimento (The Limits to Growth), 462

Linguagem de energia de H. T. Odum, 13

símbolos utilizados neste livro, *14*

modelo de ecossistema, *14*

Liquens, 309-310, *310*

Loess, 189

Luz, como fator limitante, 200-201

M

Macroconsumidores, 22-23, 28

Macrocosmos, 60

Macroevolução, 364

Macrófitas, 27

Macroflora, 421

Macronutrientes e micronutrientes, 213-215

Mad Max, 474

Madeira, como combustível, 100

Magnificação biológica, 168

substâncias radioativas, 204

substâncias tóxicas, 216-218

Manchas da paisagem, 377-380, *378*, *380-381*

conectividade da mancha, *402*, 402

geometria da paisagem, *400*, 400

mesocosmos, 62, *63*

porpoção do leito de rio, 503, *503*

tamanhos das manchas experimentais, 384, *385*, *400*

Manejo de praga com base ecológica (MPBE), 223

reguladores de densidade, 256

produção de algodão, 223

Manejo integrado de pragas (MIP), 223

Mangue, 422, *423*

MAP. *Ver* Microcosmo aquático padronizado

Marcadores isotópicos, 121-122

Maré vermelha, 101

fixação de nitrogênio, 146-148

Maricultura, 415

Marisma, 432

Mata ciliar, 452

Matas esclerófilas, 445

Matéria orgânica dissolvida (MOD), 22

Matéria orgânica particulada fina (MOPF)

contínuo fluvial, 159, *160*, 161

Matéria orgânica particulada grossa (MOPG), 161

contínuo fluvial, 159, 160, 161

Matéria orgânica particulada (MOP), 22

Matéria orgânica volátil (MOV), 22-23

Matriz de paisagem, 377

geometria da paisagem, 400

Máxima de Tuckfield, 482

Média, 485

Mecanismos homeostáticos, 68

Mediana, 500

Medidas robustas, 500

Megacidades, 73

Meiofauna, 115

Melanismo industrial, 366

Mercúrio, impacto, 169

Meroplâncton, 415

Mesocosmos, 60

experimentais, 62, *63*

terrestres, *62*, 63

Metabolismo da comunidade, 28-31

Metabolismo ácido das crassuláceas (MAC), 50

Metabolismo e tamanho dos indivíduos, 124-126

Metabolitos secundários, 59

Metacomunidade, curva de dominância-diversidade, 394, *394*

Metacosmos, 485

Metalo-ativadores, 214

Metano (CH4), 155

Metapopulações, 267

imigração e emigração, 95

Método baseado em distância, 228

Método comum de marcação e recaptura, 227

Método de inferência hipotético-dedutivo, 488

Método experimental *versus* observacional, 489-490

Método do número mínimo de indivíduos (NMI), 228

Metodologia de amostragem, 228

Métodos de inferência e confiabilidade, 486-488

Métodos estatísticos paramétricos, 259

Micorriza, 307, *309*

Micorriza vesicular-arbuscular (VA), 308

Microconsumidores, 23

Microcosmo aquático padronizado (MAP), 61, *61*

Microcosmos

    aquáticos, 63

    definição, 60

    gnotobióticos, *61*, 61

    tipos de laboratório, 60

Microevolução, 364

Microflora bentônica, 421

Micronutrientes, 213-215

Migração, 246

Mineralização, 56, 188

MIP. *Ver* Manejo integrado de pragas

Mobilidade relativa, 166

MOD. Ver Matéria orgânica dissolvida

Modelo

    definição, 10

    definição de um bom modelo, 13

    formal e informal, 10-11

    gráfico, 11

    primeiros passos da construção, 11

Modelo de Barnacle, 293-294, *294*

Modelo de facilitação, 354

Modelo de inibição, 354

Modelo de jogo do dilema do prisioneiro, 288

Modelo de tolerância, 354

Modelo *Tribolium-Trifolium,* 292, *292*

Modelo universal de fluxo de energia, 105-108

Modelo universal, definição, 105

Modelos de compartimento, *13*, 13

    para o uso da terra, 372-373

Modelos de otimização custo-benefício, *271*

Modelos globais, 462-464

Modelos simulados por computador, 11

Monte Santa Helena, 45, *46*

MOP. Ver Matéria orgânica particulada

MOPF. *Ver* Matéria orgânica particulada fina

MOPG. *Ver* Matéria orgânica particulada grossa

Mortalidade, 229-233

Mortalidade ecológica ou efetiva, 229

Mortalidade mínima, 229

Mortandade de peixes, estresse agudo, *219*, 219

Mosaico da paisagem, 377

    habitats de borda, 403

MPBE. *Ver* Manejo de praga com base ecológica

Mudança climática. *Ver* Mudança climática global

Mudança climática global, 44, 174-176

    média das temperaturas anuais, *176*

Mudanças no nível do mar, *159*, 159

Mutualismo, 283, 285, *284*, *285*

    cadeia alimentar de detritos, 306

    organismos bastante diversos, 306

N

Nascentes, 428

Natalidade, 229

604 Fundamentos de Ecologia

Natalidade ecológica ou efetiva, 229
Natalidade máxima, 229
Nécton, 28
Neutralismo, 283, *284*
Nevoeiro, 209
Nicho
    espacial, 312
    tipos de, 312-314
    usos do termo, 312
Nicho de habitat, 312
Nicho ecológico, 312
Nicho espacial, 312
Nicho fundamental, *313*
Nicho multidimensional ou
    hipervolumétrico, 312-313
Nicho trófico, 312-313
Nitrogenase, 147
Níveis de organização, 4-7
Níveis de significância, 486
Níveis de tratamento, 485
Níveis tróficos, 105
    cadeia alimentar linear, *106*
    fluxo de energia na cadeia alimentar
    teia alimentar, 108, 109
NMI. *Ver* Método do número mínimo de
    indivíduos
Noosfera, 71
Normalidade, 483
Nutrientes trocáveis, 142

O

Objetivo de avaliação, 506
Oceano, 414-415, *416*
Oceanografia, 414
Odum, E. C., 475
Odum, H. T., 475
OGMs. *Ver* Engenharia genética
Onívoros, 108-109
Ordem de bicada, 262
Ordenação, 385

Organismos consumidores, 28
Organismos decompositores, 28
Organismo feral, 367
Organismos fotossintéticos, 418
Organismos individuais, respiração e
    peso, *125*
Organismos produtores, 27
Orvalho, 209
Oscilações cíclicas, *248,* 246-254
Oscilações megacíclicas, 252
Otimização da energia, 268-275
Oxigênio, ambientes aquáticos, 212-213

P

PBI. *Ver* Programa Biológico Internacional
Padrão de crescimento sigmoide, 244-245,
    244
Padrões no nível de paisagem, 377
Paisagem da Terra, *3*, 3
Paisagem, definição, 5, 375
Paisagens domesticadas, 405-411
Países desenvolvidos, definição, 97
Países subdesenvolvidos
    agricultura, 471
    definição, 97
Paleoecologia, 327-329
Paleontólogos, 327
Panarquia, 472
Pântanos, 429
Pântanos de água doce, 424, 428-430
    decomposição e reciclagem
        microbiana, *430*
Paradigma do peso da evidência, 507-508,
    508
Paralelos entre juventude e maturidade,
    466, 477-478, *478*
Parasitas, cidades como, 73
Parasitismo, 283, *284, 285*, 285-286, 296
    tipos de interação, 296-304
Parasitologia, 285

Parque Nacional Great Smoky Mountains, 454-455, *455*

Partículas alfa, 202

Partículas beta, 202

Pastejo

compostos secundários, 287

diversidade de espécies, 321

Pastoreio, 35

Pedosfera, 187

Pegada ecológica

ciclos biogeoquímicos, 143

conceito, 73-75

Pé-libra, *81*

Penalização energética, 132

Pensamento holístico, 8-9

holismo transdisciplinar, *15*, 15-16

Perda de habitat, *403*, 403

Perfil do solo, 188

Perfis de dominância-diversidade, índices de Shannon-Weaver, *318*

Perguntas que possam ser respondidas, 496

Permafrost, 435

Perspectiva da agropaisagem, 408

Perturbações crônicas, 219

Perturbações estocásticas, 219

Pesca industrial, 302

Peso da evidência

alternativa orientada pela evidência, 498-505

corroboração, 492

incerteza, 507

raciocínio estatístico, 490

Ver também Evidência

Pesqueiros, 417

Pesticidas, imunidades desenvolvidas, 222-223

PIB. *Ver* Produto interno bruto

Picoplâncton, 414

Pirâmides ecológicas, 102-104, *103*

Pirâmides etárias, 233, *234*

Piroclímaces, 196, 370

Plâncton, 414-415

água doce, 426

Plâncton de rede, 414

Planejamento de pesquisa, 481-484

Planejamento experimental controlado, 487, 488

Planejamento experimental, 480, 485

Planícies de inundação, 161

Plantas

micronutrientes necessários, 214

padrões das formações vegetais do mundo, 431, *434*

Planta adaptadas ao Sol

clorofila, 101-102

definição, 96

intensidade luminosa, 201

Plantas C3, 48-*49*, 48

Plantas C4, 48-49, *48*, *49*

Plantas de dias longos, 186

Plantas de dias curtos, 186

Plantas adaptadas à sombra

clorofila, 101-102

definição, 96

intensidade luminosa, 201

Plantas efêmeras, 187

Plantas aparentes, *304*, 304

Plataforma continental, 415-417

Poço artesiano, 210

Poder, 483

Pólen fóssil, *328,* 328-329

Policlímax, 356

Polígono de frequências, 260

Poluição, 143

Poluição do ar

ciclos do nitrogênio e do enxofre, 152-153

sinergismo amplificador, 221

Poluição industrial, seleção natural

606 Fundamentos de Ecologia

rápida, 366

Poluição térmica, 221-222

Ponto de inflexão, taxa máxima de crescimento, 238, *244*, 245

População
agregação, 261-262, *262*
aumento (futuro da vida), 475-477

Populações irruptivas, 246-248, *247*

Porcentagem de valor de importância, 228

Potencial biótico
definição, 239
potencial reprodutivo, 239

Potter, V. R., 473

PPB. *Ver* Produtividade primária bruta

PPL. *Ver* Produtividade primária líquida

Pradarias temperadas, 443-444

PRC. *Ver* Programa de Reserva de Conservação

Pré-cambriano, *362*, 363

Predação, 283, *284*
competição interespecífica, 295, 295
diversidade de espécies, 321-322
tipos de interação, 296-304

Preparo da terra, 308-309, *309*

Preservação da natureza, 391

Primavera Silenciosa (R. Carson, 1962), 91

Primeira lei da termodinâmica, 78, *79*

Princípio da precatório, 469

Princípio da propriedade emergente, 7-9

Princípio de agregação de Allee, 261-262, *262*

Princípio da exclusão competitiva, 290, *291*, 293

Princípio de Gause, 290, *291*

Processo de Haber, 91

Processos da paisagem, 376

Processos de controle, 9

Produção
cultivo de peixes, 114
taxas, 87

Produção agrícola, Revolução Verde, *90*, 90

Produção autóctone, 46

Produção de lebiste, *301*, 301

Produção e decomposição globais, ecossistemas, 45-60

Produção máxima sustentada, 128

Produção primária
alimentação, fornecimento, 97-99
clorofila, 101-102
como combustível, 99-100
distribuição de, 95-97
distribuição mundial, *96*
distribuição vertical, 95, *95*
medidas da, 104-105
uso humano, 97-100

Produção primária, uso humano, 97

Produção secundária (PS), 107

Produtividade, 86-108
biodiversidade, 101, 322-324
evapotranspiração, 207

Produtividade agrícola, entradas de energia, 90-92, 90

Produtividade líquida da comunidade, 87

Produtividade primária bruta (PPB), 87
variação por latitude, *90*

Produtividade primária líquida (PPL), 87
estimativas de biomassa vegetal, *89*
produção de alimentos, *97*, 98

Produtividade primária, 86
história, 96-97

Produtividades secundárias, 87
estimativas globais, *89*

Produto em pé, 88

Produto interno bruto (PIB), 10

Produtores, 22
densidade e biomassa comparados, *30*
lagoa, 26-27

Produtos de fissão, 205

Profundidade de compensação, 29, 425

Programa Biológico Internacional (PBI), 434

Programa de Reserva de Conservação (PRC), 192

Propriedade não redutível, 7

Propriedades coletivas, 7

Protocooperação, 283, *284*, 285, 304-305
cooperação e agregação, 305

PS. *Ver* Produção secundária

Pseudo-replicação, 483

Publicar ou perecer, 496-498

Q

Qualidade de energia, 122-124, *123*

Qualidade de energia (concentração), 121-124, *123*

Qualidade do recurso, alimento, 116-117

Qualidade do solo, 193-194

Queimadas, 194
campos, 443
periodicidade, 370
queimada destrutiva, 194
queimadas prescritas, *195*, 196-197, *198*, *445*

Quelação, 57

Quilocaloria (kcal), *81*

Quilowatt-hora (KWh), *81*

Química secundária, 286

Quimiolitotróficos, 50

R

Raciocínio estatístico, 490-492
dois caminhos para a descoberta, 504-507

Radiação
tipos de medição, 203
Ver também Radiação ionizante

Radiação corpuscular, 202

Radiação de fundo, 203

Radiação eletromagnética, 201

Radiação ionizante, 201-206

Radiação solar, 82-86

dissipação da energia, *86*, 86
média diária, *85*, 85

Radiação térmica, 84

Radiação ultravioleta, 361-362

Radioisótopos, 201

Radiômetro líquido, 86

Radiômetros, 86

Radionuclídeos, 201
magnificação biológica, 216

Raios cósmicos, 202-203

Raios gama, *202*, 202
efeitos estudados, 204

Ratos murídeos
ciclos, 249, *250*
hipótese da paisagem, 504, *505*

Razão alimento/fibra, 88

Realce da paisagem, 26

Reciclagem, 143
papel, *174*, 174-175
teoria ecológica da, *175*

Recifes de coral, 422-424, *423*

Recursos de sustento à vida, 44

Recurso genético, 451

Rede de mutualismo, 311

Redução da fonte, 221

Redundância, 324

Refugiar-se, 261

Refúgios, 263

Região
definição, 6
economia e população, 474

Região de influência, 143

Regime climático, 22

Regiões de ressurgência marítima, 418
pesca, 415
principais ressurgências e correntes marítimas, *417*

Regionalismo, 19

Registro fóssil, 327-329

Regulação da população

608 Fundamentos de Ecologia

densidade independente/dependente, 256-258

modelo multifatorial, *255*, 255

qualidade, 257

Relatório Brundtland, 468

Relógio biogeológico, *362*

Relógios biológicos, 185

Renovação, definição, 30

Repartição do nicho, 314

Repartição e otimização de energia, 268-275, *270*

cadeias e teias alimentares, 108-122

Represamentos, 427

Reprodução cooperativa, 278

Reserva de Beech Creek, *409*, 411

Resistência ambiental, 239

modelos para explicar, 242-243

Respiração aeróbica, 51

Respiração anaeróbica, 51-52

Resultados inequívocos, 481

Retornos crescentes de escala, 126

Retornos decrescentes de escala, 126

Retroalimentação, 67

Retroalimentação genética, coevolução, 287

Retroalimentação local, 461

Retroalimentação negativa, 67

avaliação ecológica, 464

lei da potência −3/2, *258*, *258*

Retroalimentação positiva, 67

avaliação ecológica, 464

Revezamento faunístico, 346

Revezamento florístico, 346

Revolução Industrial, 461-462

Revolução Verde, 90, 470-471

Rio Mississippi, 208

Rios. *Ver* Ecossistemas lóticos

Riqueza, 37-38

diversidade de espécies, 316

Ritmo circadiano, 185

Rizosfera, 187-188

Ruminantes, 434

S

Saprófagos, 22

densidade e biomassa comparados, *30*

Saprótrofos, 22

Saturação de luz, 201

Saúde do ecossistema, 45

Savana

campos tropicais e savanas, 445, *445*

incêndios, 194, 196-197

SCS. *Ver* Serviço de conservação do solo

Segunda lei da termodinâmica, 78, *79*, 80

Seleção artificial, 366-367

Seleção de grupo ou de comunidade

cooperação, 288-289

evolução, 361

Seleção de habitat, competição, *295*, 295-296

Seleção *K*, 268, 270-275, 272

Seleção natural

cooperação e mutualismo, 304

definição, 275

genética de populações, 275-280

Seleção *R*, 268, 270-275, *272*

atributos, *272*

modelo de MacArthur, *272*

Sere, 337

sucessão vegetal secundária, 337, 339

Série de Poisson, *260*, 260

Serviço de conservação do solo (SCS), 191-192

Servidão ambiental, 467

Servomecanismos, 68

Silvicultura, 370, 457

Simbiose, 285

Simbiose obrigatória, 306. *Ver também* Mutualismo

Sinergismo amplificador, 221

Sinergética, 356

Sistema de controle de retroalimentação, 67-71, *68*

Sistema de zona de vida de Holdridge, 431-432, *434*

Sistema ecológico, 18

Sistemas de bacias hidrográficas, conceito, 31-33

Sistemas de detritos, 110

cadeias alimentares, 114-116, *115*

Sistemas de pequenos-números, 335

Sistemas de grandes-números, 335

Sistemas de números-intermediários, 335

Sistemas movidos a combustível, 133

Sistemas movidos a luz solar, 133

Sistemas, definição, 4

Smog fotoquímico, 153

Sistema, estresse, 220

Sobrepastejo, 111

Sociedades industriais, estresse antropogênico, 219-223

Solarímetros, 86

Solo, 187-194

definição, 187

deslocamento do solo, 191-193

qualidade do solo e qualidade ambiental, 193-194

Solos de serpentinos, 181

Solos do campo, *189*, 190

Solos imaturos, 190

Solos maduros, 190

Sombra de chuva, 206, *206*

Subclímax antropogênico, 359

Subpastejo, 111

Subsídios de energia, 87, 91

gradiente subsídio-estresse, 93, 94

Subsídio de energia, 91-93

taxa de produção, 87

Substâncias abióticas, 27

Substâncias alelopáticas, 58

Substâncias húmicas, 22-23, 56

Substâncias inorgânicas, 22

Substâncias tóxicas, magnificação biológica, 216-219

Substituição de espécies, 346-351

interações entre populações, 338

Sucessão alogênica, 337, 342

comparação entre influências alogênicas e autogênicas, 342-345

Sucessão autogênica, 337

comparação entre influências autogênicas e alogênicas, 342-345

estágio de clímax, 337

modelo em tabela de sucessão ecológica, *338*, 339, 340

Sucessão autotrófica, 337

Sucessão ecológica, 337

comparação em um microcosmo de laboratório e em uma floresta, 341-342, *342*

habitats aquáticos, 349

modelos, 354

padrão geral, 342, 348

quando a sucessão falha, 371-372

tipo autogênico, modelo, 339, 339-340

Sucessão nas clareiras, 343

Sucessão gerada em ondas, *343*, 344

Sucessão na floresta, 355

Sucessão heterotrófica, 337

desenvolvimento do ecossistema, 351-352, *352*

Sucessão primária

definição, 337

substituição de espécies, 346-351

Sucessão secundária

definição, 337

exemplo, 347, *348*, 349

modelos, 354

Sucessão cíclica, 344

Superpopulação, 171

Sustentabilidade da paisagem, conceito, 404

610 Fundamentos de Ecologia

Sustentabilidade
    conceito, 131-132
    definição, 131, 404
    global, 468-473

T

Tabelas de vida, mortalidade, 230, *230*

Taiga, 438

Tamanho da amostra, 483

Tamanho do efeito, 483

Tamanho e metabolismo dos indivíduos, lei da potência ¾, 124-126

Tamanho efetivo da população, 277

Taxa de crescimento específico
    definição, 237

Taxa intrínseca de crescimento natural, 238-240

Taxa instantânea, 237

Taxa de crescimento percentual, 237

Taxa de produção. *Ver* Produtividade

Taxa
    conceitos básicos, 236-238
    de produção, 87
    obtendo, 236

Razão de colheita, 367

Taxa de crescimento, 237

Taxa de natalidade, 7, 229

Taxa de renovação, 162-163

Taxa de sobrevivência, 229

Técnica de microbacia, 32

Tecnoecossistemas, 71-74
    dominados pelos humanos, 21
    ecossistemas naturais comparados, *73*
    ecossistemas naturais, relacionados, *72*
    natureza parasita, *372*
    urbano-industriais, 408-411, 457

Taxas de colheita, 88, 90

Tecnologia
    contratecnologia, 470

ferramentas, 9
    paradoxo no desenvolvimento tecnológico, 470

Tectônica de placas, 364

Teias alimentares, *108-122*, 108
    controle de baixo para cima, 311
    controle de cima para baixo, 311
    interação do controle de baixo para cima e de cima para baixo, 119-121
    o papel dos heterótrofos, 117-118

Temperatura
    como fator limitante, 199-200
    umidade, 211
    propriedades térmicas da água, 424
    variabilidade, 200

Tempo de duplicação, 240

Tempo de residência, 162

Tempo de renovação, 162

Teoria da biogeografia de ilhas, 389-390, *390*

Teoria da complexidade, 126-128

Teoria da complexidade em rede, 372

Teoria da neutralidade, 393-396

Teoria da montagem do nicho, 395

Teoria de equilíbrio pontuado, 364

Teoria evolutiva pontuada, 364

Teoria, conhecimento e planejamento de pesquisa, 482-484

Termóclino, 426

Termodinâmica, leis, 78-82

Termômetros, 199

Territorialidade
    área de ação e, 264-267, *265*
    definição, 264, 266
    densidade da população, 256

Territórios
    definição, 264, 266
    tordos, *265*

Testes de estresse, 179

Tipos de ecossistema aquático, 75

Tipos de ecossistema doméstico, 75

Tipos de solos
    antrossolo, 191
    classificação, 190
    maduros e imaturos, 191
    tipos principais, 190, *190*

Tragédia dos comuns, 461-462
    armadilhas sociais, 466

Transformidade, 122

Transplantes recíprocos, 183

Tratamento, 481

Tundra, 435-438, 437
    cadeia alimentar, 113
    chuva radioativa, 205, 206

Tundra alpina, 435

Tundra alta, 437

Tundra baixa, 437

U

UEE. *Ver* Unidade de estudo ecológico

Umidade
    absoluta, 207
    relativa, 207

Unidade de estudo ecológico (UEE), 484-486

Unidade térmica britânica (BTU), *81*

Unidades de potência ou taxa, 81, *81*

Unidades experimentais, 481, 487

Uso da terra, modelos de compartimento, 372-373, 373

Uso dos perfís de diversidade, 40, *41*

V

Vagilidade, 246, 379

Valor da sobrevivência do grupo, 262

Valor de importância, 226

Valores marginais (extremos), 500

Vantagem das espécies raras, 395

Variação aleatória, 483, 492

Variação sistemática, 492

Variáveis, 483

Variáveis aleatórias, 483

Variáveis de estado, 11

Variáveis distribuídas de forma idêntica, 483

Variáveis independentes, 483

Vegetação críptica, *303,* 304

Vento, *215,* 215-216,

Viabilidade, 100, 169

Vida, procariotos anaeróbios, 53

Visões do futuro, 474

W

W. *Ver* Watt

Watt (W), *81*

Wilson, Edward. O., 475

Z

Zinco, magnificação biológica, *218*

Zonação, 24, *25*

Zona bentônica, 426

Zona de corredeira, 427

Zonas de vida, 432

Zona fótica, 426

Zona limnética, 29, 426

Zona litoral, 426

Zona profunda, 29, 426

Zooplâncton, 28

Impressão e acabamento: